实用管理工具大全系列
Encyclopedia of Management Tools

Management Tools of Hotel Operations

酒店全程运作实用工具大全

容莉 主编

[实战精华版]

化学工业出版社

·北京·

《酒店全程运作实用工具大全》一书,从酒店市场营销管理、人力资源管理、财务管理、工程管理、前厅管理、房务管理、餐饮管理、康乐管理、安全管理、质量管理、节能环保管理11个方面对酒店全程运作中常用的管理工具进行了详解。以期酒店经营管理人才从中找到更好的、更有效的管理方法。

每章以"要点+流程+制度+表格+文案"的形式,深入解析酒店管理所需技巧,使整个酒店管理知识体系一目了然。读者可以结合自身企业的实际情况随时拿来修改、运用,形成企业个性化的文本。

《酒店全程运作实用工具大全》一书,可供酒店经理、部门主管及一线操作人员日常使用,也可供企业培训师、咨询师及大专院校相关专业师生阅读参考。

图书在版编目(CIP)数据

酒店全程运作实用工具大全/容莉主编. —北京:化学工业出版社,2016.5
(实用管理工具大全系列)
ISBN 978-7-122-26742-9

Ⅰ.①酒… Ⅱ.①容… Ⅲ.①饭店-经营管理
Ⅳ.①F719.2

中国版本图书馆CIP数据核字(2016)第072842号

责任编辑:刘 丹 陈 蕾　　　　　　　　装帧设计:尹琳琳
责任校对:宋 玮

出版发行:化学工业出版社(北京市东城区青年湖南街13号　邮政编码100011)
印　　装:三河市万龙印装有限公司
787mm×1092mm　1/16　印张40　字数1066千字　2016年7月北京第1版第1次印刷

购书咨询:010-64518888(传真:010-64519686)　售后服务:010-64518899
网　　址:http://www.cip.com.cn
凡购买本书,如有缺损质量问题,本社销售中心负责调换。

定　价:158.00元　　　　　　　　　　　　　　　　　　　版权所有　违者必究

FOREWORD 前言

酒店,又称宾馆、旅馆、旅店、旅社、商旅、客店、客栈,中国台湾地区称为饭店,中国港澳地区、马来西亚、新加坡等称作酒店,基本定义是提供安全、舒适,令利用者得到短期的休息或睡眠的空间的商业机构。

中国酒店行业伴随着国际酒店业的发展,近年来取得了良好的发展趋势。回顾中国酒店业,从20世纪80年代初的茫然无措,到90年代开始的突然启动,再到现在的生机盎然。发展至今,酒店行业的生命力非常的旺盛。但中国酒店业运营状况不佳,行业整体经营环境严峻。酒店行业竞争日趋激烈,经济型酒店在经历"跑马圈地"的时代后,进入发展瓶颈期;高端酒店也因大环境的影响,发展不够理想。

当前市场形势下,酒店要回归市场本原,应该根据目标市场和目标客源去提供合适的产品,做好营销、服务和管理。在CPI上涨、劳动力成本红利消失的当下,酒店经营管理者如何在行业回归市场本原的时期做好成本和费用的控制显得尤为重要。

基于此,我们组织编写了《酒店全程运作实用工具大全》一书,从酒店市场营销管理、人力资源、财务管理、工程管理、前厅管理、房务管理、餐饮管理、康乐管理、安全管理、质量管理、节能环保管理十一个方面对酒店全程运作中常用的管理工具进行了讲述,以期酒店经营管理人才从中找到更好的、更有效的管理方法。读者可以结合所在酒店的实际情况随时拿来修改、运用,形成酒店个性化的文本。

为了便于阅读和查找资料,我们在每章前加了引言作为阅读提示,同时提炼了每章的学习目标,通过表格的形式把每章内容汇总出来便于阅读;每章结尾,设置学习总结的栏目,通过学习,读者可以根据自己企业的特点、实际情况,对所学内容进行补充完善,学以致用。

本书由容莉主编,在编辑整理过程中,获得了许多朋友的帮助和支持,其中参与编写和提供资料的有丁红梅、王红、王纪芳、王月英、王群国、王建伟、陈秀琴、陈运花、陈宇、刘建忠、刘俊、刘雪花、刘作良、刘奕、刘少文、刘云娇、李敏、李宁宁、张丽、张桂秀、张巧林、马丽平、冯永华、杜小彦、郑时勇、江长勇、罗玲、齐艳茹、赵艳荣、何春华、黄美、杨飞、邢艳、骆振中、薛永刚、匡仲潇。在此对他们一并表示感谢!

本书适合于与酒店管理相关的人士参考使用。由于时间仓促,加上编者水平有限,如有不妥之处,敬请指正。

编 者

CONTENTS 目录

第一章 酒店市场营销管理工具

酒店营销是酒店经营的重点,其工作直接关系到酒店的生存。网络化、全球化以及政治经济形势和社会的变化等各种因素给酒店营销环境带来了巨大变化,这对酒店营销战略和策略产生了不可忽视的影响。

- 002/ 第一节 酒店市场营销管理要点
- 002/ 要点1:建立营销的经营机制
- 002/ 要点2:酒店市场的研究和定位
- 003/ 要点3:酒店营销管理
- 003/ 要点4:加强日常销售管理
- 005/ 要点5:店内促销管理
- 009/ 要点6:加强在线营销
- 011/ 第二节 酒店管理营销管理制度
- 011/ 制度1:年度经营计划制订管理办法
- 012/ 制度2:市场推广计划管理办法
- 013/ 制度3:大型经营接待任务组织制度
- 014/ 制度4:会议团体信息管理制度
- 015/ 制度5:销售拜访制度
- 015/ 制度6:客户协议审批和信息录入制度
- 016/ 制度7:酒店客房年度价格更新制度
- 017/ 制度8:免费房及房间提升权限的规定
- 018/ 制度9:世界酒店组织系统管理制度
- 019/ 制度10:定期客户联谊活动制度
- 019/ 制度11:礼仪小姐管理制度
- 021/ 制度12:酒店订房管理制度
- 023/ 制度13:市场营销部门内部管理制度
- 026/ 制度14:市场部日常工作制度
- 028/ 制度15:市场营销部每日销售简会制度
- 028/ 制度16:酒店媒体公关管理制度
- 031/ 制度17:营销接待规定
- 033/ 制度18:营销部员工绩效考核方案
- 038/ 第三节 酒店管理营销管理表格
- 038/ 表格1:本市客源接待统计表
- 038/ 表格2:本地酒店客房供给情况表
- 039/ 表格3:年度本市会展及重大活动统计表
- 039/ 表格4:竞争饭店客房出租率及平均房价调查表
- 040/ 表格5:竞争对手各类房价比较表

040/ 表格6：竞争对手设施项目及服务情况调查表
041/ 表格7：现有客房设施及服务项目表
041/ 表格8：销售策略和客房收入预测表
042/ 表格9：逐月客房营收预算明细表
042/ 表格10：全年客房营收预测明细表
043/ 表格11：产品组合计划表
043/ 表格12：促销计划及预算表
043/ 表格13：_____年餐饮促销活动计划表
043/ 表格14：餐饮逐月营收预算明细表
044/ 表格15：餐饮全年营收预算明细表
044/ 表格16：年度广告计划表
045/ 表格17：年度公关活动计划表
045/ 表格18：公关活动情况统计报表
045/ 表格19：年度市场调研计划表
045/ 表格20：竞争酒店调查报告
046/ 表格21：商务散客市场客房收入前30名排行表
046/ 表格22：网络散客市场客房收入前30名排行表
046/ 表格23：会展市场客房收入前30名排行表
047/ 表格24：商务散客市场出租间夜前30名排行表
047/ 表格25：网络散客市场出租间夜前30名排行表
047/ 表格26：会展市场出租间夜前30名排行表
047/ 表格27：年度客房收入细分统计表
048/ 表格28：主要竞争对手年度市场份额、收入份额统计表
049/ 表格29：商务散客市场客房收入统计表
049/ 表格30：网络散客市场客房收入统计表
049/ 表格31：会展市场客房收入统计表
050/ 表格32：月度客房收入细分统计表
050/ 表格33：月度主要竞争对手市场份额、收入份额统计表
051/ 表格34：销售人员个人业绩统计表
052/ 表格35：新签约客户统计表
052/ 表格36：商务协议书
054/ 表格37：旅行社订房协议书
055/ 表格38：网络订房协议书
056/ 表格39：客房预订确认书
057/ 表格40：客户资料登记表
058/ 学习总结

第二章 酒店人力资源管理工具

　　酒店人力资源管理就是指对酒店的人力、物力、财力及其经营活动过程进行有效的计划、组织、指挥、监督和协调，以保证酒店经营活动的顺利进行，达到最少的劳动耗费取得最大的经济效益的活动过程。

060/ 第一节 酒店人力资源管理要点

060/ 要点1：做好招聘录用
060/ 要点2：酒店培训管理
064/ 要点3：员工福利管理
064/ 要点4：员工奖励
065/ 要点5：员工的劳动保护
066/ 要点6：员工考评管理
069/ 要点7：员工档案管理
070/ 要点8：人事统计管理
070/ 第二节　酒店人力资源管理制度
070/ 制度1：员工行为规范
073/ 制度2：招聘政策与程序
075/ 制度3：员工入职程序
076/ 制度4：员工离职程序
077/ 制度5：员工调职程序
078/ 制度6：员工晋级程序
080/ 制度7：员工降职、降级程序
081/ 制度8：员工试用及转正制度
081/ 制度9：员工培训管理政策与程序
085/ 制度10：员工签署劳动合同规定
085/ 制度11：员工薪津制度
088/ 制度12：员工福利制度
090/ 制度13：员工生日会规定
091/ 制度14：员工考勤制度
092/ 制度15：员工休假管理制度
098/ 制度16：员工纪律处分规定与程序
102/ 制度17：员工违反纪律与工作表现欠佳的经济制裁扣分制度
105/ 制度18：员工奖励制度与程序
108/ 制度19：员工人事档案管理办法
109/ 制度20：员工受雇酒店期间在外兼职的规定
109/ 制度21：发放物品遗失补领程序及赔偿标准
110/ 制度22：员工投诉处理程序
111/ 制度23：员工健康检查与报销程序
111/ 制度24：酒店裁员程序
112/ 制度25：酒店信息发布程序
112/ 制度26：员工工伤规定
113/ 制度27：酒店医务室管理制度
116/ 制度28：员工制服管理程序
117/ 制度29：员工担保程序
118/ 制度30：酒店内部员工兼职的规定与程序
119/ 制度31：员工考核评估程序
119/ 制度32：紧急情况处理程序
120/ 制度33：员工食堂管理规定
123/ 制度34：员工宿舍管理办法
127/ 制度35：员工更衣室管理制度
128/ 制度36：临时聘请人员用工制度
128/ 第三节　酒店人力资源管理表格

128/ 表格1：员工花名册
129/ 表格2：应聘登记表
129/ 表格3：劳动合同统计表
130/ 表格4：酒店部门人力补充申请单
130/ 表格5：酒店人力资源应试申请表
131/ 表格6：试用期满通知单
131/ 表格7：转正评估表
133/ 表格8：酒店人事异动通知
134/ 表格9：员工请假报告单
134/ 表格10：离职交接清单
135/ 表格11：培训需求分析表（每季度）
136/ 表格12：培训计划表（每月）
136/ 表格13：培训记录表
137/ 表格14：员工培训档案
137/ 表格15：员工申诉表
138/ 表格16：员工满意度调查表
140/ 学习总结

第三章 酒店财务管理工具

酒店以获取最大经济效益、获得最大利润为自己管理的目标，在经营管理中要取得最好的经济效益，财务管理起着不可或缺的重要作用。每一位酒店管理人员，都要关心财务管理工作和财务经营状况。

142/ 第一节　酒店财务管理要点
142/ 要点1：建立酒店内部财务管理体制
142/ 要点2：制订酒店财务计划
143/ 要点3：加强酒店各类资产的管理
145/ 要点4：加强酒店成本控制
147/ 第二节　酒店财务管理制度
147/ 制度1：预算管理制度
151/ 制度2：统计与经济分析制度
153/ 制度3：酒店资金管理制度
158/ 制度4：固定资产管理制度
163/ 制度5：酒店成本管理制度
166/ 制度6：酒店物资管理制度
168/ 制度7：低值易耗品管理制度
170/ 制度8：采购管理制度
172/ 制度9：招议标采购工作条例
179/ 制度10：库房物品管理制度及程序
183/ 制度11：费用支出管理制度
185/ 制度12：酒店店内招待餐标准与签单权规定
186/ 制度13：电脑系统出现故障时的紧急应对计划
189/ 第三节　酒店财务控制程序

189/ 程序1：内部发票控制程序
190/ 程序2：日核核数员工作程序
191/ 程序3：发票、水单、预收款收据控制程序
192/ 程序4：发票管理控制程序
193/ 程序5：夜间核数员工作程序
194/ 程序6：固定资产管理控制程序
194/ 程序7：前厅备用金控制程序
195/ 程序8：前厅部坏账控制程序
196/ 程序9：房间价格的审核控制程序
196/ 程序10：收货、入库及领料控制程序
197/ 程序11：收入审核控制程序
199/ 程序12：应付账款控制程序
199/ 程序13：应收账款控制程序
201/ 程序14：账单及其资料的装订程序
201/ 程序15：资产管理控制程序
202/ 程序16：出纳操作程序
203/ 程序17：现金装投放及交接程序
203/ 程序18：前厅账单稽核程序
204/ 程序19：关于现金付款的规定和程序
204/ 程序20：总账制作程序
205/ 程序21：员工薪金发放工作程序
205/ 程序22：成本核算程序
206/ 程序23：电脑房日常工作程序
206/ 第四节　酒店财务管理表格
206/ 表格1：餐饮成本、毛利率测算表
207/ 表格2：收银员缴款登记表
207/ 表格3：客账日报
208/ 表格4：外币兑换明细表
208/ 表格5：外汇兑换日、月报表
209/ 表格6：送件回单
209/ 表格7：代客支款通知单
210/ 表格8：库存现金、银行存款、出纳报告单
210/ 表格9：财产缴回单
210/ 表格10：转账支票领用单
211/ 表格11：借款单
211/ 表格12：冲账单
211/ 表格13：采购用款申请单
212/ 表格14：工程材料用料清单
212/ 表格15：存货盘点明细表
212/ 表格16：食品原料进货报告单
213/ 表格17：食品原料进货单
213/ 表格18：物资验收入库单
213/ 表格19：零星物品申购单
214/ 表格20：部门申请购物单
214/ 表格21：物资计划采购表
214/ 表格22：固定资产、低值易耗品内部转移凭证
215/ 表格23：财产领用单

215/ 表格24：签订协议、合同审批书
215/ 表格25：预收款收据遗失单
216/ 表格26：营业款长、短差错报告单
216/ 表格27：应收账款账龄分析表
216/ 表格28：对账通知书
217/ 表格29：结账通知书
217/ 表格30：付账授权书
218/ 表格31：客房优惠收费通知单
218/ 表格32：发票购买领用记录
218/ 表格33：酒水进销存日报表
219/ 表格34：总出纳报告
219/ 表格35：现金收入日报
220/ 表格36：营业日报
221/ 表格37：＿＿＿＿年＿＿月 财务分析报告
226/ 学习总结

第四章 酒店工程管理工具

酒店集中了现代科学技术提供的最新设备，这些设施设备成为酒店提供优质服务和环保节能的重要保障。工程管理的使命是绝对确保这些设施设备能正常良性运行，使客人在享受舒适、温暖、关爱、方便、安全、宾至如归的服务的基础上，最大限度地做好能源消耗和成本控制，使酒店经济效益和社会效益达到双赢。

228/ 第一节 酒店工程管理要点
228/ 要点1：营造酒店良好的硬环境
228/ 要点2：加强设备的综合管理
229/ 要点3：加强能源管理
229/ 要点4：处理好与其他部门的关系
230/ 要点5：人力方面做到一专多能
230/ 要点6：确保安全
230/ 第二节 酒店工程管理制度
230/ 制度1：工程部管理细则
240/ 制度2：工程部各项工作操作程序
242/ 制度3：设施设备维修保养制度
243/ 制度4：设备安全管理制度
244/ 制度5：工程部应急预案
249/ 制度6：设备资料卡制度
250/ 制度7：客房维护管理制度
251/ 制度8：公共区域管理制度
252/ 制度9：各项技术指标管理制度
253/ 制度10：给排水管理制度
254/ 第三节 酒店工程管理表格
254/ 表格1：酒店硬件设备、设施维护保养计划表
255/ 表格2：设备档案卡
256/ 表格3：设备区巡视检查记录表

256/ 表格4：客房维修保养记录表
258/ 表格5：公共区维护保养记录表
262/ 表格6：工程人员交班表
262/ 表格7：变配电间巡查记录表
263/ 表格8：锅炉巡查记录表
263/ 表格9：电梯巡查记录表
263/ 表格10：酒店工程维修记录表
264/ 表格11：酒店工程物料消耗统计表
264/ 表格12：酒店物品损坏请修单
264/ 表格13：酒店工程单位请修单登记表
265/ 表格14：工程维修单
265/ 表格15：工程维修反馈单
265/ 表格16：配电停送倒闸操作表
266/ 表格17：设备开箱验收单
266/ 表格18：资料借阅登记表
266/ 表格19：设备维修统计表
267/ 表格20：柴油发电机组检查表
267/ 表格21：后备发电机送停操作表
268/ 表格22：高空作业审批表
268/ 表格23：工程明火作业申请表
268/ 表格24：电气运行记录表
269/ 表格25：水泵房运行记录表
271/ 表格26：空调机房电气运行记录表
272/ 表格27：发电机组运行记录表
272/ 表格28：配电运行记录表
273/ 表格29：设备改造（大修）审批单
274/ 表格30：设备改造（大修）验收单
274/ 表格31：设备报废单
275/ 表格32：设备事故报告单
275/ 表格33：设备安装竣工报告单
276/ 表格34：设备封存单
276/ 表格35：设备启封单
277/ 表格36：万能工检修项目表
279/ 表格37：计划工作记录表（万能工）
279/ 表格38：万能技工工作登记表
280/ 学习总结

第五章 酒店前厅管理工具

前厅部是酒店的首席业务部门。在酒店业务活动过程中，前厅部是酒店和宾客之间的桥梁，是酒店运作的中枢，是为酒店的经营决策提供依据的参谋部门。前厅部要加强与有关部门的联系与合作，并为酒店经营和各部门传递信息、提供服务。

282/ 第一节 酒店前厅管理要点
282/ 要点1：及时与客房部核对客房现状报告

282/ 要点2：接受房间预订
283/ 要点3：妥善处理超额订房问题
284/ 要点4：做好入住登记
284/ 要点5：加强房卡的分发及管理
285/ 要点6：做好前厅夜班客房报告
286/ 第二节　酒店前厅管理制度
286/ 制度1：前厅部员工仪容礼貌规范
287/ 制度2：前厅纪律与行为准则
289/ 制度3：前厅各班工作分配规则
291/ 制度4：总台（订房）组业务操作规程
300/ 制度5：问讯处业务操作规程
301/ 制度6：大堂副理（夜班经理）工作程序
305/ 制度7：行李处业务操作规程
307/ 制度8：总机房操作规程
310/ 第三节　前台管理常用表格
310/ 表格1：散客预订单
311/ 表格2：团队预订单
311/ 表格3：预订等候单
312/ 表格4：临时住宿登记单
313/ 表格5：境外人员临时住宿登记单
313/ 表格6：房卡
314/ 表格7：预收款收据
314/ 表格8：住店客人开门通知单
314/ 表格9：商务服务记录单
315/ 表格10：宾客留言单
316/ 表格11：行李寄存牌
316/ 表格12：行李存寄本
317/ 表格13：物品租借单
317/ 表格14：访客登记单
318/ 表格15：保险箱记录卡
318/ 表格16：保险箱使用情况登记表
320/ 表格17：撬开保险箱委托书
320/ 表格18：叫醒记录本
321/ 表格19：借物登记本
321/ 表格20：遗留物品标贴
322/ 表格21：遗留/遗失物品招领本
322/ 表格22：遗失证明
322/ 表格23：外宾接待统计表
323/ 表格24：会议团队接待单
323/ 表格25：客人代付凭证
324/ 表格26：房间/房价变更通知单
324/ 表格27：小商品/早餐券交接班本
325/ 表格28：总台交班核对表
326/ 表格29：当日预计汇总表
326/ 表格30：团队登记单
326/ 表格31：同意转账单
327/ 表格32：杂项单

327/ 表格33：宾客免赔单
328/ 表格34：大堂副理夜班值班报告表
329/ 表格35：大堂副理与客人谈话记录
330/ 学习总结

第六章　酒店房务管理工具

客房部是酒店主要业务部门之一，其主要任务是使整个酒店在任何时候都处于舒适宜人、幽雅常新的状态。客房部工作的好坏不仅直接影响到住店客人与其他来店客人对酒店的印象，对于酒店内部工作环境与气氛的营造同样至关重要。因此，客房管理是酒店管理的重要组成部分。

332/ 第一节　房务管理要点
332/ 要点1：客房设备管理
332/ 要点2：客房钥匙管理
333/ 要点3：保证客房的清洁质量
334/ 要点4：客房部计划卫生整理
335/ 要点5：做好客房部值班记录
335/ 要点6：阅读和填写交接班记录
336/ 要点7：建立保存好文件档案
337/ 第二节　房务管理制度
337/ 制度1：客房清扫卫生规范
345/ 制度2：客房服务管理制度
348/ 制度3：客房部物品管理制度
349/ 制度4：客房安全管理制度
352/ 制度5：客房部应急处理预案
354/ 第三节　客房管理表格
354/ 表格1：客房动态表
354/ 表格2：客房主管工作日报表
355/ 表格3：客房质量检查表
356/ 表格4：楼层工作检查表
356/ 表格5：钥匙与对讲机领用登记表
356/ 表格6：客房例会记录表
357/ 表格7：客房服务员工作报表
358/ 表格8：布件盘点表
358/ 表格9：布件送洗记录登记本
359/ 表格10：每日客用品统计表
359/ 表格11：大清洁、计划卫生记录表
360/ 表格12：客人通知单
360/ 表格13：工程维修单
360/ 表格14：遗留物品登记表
361/ 表格15：楼层服务当班记录（一）
361/ 表格16：楼层服务当班记录（二）
361/ 表格17：楼层服务当班记录（三）
362/ 表格18：楼层服务工作日志
362/ 表格19：查房报告

364/ 表格20：报修单
364/ 表格21：客人遗留物品登记表
365/ 表格22：客房夜床服务报告单
365/ 表格23：客房中心交接班本
366/ 表格24：楼层领班交接班本
366/ 表格25：客房清扫报表
367/ 表格26：客房布草盘点表
368/ 表格27：客人租用物品记录表
368/ 学习总结

第七章 酒店餐饮管理工具

我国星级酒店的餐饮收入约占酒店总收入的1/3，餐饮经营有特色的酒店的餐饮收入甚至已经超过了客房收入。因此，通过扩大宣传、推出有特色的餐饮产品、增加服务项目、严格控制餐饮成本和费用等手段，餐饮部增收节支的潜力非常大，也即餐饮部可为酒店创造可观的经济效益。

370/ 第一节 酒店餐饮管理要点
370/ 要点1：加强餐饮安全卫生管理
370/ 要点2：加强菜肴制作过程质量控制
372/ 要点3：加强服务质量控制
374/ 第二节 酒店餐饮管理制度
374/ 制度1：餐饮部管理制度
377/ 制度2：餐饮服务质量标准
381/ 制度3：餐具管理制度
383/ 制度4：食品卫生安全管理制度
387/ 制度5：餐饮部、出品部应急预案
389/ 第三节 酒店餐饮管理表格
389/ 表格1：农副产品请购单
390/ 表格2：食品原料领料单
390/ 表格3：食品原料内部调拨单
390/ 表格4：点菜单
391/ 表格5：酒水单
391/ 表格6：客房送餐预订表
391/ 表格7：客房送餐表
392/ 表格8：吧台销售日报表
392/ 表格9：餐饮部布件洗涤单
392/ 表格10：地面、地毯、沙发洗涤登记表
393/ 表格11：工作委托单
393/ 表格12：餐饮部内部物品领料单
393/ 表格13：宴会、会议预订单
394/ 表格14：VIP就餐通知单
394/ 表格15：会议、宴会变更通知单
394/ 表格16：当日宴会会议情况汇总表
395/ 表格17：当日宴会会议预订登记表

395/ 表格18：零星申购单
395/ 表格19：部门月计划申请用物单
396/ 表格20：餐饮部领用物品月报表
396/ 表格21：餐饮部物品盘点表
396/ 表格22：餐饮部餐厅厨房物品破损统计表
397/ 表格23：餐饮部费用汇总表
398/ 表格24：餐饮部厨房、洗碗间日常卫生检查记录表
399/ 表格25：餐饮部每日工作情况表
400/ 表格26：食品留样登记表
400/ 表格27：酒店餐具器皿盘存表
400/ 表格28：酒店菜单成本分析表
401/ 表格29：酒店厨房间物品转账单
401/ 表格30：酒店厨房每月安全卫生检查表
402/ 表格31：厨房领料单
402/ 表格32：饮料领料单
403/ 表格33：餐厅账单
403/ 表格34：宴会预订单（工作人员用）
403/ 表格35：餐厅外场清洁检查表
404/ 表格36：食品安全检查表
406/ 学习总结

第八章 酒店康乐管理工具

许多客人选择入住酒店的标准，就是酒店的康乐设施是否完备、别具特色，康乐服务是否优质。康乐设施的完美齐全，配套优质的服务，会带来更多的客人。康乐服务能否成功，影响着整个酒店的综合效益。可以说，康乐部在酒店中具有"一荣俱荣，一损俱损"的地位。

408/ 第一节 酒店康乐服务管理要点
408/ 要点1：加强康乐部的人员编制
409/ 要点2：做好康乐设备的管理
410/ 要点3：加强安全管理，预防事故发生
411/ 第二节 酒店康乐服务管理制度
411/ 制度1：康乐中心运作流程规范
414/ 制度2：康乐中心检查工作细则
415/ 制度3：康乐部服务质量例会制度
415/ 制度4：保龄中心管理办法
418/ 制度5：美容美发中心管理办法
421/ 制度6：健身/游泳中心管理办法
424/ 制度7：棋牌中心管理办法
428/ 制度8：康乐部财产管理制度
429/ 制度9：康乐中心设备设施维护保养制度
432/ 制度10：康乐部各项卫生管理制度
433/ 制度11：康乐部沟通与协作规范
435/ 第三节 酒店康乐服务管理表格
435/ 表格1：康乐部工作质量检查表

436/ 表格2：康乐部值班检查表
437/ 表格3：康乐部每日营业月报表
437/ 表格4：康乐部账单汇总表
438/ 表格5：康乐部营业日报表
438/ 表格6：夜总会设备设施日常保养维护情况表
438/ 表格7：夜总会保养记录表（定期）
439/ 表格8：美容美发中心服务项目单
439/ 表格9：康乐部客户资料登记表
439/ 表格10：康乐部预订情况表
440/ 表格11：康乐部员工消费券、夜总会赠券、五折券发放登记表
440/ 表格12：赠券回收情况登记明细表
440/ 表格13：康乐部（定期）卫生检查表
442/ 表格14：康乐中心预订表
443/ 表格15：康乐中心贵宾娱乐记录表
443/ 表格16：VIP免费康乐预订委托单
443/ 表格17：康乐中心当日工作情况汇报表
444/ 表格18：康乐中心团队包场预订委托单
445/ 表格19：康乐中心客用更衣柜长期租用登记表
445/ 表格20：花草维护记录表
445/ 表格21：游戏币记录表
445/ 表格22：送洗布草记录表
446/ 表格23：制卡申请表
446/ 表格24：泳卡登记表
446/ 表格25：预订记录表
447/ 表格26：技师工作记录表
447/ 表格27：报损记录表
447/ 表格28：钥匙记录表
447/ 表格29：宾客意见收集表
448/ 表格30：宾客意见落实跟踪表
448/ 表格31：兼职销售员回访记录表
448/ 表格32：客史档案表
448/ 表格33：遗留物品记录表
448/ 表格34：物品消毒记录表
449/ 表格35：康体中心消毒记录表
449/ 表格36：康乐中心卫生清理检查表
453/ 表格37：内部质检表
454/ 表格38：员工仪容仪表检查表
454/ 学习总结

第九章　酒店安全管理工具

星级酒店安全管理工作除受所在地区行业管理部门的统一安全管理外，还应结合星级酒店的性质与特点，建立起自己有效的安全组织与网络。安保部门看似一个被动的部门，总是在接到电话之后才采取行动的，但事实是，安保部门是一个非常积极主动的部门。安保部门

对酒店客人和员工的人身、财物安全以及酒店财产安全进行了一系列组建、设计、指挥、控制、协调等管理活动。

456/ 第一节 酒店安全管理要点
456/ 要点1：建立酒店安全网络
456/ 要点2：建立安全组织
458/ 要点3：加强安保部的内部管理
460/ 要点4：客人安全控制与管理
463/ 要点5：员工的安全控制与管理
464/ 要点6：酒店财产安全控制与管理
464/ 要点7：消防安全计划与管理
467/ 要点8：紧急情况的应对与管理
470/ 第二节 酒店安全管理制度
470/ 制度1：安全管理规定
474/ 制度2：紧急情况管理计划
480/ 制度3：消防安全管理制度
491/ 制度4：车辆安全管理制度
491/ 制度5：保安部应急处理方案
496/ 第三节 酒店安全管理表格
496/ 表格1：安保当值安排表
497/ 表格2：安保交接记录表
497/ 表格3：治安隐患安全记录表
497/ 表格4：备用钥匙使用单
498/ 表格5：酒店各部门门锁钥匙一览表
498/ 表格6：门锁钥匙增配单
498/ 表格7：酒店过夜车辆停车检查记录表
499/ 表格8：危险物品管理登记表
499/ 表格9：长住酒店的机构登记表
499/ 表格10：长住客人登记表
500/ 表格11：宾客财物被窃情况表
500/ 表格12：客人丢失物品访问记录表
500/ 表格13：客人遗留物品登记单
501/ 表格14：物品处理登记表
501/ 表格15：来访登记表
501/ 表格16：员工携物出入酒店登记表
502/ 表格17：内部警卫方案记录表
502/ 表格18：外来施工单位登记表
502/ 表格19：夜间安全巡查记录表
503/ 表格20：酒店管理公司安全检查项目表
506/ 表格21：酒店安全检查表
508/ 表格22：消控中心值班记录表
508/ 表格23：重点部位防火安全检查表
509/ 表格24：动火作业申请表
509/ 表格25：动火许可证
510/ 表格26：消防检查整改、处罚通知书
510/ 表格27：消防设备定检记录表
510/ 表格28：消防设备检修记录表

511/ 表格29：消防监控系统运行情况表
511/ 表格30：部门经理夜间巡查报告
511/ 表格31：各部经理夜间巡查统计表
512/ 学习总结

第十章 酒店质量管理工具

  酒店的服务质量管理是以服务质量为对象而进行系统的管理活动，为了提高酒店的服务质量，必须抓好酒店服务设计、服务保证体系设计，制订出符合酒店性质、档次的服务质量标准和服务规范。根据酒店的服务规范要求，做好酒店服务质量的过程管理和现场管理，并运用各种方法来评估酒店服务质量，提高宾客的满意度。

514/ 第一节 酒店质量管理要点
514/ 要点1：酒店服务设计
515/ 要点2：酒店服务保证体系设计
517/ 要点3：酒店服务质量的现场管理和过程管理
518/ 要点4：酒店服务质量评估
521/ 第二节 酒店质量管理制度
521/ 制度1：质量管理制度
524/ 制度2：质检管理运行手册
560/ 制度3：各部门质量目标规范
567/ 制度4：首问责任制
568/ 制度5：质检制度
573/ 制度6：质检及处理程序
575/ 制度7：质检工作服务流程与规范
576/ 制度8：质检员工作考核制度
578/ 第三节 酒店质量检查管理表格
578/ 表格1：综合检查表
578/ 表格2：质量计划实施情况检查表
579/ 表格3：酒店质检日巡汇总表
579/ 表格4：酒店宾客投诉及处理记录
580/ 表格5：酒店纠正及预防措施实施记录
580/ 表格6：重大接待（会议）质检表
581/ 表格7：酒店质检通知单
581/ 表格8：酒店质检记录表
581/ 表格9：质检报告
582/ 表格10：质检日报表（一）
582/ 表格11：质检日报表（二）
582/ 表格12：质检周报表
583/ 表格13：质检月报表
584/ 表格14：纠正与预防措施处理单
584/ 表格15：月度质量汇总分析表
585/ 表格16：月度案例汇总分析表
585/ 表格17：员工（表扬）奖励通知单
586/ 学习总结

第十一章 酒店节能环保管理工具

保护环境、保障人类健康日益受到人们的关注。许多行业都制订了相应的行业准则以约束并促进组织的环境行为。酒店作为宾客云集、消费娱乐场所，要占用、消耗大量的自然资源，排放大量的废弃物，酒店的节能降耗工作也被提上日程。

588/ 第一节 节能环保规范化管理要点
588/ 要点1：建立节能降耗常设机构——节能减排委员会
588/ 要点2：运用技术节能降耗
589/ 要点3：节能控制指标标准化、操作程序化
590/ 要点4：制度节能措施
591/ 要点5：开发绿色市场，提供绿色服务
592/ 第二节 节能环保规范化管理制度
592/ 制度1：能源管理制度
593/ 制度2：酒店无纸办公规定
594/ 制度3：节约能源实施方案
596/ 制度4：倡导节能减排实施方案
600/ 制度5：工程部节能环保规定
606/ 制度6：保安部节能环保规定
608/ 制度7：餐饮部节能环保规定
611/ 制度8：行政部节能环保规定
613/ 制度9：总经理办公室节能环保规定
614/ 制度10：市场销售部节能环保规定
616/ 制度11：客房部节能降耗管理规定
617/ 第三节 酒店节能环保管理表格
617/ 表格1：酒店电力使用记录表
617/ 表格2：酒店锅炉主机运转时数表
618/ 表格3：酒店锅炉燃油使用记录表
618/ 表格4：酒店冷气泵省电器使用记录表
618/ 表格5：酒店用水记录表
618/ 表格6：酒店加药机使用记录表
619/ 表格7：酒店月份能源资料表
619/ 表格8：酒店工程部月份能源统计表
619/ 表格9：每日能源报表
620/ 表格10：每月能源报表
620/ 学习总结

第一章 酒店市场营销管理工具

引 言

酒店营销是酒店经营的重点,其工作直接关系到酒店的生存。网络化、全球化以及政治经济形势和社会的变化等各种因素给酒店营销环境带来了巨大变化,这对酒店营销战略和策略产生了不可忽视的影响。

本章学习指引

目标	了解酒店市场营销管理的要点,并能够运用所提供的范本,根据本酒店的实际情况制订相应的管理制度、表格

学习内容

管理要点	• 建立营销的经营机制 • 酒店市场的研究和定位 • 酒店营销管理 • 加强日常销售管理 • 店内促销管理 • 加强在线营销
管理制度	• 年度经营计划制订管理办法 • 市场推广计划管理办法 • 大型经营接待任务组织制度 • 会议团体信息管理制度 • 销售拜访制度 • 客户协议审批和信息录入制度 • 酒店客房年度价格更新制度 • 免费房及房间提升权限的规定 • 世界酒店组织系统管理制度 ……
管理表格	• 本市客源接待统计表 • 本地酒店客房供给情况表 • 年度本市会展及重大活动统计表 • 竞争饭店客房出租率及平均房价调查表 • 竞争对手各类房价比较表 • 竞争对手设施项目及服务情况调查表 • 现有客房设施及服务项目表 • 逐月客房营收预算明细表 • 全年客房营收预测明细表 ……

第一节　酒店市场营销管理要点

要点1：建立营销的经营机制

（一）以市场导向为经营基础，注重国际旅游市场分析调研

酒店应根据市场的变化、客人的需求来调整酒店的经营策略，规划自己的发展目标和方向。因此每年必须认真地对国际旅游市场进行分析研究，包括测定和分析客源市场、竞争状况和销售的产品。酒店必须站在竞争的前头，并且紧紧地跟上市场的需求，不断地改变策略。

（二）以客人需求为经营目标，确保客人得到尊重和满足

客人是酒店服务的对象，是酒店全部工作的重点。客人包括观光旅游、会议、度假旅游、疗养旅游等多种类型，他们对酒店的需求是多层次的。酒店不仅要研究客人的需求，还要研究酒店的客源市场定位和经营优势。

（三）开拓客源，高度重视市场促销

（1）制订计划是销售工作的前提。

（2）建立一个日常的酒店销售队伍，每天都要有销售人员出访客人，为今后的客源打下了基础。

（3）站在客人的立场考虑问题，帮助客人解决难题。

（4）全员促销。酒店促销成功与否，不仅是总经理和市场营销部的事情，它与酒店全体员工的努力分不开，与酒店的质量紧密相连。

（5）提高顾客的回访率。拥有众多的回访顾客是酒店经营的生命线。如果能向顾客提供良好的产品和服务，并且能够一直保持，那么，顾客就会向其他人推荐。获得良好的口碑和"请客人再次光临"作为培训员工销售意识的手段，是酒店内部推销项目的重要内容。

要点2：酒店市场的研究和定位

（一）定位市场

酒店在促销之前，应首先分析、明确自己的目标市场。酒店客源市场的定位，是在长期、销售过程中逐步摸索形成的。酒店要巩固已占有的市场份额。要确定酒店的市场定位，需做大量的调查研究和可行性分析。如酒店确定客源市场的原因、利弊关系，特别是有利条件是什么，细分市场被我们占有的可能性、把握性，以及客源国和接待国的政治、经济、外交政策等。

当然，市场定位工作还与酒店经营特色、酒店的服务产品和店内的经营环境条件密切相关。

（二）市场细分

确立市场定位，不只是一个框架和目标的确定，还要细分具体的市场份额，酒店的销售工作才能有的放矢，才可以具体去实施酒店的推销策略和计划。

（三）市场变化

市场是动态的不断变化的。确定了的市场，并不是永久不变的。未开发的市场，也会有很大的发展空间。所以，研究酒店的市场工作，就要有预测市场、开拓市场的能力。在市场

还没有变化之前，要着眼于潜在市场的开发和研究。在受到政治、经济、政策影响后，又要有调整市场的能力，有补救措施和方法。酒店市场营销总监应该对国际、国内旅游市场十分敏感，经常掌握并研究国内外旅游客源市场的动向和发展趋势，经常向酒店总经理、驻店经理分析、报告旅游客源市场的走势和酒店应采取的对策和措施。主动、定期向相关负责人报告市场情况，为酒店经营决策提供市场信息和咨询。

要点3：酒店营销管理

（一）市场预测

酒店营销管理工作，是根据市场划分和预测来进行的。这种划分是在以往接待工作的基础上总结出来，并通过预测分析确定的。酒店每年底应召集店内行政管理人员，研究来年的市场情况。在酒店市场营销总监提供的市场营销资料和对外市场分析的基础上，根据当年的销售接待和对来年销售工作的展望，制订出来年酒店的出租率、平均房价，并确定对国际会议和FIT（Fully Independent Tourist，完全独立的零散客人，包括预订客人和临时进店客人）的推销工作。

市场预测工作是一项经常性的工作。每个月底市场营销部都应对下月的市场变化做出预测。根据每个月的预测，为下一年度的市场预测工作提供一些参考资料。总经理制订全年计划，各部门制订本部门计划，都以市场预测为基础。因此，市场划分和预测是酒店促销的前提。

（二）分类促销

市场营销部应对本酒店的客源结构做出分类。根据市场促销分类，销售经理要有各自的分工和侧重，按分管市场去组织如下促销。

（1）分管旅行社业务的销售经理要经常去各旅行社促销拜访。这是一种从长远考虑的促销。既要考虑酒店的利益，又要考虑旅行社的利益，更要考虑长远利益。

（2）分管国际会议促销的销售经理，除了要与当地科研学术单位、大专院校保持密切的联系外，还要与政府工作人员建立关系，争取较多的国际会议到店举行。

（三）销售访问

销售访问是酒店促销工作中最常见、最直接的促销方法。一般来说，市场营销总监每两个月要求所有销售经理制订一个销售访问计划。

这一计划的内容包括拜访老客户，有哪些新客户、新公司及重要客户需要拜访，为什么访问他们，走访哪些新闻单位等。

（四）建立销售网络，参加国际旅游博览会

酒店必须建立自己的销售网络。如与国内外旅行代理商保持合作关系。有实力的酒店可以在海外设立办事处，日常经营开拓的同时，有选择、有重点地参加国际旅游博览会，在客源目标市场进行宣传推广，这对扩大酒店在这些国家的知名度和招徕顾客，是很有好处的。

要点4：加强日常销售管理

（一）销售工作会议

1.每月一次的销售会议

该会议由总经理、驻店经理和各部门总监参加。主要分析的内容如下。

(1) 上月客情。
(2) 客人投诉。
(3) 客源与上月比较。
(4) 与上个月出租率、与相关酒店出租率比较。
(5) 下个月应做什么，怎么做，还要注意些什么等。

2. 每两周一次的内部销售会议

该会议主要由总经理、驻店经理、酒店市场营销总监、销售部经理、公关部经理和销售部全体人员参加。

会议的内容主要研究市场和一些具体工作内容，如检查近期出租率上升或下降的原因，如何争取客人来店，研究细则及如何落实。

（二）每月销售工作报告

1. 每月一次的销售报告

主要通报本月销售部走访客户的情况：走访了哪些客户、每天平均走访多少客户，客户的分类情况，本月一共做了多少次客户访问，通过访问，得到了客户哪些意见和要求等，都要在每月销售报告中体现。

2. 每月一次的比较分析预测报告

该报告要交总经理审阅。其内容是对酒店本月平均房价、出租率、客源种类作分析比较。分析客源流向，研究失去或增加客源的原因，以及预测下个月市场客源的走势，为酒店经营者作决策提供有益信息。

（三）客户档案管理

市场营销部，要为所有曾与酒店发生过消费关系的大公司、大客户建立比较详尽的客户档案。一般的客户也应建立客户档案。

（四）与客人建立良好关系

在客人进店后帮助客人解决在店生活、消费中的问题。

(1) 会议团队进店，分管会议接待的销售经理要到大厅迎接，帮助客人办理入住（Check-in），询问客人需求并协助解决。

(2) 重要客人进店，应给予特殊礼遇，如请总经理或驻店经理出面迎送等。应使客人感到被尊重，照顾和关心，使其感觉酒店十分便捷并充满温情。

(3) 凡团队客人进店，酒店都应以表格通知形式将团队接待信息分布给酒店有关部门。有特殊接待要求、有额外优惠政策的，要在通知单上写清楚，特别是账目处理要清晰明确。

（五）其他有关的销售工作管理

(1) 市场营销部在与客户交谈中，如客户提出对酒店服务管理上的一些建议和意见，要如实地向酒店最高管理层汇报。

(2) 销售经理要尽可能多地参加社会活动和有关方面组织的各类活动，往往在非正式场合下更适合推销。

(3) 市场营销部一定要最大限度地掌握各类有关信息，在促销时就有了更多的、更新鲜的话题。与其他酒店的销售人员聊天也是获得信息的一种方法。

要点5：店内促销管理

店内促销，是指酒店内各部门职工，尤其是对服务部门的员工，以灵活、友好、热忱的态度来积极吸引客人消费的方法、技巧。

（一）店内促销涉及的人员和事务

1.人员

店内促销涉及的人员如图1-1所示。

| 人员一 | 酒店总经理和高级行政管理人员 |

这是店内促销的组织者和实施者。要经常关心，并身体力行实施店内促销工作

| 人员二 | 市场营销部的全体工作人员 |

营销部的全体工作人员，在店内促销中也要发挥作用。应该保持与客人的接触和联系，帮助客人解决在住店期间的有关生活、服务、接待方面的问题。特别是由市场营销招徕的团队客人和公司的商务客人以及会议团体客人进店以后，销售经理还要对他们进行跟踪服务，经常走访客人，征求客人意见，解决客人的疑难问题，协调部门之间的关系等

| 人员三 | 酒店与客人直接接触的员工 |

每位与客人直接接触的员工都是促销员。如能充分发挥前台接待员、出纳员、餐厅服务员、行李员、商场营业员、客房服务员等所有与客人直接接触的工作人员在促销中的作用，那么酒店的销售成果将成倍增加

图1-1　店内促销涉及的人员

2.部门

店内促销涉及的部门如下。

（1）前厅与客房的内部促销。酒店前厅部所属的总机房、总台（问讯、接待）、迎宾、门卫、机场代表等，都是内部促销的促销员。总机如何推销酒店；客人到了酒店的总台，接待员如何推销客房。迎宾、行李员如何引领客人、介绍情况等，都有一个如何积极、主动、有效地推销酒店的问题。客人住下来之后，会经常提出一些生活服务方面的问题，请客房中心和楼层服务员帮助解决。服务员应答客人的态度和技巧都与内部促销有关。

（2）餐饮方面的内部促销。一个酒店餐饮服务的内容很多，要尽量使用酒店的所有场所。各餐厅的经理是最佳的推销员，应该经常地招呼客人，与来店用餐的客人保持良好的联系，将用餐客人的单位和姓名存档，平时经常与他们保持联系，这些都可以起到推销的作用。

（3）康体方面的内部促销。酒店内的各种康体设施是吸引客人来店消费的有利条件，也是酒店增加经济效益的重要方面。实施康体活动会员制，是康体活动内部促销的好形式，这需要康体各消费点的员工积极推销和平时的热忱服务。

3.店内促销涉及的事务

店内促销涉及的事务或活动有以下内容。

(1) 旅游商场的促销、推销内容包括商品性能、产地、质量优劣、价格等。

(2) 组建员工业余艺术团。客人来店举办重要活动和大型团队进店时进行演出，也是一种推销宣传。

(3) 组织大型推销活动。如食品节和重大节日活动时，酒店专题的、有特色的推销活动。这些促销活动之前，要对员工进行适当的培训，使有关方面都能知晓酒店组织这些活动的内容、特色，以便适时适度地向客人进行推销。

(4) 出租汽车业务推销。酒店的出租司机应做到以下几条：主动问候；尽可能为客人开车门；在行车途中，适当地与客人聊天，介绍当地情况；播放优雅的音乐；礼貌待客、规范着装、佩戴白手套；到了终点，客人付款之后，表示"谢谢，欢迎下次乘坐"等。

（二）店内促销涉及的相关政策和措施

1. 培训工作

酒店员工是店内促销工作的最终体现。他们参与促销的效果好坏，取决于酒店管理层领导的好坏。作为酒店市场营销部的管理人员，也要给酒店前台直接接触客人的员工出点子，培训他们如何进行店内推销。促销培训和方法如下。

(1) 开餐前，餐厅主管或领班对餐厅员工进行促销工作的提示和培训。

(2) 前厅部每周至少一次（约半小时）的培训会议，研究如何培训员工有效地推销高档套房的一些技巧，供前厅接待员参考。

(3) 店内开展的一些专门推销活动，要专门对员工进行推销方面的知识培训。

(4) 酒店经营方向转变以后，要进行专门培训。

(5) 要培训员工如何关心、帮助、理解客人，掌握满足客人需要的技巧。

2. 质量管理

酒店服务质量管理工作，是店内促销工作最坚实的基础。酒店要加强全面质量管理的教育和培训，因为无论哪个服务环节出现质量问题，都会造成客人不满，从而对酒店产生不良的影响。

3. 价格政策

酒店的价格政策、价格的起伏变动，对内部促销的影响至关重大。认真研究并制订好切实可行的价格政策，有利于酒店的推销和经营，有利于酒店效益的提高。

(1) 多种价格。酒店客房推销，最好不要只用一个价格。定价可采用两种方法：一种是高价、低价各占20%，中间价占60%；另一种是高价、低价占10%，次高、次低价占20%，中间价占40%。

(2) 灵活价格。酒店要根据市场供求的变化来调整自己的价格。旺季时，客房紧张，房价可以上浮。而到了淡季，房间比较空的时候，要有一个特别推销的价格。房价可以打折扣，或者还可以包早餐，或包晚餐。当然，给一个特别的销售价格，往往会影响平均房价，这就要考虑时机、季节、房间数、住客率等因素。

(3) 房价控制权。房价管理不力，容易出现管理上的漏洞。房价控制过死，又会影响灵活、控制的权力，是酒店经营管理中的一个必须重视的问题。

4. 客源比例政策

(1) 客源比例可分几个方面的类型。

① 客源目标市场明确以后，确定客源比例政策。

② 各种游客的来源所占比例。

③ 团队和零星客人的比例。
④ 国际游客和国内游客的比例等。
这些都需要酒店每年制订明确的目标和政策。

（2）前厅部和市场营销部的推销目标。前厅销售的面是侧重于零星客人。营销部销售的侧重是团队，是大的流量，房价有折扣和优惠。营销部要经常与前厅部保持联系，在销售比例范围外，可以要前厅增加用房或向前厅退还订房。在客源不稳定、不饱和地区的酒店要特别重视团队客人的接待和推销。酒店每年都应制订一个散客和团队入住的大致比例的政策，这是必需的。另外，作为酒店经营者，还要能预测客源市场的走向和未来，要留有余地。在旺季时，要考虑到淡季的情况；在客源市场不稳定的地区，要能给团队客人入住留有一定的比例。

5. 建筑装饰与设备设施。

酒店的外观和内部陈设的风格，应该能够体现出酒店的经营风格。酒店的装饰、陈设能对客人的情绪有很大的影响力，是无言的店内促销因素。

（三）店内促销的方法

1. 问候客人

酒店所有与客人接触的员工，都要养成主动问候客人的习惯，无论在酒店的什么地方，见到客人，都要主动热情地问候，客人在店期间就总能充满着愉悦的心情，这些都对店内促销有良好的影响。

2. 与客人保持联系，请求预定

（1）所有的前台服务员、行李员，在与客人非正式的谈话中，都可以请求客人预订。当客人离店时，内部推销工作所要做的是：感谢客人光临，请他们再次光顾。客人一旦答应，就立即为他们预订下一次的客房，还请求客人为酒店提些意见。而宴会预订和餐厅服务员可以对用餐客人说："假如下次您想订餐，就请您打个电话，让我为您预订。"总台员工也可以这样说："如果贵公司有来自外地的客人，请介绍他们到我们酒店来住。"这些简单的请求预订，能很好地推销出酒店的产品。

（2）保持与客人的经常联系，就可以及时地推销出酒店的服务产品。酒店的各营业消费点，对在店消费（住宿、用餐、娱乐）过的客人，应保持与他们的联系。联系的方法多种多样，打个电话，或写封信，让客人知道，酒店是多么感谢他们在店消费。这对促销很有帮助。

3. 熟练掌握服务知识，提高客人回访率

（1）为顾客提供优质服务。
（2）使他们感到舒适。
（3）使客人感到酒店需要他们、欢迎他们。

把这三者结合起来，酒店经营就能成功。提高客人回访率是任何一个服务行业取得成功的重要因素之一。

4. 建立客史档案，处理好宾客投诉

酒店内每个营业消费点都应该建立客史档案，并经常分析研究，利用客史档案，保持与客人联系，不断地主动推销酒店的服务产品，这必定能够大大提高酒店营业销售额。

（1）建立客史档案。总服务台建立客史档案，可以统计客人来店的次数，给客人优惠。为第二次入住的客人提供简便入住登记。多次住店的客人，除了给予折扣外，房内还要布置鲜花、水果。对过生日的客人，还要有祝贺生日的节目等。这些都可以通过客史档案查询来

布置安排。

宴会预定建立客史档案，对客人上次宴会的菜单、客人喜欢吃什么、不喜欢吃什么，客人有什么意见，下次宴会和上次宴会如何区别等都能起到作用。

其他消费建立客史档案，有的可能通过与客人交换名片，得知常来消费客人的姓名、单位、职务、电话、地址，以便与他们建立联系。如果酒店有什么新的推销活动，可以根据这些客史档案，与客人取得联系，向客人推销酒店的服务项目。

（2）处理好客人投诉。在店内促销中，所有员工应该牢记"宾客至上"，必须把注意力集中在客人的身上。酒店员工面对抱怨，千万不要为自己的错误辩解。更不能追根问底，而应该对客人说："对不起，很抱歉"。即使员工确信客人抱怨是错误的，也不要与客人争辩。妥善处理客人投诉，认真研究宾客投诉的内容，定期给投诉客人回信。主动征求客人意见，改进服务工作，可以赢得更多的客人，可以增加回头客。

5. 特别促销和团体会议推销

（1）特别促销。酒店可以经常开展一些特别推销活动，以吸引各方面的客人来店消费。要吸引一些特殊的客人，做一些有特殊价值的生意。在生意淡季能吸引到客人来店消费，有着特别的意义。比如，酒店内的一些娱乐服务设施，可用作特别专项推销活动，如网球比赛、保龄球比赛、水上芭蕾游泳比赛、交谊舞比赛等，以此对社会各界宣传酒店娱乐服务，吸引更多客人来店。

酒店推销工作的开展，还可以组织外资企业秘书、外事单位的负责人，成立一个俱乐部，鼓励激发俱乐部成员为酒店推销。他们为酒店带来的客人消费得越多，就给予越多的奖励。酒店要经常与他们保持联系，每月定期发给他们酒店经营工作通信，使他们了解酒店内的各项推销工作和有关情况，这也是促销工作的一种好形式。值得注意的是：酒店在进行特别推销，开放新的服务设施或项目时，一定要制订一个详细的、明确的促销计划，来宣传和推广这些新开设的服务设施和项目，以此吸引潜在的客源市场。

（2）团体会议推销。在淡季，酒店要特别计划做好团体会议的推销工作。因为，这些团体会议的出席者，每个人都可能是一个零星客，如果他们感到满意，他个人还会再来酒店，并为酒店作宣传。团体客房销售可以提高淡季出租率，本身还是推销其他业务的一次极好的机会。因此，淡季做好团体会议推销，提供优质的团体会议的接待服务，是很有意义的。

6. 其他促销手段和观念

（1）广告宣传工作。酒店内部促销，必须重视内部的广告、告示宣传，使进入酒店的客人，一下子就知道酒店近期在推销什么活动、有什么新项目、新的消费内容等。酒店大厅内应设专门的告示栏、告示牌，来告示酒店的日常推销活动，告知客人这些推销活动的内容、时间、地点、特色、特点等。这种告示要具有推销功能，引导客人去尝试消费。告示宣传要有图案和色彩的搭配，要具有吸引力和促销的功力。在酒店的每个房间里放一张告示，通告住店客人，酒店近期要组织安排的各类推销活动情况，这也是一种有效的内部促销。

（2）努力使酒店的每平方米都能生财。将一些比较好的闲置场所改作消费营业点。如果会议室太多，利用率不高，就要改作他用。有些消费点设置之后，很少有客人光顾，就要考虑它的实用性。有些场所能带来效益，就不能让它作为行政办公室。只要认真检查一下，酒店还是有一些可以生财的潜在因素的，这些都是能够多创收、增加经济效益的途径。

（3）多推销多奖励。酒店要大力宣传，奖励一些推销工作做得好、促销成绩显著、为酒店多创收的员工。有此激励机制，就更能刺激和调动酒店全体员工为酒店多促销、多创收的主动性、积极性和创造性。

要点6：加强在线营销

竞争的压力使越来越多的酒店通过各种促销、降价来完善自己的销售渠道，这使酒店与OTA（Online Travel Agency）等中介代理商之间的博弈愈加激烈。对于更为广泛的散客来说，他们更愿意到有多家酒店可供选择比较的在线中介门户网站消费。

（一）在线营销服务商分类

总体而言，在线营销服务商共分为如图1-2所示的五类。

第一类	以携程、艺龙为代表的OTA，他们以提供"机票+酒店"这两种旅行者最核心需求的产品起家并发展壮大。这些产品虽然来自不同的旅游企业，但他们自身作为统一的交易平台，与旅游者进行结算
第二类	以去哪儿网为代表的旅游垂直搜索引擎，他们搜索到的住宿产品来自不同的OTA或旅游企业，本身也具有交易结算功能，但更多的是将消费者引导到产品提供商的页面进行结算
第三类	各传统的酒店自设线上平台进行产品销售，如国内三大旅行社中国国旅、港中旅和中青旅的在线旅游销售平台：国旅在线、芒果网和遨游网。中小型酒店建设在线销售渠道的也越来越多
第四类	传统电子商务网站加入旅游产品销售，如淘宝旅行、专业团购网站
第五类	门户网站旅游频道或专业服务。即利用百度、谷歌等搜索引擎，提供信息平台，供酒店、旅行社等相关企业开展网上业务，如春秋旅游网

图1-2　在线营销服务商的分类

（二）在线营销模式分类

根据服务商的分类，酒店在线营销也可做相应归类，其中，第一类和第四类属于中介代理，第二类（其中搜索结果直连酒店官网的那部分业务）、第三类和第五类属于酒店的直销模式。

1.中介代理

中介代理是指酒店向专业代理机构（如携程、艺龙等）支付佣金，中介代理将各酒店信息发布到网站，由中介机构负责销售渠道的开发，属于酒店网络营销渠道的外包。

以携程为例，携程主要采取把消费者吸引到其网络平台，其自身作为统一的交易平台，与旅游者进行结算，从而达成交易。一般来说，消费者点击所要入住的酒店名称的超链接，并非直接进入到此酒店界面，而是进入到显示携程价的携程界面，进行访客支付。

优势：这种中介代理的网络辨识度高，产生的订单量比较大。

不足：一是中介代理不是只代理一家酒店，其所代理的众多酒店在设定位置、区域等条件相同的搜索页面上存在着激烈的竞争，尤其是价格方面的竞争；二是消费者通过中介代理来选择酒店时，他们更乐于在几个中介机构中选择自己信任的一个，这只有利于培养消费者对中介机构的忠诚度，而不是对酒店的忠诚度，容易形成酒店对中介的依赖；三是必须支付销售成本，即佣金。当酒店已形成对中介代理商的依赖、中介代理商占强势地位时，酒店将失去对佣金高低谈判的"话语权"。

2.直销模式

直销是指独立饭店或饭店集团通过自己组建网络来实现网上订房。通过官网直销及在搜索引擎排名是目前我国酒店网络直销的主要模式。

优势：直销模式能够充分向客户展示自身形象和实力，并且可以适时地根据需要变更价格，持久的直销将形成自己稳固的客源市场。

不足：在搜索引擎的搜索结果中如果酒店的排名不靠前的话，实际效用会大打折扣。目前我国酒店与银行的担保体系不健全，NO-SHOW（未入住）率较高也是酒店直销要面对的一个问题。

对于规模较大、服务水准高的酒店，较适用于直销方式，即建立自己的网站，充分展示酒店的形象，通过酒店网站进行业务洽谈、进行房间预订等活动。持久的直销将形成酒店稳固的客源市场。

但有关调查数据显示，我国30%的单体酒店没有网站和网页，即使有独立网站和网页，也达不到搜索引擎优化排名的效果。

（三）新型在线营销模式

1.移动客户端

智能手机、平板电脑的普及，改变了人们信息获取的方式。通过手机预订酒店的比例也在不断增长，不少大型酒店预订网站纷纷推出了手机预订，争夺市场。

在运营上，移动互联网对酒店的意义在于图1-3所示的4点。

意义一 建立有效的直销模式

借助移动互联网，酒店和终端客户的距离前所未有地近了。智能手机客户端具有"上网"和"通话"双功能。移动互联网使酒店拥有了一个有效的直销渠道

意义二 消灭库存房量

在美国，Hotel Tonight 这个智能手机客户端正在帮助酒店推动当天的短期预订。有很多"最后一分钟"商旅客户通过该软件搜索就近酒店是否有空房并进行预订。在传统的订房网站实现这样的预订是很费时费力的事情，而通过智能手机客户端就可以帮助酒店消灭当天最后库存房量。酒店完全可以通过智能手机客户端向会员客户（下载酒店手机应用程序的客户）推送当天最后一分钟房价

意义三 提升客户的活跃度和参与性

在传统互联网模式下，酒店和客户之间的互动并不容易实现，因为客户并不时时在线。很多实施了常客计划的酒店为如何提升客户的活跃度而烦恼。而通过手机移动终端，酒店可以通过各种应用与客户互动，比如7天的"点行社区"鼓励客户通过"签到"获取"点币"这个功能就可以很好地提升与会员的互动性

意义四 提升客户的满意度

酒店可以利用手机智能终端建立和客户的直接联系，并根据移动互联网的"社交特性"获取客户的偏好和消费习惯，采取更具针对性、更加个性化的方式，这将有助于提升客户的满意度

图1-3　移动互联网对酒店的意义

中国市场在移动互联网领域是走在世界前列的。在酒店客户中，智能手机使用者比例较高，并在手机上花费更多的时间。因此，酒店未来的市场竞争重点会是基于移动互联网服务的竞争。

2. 社交媒介

微博、微信的出现给酒店带来了新的直销模式，很多酒店纷纷开通微博、微信，发展潜在客户、激励老用户。微博、微信已成为酒店和用户沟通的一个纽带，有助于酒店的宣传和推广。

新浪微博是一个由新浪网推出，提供微型博客服务的产品。用户可以通过网页、WAP页面、手机短信/彩信发布消息或上传图片。消费者可以将看到的、听到的、想到的事情写成一句话，或发一张图片，通过电脑或者手机随时随地分享给朋友。

人人网是为整个中国互联网用户提供服务的SNS社交网站，给不同身份的人提供了一个互动交流平台，提高用户之间的交流效率，通过提供发布日志、保存相册、音乐视频等站内外资源分享等功能搭建了一个功能丰富、高效的用户交流互动平台。

腾讯的微信发展势头正猛，对于酒店而言，更利于对关注自己微信公众账号的现有及潜在客户进行点对点的直接营销。未来客户通过微信订房、订餐将有一个巨大的发展空间，是值得酒店企业认真研究的直销领域。

3. 团购模式

酒店团购作为一种新兴的电子商务模式，通过消费者自行组团、商家组织团购等形式，提升消费者与酒店方的议价能力，并极大程度地获得消费让利，酒店方与消费者达到双赢局面，因此酒店团购这种模式得到迅猛发展。

此种新兴模式，在落地执行时需考虑以下几点以保证其高效开展。

（1）挑选优质团购网站合作。要求团购网站提供一条龙服务，包含产品咨询、技术咨询和售后服务等。将酒店、团购网站、消费者串联起来，团购网站不再是"局外人"。

确保团购交易安全快捷，引进第三方支付平台，即类似淘宝网和支付宝的绑定模式。

（2）创新团购产品。尽量避免千篇一律的降价客房或餐饮产品。创新专项团购产品，如此既不会影响酒店整体价格体系，又能实现发展团购顾客为忠实顾客的目标。

（3）反馈总结。做好团购客户的市场调查，摸清团购原因、消费感受、建议意见等，整理调查显示结果。

第二节　酒店管理营销管理制度

制度1：年度经营计划制订管理办法

××酒店标准文件		××酒店 年度经营计划制订管理办法	文件编号××-××-××	
版本	第×/×版		页　次	第×页
1　目的 规范本酒店年度经营计划制订工作。 **2　管理规定** 　2.1　准备工作 　在每年制订酒店年度经营计划及各相关预算前，都必须充分准备好以下资料。 　（1）过往两年的营业数据，包括每个月的客房平均房价、客房出租率、客房总营业收入、餐厅用餐人数、餐厅用餐的平均消费额、宴会场次及每个细分市场的数据。 　（2）过往两年对营业收入产生重要影响的特殊事件回顾。					

续表

××酒店标准文件		××酒店 年度经营计划制订管理办法	文件编号××-××-××		
版本	第×/×版		页	次	第×页

（3）已经掌握的未来一年影响营业收入的大事件展望。
（4）对未来一年经济形势走向及对营业收入影响的判断和预测。
2.2　营业收入预算与专题会议
　　根据上述预测，由市场营销部及相关营业部门（房务部、饮食部、康乐部）各自制订一份营业收入预算，然后召开各自的专题会议商讨。
　　（1）第一轮进行的是市场营销部内部审议。参加人员包括营销总监、总监助理、资深销售经理、营运收益经理。制订的内容是，包括每个月、每个细分市场的客房平均房价、客房出租率、客房总营业收入、餐厅用餐人数、餐厅用餐的平均消费额、宴会场次及每个细分市场的数据。
　　（2）第二轮进行的是总经理主持的各部门会审。参加部门包括总经理办公室、市场营销部、财务部、相关部门（房务部、饮食部、康乐部）。此会议将综合各部门的意见进行磋商，并共同探讨，对市场营销部提交的营销方案予以会审通过，然后提交各相关营业部门（房务部、饮食部、康乐部）进行运营费用与成本的匡算，以及财务部进行利润计划等匡算。
　　（3）第三轮进行的是酒店年度经营计划的会审，结合各相关营业部门（房务部、饮食部、康乐部）的运营成本和费用匡算，以及全酒店的资本性采购计划，拟定上报董事会的年度经营计划大纲。
2.3　年度经营计划拟订
　　由财务部草拟酒店的年度经营计划，由总经理审核签署上报董事会批复执行。

拟订		审核		审批	

制度2：市场推广计划管理办法

××酒店标准文件		××酒店 市场推广计划管理办法	文件编号××-××-××		
版本	第×/×版		页	次	第×页

1　制订市场推广计划
　　1.1　根据酒店领导或市场营销总监提出的设想，制订市场营销推广计划方案一般于推广前45天完成。
　　1.2　方案应具有以下特点。
　　（1）适应市场形势和季节特点。
　　（2）满足目标市场客人的实际需求。
　　（3）能迅速刺激客人的消费欲望。
　　（4）新颖而有特色。
　　（5）时效性强。
　　（6）方案内容详细清晰。
　　（7）对有关部门的工作上的操作性强，有指导性作用。
　　（8）撰写预算及计划呈总经理审批。
2　市场推广计划的实施
　　2.1　市场推广计划方案经行政领导批准后可以实施。
　　2.2　市场调查员协助由部门主管指定的具体负责人召集有关部门召开沟通会，协助落实各项工作。会议要作出详细记录，包括工作内容、负责部门、完成日期、各部门的划账形式以及总负责人姓名、分机电话号码等。
　　2.3　推广进行前40天由市场调查员负责填写工作协助单，设计及制作与计划有关的一切宣传资料，如海报、市场调查表、各类优惠票券等。
　　2.4　推广前30天由市场调查员负责报纸、电台广播等宣传资料的准备，编写宣传稿并与有关单位联系。由公关主任及负责人合作完成。
　　2.5　推广推出前30天协助市场部修改、确认有关宣传资料的文字内容。
　　2.6　推广前7天向各部门派发推广计划实施细则，规范各部门的工作进展。
　　2.7　活动进行期间，负责人负责协调各部门的工作。

续表

××酒店标准文件		××酒店 市场推广计划管理办法	文件编号××-××-××		
版本	第×/×版		页	次	第×页

3 对市场推广计划的评估

推广后30天内负责人负责收集活动期间客人的反应、意见及营业数据，进行综合的整理和分析，并向市场营业总监提交分析报告，所有有关活动的资料需进行分类存档。

4 带客人参观酒店的设施设备

4.1 与客户预约时间及了解客人所需要了解的资料

（1）电话预约的目的主要是令员工能有充分的时间提前做好参观设施的预备工作及安排参观酒店的计划。

（2）对客人所需了解的其他资料做好准备工作，以便能将酒店最新最准确的资讯介绍给客人。

如果客人是公司的总经理及重要客人，要向营销总监汇报。

4.2 通知有关部门对所需参观的设施做好准备

（1）联系各有关部门对所需参观的设施做好准备，确保所需参观的设施处于正常状态，尽量避免带客人到正在装修或执整的房间或餐厅进行参观，令客人对酒店留下不好的印象。

（2）客人到达前24小时，视为急件。客人到达前1小时应准备好。

4.3 等候客人

（1）等候前检查仪容仪表。

（2）检查准备的资料。

（3）客人到达前5分钟在约定地方等待客人。

4.4 与客人见面，互换名片

（1）给对方递名片时，应作一个简单的自我介绍，自我介绍时应干脆利落，切忌繁琐。

（2）接受对方的名片时，应伸出双手礼貌地接过来，看清名片的内容后，应亲切地称呼对方的姓氏和职务，并再次向客人问好。接过的名片不能随意放入口袋中，应夹在预先准备的名片夹中。

4.5 带领客人参观，记录客人意见

（1）根据参观计划引领客人参观酒店设施，推销酒店产品，并向客人作相关的介绍，态度要热情、周到、诚恳。

（2）一般性参观控制在45～60分钟内，其他的因要求而异。

4.6 与客人道别，约定下次详谈时间

参观活动结束后与客人道别，并与客人约定下次详谈的时间，未能回复客人的问题应在24小时内回复。

拟订		审核		审批	

制度3：大型经营接待任务组织制度

××酒店标准文件		××酒店 大型经营接待任务组织制度	文件编号××-××-××		
版本	第×/×版		页	次	第×页

1 目的

规范酒店的大型接待任务，以确保圆满完成，达成客户满意。

2 管理规定

2.1 每逢酒店有大型经营接待任务，应由市场营销部会议统筹组指定人员与组委会方面具体接洽，专门负责收集组委会举办活动的具体要求和被邀请嘉宾排房的具体资料，然后草拟《行动计划》方案，并起码提前一周召开各有关部门主管出席的业务沟通会。

2.2 如接待任务重要，则需要提前更多的时间和召开多轮专门的业务沟通会，以便各业务部门有针对性地充分准备。专门的业务沟通会的主持人由酒店经理或是具体分管某一方面的总经理助理担任。一般情况下，由其负责担任《行动计划》的总指挥，各部门主管将担任部门的联络人以及自己部门本次内部运作的指挥，以便于加快信息的流通速度和保持信息传递的准确性。

2.3 市场营销部会议统筹人员，在该大型经营接待任务中扮演协调、沟通和酒店信息发布唯一代表的角色，是该大型接待任务的酒店方信息中心，负与组委会指定沟通人（或被授权人）进行最后的信息再确认。组委会任何方面的信息，无论什么时候、什么方面，无论是由酒店哪个业务部门接受到的，

续表

××酒店标准文件		××酒店 大型经营接待任务组织制度	文件编号××-××-××		
版本	第×/×版		页次		第×页

都应第一时间被汇集至会议统筹组指定人员本人。

2.4 当沟通出现问题,或操作层面不顺畅的情况出现时,各有关部门联络人或会议统筹组指定人员应及时向《行动计划》总指挥报告,要求协调解决。

2.5 《行动计划》的内容主要有以下几点。
(1)简述。
(2)住宿安排。
(3)入住安排。
(4)会议安排。
(5)餐饮安排。
(6)交通安排。
(7)付款方式。
(8)组委会负责人或被授权人。
(9)酒店方面总指挥及联络人。

拟订		审核		审批	

制度4:会议团体信息管理制度

××酒店标准文件		××酒店 会议团体信息管理制度	文件编号××-××-××		
版本	第×/×版		页次		第×页

1 目的
规范会议团体的信息沟通与管理,确保各个部门能够有效协作,做好会议接待工作。

2 管理规定

2.1 经与负责会议团体的客户洽谈协商达成共识,会议统筹组把协议书交对方签署确认后,开设该次会议团体的档案。

2.2 在发出协议书当天,会议统筹组要将该会议团体的用房、用车和会议(宴会)场地在酒店管理电脑系统内进行预留,并标注进展情况。

2.3 从发出协议书当天起,会议统筹组要将该会议团体列入《会议团体计划表》中,使其进入销售库存控制部门或人员的视野,如:营运收益经理、宴会销售经理等。

2.4 会议统筹组的项目负责人,要随时与举办单位的具体负责人保持密切的联系,以便根据客户要求及时作出会议内容的修改。

2.5 如因场地或价格等问题导致流失的会议团体,应列入每月的《生意流失统计表》中,呈交市场营销总监审阅。

2.6 客户把协议书签回后,会议统筹组应提醒客户以协议书规定的时间及金额数目交纳订金。如定金交纳后,应将该财务信息传递给相关的营运部门。

2.7 会议团体到达和停留期间,会议统筹组要经常与宾客和举办单位的具体负责人沟通,收集宾客意见并及时予以反馈。

2.8 会议团队离店后一周内,会议统筹组要将有关资料存档备查,备查时间至少一年。然后需要将该团体的入住房数、房间收入、餐饮收入等资料编入《每月特别团体统计表》中,以便月初提交报告。

2.9 每月10日前,会议统筹组要制作《特别团体月度报告表》,将上一个月会议团队入住房数、客房收入、餐饮收入、团队资料、入住日期列表,并计算每个特别团体的收入、房数,与去年同期及与今年预算比较。报告要求对销售情况作大致的概括及陈述,供酒店当局作为日后经营管理的重要参考依据。

拟订		审核		审批	

制度5：销售拜访制度

××酒店标准文件		××酒店 销售拜访制度	文件编号××-××-××		
版本	第×/×版		页	次	第×页

1 销售拜访目的
　　销售拜访主要是认识客户，了解客户需求，并为客户提供适合其需求的酒店产品。同时了解客户对产品的意见、市场信息，以评估和预计客户对酒店的重要性、为评估未来市场趋势及了解酒店在竞争市场的位置作出依据。

2 参加销售拜访人员
　　一般性拜访由销售组的人员完成。重要客户拜访或重要协议洽谈将由销售部经理或市场营销总监参与。

3 拜访形式
　　电话、电子邮件、信件、问候卡、面谈、宴请等。

4 销售拜访程序
　　预约→再次确认到访时间→拜访→跟进→做记录→报告。

5 拜访原则
　　每个销售人员应对自己所掌握的客户的规模、经营行业、主要负责人、业务量，主要使用酒店的产品，是否使用其他竞争对手等信息有较全面的了解。同时还需要对客户所处的行业及客户所在行业中的位置，业务发展趋势及相关联系的客户进行深一步的掌握。销售人员根据自己对客户的了解情况和熟悉情况编排拜访计划，基本要求有生意的顾客每两个月应拜访一次，而大客户应经常性保持密切联系。随时留意其公司发展及听取其对酒店服务的意见。

6 拜访报告
　　6.1 拜访，应在每星期五前对下一星期的时间做安排。
　　6.2 需提前预约，重要客人如公司总负责人，应提前一个星期与其预约。
　　6.3 拜访后应在电脑系统中将所收集的信息录入并制作成销售报告（每星期）。目的是将信息记录，以便日后跟进和翻查。同时，也方便更换销售人员，或别的同事跟进相关事项的时候能获得相关资料。
　　星期拜访报告表应在每星期一前提交。

拟订		审核		审批	

制度6：客户协议审批和信息录入制度

××酒店标准文件		××酒店 客户协议审批和信息录入制度	文件编号××-××-××		
版本	第×/×版		页	次	第×页

1 目的
　　经销售人员与客户洽谈达成协作意向后，酒店市场销售部准备接受客户的协议申请，应依照本制度执行。

2 管理规定
　　2.1 销售人员需要清晰地填写协议审批申请表，并将各房间类型和价格标明，然后向行政组移交有关客户申请资料。
　　2.2 客户申请资料必须包括：
　　（1）客户的中文及英文名称。
　　（2）客户（公司）主要经营范围。
　　（3）客户主要联络人及联络方式。
　　（4）客户地址和邮寄编码。
　　（5）协议的建议折扣。
　　2.3 市场营销总监对销售人员的建议合约折扣价格应在当天给予批示。
　　2.4 获审批通过的协议，将由销售人员将除价格以外的客户资料先行在电脑系统内开户。

续表

××酒店标准文件		××酒店 客户协议审批和信息录入制度	文件编号××-××-××	
版本	第×/×版		页次	第×页
2.5 根据市场营销部和信息网络部管理规定，所有涉及价格的输入（含更改和取消），都应由行政组人员根据市场营销总监批示独立执行，其他人员无电脑授权。 2.6 客户协议书纸质原版一式两份，经市场营销总监签发后向客户发出，一般情况下要求客户在7天内签回。 2.7 客户协议书纸质原版应在市场营销总监审批通过后24小时内以快递形式寄出，也可以根据客户需要以传真发送或由销售人员亲自送达。				
拟订		审核	审批	

制度7：酒店客房年度价格更新制度

××酒店标准文件		××酒店 酒店客房年度价格更新制度	文件编号××-××-××	
版本	第×/×版		页次	第×页
根据年度销售计划，市场营销部每年都要为主要的客户进行客房出租优惠价格的更新。 **1 客户** 除了新开发的客户外，每年进行价格更新需要考虑的主要客户有： （1）门市客户。 （2）商业公司客户。 （3）旅行社客户。 （4）航空公司客户。 （5）政府有关部门的客户。 （6）领事馆客户。 （7）民间组织客户。 （8）特殊推广客户。 **2 价格** 需要订立的价格按财务规范需要统一按人民币报价，特殊情况事先经市场营销总监同意，可以以美元进行报价。涉及酒店客房及其关联的价格主要有： 2.1 客房。含不同类型的房间，主要有高级客房、精英客房、豪华房、行政客房、行政套房、豪华套房和总统套房。也有连通房、蜜月房和残疾人专用房。 2.2 饮食。早餐价，主要指住房的包餐价格，也分为西式和中式两种。一般安排西式为咖啡厅自助餐，中式为中餐厅定食。 除早餐外，午餐和晚餐都有住房的包餐价。 2.3 车辆。酒店的礼宾车辆有多种选择，有多种品牌和型号高级车型，主要有小轿车、商务车、中巴。租用价格按小时、半天和全天价等多种。 **3 价格变更** 3.1 门市价每年都要根据市场经济情况进行调节，主要考虑物价通胀和酒店市场定位而进行。习惯上，变更的时间安排在每年的春季。 3.2 商务公司、旅行社等其他客户的价格调节，除考虑门市价格的标尺因素外，很重要的是要参照过去其支持酒店销售业绩的力度和比重，按不同的几个档次进行归类分档给予对应的优惠政策，并在双方友好协商的基础上签订合作协议。习惯上，变更的时间都安排在公司或旅行社财政年度的前一季度。 3.3 对于其他价格调节，将根据酒店市场及其行业发展的关联因素进行统一调节。习惯上，变更的时间安排在新历年前。				

续表

××酒店标准文件		××酒店 酒店客房年度价格更新制度	文件编号××-××-××		
版本	第×/×版		页 次		第×页

4 价格变更的程序

4.1 由市场营销部在定期的月度销售会议上对某个合作方的酒店消费记录进行讨论和同类项比较，然后对其销售业绩进行排档。

4.2 在年度最后一个销售季度，准备将全年的客户资料按量进行比较，对有潜质和没有表现的客户进行比较，根据第二年销售计划准备提交价格变更申请报告。

4.3 由市场营销总监将相应的价格变更申请报告在酒店专门的价格会议上进行汇报和讨论通过。

4.4 有关的价格变更报告，根据负责不同分销渠道主管的酒店经理或总经理助理签字同意，最后呈交总经理作最后的审定。

5 适用范围

除年度酒店客房价格更新外，此制度还适用于康乐和饮食宴会相关价格的定期更新。

拟订		审核		审批	

制度8：免费房及房间提升权限的规定

××酒店标准文件		××酒店 免费房及房间提升权限的规定	文件编号××-××-××		
版本	第×/×版		页 次		第×页

1 目的

为了配合本年度酒店的经营策略，特对免费房及免费提升房间到豪华房及行政楼层的权限进行调整并重申做出规定。

2 管理规定

2.1 免费房

所有的免费房必须经总经理签批方能生效。一般情况下，应在客人到达前将经总经理签批的订房单送达订房部，当天的送达前台。如有特殊情况，已得到总经理口头批准，操作上未能在客人到达前准备好订房单的，申请免费房的部门和单位须自行跟进并尽快补单。否则，房间费用将向申请的部门收取。

2.2 对于新豪华房及行政楼层房间的提升权限

2.2.1 严格控制免费提升房间类型，未经以下酒店行政人员批准，不能从高级房和精英房类型免费提升到豪华房及行政楼层，也不能将行政楼层单房免费提升到行政套房。可审批之酒店行政管理人员为：总经理、副总经理、市场营销总监和房务总监。

2.2.2 请订房部及前台部控制好各种房间类型超额预订情况，尽量减少因超出低房间类型预订，而要免费提升客人房间的情况出现。

2.2.3 请房务部做好房间的安排，如客人提早入住而不能安排所要求的房间，应请客人到酒吧休息，晚些提取房间。

2.3 有关××企业及其下属其他企业的订房处理

2.3.1 免费房

指免收入住客人的房租，而发生的房租将向各申请单位及企业收取。租金按照本酒店与××企业所签署的协议计算。该申请也需由总经办经总经理签批，方能生效。

2.3.2 免费升级房间

一律需由总经办经总经理签批，方能生效。

拟订		审核		审批	

制度9：世界酒店组织系统管理制度

××酒店标准文件		××酒店 世界酒店组织系统管理制度	文件编号××-××-××		
版本	第×/×版		页	次	第×页

1 参加世界酒店组织的目的和作用

世界酒店组织是世界单体酒店和小型连锁店的酒店组织，该公司致力于发展成全球范围内集市场推广、销售网络为一体的国际单体酒店组织知名品牌。在保留全球各成员酒店各自特色的基础上，提供更多市场推广、形象建设的服务。

本酒店希望借该组织全球销售网络，建立酒店国际形象，吸引国际客源，克服单体酒店销售网络的缺陷。

2 世界酒店组织系统

世界酒店组织的系统是基于互联网上的操作系统，通过互联网执行，主要包括：

（1）成员酒店网站系统。
（2）竞价系统。
（3）TRUST即时预订系统。
（4）佣金支付系统/航空公司积分计算系统。
（5）数据统计系统。

3 各系统的管理

3.1 成员酒店网站

（1）提供该公司最新的活动和推广计划，全年销售推广计划准备、酒店资料更新，新系统的资料，操作系统手册，年会资料等。

（2）成员酒店系统密码由总经理、市场营销总监及负责该系统之指定销售人员掌握。也可由市场营销总监指定之人员掌握。

3.2 竞价系统

（1）该系统主要提供酒店与世界酒店组织各销售队伍的沟通。给每个公司的RFP填写报价。同时更新世界酒店组织各销售人员有关本酒店的资料。

（2）该系统密码由市场营销总监及负责进行公司报价和团队报价的人员掌握。并由负责之销售人员完成填报。

3.3 TRUST即时预订系统

（1）该系统直接与GDS相连接，提供即时预订服务。是主要的订房渠道。功能：现在到未来两年内酒店的房间类型，各类型的价格、条款、有效日期等资料。

（2）该密码由总经理，市场营销总监、房务总监、负责该组织的销售人员、收益经理及订房部主管掌握。由于所有的资料将直接反映到全世界所有使用的客户、中介的操作页面，而内容要求非常繁多，因而密码需要定时更改。

① 价格/资料的录入更新：由市场营销部根据有关之协议完成。

② 订房信息的获取：由订房部每一小时上网下载订房资料。

③ 渠道开关/可销房配额控制：由收益经理根据预订情况经市场营销总监批准，调整和控制该渠道的订房价格及量。

④ 密码维护：密码更新将由系统自动提出要求，并由订房部进行更新。并直接通知营销部负责的销售人员。

3.4 佣金支付系统/航空公司积分计算系统

（1）用于网上确认需要支付的订房佣金，使世界酒店组织的付款机构支付旅行社的佣金。同时，也确认客人所享有的航空里程积分。世界酒店将在每月定期将已支付的费用账单给本酒店结账。

（2）该系统密码由财务总监及负责的财务信用经理掌握。

3.5 数据统计系统

（1）用于提取每月产房晚的分析报告表。主要是每月由该渠道产生的订房量、价格、途径等的分析。

（2）该密码由市场营销总监及负责之销售人员掌握。

拟订		审核		审批	

制度10：定期客户联谊活动制度

××酒店标准文件		××酒店 定期客户联谊活动制度	文件编号××-××-××		
版本	第×/×版		页	次	第×页

1　目的
　　为增进酒店与商务客户的宾客关系，并满足酒店长住客群体的社交需求，特制订定期客户联谊活动举办制度。
2　管理规定
　2.1　邀请对象
　　为酒店主要商业客户的公司首脑、秘书和干事等负责客房、宴会预订的关键人士，以及长住酒店客房、公寓的宾客和亲友。
　　客户联谊活动可以分商务客户和长住客两种分开独立邀请，也可以一起邀请，视乎活动的主题而定。
　2.2　筹划部门
　　由市场营销部负责筹划，其他部门配合。
　2.3　出席部门
　　酒店行政人员和市场营销部人员，以及房务部、康乐部、饮食部等负责客务工作的经理级别人员。
　2.4　时间安排
　　一般都是选择春节、暑假、中秋、圣诞（寒假）等中外重要节假日前的周末傍晚时间。
　2.5　活动主题
　　2.5.1　酒店内部社交活动，如宴会派对、观看表演、音乐会欣赏、网球比赛、国际妇女会等。
　　2.5.2　户外活动，如郊游、高尔夫球赛、品尝美食等。
　2.6　资料收集
　　通过定期的客户联谊活动，酒店销售人员及行政人员有机会与酒店常客群体熟悉，并有机会互相交流信息，有利于酒店公关形象的体现和对宾客需求有进一步的了解，以便于酒店各项客务工作能够做到精益求精。

拟订		审核		审批	

制度11：礼仪小姐管理制度

××酒店标准文件		××酒店 礼仪小姐管理制度	文件编号××-××-××		
版本	第×/×版		页	次	第×页

1　纪律守则
　1.1　出勤制度
　　须在规定时间前更换好衣服和化好妆，于指定时间准时在集合地点集中并签到。
　　如有特殊原因不能出勤，须以书面形式向礼仪工作负责人提前请假，并说明理由。
　　凡超过规定的集合时间签到或没按规定时间到达指定工作岗位，即视为迟到。工作任务未结束而提前离开，即视为早退。工作时间内不出现又无提前请假或特殊原因，即视为旷工。
　1.2　忠于职守
　（1）须按照礼仪工作单的具体要求，准确及时地完成礼仪接待任务。
　（2）必须切实服从礼仪工作负责人的工作安排，认真依时完成工作任务，不得无故拖延或拒绝。
　（3）未经礼仪工作负责人批准同意，不得私自调班。工作时间不得擅自行动或离开。
　（4）工作时间内应严守纪律，执行接待任务时不能交头接耳或行为不当。
　（5）工作认真，待客热情，举止端庄，保持微笑。
　1.3　请假制度
　（1）如无特殊或充分理由，礼仪小姐不得随意请假。
　（2）如需请假（含病、事假），须以书面或口头形式，提前至少一天向礼仪工作负责人提出申请，得到直接负责人批准后，方可生效。

续表

××酒店标准文件		××酒店	文件编号××-××-××	
版本	第×/×版	礼仪小姐管理制度	页 次	第×页

（3）原则上，同一时间内，同一部门不允许同时有两人或以上请假。

1.4 入队/退队制度

（1）员工申请加入礼仪队，可直接向人力资源部或公关部索取礼仪队队员简历表，仔细填写并递交。简历表经公关部审核后，如申请人条件符合，公关部将以口头或书面形式通知该员工，正式批准其加入礼仪队。

（2）礼仪小姐申请退出礼仪队，必须以书面形式向公关部递交退队申请书，真实详细说明退队理由，并由所在部门主管签字确认证明。

公关部收到退队申请书后，将根据实际情况决定是否批准该礼仪小姐的退队申请，并以书面形式回复该申请退队的礼仪小姐。

（3）如无充分理由或特殊原因，公关部将不予同意批准礼仪小姐的退队申请。若礼仪小姐多次违反相关的规章制度和要求且情节严重者，公关部有权勒令其申请退队。

2 行为规范

2.1 仪容仪表

（1）礼仪小姐的精神面貌应表情自然，面带微笑，端庄稳重。

（2）礼仪小姐需精心化妆打扮，保持面部清洁。

（3）头发干净整洁，长发须用统一的头花盘起。

（4）按规定统一穿着礼仪小姐旗袍和黑皮鞋。

（5）礼仪工作时间不允许佩戴手表、戒指等多余饰物。

2.2 仪态举止

（1）礼仪小姐要有挺拔的站姿、稳健优美的走姿及端庄的坐姿。

具体要求是：站立时应全身正直，两肩放平，收腹挺胸，双手按标准姿势放好。行走时上体要直，挺胸收腹，步态轻盈，步幅均匀。

（2）礼仪接待时禁止有缩肩塌背、东倒西歪、挖耳鼻、抓头皮等任何不雅行为。

（3）礼仪接待时要尽量保持安静，不准相互说话讨论。

3 奖惩制度

3.1 表扬与奖励

（1）凡每月依时出勤，严格遵守相关规定的礼仪小姐，获公关部发出的感谢信一封。

（2）每月将评选一名最佳礼仪小姐。凡被评为最佳表现者，获感谢信和小礼物一份。

（3）凡对礼仪工作提出合理化建议者，获公关部表扬信一封。

3.2 处罚

（1）凡无故迟到或早退一次，扣除本人当月礼仪津贴的5%，依次类推。

（2）凡无故旷工一次，扣除本人当月礼仪津贴的10%，依次类推。

（3）凡一个月内连续两次（或以上）无故迟到/早退/旷工者，除扣减其相应的礼仪津贴外，公关部将视实际情况而定，对其进行批评教育。情节严重者，以书面形式报所在部门主管通报批评。

（4）凡违反礼仪小姐相关规定或不符合要求者，公关部将视实际情况而定，给予其批评教育。情节严重者，扣除本人当月一定数额的礼仪津贴，以书面形式报所在部门主管通报批评。

4 礼仪工作应急处理办法

4.1 若礼仪活动当天，礼仪小姐使用人数突然需要发生变动（增加或减少）

（1）公关部收到通知后，立即根据实际情况要求，决定是否需要增加/减少参加接待工作的礼仪小姐人数。

（2）如需临时增加礼仪小姐，由公关部统一以口头方式通知其他非当班的礼仪小姐，后补备忘录。若被通知的非当班的礼仪小姐当天无法出勤，原则上由其所在部门主管另行安排合适员工临时顶替，并将有关安排告知公关部。

（3）如需临时减少礼仪小姐，由公关部礼仪负责人根据实际情况自行安排，以口头方式提前或在场通知当天不用参加接待任务的礼仪小姐，并将有关安排告知其部门主管。

（4）如因通知时间紧迫而引起礼仪小姐人数不足等相关后果，公关部一概不承担相应责任。

4.2 若使用部门要求使用礼仪小姐的通知时间过短（不足1天）

（1）公关部收到通知后，立即安排人员名单，并先直接以口头方式通知相关礼仪小姐，视实际情况作出适当调整后，再补出备忘录。

续表

××酒店标准文件		××酒店 礼仪小姐管理制度	文件编号××-××-××		
版本	第×/×版		页	次	第×页

　　（2）若使用部门只需要少量礼仪小姐，建议由使用部门内部沟通自行解决，并将相关安排告知公关部。
　　（3）如因通知时间过短而引起礼仪小姐人数不足等相关后果，公关部一概不承担相应责任。
　　4.3　若礼仪活动当天，被安排的礼仪小姐临时因特殊原因（如生病或其他充分理由）无法参加礼仪接待工作
　　（1）公关部将根据实际情况，决定是否批准该礼仪小姐不参加礼仪工作的申请。
　　（2）原则上，因特殊原因无法出勤的礼仪小姐的空缺，将由该礼仪小姐所在部门主管另行安排合适员工临时顶替，并将相关安排告知公关部。
5　礼仪小姐津贴制度
　　为了完善礼仪小姐的津贴制度，保证礼仪小姐整体的素质并体现多劳多得的公平原则，酒店现实行按礼仪小姐出勤情况计算的津贴制度。该礼仪小姐津贴制度以每人每小时20元为基数累计，每月二十号结算一次，活动接待名单由公关部合理、灵活控制。
　　公关部将根据外部客户的性质以及收到使用礼仪小姐工作单的时间长短，合理收取内部使用部门一定费用，作为礼仪小姐的津贴以及日常必要的培训和活动经费。初步收费标准如下：

通知时间	一般商务公司	政府、免费公司
提前一周	50元/小时/人	25元/小时/人
提前三日	60元/小时/人	35元/小时/人
提前一日	80元/小时/人	45元/小时/人

　　如当日活动只需要少量礼仪小姐，建议使用部门内部沟通自行解决。
6　福利待遇
　　6.1　根据出勤情况及工作表现，礼仪小姐每月享有相应数额的礼仪津贴。
　　6.2　礼仪小姐可根据公关部发出的礼仪考勤表的实际出勤钟数在所在部门进行补休。
　　6.3　礼仪小姐在礼仪工作期间可免费享用一餐工作餐。
　　6.4　礼仪小姐有权参加相关的礼仪培训及活动。

拟订		审核		审批	

制度12：酒店订房管理制度

××酒店标准文件		××酒店 酒店订房管理制度	文件编号××-××-××		
版本	第×/×版		页	次	第×页

1　订房预测的制作程序
　　1.1　查阅现有的订房
　　散客：快速地查阅有否重复预订。
　　团队：与营销部确认各团体的情况，有多少已担保、已有名单、需要更改或取消的情况。
　　1.2　查阅旅行社配额
　　检查各旅行社的配额：留意预设的数量有否被更改并查阅配额的使用情况。
　　1.3　查阅会展的日期
　　剔出那些对入住率有影响的展会，留意该段日期的订房情况，核对有否将资料输入IDEAS预测管理系统及检查有否遗漏或日期出错。
　　1.4　打印IDEAS预测报表
　　检查对报表，分析IDEAS所提供的数据，如OVER BOOKING（超额预订）的数量、会展期间的预测销售量是否合理。若完全同意该报表，可发放至相关人士。
2　传真及信函订房制度
　　2.1　接收电邮或传真时要仔细阅读内容，留意要求预订的日期、房型、数量。

续表

××酒店标准文件		××酒店 酒店订房管理制度	文件编号××-××-××		
版本	第×/×版		页　次		第×页

2.2　根据预订状态，决定是否可按客人要求接受该订房。
2.3　查看合约商务公司或合约旅行社是否依据公司合约报价。
2.4　如是当天的订房要实时输入电脑后才回复。
2.5　确认书要使用标准格式，发出前要重复检查是否答复了客人的提问，确认书要在当天内回复。
2.6　查看付款方式，如是不可记账的旅行社，需在预订单上注明："房费应在客人抵达前的三个工作日内预付，否则，将按门市价向客人收取"字样。如是不可记账的商务公司，需将公司信函呈财务部审批，在回复时要说明该要求在审批中会尽快回复。

3　电话订房管理制度
3.1　收到电话，要在铃响三声内接听，礼貌地说出酒店的标准问候句。
3.2　接听及询问客人的要求，礼貌地询问来电者姓名，并需在整个电话交谈中要称呼客人为"×先生/小姐"。
3.3　询问订房日期及是否与酒店有公司协议价，将日期及公司名字输入计算机，如该公司是有协议的，就进入"Rate Query"的接口，计算机就会展示出不同房型的价钱，按计算机上的展示可提供的房型及价格向客人报价。
3.4　在"Rate Query"查询房价时，当看见"红色<H>"在某一房型时，即表示该房型是不可售卖，如展示出"绿色房价"，即表示该房型可出售。
3.5　如客人是无公司协议，就可向客人推销"Promotional Rate或Rack Rate"。在计算机上Rate Code栏输入"PRNFP或RACK"后，进入"Rate Query"界面，进入"Rate Query"界面，同样地按展示出的房价向客人报价。
3.6　要向致电者查询入住客人的姓名，到达方式及时间，房费付款方式，其他特殊要求，如非吸烟房、大床、接车服务等。客人是否需确认书，以及订房者的联系电话/传真号。
3.7　复述预订内容，完成预订后要向客人说"多谢"。

4　取消预订管理制度
4.1　收到取消预订的来电，应向致电者确认要求取消预订客人的姓名、抵达及离店日期，查看电脑记录上有否该订房。
4.2　对照原预订，查看是否为同一公司、同一客人。倘若不符，就应向客人解释不能更改。
4.3　如果预订是由旅行社预订的，请客人直接联系旅行社，再由旅行社以书面形式通知酒店。
4.4　向取消预订的代理人重复取消订房的资料，如无特殊情况，可以确认取消订房。
4.5　若订房是已担保，请留意是否符合取消条件。

5　受理特殊预订管理制度
5.1　特殊预订包括免费房、特殊房价、房间免费提升。
5.2　订房部文员没有权限确认以上三种特殊订房。
5.3　当收到以上的要求时，可将订房的资料记下并尽快交与总监签批，而免费房必须由总经理签批确认。
5.4　当收到广州/香港销售部，或其他部门确认的订房单时，必须检查有否得到签批，若尚未有总监签署的订单，要与有关部门沟通，跟进总监的签批。

6　普通/商务团体的订房制度
6.1　收到旅行社或商务公司的申请，将资料送交销售部，团队的确认要获得部门总监的签署批准。
6.2　签批后的处理
（1）销售部的同事应建立团体记录，普通团体在到达3天前应收到销售部发出的团体接待指引，而商务团体亦应在7天前收到接待指引。
（2）普通团体到达一天前输入名单、核对房价、付款资料、特别要求等。
（3）商务团体的名单在输入电脑时要复查客人是否有以往入住记录，对一些特别房型，如行政楼层及以上类型的房间应在收到指引后，立即预留房间。
6.3　订房量的控制
（1）普通（旅行社）的团体订房上限每天不可以超过50间。但在淡季或周六、周日等低入住率的日子，亦可超过这上限，但必须得到部门总监的批准。
（2）商务团体的订房不设上限，依据实际情况而定。

拟订		审核		审批	

制度13：市场营销部门内部管理制度

××酒店标准文件		××酒店 市场营销部门内部管理制度	文件编号××-××-××		
版本	第×/×版		页次		第×页

1　考勤制度
　　1.1　须按照酒店规定在8:25前进行掌型录入。
　　1.2　须在8:30前按酒店仪容仪表相关规定更换好衣服，整理好仪容仪表，到达工作岗位并在部门签到本上签到（第一次违反，予以口头警告。第二次违反，将扣除2小时补休。第三次违反，按迟到处理）。

2　申请加班制度
　　2.1　跟进团体或某项工作须申请加班的，须提前提出申请并填写"加班申请表"，经各分部销售经理批准后，由市场营销部总监批准方可生效。其他原因（如长住客活动、参加酒店活动等）须计算加班的，须书写书面报告，说明原因，得到各销售部经理同意及市场营销总监批准后，方可计算。
　　2.2　加班时间作补假的通常不超过半天，若超过半天的，将按实际工作时间计算。如需在酒店留夜至翌日的，有接送安排需销售经理跟进的，按实际工作时间计算。
　　2.3　周六及周日值班自动计为加班（按8小时计算），由行政组记录值班人员销假情况。原则上要求须在值班后1个月内提取加班钟时，提取加班钟时需按程序填写补休申请。

3　补休制度
　　3.1　需要补休的同事必须提前一天提出申请，并填写补休申请表，得到直接主管批准及市场营销总监批准后，方可生效。
　　3.2　原则上，同一时间内，同一小组，不允许同时2人请假或补休。
　　3.3　补休时间最少以半天（4小时）计算。
　　3.4　如有急事需临时补休的，或在上班的当天需补休半天的，须事前向直接主管电话报告说明理由，在得到批准后，方可生效，此种情况1个月每人不超过2次。事后，需要及时补回书面请假资料，留行政组存档备查。
　　3.5　未得到任何批准而擅自补休的员工，将根据不同情况给予不同的处分。

4　销售人员工作制度
　　4.1　出席会议制度
　　4.1.1　销售人员必须于每天早上8:15准时出席部门例会，如有特殊原因不能出席例会，须向直接上级提前请假，并在例会开始前，报行政组，行政组在签到本上注明不到的理由。
　　4.1.2　每天17:15参加部门销售例会，如有特殊原因不能出席例会的，须在会议举行前向会议主持请假。
　　（以上制度第一次违反，予以口头警告。第二次违反，将扣除2小时补休。第三次违反，按迟到处理）
　　4.2　外出销售拜访制度
　　每天应在早上10:00前和下午15:00前离开办公室外出拜访客户。如需要在上述期间留在酒店内处理工作的，必须事先获得直接主管的批准。
　　4.3　值班制度
　　值班时间安排
　　星期一至星期五　　17:30～21:00
　　每天18:15～19:15，当值的销售人员需到大堂当值
　　星期六、星期日　　早上08:30～17:30
　　（1）行政组每星期五下班前出下周值班表，并通过OA（Office Automation，办公自动化系统）通知销售人员及相关部门。
　　（2）如需要调动值班更期的，请销售人员在组内协商调动，并自行通知总机及大堂副理。
　　（3）值班人员须在大堂副理处签到和签离，留下联络分机号码、手机号码。
　　（4）如果当班时间当值人员出现不复机情况，第一次，予以口头警告。第二次，作旷工处理。而因不复机造成的酒店任何损失，将酌情处理。
　　（5）值班人员在离开时，负责关闭所有电灯和空调，并锁好门。
　　4.4　完成销售拜访计划及报告制度
　　4.4.1　每星期五下班前制订下周的"销售拜访计划"并以书面形式呈交市场营销总监。
　　4.4.2　每星期五下班前递交"客人意见报告"并以书面形式呈交市场营销总监。

续表

××酒店标准文件		××酒店 市场营销部门内部管理制度	文件编号××-××-××	
版本	第×/×版		页次	第×页

4.5 销售人员宴请客人制度

4.5.1 销售人员须在酒店宴请客人的，须事先书面申请，填写"宴请表格"。在表格申请得到市场营销总监批准后才生效。

4.5.2 遇到当天临时须宴请的情况，需预先向市场营销总监口头申请，获批准后，才能够生效。宴请后须补书面申请呈市场营销总监（每个月只允许有2次情况，先宴请，后补申请）。

4.6 客户资料/系统管理及文件处理制度

4.6.1 定期更新系统内的公司文件信息，如果发现公司没有价格或价格不对，请立即联系行政组需更改公司的跟进人、房间价格等，需填写更改表并得到总监批准有关新公司的协议，由各销售人员负责收集齐公司资料，填写申请表并输入到系统中，再呈总监批准后交行政组出协议。协议如需邮寄，一般为挂号或平邮，需快递的须经过批准。邮寄请各自填写信封，再由行政组统一收集并交寄。如果是传真或快递，请各自负责完成。

4.6.2 销售人员所获得的公司资料及公司联络人名片均属于酒店财产，应妥善保存。销售人员在转换、调离工作岗位或辞职时，需将上述有关资料交回部门处理。否则，因此而造成的工作不便及资料外泄令酒店遭受的损失将由该员工承担相关责任。

4.6.3 销售人员有责任维护名下公司资料的正确和完整。任何人未得到批准，不能更改他人公司的资料，或任意将公司变换销售人员。妥善使用客户数据资料库，任何对酒店/部门数据系统资料库进行蓄意破坏的行为，将按照酒店规定给予严重过失或开除处分。

4.6.4 长住房协议请由销售人员自行打印，并跟进有关房间安排、付款、回签等，并复印致财务部、房务部，正版交行政组存档。

4.6.5 有关文件物品的传递，请放在指定的位置，由行政组每天按特定时间派发。而往前台的文件，则由支援组一天两次按指定时间派发。如有紧急的文件/物品需立即派送的，请自行派送。

4.7 报销制度

4.7.1 销售人员在制订拜访计划时，应与组员协商好路线的安排，尽量利用酒店提供的专车外出进行销售拜访。

4.7.2 申请报销的出租车费需与拜访计划相同，可报销地段如下：（待定）。

4.7.3 报销单据应在当天交行政组，有效之票据应清楚填写乘搭日期，往返地址及销售人员的签名确认。票据由行政统一安排报销。

4.8 享受手机津贴的人员纪律制度

4.8.1 手机必须24小时处于开启状态，任何情况下不得关手机。

4.8.2 手机应随身携带，不得以任何理由在手机响铃时卡断或不接来电，过后才以座机电话回复对方。

4.8.3 每次手机响铃不得超过1分钟，如有特殊情况不能马上接电话时，应预先开启留言信箱，并在接到留言后尽快回复电话。

5 酒店/酒店信息资料保密制度

任何有关酒店数据、营运资料、人事调配、对竞争对手采取的策略及措施及酒店内部传阅资料均属于保密文件，未经酒店当局/部门总监批准同意，任何人不可对外泄露。

6 部门文件派送制度

6.1 部门文件要尽快处理派发到相关部门，行政组每天从酒店文件柜收取文件至少4次（其中包括每天下午5:30左右必须查看酒店文件柜1次）。如有紧急文件或送客人之物品，请各人自行派送到各部门。

6.2 支援组每天2次将订房派送到前台（上午和下午各1次）。特殊情况，应马上将有关订房文件派送到前台。下班前，须将当天接到的订房全部送到前台。如有紧急文件或送客人的物品，请各人自行派送到各部门。

7 档案管理制度

7.1 商务公司、政府部门年度协议及各行政上文件由行政组统一存档。

7.2 旅行社年度协议由负责旅行社之人员统一存档。

7.3 各特别团体档案由统筹组统一存档。

7.4 任何人不能将档案记录文件带离酒店，借阅档案须及时归还。

8 办公室防火及安全管理制度

8.1 全体员工在办公室内必须严格按照酒店安全生产条例及消防安全条例进行安全工作，安全使用办公设备设施。

续表

××酒店标准文件		××酒店 市场营销部门内部管理制度	文件编号××-××-××	
版本	第×/×版		页 次	第×页

8.2 人离办公室需切断一切电源，关门。
8.3 用安全合格的标准电源插座。
8.4 经常检查电器设备，如有问题及时维修。
8.5 保持办公室整洁，各样物品不乱丢乱放。
8.6 保持走火通道畅通。
8.7 办公室内严禁吸烟、严禁使用火柴、打火机等引火之物。
8.8 安全使用电脑、复印机等办公电器，定时定期进行检查及保养，保证办公电器的安全使用、不超负荷运作。
8.9 电源插座要使用工程部认可安全的电源，线路有序不乱。
8.10 每间办公室设立防火责任人，监督办公室消防安全的落实工作。
8.11 发现消防或安全隐患，必须有关程序及时处理。日常工作期间要把安全摆在首位，防患于未然。
8.12 做好办公室钥匙及更衣室钥匙的管理工作，在办公室内尽量不要存留贵重物品。

9 服务质量标准管理制度
9.1 基本规定
9.1.1 各质量标准管理小组组员分别负责各自部门的质量监督。
9.1.2 每星期质量督导员需根据标准进行不少于3次的质量检查，并在每星期一提交改进报告给质量标准管理小组组员。
9.1.3 对于达不到标准的事项，质量标准管理小组组员就各事件在该星期进行案例分析培训。
9.1.4 质量标准管理小组组长和组员每月召开1次会议，检查反馈各质量问题，就改进和未改进的商讨方法。
9.1.5 在每星期的报告及小组会议的基础上在每月7日前提交报告给酒店质量管理委员会。
9.1.6 每月报告也将同时以电子邮件形式发给各员工。
9.1.7 对于多次不能达到标准的员工及部门负责人给予一定的惩罚，对于有改进的，给予一定的奖励。
9.2 服务质量标准
9.2.1 仪容仪表
（1）遵守酒店有关仪容仪表的规定、本部门要求。
（2）需穿深色行政套装。
（3）在酒店内需带铭牌。
9.2.2 拜访客户和接待客人
（1）按规定之仪容仪表。
（2）带备所需的资料、名片、笔及笔记本。
（3）提前5分钟在大堂等候（或约定之地方）。
（4）见到客人主动与客人打招呼，并称客人姓，如是第一次见面，主动介绍自己和随同同事，先介绍领导。
9.2.3 接电话
（1）电话响三声内需接听。
（2）用接电话标准语言。
（3）有可能称呼客人姓氏。
（4）转接电话需与客人说明转接到哪，并明确目标电话接通才收线，反之则主动咨询对方是否需要留言。
（5）尽量提供帮助而不是将电话随意转接。
（6）如对方电话占线，应尽量留下客人姓名、公司名、电话及大概事宜，以便跟进。
9.2.4 客人的问题：对于客人问题，需在当天内回复，如有特殊原因，也应在24小时内答复客人跟进情况。
9.2.5 确认书：订房确认书应是当天订房当天清理。
9.2.6 回复客人电话：对于客人留言应在当天回复，如有特殊原因，也需24小时内答复。
9.2.7 合约：对于客人要求签订协议，申请表应在当天内发给客人。收到客人申请表后，24小时内给客人回电，商谈有关价格，并将资料录入电脑系统。在总监签批价格后，24小时出具协议，并告知客人协议情况。新开公司，应在一周内安排拜访。
9.2.8 团体报价：对于所有团体的要求包括旅游团及商务团，应在24小时内回复报价。

××酒店标准文件		××酒店	文件编号××-××-××		
版本	第×/×版	市场营销部门内部管理制度	页	次	第×页

9.2.9 团体指引：特别团体指引除特别原因外，应在团队到达前5天发出。普通团体指引在团队到达前3天发出。

9.2.10 订房热线：订房热线报表及领取信需在每月10号前准备好。

9.2.11 客人参观酒店

准备工作：

（1）了解客人的背景及参观的目的，24小时前设计好参观路线，并通知有关部门。

（2）客人到达前1天再次与客人确认到达的时间。

（3）客人到达前2小时检查所需房间是否准备好。准备好有关宣传资料。

（4）客人到达前5分钟，到大堂或约定地点等候客人，并带名片及资料。

9.2.12 工作协作单

（1）宴会海报文字需要在2个工作日内完成。

（2）卡、票券在7个工作日，推广宣传海报（不含写作）在10个工作日，普通菜牌及宣传单张（不含写作）在15个工作日，大菜牌及宣传册（不含写作）在25个工作日，节日装饰布置在20～25个工作日内完成。

9.2.13 广告

（1）稿件设计需在3个工作日内完成。

（2）稿件尽快递交有关部门审批。

（3）在广告刊登日前3天需确定内容和版面。

（4）合约管理，所有广告合约及付款文件应当天内归档摆放。

（5）付款时效尽量控制在55天内。

9.2.14 新闻稿

（1）宣传推广性质的文稿，在宣传日前7天准备好。

（2）新闻性质文稿，发生日后3天内进行报道，发生日前1天前准备好。

（3）消息/专题类文稿，在发生日5天内报道，发生日当天后之后1天内准备好。

9.2.15 数据报表（竞争对手、月度报表）：竞争对手数据应在每天下班前制作完毕，月报表应在每月15日前完成。

9.2.16 对客文件处理：文件应符合格式，用规范的纸张和无错别字。

9.2.17 订房确认书：应在当天给予客人回复。

9.2.18 订房内容应输入：正确无误，出错率在1%内。

9.2.19 经营指标：根据酒店每年的营业指标，完成各部门的任务，并控制好成本。

拟订		审核		审批	

制度14：市场部日常工作制度

××酒店标准文件		××酒店	文件编号××-××-××		
版本	第×/×版	市场部日常工作制度	页	次	第×页

1 数据统计与分析

1.1 每天中午12:30前完成每日"竞争对手经营情况对比表"，并通过电子邮件的方式发送给酒店相关领导。在交易会期间，每日需增加与上年同期房间销售情况的对比。

1.2 每月按时完成部门月度工作报告，包括：每月15日前完成《月度市场分析数据》，20日前完成《月度市场报告》等。

1.3 每月定期收集市场数据与资料信息。

1.4 每月底统计《综合优惠卡》发放情况并进行客人资料信息输入存档工作。

2 公关文字

2.1 每日按时接收工作协作单，明确有关设计制作要求和完成时间，依时完成各部门协作单的文字撰写、校对、翻译等各类工作。

续表

××酒店标准文件		××酒店 市场部日常工作制度	文件编号××-××-××		
版本	第×/×版		页 次		第×页

2.2 配合酒店各部门依时完成酒店介绍、公司/客户赞助信、特殊活动领导讲话稿、媒体采访稿、新闻稿等各类文字的设计撰写工作。

2.3 定期（每两个月）负责跟进酒店饮食宣传单及酒店简讯的设计制作工作，包括：宣传材料的收集整理、文字设计撰写、美术设计、印刷制作等工序。原则上月初设计材料，月底前完成审批、印刷，并于下月初开始派发宣传品。

2.4 每月底对已完成的公关文档进行归类、存档。

3 广告宣传

3.1 每年年底完成下一年的广告预算计划，及时签订相关广告合同。

3.2 每月初完成当月媒体投放计划。

3.3 每月按时依据合同要求设计酒店广告稿，审批完成后，在截稿日前将广告材料交给广告公司刊登。

3.4 及时跟进广告费用采购申请、支付流程。

3.5 每月底整理完成酒店广告投放一览表、广告采购请款汇总表、置换广告消费清单汇总等。

3.6 每月底收集各媒体刊登的酒店广告，整理存档。

4 礼仪小姐

4.1 每月按工作单要求跟进酒店礼仪小姐接待任务。

4.2 每月底完成礼仪小姐每月费用结算、考勤、活动小结。

4.3 每月初申请上月礼仪小姐费用津贴，并于财务审批完成后及时发放津贴。

4.4 每年定期进行礼仪小姐招募、培训工作。

4.5 每年底完成礼仪小姐接待工作总结及计划。

5 媒体关系

5.1 每周不定期电话或约见媒体记者以联络感情。

5.2 定期收集媒体信息，更新部门媒体信息资料库。

5.3 每月将酒店客房或餐饮的推广信息发送给相应的媒体编辑，争取尽可能多的酒店宣传信息刊登。

5.4 每年定期宴请记者，举办媒体联谊会或活动，并在相关节日前向媒体赠送礼篮（应节礼品）以作为答谢。

6 剪报/大事记

6.1 每天阅览各类报纸，收集酒店及业界新闻信息。

6.2 每月底整理粘贴剪报，统计见报率，撰写月度剪报分析小结，完成后进行装订。

6.3 每月初将上月完成的剪报交行政当局传阅，传阅完毕后部门存档。

6.4 按时记录酒店大事记，并于月底将整理的月度大事记交档案室。

7 刊物摆放/礼品管理

7.1 按时接收外单位刊物摆放申请，出文呈部门领导审批，确定是否允许摆放。

7.2 落实摆放合作意向后，跟进摆放刊物的数量、地点及期限等事宜。

7.3 依照各部门提交的礼品申请备忘录发放酒店礼品。

7.4 每月底完成礼品发放汇总表，清点礼品数量，及时补仓。

8 美术设计/装饰布置/拍照录像

8.1 公关主任及时向美工组提供文字资料，美工组按工作协作单要求及时进行设计制作。

8.2 设计完成后立即出设计审批单呈酒店相关领导审批，并跟进后续修改及制作事宜。

8.3 每年节日、重大活动期间负责酒店相关区域的各类装饰布置工作。

8.4 按要求负责酒店重大活动的拍照及录像工作。

9 其他日常工作

9.1 每日按时传递、收发文件，定期处理部门各类记录、统计、文件存档工作。

9.2 每月中进行部门文具出仓及员工考勤工作，每月底提交部门月度质量标准报告、月度安全生产报告，以及每月部门培训总结、计划。

9.3 完成其他属于市场部工作范畴的相关工作。

拟订		审核		审批	

制度15：市场营销部每日销售简会制度

××酒店标准文件		××酒店 市场营销部每日销售简会制度	文件编号××-××-××		
版本	第×/×版		页 次		第×页

1　目的
为规范市场营销部的日常管理，更有计划、高效率地落实每日销售工作，特制订此简会制度。
2　管理
　2.1　市场营销部销售组、旅行社、会议统筹组的员工逢星期一至星期五都要参加部门早上和傍晚每日两次的销售简会。
　2.2　早上会议安排
　2.2.1　时间与地点：每天8:15在市场营销部会议室由总监主持召开。
　2.2.2　参加人员：市场营销总监、销售部经理、销售组全部人员、统筹组组长、市场部经理。
　2.2.3　沟通的信息：
（1）前一日开房情况及当天VIP到达情况。
（2）当天到达旅行团情况。
（3）当天会议团体到、离和入住情况。
（4）当天会议室和宴会预订情况。
（5）市场营销总监做简短工作任务布置和要求注意事项。
（6）与会人员是否有事项须通知。
　2.3　傍晚会议安排
　2.3.1　时间与地点：每天17:15在市场营销部会议室由总监主持召开。
　2.3.2　参加人员：营销总监、销售部经理、销售组全部人员、统筹组组长、营运收益经理。
　2.3.3　沟通的信息：
（1）每人报告当天外出拜访的特别事项和市场信息。
（2）营运收益经理报告未来两个星期的订房情况，并商讨销售策略。
（3）销售部经理报告有关之销售策略、人事安排和酒店活动事项。
（4）由市场营销总监回顾之前工作并对以后工作提出要求。
　2.4　备注
如市场营销部总监公差未归或因私请假，授权市场营销部总监助理负责主持每日会议。

拟订	审核	审批

制度16：酒店媒体公关管理制度

××酒店标准文件		××酒店 酒店媒体公关管理制度	文件编号××-××-××		
版本	第×/×版		页 次		第×页

1　媒体工作守则
　1.1　媒体公共关系守则
　1.1.1　市场部的媒体关系数据库应每季度进行更新，各大主流媒体编辑、记者的相关信息资料应予以记录并进行相应的归类。
　1.1.2　市场部应采取多元化的形式，定期与媒体进行联系和沟通。通过日常的电话沟通、宴请、节日送礼、组织记者活动等方式，加强与各大主流媒体主编和记者的感情沟通与联系。
　1.1.3　市场部应积极配合媒体提供其所需要的酒店正面宣传信息，借机提高酒店的媒体曝光率，提升酒店的公众形象和美誉度。
　1.2　媒体采访守则
　1.2.1　由市场部礼貌接待或接听各媒体的采访要求（来访或来电）。
　1.2.2　市场部专职人员需请媒体预先提交书面形式的采访提纲（可通过传真、电邮等形式传递），要求列明采访的主题及问题、采访对象的要求或条件、采访的现场背景、采访内容和用途，以及将刊登的日期、专题及版面。

续表

××酒店标准文件		××酒店	文件编号××-××-××		
版本	第×/×版	酒店媒体公关管理制度	页	次	第×页

  1.2.3 由市场部负责将采访提纲呈交酒店行政当局审阅，并请示是否同意接受采访。
  1.2.4 当得到同意采访的结果后，应立即建议采访对象并予以确定。
  1.2.5 由市场部联系和约定采访对象，并将采访提纲交给采访对象做好预先的准备工作，同时帮助采访对象理清回答思路。
  1.2.6 市场部负责根据采访对象的思路撰写回答要点，并准备相关的材料。
  1.2.7 确定好接受采访的时间及地点后，市场部负责致电回复来采访的媒体，落实各项具体采访事宜。
  1.2.8 接受采访当天，市场部专职人员负责介绍媒体给采访对象认识，并陪同采访对象接受采访，从旁提供必要的协助。
  1.2.9 采访结束后，市场部专职人员负责继续与媒体保持密切沟通，要求采访媒体在新闻发布前将文稿先交给酒店当局审阅，并要求对方给予配合，在酒店当局同意后才给予发布。
  1.2.10 采访文章或录像发布后，市场部负责及时收集和存档。
2 酒店新闻工作制度
  对于任何关于酒店新闻的发布，酒店都应采取谨慎认真的态度，以实践酒店管理层对社会、对社区、对业主、对宾客和对员工负责任的经营管理承诺，继续保持一贯的企业良好形象。为此，特制订此工作制度。
  2.1 在没有酒店总经理授权的情况下，酒店任何员工无权对外接受采访和进行新闻发布。
  2.2 酒店市场部根据总经理授权，专门负责酒店日常的新闻发布工作。任何的外来采访和新闻拍摄，都必须首先获得市场部的审核同意方可进行。
  2.3 每次外来采访或新闻拍摄，市场部都应派员进行现场监控，并于开始前通知有关的部门注意提供协助。
  2.4 每次组织新闻稿前，负责新闻稿撰写的市场部首先要明确其发稿的目的，判断是属于宣传、广告性质还是新闻消息类性质，以便于确定该新闻稿需要对外传递的主要内容、信息和渠道是否准确。
  2.5 新闻稿的撰写要具时效性，文笔要简练，主题要突出。
  （1）对于宣传推广性质的文稿，要求在规定进行宣传的日期前5～7天准备好。
  （2）对于一般的新闻发布文稿，必须在事件发生前1～2天做好准备。
  （3）对于爆炸性消息或危机事件类文稿，要求在事件发生日当天，或最迟不超过24小时准备好。
  2.6 文稿起草完成后由市场部经理及酒店特邀专业人士进行批改，以便于酒店当局进行最后审定。
  2.7 任何在媒体发布的新闻，事先都必须得到酒店管理当局的认可和签署同意。
  2.8 市场部负责始终与新闻媒体保持良好的合作关系，对每一则媒体刊登或报道的文稿或片段，都应对其发布日期予以多次的确认和跟踪，以便于准确收集和存档。
  2.9 对于酒店及行业内任何新闻动态，市场部每月都应对其新闻稿件进行剪报和复印汇编，以便于管理当局对照比较，及时作出必要的调整。
  2.10 对于涉及酒店的所有新闻文稿、剪报和录像，都应按照酒店档案管理规定进行每期的整理和分类，并定期移交存档。
3 记者招待会召开制度
  3.1 明确召开记者招待会的目的和主要内容，草拟活动策划方案和行动计划，呈酒店领导审批定案。
  3.2 充分认真准备记者招待会所需的文字、图片资料，力求内容充实，包括主持人的讲说词、答记者问的备忘提纲、新闻稿，以及与将发布的新闻信息有关的背景材料、论据资料、照片、录音录像、幻灯片等。特别是可能引起争议的问题，应事先统一口径，并列出论点提纲，以备顺利应答。
  3.3 由公关部媒体联系负责人全盘负责统筹准备相关工作，落实出席招待会的酒店人员、请示确定主要发言人，并预先确定拟邀请的媒体记者名单，与各新闻媒体进行联系沟通。
  3.4 选择适当的时间举行记者招待会。应选择对各新闻媒体记者都方便的时间，并注意尽量不要与重要的节日及假期相冲突，以保证各相关媒体的记者都能出席。
  3.5 设计请柬，注明举行招待会的日期、地点、招待会的主题、联系人等要素。请柬应及早发出，并需跟进确定相关媒体出席情况。
  3.6 为出席的记者预备好文件袋（内装各种资料和招待会议程），同时准备召开记者招待会的其他相关用品、材料、布置等。
  3.7 记者招待会召开前事先检查场地及设备器材，确保各项工作准备就绪。
  3.8 记者招待会宜守时、紧凑，遵守各项议程，不临时插额外的项目。

××酒店标准文件		××酒店	文件编号××-××-××		
版本	第×/×版	酒店媒体公关管理制度	页	次	第×页

3.9 记者招待会结束后，及时收集相关媒体反馈信息。

4 《酒店简讯》制度

为加强与酒店客户群体的宾客关系，使酒店的营销信息能够得到及时和最大范围的发放，酒店市场营销部负责每月定期制作《酒店简讯》。

4.1 由市场营销总监提前一个季度与负责《酒店简讯》制作的设计公司进行沟通，提供酒店未来的营销重点和亮点，确定每期《酒店简讯》的主题及主要版面内容。

4.2 《酒店简讯》的写作素材，由各有关的营业部门和客服部门提供，并由市场部提交整理后的写稿思路和提纲，经过每月由市场营销部主持的销售联席会议审核同意通过。

4.3 《酒店简讯》的文字稿材料和相关的图片资料，须经市场部经理初审后，才能交由设计公司进行设计样稿制作。

4.4 经分管酒店领导对样稿同意审批后，市场部方可通知设计公司进行后续的制作印刷工作。

4.5 《酒店简讯》印刷完成后，应及时派发至酒店各部门员工，首先进行内部宣传，并在酒店各个对客窗口和客房进行摆放，以便于宾客的取阅。

4.6 对于宾客任何对《酒店简讯》的信息反馈，应该及时地被反映到市场营销部总监处。

4.7 市场部负责对当期的《酒店简讯》进行留样和存档备查。

5 "公关协作单"的运作制度

为保持和维护酒店统一的公关形象，对酒店注册商标的使用和酒店各种对公众展示的标准文体进行规范，特制订此运作制度。

5.1 凡任何需要使用酒店注册商标和酒店各种对公众展示的标准文体的制作事项，都需要事先填写"公关协作单"，由市场营销部负责审核批准。

5.2 酒店各部门须根据实际需要，认真填写"公关协作单"的各项内容，详细说明工作要求，并随单附上制作所需要的完整的文字及图片资料电子版。

5.3 "公关协作单"如需进行加急处理，必须填写加急原因与具体的时间要求。

5.4 填写好的"公关协作单"需经使用部门基层主管和总监签字确认后，才能交给市场部跟进处理（需附上完整的资料及电子版）。

5.5 市场部于接收后应及时登记收到的"公关协作单"，并按任务的重要和紧急程度予具体工作以编排。

5.6 市场部根据"公关协作单"要求起草撰写文字和稿件内容，且必须由市场部经理审批后才可交市场部美工组进行设计制作。

5.7 美术设计完成后，由市场部经理负责先行审稿，再将设计稿连同"公关协作单"转使用部门总监审核，再呈分管的逐级领导审批。

5.8 "公关协作单"要求的设计稿由酒店行政管理当局同意审批后，方可交使用部门进行实际施用，同时市场部负责复印样品存档备查。

6 突发公共关系事件处理制度

6.1 基本程序

6.1.1 突发公共关系事件发生后，立即收集相关的信息和报道，了解突发事件的内容和性质，并立即向酒店当局汇报。

6.1.2 市场部根据掌握的相关事件资料初步草拟应对方案和建议。

6.1.3 采取适当的对策措施处理突发公关事件：

（1）酒店内部迅速成立处理突发事件的专案处理小组，有需要时在该小组中指定一位或两位酒店发言人。

（2）突发事件处理小组成员需共同分析讨论情况，制订应对的对策和方案，并提交酒店领导审定。

（3）方案审批通过后，相关人员立即依照对策开展工作，并及时相互告知或汇报工作进展和结果。

（4）突发事件处理小组要深入分析，决定该事件的详情和跟进情况是否需向酒店全体员工或特定组织和公众通告。如果需要，应由指定的酒店发言人对内或对外发布相关信息。

（5）有必要时，由公关部根据掌握的事件资料草拟准备用于对外发布的新闻通稿，并呈酒店领导审批。

（6）谨慎处理与新闻界的沟通联系，确定配合新闻媒体工作的方式。统一对外口径，注意措辞，尽可能以最有利于酒店的形式发布相关信息。

（7）由酒店发言人专门负责酒店信息的对外发布，集中处理与事件有关的新闻采访或咨询等事宜。

（8）及时向媒体发布酒店新闻稿及相关信息，纠正或解释不利报道，以减少危机公关事件的影响。

续表

××酒店标准文件		××酒店 酒店媒体公关管理制度	文件编号××-××-××		
版本	第×/×版		页	次	第×页

6.2　其他应对措施
　　6.2.1　根据突发公关事件对酒店的影响程度，衡量决定是否需召开新闻发布会对外澄清或解释相应的危机事件，并跟进相关工作。
　　6.2.2　当媒体发表了不符合事实真相的报道时，可以尽快向其提出更正要求，指明失实的地方，并提供与事实相关的资料，表明酒店立场，要求公平处理。否则应考虑依法追究相关媒体的法律责任。
　　6.2.3　危机公关事件发生后，酒店必要时可及时、实事求是地向上级部门汇报情况，并跟进汇报事态的发展和处理的过程与结果。必要时，向相关部门或权威机构、人士请求提供指导和帮助，调动各方力量，利用权威意见，协助酒店尽快解决危机，降低酒店形象的损害程度。
6.3　突发公关危机事件处理后期，酒店应及时开展声誉及形象重建工作
　　6.3.1　及时通过媒体进行事件的跟踪报道，利用事实澄清或解释相关事件，消除公众对酒店的误解。
　　6.3.2　及时发布各种对酒店有利的宣传信息，加大酒店的正面宣传报道力度，转移公众对危机事件的关注程度。
　　6.3.3　积极运用各种公关手段，重建改善媒体关系，开展相关对酒店有利的形象宣传工作，重建酒店的美好形象和声誉。

拟订		审核		审批	

制度17：营销接待规定

××酒店标准文件		××酒店 营销接待规定	文件编号××-××-××		
版本	第×/×版		页	次	第×页

1　目的
为了规范公关客人的接待范围、分工及程序、接待标准，使之有章可循，特制订本制度。
2　适用范围
适用于公关客人的接待工作管理。
3　接待规定
3.1　公关客人的范围
　　3.1.1　来店视察、指导工作的中央、省、市领导人。
　　3.1.2　上级旅游主管部门及世界旅游组织的负责人和知名人士。
　　3.1.3　与酒店有合作关系或能为酒店带来效益及良好声誉的客人。
　　3.1.4　曾为酒店作过贡献的知名画家、书法家、艺术家。
　　3.1.5　酒店邀请的客人。
　　3.1.6　为酒店提供帮助、方便的单位，如民航、车站、港口等有关单位，但一般工作关系及私人朋友不在此列。
　　3.1.7　为酒店带来客源的旅行社及有关客户等。
3.2　接待分工及程序
　　3.2.1　上述范围公关客人原则上由营销部安排接待。
　　3.2.2　总经理室的客人由总经理安排或由行政办公室将公关客人详细情况、接待要求通知营销部，营销部负责接待。
　　3.2.3　各部门的公关客人需在酒店食宿的，必须事先填写《公关接待单》，报总经理批准。
　　3.2.4　需参观酒店的各部门公关客人，由该部门经理签字，注明公关单位人数，由营销部签发参观单，由该部门自行负责派人接待。
　　3.2.5　公关客人参观酒店一律凭营销部签发的接待单，否则各部门不予接待。
　　3.2.6　如有特殊情况，报总经理审批。
3.3　接待规格和费用标准
　　3.3.1　中央、各部委办以上领导（VV）。
用餐标准：每天××元/人（早餐××元，午餐、晚餐各××元）。

续表

××酒店标准文件		××酒店营销接待规定	文件编号××-××-××		
版本	第×/×版		页	次	第×页

用餐地点：宴会厅或包间。
住房标准：每天××元/人。
对此类客人可提供用车，总经理的宴请标准为每餐××元/人。
3.3.2　省、市重要领导人（VA）。
用餐标准：每天××元/人（早餐××元，午餐、晚餐各××元）。
用餐地点：宴会厅或包间。
住房标准：每天××元/人。
对此类客人可提供用车，总经理的宴请标准为每餐××元/人。
3.3.3　与本酒店关系密切的同行饭店总经理、世界旅游组织知名人士（VB）。
用餐标准：每天××元/人（早餐××元，午餐、晚餐各××元）。按每天××元/人收费，餐饮部按成本向财务部结算。
用餐地点：宴会厅或包间。
住房标准：每天××元/人。
对此类客人可提供用车，总经理的宴请标准为每餐××元/人。
3.3.4　旅行社总经理及国内外知名人士等（VC）。
用餐标准：每天××元/人（早餐××元，午餐、晚餐各××元）。按每天××元/人收费，餐饮部按成本向财务部结算。
用餐地点：宴会厅或包间。
住房标准：每天××元/人。
对此类客人可提供用车，总经理的宴请标准为每餐××元/人。
3.3.5　与酒店关系密切的非同行客人如新闻媒介、民航等。
用餐标准：每天××元/人（早餐××元，午餐、晚餐各××元）。按每天××元/人收费，餐饮部按成本向财务部结算。
用餐地点：散客餐厅。
住房标准：每天××元/人。
3.3.6　同行酒店人员食宿接待标准。
用餐标准：每天××元/人，每天按××元/人收取。
用餐地点：待定。
住房标准：每天××元/人，特殊情况酌情处理。
3.3.7　部门经理可在咖啡厅招待临时公关客人，餐厅提供茶、咖啡，接待后应签《公关接待单》。
3.3.8　各部门接待的公关客人，一般不宴请，视情况可以陪餐。标准为××元/人，提供酒水及饮料，特殊情况报总经理室批准。

4　公关开支的原则和结算
　4.1　公关费开支，以厉行节约、讲究实效为原则。
　4.2　接待公关客人必须按先报批后消费的程序办理。
　4.3　所有餐饮、客房、用车等公费费用一律由提供服务的部门开出收费单据并转财务部结算。

5　公关客人参观的接待
　5.1　国家部、委、办级以上的领导来店参观，按省、市领导的要求，由总经理室派人员接待，营销部具体执行（视需要准备签字本、拍照片等，作为酒店的历史资料存档）。
　5.2　一般领导人来店，由营销部接待。遇有特殊情况，上报总经理后再定。
　5.3　同行的总经理或上级主管部门人员来店，由营销部上报总经理后负责接待。
　5.4　新闻媒介单位由营销部接待。特殊情况上报总经理。
　5.5　民航、车站、港口等单位的接待，由公关部门负责。
　5.6　客户单位的参观，由营销部负责接待。
　5.7　参观范围：除第一类可全面性参观外，其他各类视情况而定。

附1：各星级VIP客人范围
　　旅行社总经理及国内外知名人士等。　　　　　　　　　　　　VC
　　与本酒店关系密切的同行饭店总经理，世界旅游组织知名人士。　VB
　　省、市重要领导人。　　　　　　　　　　　　　　　　　　　VA

续表

××酒店标准文件		××酒店 营销接待规定	文件编号××-××-××		
版本	第×/×版		页　次		第×页
中央、各部委办以上领导。			VV		
附2：各星级VIP客人房间所放物品					
鲜花、总经理欢迎卡、宣传册、二色水果			VC		
鲜花、总经理欢迎卡、宣传册、三色水果、巧克力			VB		
鲜花、总经理欢迎卡、宣传册、四色水果、巧克力、晚安卡、全套酒店宣传册			VA		
鲜花、总经理欢迎卡、宣传册、五色水果、巧克力、晚安卡、全套酒店宣传册、什锦果盘、葡萄酒			VV		
拟订		审核		审批	

制度18：营销部员工绩效考核方案

××酒店标准文件		××酒店 营销部员工绩效考核方案	文件编号××-××-××		
版本	第×/×版		页　次		第×页

为了更好地调动营销人员的工作积极性，提高酒店整体业绩，打造一支更加专业、高效的营销团队，根据目前营销部现实情况，就营销部绩效考核方案提出如下调整建议。

1　关于价格权限

1.1　客房方面

1.1.1　除营销部外，酒店其他人员均不得向客人提供酒店的客房价格包括：协议价、订房公司建议售价等协议、合同类合作价格。已接待过的各类会议及团队价格以及与现行价格体系不符的所有价格。

1.1.2　各部门经理均享有前台价售价8.5折的最低价格权限。总值经理可视当日酒店入住情况最低可享有现行协议价的折扣权限，但必须留下客人的姓名、单位、有效联系方式（如手机等），以便营销部进行跟进。

1.1.3　营销部销售主管以上级别员工有给予客户不低于酒店协议价的客房、会议室等消费的折扣权。

1.1.4　如遇特殊价格必须请总经理批示。

1.2　餐饮方面

1.2.1　各部门经理及营销部销售主管以上级别员工均享有最低至8.5折的价格权限（烟、酒、海鲜除外）。

1.2.2　各类团队餐及宴席一经商定均不允许打折。

1.2.3　特殊价格必须请总经理批示。

1.3　康乐方面

1.3.1　各部门经理及营销部销售主管以上级别员工均享有最低至8折的价格权限（烟、特饮除外）。

1.3.2　如遇特殊价格必须请总经理或副总经理批示。

注：以上各类折扣优惠均不与酒店当时、当季促销活动同时享有。

2　营销部业绩考核范畴

营销部业绩考核范畴应包括以下两点。

2.1　客房：会议团队、旅行社团队、协议散客、网络订房、散客等一切由营销部进行开发、接待、维护的客人的用房。

2.2　餐饮：会议团队、旅行社团队、经营销部预订的散客餐、协议客户散客餐等一切由营销部进行开发、接待、维护的客人的用餐。

备注：业绩考核范畴不包括返佣金额。

3　营销经理/营销主管销售模式（区域销售）

3.1　部门根据201×年9月～201×年12月客户消费排名，将排名前100名的客户平均分配给各营销经理/营销主管跟进。

3.2　客户须将前期自己负责的已划入其他营销经理/营销主管销售区域的客户进行交接，由专人进行跟进维护工作（由特殊原因造成的跨区销售由部门内部协商解决）。

3.3　以下销售信息需报部门经理，由部门经理进行调配。

续表

××酒店标准文件		××酒店营销部员工绩效考核方案	文件编号××-××-××		
版本	第×/×版		页次		第×页

(1) 自来的非协议客户（含亲自来店、电话咨询等）。
(2) 异地客户。

4 个人任务及薪金待遇

4.1 工资结构（人民币）

$$工资＝底薪＋提成＋补贴$$

（其中底薪=70%业绩工资+30%行政工资）

注：1. 补贴包括交通补贴+通信补贴+误餐费。

2. 业绩工资与每人销售任务完成比例相关。行政工资与每日拜访量、新签协议量、行政考核等相关。

4.2 部门内各职务工资标准

营销经理：任务底薪×××元+（实际完成－个人任务）×提成比例+补贴×××元。

营销主管：任务底薪×××元+（实际完成－个人任务）×提成比例+补贴×××元。

营销文员：底薪×××元+话费补贴×××元。

试用期营销经理：任务底薪×××元+补贴×××元。

试用期营销主管：任务底薪×××元+补贴×××元。

试用期营销文员：底薪×××元。

4.3 个人任务分配

4.3.1 所有营销经理每月销售总任务×万元。其中餐饮任务×万元，客房任务×万元（含会议室）。营销主管每月销售总任务×万元，其中餐饮任务×万元，客房任务×万元（含会议室）。

4.3.2 新进营销经理试用期为3个月，第一个月不进行业绩考核，但可按实际业绩的5%予以奖励。第二个月任务为×万元，超额部分按1%进行提成。第三个月任务为×万元，超额部分按2%进行提成。试用期营销经理月任务不进行客房、餐饮分解。

4.3.3 新进营销主管试用期为3个月，第一个月不进行业绩考核，但可按实际业绩的5%予以奖励。第二个月任务为×万元，超额部分按1%进行提成。第三个月任务为×万元，超额部分按2%进行提成。试用期营销经理月任务不进行客房、餐饮分解。

4.3.4 营销主管升任营销经理试用期为2个月，第一个月任务×万元，第二个月任务×万元。

4.3.5 行政考核内容及指标

营销部员工根据以下表格进行行政考核。

行政考核表

项目	指标	占行政考核比例/%
出勤率	100%	20
填表率	100%	20
拜访量	上门8家/天或有效电话拜访20家/天	20
新签协议数	5份/周	20
工作总结及计划	1份/周、月	20

4.3.6 指标完成及薪金发放对照表（如遇百分比后的小数点数，实行四舍五入）。

营销经理及试用期营销经理

	职务	业绩工资总额	分类	总额	完成率	发放比例	实发工资
业绩工资 （底薪×70%）	销售经理	××元（餐饮：客房=3：7）	餐饮		90%以上	100%	
					80%～89%	90%	
					70%～79%	80%	
					60%～69%	70%	
					50%～59%	60%	

续表

××酒店标准文件		××酒店营销部员工绩效考核方案			文件编号××-××-××		
版本	第×/×版				页 次	第×页	

续表

业绩工资总额	职务	业绩工资总额	分类	总额	完成率	发放比例	实发工资
业绩工资（底薪×70%）	销售经理	××元（餐饮：客房=3：7）	餐饮		40%～49%	50%	
					40%以下	40%	
			客房		90%以上	100%	
					80%～89%	90%	
					70%～79%	80%	
					60%～69%	70%	
					50%～59%	60%	
					40%～49%	50%	
					40%以下	40%	
业绩工资（底薪×70%）	试用期销售经理	××元（餐饮：客房=3：7）	餐饮		90%以上	100%	
					80%～89%	90%	
					70%～79%	80%	
					60%～69%	70%	
					50%～59%	60%	
					40%～49%	50%	
					40%以下	40%	
			客房		90%以上	100%	
					80%～89%	90%	
					70%～79%	80%	
					60%～69%	70%	
					50%～59%	60%	
					40%～49%	50%	
					40%以下	40%	

	职务	行政工资总额	等级	完成率	发放比例	实发工资
行政工资（底薪×30%）	营销经理		A	90%～100%	100%	
			B	80%～89%	90%	
			C	70%～79%	70%	
			D	70%以下	50%	
	试用期营销经理		A	90%～100%	100%	
			B	80%～89%	90%	
			C	70%～79%	70%	
			D	70%以下	50%	

续表

××酒店标准文件		××酒店营销部员工绩效考核方案	文件编号××-××-××		
版本	第×/×版		页次		第×页

营销主管及试用期营销主管						
	职务	业绩工资总额	分类	总额	完成率	发放比例	实发工资
业绩工资（底薪×70%）	销售主任	××元（餐饮：客房=3：7）	餐饮		90%以上	100%	
					80%～89%	90%	
					70%～79%	80%	
					60%～69%	70%	
					50%～59%	60%	
					40%～49%	50%	
					40%以下	40%	
业绩工资（底薪×70%）	销售主任	××元（餐饮：客房=3：7）	客房		90%以上	100%	
					80%～89%	90%	
					70%～79%	80%	
					60%～69%	70%	
					50%～59%	60%	
					40%～49%	50%	
					40%以下	40%	
业绩工资（底薪×70%）	试用期销售主任	××元（餐饮：客房=3：7）	餐饮		90%以上	100%	
					80%～89%	90%	
					70%～79%	80%	
					60%～69%	70%	
					50%～59%	60%	
					40%～49%	50%	
					40%以下	40%	
			客房		90%以上	100%	
					80%～89%	90%	
					70%～79%	80%	
					60%～69%	70%	
					50%～59%	60%	
					40%～49%	50%	
					40%以下	40%	

续表

××酒店标准文件		××酒店营销部员工绩效考核方案	文件编号××-××-××	
版本	第×/×版		页次	第×页

续表

行政工资 （底薪×30%）	职务	行政工资总额	等级	完成率	发放比例	实发工资
	销售主任		A	90%～100%	100%	
			B	80%～89%	90%	
			C	70%～79%	70%	
			D	70%以下	50%	
	试用期销售主任		A	90%～100%	100%	
			B	80%～89%	90%	
			C	70%～79%	70%	
			D	70%以下	50%	

文员及试用期文员

职务	底薪	等级	行政完成比例	行政工资发放比例	行政工资实发金额
文员		A	100%以上	100%	
		B	85%～99%	95%	
		C	75%～84%	80%	
		D	60%～74%	70%	
试用期文员		A	100%以上	100%	
		B	80%～99%	95%	
		C	70%～79%	80%	
		D	60%～69%	70%	

提成比例及分级

等级	超额范围	提成比例		提成奖励范围	
		餐饮	客房	餐饮	客房
A		2%	4%		
B		1.8%	3%		
C		1.5%	2.5%		
D		1.3%	2%		

注："超额范围"是指完成个人总任务之外的业绩，按照以上比例提成。

4.3.7 连续3个月个人总任务完成率为45%及以下者，或连续3个月"行政工资"为C等即完成率为80%及以下者则酒店将调换到其他工作岗位或劝其离职。

4.3.8 营销经理如连续3个月未完成任务则降级为营销主管，营销主管如连续3个月未完成任务则降级为试用营销主管，直至调换到其他工作岗位或劝其离职。

续表

××酒店标准文件		××酒店 营销部员工绩效考核方案	文件编号××-××-××		
版本	第×/×版		页 次		第×页
5 其他规章制度及考核标准 参看酒店员工手册。 6 营销经理工资统计发放流程 　营销经理、营销主管每月实发工资金额由营销部文员按此方案根据酒店收银系统相关数据统计及日常行政考核记录进行计算后报部门经理审核确认,经总经理批示后方可发放。					
拟订		审核		审批	

第三节　酒店管理营销管理表格

表格1：本市客源接待统计表

本市客源接待统计表

本市旅游接待人数　　　　　　　　　　　　　　　　　　（　　年）

	本年累计人数/人	比去年同期增长	
		人数/人	%

外国人按主要客源分

国　别	本年累计人数/人	比去年同期增长	
		人数/人	%

表格2：本地酒店客房供给情况表

本地酒店客房供给情况表

	年	年	年	年	年	年
全年可供房数						
平均出租率						
平均房价						
新开酒店房间数						

竞争酒店客房数变化　　　　　　　　　　　　　　　　　　　（　　年　　月）

酒店名	客房增减数	增减原因	增减时效

表格3：年度本市会展及重大活动统计表

年度本市会展及重大活动统计表

月份	活动名称	日期	地点	规模

表格4：竞争饭店客房出租率及平均房价调查表

竞争饭店客房出租率及平均房价调查表

　　　　　　　　　　　　　　　　　　　　　　　　　　　　（　　年　　月）

饭店		1月	2月	3月	4月	5月	6月	7月	8月	9月	10月	11月	12月
本饭店	可用房数												
	门市价												
	出租率/%												
	平均房价												
	可用房数												
	门市价												
	出租率/%												
	平均房价												
	可用房数												
	门市价												
	出租率/%												
	平均房价												
	可用房数												
	门市价												
	出租率/%												
	平均房价												

表格5：竞争对手各类房价比较表

竞争对手各类房价比较表

（　　年　　月）

饭店	季节划分（起止日）	门市价	商务价	旅行社散客价	会议展览	团队价	国际网络价
	年　月　日— 年　月　日						
	年　月　日— 年　月　日						
	年　月　日— 年　月　日						
	年　月　日— 年　月　日						
	年　月　日— 年　月　日						
	年　月　日— 年　月　日						
	年　月　日— 年　月　日						
	年　月　日— 年　月　日						
	年　月　日— 年　月　日						

说明：如果有新的价格类型可增列，如有不适应本饭店的价格类型可更改。如"国际网络价"可改为"网络散客价"等。

表格6：竞争对手设施项目及服务情况调查表

竞争对手设施项目及服务情况调查表

（　　年　　月）

项目	饭店					
大堂	大堂环境					
	大堂布局					
客房	灯光					
	睡床舒适度					
	房内布局					
	房内用品质量					
	卫生间面积					
	房内宽带上网					
	上网费用					
整体布局	停车方便合理					

续表

项目		饭店					
餐饮	早餐品种						
	早餐质量						
	早餐价格						
合计分数							

说明：项目根据酒店情况自行调整，分数为 0～5 分。

表格 7：现有客房设施及服务项目表

现有客房设施及服务项目表

（　　年　　月）

房型	客房数	客房面积	设施及服务
标准房			
豪华房			
普通套房			
豪华套房			
其他			

说明："房型"下的分项可根据各饭店的情况设定。

表格 8：销售策略和客房收入预测表

销售策略和客房收入预测表

（　　年　　月）

市场：		
客源来自		
目标	房　夜：	
	平均房价：	
	客房收益：	
	所占目标市场份额：	
策　　略		
策略及促销		
全年营收预测		
＿＿＿＿年完成客房营收　　＿＿＿＿元		
＿＿＿＿年平均房价　　＿＿＿＿元		
＿＿＿＿年平均出租率　　＿＿＿＿%		

说明：销售策略要尽可能详细、量化、准确，具有可操作性和时效性。英文为：简称为 S.M.A.R.T。

表格9：逐月客房营收预算明细表

逐月客房营收预算明细表

（　　年　　月）

月　份					
天　数					
可用房数					
市　场	房夜	份额/%	平均房价	客房营收	接待人数
旅行社团队					
旅行社散客					
订房中心（网络订房）					
会议（会/展/团）					
商务散客					
政府（部委办）					
上门客					
长住户					
临时性自用房					
免费房					
其他					
总　计					
平均出租率					

表格10：全年客房营收预测明细表

全年客房营收预测明细表

（　　年　　月）

年　份					
天　数					
可用房数					
市　场	房夜	份额/%	平均房价	客房营收	接待人数
旅行社团队					
旅行社散客					
订房中心（网络订房）					
会议（会/展/团）					
商务散客					
政府（部委办）					
上门客					
长住户					
临时性自用房					
免费房					
其他					
总　计					
平均出租率					

表格11：产品组合计划表

产品组合计划表

（　　年　　月）

日　期	针对市场	包价项目	促销方式	协作部门	有关费用

表格12：促销计划及预算表

促销计划及预算表

（　　年　　月）

日　期	城　市	促销方式	差旅费	招待费	总费用	针对市场	销售人员

表格13：＿＿＿＿年餐饮促销活动计划表

＿＿＿＿年餐饮促销活动计划表

日　期	促销活动主题	策略和方案	配合部门	有关费用	营收计划

表格14：餐饮逐月营收预算明细表

餐饮逐月营收预算明细表

月份：＿＿＿＿＿＿　　　　　　　　　　　　　　　　　　　　单位：万元

餐厅	月度 项目	下月预算								下月预算与本月收入相比	
		用餐人数	人均消费额	食品收入	饮料收入	服务费	会议场租费	香烟	其他收入	收入合计	增减额	%
餐厅	餐厅2											
	餐厅1											
餐厅小计												

续表

餐厅	月度项目	下月预算									下月预算与本月收入相比	
		用餐人数	人均消费额	食品收入	饮料收入	服务费	会议场租费	香烟	其他收入	收入合计	增减额	%
宴会	团队/会议											
	本地宴会											
	其他											
宴会小计												
合计												

备注：

表格15：餐饮全年营收预算明细表

餐饮全年营收预算明细表

年份：_____ 　　　　　　　　　　　　　　　　　　　　单位：万元

餐厅	年度项目	明年预算									明年预算与今年收入相比	
		用餐人数	人均消费额	食品收入	饮料收入	服务费	会议场租费	香烟	其他收入	收入合计	增减额	%
餐厅	餐厅2											
	餐厅1											
餐厅小计												
宴会	团队/会议											
	本地宴会											
	其他											
宴会小计												
合计												

表格16：年度广告计划表

年度广告计划表

（　　年）

广告日期	选择媒体	针对市场	广告内容	费用	责任人

表格17：年度公关活动计划表

年度公关活动计划表

（　　年　　月）

时　间	公关活动内容	费用预算	邀请对象

表格18：公关活动情况统计报表

公关活动情况统计报表

（　　年　　月）

日　期	公关媒介	宣传内容	活动形式	费用	次数	备注

表格19：年度市场调研计划表

年度市场调研计划表

（　　年）

日　期	调研主题	目　的	责任人

表格20：竞争酒店调查报告

竞争酒店调查报告

姓　名：　　　　　　　　　　　　　　日　期：
酒店名称：　　　　　　　　　　　　　开业日期：
地址电话/传真：　　　　　　　　　　 管理集团总经理：

客房种类	客房数量	门市价	现行价	公司合同价	团体价	长住价
标准房						
豪华房						
行政房						
商务房						
复式套房						

续表

客房种类	客房数量	门市价	现行价	公司合同价	团体价	长住价
高级套房						
行政商务房						
行政套房						
总统套房						

说明：客房总数可售客房住房率平均房价。

表格21：商务散客市场客房收入前30名排行表

商务散客市场客房收入前30名排行表

酒店名称：_____　　　　　　　　　　　　　　　　　　　　　_____年

排名	公司名称	客房收入/万元	销售人员	去年排名
1				
2				
3				
…				
30				

表格22：网络散客市场客房收入前30名排行表

网络散客市场客房收入前30名排行表

酒店名称：_____　　　　　　　　　　　　　　　　　　　　　_____年

排名	公司名称	客房收入/万元	销售人员	去年排名
1				
2				
3				
…				
30				

表格23：会展市场客房收入前30名排行表

会展市场客房收入前30名排行表

酒店名称：_____　　　　　　　　　　　　　　　　　　　　　_____年

排名	公司名称	客房收入/万元	销售人员	去年排名
1				
2				
3				
…				
30				

表格24：商务散客市场出租间夜前30名排行表

商务散客市场出租间夜前30名排行表

酒店名称：_____　　　　　　　　　　　　　　　　　　　　　　　　　　　____年

排名	公司名称	出租间夜	平均房价/万元	销售人员	去年排名
1					
2					
...					
30					

表格25：网络散客市场出租间夜前30名排行表

网络散客市场出租间夜前30名排行表

酒店名称：_____　　　　　　　　　　　　　　　　　　　　　　　　　　　____年

排名	公司名称	出租间夜	平均房价/万元	销售人员	去年排名
1					
2					
...					
30					

表格26：会展市场出租间夜前30名排行表

会展市场出租间夜前30名排行表

酒店名称：_____　　　　　　　　　　　　　　　　　　　　　　　　　　　____年

排名	公司名称	出租间夜	平均房价/万元	销售人员	去年排名
1					
2					
...					
30					

表格27：年度客房收入细分统计表

年度客房收入细分统计表

酒店名称：_____

项目	____年	____年	____年计划
客房总收入			
出租率			

续表

项目		____年	____年	____年计划
平均房价				
REVPAR				
回头客	间夜数			
	平均房价			
	占房夜总数/%			
商务散客	间夜数			
	平均房价			
	占房夜总数/%			
网络散客	间夜数			
	平均房价			
	占房夜总数/%			
会议展览	间夜数			
	平均房价			
	占房夜总数/%			
上门客	间夜数			
	平均房价			
	占房夜总数/%			

说明：对本表开列的客源种类，各饭店可根据自身实际情况进行增减或改动。

表格28：主要竞争对手年度市场份额、收入份额统计表

主要竞争对手年度市场份额、收入份额统计表

酒店名称：_____ ____年

饭店名称 项目					总计
可用房数					
应占市场份额					
已出售房间夜					
客房出租率					
实占市场份额					
平均房价					
客房收入					
收入份额					
可用房均收入（REVPAR）					

表格29：商务散客市场客房收入统计表

商务散客市场客房收入统计表

月份	____年			____年			____年—____年间夜差	____年—____年收入差
	间夜数	平均房价	客房收入	间夜数	平均房价	客房收入		
1								
2								
3								
……								
12								
合计								

表格30：网络散客市场客房收入统计表

网络散客市场客房收入统计表

月份	____年			____年			____年—____年间夜差	____年—____年收入差
	间夜数	平均房价	客房收入	间夜数	平均房价	客房收入		
1								
2								
3								
……								
12								
合计								

表格31：会展市场客房收入统计表

会展市场客房收入统计表

月份	____年			____年			____年—____年间夜差	____年—____年收入差
	间夜数	平均房价	客房收入	间夜数	平均房价	客房收入		
1								
2								
3								
……								
12								
合计								

表格32：月度客房收入细分统计表

月度客房收入细分统计表

酒店名称：_____　　　　　　　　　　　　　　　　　　　　_____年___月

项目		上年实际数	本年计划数	本年实际数
客房总收入				
出租率				
平均房价				
REVPAR				
回头客	间夜数			
	平均房价			
	占房夜总数/%			
商务散客	间夜数			
	平均房价			
	占房夜总数/%			
网络散客	间夜数			
	平均房价			
	占房夜总数/%			
会议展览	间夜数			
	平均房价			
	占房夜总数/%			
上门客	间夜数			
	平均房价			
	占房夜总数/%			

说明：对本表开列的客源种类，各饭店可根据自身实际情况进行增减或改动。

表格33：月度主要竞争对手市场份额、收入份额统计表

月度主要竞争对手市场份额、收入份额统计表

酒店名称：_____　　　　　　　　　　　　　　　　　　　　_____年___月

项目＼饭店名称						总计
可用房数						
应占市场份额						
已出售房间夜						
客房出租率						
实占市场份额						
平均房价						
客房收入						
收入份额						
可用房均收入（REVPAR）						

表格34：销售人员个人业绩统计表

销售人员个人业绩统计表

酒店名称：_____　　　　　　　　　　　　　　　　　　　　　　　　_____年

年份 / 月份、项目	姓名	___年	___年	增减	___年	___年	增减	___年	___年	增减
一月	间夜									
	营收									
	平均房价									
二月	间夜									
	营收									
	平均房价									
三月	间夜									
	营收									
	平均房价									
四月	间夜									
	营收									
	平均房价									
五月	间夜									
	营收									
	平均房价									
六月	间夜									
	营收									
	平均房价									
七月	间夜									
	营收									
	平均房价									
八月	间夜									
	营收									
	平均房价									
九月	间夜									
	营收									
	平均房价									
十月	间夜									
	营收									
	平均房价									
十一月	间夜									
	营收									
	平均房价									
十二月	间夜									
	营收									
	平均房价									

表格35：新签约客户统计表

新签约客户统计表

酒店名称：_____　　　　　　　　　　　　　　　　　　_____年___月

公司名称	价格	预计间夜	销售负责人	评估

表格36：商务协议书

商　务　协　议　书

1. 合作双方：　甲方：×××××饭店
　　　　　　　　地址：×××××××××××××
　　　　　　　　电话：××-××-×××××××
　　　　　　　　传真：××-××-×××××××

　　　　　　　　乙方：_____
　　　　　　　　地址：_____
　　　　　　　　电话：_____传真：_____

2. 本合同有效期为：_____年___月___日_____～_____年___月___日
3. 合同价格：

房间类型	门市价		协议价	
	单	双	单	双
标准间				
商务间				

以上协议价格均不返佣金；
以上协议价格均含每日早餐；
以上协议价格在旺季（即9月1日至11月15日时）加收15%服务费；
其他类型房享受门市价七折优惠；
如贵公司同意以上报价及后附条款，请签字确认并将复印件传至饭店市场营销部。传真××-××-×××××××。

甲方：　　　　　　　　　　　　　　　乙方：
经办人：_____　　　　经办人：_____
　　　　销售经理　　　　　　　　　　　　　×××（职务）
批准人：_____　　　　批准人：_____
　　　　市场营销总监　　　　　　　　　　　×××（职务）

附1：协议价格条款

协议价格条款

1. 协议价格
　　——在签订协议后的____个月中，至少要有_____间夜的订房量。如果在此期限内达不到最少订房量，饭店有权终止此协议价格的使用。

续表

——只有本协议中公司方的员工可享用此协议价。以此价格入住的客人在入住登记时，须出示公司证件或名片。

2. 取消预订/未到店预订的规定
——没有担保的预订将保留到当日晚6点。
——以押金或信用卡形式做担保的预订可保留到当日6点以后。
——有担保，但客人没有入住的预订视为未到店预订。未到店预订要收取第一夜的房费。
——高出租率时，饭店有权要求公司提供准确的航班信息或提供信用卡号码以确保房间的预订。

3. 结账方式
□ 所有费用由客人在离店退房时自付。
□ 公司与饭店签有月结的信贷协议，后附"信贷协议"。

4. 预订程序
所有预订可通过传真或电话与饭店预订部联系。
预订部联系电话：××××××转××××。传真：×××××××。
如需要其他帮助，请直接与销售部联系。
电话：×××××××转××××。传真：×××××××。

附2：信贷协议

信贷协议

现有（公司名称）_____（后简称：公司）申请与××饭店（后简称：饭店）就公司客人结账事宜与酒店签订如下月结信贷协议。

公司名称：_____

地址：_____

电话：_____ 传真：_____

公司法定负责人：_____

账单接收人姓名：_____

开户行名称：_____

开户行地址：_____

账号：_____

公司现在或曾经签有信贷协议的本市主要饭店名称：
_____

我公司同意酒店月结的程序及规定如下

一、房间预订程序
——所有的预订、预订变更（如提前离店、延住等），公司均需以传真的方式通知饭店。传真须用有公司标记的专用纸张，并有指定订房人员的签字方有效。
——公司在预订传真上应注明为客人支付的具体项目，饭店将凭此向客人收取其他项目的费用。

二、结账方式
——饭店在每月的5日前，将上月的账单寄至公司，公司于收到账单的10日内，将全部欠款汇入饭店账户或直接到酒店财务部付款。
——若公司未能在指定的期限内付清欠款，饭店有权终止此协议。

三、信用限额
——双方约定允许公司在饭店月结限额为：_____元人民币。

------------ --------------- ---------------
公司负责人   饭店市场营销部   饭店财务部

表格37：旅行社订房协议书

旅行社订房协议书

甲方：××饭店　　　　　　　　　　乙方：_____
地址：××××××××××　　　　地址：_____
电话：××-××-××××××　　　　电话：_____

经甲乙双方友好协商，就_____年至_____年订房业务达成以下协议。

一、房价（USD/间夜）

日期	标准间（团队）	标准间（散客）	饭店对外公布价
12月、1月、2月	USD　NET（单双同价）　USD	NET　USD	+15%
3～5月	USD　NET（单双同价）　USD	NET　USD	+15%
6～8月	USD　NET（单双同价）　USD	NET　USD	+15%
9～11月	USD　NET（单双同价）　USD	NET　USD	+15%

以上团队报价含两个早餐。
客人加床费USD____/床/天（含早餐），全陪USD____/床/天。
散客早餐_____USD____/人/次（中、西早均可，餐厅任选）。
以上房费按美元计算并包括15%的服务费（汇率按1∶6.3）和乙方佣金。
本房价可根据市场变化情况，双方协商进行调整。

如贵社同意以上报价及后附条款，请签字确认并将复印件传至饭店市场营销部。
传真：××-××-××××××。
二、团队指10人以上并包括10人的来华旅游者，用房在50间以内的纯旅游团。
会议、展览团价格另议。
全陪床若陪同要求住单间则差价由全陪自付。
三、甲方对乙方超过16人（含16人）以上的旅游团，免费提供一张床，第32人免费一间房，但一个旅游团免费提供房间最多不超过4床。
四、团队更改与取消的责任
　1.甲方违约责任：如甲方不能提供已确认的住房，应负责安排同级或更高级的饭店，因此产生的追加费用由甲方负责。
　2.乙方违约责任：如乙方在8天前取消不需收费，8天之内取消收费如下：2～7天前取消收一天总房费的15%。当天内取消收一天总房费的100%。取消预订客房日根据乙方发出传真日期为准，自然灾害所造成的损失，双方各承担50%，如乙方需要更改房间在3间以上的，须在客人抵店前三日同甲方落实，否则甲方有权决定是否接受更改。
　3.餐饮要求：凡取消预订早餐、午餐或宴会，乙方须在24小时以前通知，否则甲方按原预订收费。
五、散客预订
　1.订房：乙方应于客人进店前三天用传真的形式向甲方申报客人资料，如客人姓名、性别、国籍、入住饭店房间数、客房类型及居住天数、服务项目等。甲方应于24小时内向乙方确认或阐明当时饭店之业务情况，酌情安排（遇到假日顺延）。
　2.在订房时未注明之服务项目，甲方将直接与旅客商讨付款方法。若该客人的个人费用离店时未付，乙方可尽力协助甲方追收未付款项。如甲方在客人应抵达的当日中午12时后收到变更抵达日期或取消通知，或客人未到，乙方应付当天订房的全部费用作为弥补甲方所受的损失。
六、乙方在客人进店前三天的订房必须有甲方的传真确认方可生效。
七、团队、散客预订房间的传真须有经办人签字，并加盖公章，以作为甲方向乙方转账的凭证。
八、付款：
　1.乙方可按月结算，每月5日前将上月房、餐费向甲方付清。如15日前未将上月款项付清，本合同将视为乙方违约，自动终止。乙方在合同期内，各业务部门不得以任何理由向我店现付房、餐费。

续表

 2.乙方如拖欠甲方应付费用期限达3个月以上（含3个月），甲方将加收10%的滞纳金（即按乙方所欠金额的10%加收）。
 九、协议效力
 1.本协议书一式二份，双方各持一份，经双方协商签署生效，有效期至　　　年　　月　　日。
 2.本协议书所有条款均属保密范围，双方均不能以任何理由或目的向第三者泄露。
 3.本协议在履行中，如双方发生争议，通过协商解决，补充协议具有同等法律效力。如发生纠纷可通过工商、司法部门仲裁。
 4.甲方保留变更价格的权力。

甲方：	乙方：
经办人：	经办人：
×××　　销售经理	×××（职务）
批准人：	批准人：
×××　　市场营销总监	×××（职务）

表格38：网络订房协议书

网络订房协议书

甲方：××饭店
乙方：_____
甲乙双方按照互助互利的原则，达成以下协议：
1.甲方向乙方提供房价如下：（单位：人民币）

起始日期	终止日期	客房类型	门市价	协议价	佣金/%	备注
月　日	月　日	高级房				含服务费
		商务大床房				含服务费
月　日	月　日	高级房				含服务费
		商务大床房				含服务费
月　日	月　日	高级房				含服务费
		商务大床房				含服务费
全年		高级豪华房				含服务费
		高级豪华房				含服务费
全年		两间套				含服务费

 以上价格可根据市场变化情况，经双方协商后以补充协议的形式进行调整。
 以上费用由甲方向乙方客人直接收取。
 2.乙方客人须在入住前24小时以传真方式向甲方预订部直接预订（传真：××××××××××　电话：××××××××××转预订部）。如客人先入住后补传真无效。
 3.甲方应及时向乙方提供饭店的门市价及柜台优惠价。
 4.乙方应于每月5日前以书面形式提供给甲方上月所用房间夜数。
 5.甲方应于每月15日前将核对间夜数及返佣金额结果回复给乙方结算中心（间夜数统计须以甲方电脑记录为准）。
 6.乙方每月订房数量要达到_____间夜，方可返还佣金。
 7.若甲乙双方在月底结算时发生统计不符时（有客人提前离店、延住发生时），原则上要以甲方的电脑统计为准，双方应抱着友好协商的精神解决上述事宜。

续表

8.对于乙方的预订,甲方将保留房间到入住当天的18:00。在旺季或出租率高的情况下如果有特殊要求保留至18:00以后的房间,乙方必须向甲方提供客人的信用卡号或航班号。
9.甲乙双方应对上述条款严格保密。
10.乙方如果在发生佣金三个月内未领取,甲方将视为自动放弃。
11.协议有效期自_____年___月___日至_____年___月___日。
12.乙方保证不与前台做甲方上门客人,如有违反本条款的行为,甲方有权终止协议。
13.本协议有效期自_____年___月___日至_____年___月___日。
14.本协议在不违反国家法律的情况下,甲乙双方执行上述条例。本合同一式两份,签字盖章后生效。
15.本协议未尽事宜,可通过补充协议的形式补充,补充协议及附件具有同本协议相同的法律效力。

甲方:×××饭店	乙方:
电话:××－××－×××××××××	电话:
传真:××－××－×××××××××	传真:
联系人:×××	联系人:
人民币账号:×××××××××	人民币账号:
开户行:×××××××××	开户行:
签字盖章:	签字盖章:
日期: 年 月 日	日期: 年 月 日

表格39:客房预订确认书

客房预订确认书
Confirmation Letter

发往:	发件单位:××××饭店销售部
To:	From: Sales Department of ×××××
收件人:	日期:
ATTN:	Date:
传真号:	页数:
Fax No.	Page:

很高兴与您确认订房如下:
We are glad delighted to confirm the following reservation detail:

客人姓名:
Guest Name:

到店日期:	离店日期:
Arrival Date:	Departure Date:
用房数量:	房间类型:
No. of room:	Room Type:
房价:	付款方式:
Room Rate:	Method of Payment:
包一人早餐		
Inclusive of one breakfast	□是 Yes	□否 No
是否安排接机服务 Airport Pick Up*:	□是 Yes	□否 No

* 我们可以为客人提供接机服务,费用是单程_____人民币。
Kindly inform us should you need airport pick up, which is chargeable at RMB____.00 per car per way.
备注:——入住和结账时间是中午12:00。
——有担保的预订可保留到预抵时间,如未入住,收取第一夜房费以及接机费用(如要求安排接机);
——无担保的预订保留到当晚6:00。
Remarks:——Our Check In Out time is 12:00/12:00.
——Room guaranteed by deposit, correspondence or credit card will be held for arrival. No-shows will be charged for one night's accommodation plus any applicable airport transfer charge.
——Non –guaranteed reservation will be held till 18:00.on arrival day.

续表

谢谢您的预订。
Thank you for your reservation and we looking forward to welcoming you to Hotel，Beijing.

销售经理：
Sales Manager：

表格40：客户资料登记表

客户资料登记表
ACCOUNT GENERAL INFORMATION

公司代码（电脑号）
ACCOUNT NO._____
公司名称
COP.NAME_____
地址
ADDRESS_____
电话
TEL.NO _____
传真
FAX NO _____
网址   电子邮件
HPPT._____   E-MAIL _____
变更记录
MEMO _____
总公司
HEAD OFFICE_____
分支机构
BRANCH OFFICE_____
决策人
DECISION MAKER_____
订房人
BOOKER _____
行业
BUSINESS _____
平均每月客人数
NO.OF VISITORS PER MONTH _____
最旺月份
PEAK MONTHS_____
房费标准
BUDGET FOR ROOM _____
目前使用的饭店
HOTEL USED _____
特殊要求
SPECIAL REQIRMENTS _____
评价
COMMENTS _____
建档日期
ESTABLISH DATE_____

 **学习总结**

通过本章的学习,我对酒店营销管理有了以下几点新的认识:

1._____
2._____
3._____
4._____
5._____

我认为根据本酒店的实际情况,应制订以下制度和表格:

1._____
2._____
3._____
4._____
5._____

我认为本章的内容不够全面,还需补充以下方法、制度和表格:

1._____
2._____
3._____
4._____
5._____

第二章　酒店人力资源管理工具

引言

酒店人力资源管理就是指对酒店的人力、物力、财力及其经营活动过程进行有效的计划、组织、指挥、监督和协调，以保证酒店经营活动的顺利进行，达到最少的劳动耗费取得最大的经济效益的活动过程。

本章学习指引

目标	了解酒店人力资源管理的要点，并能够运用所提供的范本，根据本酒店的实际情况制订相应的管理制度、表格

学习内容

管理要点	・做好招聘录用 ・酒店培训管理 ・员工福利管理 ・员工奖励 ・员工的劳动保护 ……
管理制度	・员工行为规范 ・招聘政策与程序 ・员工入职程序 ・员工离职程序 ・员工调职程序 ・员工晋级程序 ・员工降职、降级程序 ……
管理表格	・员工花名册 ・应聘登记表 ・劳动合同统计表 ・酒店部门人力补充申请单 ・酒店人力资源应试申请表 ・试用期满通知单 ・转正评估表 ・酒店人事异动通知 ・员工请假报告单 ・离职交接清单 ……

第一节　酒店人力资源管理要点

要点1：做好招聘录用

酒店的人力资源流入主要是通过招聘录用环节，对该环节的把关对于酒店今后的运营具有十分重要的意义。

首先，酒店在招聘录用新员工前，做好职位细分，分析不同岗位的特点，不同工作需要的不同技能。应聘人员必须严格符合酒店特定岗位的特定需要；招聘面试中，酒店可通过一些职位分析问卷、工作任务问卷等技术方法，分析不同岗位需要的相关知识、技能和能力等的不同特征，然后分析应聘者的应聘目的、价值观、人格特征等方面，最后对酒店组织文化进行分析，判断应聘人员与组织的匹配程度。

其次，把那些充满工作激情、友善、快乐和热爱酒店这一行业的人员作为重点招聘对象，避免把样貌作为招聘的首要条件，由此避免形成"酒店工作就是吃青春饭的职业"这样的观念，否则员工认为干几年就要跳槽，就不会把酒店工作作为自己的事业去努力追求。

最后，做好高素质工作人员的储备工作，与旅游管理专业相关学校建立长期合作关系；从中挑选高素质员工。在社会上也按一定比例招聘高学历的工作人员。

要点2：酒店培训管理

酒店培训管理工作的目的是为了适应业务经营活动的需要，通过对员工进行服务态度、专业知识和操作技能的训练，提高员工的素质水平，从而提高酒店企业的管理水平和服务质量。

（一）培训需求调查

（1）由于酒店经营环境（包括内部环境和外部环境）的变化，要求员工应具备的技能而产生培训的需要。

（2）由于酒店各部门的工作发生问题而产生培训的需要。

（3）由于酒店职工的流动而产生的培训需要。

（二）制订培训计划

1. 年度培训计划

年度培训计划制订的步骤如图2-1所示。

2. 短期培训计划

（1）确立训练目的，阐明培训计划完成后受训员工应有的收益。

（2）设计培训计划的大纲及期限。

（3）设计训练课程表：为受训员工拟订具体的日程安排，即训练周数、日数及时数。

（4）设计学习形式：为受训员工完成整个学习计划提供有效的途径，在不同的学习阶段采用观察、实习、开会、报告、作业、测验等不同的学习形式。

（5）制订控制措施：采用签到登记、例会汇报、流动检查等控制手段，监督培训计划的进展。

（6）决定评估方法：从对受训员工工作表现评估、命题作业、书面测验、受训员工的培训报告等各方面综合评价培训对受训员工的收效。

步骤一 确立培训目标

通过培训来提高酒店的管理水平与服务质量;经过对上年度培训计划的检讨及分析培训的特殊需求,可以确立需要通过培训来改善现状的特别目标,成为全年培训的重点项目

步骤二 研究酒店发展动态

酒店人力资源部要会同有关的主要管理人员研究酒店的营业计划(包括销售计划),以确定如何通过培训来完成酒店的年度营业指标;人力资源部还要与有关人员共同研究酒店的经营情况与服务水准,找出需要通过何种培训可以改善现状的具体方法,实现培训的特别目标

步骤三 制订培训方案

根据培训的目标分类,围绕酒店营业目标的培训活动应列入业务培训方案;围绕提高酒店管理水平的培训活动则应列入管理培训方案。因此,培训方案的制订是针对培训目标,具体设计各项培训活动的安排过程

步骤四 课程安排

年度培训计划中,对各类培训活动的课程安排,主要是列出训练活动的细目,通常包括培训科目、培训时间、培训地点、培训方式和方法等

步骤五 培训预算规划

培训预算是指酒店人力资源部在制订年度培训计划时,对每项业务培训方案和管理培训方案的总费用的匡算,预算是通过方案中每项培训活动所需器材和设备的成本、教材、教具、外出活动和专业活动的费用等估算出来的

图2-1 年度培训计划制订的步骤

(三)培训记录与报告

1.培训记录

制度化的培训记录可以设计为表格式的,记录每一项培训活动或培训课程的基本情况,包括培训活动(课程)的名称、举行地点与时间、导师姓名、出席员工姓名、部门、工号及出勤记录、参加人数、测验成绩等内容。每次培训活动或课程结束后,由主持者填写的培训记录表必须汇总保管,供人力资源部撰写培训报告参考及整理员工培训档案之用。

2.培训报告

常规的培训报告可分为课程(活动)结束报告及月度培训报告两种(见图2-2),分别由课程主持者及负责培训工作的部门主管撰写上报。

(四)员工培训档案管理

1.员工的培训档案内容

员工的培训档案内容可以包括以下内容。

类别一 课程（活动）结束报告

（1）培训课程或活动结束后，由课程导师或活动主持者负责在规定时间（一般为1～2周）内完成培训报告，交人力资源部经理审阅后归档
（2）撰写培训报告可以通过分发填写"课程结束问卷"收集受训员工意见为素材
（3）课程（活动）报告内容包括课程题目（活动名称）、参加对象、日期与时间、地点、导师或主持者、参加人数、课程（活动）目的与内容、参加员工的反应、导师意见（包括参加者表现、课程效果、目的达到与否、建议）等

类别二 月度培训报告

（1）月度培训报告一般在每月10日由负责培训工作的部门主管收集所有部门每月培训安排和报告材料、集中全部课程或活动的结束报告，概括总结上月培训活动和预报当月培训安排，撰写月报
（2）月报培训报告内容分为两部分：一是对上月的入门课程、语言训练课程、各种培训课程或活动、各部门培训活动的开展情况逐一汇报；二是对人力资源部组织的当月内各项培训课程或活动的安排情况报告
（3）月度培训报告交人力资源部经理审阅，必要时呈报酒店主管领导审阅

图2-2 培训报告的类别

（1）在职前训练中，该员工接受各种专业培训课程的名称、内容、时间、出勤情况、参加有关测验或考试的试卷、培训员对该员工的培训评估以及员工参加职前训练后的心得体会或总结报告等。

（2）在岗位培训中，员工参与的专业或语言训练课程的考勤记录、课程情况、考试成绩、评估表格、总结报告等。

（3）在工作期间，员工自费参加社会上举办的各类业余进修课程的成绩报告单与结业证书复印件等有关材料。

（4）凡是员工在酒店工作期间，被酒店选送参加店外各种进修深造培训，赴境外或外省市参加业务考察或培训，出席与培训有关的会议活动等，对员工参与上述培训活动的有关文字记录材料均可被清楚、准确和保密地保存于员工的培训档案之内。

2. 员工培训档案的用途

员工的培训档案将与其工作档案一起被酒店人力资源部作为对员工晋升、提级、加薪时最可靠的参考依据。员工的培训档案也是酒店发掘与调配人才的原始依据。

（五）图书资料收集整理与借阅管理

酒店人力资源部应该根据实际情况建立一个拥有一定数量且包含各类资料的培训信息资料库，充足的信息资料能为酒店培训工作的加强起到至关重要的作用。专业资料是编写酒店培训教材必要的参考材料，也是酒店培训部了解酒店各部门操作运营的第一手书面资料；专业图书、音像资料是酒店培训业务有效的辅助工具；专业信息情报有助于酒店培训部人员拓展视野，充分了解酒店行业动态及市场竞争局面，为分析本酒店培训需求、制订有效的培训计划提供参照依据，使酒店的培训能跟上形势的发展，满足行业竞争的需要。

培训信息资料库一般包括以下几种。

1. 酒店业务文字资料

酒店人力资源部应收齐各部门主要工种（岗位）的工作分析表、岗位职责说明书及工作要求说明等作为分析培训需求及考评培训效果的主要依据。

酒店各部门的训练记录、培训报告、总结汇报也是培训部掌握基层培训活动动态的业务资料，可供检查、协调与控制全酒店培训进展之用。

酒店客人意见征询表、客人投诉或表扬信、酒店经营情况分析表、客房与餐厅营业统计表等资料，都可成为酒店人力资源部制订工作计划、设计培训课程的参考材料。

2. 与酒店专业有关的图书资料

酒店人力资源部应设置专门的专业参考图书、报纸、杂志资料柜，定期购买酒店专业及有关内容的中、外文各种版本的图书，其中包括各种等级的专业教材：大学与本科教材、中专与职业技术学校专用材料、专业技术丛书或专著等，如《现代宾馆管理原理与实务》一书。订阅《中国旅游报》及各种旅游报及杂志，还可订阅饭店行业协会会刊及各研究机构出版的与饭店业务相关的学术刊物。图书杂志应统一分类编号，科学管理。

（六）培训课程或活动的评估、跟踪与信息反馈

对酒店培训效果的评估，是收集、分析及比较受训员工在培训前后，他们在专业知识、业务技能和工作态度上的改变，是否与培训的目标相符合。实施酒店员工培训所花费的人力、时间与经费都是相当可观的，是否对提高从业人员素质，对改善酒店服务质量等各方面都产生预期的效果。酒店人力资源部除了在培训课程或活动结束后，对培训效果作例行的评估外，组织对培训效果的跟踪及获取信息反馈，被视为对培训效果评估的延伸，有利于改进培训措施，提高培训效益。

1. 培训课程评估表

对培训课程或活动的评估，通常采用由受训员工填写"培训课程评估表"经人力资源部汇总分析后作出评论，评估表的内容主要包括以下内容。

（1）受训员工对自己学习的评价。

（2）学习内容对业务工作的指导作用。

（3）授课质量及方法的意见。

（4）课内使用教具是否适当。

（5）通过培训的受益程度。

（6）对学习内容的分析与评论。

（7）对改进未来课程的建议。

2. 培训效果的跟踪与信息反馈

对培训效果的跟踪与信息反馈，通常也采用填写"受训员工跟踪表"的方法及布置受训员工写培训反馈报告的形式进行。

（1）受训员工跟踪。在培训结束后每隔6个月，人力资源部到受训员工所在部门以书面调查或实地访问方式，调查受训员工通过培训在工作上所获得收益的情况，调查方式可以根据酒店人手情况由人力资源部亲自出面或委托员工所在部门负责培训的主管代理，通过调查并填写表格汇总跟踪情况。

（2）员工受训反馈报告。酒店人力资源部在培训结束时，拟定一份报告提纲，布置由受训员工在返回工作岗位后3～6个月内，根据培训目标要求，结合受训后实际工作的改善与提高情况，写一份书面报告交给人力资源部。反馈报告内容以受训员工谈体会、提意见为主题。

认真做好对培训效果的评估、跟踪及信息反馈工作，要以确保受训员工将所学到的知识

付诸行动为目的,通过意见反馈可再找出新的培训需求,为制订今后的培训计划提供信息依据。酒店培训是一个反复循环的系统化程序过程,有效的培训管理是人力资源部开发人力资源的核心措施。

要点3：员工福利管理

酒店人力资源部要坚持遵循为员工提供福利的原则：搞好员工福利,应该注意切合实际需要,使大多数员工或急需帮助的员工受益；必须做到制度化,持之以恒；应该考虑各项措施的内容与形式要对员工具有吸引力,符合员工物质及心理上的需求。

酒店员工福利管理的主要工作内容如下。

（1）员工假期。
（2）员工餐厅膳食。
（3）生活津贴。
（4）员工宿舍。
（5）工伤保险。
（6）探望伤病员工。
（7）困难补助（总经理签批）。
（8）员工康乐活动。
（9）员工生日会。

人力资源部牵头协办的形式多样的康乐活动有：舞会、歌咏比赛、演唱朗诵会、播放电影、录像、文化表演、组织旅行游览、观光休养、参观考察；举办各种兴趣小组与运动队；举办书画摄影展览、各种体育运动比赛或活动等。酒店组织这些活动,旨在陶冶员工情操,提高员工文化修养,增强员工身体素质,满足员工精神生活的乐趣。

人力资源部还可以员工生日庆祝会形式,举办每月一次的员工聚会活动。人力资源部将每月生日的员工名单提前公布,在每月规定日的工余时间,借员工餐厅或酒店餐厅举行集会,由酒店领导祝贺员工生日、分吃生日蛋糕,进行各种游戏或表演节目,借以活跃员工业余生活,达到团结激励员工的目的。

员工康乐活动的费用开支、计划安排、组织落实都应由人力资源部与各有关部门协作,在酒店有关领导主持下成立专门小组进行策划与实施。

要点4：员工奖励

增强与提高酒店员工的动力和士气,是保持酒店企业生机和活力的客观要求,是酒店企业管理中具有重要意义的环节之一,也是酒店人事管理工作成效的综合反映。

（一）激励的方法

激励的方法如图2-3所示。

（二）员工奖励

1. 员工奖励的分类

员工奖励一般可分为两类：一类是嘉奖员工在日常工作岗位上,对加强酒店经营管理或提高酒店服务质量有重大贡献或创造出了优异成绩；另一类是表彰员工在精神文明与素质修养方面表现突出,产生显著社会效益。

Management Tools
第二章 | 酒店人力资源管理工具

方法一　以企业精神（企业文化）激励员工，加强酒店对员工的凝聚力

> 成功的企业精神是通过酒店的口号、店歌、店徽、店服、员工活动、员工刊物、酒店在员工心目中的高大形象等多种途径，建立起酒店经营的精神支柱，形成酒店对员工的向心力与凝聚力

方法二　以目标和成就感激励员工，激发员工奋发向上，勇往直前的斗志

> 酒店人力资源部在员工调配中，可以提供挑战性和竞争性的工作岗位来激励那些成就感强烈的员工

方法三　以信任和尊重激励员工，提高员工的自信心和责任意识

> 人力资源部要以人为中心进行人事管理，靠激发员工的能动作用来改善酒店的服务质量，提高企业的管理水平与竞争能力。相信人、尊重人、尊重每个员工的人格，承认他们的工作成绩和对酒店企业的贡献，使员工在一定范围内表现与发挥自己的才干，他们才会感到工作的意义和自我的价值，进而体验到酒店企业的吸引力

图2-3　激励的方法

2.奖励的方法

酒店实施奖励的办法可根据具体环境与条件而确定。一般可采取物质奖赏与精神鼓励相结合的办法。发放奖金是最普遍采用的物质奖赏，其次是以发放纪念奖品予以奖励。酒店还可以给予优秀员工一定假期，组织赴外地参观、考察、旅游或休养等，这种奖励方法效果也不错。

精神奖励的方法，一般是颁发奖旗、奖状，发布通知、宣传报、书面表彰或召开员工大会通令嘉奖；酒店人力资源部要制订定期评选酒店最佳员工的政策，使全酒店范围内集中奖励少数特别优秀的员工成为一种制度持续下去，作为员工激励的最高奖励。另外，酒店还可以不定期评选"礼貌大使""礼仪小姐""微笑模范"等。

（三）员工晋升

对于工作表现优秀的员工，除了给予规定的奖励外，晋升加薪也是必要的措施。对优秀员工考虑予以晋升，必须按照晋升职位的岗位要求，对照晋升对象的近期考评结果，以能力条件为主，全面衡量、慎重决定受奖员工是否具备晋升资格，能否胜任更高职位的业务要求。酒店人力资源部要根据受奖励员工所在部门主管的意见，经过必要的审批手续，才可决定是否对受奖励员工予以晋级加薪，这样才能确保酒店人事政策的科学性及有效性。

酒店人事组织系统中，岗位空缺晋升的操作程序应严格按照既定的酒店组织结构及岗位设置、人事管理原则，结合晋升对象的业绩考评情况，全面决定晋升实施方案。酒店人力资源部经理应在员工晋升中，坚持组织原则和任人唯贤的方针，抵制长官意志、任人唯亲及开后门等不正之风，确保酒店队伍的素质水平，为酒店企业人事工作的科学管理把好关。

要点5：员工的劳动保护

劳动保护，专门指企业对劳动者在生产与工作过程中的生命安全和身体健康的保护。

（一）改善劳动条件，预防和消除员工伤亡事故和职业危害

酒店常见的员工工伤事故为：碰撞及刀伤、滑倒摔伤、搬运重物扭伤或压伤、灼烫伤、灰尘入眼、玻璃割伤、使用各种机器工具不慎受伤等。一旦发生了工伤事故，人力资源部要配合安保部门等单位，认真做好工伤事故的抢救、调查、上报和善后处理等系列工作，以保护受伤员工的安全并减少经营损失。

（二）发放个人劳防用品或保健食品

绝缘鞋、特殊工作服、防滑工作鞋、防护手套，冬季应发给御寒保暖的棉大衣；对从事室外高空清扫的客房部员工，应发给安全带等。在夏令高温季节里，员工餐厅可供应防暑降温的清凉饮料，如盐汽水、大麦茶、绿豆汤等保健食品。

（三）做好女工劳动保护工作

根据酒店女性员工生理特点，进行特殊的劳动保护。主要是必须认真贯彻国家对女工的劳动保护政策有关规定，做好女工四期保护工作。

（1）女工在月经期间，不分配干过重的体力劳动，不下冷水。
（2）在怀孕期间，不分配干重活，不从事攀高和经常受到剧烈震动的工作。
（3）怀孕7个月以后，不做夜班，给予工间休息。
（4）在女工生育期间，应按国家规定给予产假，保证她们在产前产后有充分的休息时间。
（5）对于哺乳期的女工，应在工作中给予喂奶时间，在哺乳未满6个月婴儿期，不宜分配她们做夜班。

（四）合理安排员工的工作时间和休息时间，做到劳逸结合

这是我国劳动保护的一项重要内容，于保护员工的安全健康、提高劳动生产率有着积极的意义。酒店工作的随机性特点，使实行每周44小时为标准的工作日制发生一定的困难，经常需要员工在节假日加班工作，或在正常工作时间以外加点工作。为了保护员工的身体健康，保障员工的休息权利，酒店人力资源部有责任监督有关部门严格控制员工加班加点，如确有必要加班加点，应确保员工按规定领取加班工资或补假。酒店要确保员工享有充分的休息时间，即员工用以消除疲劳、料理个人生活、从事文娱及业余学习和参加社会活动所需要的时间，包括工作日当中的间隙、两个工作日之间的休息、公休日、节假日、年休假等。只有做到劳逸结合，保证员工有适当的工余休息时间，才能使员工保持旺盛的劳动热情，精力充沛地投入日常工作，提高劳动效率；充足的休息也是避免因过度疲劳而造成工伤事故的重要条件。

酒店人力资源部要协同其他业务部门，有计划地经常性地开展安全教育，增强酒店员工的安全生产意识，配合安全宣传与监督检查，将劳动保护工作落到实处。

要点6：员工考评管理

员工考评是酒店人力资源部或业务部门主管对员工的工作表现，经过某一阶段的考察和对若干项目或目标的系统记录的研究，进行系统的和科学的分析与评价，从而公平地确定被考评员工在酒店中的表现。

（一）员工考评的基本原则

员工考评应遵循图2-4所示四项基本原则。

（二）员工考评的内容

员工考评的内容包括图2-5所示的四个方面。

原则一 ▶ 员工考评必须形成制度，定时定期地进行

酒店人力资源部应把定期（一般规定每隔3～6个月）组织对员工进行考察评估列入日常工作，作为制度化的常规工作认真对待

原则二 ▶ 员工考评必须事先做好充分的准备

考评者必须对员工在考评期内的工作表现，通过搜集有关记录与资料，有充分了解，以确保考评结果的准确性，使被评估员工心服口服

原则三 ▶ 员工考评力求做到公平、正确、实事求是

考评者必须在事先充分准备的基础上，以认真、细致、实事求是的工作态度对待考评工作，避免夹带个人感情，凭自己对员工的恩怨进行考评，这样会带来不良后果

原则四 ▶ 员工考评应该与相应的奖惩制度相结合

在公正考评基础上，根据每一员工的业绩大小、表现好坏，做到无功不赏、无过不罚，赏罚分明，有升有降。把员工考评与对员工合理使用和相应的报酬待遇相联系，起到调动员工积极性，提高工作效率的激励作用

图2-4 员工考评的基本原则

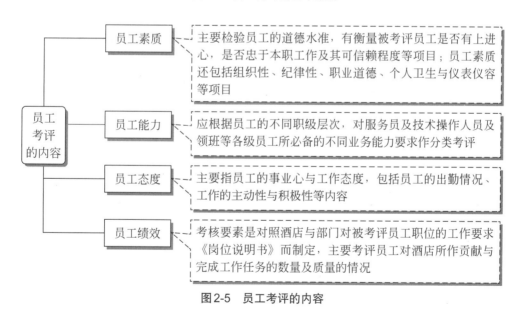

图2-5 员工考评的内容

（三）考评的方法与程序

员工考评的方法有个人总结考评法、班组评议考评法、对象比较考评法及上下级面谈考评法等。

其中，使用广泛且效果良好的上下级面谈考评法，是指酒店管理人员通过直接面谈交流的方式对其属下员工进行考评，并按酒店人力资源部设计编印的《员工工作表现评估表》内

各考核项目对员工表现评分鉴定。面谈考评可加强主管人员与员工的双向沟通，以便主管能帮助员工全面认识自我，并能直接回答员工提出的有关问题。

实施面谈考评的程序如图2-6所示。

步骤一　准备工作

考评主管要认真仔细搜集有关员工在考评期内的工作记录，包括出勤登记、犯规次数与经过、杰出表现次数与经过等。平时主管对属下员工的工作表现要有准备地做好书面观察记载，为定期考评提供依据

步骤二　填写考评表

考评主管根据所搜集的记录材料，认真填写考评表，确定各项目的评分并实事求是地写好有关评语。填写考评表要注意集中反映员工的实际表现与成绩，而非其个人的性格，重点放在揭示培训与发展的需要

步骤三　确定考评时间与地点

考评主管要为考评面谈选好合适地点，使面谈能在安静不受干扰的环境中顺利进行。主管事先安排好考评时间与地点，并要尽早通知有关员工，做好准备

步骤四　考评面谈

由主管根据考评表上所列各项考评指标，就评分与评语逐条向员工解释说明；员工可根据考评主管对自己的评价提出疑义或质询；主管必须对员工所提异议在以事实为依据的基础上作出使对方能接受的解答，如遇到涉及考评主管确实难以答复或需要进一步调查事实及请示上级的情况，考评主管可再安排面谈。如还不能解决问题，可由人力资源部经理约见员工，听取其意见，并作适当处理

步骤五　后期工作

在考评表所列全部项目通过评分后，考评双方必须都在考评表上签名，以示评估结论已获得双方基本一致的认可。作为对员工个人工作表现评价，双方都必须对考评内容及结果保密。考评表由员工所属部门经理审阅签字后，一式两份，部门主管保存副本备案，人力资源部将正本归入员工工作档案，并落实对员工升降职、加减工资或奖金、实施其他奖惩措施的有关工作

图2-6　实施面谈考评的程序

（四）考评结果的分析反馈与总结

在考评过程结束后，酒店人力资源部要继续通过各方面的信息反馈，对员工考评的结果进行检验与分析，以确保考评工作能取得预期效果。

对考评效果的分析，可通过反馈信息对下列问题的答案来检验。

（1）通过考评发现员工总体的工作效率与服务质量是否有所提高，每个员工的才能是否都得到了充分的发挥，是否做到了"人尽其才"，员工的士气如何。

（2）通过考评，发现哪些问题是值得酒店人力资源部及各部门引起注意的，员工的工作差错率是否有所降低，对于考评结果较差的员工，考评后的工作表现是否呈现改进趋势，他们的工作热情如何，通过考评，每个员工对酒店的总目标、对本部门的工作目标以及对本人的进步方向是否有更进一步的认识与理解。

要点7：员工档案管理

员工档案一般可以由员工的人事档案、工作档案和培训档案3个主要内容合为一个独立的档案宗卷。这种分类归档的方法，能够将员工的历史材料、员工在酒店服务期间的工作经历与表现记录、员工接受酒店人力资源部或所在业务部门训练记录等3方面资料分类保存，便于档案材料的查考利用。

（一）员工的人事档案管理

员工的人事档案，是由反映员工个人及有关方面历史情况的人事材料所构成。人力资源部转递而来的个人档案宗卷为基础发展建立的档案材料。

1. 员工的人事档案的内容

员工的人事档案主要包括：

（1）记载和叙述员工本人经历、基本情况、成长历史及思想发展变化过程的履历、自传材料；

（2）员工以往工作或学习单位对员工本人优缺点进行鉴别和评价，对其学历、专长业务及有关能力的评定与考核材料；

（3）对员工的政治历史问题进行审查、甄别与复查的人事材料；

（4）记载员工是否违反党派组织纪律或触犯国家法律而受到的处分及受到各级各类表彰、奖励的人事材料。

2. 管理要求

（1）人力资源部对接收员工原单位转递而来的人事档案材料内容，一概不得加以删除或销毁，并且必须严格保密，不得擅自向外扩散。

（2）员工入店后，由员工本人填写的《员工登记表》是员工人事档案的新页，它包括员工姓名（曾用名）、性别、出生年月、民族、籍贯、政治面貌、文化程度、婚姻状况、家庭住址、联系电话、家庭情况、个人兴趣爱好、学历、工作经历、特长及专业技能、奖惩记录等项目。

（3）人力资源部应要求员工在上述个人资料内容有所变更时，例如，婚姻、子女、住址、联系电话、个人学历等变化时，及时向人力资源部报告，以便使档案内相关记录得以更正，确保人力资源部及时掌握正确无误的资料。

（二）员工的工作档案管理

员工的工作档案是记载员工进入酒店工作的全过程中各方面的工作表现的综合材料，是酒店人事或业务主管部门考察员工，对员工提职加薪、选派进修、人事调动时必不可缺的重要凭据。

员工的工作档案内容，主要有以下几个部分。

（1）文件材料。包括员工人事调动表、劳动合同书、员工身份证、专业文凭及证书的复印件等，其中劳动合同书是员工档案中的重要内容，万一发生劳动争议或合同纠纷时，员工劳动合同书就成为人力资源部进行解释的原始依据。

（2）考评记录。以《员工工作表现评估表》为主要材料的员工考评记录是员工工作档案的主体部分，员工考评表是员工在酒店服务期间的工作形象缩影，比较全面地反映出员工的工作概况，具有重要的考查作用。

（3）出勤记录。

（三）员工的培训档案管理

对员工的培训档案进行分类管理是酒店人力资源部重视员工培训工作的具体表现，能有效发掘与调配人才。

员工档案管理工作的程序如下。

（1）员工档案材料的收集。

（2）员工档案材料的鉴别　要按照一定的原则和规定，对收集的员工档案资料进行审查、判断和取舍，注意维护员工档案内容的真实性与完整性。

（3）员工档案材料的整理　在员工档案资料的归档过程中，要做到内容条理清楚，目录有明细、装订有序，便于检索。

（4）员工档案材料的保管　要求人力资源部对员工档案卷宗要妥善地存放，防止受到各种损毁。同时，有关人员有责任对员工档案的保密、完整和安全作绝对的保证。

（5）员工档案材料的利用　是员工档案工作的最终目的。在利用员工档案中必须坚持既要满足查考员工表现的人事管理工作需要，又要确保员工档案的安全的原则。利用员工档案必须遵守有关范围、方式和手续的规定，严格保守机密，防止出现员工档案受损的各种事故。

要点8：人事统计管理

酒店的人事统计是根据酒店管理的需要，对酒店员工的基本情况进行分类统计，从中分析获得酒店员工队伍的变化规律及发展趋势，从而为酒店人事管理工作的决策与实施提供确切的统计资料依据，为加强酒店人事管理的计划性与科学性服务。

酒店人事统计分类主要包括以下内容。

（1）酒店员工结构统计，包括性别统计、年龄统计、文化程度统计、掌握外语情况统计、专业技能统计、其他方面的统计。

（2）员工出勤情况统计。

（3）员工奖惩情况统计。

（4）员工接受培训情况统计。

（5）员工工资和劳保福利情况统计。

（6）员工流动情况的统计与分析。

第二节　酒店人力资源管理制度

制度1：员工行为规范

××酒店标准文件		××酒店 员工行为规范	文件编号××-××-××	
版本	第×/×版		页次	第×页
1　酒店规则 　1.1　政策 　为员工提供酒店有关政策，让员工有章可循，并遵照执行。				

续表

××酒店标准文件		××酒店员工行为规范	文件编号××-××-××		
版本	第×/×版		页次		第×页

1.2 程序

1.2.1 服从上级

员工应切实执行直属上级或酒店授权执行人员的指示，若有疑难应立即向发出指令者咨询，员工即使对当时的指令有所怀疑或不满，亦应先执行，然后再报告有关部门经理或按投诉程序处理，切不可与上级或执行人员发生争执，以免误事。此点，除非员工发现该指令违反酒店规章制度或危害其人身安全或严重影响酒店利益与声誉者，则有权拒绝接受此类不适当之指令。

1.2.2 上班报到

员工上班时间，应以穿着整齐制服后，到达工作岗位报到为准。

1.2.3 活动范围

员工当值时，应只在所属岗位范围内活动，未经许可，不应擅自离岗。如因工需要到所属工作区域外工作，应先请示上级并获批准，方可离岗。

1.2.4 下班离店

下班后，员工不得在酒店任何区域徘徊，或把制服等公物带离酒店。

1.2.5 禁止员工在当班期间或下班后，在酒店使用提供给客人享用的任何服务或设施（事先申请并获部门经理批准者除外）。

1.2.6 客用设施

除五级或以上职务的行政管理人员外，所有员工必须使用酒店指定的员工进出口、通道、员工专用升降机及洗手间；坚决禁止员工占用供客人使用的一切设施设备。

1.2.7 员工在酒店内当值时，无特殊原因一律谢绝亲友探访。若有特殊原因或紧急需要，员工须向部门经理申请，说明原因，经部门经理批准并通知打卡室后，员工可告知亲友通过员工进出口，在打卡室办理来访登记，并在打卡室处与亲友会面片刻，时间须限制在10分钟内，然后由保安人员带领该员工亲友离开酒店。

1.2.8 使用电话

除员工食堂的公众投币电话外，未经部门经理批准，严禁使用酒店电话作私人用途。外来私人电话亦不代传，如属紧急情况，则致电部门经理或人力资源部代转。

1.2.9 离店检查

员工进出酒店，酒店保安人员有权要求检查进出者的身份及所携物品，员工必须配合。若发现员工携带有酒店财物意欲离店，不论价值多少，酒店一律以偷窃行为处理。情节严重者，将送交公安当局依法处理。

1.2.10 酒店财物

任何员工不得擅自携带任何属于酒店的物品离开酒店。若因工作需要携带酒店物品离店办事，员工须出示由部门经理签批的酒店《出门证》给保安人员，同时主动将该物件呈交保安人员检查，保安部需将已签批的《出门证》存案备查。

1.2.11 保安检查

酒店有关人士有权检查员工的更衣柜、手提袋或柜台内物品，以作为酒店保安措施的一部分。

2 员工仪态举止规范

2.1 政策

保持良好的行为举止，在任何时间以最佳形象出现在客人面前。

2.2 程序

2.2.1 正确的站姿

（1）正确的站立姿势是站如松。基本要领是站直，双脚与肩同宽，身体中心放在双脚上，胸要微挺，腹部自然收缩，腰平、肩平、两眼平视，嘴微闭，面带微笑，双肩舒展，双臂自然下垂。

（2）站立时身体不得东倒西歪，前倾后靠；不得伸懒腰、驼背、耸肩等。

（3）站立时双手不可叉腰、不可抱在胸前、不可插入衣袋。

（4）站立时不要靠墙、靠桌子和柜台等。

2.2.2 正确的走姿

（1）正确的走姿是走如风。基本要领是身体正直，不低头，眼平视，面带笑容，双臂自然前后摆动，肩部放松。

（2）行走要迅速，但不得跑步；二人并肩行走时不得搭胳膊、牵手等；与人相遇应靠边而行，请人让路要讲对不起，不得横冲直撞，粗俗无礼。

××酒店标准文件		××酒店 员工行为规范	文件编号××-××-××		
版本	第×/×版		页 次		第×页

(3) 切忌"内八字"和"外八字",走路大摇大摆,拖着脚步走路等。
(4) 女员工走路时要踩一条直线,双脚之间的距离是一个脚长。
2.2.3　正确的坐姿
(1) 正确的坐姿是坐如钟。基本要领是上体自然坐直,两腿自然弯曲,双脚平落地上,双膝并拢,臀部坐在椅子中央,腰部靠好,双手放在双膝上,胸微挺,腰伸直,目平视,嘴微闭,面带笑容。
(2) 入座时切忌前俯后仰、跷脚或双膝分开、跷二郎腿等。
2.2.4　优美的动作规范
(1) 上下楼梯:头要正,背要伸直,胸要微挺,臀部要收,膝要弯曲。
(2) 取低处物品:拿取或拾起低处的物品时,不要弯上身、翘臀部,要利用蹲和屈膝的动作。
(3) 行走路线:在服务场所,要按规定的路线走。一般来说,必须靠右行,不能走中间。和客人相遇时,要点头致意并主动让路,不能与客人抢道并行;有急事要超越前面的客人时,不可跑步,要在口头示意、致歉后再加紧步伐超越,并向客人致谢。
(4) 适当的手势:在与客人谈话时,手势不宜过多、动作幅度不宜过大。
(5) 丰富的表情:微笑是人心理愉悦的表现,同时又是一种非语言沟通和信息交流的符号。微笑表达了服务人员对客人的友谊和真诚的欢迎,会使客人在情绪上产生安全感、愉悦感。要求服务人员上岗前应保持良好的精神状态,始终保持微笑服务,体现敬业精神。
(6) 谈吐与微笑
① 真诚的、发自内心地问候客人,始终面带微笑,保持目光接触,大方得体。
② 要注意称呼谈话方姓氏,未知姓氏以前,要称呼"先生"或"小姐"或"女士"。
③ 同客人说话时要用标准普通话,说话内容简单明了,把握要点。
④ 说话音量适中,不可过高或过低。声调自然、清楚、柔和、亲切,不要装腔作势。
⑤ 不准使用蔑视和侮辱性的语言,不准讲粗话。
⑥ 三人以上对话,要用三方都懂的语言。
⑦ 每个服务员应努力掌握一门外语。
3　员工应该做的与不应该做的行为准则
3.1　政策
规范员工个人行为,保持酒店最佳形象。
3.2　程序
3.2.1　员工应该做的
(1) 准时按部门安排的工作时间进行工作。
(2) 从员工通道出入。
(3) 上、下班均打卡、签到。
(4) 工作认真积极,如有特殊情况不能上班,要立即通知上司,并说明原因。
(5) 当班时制服穿着整齐。
(6) 吃饭时间要准时。
(7) 仪表端正,笑容可掬,做起事来要彬彬有礼。
(8) 尊重上司,举止言谈高雅。
(9) 执行职务,不怕困难。
(10) 工作时,尽量减低声响。
(11) 举止端正、保持身体挺直。
(12) 保持环境卫生。
(13) 保持体味清新。
(14) 对酒店、同事及对工作态度热诚。
(15) 留意自己的言谈并控制情绪。
(16) 与酒店同舟共济。
(17) 同事间相处融洽,紧密合作。
(18) 保持更衣柜清洁,更衣柜内只可放置制服、鞋袜和私人毛巾等。
(19) 不做非法勾当。
(20) 下班后立即离开酒店。

续表

××酒店标准文件		××酒店 员工行为规范	文件编号××-××-××		
版本	第×/×版		页	次	第×页

3.2.2　员工不应该做的
(1) 迟到、早退及无故缺勤或未按规定的工作时间接班。
(2) 使用客用设施或客用品。
(3) 上下班不打卡或替别人打卡。
(4) 在没有得到所属上级批准的情况下，无故缺勤。
(5) 提前到员工餐厅吃饭。
(6) 无故离开工作岗位或出现在职责所需区域外的地方。
(7) 不讲究个人卫生，头发松散、衣冠不整、鞋袜破烂、制服脏等。
(8) 面部表情刻板，对待客人及同事没有礼貌。
(9) 私自占有失物。
(10) 胡乱饮酒、打架、工作时间睡觉及工作时间嚼口香糖等。
(11) 要求或暗示客人付出小费或礼物。
(12) 有倚墙而站、双手交叉、抓头、挖鼻等不雅举止。
(13) 侮辱或袭击客人及同事。
(14) 故意不遵守上司或酒店发出的合法命令。
(15) 无充分理由而故意拒绝执行职务。
(16) 在酒店内发起或参与未经酒店批准，影响酒店经营的集会。
(17) 在酒店内贩卖物品或自动代客人购买物品。
(18) 随地吐痰。
(19) 使用味浓的香水或洗发水，浓妆艳抹。
(20) 发出体味及恶臭的口气。
(21) 非因工作需要或未经部门经理批准，带人或让人进入酒店其他公共区域。
(22) 非因工作需要，部门经理以下级别人员乘坐客用电梯。
(23) 利用职权给亲友（朋友）以特殊优惠。

拟订		审核		审批	

制度2：招聘政策与程序

××酒店标准文件		××酒店 招聘政策与程序	文件编号××-××-××		
版本	第×/×版		页	次	第×页

1　政策
　　为酒店选用合适的人才，安排适当的职位，为酒店的发展做出贡献。
2　管理规定
　2.1　招聘
　　2.1.1　原则
　　酒店的聘用原则是：量才而用，人尽其才。凡酒店出现任何空缺岗位，须聘用适合的人才（不论通过好友介绍或来自求职者），酒店将量才安排适当的岗位入职，并授以岗位上必须熟练的职务知识与技能培训，发挥其最佳工作潜能。同时，在工作环境与员工福利上予以密切关注，使员工在良好的工作条件下，尽快投入工作。
　　2.1.2　政策
　　各部门根据人员情况、营业状况及预算编制等因素需招聘人员时，应先到人力资源部填写部门人力申请表，经部门经理签字，报人力资源部经理审核批准后，人力资源部根据实际情况拟定招聘计划。
　　(1) 在人员定编内：用人部门应提前30天填报部门人力申请表，说明招聘人数、性别、年龄及学历要求、用工种类（正式工、临时工、季节工、培训生）等情况，经人力资源部经理核准后，进行公开招聘，同时由人力资源部将部门人力申请表的副本交还用人部门，表明此申请已被接受。
　　(2) 在人员定编外：由用人部门填报部门人力申请表，说明增编原因及其他情况，交人力资源部审核，经人力资源部经理核准，报总经理批准后，进行公开招聘，同时由人力资源部将部门人力申请表的副本

续表

××酒店标准文件		××酒店 招聘政策与程序	文件编号××-××-××	
版本	第×/×版		页次	第×页

交还用人部门，表明此申请已被接受。

2.1.3 程序

（1）人力资源部根据批准后的部门人力申请表的内容，向各旅游、职业学校及劳动力市场发布职位空缺信息，同时在员工餐厅布告栏内张贴。

（2）应聘者必须前往酒店人力资源部领取职位申请表，并详细填写真实内容于职位申请表上，同时附近期免冠照片1张及相关资料，进行面试。

2.2 面试

2.2.1 第一次面试

（1）应聘者（应聘职级在十三级或以下）由人事主任负责初步面试。面试时，应聘者须携带完整的个人资料。第一次面试的目的是要了解及核对应聘者的全部资料，其中包括：身份证明、学历及专业资格证明、工作履历证明等。此外，面试者对应聘者的临场表现做出公正的面试评估，并将意见填写在该职位申请表上，以作为第二次面试的参考资料之一。

（2）职级在十二级或以上的职位申请，由人力资源部经理负责初步面试。

2.2.2 第二次面试

（1）人力资源部认为应聘者（应聘职级在九级或以下）符合初步条件时，将已填写初步面试意见的职位申请表连同应聘者的有关资料，转交给用人部门经理做第二次面试。第二次面试的目的为考核应聘者对所求职岗位的专业认识与技能是否符合所求职岗位的要求。部门经理必须于面试后，在职位申请表上填写部门面试意见，并即时转回人力资源部。在人力资源部收回所有职位申请表后，将部门录用、备用及不予录用的职位申请表分类存放。人力资源部会按用人部门准予录用的职位申请表内所填写面试合格意见执行该应聘者的入职手续。倘若所填意见为"考虑"，人力资源部须把职位申请表存于候补档案内；倘若所填意见为"不合格"，人力资源部须把职位申请表存于否决申请的档案内，并向该求职者发出致谢应聘与不被录用的通知书。

（2）职级在十级或以上的职位应聘者，在经过用人部门经理面试合格后，转由酒店总经理或其授权者做第三次面试，面试后同样需要在职位申请表上填写最后面试意见，并即时将表格还回人力资源部。

（3）各部门经理与各行政管理人员不可私自保留任何已面试的职位申请表和应聘者的个人资料。

2.3 体格检查

2.3.1 应聘者面试合格后，人力资源部须根据用人部门的用人时间通知应聘者到酒店指定卫生防疫部门做体格检查。

2.3.2 应聘者在体检时须带近期免冠照片2张，以做体检证明之用。

2.3.3 酒店内任何员工不可以权谋私，妨碍体检的真实性，倘若出现上述情况，该违规者将受到纪律处分，处分为：即时无偿解雇；而该应聘者的应聘资格将马上失效。

2.4 提交无犯罪记录证明

2.4.1 所有应聘者通过面试合格后，人力资源部通知其在办理入职手续时要出具本人户籍所在公安机关出具的无犯罪记录证明。倘若应聘者是各类学校当年应届毕业生，可以由学校公安处（科）出具无不良记录证明。倘若应聘者为非本市户口人员，可以提供原居住地公安机关出具的无犯罪记录证明或由本地人士作为担保人写出担保信，同时担保人必须提供本地公安机关出具的无犯罪记录证明。

2.4.2 酒店总经理和副总经理有权力豁免应聘者出具无犯罪记录证明，但是必须在该应聘者的职位申请表上签署豁免意见。

2.5 人事调查

2.5.1 凡面试合格的十级或以上的行政管理层岗位的应聘者与敏感性岗位（如出纳、收银员、采购、收货与仓库管理员的任何职级岗位）的应聘者，必须接受人事调查。

2.5.2 人事调查工作由人力资源部负责执行，并由人力资源部经理代表酒店向应聘者曾工作过的单位发出人事调查函；必要时，人力资源部经理可派员或联同其所求职部门的管理人员做实地调查。于调查后，有关参与调查工作的负责人须填写人事调查报告表，并向人力资源部经理提交人事调查报告做审核。

2.6 入职准备

2.6.1 全部入职员工通知完毕后，由人力资源部填写员工到任通知书，注明员工姓名、性别、职位、职级、到职日期等，交用人部门，以便做好迎新工作。

2.6.2 人力资源部准备给新员工发放的员工证、员工手册、更衣柜钥匙等物品，以便为员工办理正式入职手续时使用。

拟订	审核	审批

制度3：员工入职程序

××酒店标准文件		××酒店 员工入职程序	文件编号××-××-××	
版本	第×/×版		页次	第×页

1 政策

按照程序办理员工入职手续，保证入职资料的真实性、完整性，同时让员工在最短时间内了解酒店设施与规章制度。

2 管理规定

2.1 酒店规定每月1日和16日为新员工统一入店日，若遇上公众假期或星期天，则顺延至次日。

2.2 新员工必须在早上9点到人力资源部报到，人力资源部确认新入职员工的身份后，为员工办理入职手续，办理时，新员工应提交下列个人资料。

（1）本人户籍所在公安机关出具的无犯罪记录证明。倘若应聘者是各类学校当年应届毕业生，应出具所在学校公安处（科）出具无不良记录证明。倘若应聘者为非本市户口人员，须提供原居住地公安机关出具的无犯罪记录证明或由本地人士作为担保人写出担保信，以及担保人提供的本地公安机关出具的无犯罪记录证明。

（2）工作履历证明。

（3）酒店指定卫生防疫部门出具的体检证明及体检报销单据。

（4）近期一寸免冠照片2张，其中1张用于制作员工证，另1张备存。

2.3 新员工缴纳物品保证金_____元。注：物品保证金会在员工离职后退还给员工本人。

2.4 人力资源部向新员工发放下列物品

（1）员工名牌。

（2）员工证。

（3）更衣柜钥匙。

（4）制服领用表。

（5）安排员工宿舍（需倒班时）。

（6）发放《员工手册》，并要求新员工在细心阅读并了解员工手册内容后，签署阅读员工手册回执，并由人力资源部即时将回执收回存档。

2.5 迎新会

完成上述入职手续后，所有员工将被安排参加人力资源部举办的迎新会，会后才可被派到所属部门。

（1）目的：使新员工在最短时间内，了解酒店的硬件设施与酒店规章制度。

（2）形式：在员工培训室内设置剧院式排座，配以视听教材。由人力资源部经理主持，以真挚欢迎之诚意，细致地向新员工介绍酒店的背景、酒店管理形式、设施设备与酒店规章制度，并耐心聆听新员工提出的问题并向其解说。期间有茶水供应。

（3）内容：除向新员工介绍上述有关情况外，其他内容包括员工可在酒店内的活动范围、工作时间与考勤规定、用膳规定、汇报渠道与意见收集的规定、服从合理工作指令的规定、亲友探访的规定、爱护公物的规定、环境卫生的规定、使用员工证的规定、物品进出的规定、员工在酒店内活动范围的规定、工作安全规定、仪容仪表的要求、礼仪礼貌的要求、良好的服务意识、正确的工作态度、职业道德、意外事件的应变、紧急突发事件的应变、防火防盗意识等。其后由人力资源部经理或其指定人员带领新员工参观酒店，向员工解说酒店各营业点与后勤地方的设施与功能。

（4）时间：逢每月1日和16日举行，若遇上公众假期或星期天，则顺延至次日举行，具体时间为上午9点整开始，至下午5点整结束，时间控制在8小时内（含1小时的用膳时间）。

2.6 员工档案

（1）由人力资源部制作《人事调动表》，经用人部门经理、人力资源部经理、酒店总经理签批后，将正本送交财务部。

（2）凡业主公司派驻酒店任职人员及酒店四级以上人员的任免，需业主代表加签。

（3）人力资源部在新员工入职3天内整理新员工资料并建立人事档案。

拟订		审核		审批	

制度4：员工离职程序

××酒店标准文件		××酒店 员工离职程序	文件编号××-××-××	
版本	第×/×版		页　次	第×页

1　政策
规定所有离职员工按照程序办理离职手续。

2　管理规定

2.1　离职形式

2.1.1　正常辞职：合同期满或在合同期内因自身原因或有特殊情况（如员工患病或因工负伤，超过国家规定的医疗期后，经医疗卫生部门确认，不能从事原工作）而辞职的。

2.1.2　非正常辞职：员工擅自离职或因员工自身问题被酒店劝退、被勒令辞退、被即时解雇的。

2.2　审批程序

2.2.1　正常辞职

（1）试用期内的员工正常辞职必须提前7天向所在部门呈交书面《辞职申请书》；已通过试用期转正的员工正常辞职必须提前1个月向所在部门呈交书面《辞职申请书》，所交辞职报告不得涂改，否则视为无效。

（2）所有《辞职申请书》，须经过所属部门经理、人力资源部经理签批后方可生效。十级或以上人员的辞职须经过总经理签批后方可生效。计算辞职日期以人力资源部收到该员工的书面《辞职申请书》日期为准。

（3）辞职员工所在部门应在员工最后工作日当天填写《离职通知书》。《离职通知书》应说明该员工离职的性质、日期、未享受的有薪假期、当月考勤时段出勤情况、是否补发或扣除代通知金及是否有其他须扣除款项等，经部门经理签批后交人力资源部。

（4）人力资源部接到《离职通知书》后，审核该员工假期情况，制作《离职员工工资结算清单》，同时约见该员工做最后离职接见，并在该离职员工最后工作日当天24小时内收回酒店配发给个人的全部物品。

（5）《员工离职工资结算清单》要提交财务部，用作计算最后工资。在发工资前，所有手续必须完成。

（6）员工提前1个月提出解除劳动合同后，在酒店未按解除合同程序办理批准之前，员工必须继续遵守酒店规定，努力工作，一旦发现在部门中有不良影响，或在此期间，员工病假超过7天，事假超过3天，酒店将按违反管理规定而对其予以解聘，严重者予以开除。

（7）凡员工要求提前解除劳动合同或违反以上程序离职者，酒店有权根据劳动合同有关条款收取30天代通知金（代通知金以该员工辞职前3个月的总收入之平均数计算）作为对酒店的赔偿。（经酒店总经理批准的特殊情况除外）。

2.2.2　非正常辞职

（1）因下列原因，被酒店勒令辞退的
① 因工作能力不足，表现不符合工作要求。
② 行为不检或有不良嗜好。
③ 员工与上级或其他同事关系恶劣，连续表现不合作。
④ 屡犯错误，经教育仍不改正者。
⑤ 因患病或非因工受伤致残者，经规定的治疗期仍不能返岗工作者。

（2）因下列原因，被酒店即时解雇的
① 凡犯有严重过失者。
② 在接获最后警告或屡次接受警告后，再触犯同样或其他任何过失。
③ 触犯地方或国家刑事法律而被判劳动教养或受刑事处分。

备注：以上具体细则可参阅"纪律处分"规定。

（3）凡擅自离职或提出辞职但未获酒店批准而离职者，酒店有权根据规定对其做出开除处理，被开除者除向酒店支付规定的代通知金外，还应对由此引起的一切不良后果负责，并赔偿给酒店造成的经济损失。

（4）员工因违反店纪店规被酒店辞退时，须由所在部门填写《纪律警告通知书》，清楚列明该员工犯规日期、犯规地点、犯规详情等呈交人力资源部，人力资源部根据全部内容做出调查并核查其犯规性质、过去的犯规行为记录等，同时接见犯事员工，听取其解释。如证实所犯规条属即时解雇或勒令辞退之列，经总经理审批后即可发出解雇通知书，列明生效日期、剩余或扣除的假期及是否有其他须扣除款项等。副本送交财务部，准备作最后工资计算。人力资源部负责向员工收回所有酒店发放的用品，并在离店手续通知书中注明。

××酒店标准文件		××酒店 员工离职程序	文件编号××-××-××		
版本	第×/×版		页	次	第×页

2.3 最后工资支付
2.3.1 正常辞职
(1) 员工离职日期以人力资源部收到辞职通知书日期为准（除非该员工与部门经理另订协议，但须列明于离职通知书内，并得到人力资源部经理或酒店总经理同意）。若符合通知条件时，工资将会计算至该员工最后工作日；若不符合条件者，按本规定2.2.1的第（7）款执行。
(2) 离职员工工资支付日期为离职月份的次月10日，在财务部以现金形式发放。
2.3.2 非正常辞职
(1) 被酒店劝退的员工：按劳动合同书上列明的有关条款执行。具体支付工资日期于次月10日在酒店财务部以现金形式发放。
(2) 被酒店即时解雇、被勒令辞退的员工：即时解雇者和被勒令辞退者的原因为触犯国家法令或严重违犯酒店规则，故此不会获任何补偿，最后计薪只包括该员工已工作日数。同时，被解雇的员工所应享有的福利将从解雇之日起被自动取消。具体支付工资日期于次月10日在酒店财务部以现金形式发放。
2.4 终止雇佣合同
酒店及员工双方有权根据下述情况终止雇佣合同。
(1) 于试用期内：必须给予对方7天通知或7天代通知金。
(2) 试用期满后：必须给予对方1个月预先通知或给予1个月总工资代替通知（以辞职前3个月的总收入的平均数计算）。
(3) 与酒店签订培训合同者，须按培训合同的条款执行。
(4) 规定合同期满后如不续约，合同则自行终止。
(5) 员工如欲终止雇佣合同，必须以书面形式通知有关部门主管。

拟订		审核		审批	

制度5：员工调职程序

××酒店标准文件		××酒店 员工调职程序	文件编号××-××-××		
版本	第×/×版		页	次	第×页

1 政策
将员工调配至更加适合的工作岗位，做到知人善用、人尽其才。
2 管理规定
2.1 原则
2.1.1 员工入店3个月内不能调转部门。
2.1.2 部门经理有责任把适合的人选，推荐或分配到适合的职位，不可揽才自用。
2.1.3 调职时应以该员工的工作表现、才能、性格、学历及专业为根据，切忌感情用事。
2.1.4 调职只能在同职级之间进行。
2.2 程序
2.2.1 当酒店其他部门有职位空缺时，人力资源部可通过员工布告板通知所有员工有关职位空缺的信息，希望调转部门的员工应以书面形式向人力资源部提出申请或由各部门经理向人力资源部推荐其部门所属员工转职。
2.2.2 希望调转部门的员工到人力资源部领取"调转部门申请表"，经所在部门经理签字同意后，连同推荐函及员工工作表现评核送交人力资源部作为调职参考。
2.2.3 人力资源部先对该员工进行初步面试与考核，认为可以达到新岗位要求时，通知空缺部门做进一步的面试与考核。
2.2.4 由空缺部门经理安排时间面试报名调转部门的员工，面试后应在"调转部门申请表"上签署面试意见，同时将申请表交还人力资源部。
2.2.5 经调入部门及调出部门经理确定后，由员工原所在部门填写人事变动表报人力资源部，经有关员工、调出的部门经理及调入的部门经理三方联签确认，报人力资源部经理审核同意后，方可执行。

续表

××酒店标准文件		××酒店 员工调职程序	文件编号××-××-××		
版本	第×/×版		页	次	第×页

  2.2.6 由人力资源部约见该员工，正式通知其职位调动及生效日期，人事变动表的副本将分别抄送给调入部门主管、员工、财务部，并在员工个人档案内存档。
  2.2.7 凡调职至不同部门或不同工种职位的员工，必须通过调职试用期。试用期一般为3个月，但该部门主管可根据员工表现或实际需要，建议人力资源部将试用期做适当缩短或延长，试用期缩短最少不可短于1个月，或延长最多不可超过3个月。
  2.2.8 用人部门根据该员工在工作能力等方面符合岗位要求，需在通过试用期后，再次填报职位变动单及考核评估表，并注明工资级别。
  2.2.9 人力资源部每月须向酒店总经理呈交调职统计报告。
  2.2.10 每月调职员工名单将在员工布告板上公布。
  2.2.11 凡业主公司派驻酒店的任职人员及酒店四级以上人员的调职，需业主代表加签。

拟订		审核		审批	

制度6：员工晋级程序

××酒店标准文件		××酒店 员工晋级程序	文件编号××-××-××		
版本	第×/×版		页	次	第×页

1 政策
  工作优异并具发展潜质的员工将获得提升。
2 管理规定
  2.1 原则
  2.1.1 以内部提升为优先选择。即某岗位出现空缺，优先考虑属下职员的提升。
  2.1.2 挑选方法将综合工作表现、业务水平、品德修养、纪律、对酒店的忠诚及功绩为决定因素。
  2.1.3 部门对员工晋级原则上应本着每次晋升为该员工现岗位上的一级，不可跳级晋升。特殊情况需跳级提升者（限定在二级内），必须经过总经理的书面批准，方可执行。
  2.2 程序
  2.2.1 当有职位空缺出现时，部门经理可向人力资源部作出建议，提升属下员工。
  2.2.2 部门经理和人力资源部经理要共同商议并决定提升之职级与生效日期。
  2.2.3 在决定提升的人选后，根据基层和督导层人员提升制度执行。
  2.2.4 属管理层人员的提升，由该部门最高负责人填写该"员工工作表现评核表"，连同提升报告呈报酒店总经理审批，同意批准后，再交人力资源部办理人事变动。
  2.2.5 属行政层人员的提升，由总经理填写"员工工作表现评核表"，连同提升报告呈报酒店业主审批，同意批准后，再交人力资源部办理人事变动。
  2.2.6 由人力资源部负责约见该升职员工，并发给其人事变动表副本。
  2.2.7 人事变动表的其他副本将分别抄送部门经理、财务部，以及在员工个人档案内存档。
  2.2.8 升职同时加薪。被提升至新职位的员工，从提升之日起，工资标准按晋升后岗位职级工资执行。
  2.2.9 若部门提升员工，认为需要试用其是否称职于被提升的岗位时，可于其职称之前列加上一个"代"字。代职期通常为3个月，除非其直属上司判断该员工的代职期需要延长时间作进一步的观察工作表现，于代职期满，经直属上司评估工作表现称职后，才可免除代称职衔。任何员工代职期其工资标准定位为：按升职前/后的两个职级之工资定位的中间数执行。
  2.2.10 晋升后新岗位及新工资生效日期正常安排为次月初的第1天。
  2.2.11 每月在员工布告板公布升职名单。
  2.3 基层和督导层人员提升制度
  2.3.1 本制度试用范围
  （1）部门拟提升基层员工，即16～13级员工至高一级职位时。
  （2）部门拟提升督导层员工，即12～10级员工至高一级职位时。
  （3）9级或以上人员升职时，仍采用部门评估、人力资源部审核、总经理批准的方式。

续表

××酒店标准文件		××酒店 员工晋级程序	文件编号××-××-××	
版本	第×/×版		页　次	第×页

2.3.2　升职原则

（1）以内部提升为优先选择，即某岗位出现空缺时，优先考虑属下职员的提升。所有升职人员应具备以下几点。

① 工作表现杰出并具备达到更高一个级别的潜力。
② 在现级别工作已有4个月以上（注：第二次升职时，原则上在现级别工作已有1年或以上）。
③ 没有不良记录。
④ 具备本部门优秀员工之基础条款。
⑤ 已达到现级工作的专业水平、满意程度和部门工作之标准。
⑥ 取得上司、同事、下属的基本信任。
⑦ 有受到奖励和业绩之依据。

（2）人力资源部每月在员工宣传栏内张榜公布职位空缺情况，员工可视自身情况报名参加升职考核，或可由部门经理向人力资源部提出建议，挑选属下员工作为升职对象。

（3）督导层以下员工的提升需按一定程序进行评估与考核。

（4）员工每次晋升为该员工现岗位的上一级，不可越级晋升。特殊情况需越级晋升者（限定在二级内），必须经过总经理的书面批准，方可执行。

2.3.3　提升程序

（1）部门经理或总监评估被提升者合格后，将评估表和提升申请交人力资源部备案。

（2）在人力资源部组织和监督下进行该部门相关人员评选，参加评选人员均为被提升者的属下人员和该分部的平级人员，以不记名投票方式评估。出席投票人数必须为被提升者的属下人员人数和该分部的平级人员人数的合计数之80%或以上，才可进行投票评选。被提升者必须得到80%或以上评估人的同意，才可继续参加提升考核。否则必须于本次评估日期起2个月后才可作第二次的投票评估。

（3）从部门经理或总监评估被提升者的日期开始至投票评估合格日期的次日止，被提升者不能作任何方式贿赂（收买）投票评选人员，如请吃饭、借款、送礼、口头承诺、给予方便等行为。

（4）由人力资源部安排的书面考核，考核合格后才可进行实操和口试的考核。如考核不合格，人力资源部须由是次考核日期起30天后，再安排第二次考核。

（5）由人力资源部安排的实操和口试考核，考核合格后（实际操作考试分数和口试分数需分别达到70分）才可办理提升手续。如考核不合格，人力资源部须由本次考核日期起30天后，再安排第二次考核。

（6）如以上某阶段考核连续3次不合格，即取消是次提升申请。被提升者须于最后一次考核日期起1年后，才可重新开始参加提升程序。

2.3.4　考核项目

（1）书面考试：酒店基础知识、岗位专业知识、岗位英语、管理知识等。

（2）实际操作考核：适用于一线部门员工。

① 餐饮部之中餐厅：宴会摆台、散客摆台、情景接待与服务；
西餐厅：宴会摆台、散客摆台、情景接待与服务；
厨房部：试厨；
管事部：清洁方法、餐具保养。

② 房务员：清洁方法、做房程序、情景接待；
公卫员：清洁方法、各种机器设备的使用、实际工作项目操作（如洗地毯、打蜡等）。
康体服务员：情景接待与服务。
洗衣房/制服人员：实际工作项目操作。

③ 客务员：查询服务与情景接待、电脑操作；
话务员：情景接待、电话号码背诵；
礼宾部：情景接待与服务；
司机：专业资格。

④ 财务部之收银员等：有关专业资格、酒店财务政策、字体整齐、加数机和电脑操作。

⑤ 人力资源部之员工厨房：试厨。

（3）基层员工（16～13级）的升职需接受酒店给予的有关酒店知识、专业知识（包括笔试和实际操作）及英语方面的考核；督导人员（12～10级）的升职考核需接受与基层员工考核内容相同的项目外，另增加管理知识与技巧及制订一项详细培训计划的考核。

××酒店标准文件		××酒店 员工晋级程序	文件编号××-××-××		
版本	第×/×版		页次		第×页

2.3.5 考核纪律
（1）参加考核人员必须按照规定时间、地点参加考核。因任何原因错过考试时间或迟到30分钟以上者，取消当次考核资格。
（2）任何参加考试人员在考场上不得作弊或抄袭，否则监考人有权取消当次考核资格。
2.3.6 考核结果的公布时间
（1）人力资源部将在每个考试结束后的1周内，将当次参加考核人员的名单、考核成绩通知所属部门。
（2）通过考核的人员由部门填写人事变动表，升职时间为每月1日。
（3）凡业主公司派驻酒店的任职人员及酒店四级以上人员的晋级，需业主代表加签。

拟订		审核		审批	

制度7：员工降职、降级程序

××酒店标准文件		××酒店 员工降职、降级程序	文件编号××-××-××		
版本	第×/×版		页次		第×页

1 政策
保规范酒店用人体制，为酒店提供统一的人事任免标准。
2 管理规定
2.1 目的
2.1.1 增强各级人员的积极向上和努力学习、刻苦钻研技术的积极性。
2.1.2 严惩不良行为人员，降免不称职人员。
2.2 具备免职建议权资格之管理人员
自12级至酒店总经理，每一层管理人员都具有对下属的任免建议职权。
2.3 被免职资格的人员
自酒店基层各级员工至酒店总监级管理人员。
2.4 降职条件
2.4.1 违反酒店的规章制度，业务不精通，不能胜任现职。
2.4.2 无理取闹或聚众闹事或打架斗殴或影响酒店安宁和营业工作秩序者。
2.4.3 严重失职或违反工作制度或操作规程或造成事故或引起宾客严重不满意或使酒店的财产和声誉受到损害者。
2.4.4 与宾客争吵或故意刁难宾客或向宾客索取小费、物品和其他报酬，或利用职权和工作方便，营私舞弊，谋取私利，使酒店受到经济损失者。
2.4.5 不服从酒店管理或不执行上级指令或严重妨碍和扰乱酒店正常管理秩序者。
2.4.6 偷窃酒店、宾客和他人财物，造成不良影响或严重后果者。
2.4.7 受到口头、书面警告2次以上人员。
2.4.8 有其他违纪行为或犯有其他严重错误者。
2.5 降职程序
2.5.1 程序
（1）部门填写"员工工作评估表"和"人事变更工作表"，经部门经理/总监签字同意后，报人力资源部。由人力资源部对该职位提出审核，并由部门提议该职位候选人员是否符合条件的审查，对审核与审查结果签署意见。
（2）10级或以上人员的降职必须获总经理获总经理指定授权人审批。
（3）降职获批准后，人力资源部将发出有关免职通知。上述变更由人力资源部给予个人档案记录变更。
2.5.2 降职同时减薪，按被调降职位的职级工资定位而定。

拟订		审核		审批	

制度8：员工试用及转正制度

××酒店标准文件		××酒店 员工试用及转正制度	文件编号××-××-××	
版本	第×/×版		页　次	第×页
<td colspan="5">

1　政策
根据员工在试用期的表现，确认是否以正式录用。
2　管理规定
　2.1　试用期期段
　2.1.1　所有新员工必须通过试用期，试用期一般为3个月，但部门主管可根据员工工作表现，建议人力资源部将试用期作适当的缩短或延长，试用期缩短最少不可短于1个月；或延长最多不可超过3个月。
　2.1.2　若部门经理根据员工表现同意该员工转正，在填写员"工评估表"和"人事变动表"并签字后，交人力资源部经理审核，报总经理批准后生效。
　2.1.3　部门经理根据员工表现可建议缩短试用期，批准程序同上。
　2.2　试用期满通知
　2.2.1　人力资源部在每月5日前统计当月试用期已满的员工名单，汇总为表格后发至各有关部门。若部门经理根据员工表现同意该员工转正，在填写员工评估表和人事变动表并签字后，交人力资源部经理审核，报总经理批准后生效。
　2.2.2　员工所在部门批准试用合格者，在转为正式合同员工之日，将收到由人力资源部发出的正式通知函，并签订正式劳动合同。
　2.2.3　对试用期内表现不符合要求者，可延长其试用期或提前7日通知或以7日代通知金予以辞退，有关员工将收到人力资源部发出的解雇通知书。
　　所有通知书均为一式三份。
　　正本：人力资源部个人档案。
　　第一副本：部门主管。
　　第二副本：员工。

</td> |
| 拟订 | | 审核 | 审批 | |

制度9：员工培训管理政策与程序

××酒店标准文件		××酒店 员工培训管理政策与程序	文件编号××-××-××	
版本	第×/×版		页　次	第×页

1　员工入职培训程序
　1.1　政策
　　使新员工在最短的时间内了解酒店情况及有关规章制度，便于酒店的管理。
　1.2　程序
　1.2.1　迎新会
　（1）目的：使新员工在最短时间内，了解酒店的硬件设施与酒店规章制度。
　（2）形式：在员工培训室内设置剧院式排座，配以视听教材。由人力资源部经理主持。
　（3）内容：酒店的背景，酒店管理风格，员工手册各项条款，仪容仪表的要求，礼仪礼貌的要求，良好的服务意识，正确的工作态度，良好的职业道德，意外事件的应变，紧急突发事件的应变，防火、防盗意识，参观酒店，了解酒店各营业点与后勤地方的设施与功能。
　（4）时间：逢每月1日和16日举行，若遇上公众假期或星期天，则顺延至次日举行，具体时间为上午9点整开始，至下午5点整结束，时间控制在7小时内（不含1小时的用膳时间）。
　1.2.2　正式入职培训
　（1）目的：细致地学习酒店规章制度，提高员工自身素质。
　（2）形式：在员工培训室内设置剧院式排座，配以视听教材。由人力资源部经理主持。
　（3）时间：每月中旬举办1次（具体时间视营业状况而定），时间为5天，每天早上9点至下午5点。

续表

××酒店标准文件		××酒店 员工培训管理政策与程序	文件编号××-××-××		
版本	第×/×版		页	次	第×页

（4）培训内容
① 总经理、副总经理及5级以上各部门经理同新员工见面并致欢迎词。
② 集团公司、管理公司、酒店概述。
③ 酒店常识。
④ 组织机构设置及各部门职能介绍。
⑤ 员工手册。
⑥ 员工仪容仪表行为规范。
⑦ 员工仪态举止规范。
⑧ 礼仪礼貌。
⑨ 客人满意标准。
⑩ 正确的工作态度
⑪ 酒店基本英语。
⑫ 酒店安全与消防知识。
⑬ 对客推销技巧。
⑭ 开源节流与员工的关系。
⑮ 设备的维护与保养。
⑯ 参观酒店。
⑰ 考核。
⑱ 征求员工对培训的意见。
⑲ 将考核成绩存入档案。
1.2.3 通知部门考试成绩。
1.2.4 征求部门培训意见。

2 员工在职培训管理
2.1 培训的目的
2.1.1 最大限度地发挥、保持员工积极性、规范性和高效性，达到最佳培训效果。
2.1.2 提高员工工作能力和技巧，不断采用先进的操作方式。
2.1.3 培养员工归属感、荣誉感，鼓励员工积极性。
2.1.4 提高各级管理人员经营管理能力和水平。
2.1.5 正确使用设备，降低成本，减少浪费。
2.2 培训标准
2.2.1 培训为经营管理服务。
2.2.2 专业对口，岗位成才，理论与实践相结合。
2.2.3 实行"先培训、后上岗"，未经培训或培训不合格者不准上岗。
2.3 培训对象
2.3.1 新聘员工。
2.3.2 升职或调职的员工。
2.3.3 在职员工。
2.3.4 督导人员。
2.3.5 管理人员。
2.4 培训类别
2.4.1 入职培训
（1）所有新到岗的员工在入职当日，必须参加历时一天的迎新会。
（2）所有新到任而须直接接触客人的职位的员工，须于正式上岗前接受指定职位最低限定时数的入职辅导培训。
（3）所有直接接触客人的职位的员工，必须参加有关促进与顾客服务的训练活动。
2.4.2 在职再续培训（部门培训）
（1）每位酒店在职的员工，每周最少参与1小时的在职再续培训。
（2）部门主管每年12月底前应制订出一个为期一年的系统的部门培训计划并实施。

续表

××酒店标准文件		××酒店 员工培训管理政策与程序	文件编号××-××-××		
版本	第×/×版		页	次	第×页

（3）每月按制订的计划向现职的员工进行再续培训，培训后，部门经理须填写培训活动报告，并送交人力资源部分析及归档。
（4）人力资源部进行跟查，保证效果。
（5）培训内容
① 员工手册，加强培训。
② 岗位职责、操作规程反复加强培训。
③ 政治素质培训（政治思想、职业道德、安全教育、归属感前途教育）。
④ 新设备、新产品、新技术、新操作流程培训。
⑤ 礼节礼貌、仪容仪表之反复培训。
⑥ 就客人投诉反映出的问题，进行案例分析。
⑦ 提高与本职业务有关的管理知识，技能技巧的培训。

2.4.3 升职培训
（1）升职前部门必须对其进行针对性业务培训。
（2）升职前需进行考核，培训后1周进行。
（3）升领班需进行酒店知识、业务操作及英语方面的考核。
（4）升主任（含副主任以上）需进行酒店知识、业务操作考核及实施一项培训计划，管理知识及英语考核。
（5）考试合格由人力资源部部经理签认升职。
（6）考试不合格者需补考，补考仍不合格者，则免升职或免加薪。

2.4.4 调职培训
（1）调职前，部门须有针对性地对其适应新岗位知识技能培训。
（2）调职一周后进行考核。
（3）考核内容有新任岗位所需理论及实操知识。
（4）考试不合格者，补考一次，仍不合格者，降工资一级。

2.4.5 职外培训
（1）酒店在未具备客观条件或其他情况下，根据实际情况或未来发展的需要，选派适当的员工接受职外的培训。
（2）选派接受职外培训的员工，必须本身工作与培训项目有直接关系，并能获益者。酒店将根据受训的条件、时间的长短、所需费用数额等，与受训员工签订培训合同，以保证员工在接受培训后，为酒店继续做出贡献。
（3）若未能按培训合同完成培训或服务期者，员工须赔偿有关培训费用。具体赔偿费用按培训合同规定执行。

2.4.6 特别项目培训
（1）为配合酒店经营业务的发展，酒店将制订有关的培训策略，以培训所涉及酒店各部的员工来配合有关的发展。
（2）各部门各职级的员工，将按人力资源部所编定的培训程序，参与有关指定培训项目。
（3）特别项目培训，乃酒店配合经营及发展所需的特别措施，所有员工有责任并必须参加。
（4）各部门主管有责任安排其部门属下员工，按次序分批完成有关培训项目。

2.5 培训程序
2.5.1 培训教师根据本店发展目标和经营管理需求，制订整体年度、月度培训计划与培训预算。
2.5.2 与各有关部门协商，选拔培训员。
2.5.3 对部门培训计划提出意见，给予恰当的指导和帮助，在各项培训开展过程中行使督导管理职能。
2.5.4 收集培训需求，分析培训效果，计划后续培训，适时通报，定期向人力资源部经理汇报全店培训进展。
2.5.5 设置督导人员、管理人员培训课程并组织实施，组织管理人员外出考察学习。

2.6 培训津贴
2.6.1 助学津贴

续表

××酒店标准文件		××酒店 员工培训管理政策与程序	文件编号××-××-××		
版本	第×/×版		页次		第×页

（1）酒店为鼓励员工在工作之余，继续进修与其工作有关的知识或技术科目，以增进个人在工作上的发展，服务满2年的员工，可按指定的办法向酒店申请有关的助学津贴。

（2）申请程序

① 凡有意进修与工作有关的知识或技术科目的员工，可向其部门经理提出有关助学申请，经部门经理同意，填写助学申请报告，经部门经理转交人力资源部。

② 人力资源部将审查年度内助学津贴之财务预算情况及有关员工档案资料及记录，在有需要时与有关部门主管磋商，决定是否通过有关申请。

③ 经人力资源部经理签批后，申请报告一式四份，将分发给

正本：人力资源部

第一副本：财务部

第二副本：有关部门经理

第三副本：有关员工

④ 员工在获得通知其申请已被批准的情况下，可自行报读有关课程，并先缴付有关费用，在完成有关课程后，员工须将收据及成绩合格证明，交回人力资源部办理领取助学津贴手续。

⑤ 领取助学金津贴的员工，需与酒店签订培训合同，并在酒店服务一定年限。

⑥ 若员工未能按培训合同完成服务期者，员工须赔偿有关的助学津贴及相关费用。

2.6.2 奖学金

（1）酒店管理当局考虑对杰出或对酒店作出特别贡献的员工提供奖学金，以作为对投身本酒店服务员工的一种奖赏。

（2）有关员工将从酒店最佳员工或突出表现获奖者中选出，由行政委员会负责选出适当人选。

（3）奖学金只限于修读与酒店服务有关的课程，数额将由酒店管理当局决定。

（4）领取奖学金津贴的员工，需与酒店签订培训合同，并要求为酒店服务3年定限。

（5）若员工未能完成课程的学习或未完成酒店规定的服务定限，员工须赔偿有关奖学金及相关费用。

3 员工培训质量控制

3.1 政策

提高培训质量，确保员工的业务水平及文化素质达到酒店要求。

3.2 程序

3.2.1 本酒店所有员工，都必须无条件接受酒店对其进行的任何培训。整个培训工作由人力资源部和各部门协同完成，包括语言培训、业务技能培训和防火防盗的安全培训等。

3.2.2 员工必须根据人力资源部所发出的书面培训通知，按时在指定地点受训，不得迟到、早退或无故缺席，否则将处以一定数额的罚款。

3.2.3 培训教师要定期为新员工进行上岗前的培训，讲述《员工手册》、酒店政策、店纪店规、对员工的要求等。

3.2.4 员工在培训时必须签到，否则按缺勤论处。

3.2.5 员工在培训时应保持良好的、饱满的精神状态。

3.2.6 员工必须尊重培训人员。遵守课堂纪律，做到认真听讲，认真做好课堂笔记，积极参与，并对老师的提问做出回答。

3.2.7 员工若因病、事假不能参加培训，须事前向所在部门主管请假并得到同意，否则按旷工论处。

3.2.8 员工不得在课堂上大声喧哗、吵闹、交头接耳、吃东西，否则培训教师有权对员工进行警告并通报其部门主管。

3.2.9 在培训期间，培训教师有权对员工进行定期或不定期的考试，以取得良好的培训效果。

3.2.10 培训教师将为每位参加培训的员工建立培训档案，作为员工今后转正、晋升的重要依据。

3.2.11 培训教师有权将参加培训员工的培训情况报告其部门经理，按其工作能力及表现，建议升、降级或调离其所在部门。

拟订		审核		审批	

制度10：员工签署劳动合同规定

××酒店标准文件		××酒店 员工签署劳动合同规定	文件编号××-××-××		
版本	第×/×版		页次		第×页

1 政策
保证员工合法权益，保护员工劳动利益，规范酒店用人体制。
2 管理规定
　2.1　劳动用工性质：酒店实行全员劳动合同制，酒店全体员工均应与酒店签订劳动合同书，以书面形式确定劳动关系和双方的权利义务，本酒店只确认本酒店成立之时起员工签署的劳动合同书。
　2.2　劳动合同性质：签订劳动合同书应遵循平等自愿、协商一致的原则，遵守国家法律和行政法规的规定。
　2.3　劳动合同期限
　（1）试用期合同：为期3个月（视员工表现可延至6个月）。
　（2）正式劳动合同：为期1年。
　2.4　劳动合同责任：劳动合同依法订立即具有法律约束力，酒店与员工必须严格遵守履行劳动合同规定的义务，任何一方违约都应承担并依法追究其违约责任。
　2.5　劳动合同其他条款：酒店与员工所签订的劳动合同，除法律规定的必备条款外，可以约定有关住宿、福利及商业秘密和限制不正当职业竞争等事项。
　2.6　劳动合同签署：酒店9级或以下职级者由酒店人力资源部签署劳动合同书，8级或以上职级者则由总经理签署劳动合同书，但合同中若涉及其他特殊内容，均须总经理审批签署。

拟订		审核		审批	

制度11：员工薪津制度

××酒店标准文件		××酒店 员工薪津制度	文件编号××-××-××		
版本	第×/×版		页次		第×页

1 政策
为更好地发挥工资职能作用，提高员工工作积极性。
2 适用范围
凡报考本酒店，通过考核符合条件，被酒店聘用的员工（包括临时工）均属执行范围。
3 程序
　3.1　基本准则
　　3.1.1　酒店薪津制度是参照国家有关企业劳动管理政策，结合酒店的具体工作特点制订的，其原则是以酒店组织编制职级高低论资。
　　3.1.2　同职级则同工资。
　3.2　工资构成
　各职级的每月薪金均由基本工资和浮动工资两部分所组成。基本工资的定义为雇员为雇主所付出劳动的应得固定薪酬；浮动工资的定义为雇员的纪律及工作表现津贴与经济挂钩的奖惩性浮动薪酬，内含各类工种的特殊补贴与生活补贴。
　　3.2.1　基本工资
　（1）概念：为劳资双方交易的报酬，可满足劳方最低生活标准的需求。此项工资为该级人员工资总额的70%作为基本工资的总额。
　（2）性质：属月薪制的正式固定工资，其中包括生活费、福利、一般社会补贴和岗位补贴等津贴。
　（3）定位：基本工资的拟定是以职级高低挂钩，加上酒店管理组织与经营策略之布局定位，再参考了本地同业相等职位的工资收入而综合形成。
　（4）激励：职级愈高者，其基本工资也愈高，在员工心理上也形成经济上的激励，鼓励及推动员工努力工作及向上的心态，争取晋升机会，从而在员工队伍中培植学习上进的良好风气。

续表

××酒店标准文件		××酒店员工薪津制度	文件编号××-××-××		
版本	第×/×版		页	次	第×页

3.2.2 纪律及工作表现津贴

（1）概念：为加强员工对酒店纪律要求的严格遵从，以及提高员工对工作要求的积极性，以建立一个与经济挂钩的"员工违反纪律与工作表现欠佳"之经济制裁扣分制度的津贴。酒店各级人员均能清晰地明白到倘若违反纪律与工作表现欠佳后之处理办法与处分结果。本津贴以员工工资总额的30%作为此项津贴的总额，并配以百分比作为计算基础，倘若员工触犯纪律或工作表现欠佳，将按所触犯既定某一条款的相应扣分比例作经济制裁处分。

（2）性质：属规范控制性的每月奖金，为非正式工资。

（3）定位：此项津贴与个人的纪律与工作表现直接挂钩，酒店各职级人员均受此项津贴约束。

3.3 试用期内及试用期转正员工工资发放标准

3.3.1 凡被酒店正式聘用的员工，必须经过试用期，试用期一般为3个月，但员工所在部门经理根据员工工作表现建议人力资源部延长或缩短试用期，但最短不可短于1个月或延长最多不可超过3个月。

3.3.2 试用期内员工工资标准为聘用岗位职级的下一职级工资。

3.3.3 试用合格的员工将转为酒店正式员工。转正后的员工将全额享受所在职级工资。

3.4 员工晋级工资发放标准

3.4.1 员工因工作表现及个人能力突出，可被提升至有空缺的工作岗位。被提升的员工从提升之日起，工资标准按晋升后岗位职级工资执行。

3.4.2 若部门提升员工，认为需要试用其是否称职于被提升的岗位时，可于其职称之前列加上一个"代"字。代职期通常为3个月（除非其直属上司判断该员工的代职期需要延长时间作进一步的观察工作表现之外），于代职期满，经直属上司评估工作表现称职后，才可免除代称职衔。任何员工代职期间的工资标准定位为：按升职前/后的两个职级之工资定位的中间数执行。

3.4.3 因特殊情况被批准越级（限定二级内）升职者，其试用期内工资定位标准为：该员工升职前岗位工资标准的上一级工资。

3.5 员工降级工资发放标准

3.5.1 凡不能达到本岗位工作要求，责任心不强，服务质量和工作质量不高，有意怠慢工作，违反店纪店规，经教育本人有决心改正者，可降级使用。

3.5.2 从降级之日起执行新职级工资标准。

3.6 加班工资的计算标准

按月工资总额×12月/365天/8小时×加班小时的标准计算。

3.7 员工内部兼职工资发放标准

各职级员工在完成本职工作外在酒店其他部门兼职，兼职工资一律按兼职岗位工资标准执行。

具体计算标准为：月工资总额×12月/365天/8小时×兼职工时×1.5倍

3.8 各种缺勤（假期）扣款办法

3.8.1 病假：员工因病或非因工负伤，停工医疗期间，按下列标准发放工资：

（1）有薪病假：员工有薪病假期间，享受基本工资，不享受纪律及工作表现津贴。具体工资计算方法为：月基本工资×12月/365天×有薪病假天数。

（2）无薪病假：员工在有薪病假之外15天或以内的病假期间，不享受工资。具体计算方法为：月工资总额-月工资总额×12月/365天×病假天数。

员工若因病需休假在15（不含有薪病假天数）～90天内，酒店视为长期病假。休假期间享有基本生活补贴（标准按本市人均最低生活标准执行）。

3.8.2 事假

（1）员工事假期间，不享受工资。具体计算方法为：月工资总额-月工资总额×12月/365天×缺勤天数。

（2）旷工：员工旷工期间，不享受工资。具体计算方法为：月工资总额-月工资总额×12月/365天×缺勤天数。

（3）婚假：婚假期间只享受基本工资，不享受纪律及工作表现津贴。具体计算方法为：月基本工资×12月/365天×婚假天数。

续表

××酒店标准文件		××酒店员工薪津制度	文件编号××-××-××		
版本	第×/×版		页次		第×页

(4)产假:产假期间只享受基本工资,不享受纪律及工作表现津贴。具体计算方法为:月基本工资×12月/365天×婚假天数。

(5)慰唁假:慰唁假期间只享受基本工资,不享受纪律及工作表现津贴。具体计算方法为:月基本工资×12月/365天×婚假天数。

(6)工伤:工伤假期间,只享受基本工资,不享受纪律及工作表现津贴。具体计算方法为:月基本工资×12月/365天×工伤天数。

(7)停薪留职:员工因违纪被停薪留职期间,不享受工资待遇。具体计算方法为:月工资总额-月工资总额×12月/365天×停薪留职天数。

3.9 各种离职工资的计算方法

3.9.1 辞职:符合酒店辞职手续的员工,酒店将根据其当月实际工作日、所有假期、有无扣款等事项计算工资。具体标准如下。

当月实际工作日计算标准为:月工资总额×12月/365天×实际工作日。

各类假期计算标准为:月工资总额×12月/365天×假期天数。

3.9.2 劝退/勒令辞退/即时解雇:被酒店劝退或勒令辞退或即时解雇的员工,酒店将根据其当月实际工作日、所有假期、有无扣款等事项计算工资。具体标准为如下。

当月实际工作日计算标准为:月工资总额×12月/365天×实际工作日。

各类假期计算标准为:月工资总额×12月/365天×假期天数。

3.10 工资发放

3.10.1 计算周期:工资计算周期为上月21日至本月20日。

3.10.2 工资发放:工资采取月发制,每月21日开始,各部门经理汇总其部门考勤及员工表现评估,送交人力资源部审核,再转交财务部做第二次审核与计算各员工应得工资后,于月底最后一个工作日以银行卡形式统一发放。

3.11 非正常情况的扣薪

3.11.1 扣薪

如有下列情况发生,酒店可扣除员工工资作为补偿。

(1)由员工处理的现金、存货或账目等,若有任何短缺或错误引致酒店损失者;

(2)由酒店提供的任何用具或衣物,被员工损毁或遗失,未能交还酒店者;

(3)任何向酒店赊欠如饮食等未付清的账项;

(4)遗失员工更衣柜锁匙、员工证、名牌等,从其工资中扣除成本费用作为赔偿;

(5)凡离职或被解雇者预支年假、休息日以及试用期员工内离职员工的工作鞋(皮鞋)费用;

(6)酒店出资培训员工而员工未能完成协定的服务期限。

3.11.2 程序

(1)由员工处理的现金、存货或账目等,有短缺或错误时,员工在遗失或损坏签领的员工证、名牌、制服、更衣柜锁匙等物品,未有补办领回或在离职时未能向人力资源部交回,须扣除薪金作赔偿。

(2)员工在丢失酒店配发的物品时,应签写赔偿单。赔偿单上应注明赔偿原因、赔偿金额、赔偿方式,经丢失人签字确认或见证人签字后生效,原则上所有赔偿在员工当月工资中扣除。

(3)最后工资计算:凡离职或被解雇者的预支年假、休息日或其他用途的工资及培训费,将按终止雇佣关系最后工资计算程序办理。

拟订		审核		审批	

制度12：员工福利制度

××酒店标准文件		××酒店 员工福利制度	文件编号××-××-××	
版本	第×/×版		页　次	第×页

1　政策
为稳定员工队伍，给员工提供必要的福利待遇。

2　管理规定

2.1　公休假

2.1.1　所有员工每周工作40小时，直接面对客人的部门和需要轮班工作的部门，每星期6天工作制上班，具体休假时间由所在部门经理视具体情况而定；而后勤办公室人员则以每星期5天工作制上班，公休假为星期六和星期日，凡星期六上班的，不作为加班。

2.1.2　若因工作需要该员工在休息日内工作，则该休息日将安排在日后1个月内补休。

2.2　法定假期

2.2.1　所有员工每年可享有以下11天国家法定有薪假期：元旦（1月1日）1天；春节（农历初一、初二、初三）3天；清明节1天；劳动节1天；端午节1天；中秋节1天；国庆节3天。

2.2.2　部门员工的假期需按部门经理编排日期休假，如法定假期为员工的值班日，该假日则在日后1个月内以1∶1的比例补休。

2.3　工资调整

酒店将综合考虑业绩状况，同类型市场价格及上年度通货膨胀，按年调整员工工资。

2.4　年终奖赏

2.4.1　若酒店经营结果达到既定经营指标时，凡在酒店连续服务满一年者，可获不少于1个月工资的年终奖赏，少于一年者则按比例计算，每年以12月31日为结算日，年终奖赏发放标准按该员工全年总收入之月平均计算。

2.4.2　员工必须完全符合以下条件才可享有年终奖赏：
（1）结算日前已完成试用期，具有酒店发出的书面正式录用通知书成为酒店正式雇员。
（2）在发出年终奖赏当日仍然在职的员工。
（3）是正式招聘的全职员工（兼职或临时员工不享有年终奖赏）。
（4）外职合同员工则按合同内容执行。
（5）年终奖赏将于农历新年前发放。

2.5　健康检查

酒店员工每年必须接受酒店指定卫生防疫部门的健康检查。新入职员工体检费用在该员工通过试用期，成为正式员工后，凭体检收据可获报销。工作满1年的员工，每年免费享受健康检查。

2.6　年假

员工在酒店连续服务满12个月，将按不同职级享有有薪年假，有薪年假为全薪工作天不含公休及法定假期，但病假、产假及停薪留职等连续休1个月或以上者，休假期间，不能用作计算年假。（兼职或临时员工不享有年假）

职级	年假日数
一至四级	14天
五至八级	10天
九至十六级	07天

2.7　有薪病假

2.7.1　凡通过试用期被酒店正式录用的员工，每月可享有1天，全年不超过7天的有薪病假。

2.7.2　连续在本酒店服务满1年的员工，每月可享有3天，全年不超过7天的有薪病假。

2.7.3　连续在本酒店服务满1年以上的员工因病住院，可连续支取7天有薪病假。

2.8　结婚假期

2.8.1　凡在本酒店连续服务满1年，且符合国家法定婚龄的未婚员工（男23周岁、女20周岁），可享受3天有薪婚假。

续表

××酒店标准文件		××酒店 员工福利制度	文件编号××-××-××		
版本	第×/×版		页	次	第×页

2.8.2 符合国家晚婚规定（男25周岁、女23周岁），可享受10天有薪婚假。
2.9 分娩假期
2.9.1 凡在本酒店连续服务满2年，且符合国家计划生育政策生育的女员工，可获有薪分娩假期。
2.9.2 正常产假90天（其中产前假15天，产后假75天）；符合晚育条件者（24周岁以上的已婚妇女生育第一个子女为晚育），增加产假15天；难产者可再增加15天；多胞胎生育的，每多生育一个婴儿，增加产假15天。
2.9.3 符合计划生育规定生育第二胎的，产假与第一胎产假相同。
2.10 哺乳假期
2.10.1 在本酒店生育的女员工可享受哺乳假期。
2.10.2 每班劳动时间内给予两次哺乳（含人工喂养）时间，每次30分钟。多胞胎生育的，每多哺乳一个婴儿，每次哺乳时间增加30分钟。
2.10.3 女员工每班劳动时间内的两次哺乳时间可以合并使用。
2.11 慰唁假期
员工的直系亲属（指父母、配偶、配偶之父母、子女、兄弟姐妹）不幸去世，可享受3天有薪慰唁假期。
2.12 医疗福利
2.12.1 店内诊疗
（1）酒店设置医务室，为员工提供医疗服务。
（2）酒店将为所有员工建立医疗账目，员工每人每月可享受由酒店制订的医疗额度，医疗额度与员工职级有关，与年资无关。
（3）试用期内员工不享受医疗额度。
（4）医疗额度可连续累积使用3个月，此额度不预支、不退余额。每月具体医疗额度标准为：

职级	医疗额度
行政层	50元
管理层	40元
督导层	25元
基层	15元

（5）医务室的药品均按成本价从员工享受的医疗额度中扣除；超出额度部分在员工当月工资中扣除。
2.12.2 店外诊疗
（1）在酒店以外接受医疗或住院者，必须持有酒店医生开具注明转诊的员工医疗申请单。
（2）员工因病须在店外诊疗时，所产生的医疗费用按社会统筹医疗保险规定执行。
2.13 健康检查
（1）酒店员工免费接受每年规定的健康检查。
（2）缴纳所需费用，待3个月试用期满合格并转正后，将体检单据交给人力资源部办理有关手续，在财务部报销体检费用。
（3）员工如被发现患有传染性疾病，酒店将给患病员工3个月的治疗期，治疗期间，员工可按规定支取有薪病假（具体参照员工福利之有薪病假规定执行），享受基本生活补贴（标准按××市最低生活标准执行）。治疗期满复查，痊愈者，可返岗工作；未痊愈者，酒店将对该员工予以劝退，并以1个月工资作为补偿（标准为该员工前3个月工资总和的平均工资）。
（4）酒店员工如被发现患有非传染性疾病，酒店将视情况对患病员工转调工种或安排员工停职医疗，以保证酒店的卫生安全。治疗期间，员工可按规定支取有薪病假（具体参照员工福利之有薪病假规定执行），享受基本生活补贴（标准按××市最低生活标准执行）。医疗期满3个月后复查，痊愈者，可返岗工作；仍未痊愈者酒店将对该员工予以劝退并以1个月工资作为补偿（标准为该员工前3个月工资总和的平均工资）。
2.14 夜班补贴
2.14.1 工作时间在23:00～次日凌晨7:00的员工，可享受夜班补贴，标准为×元/天。

续表

××酒店标准文件		××酒店 员工福利制度	文件编号××-××-××		
版本	第×/×版		页	次	第×页

2.14.2　夜班补贴按实际出勤日计算。
2.14.3　临时工不享受夜班补贴。
2.14.4　各部门每月初应将当月员工排班表报至人力资源部，同时在月底报部门考勤时，将享受夜班补贴的人员统计清楚，以便人力资源部核查。
2.14.5　夜班补贴随每月工资发放。
2.15　降温费、取暖费
2.15.1　适用人员：保安部外保人员享受降温费、取暖费；客房部洗衣房人员、工程部锅炉房人员享受降温费。
2.15.2　降温费发放时段：每年6月1日～9月15日为发放降温费时段。
2.15.3　取暖费发放时段：每年11月15日～次年3月15日为发放取暖费时段。
2.15.4　发放标准：降温费每人每×元；取暖费每人每月×元。
2.15.5　降温费、取暖费随月工资发放。
2.16　工伤
经酒店认定的工伤所产生的医疗费用由酒店负担，但所负担的医疗费用药品部分，只负担符合社会医疗保险报销的药品费用，不包括营养药品、美容品等。
2.17　工作餐膳
所有员工在当值时，可在员工食堂内享用两餐免费膳食（早餐和午餐或晚餐和消夜，须视员工工作时间而定）。
2.18　员工宿舍
酒店免费为倒班员工提供住宿。
2.19　康乐活动
2.19.1　为建立酒店内部员工之间及员工和管理层之间的和谐人际关系与团体精神，以提高工作效率和士气，促进生产力的发展，由人力资源部会同酒店各部门员工代表成立员工活动委员会策划员工的康乐活动。
2.19.2　康乐活动的种类及形式可按员工的兴趣、提议及意见调查来决定。
2.19.3　一般通常所采用的活动种类包括有：球类、棋类的比赛，烧烤及野餐活动，出外旅行、露营或参观，参加当地酒店同行业举办的活动项目及联欢晚会等。
2.20　员工生日会
2.20.1　酒店每月为当月生日员工举办生日会。
2.20.2　生日会由人力资源部组织，生日会提供生日蛋糕、发放生日卡、生日礼品，组织娱乐活动等。

拟订		审核		审批	

制度13：员工生日会规定

××酒店标准文件		××酒店 员工生日会规定	文件编号××-××-××		
版本	第×/×版		页	次	第×页

1　政策
体现酒店关心员工和让员工感受到酒店"家的温馨"，增强酒店亲和力及员工凝聚力。
2　管理规定
2.1　范围
2.1.1　正式入职酒店的员工。
2.1.2　每月生日的员工（以身份证上登记生日为准）。
2.2　原则
2.2.1　生日会由人力资源部组织并负责实施。
2.2.2　生日会在每月中旬下午在酒店指定场所（如宴会厅等）举行，当月生日员工必须参加。
2.2.3　由西餐厨房根据当月生日人数制作相应尺寸之生日蛋糕。

××酒店标准文件		××酒店 员工生日会规定	文件编号××-××-××		
版本	第×/×版		页	次	第×页

2.3　程序
2.3.1　人力资源部于每月5日统计当月员工生日名单，并通报给各相关部门，同时报请酒店管理当局审批；
2.3.2　在生日会举办的前3天，给餐饮部下蛋糕制作单，单中写明生日人数。
2.3.3　提前联系宴会厅，做好音响等准备工作。
2.4　准备工作
人力资源部准备生日卡、领取酒水等。
2.5　生日会议程安排
2.5.1　宣布参加生日会的嘉宾。
2.5.2　酒店总经理或指定授权人代表酒店向生日员工祝贺词。
2.5.3　人力资源部经理宣布生日员工名单，并颁发贺卡。
2.5.4　请生日员工代表发言。
2.5.5　于"祝你生日快乐"的音乐中，点燃生日蜡烛，分享蛋糕。
2.5.6　团体游戏活动。
2.5.7　生日会结束。

拟订		审核		审批	

制度14：员工考勤制度

××酒店标准文件		××酒店 员工考勤制度	文件编号××-××-××		
版本	第×/×版		页	次	第×页

1　政策
控制员工出勤情况，保证员工按工作时间进行工作。
2　管理规定
2.1　工作时间
2.1.1　酒店执行综合计时工作制。员工每天工作时间按其部门实际所需而具体安排，限定每周工作40小时（不包括膳食时间及培训时间），具体休息日由部门视具体情况安排。
2.1.2　营运/轮班员工（指在职务说明书内列明需要轮班的员工）每周工作6天，每天工作7小时；每月5天休息制（即：每周休息1天，其中一周可连休2天）。员工每天工作时间和休息日由其部门实际所需而具体安排。
2.1.3　后勤办公室文职员工（指工作要求该员工的上班时间为固定于办公室时间）每周工作5天，每天工作8小时，每天工作时间为9:00～18:00，周六、周日休息。如周六上班，不作为加班。
2.2　考勤记录
2.2.1　各部门需在每个考勤月月初将编排的员工排班表交人力资源部存档，此当班时间表将成为人力资源部核对员工考勤的依据之一。所有员工必须按其部门编排的工作时间准时上班。
2.2.2　除特别指示外，七级或以下职级员工在上、下班进出酒店时，须使用指定的员工通道并打卡，以记录工作时间。
2.2.3　上班打卡时间应早于规定的工作时间至少5分钟，否则视为迟到，迟到30分钟以内扣5分，迟到30～60分钟扣10分，迟到60分钟以上按旷工半天计算，迟到4小时以上按旷工一天计算。
2.2.4　准时打卡并不等于准时到达工作岗位，故考勤卡只能作为员工上下班的辅助证明。各部门应在员工到达该部门报到处，设立签到本，由专人负责管理，员工必须安排班时间，提前穿着整齐制服和享用工作餐膳后，准时到达工作岗位进入工作岗位。
2.2.5　下班时先在本部门签出，然后再打出卡；签出时间应晚于规定下班时间或打卡时间应晚于下班时间至少5分钟，否则视为早退。早退30分钟以内扣5分，早退30～60分钟扣10分，早退60分钟以上按旷工半天计算，早退4小时以上按旷工一天计算。
2.2.6　若员工于上、下班忘记打卡或签到，扣10分。

××酒店标准文件		××酒店	文件编号××-××-××	
版本	第×/×版	员工考勤制度	页次	第×页

2.2.7 严禁代替他人或要求他人代打卡或签到，打卡者与被打卡者都将受到纪律处分。

2.2.8 各部门考勤记录经部门经理签批后，于每月23日前向人力资源部提交当月员工考勤表，考勤表上应记录考勤时段（每月21日～次月20日）内所有在岗人员的出勤情况。公休假、法定假、年假、探亲假、换休、病假、事假、旷工、婚假、分娩假、慰唁假等按规定符号在相应日期上标注清楚。人力资源部根据部门排班表、钟卡及部门签到表核查员工考勤表，经核查无误后，于每月25日前报至财务部核算工资。

拟订		审核		审批	

制度15：员工休假管理制度

××酒店标准文件		××酒店	文件编号××-××-××	
版本	第×/×版	员工休假管理制度	页次	第×页

1 员工超时工作、换休规定与程序

1.1 政策

控制员工加班情况，要求员工高效地完成工作。

1.2 程序

1.2.1 超时工作

（1）办公室员工。倘若因工作需要，办公室员工须提前或延迟上、下班时间或在公休及法定假期内加班工作，部门主管须安排该员工在加班后的1个月内，以补休方式作为员工超时及加班补偿。平时及公休日加班，可获与加班时间相等的换休时间；法定假期内加班，可获加班时间一倍的换休时间。部门主管必须允分掌握及判断此超时或加班工作的产生，是否与正常生产力及工作效率有关，倘若因生产力低或效率低而产生在正常工作时间内，未能完成既定职责任务者，则不可产生超时或加班工作的任何补偿。人力资源部必须对任何超时或加班工作起监察作用。

（2）营运/轻班员工条件同（1）项。但在某种情况下，例如业务要求，人手不足，紧急需要及不可预计的工作量增加时，便需超时工作，为保持良好服务及操作上顺利运转，部门主管需决定其下属是否应作出超时工作。

（3）2小时之内的超时工作，不计为加班。

1.2.2 加班程序

（1）各部门因工作需要六级或以下职级的员工加班时，凡有预见性的，须事先填写"员工加班通知书"，经所在部门经理审核，人力资源部经理批准后，可安排员工加班；不可预见性的，须在加班后的24小时内补填"员工加班通知书"，报人力资源部审定，否则人力资源部不予计算加班。

（2）五级或以上职级人员的加班需经总经理批准。

（3）经所在部门经理、人力资源部经理签批的加班申请单将返还给部门，由部门自行保管。

（4）部门月底做考勤时，应将当月员工加班情况汇总在员工超时加班工作表内，经所在部门经理签批后，随考勤一起交人力资源部审核，员工超时加班工作表内应注明加班人员的部门/职位、超时工作人数、超时工作的时数、补休时数、结余时数。此条款的执行，在于有效地检查及控制部门员工超时工作情况。

员工超时加班工作表应提交下列部门。

正本：人力资源部。

第一副本：财务部。

第二副本：总经理。

第四副本：部门。

（5）人力资源部每月须向酒店总经理呈交超时及加班统计报告。

续表

××酒店标准文件		××酒店 员工休假管理制度	文件编号××-××-××		
版本	第×/×版		页 次		第×页

2 员工换休假的规定与程序
　　2.1 政策
　　规范员工换休程序，保证员工休息。
　　2.2 程序
　　2.2.1 原则
　　（1）员工于平时、公休日、法定假日加班时，可于事后1个月内获得与加班时间相等的换休时间。
　　（2）凡在一个考勤月内（本月21日～次月20日）公休日加班，同时又在当月换休者，不需再填写"加班申请单"和"假期申请表"，各部门只需在当月考勤表上填报实际换休日期即可。
　　（3）若当月无法换休加班假或换休部分加班假时，部门需填写"加班申请表"，并在月底报考勤时填写"部门超时加班工作表"报人力资源部核查，以便其他时间补休。
　　2.2.2 程序
　　（1）员工换休时，需将部门经理签批的"加班申请表"的员工存联交回所在部门，与部门存联核对无误后由所在部门填写假期申请表，经部门经理签批后换休。
　　（2）员工所在部门需在员工休假前，将加班申请书的部门存联和员工存联一同收起保存，于月底报员工考勤时一同附上，以备人力资源部核查。
　　（3）若员工实际换休时间少于加班申请书上注明的加班时间，由所在部门分别在加班申请书上的部门存联和员工存联上注明实际换休时间，待剩余加班时间换休完后，将部门存联和员工存联随考勤报上。
　　2.2.3 批核
　　（1）所有员工加班经人力资源部核查无误后，方可生效（五级或以上的人员换休须经酒店总经理批准）。
　　（2）批准后的假期申请表一式四份，分发至：
　　正本：人力资源部
　　第一副本：财务部
　　第二副本：部门经理
　　第三副本：员工本人

3 公众假期及法定假期规定
　　3.1 政策
　　根据劳动法为员工提供必要的假期，便于员工更好地为客人服务。
　　3.2 程序
　　3.2.1 公休假
　　（1）文职员工：文职员工（指工作要求该员工的上班时间为固定于办公室时间）每周工作五天，每天工作8小时，每天工作时间为8:30～17:30，周六、周日休息。根据工作需要，部门主管有权调动、更改其休息日。
　　（2）营运/轮班员工：营运/轮班员工（指在职务说明书内列明需要轮班的员工）每周工作6天，每天工作7小时，每月5天休息制（即：每周休息1天，其中1周可连休2天）。员工每天工作时间和休息日由其部门实际所需而具体安排。
　　（3）倘若在特殊情况下，酒店可要求员工于休息日工作，而该休息日将安排在随后1个月内补休。
　　3.2.2 法定假期
　　所有员工每年均可享有以下11天国家法定有薪假期：元旦（1月1日）1天；春节（农历正月初一、初二、初三）3天；清明节1天；劳动节1天；端午节1天；中秋节1天；国庆节3天。
　　3.2.3 部门员工的假期需按部门经理编制的排班表工作和休假，如法定假期为员工的值班日，部门经理将会另行安排于事后1个月内补休。
　　3.2.4 所有法定节假日的加班将会另行安排于事后1个月内以1：1的比例补休。
　　3.2.5 每个部门主管都必须制订假期记录，以便日后计算假期之用。

4 员工休年假的规定与程序
　　4.1 政策
　　为员工提供年假福利待遇，保证员工充分休息。
　　4.2 程序
　　4.2.1 原则
　　（1）员工在酒店连续服务满12个月，将按不同职级享有有薪年假，有薪年假为全薪工作天，不含公

续表

××酒店标准文件		××酒店	文件编号××-××-××		
版本	第×/×版	员工休假管理制度	页	次	第×页

休及法定假期。
(2) 凡病假、婚假、产假等连续休1个月或以上者,休假期间,不能用作计算年假。
(3) 服务未满12个月及在试用期内的员工不享有年假。
(4) 受到停职检查处分的员工,在处分检查期间不享有年假。
(5) 擅自离职或因违纪被酒店辞退的员工不再享有有薪年假。
(6) 年假当年有效,原则上不能跨年度使用,确因工作需要,经部门经理同意报人力资源部,办理登记手续,以便日后补休。
(7) 为使员工能有充分的休息时间,年假应以连续的日期提取。
(8) 一年内员工病假、事假超过30天的员工,不再享有有薪年假。

4.2.2　年假标准

年假标准

职级	年假日数
一至四级	14天
五至八级	10天
九至十六级	7天

4.2.3　申请程序
(1) 员工申请休年假须于休假前15天,向所在部门递交书面申请,由部门经理根据员工申请并视工作情况决定是否安排该员工休假,若同意,应填写假期申请表,经本部门经理签批,再送交人力资源部审核及登记存档。
(2) 年假亦可由部门经理根据本部门工作情况,结合酒店淡旺季人员需求情况(原则上旺季不可以休年假)预先编排所属员工的年假安排时间表。员工本人亦可按实际需要,与相同岗位的其他员工互调已预排的年假时间。任何互调,必须于休假前一周,向所属部门经理申请,经批准后,方可执行。

4.2.4　批准程序
(1) 人力资源部在复核员工年假记录后,由人力资源部经理正式批准。十级或以上人员休年假须报总经理批准。
(2) 批准后的年假申请表格分发给:
正本:人力资源部。
第一副本:财务部。
第二副本:部门经理。
第三副本:员工本人。
(3) 凡经批准的假期,如有提早、延迟或取消,须填写"假期申请/更改/取消通知书",呈交所属部门经理批准后,再送交人力资源部处理。部门经理必须确保员工在休假前,已办妥假期申请手续。

5　员工休婚假的规定与程序

5.1　政策
符合法定婚龄并为酒店服务一定时间者,可享受有薪婚假。

5.2　程序
5.2.1　资格
符合法定婚龄规定(男22周岁、女20周岁),且在酒店连续服务满1年以上,可提供结婚证明者。

5.2.2　假期
(1) 符合法定婚龄者,享有3天有薪婚假。
(2) 符合法定晚婚年龄者(男25周岁,女23周岁),享有10天有薪婚假。
(3) 再婚者,享有3天有薪婚假。
(4) 婚假期间享有基本工资,不享有纪律及工作表现津贴。
(5) 婚假期间的公休假日及法定假期已包含在内,不再另外享受。

续表

××酒店标准文件		××酒店 员工休假管理制度	文件编号××-××-××	
版本	第×/×版		页　次	第×页

5.2.3　申请程序

员工申请结婚假期时，须提前30天向所在部门申请并征得同意后，由部门填写假期申请表，连同有关结婚证明，交人力资源部审核。

5.2.4　批核

（1）人力资源部审核员工提供的结婚证明及有关假期记录后，由人力资源部经理批准（十级及以上职级的人员由总经理批准）。

（2）批准后的假期申请表一式四份分送至：

正本：人力资源部。

第一副本：财务部。

第二副本：部门经理。

第三副本：申请人。

5.2.5　凡经批准的假期，如有提早、延迟或取消，须填写"假期申请/更改/取消通知书"，呈交所属部门经理批准后，再送交人力资源部处理。部门经理必须确保员工在休假前，已办妥假期申请手续。

5.2.6　员工休完婚假后，应及时到人力资源部销假。

6　员工休分娩假期的规定与程序

6.1　政策

符合国家计划生育政策并为酒店服务一定时间者，可享受有薪分娩假期。

6.2　程序

6.2.1　原则

（1）凡在酒店连续服务满二年以上且符合国家计划生育政策的女员工，可获有薪分娩假期。

（2）正常产假90天（其中产前假15天，产后假75天）；符合晚育条件者（24周岁以上的已婚妇女生育第一个子女为晚育），增加产假15天；难产者（需持有医院的难产证明）可再增加15天；多胞胎生育的，每多生育一个婴儿，增加产假15天。

（3）休产假期间不享受其他所有假期。

（4）因工作需要，部门主管可在经与员工商订情况下，将分娩假作弹性调节，从预产期前2个月开始享受分娩假期，也可以根据员工的要求，将分娩假期缩短。

（5）员工休分娩假期间，享有基本工资，不享有纪律及工作表现津贴。

6.2.2　申请

（1）凭本酒店指定医院发出的有关怀孕证明的女员工可于预产期前6个月向所在部门呈交医院证明，提出分娩假期申请。

（2）部门经理初步批准分娩假的期段并填写假期申请表后，送交人力资源部处理。

6.2.3　批核

（1）人力资源部核查医院提供的怀孕证明及有关假期记录后，由人力资源部经理批准（十级及以上职级的人员须经总经理批准）。

（2）批准后的假期申请表一式四份，分发给：

正本：人力资源部。

第一副本：财务部。

第二副本：部门经理。

第三副本：员工本人。

（3）凡经批准的假期，如有更改，须填写"申请更改/取消假期通知书"通知人力资源部。部门经理必须确保员工在休假前，已办妥假期申请手续。

（4）员工休完婚假后，应及时到人力资源部销假。

7　员工休计划生育假期规定与程序

7.1　政策

符合国家计划生育政策并为酒店服务一定时间者，可享受有薪计划生育假期。

7.2　程序

7.2.1　资格

（1）已婚且在酒店连续服务满2年以上的女员工。

（2）采取上环措施。

××酒店标准文件		××酒店	文件编号××-××-××		
版本	第×/×版	员工休假管理制度	页	次	第×页

（3）避孕失败，第一次人工流产者。
7.2.2　假期
（1）女员工采取绝育措施（如上环等），可享受2天有薪假期。
（2）第一次人工流产的女员工，可享受14天有薪假期（享有其基本工资，而不享有纪律及工作表现津贴）。
（3）休假期间享有基本工资，不享有纪律及工作表现津贴。
（4）计划生育假只能享受一次。
7.2.3　申请
（1）采取节育措施的女员工须先到酒店医务室提出书面节育申请，经酒店医生同意并开具转诊单后，员工凭转诊单向所在部门提出休假申请并或同意后，由部门填写假期申请表，经所在部门经理签字，交人力资源部审核。
（2）凡避孕失败需人工流产者，要持指定医院诊断证明，到酒店医务室开具转诊单后，员工持转诊单向所在部门提出休假申请，或同意后，由部门填写假期申请表，经所在部门经理同意后，送交人力资源部审核处理。
7.2.4　批核
（1）人力资源部核查有关证明及假期后，由人力资源部经理批准（十级及以上职级的人员须由酒店总经理批准）。
（2）批准后的假期申请表一式四份，分发给：
正本：人力资源部。
第一副本：财务部。
第二副本：部门经理。
第三副本：员工本人。
（3）凡经批准的假期，如有更改，须填写"申请更改/取消假期通知书"通知人力资源部。

8　员工休慰唁假的规定与程序
8.1　政策
员工亲人去世，可享受有薪慰唁假期。
8.2　程序
8.2.1　资格
（1）员工的直系亲属（指配偶、父母、配偶之父母、子女、兄弟姐妹）不幸去世，酒店将给予3天有薪慰唁假期。（可享有其基本工资与生活津贴，而不可享有纪律及工作表现津贴）。
（2）休假期间享有基本工资，不享有纪律及工作表现津贴。
8.2.2　申请
按实际情况向所在部门呈交有关证明文件并获同意后，填写假期申请表，经部门经理签批后送交人力资源部处理，经人力资源部经理批准后生效。
8.2.3　批核
假期申请表一式四份，分发给：
正本：人力资源部。
第一副本：财务部。
第二副本：部门主管。
第三副本：员工本人。
凡经批准的假期，如有更改，须填写"申请更改/取消假期通知书"通知人力资源部。

9　员工休探亲假的规定与程序
9.1　政策
为外职或外省职人员提供探亲假。
9.2　程序
9.2.1　资格
（1）探亲假只适用于在雇佣合同内，注明有关条款的员工，一般为外职或外省职员工。
（2）探亲假不能提前支取，并须一次休完，不能分期或积累，逾期作废。
9.2.2　申请程序

续表

××酒店标准文件		××酒店 员工休假管理制度	文件编号××-××-××	
版本	第×/×版		页　次	第×页

员工申请休探亲假须于休假前15天，向所在部门递交书面报告，由部门根据员工申请和工作情况作妥善安排后，填写假期申请表报本部门经理审批，再送交人力资源部审核并登记存档。

9.2.3　批核

（1）经人力资源部核查有关员工假期记录后，由人力资源部经理批准后生效（10级或以上的人员须经酒店总经理批准）。

（2）批准后的假期申请表一式四份，分发至：

正本：人力资源部。

第一副本：财务部。

第二副本：部门经理。

第三副本：员工本人。

10　员工请病、事假规定与程序

10.1　病假

10.1.1　原则

10.1.1.1　有薪病假

（1）试用期满被酒店正式录用的员工，每月可享受1天，全年可享受7天有薪病假。

（2）在酒店连续服务满1年以上的员工，每月可享受3天，全年可享受7天有薪病假。

（3）有薪病假原则上不可连续支取。但在酒店连续服务满1年以上的员工因病住院治疗，可连续支取7天有薪病假。

（4）有薪病假必须持有酒店医务室、指定医院或市级以上医院开具的病假单，否则员工所休病假不视为有薪病假。

（5）所有员工的有薪病假不得跨年累积。

10.1.1.2　无薪病假

（1）住院治疗（急诊除外）必须事先经酒店医务室医生同意，并在上班前将医院的病假证明、病历本、收据等交酒店医生验证，否则病假单视为无效。

（2）门诊病假仅限1天。

（3）病假期间（包括有薪病假），不能再享有公休及法定假期，凡事假、产假等连续休1个月或以上者，休假期间不能再计算有薪病假。

（4）员工在有薪病假之外1至15天或以内的病假期间，不享受基本工资。

（5）员工若因病需休假在15天（不含有薪病假天数）至90天内，酒店视为长期病假。若酒店医生认为该员工所患疾病在治疗期内可恢复健康，酒店同意其返回继续工作；休假期间享有基本生活补贴（标准按××市人均最低生活标准执行）；若酒店医生认为该员工所患疾病不能继续从事劳动或治疗期内不能恢复健康的，酒店将劝其离职并给予1个月工资作为补偿（标准为该员工前3个月工资总和的平均工资）。

10.1.2　申请与程序

（1）员工患病应先到酒店医务室就诊（提倡以业余时间为主），就诊前需在本部门领取医疗申请单，由部门经理或指定人士签批后，可到医务室诊治（急诊除外）。在岗员工看病，小伤小病在医务室处理。

（2）经医务室医生诊断确需休病假者，由医生开具诊断证明及休假条，员工需呈交所属部门经理并获同意后，由部门填写假期申请表，连同酒店医生发出的诊断证明和病假条，经部门经理签批后，送交人力资源部。经人力资源部经理批准的病假，方为有效。

（3）由于医务室的条件所限，诊断和处理有困难需转诊时，由酒店医生在员工医疗申请单上列明症状、疾病的类别等，并注明转诊，经所在部门经理、人力资源部经理批准后，方可外出就医。

（4）如遇急诊，需前往酒店指定医院或市级以上医院就诊，事后可持医院开具的急诊证明，由酒店医务室认可，否则按旷工处理。同时填妥假期申请表，连同经酒店医生加签的医院病假证明，交部门经理、人力资源部经理签批后生效。

10.1.3　批核

（1）12级或以下人员，7天或以下的病假由部门经理批准；8天或以上的病假由人力资源部经理批准。

10级～11级人员，5天或以下的病假由部门经理批准；6天或以上的病假由人力资源部经理批准。

8级～9级人员，3天或以下的病假由部门经理批准；4天或以上的病假由人力资源部经理批准；5天或以上的病假由直属副总经理批准。

6级～7级人员休病假，除部门经理批准外，3天或以下的病假由人力资源部经理批准；4天或以上的

续表

××酒店标准文件		××酒店员工休假管理制度	文件编号××-××-××	
版本	第×/×版		页次	第×页

病假由直属副总经理批准。

4级～5级人员休病假，3天或以下的病假由直属副总经理批准；4天或以上的病假由总经理批准。

2级～3级人员休病假，由总经理批准。

（2）经人力资源部正式批准后（十级及以上职级之人员由酒店总经理批准）的假期申请表一式四份，分发给：

正本：人力资源部。

第一副本：财务部。

第二副本：部门经理。

第三副本：员工本人。

10.2　事假

10.2.1　原则

正常情况下，员工不得无故申请事假。除非有特别原因与需要，才可事先向有关部门主管提出申请。

10.2.2　申请程序

（1）必须提前1天向所在部门提出书面申请，并详细说明请假原因，不能以"家中有事"等标题作为申请理由。

（2）员工请假申请获准后，由部门填写假期申请表，经所在部门经理签批后，转交人力资源部审批与存档（月底核对考勤用）。

10.2.3　批核

（1）0级以下人员，3天以下的事假由部门经理批准；3天或以上的事假由人力资源部经理批准，并报行政办备案。

10级或以上人员，3天以下的事假由总部经理批准。

（2）批准后的假期申请表一式四份，分发给：

正本：人力资源部。

第一副本：财务部。

第二副本：部门经理。

第三副本：员工本人。

10.2.4　事假期间一律不发工资。

拟订		审核		审批	

制度16：员工纪律处分规定与程序

××酒店标准文件		××酒店员工纪律处分规定与程序	文件编号××-××-××	
版本	第×/×版		页次	第×页

1　政策

规范员工行为，保证酒店正常运作。

2　管理规定

2.1　处分类别

分甲类过失、乙类过失、丙类过失、停薪留职、即时无偿解雇五大类。

2.1.1　甲类过失

各职级人员如违犯下列过错（甲类过失），初犯者将被口头警告并记录在人事档案内。如再犯者，将会受到书面警告并存入人事档案。其后再犯者，人力资源部将向该员工发出最后警告书。如6个月内3次触犯此类规条者，将被立即解雇。倘若该名员工在3个月内没有触犯任何纪律规定时，人力资源部将接受有关部门经理签署的撤销处分申请书，并将有关记录从人事档案中删除。

（1）无故迟到或早退（时间不超过60分钟）。

（2）上、下班不打卡或不签到。

续表

××酒店标准文件		××酒店 员工纪律处分规定与程序	文件编号××-××-××	
版本	第×/×版		页　　次	第×页

（3）当值时未穿着整齐制服或仪表不整。
（4）忘记或不适当的佩戴员工证或名牌。
（5）不使用规定的员工通道。
（6）未经所在部门经理批准，乘搭客用升降机。
（7）工作态度不认真（包括工作时听收音机、录音机、看报纸、咀嚼口香糖或吃零食等）。
（8）个人行为不检点（包括嬉皮笑脸、大声喧哗、追逐打闹、勾肩搭背等）。
（9）发出不必要的噪声、喧哗或值班时闲聊。
（10）擅离工作岗位或无故到其他部门串岗。
（11）下班后无故逗留在酒店范围内。
（12）未能保持员工更衣柜整洁。
（13）私换员工更衣柜或在柜内存放食物和饮料。
（14）在酒店员工餐厅范围以外饮食。
（15）用酒店电话办理私人事务。
（16）随地吐痰、乱丢垃圾、烟头、涂画或破坏卫生整洁。
（17）高声与客人对话或肆无忌惮地对客人过分亲近。
（18）工作散漫，粗心大意。
（19）不正确地使用任何设备用具或违反安全守则。
（20）在酒店内粗言秽语。
（21）吃饭时间洗澡、洗个人衣物。
（22）不按入宿制度强行入宿或不服从宿舍管理员管理者。
（23）私配更衣柜钥匙。
（24）随意散播对工作队伍有影响或对个人有影响的谣言。
2.1.2　乙类过失
　　各职级人员如违犯下列过失（乙类过失），将视情况给予书面警告或最后警告及实行经济制裁，并存入人事档案内。倘若该名员工在6个月内再次触犯任何纪律规定时，可被即时无偿解雇。如6个月内没有触犯任何纪律规定时，人力资源部可接受有关部门经理签署的撤销处分申请书，并将有关记录从人事档案中删除。
（1）工作不力，经常迟到或早退。
（2）当值时睡觉、下棋、打扑克、玩弄乐器、看电视或干其他私事。
（3）对上司、同事、客人有不礼貌的言行。
（4）使用专供客人使用的设备与物品。
（5）未经许可，擅自闯入客房或酒店其他禁区。
（6）疏忽、不小心损毁或损耗酒店或客人财物。
（7）拿取或偷吃酒店食物。
（8）吵闹、粗言秽语骚扰到酒店安宁。
（9）违反吸烟条例，在当值时间、公共地点或非指定吸烟区内抽烟。
（10）私自携友或其他人士到酒店工作地点。
（11）在工作地点会见亲友。
（12）非因公事或工作时间穿着制服离开酒店。
（13）未经批准惠顾酒店的服务，如用餐、住房、康乐及其他客用设施等。
（14）唆使他人或代他人打工卡、签到。
（15）转让餐卡给非酒店员工使用。
（16）私配更衣柜锁匙或办公室钥匙。
（17）存放未经批准物品在员工更衣柜内或酒店其他地方。
（18）违反工作规程。
（19）无故迟到、早退超过60分钟。
（20）无故旷工1天。
（21）假公济私，带有个人喜好不公正的做评估考核。
2.1.3　丙类过失

续表

××酒店标准文件		××酒店 员工纪律处分规定与程序	文件编号××-××-××		
版本	第×/×版		页	次	第×页

各职级人员如违犯严重过失,将被即时解雇及实行经济制裁,并自动丧失其在酒店享有的一切权益及不会获得任何补偿(只发放该违规者实际出勤的工资),并将其违纪行为通报各大酒店人力资源部门。对于情节严重者,将送交有关政府部门追究赔偿责任和法律责任。

(1) 不服从直属上司合理的工作指令。
(2) 未经许可,在员工宣传栏或酒店其他地方张贴、更改、取走或撕去任何宣传品。
(3) 无充分理由而故意拒绝工作任务。
(4) 发表虚假或诽谤之言论,影响酒店、客人或其他员工的声誉。
(5) 未经批准在酒店范围内做任何形式的募捐。
(6) 对其他员工的严重违纪行为知情不报或蓄意隐瞒者。
(7) 玩忽职守,给酒店造成经济或声誉上的损失者。
(8) 私配酒店内锁匙或客户锁匙。
(9) 挑拨打架或煽动、参与酒店内吵架事件。
(10) 侮辱、谩骂或与客人发生争吵。
(11) 恶意恐吓、危害酒店职员、客人或其他人士。
(12) 蓄意破坏、盗窃酒店、员工或客人财物。
(13) 向客人或酒店其他人士暗示、索取金钱或其他报酬。
(14) 擅离职守,以权谋私,监守自盗,损害酒店或客人利益。
(15) 做不道德、猥亵、下流的行为或交易。
(16) 殴打他人或互相斗殴。
(17) 1个月内连续旷工3天或1个月内累计旷工3次。
(18) 经常违反规章制度,有两次书面警告书在案或接最后警告书后再犯任何过失。
(19) 有行骗或不忠实的行为。
(20) 私换外币。
(21) 携带或收藏一切违禁品(如枪械、毒品、爆炸品、易燃品、淫秽刊物或影音制品等)。
(22) 在工作期间,无法完成应该完成的工作任务或经教育不能达到规定的素质要求。
(23) 在酒精或其他麻醉药物影响下当值。
(24) 非法在酒店内利用工作之便贩卖或向任何人兜售私人物品。
(25) 做出任何破坏酒店声誉或损害酒店利益的行为。
(26) 夜班员工当值时睡觉。
(27) 窃取酒店任何物品。
(28) 收受任何形式的贿赂或向他人行贿。
(29) 赌博或围观赌博。
(30) 触犯国家法律而被判罪者。
(31) 拾遗不报。
(32) 盗窃或复制酒店机密资料。向外界泄露有关酒店商业机密。
(33) 严重违反酒店操作规程或安全条例。
(34) 煽动或参加一致行动的停工、怠工、集体告假、静坐、骚乱或其他类似的破坏活动。
(35) 诬告他人。

2.1.4 停薪留职
若出现以下任何一种情况,酒店有权对员工施以停薪留职的行动。
(1) 违反乙类过失后6个月内再犯相同类型的乙类过失。
(2) 经发出最后警告而再犯,以待酒店总经理决定是否解雇者。
(3) 被拘留而等待审判,以待法律裁判是否违法者。
(4) 员工被怀疑违反丙类过失在调查期间。
(5) 违规而拒绝签署纪律警告书,以待酒店总经理决定是否解雇者。
(6) 拒绝接受酒店指定的体格检查、诊治或防疫注射者。
(7) 即时无偿解雇:在以下任何一项情况,酒店有权对员工施以即时无偿解雇的行动。
① 发出最后警告而违规者。
② 触犯国家刑法而被判行者。

××酒店标准文件		××酒店	文件编号××-××-××		
版本	第×/×版	员工纪律处分规定与程序	页	次	第×页

2.2　执行警告程序

2.2.1　在发现员工触犯酒店规章24小时内，其直属上司须立即着手处理并填写"员工纪律警告通知书"，尽快让员工注意到自己的违规行为。

2.2.2　在着手处理员工违章事件前，其上司必须确认事实，并断定确属违反了相关的制度、守则后，通知部门经理或部门经理授权人采取适当纪律处分。

2.2.3　部门经理或其授权人应向犯规的员工解释有关酒店纪律准则及其所受纪律处分的理由，并听取员工的解释。

2.2.4　翻查部门的备忘录查看是否有违规记录，然后再根据犯错的次数、性质及严重程度给予适当的处罚。

2.2.5　部门经理应将该员工的违纪事实记录在部门备忘录内，作为日后参考资料。

2.2.6　有关部门经理须将发出的纪律警告通知书一式三份，连同相关的员工违规的详细资料送交人力资源部。

2.2.7　人力资源部收到有关纪律警告书后，根据有关规定并核对员工个人档案，确认给予的处罚是否恰当。

2.2.8　对于给予书面警告书以上处罚的员工，人力资源部将约见有关员工，了解触犯纪律详情及听取员工对此次被执行纪律的意见。违规员工须在纪律警告通知书上签署，签署的作用只属于证实该员工已被正式通知到给予的纪律处分，同时鼓励该员工在警告书栏内作出书面检讨。

2.2.9　若发现同一员工在6个月内有2次书面警告，人力资源部将发出最后警告通知书致有关员工，告诫该员工如日后再次触犯酒店任何过失，将会在没有其他选择的情况下被酒店解雇。

纪律警告通知书将分发：

正本：人力资源部（存入员工之个人档案）。

第一副本：部门经理。

第二副本：员工本人。

2.2.10　如违规的员工拒绝签署纪律警告通知书，人力资源部有权对该违规且不合作的员工作出停薪留职的行动，并向酒店总经理呈交详细过程的报告书，由酒店总经理作出最后裁决。

2.3　执行停薪留职程序

2.3.1　部门经理须将符合停薪留职条件的员工，经过再次复核确认该员工的违纪行为后，向人力资源部发出对该员工停薪留职的建议书，经人力资源部审核同意后，执行停薪留职的行动。

2.3.2　人力资源部将根据呈报内容作出调查，确认事实后，由人力资源部经理批签后分发给：

正本：有关员工。

第一副本：人力资源部。

第二副本：财务部。

第三副本：部门经理。

2.3.3　停薪留职期最长可至14天，但根据具体情况如对等待酒店决定是否解雇，或正进行纪律投诉处理程序，或听候刑事审判结果的停薪留职的期限可延长到有进一步结果方作决定。停薪留职期间不享受工资。

2.3.4　在人力资源部办公室下班期间，如部门经理发现某些员工有严重违规的行为，可执行紧急停薪留职措施，并呈报值班行政经理，次日立刻按照正常程序，通知人力资源部调查，如属清白者须补发薪金，并向滥用停薪留职的部门经理追究其责任，并向酒店总经理呈交详细过程的报告书，由酒店总经理作出最后裁决。

2.4　执行即时解雇程序

2.4.1　当部门经理需要辞退违规员工时，须由所在部门填写"纪律警告通知书"呈交人力资部，人力资源部需根据全部内容做出调查，清楚列明其犯规性质、日期、原因、过去的违规行为记录等。同时接见违规的员工，听取该员工的解释。如证实所犯的规条属即时解雇之列，经总经理审批后，即可发出"解雇通知书"，列明生效日期、剩余或扣除的假期及是否有其他需扣除款项等。副本送交财务部，准备作最后工资的计算。人力资源部负责收回所有酒店发放的用品，并在"离店手续通知书"中注明。

2.4.2　即时解雇员工的人事调动表，须同时呈送酒店总经理批准。

2.5　其他纪律条文

酒店员工除应遵守员工手册列明的纪律守则外，各部门因工作环境所需，颁布的部门规章守则，员工

××酒店标准文件		××酒店 员工纪律处分规定与程序	文件编号××-××-××		
版本	第×/×版		页	次	第×页

亦应遵守。违者将同样按违规行为给予纪律处分。

2.6　取消犯规警告书

2.6.1　员工于签署警告书后一定时间内，如行为表现良好者，警告书可由部门经理建议及获得人力资源部同意后从人事档案中予以取消。人力资源部将于每月初发出全酒店已签署警告书满期限的员工名单给各部门经理作参考。

2.6.2　部门经理建议取消违规警告书，必须填写员工工作表现考核表，并注明取消违规警告书理由。取消违规警告书的时间以人力资源部审批的日期为准。

2.7　员工上诉

当员工对其所受的纪律处分认为不公平时，可提出上诉。具体按员工投诉程序办理。

拟订		审核		审批	

制度17：员工违反纪律与工作表现欠佳的经济制裁扣分制度

××酒店标准文件		××酒店 员工违反纪律与工作表现欠佳的经济制裁扣分制度	文件编号××-××-××		
版本	第×/×版		页	次	第×页

1　政策

规范员工行为，保证酒店正常运作。

2　管理规定

2.1　概念

为了加强员工对酒店纪律要求的严格遵从，以及提高员工对工作要求的积极性，以建立正确的工作态度。酒店特设立一个与经济挂钩的"员工违反纪律与工作表现欠佳"的经济制裁扣分制度，使酒店管理层与员工均能清晰地明白到假若违反有关制度规定后的处理办法与处分结果。本制度的经济制裁幅度以员工所在职级工资的30%作为百分制扣分计算基础，假若员工触犯此制度，将按所触犯制度的某一条款的既定扣分比例作处分。

2.2　原则

（1）全体员工一视同仁（其中包括外聘员工与本地员工）。

（2）大公无私，公平公正。

（3）严格要求，严格执行。

2.3　计算基础

以员工所在职级工资总额的30%作为百分制的扣分计算基础。若员工因违纪、工作失误或工作表现欠佳时，酒店管理层将根据既定制度和具体条款内容进行扣分，而所扣的分数是与个人所在职级工资挂钩，即扣分越高，所扣的工资也越多；在相同扣分的情况下，职级越高，所扣工资越高。相反地，如没有扣分，其工资没有任何改变。

2.4　程序

每月23日前各部门将员工考勤、当月所发出的扣分单及其他纪律记录、各类休假单等提交人力资源部，由人力资源部人员复核无误后，交财务部计算当月应发工资。凡业主公司派驻酒店的任职人员及酒店四级以上人员的处分，需业主代表加签。

2.5　优点

2.5.1　能强化各级员工对工作要求所抱的应有态度。

2.5.2　可正面推动管理人员与下属之间的正常工作关系。

2.5.3　可增加员工的工作积极性及对工作的认真态度。

2.5.4　可提高员工的工作责任心及树立正确的工作风气。

2.5.5　可通过经常性的工作检查，加速员工的工作技巧的熟练性，减少工作上出现的错误。

2.5.6　制度透明度高，可增强员工对酒店制度执行的信任。

续表

××酒店标准文件		××酒店 员工违反纪律与工作表现欠佳的经济制裁扣分制度	文件编号××-××-××	
版本	第×/×版		页次	第×页

2.5.7 员工因违纪或工作表现欠佳而被扣工资的金额，将作为员工奖励基金。

2.6 扣分条例

2.6.1 甲类过失（根据员工手册奖惩条例的甲类过失执行，另外扣分）

（1）无故迟到或早退（每次）：30分钟以内扣5分，30～60分钟扣10分，迟到60分钟以上按旷工半天计算，迟到4小时以上按旷工一天计算。

（2）上、下班不打卡或不签到，每次扣10分。

（3）不注意个人仪容仪表，如头发过长、头发凌乱、染黑色以外的发色、男性留胡须，每次扣5分。

（4）不注意个人行为，如嬉皮笑脸、大声喧哗、追逐打闹、勾肩搭背、掏耳剔牙、非紧急情况下在酒店范围内奔跑，每次扣5分。

（5）不注意个人卫生，如指甲过长、身体发出异味等，每次扣5分。

（6）忘记或未按指定位置佩戴名牌，每次扣5分。

（7）当值时未穿着整齐制服或衣履不整，每次扣5分。

（8）忘记上司所安排的工作任务或合理指令，每次扣10分。

（9）对上司所安排的工作任务敷衍了事或离工作要求有一定距离，每次扣10分。

（10）未经所在部门经理批准，乘搭客用升降机，每次扣10分。

（11）不使用指定的员工通道，每次扣10分。

（12）工作态度不认真（包括工作时听收音机、录音机、看报纸、咀嚼香口胶或吃零食等），每次扣15分。

（13）发出不必要的噪声、喧哗或值班时闲聊，每次扣10分。

（14）擅离工作岗位或无故到其他部门串岗，每次扣15分。

（15）下班后无故逗留在酒店范围内，每次扣5分。

（16）未能保持员工更衣柜或工作所属区域整洁，每次扣5分。

（17）私换员工更衣柜或在柜内存放食物和饮料，每次扣10分。

（18）在酒店员工餐厅以外范围饮食，每次扣10分。

（19）用酒店电话干私人事务，每次扣10分。

（20）随地吐痰、乱丢垃圾、烟头、涂画或破坏卫生整洁，每次扣20分。

（21）高声与客人对话或肆无忌惮地对客人过分亲近，每次扣20分。

（22）工作散漫，粗心大意，每次扣10分。

（23）不正确地使用任何设备用具或违反安全守则，每次扣10分。

（24）在酒店内粗言秽语，每次扣20分。

（25）吃饭时间洗澡、洗个人衣物，每次扣10分。

（26）不按入宿制度，强行入宿或不服从宿舍管理员管理者，每次扣10分。

（27）私配更衣柜钥匙，每次扣10分。

（28）浪费食物，每次扣10分。

（29）随意散播对工作队伍有影响或对个人有影响的谣言，每次扣20分。

2.6.2 乙类过失（根据员工手册奖惩条例乙类过失执行，另加扣分）

（1）工作不力，经常迟到或早退，每次扣20分。

（2）当值时睡觉、下棋、打扑克、玩弄乐器、看电视或干其他私事，每次扣30分。

（3）对上司、同事、客人有不礼貌的言行，每次扣20分。

（4）未经许可，擅自闯入客房或酒店其他禁区，每次扣20分。

（5）使用专供客人使用的设备与物品，每次扣20分。

（6）疏忽、不小心损毁或损耗酒店或客人财物，每次扣20分，并须照价赔偿，不设折扣。

（7）拿取或偷吃酒店食物，每次扣20分。

（8）携带未经批准物品离开酒店，每次扣20分。

（9）吵闹、粗言秽语骚扰到酒店安宁，每次扣20分。

（10）违反吸烟条例，在当值时间、公共地点或指定非吸烟区内抽烟，每次扣30分。

（11）私自携友或其他人士到酒店工作地点，每次扣20分。

续表

××酒店标准文件			××酒店	文件编号××-××-××		
版本	第×/×版		员工违反纪律与工作表现欠佳的经济制裁扣分制度	页	次	第×页

（12）在工作地点会见亲友，每次扣20分。
（13）非因公事或工作时间穿着制服离开酒店，每次扣20分。
（14）未经批准在酒店内消费，如用餐、住房、康乐及其他客用设施等，每次扣20分。
（15）唆使他人或代他人打卡、签到，每次扣20分。
（16）转让餐卡给非酒店员工使用，每次扣20分。
（17）存放未经批准物品在员工更衣柜内或酒店其他地方，每次扣20分。
（18）违反工作规程，每次扣20分。
（19）假公济私，带有个人喜好不公正的做评估考核，每次扣30分。
（20）旷工半天，每次扣30分；旷工1天，每次扣50分；旷工2天，每次扣100分。

2.6.3 丙类过失（根据员工手册奖惩条例丙类过失执行，另加每次扣100分）
（1）不服从上司合理的工作指令。
（2）未经许可，在员工宣传栏或酒店其他地方张贴、更改、取走或撕去任何宣传品。
（3）无充分理由而故意拒绝工作任务。
（4）发表虚假或诽谤之言论，影响酒店、客人或其他员工的声誉。
（5）未经批准在酒店范围内做任何形式的募捐。
（6）对其他员工的严重违纪行为知情不报或蓄意隐瞒者。
（7）玩忽职守，给酒店造成经济或声誉上的损失。
（8）私配酒店内锁匙或客户锁匙。
（9）挑拨打架或煽动、参与酒店内吵架事件。
（10）侮辱、谩骂或与客人发生争吵。
（11）恶意恐吓、危害酒店职员、客人或其他人士。
（12）诬告他人。
（13）蓄意破坏、盗窃酒店、员工或客人财物。
（14）向客人或酒店其他人士暗示、索取金钱或其他报酬。
（15）擅离职守，以权谋私，监守自盗，损害酒店或客人利益。
（16）做不道德、猥亵、下流的行为或交易。
（17）殴打他人或互相斗殴。
（18）连续旷工3天或1个月内累计旷工3次。
（19）经常违反酒店规章制度，有2次书面警告书在案或接最后警告书后再犯任何过失。
（20）有行骗或不忠实的行为。
（21）私换外币。
（22）携带或收藏一切违禁品（如枪械、武器、毒品、爆炸品、易燃品、淫秽刊物或影音制品等）。
（23）在工作期间，无法完成应该完成的工作任务或经教育不能达到规定的素质要求。
（24）在酒精或其他麻醉药物影响下当值。
（25）非法在酒店内利用工作之便，贩卖或向任何人兜售私人物品。
（26）做出任何破坏酒店声誉或损害酒店利益的行为。
（27）夜班员工当值时睡觉。
（28）窃取酒店任何物品。
（29）收受任何形式的贿赂或向他人行贿。
（30）赌博或围观赌博。
（31）触犯国家法律而被判罪者。
（32）拾遗不报。
（33）盗窃或复制酒店机密资料，向外界泄露有关酒店商业机密。
（34）严重违反操作规程或安全条例。
（35）煽动或参加一致行动的停工、怠工、集体告假、静坐、骚乱或其他类似的破坏活动。

拟订		审核		审批	

制度18：员工奖励制度与程序

××酒店标准文件		××酒店 员工奖励制度与程序	文件编号××-××-××	
版本	第×/×版		页　次	第×页

1 政策

鼓励员工充分发挥个人潜能，依靠出色的品质和业绩，获得尊重与奖赏。

2 管理规定

作为对工作及表现杰出员工的一种表扬和鼓励，奖励形式主要有以下七种。

2.1 　最佳员工奖（每月之星）

最佳员工奖（每月之星）是酒店对工作表现杰出员工的一种奖励。酒店每月在前线及后勤部门中各评选出一名最佳员工。每月最佳员工可获荣誉奖励与现金奖赏。

2.1.1 　评选条件

（1）当月出满勤，无迟到、早退、旷工现象。
（2）道德品质良好。
（3）遵守《员工手册》，工作中表现一贯良好。
（4）对客人及同事态度友善。
（5）仪表典雅。
（6）可靠、自觉、一贯准时。
（7）工作中细心照顾客人，客人反映良好或多次受到客人书面表扬。
（8）当月无任何投诉。
（9）当月未有任何类别的过失单。
（10）个人服务技能优异。
（11）在对外接待中，服务态度好，创造良好的社会影响。
（12）发现事故苗头，及时采取措施，防止重大事故发生。
（13）高效优质，具备良好的协作精神。

2.1.2 　评选程序

（1）每个月的第四周周五前，各部门经理呈交当月最佳员工候选人的统一评选表格给人力资源部。
（2）次月的第一周周五下午，由人事活动委员会召开会议，经公平评分，获最高分者，当选为该月的最佳员工。
（3）无论是前线或后勤部门，若有二位候选人同分，则以年资长者当选，若同分又同年资者，则由委员会主席决定谁是得奖者。
（4）得奖者必须在3个月后，才可再次参选。
（5）年内获选每月最佳员工次数最多者，可当选为该年度的优秀员工。若获每月最佳员工奖数相同者，则由人事活动委员会向行政委员会推荐，根据候选人的功绩与表现，由行政委员会再作评选。
（6）六级或以上职级的管理人员及未满试用期的员工不可参选。

2.1.3 　奖励办法

（1）获总经理批准的最佳员工将获得奖状及××元奖金，由总经理在员工会上公开颁发。
（2）每月最佳员工将被安排与总经理及其所属部门经理在餐厅内共同进餐。
（3）获选的最佳员工可享受由酒店提供的标准间住宿一晚，具体住宿日期视经营情况安排。
（4）获选的最佳员工，由公关部拍彩照挂于员工宣传栏内予以表彰。
（5）成为年度优秀员工候选人。
（6）获得最佳员工者的有关资料，将记入个人档案，成为今后升职的参考依据之一。

2.2 　突出表现奖

凡对酒店保安、防止贪污、诚实行为以及对酒店做出特别贡献者，酒店将视情况采用现金奖励、发放一定金额的餐券和酒店总经理签发证书的形式予以表扬。

2.2.1 　评选条件

（1）凡对外接待中，维护酒店利益并带来良好声誉。
（2）在工作中表现突出进而得到客人书面表扬。

续表

××酒店标准文件		××酒店 员工奖励制度与程序	文件编号××-××-××		
版本	第×/×版		页	次	第×页

(3) 为保护酒店财产和客人生命安全，见义勇为。
(4) 忠于职守，为酒店挽回重大经济损失。
(5) 发现事故隐患，及时采取措施，防止事故发生。
(6) 在节约成本、控制费用方面表现突出。
(7) 拾金不昧。
(8) 针对有损酒店形象，破坏酒店财产、损害酒店利益的行为，能坚定立场，举报揭发，维护酒店利益，或通过个人行为杜绝不良行为及事件发生。或在不良行为事件发生过程中通过个人行为遏止事态发展，减少酒店损失。
(9) 助人为乐，帮助他人解决困难。
(10) 因其他突出表现为酒店做出贡献者。

2.2.2 评选程序
(1) 由员工所在部门主管将其事迹填报人力资源部。
(2) 人力资源部查证所述行为是否应受奖赏。
(3) 联络有关部门经理及搜集其他有关资料。
(4) 确认事实并报总经理批准后，由人力资源部制作证书及宣传板报，财务部安排有关奖金或其他。
(5) 安排有关人士出席颁奖仪式。
(6) 人力资源部将证书影印，存入员工的个人档案内。

2.2.3 奖励办法
(1) 视突出表现的影响，获得××元以上奖金或有特殊意义纪念品，由总经理在员工会上颁奖或通报表扬。
(2) 获得突出表现称号的员工，由公关部拍彩照挂于员工宣传栏内予以表彰。
(3) 成为每月最佳员工候选人。
(4) 记入员工个人档案，成为今后升职的参考依据之一。

2.3 优秀建议奖
2.3.1 评选条件
酒店员工除在本岗位能尽职尽责，而且具备勇于开拓的精神，在本职工作或酒店其他经营管理方面提出合理化建议或科学的改革性方案，被酒店采纳并取得了良好的经营效益。

2.3.2 评选程序
(1) 由员工将所提建议或意见填报所属部门主管，由部门上报酒店行政办公室。
(2) 经酒店行政人员商讨予以采纳后，给予奖励。

2.3.3 奖励办法
(1) 视建议给酒店带来的成效，获得××元以上奖金或有特殊意义纪念品，由总经理在员工会上颁奖或通报表扬。
(2) 成为每月最佳员工候选人。
(3) 记入员工个人档案，成为今后升职的依据之一。

2.4 优秀消防员（年度）
保安部每年根据各部门安全、消防情况综合评定出各部门优秀消防员。

2.4.1 评选条件
(1) 道德品质良好。
(2) 遵守《员工手册》。
(3) 全年无消防安全过失，无严重过失。
(4) 在消防知识竞赛中获奖。
(5) 严格遵守安全制度，积极消除安全隐患。

2.4.2 评选程序
(1) 每年12月的第一周周五前，各部门经理须呈交本年度优秀消防员候选人名单及有关工作表现上交保安部。
(2) 保安部根据各部门日常消防、安全情况、消防知识竞赛结果及考评中安全得分，综合评定出优秀

××酒店标准文件		××酒店	文件编号××-××-××	
版本	第×/×版	员工奖励制度与程序	页　　次	第×页

消防员，报总经理审批后，在每年12月的第三周周五前予以奖励。

2.4.3　奖励办法

（1）获得奖金××元或有特殊意义的纪念品，在酒店年终总结大会上颁奖。

（2）在光荣榜上张贴照片。

（3）记入员工个人档案，成为今后升职的依据之一。

2.5　优秀员工（年度）

优秀员工（年度）是酒店对全年工作表现杰出员工的奖励。酒店在前线及后勤部门中各评选出一名优秀员工。年度优秀员工可获荣誉奖励及出外旅游奖励。

2.5.1　评选条件

（1）全年出勤良好，无迟到、早退、旷工现象，病假、事假全年不超过5天或以上。

（2）道德品质良好。

（3）遵守《员工手册》。

（4）全年未有任何类别的过失。

（5）服务技能优异。

（6）在对外接待中，服务态度好，创造良好的社会影响者。

（7）提供最佳服务，工作积极热心，经常受到宾客表扬者，为树立良好的店风作出贡献。

（8）发现事故苗头，及时采取措施，防止重大事故发生者。

（9）为保护国家财产，宾客及人民生命财产安全，见义勇为者。

（10）能在平凡的岗位上真正树立起爱岗、敬业的精神。

（11）对工作细节琐碎性工作能兢兢业业，将工作完成到最佳状态。

（12）高效优质，具备良好的协作精神。

（13）曾获突出表现奖、优秀建议奖、优秀消防员或曾被评为最佳员工等。

（14）热爱本职工作，积极上进，能出色完成工作任务。

2.5.2　评选程序

（1）每年1月的第一周周五前，部门经理须呈交年度优秀员工候选人的统一评选表格给人力资源部。

（2）每年1月的第二周周五下午，由人事活动委员会召开会议，经公平评分，获最高分者，会向行政委员会推荐，根据候选人的功绩与表现，由行政委员会决定优秀员工名单。

（3）不论前线或后勤部门，若有2位候选人同分，则以年资长者当选，若同分又同年资者，则由行政委员会主席决定谁是得奖者。

（4）凡6级或以上职级的管理人员及未满试用期的员工不可参选。

2.5.3　奖励办法

（1）获行政委员会批准的年度优秀员工将获得荣誉奖励及被安排出省旅游奖励（一周时间，酒店负担往返火车硬卧费用、2星级酒店住宿费用、每天餐费补贴等）。

（2）年度优秀员工将和家人一起（2人之内）被安排与总经理及其所属部门经理在餐厅内共同进餐。

（3）获选的优秀员工，由公关部拍彩照挂于员工宣传栏内予以表彰。

（4）获得年度优秀员工者的有关资料，将记入本人档案，成为今后升职的参考依据之一。

（5）成为管理人员候选人。

2.6　优秀管理人员奖（年度）

奖励6级或以上管理人员在工作中的突出表现。酒店在前线及后勤部门中各评选出一名优秀管理人员。年度优秀管理人员可获荣誉奖励及出外旅游奖励。

2.6.1　评选条件

（1）奖励对象为6级或以上管理人员。

（2）年度出勤良好，无迟到、早退、旷工现象，病假、事假不超过5天或以上。

（3）道德品质良好。

（4）遵守《员工手册》。

（5）年度未有任何类别的过失。

（6）所管部门全年无重大事故。

××酒店标准文件		××酒店 员工奖励制度与程序	文件编号××-××-××		
版本	第×/×版		页次		第×页

(7) 能出色完成工作任务,制订有效的管理目标。
(8) 对管理工作提出建设性意见并被采纳。
(9) 所管部门和下属多次受到表彰。
(10) 勇于承担责任,勇于自我批评,在工作中体现出很强的责任心和很强的对酒店负责的态度。
(11) 具有极强的务实态度,对工作细节琐碎性工作能兢兢业业,将工作完成到极佳状态。
(12) 具有极强的落实工作态度和独立能力,对本职工作能做到自我监督,自我约束,自我落实。
(13) 在本职工作中,具有极强的工作超前意识,能积极发现问题、解决问题。
(14) 能坚定不移地贯彻酒店精神,不以个人意志偏离航向,将工作落到实处。
(15) 能真正做到公私分明,秉公办事,心态端正。
(16) 为酒店的良好声誉和良好风气作出贡献。
2.6.2 评选程序
(1) 每年1月的第三周周五前,部门经理须呈交年度优秀管理人员候选人的统一评选表格给人力资源部,人力资源部确认无误后,将表格统一交至酒店行政委员会。
(2) 每年1月的第四周周五下午,由行政委员会召开会议,根据候选人的功绩与表现决定优秀管理人员名单。
(3) 不论前线或后勤部门,若有2位候选人同分,则以年资长者当选,若同分又同年资者,则由委员会主席决定谁是得奖者。
(4) 未满试用期的管理人员不可参选。
2.6.3 奖励办法
(1) 获行政委员会批准的年度优秀管理人员将获得荣誉奖励及被安排出省旅游奖励(一周时间,酒店负担往返飞机普通舱费用、3星级酒店住宿费用、每天餐费补贴等)。
(2) 年度优秀管理人员将和家人一起(3人之内)被安排与酒店董事长、酒店总经理及其所属部门经理在餐厅内共同进餐。
(3) 获选的优秀管理人员,由公关部拍彩照挂于员工宣传栏内予以表彰。
(4) 获得年度优秀管理人员的有关资料,将记入本人档案,成为今后升职的参考依据之一。
2.7 竞赛奖
2.7.1 评选条件
在全年各项竞赛(包括知识竞赛、体育竞赛等)中获奖。
2.7.2 评选程序
按比赛规程评出名次。
2.7.3 奖励办法
(1) 人力资源部将视具体比赛项目制订不同奖励措施,报总经理审批后,予以奖励。
(2) 在员工宣传栏内张贴照片予以表彰。

拟订	审核	审批

制度19:员工人事档案管理办法

××酒店标准文件		××酒店 员工人事档案管理办法	文件编号××-××-××		
版本	第×/×版		页次		第×页

1 员工人事档案的建立与保管
　1.1 政策
　建立并妥善保管员工有关的资料。
　1.2 程序
　1.2.1 人事档案的建立
　(1) 人力资源部在为每一位入职员工办妥入职手续后的3天内为员工建立个人档案,并由专人负责管理。

续表

××酒店标准文件		××酒店 员工人事档案管理办法	文件编号××-××-××		
版本	第×/×版		页	次	第×页

（2）人事档案的资料包括：职位申请表、本人身份证复印件、学历证复印件、个人免冠照片、合同书、工作履历证明、无犯罪记录证明、现住址证明、人事变动表、制服单、各类奖惩记录、假期记录、钟卡等一切与工作有关的资料。

1.2.2　人事档案的保管

（1）人事档案每人一份，按部门、所在分部分别存放并保管。

（2）人事档案不得随意借阅，如各部门因工作需要借阅时，应有交接手续记录在案，并提出归还时间；归还后，要核查资料的完整性。

（3）任何有关员工的个人资料必须随时放进档案内。

（4）员工离职后，酒店建立的人事档案不归还个人，应单独建立离职员工档案并存放，可于一定时间后销毁。

2　员工个人资料变更

2.1　政策

及时变更员工有关资料，掌握员工最新情况。

2.2　规定

2.2.1　员工个人资料若有变更者，必须通知部门经理，员工可利用"个人资料变更记录"填写后交部门经理转交人力资源部。个人资料的变更内容包括婚姻状况、地址、电话、增订个人资历、学历及技能、家庭成员之变更、新领或续领身份证明等变更。

2.2.2　如果因为没呈交"个人资料变更记录"而引起某些福利的损失时，酒店概不负责任，部门经理应经常提醒属下员工，在个人资料变更时应立即向人力资源部报告。

拟订		审核		审批	

制度20：员工受雇酒店期间在外兼职的规定

××酒店标准文件		××酒店 员工受雇酒店期间在外兼职的规定	文件编号××-××-××		
版本	第×/×版		页	次	第×页

1　政策

坚决反对本酒店的员工在外兼职，以保证酒店的正常营业。

2　管理规定

2.1　被酒店录用的员工在本酒店服务期间，未得总经理批准，不得在酒店外兼职其他任何工作。

2.2　员工不得利用本酒店为其配备的设施、设备做工作范围以外的私人经营业务。

2.3　凡违犯以上规定的员工，一经发现立即解聘，并废除社会统筹及任何用工关系。

拟订		审核		审批	

制度21：发放物品遗失补领程序及赔偿标准

××酒店标准文件		××酒店 发放物品遗失补领程序及赔偿标准	文件编号××-××-××		
版本	第×/×版		页	次	第×页

1　政策

要求员工在日常工作中爱护酒店配发的任何物品，如有遗失予以赔偿。

2　管理规定

2.1　员工若丢失、损坏酒店配发的物品，必须赔偿。原则上所有赔偿均为成本价。

续表

××酒店标准文件		××酒店 发放物品遗失补领程序及赔偿标准	文件编号××-××-××		
版本	第×/×版		页次		第×页

2.2 员工若丢失、损坏所属部门的任何物品,由所属部门核查丢失、损坏原因,确认须赔偿后,由部门填写物品赔款单,注明赔款原因、赔款金额、赔款方式等,由员工本人签名生效。

2.3 员工若丢失、损坏由人力资源部配发的物品,员工本人需到人力资源部核实丢失或损坏原因,经人力资源部确认需要赔偿后,填写物品赔款单,注明赔款原因、赔款金额、赔款方式等,由遗失者签名生效。

2.4 酒店物品丢失赔偿标准

(1) 员工证失赔偿人民币____元。

(2) 员工名牌丢失赔偿人民币____元。

(3) 员工手册丢失赔偿人民币____元。

(4) 员工更衣箱锁匙丢失赔偿人民币____元。

原则上所有赔款从该员工月工资中扣除(特殊情况例外)。

2.5 所有在工资中的赔款将由人力资源部汇总并统计在每月考勤表中款金额表,随各部门考勤报财务部,由财务部从该员工工资中扣除。特殊情况由员工本人以现金形式在财务部缴纳。

赔款单一式四联,分送至:

正本:人力资源部。

第一副本:财务部。

第二副本:部门经理。

第三副本:员工本人。

拟订		审核		审批	

制度22:员工投诉处理程序

××酒店标准文件		××酒店 员工投诉处理程序	文件编号××-××-××		
版本	第×/×版		页次		第×页

1 政策

员工因公事出现问题时,应按程序上诉。

2 管理规定

2.1 员工如在公事上发生困难、遇到问题或有不满时,应直接与直属上司商量或投诉,直属上司应尽力协助其解决困难或处理投诉,如有需要可向部门经理咨询。

2.2 若直属上司未能解决该困难或恰当地处理投诉;或员工对直属上司的答复感到不满或不愿意由直属上司处理,可将情况亲自或以书面形式向部门经理或人力资源部投诉。书面报告须注明姓名、职位及有关事情,以示投诉的信心。凡没有注明姓名的投诉,概不处理。

2.3 部门经理或人力资源部应尽力解决员工问题及处理员工投诉,必要时,部门经理可与人力资源部经理商议如何解决。

2.4 若部门经理未能解决员工困难时,须将调查结果及建议的解决办法,呈交人力资源部经理协助处理。

2.5 若员工认为该投诉不方便与部门经理申诉时,可将情况亲自或以书面形式向人力资源部经理报告。

2.6 人力资源部经理在任何时间内,均须乐于给予员工协助及意见,并对有关投诉内容绝对保密。

2.7 若人力资源部经理未能解决该困难时,须将调查结果及建议的解决办法呈交酒店总经理协助处理。

2.8 任何行政管理人员,在其职权范围内能够处理该困难时,应尽力解决,无须向上级咨询。

拟订		审核		审批	

制度23：员工健康检查与报销程序

××酒店标准文件		××酒店 员工健康检查与报销程序	文件编号××-××-××	
版本	第×/×版		页次	第×页

1 政策
保证酒店及员工的卫生与健康。
2 管理规定
2.1 对象
2.1.1 被酒店录用的员工必须接受酒店指定卫生防疫部门的健康检查并合格后，方可上岗工作。
2.1.2 酒店所有员工每年必须接受一次健康检查。
2.2 程序
由人力资源部发给员工体检介绍信前往指定体检单位接受身体检查。
2.3 费用
2.3.1 酒店员工免费接受每年规定的健康检查。
2.3.2 新聘员工须先行缴纳所需费用，待3个月试用期满合格并签署正式劳动合同后，将体检单据交给人力资源部办理有关手续，在财务部报销体检费用。凡未通过试用期或在试用期间离职者，体检费用由员工自负。
2.4 体检结果
2.4.1 新聘员工若体检不合格，将不被录用。
2.4.2 酒店员工如被发现患有传染性疾病，酒店将给患病员工3个月的治疗期，治疗期间，员工可按规定支取有薪病假（具体参照员工福利之有薪病假规定执行），享受基本生活补贴（标准按××市最低生活标准执行）。治疗期满复查，痊愈者可返岗工作；未痊愈者，酒店将对该员工予以劝退并以1个月工资作为补偿（标准为该员工前3个月工资总和的平均工资）。
2.4.3 酒店员工如被发现患有非传染性疾病，酒店将视情况对患病员工转调工种或安排员工停职医疗，以保证酒店的卫生安全。治疗期间，员工可按规定支取有薪病假（具体参照员工福利之有薪病假规定执行），享受基本生活补贴（标准按××市最低生活标准执行）。医疗期满3个月后复查，痊愈者可返岗工作；仍未痊愈者酒店将对该员工予以劝退并以1个月工资作为补偿。（标准为该员工前3个月工资总和的平均工资）。
2.4.4 所有员工健康证统一由人力资源部保管，所管理的健康证应登记造册、注明姓名、体检日期、所在部门、下次体检日期等内容，分部门存放。

拟订		审核		审批	

制度24：酒店裁员程序

××酒店标准文件		××酒店 裁员程序	文件编号××-××-××	
版本	第×/×版		页次	第×页

1 政策
根据酒店营业状况等原因，实施裁员。
2 管理规定
2.1 倘若因不可预见及不可抗拒的因素，酒店业务条件或管理政策有变化而产生过剩的员工，又不能调职至其他工种，则酒店总经理通过董事会同意后，有权单方面终止合约，借以裁减员工人数，以减轻酒店营运成本负担。
2.2 裁员以"后雇先裁"及"工作表现"的优劣为原则，来确定裁减员工的先后次序，但需提前1个月书面通知员工本人，并须按劳动合同书中规定的条款给予补偿。
2.3 一旦情况得以改善，需要增员时，酒店将优先考虑招聘原有的员工。

拟订		审核		审批	

制度25：酒店信息发布程序

××酒店标准文件		××酒店 信息发布程序	文件编号××-××-××		
版本	第×/×版		页	次	第×页

1 政策
让员工及时了解酒店的最新动态。

2 管理规定
2.1 酒店为促进与员工的讯息传递，使各级员工能及时了解酒店的最新动态，在员工通道及员工餐厅内，设有员工布告栏，再加上每季度的员工通信刊物，报道有关酒店内部动态消息，使员工及时了解酒店的动态。
2.2 员工布告栏由人力资源部管理，所有员工可经常留意布告栏上的布告或颁布规则。
2.3 酒店各部门须选派代表1名，以组成酒店人事活动委员会，由人力资源部经理负责主持，每月最少召开会议1次，其中一项功能乃搜集有关酒店各部门动态消息，通过营业部的协助，编辑成系统性的员工通信刊物。委员会也欢迎有兴趣的员工投稿或参与编辑工作。积极而有贡献的参与者，将获酒店的嘉奖，其功绩将记录在其个人档案内。

拟订		审核		审批	

制度26：员工工伤规定

××酒店标准文件		××酒店 员工工伤规定	文件编号××-××-××		
版本	第×/×版		页	次	第×页

1 政策
根据国家有关劳动保护条例规定，保证员工因工伤亡事故得到及时公正的调查和处理。

2 管理规定
2.1 工伤的定义
员工因工伤亡事故，是指酒店员工在工作时间、在所属工作地点、因工作原因或虽不在所属工作地点，但由于酒店的设施、设备问题造成的人身伤害，包括：
2.1.1 员工在工作期间和工作区域内，由于酒店的设施设备、劳动条件、工作环境不良或不安全因素而造成的意外伤害。
2.1.2 酒店发生各种灾害或险情时，员工因抢险救灾而造成的伤亡事故。
2.1.3 因履行职责遭受人身伤害的。
2.1.4 因公外出期间，由于工作原因，遭受无本人责任的交通事故或其他意外事故造成的伤害。
2.1.5 在上下班的规定时间和必经路线上，发生无本人责任或者非本人主要责任的道路交通机动车事故的伤害。
2.2 工伤的报批程序
2.2.1 员工在工作时，身体受到上述性质的损伤，应立即向部门负责人报告，同时通知医务室医生及时给予必要的处理。
2.2.2 轻伤事故，如果医务室可以处理的，在医务室处理；如果是医务室无法处理，则立即送往医院诊治。
2.2.3 轻伤事故由事故部门负责人组织调查，查清事故原因，确定事故责任，提出处理意见并及时将工伤事故报告送交保安部，经保安部审核，总经理审批，受伤员工方可按工伤处理。
2.2.4 重伤或死亡事故由酒店组成调查组进行调查。
2.3 工伤的待遇
以下经酒店确定的工伤。
2.3.1 员工因工伤需要停止工作接受治疗的，医疗期按照轻伤和重伤的不同情况分别为1个月至24个月，严重工伤最长不超过36个月。
2.3.2 员工因工负伤治疗，所需的挂号费、医疗费、药费、住院费、就医路费全额报销。
2.3.3 工伤员工治疗非工伤范围的疾病，其医疗费用按照医疗保险的规定执行。
2.3.4 因工负伤期间，享有基本工资，不享有纪律及工作表现津贴。

拟订		审核		审批	

制度27：酒店医务室管理制度

××酒店标准文件		××酒店 医务室管理制度	文件编号××-××-××	
版本	第×/×版		页次	第×页

1 酒店医务室工作制度
  1.1 政策
  规范酒店医务室的管理，为员工提供更好的诊疗环境。
  1.2 程序
  1.2.1 医务室内要保持安静、整洁、空气清新；严禁大声喧哗，影响他人就诊。
  1.2.2 医务室工作人员必须身着工服，工服须整洁、干净。
  1.2.3 医务室非患者不得入内，所有员工不得在医务室无故逗留，违者将按有关规定受到严肃处理。
  1.2.4 医务室严禁吸烟，违者按员工奖惩条例执行。
  1.2.5 严禁员工在医务室内闲谈、吃东西，做与工作无关的事情。
  1.2.6 严禁医务室留宿他人，违者将按有关规定受到严肃处理。
  1.2.7 医务人员对待病人要态度和蔼、认真，有责任感。
  1.2.8 医务人员要严格按照医护程序为病人提供良好的治疗服务，杜绝任何医疗事故的发生。
  1.2.9 医务人员不得私自外出行医或私售药品。
  1.2.10 严把进药质量关，合理控制进药数量。

2 酒店客人就诊程序与规定
  2.1 政策
  规范客人就诊程序，提供安全、健康的医疗服务。
  2.2 程序
  2.2.1 原则
  （1）客人生病时可接受酒店医生的医疗服务。
  （2）医务室不提供静脉输液、静脉注射、肌肉注射、封闭、皮下注射等服务项目。
  （3）医务室不提供缝合手术、较大伤口的换药服务。注：伤口将视深度等情况由医务室专业人员决定是否接受换药。
  （4）参考客人意见，医务室人员根据客人病情做好建议性的预防保健、治疗工作。
  （5）为客人提供的医疗服务均为出诊服务，出诊服务时间为8:00～22:00。
  2.2.2 程序
  （1）客人提出需要医疗服务时，医护人员应及时出诊：问好，问病史；查体、初步诊断；开处方或处治；医务室不能解决的要及时转诊。
  （2）为客人取药：按医嘱给药。
  （3）小外伤处治：根据情况及时给予处治。
  2.2.3 业务范围及收费标准：
  以下服务均在医务室应有的设备范围内及力所能及的条件下开展：
  （1）出诊费：不含药费、检查费等。
  内宾：30元/次。
  外宾：60元/次。
  （2）如客人需要急救（如吸氧、心肺复苏术或在征得客人或其陪同人员同意下护送附近省、市级医院等）。
  吸氧：40元/袋（不含氧气袋）。
  其他：内宾：20元/小时；外宾：50元/小时。
  （3）一般伤口换药。
  用一块辅料：内宾：4元/次；外宾：10元/次。
  用二块辅料：内宾：8元/次；外宾：20元/次。
  用三块辅料：内宾：10元/次；外宾：25元/次。
  注：用整盒整支的药品另加计费。

续表

××酒店标准文件		××酒店 医务室管理制度	文件编号××-××-××		
版本	第×/×版		页	次	第×页

3 酒店员工就诊程序

3.1 政策
规范员工就诊程序，保证员工身体健康。

3.2 程序

3.2.1 原则

（1）员工生病时可接受酒店医生的医疗服务。

（2）在酒店以外接受医疗或住院者，必须持有酒店医生开具注明转诊的员工医疗申请单。

3.2.2 程序

（1）员工在本部门领取医疗申请单，由部门经理或指定人士签批后，方可到医务室诊治。小伤小病在医务室处理。

（2）若酒店医生诊断该员工需外出诊治，应在员工医疗申请单上列明症状、疾病的类别等，并注明转诊。

（3）员工持酒店医务室开具转诊的医疗申请单到所在部门，经所在部门经理、人力资源部经理同意后方可外出就医。否则视为无效。

（4）凡急诊或员工在休息当日发病，必须在酒店指定医院或所住邻近市级以上医院诊病。员工须在上班当日由所在部门填写假期申请表，经所在部门经理签批，同时将病历及医院所发有关单据，按求诊程序送交酒店医务室，由酒店医生签证后，连同假期申请表转交人力资源部处理。

3.2.3 人力资源部须核查有关员工病假天数、诊病记录、是否超出有薪病假天数等，报人力资源部经理批准。

4 员工因工负伤或死亡的就诊规定与处理程序

4.1 政策
规范员工工伤程序，保障员工生命安全。

4.2 程序

4.2.1 伤亡事故

指员工在本岗位上工作，或虽不在本岗位工作，但由于酒店的设施、设备的问题造成的人身伤害。

4.2.2 处理程序

（1）员工在当值时受伤，应立即报告保安部及有关部门经理。如在酒店正常办公时间后或假期期间，则须报告值班行政经理。

（2）受伤员工应被立即送往酒店医务室诊治。如遇医疗室休息或严重受伤者，由酒店人力资源部或保安部员工及一名受伤员工的同事一起，送往医院治疗。

（3）受伤员工需要住院或死亡时，必须通知有关部门经理及人力资源部，非办公时间则通知值班行政经理，同时，人力资源部或值班行政经理必须有责任确保通知受伤员工的家人。

（4）当受伤意外发生后，受伤员工的部门经理或值班行政经理须通知保安部填写员工受伤调查报告，报告一式三份，分送至：

正本：人力资源部。

第一副本：保安部。

第二副本：财务部。

5 医务室药品采购及管理制度

5.1 政策
按照程序购置合格药品，规范药品管理，为员工提供医疗药品保障。

5.2 程序

5.2.1 医务室必须备有各种常用药品。

5.2.2 医生每月根据各类药品的使用量，定期作采购计划，并根据变化及时调整购药种类和购药数量。

5.2.3 根据每年多发病、常见病、季节病、流行性疾病的用药需求，上报药品采购计划。

5.2.4 药品采购计划应注明药品名称、规格、产地要求、购置数量及特殊要求等。

5.2.5 将药品采购计划上报至直属上级，经审核后，报人力资源部经理批准，按照采购程序报批。

续表

××酒店标准文件		××酒店 医务室管理制度	文件编号××-××-××		
版本	第×/×版		页	次	第×页

5.2.6 经批准的药品采购，须由医生和采购人员一起进行，医生要严把进药质量关。
5.2.7 采购回来的药品由收货部验收合格后，交医务室专人负责管理。建账登记，对月进药量、发放量、存货量进行登记，做到账物相符。
5.2.8 各类药品应归类存放，经常检查药品批号，防止过期、霉变、变质等。
5.2.9 医务室每月月底对所有药品进行盘点，并出具当月对客收入、对员工收入等报表。

6 非医务室工作时间患者诊疗程序
 6.1 政策
  及时为客人提供医疗服务，保证患者身体健康。
 6.2 程序
 6.2.1 客务部应备有急诊箱，内放常见的各类药品及包扎用品，如消炎药、止痛药、急救药丸、止血贴、纱布、胶布等，以备特殊情况发生后急用。
 6.2.2 非医务室工作时间，如有患者需要诊病，需通知客务助理。
 6.2.3 客务助理可征求患者意见，是否需要外出就诊，如有需要，应向患者提供距离酒店较近的正规医院的名称。
 6.2.4 患者如病情严重，应通知急救"120"，并派员跟随，以示关心。

7 医务室防止病源交叉感染制度
 7.1 政策
  保证医务室卫生，为患者提供洁净的医疗环境。
 7.2 程序
 7.2.1 医务室每天用紫外线消毒10～20分钟。
 7.2.2 每周定期对器械、敷料等高压消毒一次。
 7.2.3 每周更换一次器械消毒液。
 7.2.4 治疗过程中需添加无菌敷料等物品，应用无菌钳夹取，不得用治疗钳、镊子夹取。保证无菌操作，以免交叉感染。
 7.2.5 各类器械必须坚持一人一份一用一消毒的原则。
 7.2.6 各类注射器必须坚持一人一针一管一用，用后销毁的原则。
 7.2.7 对传染病严格按照传染病管理执行。
 7.2.8 每月下旬检查员工健康证有效时限，并将次月需重新体检的员工名单报至人力资源部并通知该员工及时体检。

8 医务室控制员工病假制度
 8.1 政策
  合理控制员工出现的病假情况，为酒店的正常营运提供一定保障。
 8.2 程序
 8.2.1 医务室应妥善保存员工诊病时用的医疗申请单、处方等资料，以便备查。
 8.2.2 医务室受设备及药品所限不能实施检查和治疗的疾病，经医务室人员同意可提出转诊至本酒店指定医院进行检查和治疗的建议，并报人力资源部同意。
 8.2.3 员工因病须住院治疗的，经医务室确认并上报人力资源部同意后，可通知该员工办理住院手续，否则酒店有权不予承认其住院的医疗费用、假期等。
 8.2.4 员工因病经医生确认不能继续工作的，酒店医生可根据病情开假1～8小时，外伤缝合应根据病情开假。
 8.2.5 员工在外就诊后，应在上班当天持病历检查结果、病假条到医务室，经医务人员确认无误后签字，并上报人力资源部批准。
 8.2.6 急诊病假只限1天。

拟订		审核		审批	

制度28：员工制服管理程序

××酒店标准文件		××酒店 员工制服管理程序	文件编号××-××-××		
版本	第×/×版		页次		第×页

1 政策

做好员工制服发放与管理工作，保证为员工提供合适、整洁的制服，达到星级酒店要求。

2 管理规定

2.1 基本规定

2.1.1 所有新员工在办理入职手续时，会收到由人力资源部发出的制服领用表，表上会注明领取制服的种类。制服员有责任给任何员工配发合身的制服，如不合适的先暂时穿用，之后由制服房员工在一定时间内量身修改，而该员工须在制服领用表上签字，签字后的表格由制服房保管，该员工离职交还制服并由制服房签收后，由制服房在离店手续单上签字，到人力资源部继续办理其他有关手续。

2.1.2 所有员工制服统一由制服房管理，制服房会给每件制服编号，故员工在换领制服时，只需到制服房报出编号，同时将脏制服交于制服房，制服员会发给干净制服。

2.1.3 员工在换取干净制服时，要以脏换净，一件换一件，不得先取干净制服，后交脏制服，否则制服房有权不予更换制服。

2.1.4 酒店将会定出一个更换制服的时间表，望各部门员工知照遵守，以免影响制服房的工作。

2.1.5 所有员工制服如有破损或遗失，该员工要负责赔偿，所以在领取制服时要检查清楚，以免日后发生冲突。

2.1.6 如果制服房已下班，而员工因特殊情况急需在当值时间更换制服，需由该员工到房务部找当值经理，由房务部通知客务助理一起到制服房更换制服，并将脏制服放在台面上，由房务部当值人员将有关情况登记在记录本上，在场的每一位人员都应签字证明。

2.1.7 如某部门或任何人需要借用酒店制服，须由该部门主管或副经理在借制服表格上签字/盖章，每人一张，由制服员配给合身的制服，所有借出制服原则上要当天交还制服房，如制服房下班，可交给房务当值人员并登记后，第二天再领回借制服表格，交还给该部门经理或主管。

2.1.8 凡借用制服者，必须于当日下班后交回制服房或房务部办公室，如不能交回者，需在借用表格上注明交还日期，否则两天后如有不交或遗失者，就由签字人和领用人负责赔偿酒店损失，赔款将在该月份工资中扣除。

2.1.9 员工离职时，制服房应根据人力资源部的通知，及时将制服收回。制服房若未收回该员工制服，酒店人力资源部、保安部有权检查该员工更衣柜是否存有员工制服。

2.1.10 制服房每年在接近年尾时都要做次年的制服预算，点算损耗或丢失的制服数量，以作补充。在补充新制服时，要先征求各部门经理的意见，看是否需要更换新款式、新质量的制服，以给客人新的视觉感受。

2.2 制服、工鞋、袜子发放程序

2.2.1 制服

2.2.1.1 发放程序

员工需持人力资源部下发的制服申请单到制服房领取相应的制服和鞋袜，如果没有合适的制服，由制服房安排修改或制作。

2.2.1.2 配备数量

① 每位员工配备3件上衣、2条裤子、2件衬衣，由制服房统一编号管理。

② 特殊岗位如厨师、管事部、工程部可配备4件上衣、3条裤子。

③ 其他类服装根据使用情况进行补充。

2.2.1.3 制服洗涤与保管

① 更换制服时间为7:00～19:00。

② 员工必须用脏工服换取干净的工服，以1:1的原则进行更换，制服房要对所换制服进行检查登记，对不爱惜制服造成衣物破损或穿着过脏而无正当理由的员工，制服员应及时向上级汇报，由上级决定是否给予一定的处罚。

③ 员工更换制服时，要检查所有口袋，以免遗留物品磨损洗衣机或污染其他衣物。

④ 员工若因疏忽未将制服口袋物品取出造成丢失，制服房概不负责。

续表

××酒店标准文件		××酒店 员工制服管理程序	文件编号××-××-××	
版本	第×/×版		页次	第×页

⑤ 员工不得随意进入制服房寻找自己的制服，如遇意外染上污渍或纽扣丢失、有损坏等特殊情况，应及时向制服房员工说明。
⑥ 制服房员工对发出的制服要认真检查，保证完好无损，熨烫合格。
⑦ 各类衬衣制服原则上管事部厨衣、工程部服装可每天更换一次，其他类服装每周更换三次。
⑧ 离职员工在办理离职手续时应及时交回所领的全部制服（工鞋、袜除外），制服房员工在确认所有制服交清后，在离店通知单上签字。
⑨ 所有员工在领取新工服时，必须将旧工服如数交回，若有丢失或损坏将酌情给予罚款处理，对已领取新工服的员工如有丢失应立即申报人力资源部，赔偿后持财务部正式收款收据，到制服房领取或重新制作。

2.2.2 工鞋
2.2.2.1 发放程序
① 每月对须领工鞋的员工进行统计，计划购买数量，并统计鞋号。
② 打物品申领单，从采购部库房领取，如库房无货，另打采购单购买。
③ 通知该领鞋的员工领鞋，将领鞋日期及品牌登记在册，员工签字即可。
④ 特号鞋在酒店无法购买到的情况下，经财务部批准，员工可自购凭发票报销，自购标准同酒店购鞋标准。

2.2.2.2 发放标准
① 根据工作需要穿皮鞋的员工，酒店每6个月发放1双。
② 根据工作需要穿布鞋的员工，酒店每年发放4双。
③ 领皮鞋的员工在离职时，人力资源部根据制服房提供的该离职员工的领鞋时间、皮鞋价格和员工使用时间做一定数额的折旧，并从该员工工资中扣除。折扣公式为：皮鞋价÷皮鞋规定使用时间×（皮鞋规定使用时间－皮鞋实际使用时间）。
④ 皮鞋穿着时间不满15天的，按半月折旧，满15天以上的按整月折旧。

2.2.3 袜子
（1）制服房须提前做出次月需要数量并通知采购部购买。
（2）提交物品申领单将所需数量的袜子领回制服房。
① 准备好员工签字的登记本并通知发放时间，按规定数量发放，员工签字后可领取。
② 连裤袜每年11月至次年3月发厚连裤袜各1双；每年4月至10月发薄裤袜，每人每月2双，每月月初发放。

拟订		审核		审批	

制度29：员工担保程序

××酒店标准文件		××酒店 员工担保程序	文件编号××-××-××	
版本	第×/×版		页次	第×页

1 政策
　非××市户口的特殊岗位人员必须提供必要的担保手续。
2 管理规定
　2.1 所有非本市户口的特殊岗位人员必须提供担保，如收银员、仓管员等。
　2.2 担保人由被担保人指定，担保人必须是××市户口、有固定住所、无任何犯罪记录。
　2.3 担保人在为被担保人提供担保时，必须提供本人的：
（1）身份证原件及复印件。
（2）户籍证明原件及复印件。
（3）户籍所在地开具的无犯罪记录证明。
（4）个人近期免冠照片一张。

续表

××酒店标准文件		××酒店 员工担保程序	文件编号××-××-××	
版本	第×/×版		页次	第×页

（5）与被担保人的关系。
2.4 担保人必须保证所提供的一切资料真实、准确，同时是在自愿的情况下为被担保人提供担保。
2.5 被担保人确定担保人后，应通知担保人按照酒店规定提供上述有关资料，资料准备好后，担保人与被担保人一起按酒店要求的时间到人力资源部验明相关资料。
2.6 经人力资源部核查有关资料无误后，担保方可生效。
2.7 被担保人在酒店服务期间，给酒店造成经济损失而不能或无力偿还的情况下，由担保人承担所有的经济偿还责任。

拟订		审核		审批	

制度30：酒店内部员工兼职的规定与程序

××酒店标准文件		××酒店 内部员工兼职的规定与程序	文件编号××-××-××	
版本	第×/×版		页次	第×页

1 政策
为员工提供部门交叉培训的机会，不断提高工作技能，同时节约福利成本和提高员工个人收入。

2 管理规定
2.1 酒店鼓励员工在酒店内部做兼职，这样有利于员工不断学习，掌握更多的工作技能，同时提高员工的个人收入。
2.2 需要员工兼职主要是针对酒店宴会、酒吧等服务区域因人手不足而需要内部人员调配的情况下进行。
2.3 因上述部门属直接对客服务部门，原则上允许11～15级人员做内部兼职。
2.4 用人部门因营业状况需要更多服务人员服务客人时，须提前一周以书面形式向人力资源部提出：用人时间、用人地点、工作性质、工作时间、用人数量、具体用人要求（如男性、女性，年龄等）。
2.5 由人力资源部通知各部门并在员工餐厅宣传栏内张榜公布具体要求。
2.6 有愿意兼职的员工在看到张榜要求后，须于用人时间前3天到人力资源部报名，经人力资源部审核其正常工作时间、工作班次和兼职时间无冲突后，由所属部门经理、人力资源部签字同意并记录在案。
2.7 人力资源部将兼职人员的名单于用人时间前2天交至用人部门，由用人部门先行挑选。
2.8 用人部门确定兼职人员名单后，以书面形式通知制服房准备相应制服，由兼职员工到制服房签写制服收条，同时领取制服，按用人部门通知时间统一着装到指定地点报到。
2.9 用人部门根据兼职员工实际工作时间、工作地点、兼职岗位，统计考勤，并于每月下旬随部门考勤表报至人力资源部（用人部门报兼职人员考勤时，须将兼职人员按其实际所属部门分别统计）。每月兼职人员及兼职时间由人力资源部审核无误后，交财务部计算工资。
2.10 为保证每位员工切实完成好自己本职工作，对员工的店内兼职工作规定如下。
（1）员工必须保证在不影响并全部完成本职工作的前提下才能做内部兼职。
（2）兼职时间必须是员工本人的休息或下班时间。
（3）若因员工所属部门因特殊情况需要加班，员工必须服从本部门的加班安排。
（4）员工在酒店内部做兼职的时间为每周不超过3次，每次不超过4小时。
2.11 兼职工资一律按兼职岗位工资标准执行。具体计算标准为：（月工资总额×12月/365天）/8小时×兼职工时×1.5倍。
2.12 兼职员工的兼职工资每月随该员工的工资在月底发放。

拟订		审核		审批	

制度31：员工考核评估程序

××酒店标准文件		××酒店 员工考核评估程序	文件编号××-××-××		
版本	第×/×版		页	次	第×页

1 政策
对员工做试用期转正及周年评估，使之达到酒店要求。

2 管理规定

2.1　试用期转正评核

2.1.1　员工应在本人试用期满前1周，向所在部门提出并填写转正申请表。
2.1.2　该员工直属上司根据员工试用期表现评估表提供的内容进行评估，并签名。
2.1.3　试用期表现评估表上应注明员工是否胜任工作，部门要做出同意转正、续用、调转等结论。
2.1.4　若部门经过评估，认为该员工须继续试用或予以辞退时，须向员工明确提出。
2.1.5　评估表须经部门经理签字确认。
2.1.6　将评估表交至人力资源部审核，人力资源部经理签批后生效执行。
2.1.7　通过试用期的员工，人力资源部将发出正式录用通知函，同时签订正式劳动合同。
2.1.8　由人力资源部组织实施未通过评估的员工进行培训或延长试用期。
2.1.9　将评估结果存入个人档案。

2.2　每月评估

2.2.1　各部门每月应对所属员工的工作纪律及表现予以评估。
2.2.2　各部门对及时发现的员工违规行为应在24小时内调查并处理。
2.2.3　所有开具的违规通知书，应及时上报人力资源部审核并存档。
2.2.4　各部门于每月20日之前将被评估者的违规行为，填写在扣分单上，并上报部门经理审批。
2.2.5　部门经理根据上报的扣分单做进一步审核，并签字确认后报至人力资源部备查。
2.2.6　人力资源部核实扣分单无误后，交财务部计算工资。

2.3　半年评核

2.3.1　直属上司或部门经理每半年要根据员工的工作表现及行为给予评核。
2.3.2　评核必须要在第2个季度过后的15天内完成，评核须由直属上司与员工面对面进行。
2.3.3　评核应以客观的事实及明确的标准作为根据，双方亦须以坦诚及互相尊重的态度倾谈，导出各自的标准与理想。对员工突出的表现，应加以表扬，对需注意或改善的地方，应列作日后工作发展的目标。事后双方须在工作表现评核表上签署，并呈交部门经理审核加签后，再送至人力资源部存入员工个人档案内。

拟订		审核		审批	

制度32：紧急情况处理程序

××酒店标准文件		××酒店 紧急情况处理程序	文件编号××-××-××		
版本	第×/×版		页	次	第×页

1 政策
酒店出现意外情况时，员工必须坚守工作岗位，服从安排。

2 管理规定

2.1　当遇上天灾或突发事故（如风灾、水灾、地震、停电或机械故障等），在紧急情况下，为保障酒店内顾客的安全及部门的运作，全体员工必须绝对服从上司的指挥，所有当时在酒店值班的员工，必须继续留守岗位及被要求额外超时工作，员工须鼎力合作。

2.2　所有工程部、保安部及话务组的员工，必须立即尽快返回酒店报到，其他各部门接班的员工，亦应立即致电部门经理查询所应采取行动。

2.3　额外当值的员工，将获安排膳食供应，必要时亦将由酒店安排住宿，超时工作的员工，将由部门经理安排日后补休。

拟订		审核		审批	

制度33：员工食堂管理规定

××酒店标准文件		××酒店 员工食堂管理规定	文件编号××-××-××	
版本	第×/×版		页　次	第×页

1　员工就餐规定
　1.1　政策
　为维护员工餐厅的正常秩序，使员工在餐厅内吃得饱、吃得好，秩序井然。
　1.2　程序
　1.2.1　所有员工当值时，均可在员工餐厅享用酒店提供的一正一副免费膳食（早餐和午餐或晚餐和消夜），具体视工作时间而定。
　1.2.2　员工在酒店内未经有关部门主管许可，不得在员工餐厅以外地点进食。
　1.2.3　员工就餐需穿着工装（未着工服的员工应佩戴工号牌）凭餐卡按日期及规定时间就餐，不得提前或推后。
　1.2.4　取餐前请自觉领取餐具一份。
　1.2.5　就餐时请自觉排队。
　1.2.6　打餐时不得左挑右拣，以免影响后面排队的员工。
　1.2.7　米饭、汤等不限量供应，请注意节约，按饭量盛装，不可剩余。
　1.2.8　就餐人员请自觉维护公共卫生，骨头、菜渣等请吐在托盘内，不得随处乱倒。
　1.2.9　餐后请自觉将饭菜残渣倒入泔水桶内，将餐具放到指定位置。
　1.2.10　就餐完毕，请迅速离开餐厅，以加快餐位周转。
　1.2.11　不得在禁烟区吸烟。
　1.2.12　外来食品不得私自带入员工餐厅吃用，员工餐厅的食品亦不得带出餐厅外。
　1.2.13　就餐人员须自觉爱护酒店财产，不得随意损坏及造成浪费。对违反规定者，餐厅管理人员有权没收餐卡或按规定罚款，严重违反者送交酒店有关部门处理。
　1.2.14　未持有健康合格证者，必须自备餐具，不能使用员工食堂的餐具。
2　员工餐厅工作程序
　2.1　政策
　为员工提供可口的、卫生的膳食服务。
　2.2　程序
　2.2.1　采购
　（1）按计划制订每周菜谱。
　（2）根据菜谱及用料使用情况计划次日用料。
　（3）填写厨房加工用料申请单，向供货商预定，于当日分别与供货商订货或入市采购。
　（4）将厨房用料价格及时上报。
　（5）采购回来用料，要检查斤两，检查质量，使之达到标准。
　2.2.2　加工用料
　（1）根据开餐情况及需要量，备齐原料，准备用量。
　（2）将原料进行分类，根据要求进行清洗，分别装于不同盛器，用保鲜膜封好，放入冰箱存放。
　（3）严格按照规定的操作程序和要求进行加工，达到并保持应有的净料率。
　（4）清洁场地，清运垃圾，清理用具。
　（5）关闭水、电开关，关锁门。
　2.2.3　切配
　（1）根据烹调菜肴需要切配。
　（2）根据切配规格、标准分别对肉、禽、水产、蔬菜类原料进行切配。
　（3）将切好的用料区别性质、用途置于固定器皿和位置。
　（4）严禁出现用量不足或过量或以次充好，力求保证菜品的规格与质量。
　（5）根据用餐情况，备齐开餐用各类配菜筐、盘、清理场地，清洁用具，准备配菜。
　（6）按配份规格配制各类菜肴、主料、配料于配菜台。
　2.2.4　炉灶
　（1）准备用餐，开启炉灶、排油罩，使之处于工作状态。

续表

××酒店标准文件		××酒店员工食堂管理规定	文件编号××-××-××	
版本	第×/×版		页次	第×页

(2) 对不同原料,根据其性质及烹调要求进行焯水、过油等处理。
(3) 开餐时,根据菜肴规格标准及时进行烹调,保证菜品质量。
(4) 准备所需米、面,备齐开餐各种工具。
(5) 米饭、面食符合要求。
2.2.5　开餐
(1) 检查热汤池柜电源开关,加好适量清水,打开能源开关。
(2) 准备开餐用具,把餐具摆放固定位置。
(3) 开餐时按顺序划餐卡。
(4) 按要求为员工打菜。
(5) 在不影响员工就餐的情况下,清洁餐桌,保持餐厅卫生。
2.2.6　清洗
(1) 检查洗碗间各种能源开关,准备开餐所用各种餐具,打开能源开关。
(2) 开餐时快速清洗各种餐具,保证开餐需要。
2.2.7　结束开餐
(1) 妥善保管剩余食品及调料,清洗灶头,清洁工作区域及用具。
(2) 清洁场地卫生,清运垃圾,清理餐具,妥善保管。
(3) 打扫餐厅卫生,关闭能源开关,关锁门柜。

3　员工厨房纪律
3.1　政策
约束厨房员工行为,为员工提供良好的膳食服务。
3.2　程序
3.2.1　员工必须按时上班,履行签到手续;进入厨房必须按规定着装,佩戴名牌,保持仪表仪容整洁,洗手后上岗工作。
3.2.2　服从上级领导,认真按规定要求完成各项任务。
3.2.3　工作时间内,不得擅自离岗、串岗、看书、睡觉等,不准做与工作无关的事。
3.2.4　不得在厨房区域内追逐、嬉闹、吸烟、喝酒,不得做有碍厨房生产和厨房卫生的事。
3.2.5　不得坐在案板及其他工作台上,不得随便吃拿食物,不得擅自将厨房食品、物品交于他人。
3.2.6　自觉维护并保养厨房设备及用具,不得将设备带病操作,或将专用设备改做他用,损坏公物按规定赔偿。
3.2.7　自觉养成卫生习惯,随时保持工作岗位及所属卫生区域的卫生整洁。
3.2.8　厨房是食品生产重地,未经餐厅高级厨师批准,不得擅自带人进入。
3.2.9　严格按照操作规程操作,注意安全及防火。

4　员工食堂卫生标准
4.1　政策
做好卫生清洁工作,为员工提供一个整洁、舒适的用餐环境。
4.2　程序
4.2.1　食品生熟分开,切配、装配生熟食品时必须双刀、双砧板、双抹布分开使用。
4.2.2　员工厨房区域地面必须保持无积水、无油腻、无杂物。
4.2.3　坚持:一清　清除食物残渣;二洗　用洗涤剂洗刷;三冲　用清水把洗涤剂冲净;四消毒　用热消毒法消毒;五保洁　将洗涤过的餐具进行消毒保洁。
4.2.4　随时保持洗碗间内洗碗槽的干净清洁。
4.2.5　餐具(筷子、托盘、汤匙、汤碗)须整齐地摆放在规定的台面上。
4.2.6　厨房屋顶天花板、墙壁无吊灰、无污斑。
4.2.7　保持炉灶、冰箱、橱柜、货架以及其他工作器械、设备的清洁,所有物品摆放有序。
4.2.8　用于切配烹调的用具,必须随时保持干燥;砧板、木面工作台要显现本色。
4.2.9　厨房无苍蝇、蚂蚁、蟑螂、老鼠。
4.2.10　每天至少煮一次抹布,并洗净晾干。
4.2.11　注意仪容仪表,名牌佩戴正确,衣着必须挺刮、整齐、无黑斑、无大块油迹,工作衣、裤应勤更换,保持整洁干净,手部不得佩戴饰物。

续表

××酒店标准文件		××酒店 员工食堂管理规定	文件编号××-××-××		
版本	第×/×版		页	次	第×页

5 员工食堂防火安全制度

5.1 政策

做好员工食堂的安全管理工作,保证员工在安全的环境下工作。

5.2 程序

5.2.1 每天厨房工作人员进入厨房时,应首先检查灶具是否有漏气情况,如发现漏气不准开启任何电器开关(包括电灯),应立即通知工程部人员。

5.2.2 上岗操作前应检查灶具的完好情况。

5.2.3 点火时必须执行"火等气",千万不可"气等火"。

5.2.4 各种灶具开关,必须用手开关,不准用其他器具敲击开关。

5.2.5 每次用气完毕后,要立即将供气开关关闭。下班前要认真检查各种阀门(煤气总阀、灶具阀等),确保全部关闭。

5.2.6 发现任何有关安全方面的问题应立即报告主管领导和安全部门,并立即采取措施,如及时关闭供气总阀门等。

5.2.7 厨房内一切电器设备和电源开关,不准用湿手或铁器等导电物品去开或关。

5.2.8 厨房工作人员要掌握消防器材的使用方法和防火的知识。

5.2.9 经常做好各种灶具的清洁保养工作,以便确保安全地使用煤气灶具。

5.2.10 定期请工程部人员检修各类厨房设备。

6 员工食堂库房管理制度

6.1 政策

规范员工食堂的库房管理工作。

6.2 程序

6.2.1 有关人员对各种日常用料的库存量要做到心中有数。

6.2.2 对所有进库物品按质量验收,防止"三无"食品、假冒食品等;所有物品分类摆放,防止异味影响物品质量。

6.2.3 物品在出入库时,要轻拿轻放,保证库存物品的安全、完整,保证库房内清洁卫生,货物堆放有序、整洁。

6.2.4 对入、出库物品要及时分类建立登记卡片,做到账目清晰,账实相符。

6.2.5 掌握日消耗量,及时与采购人员联系,补充短缺物品。

6.2.6 对库存物品要认真看管,勤于检查,做好防蝇、防虫、防鼠、防霉工作。

6.2.7 做好每月的库房盘点工作,做到彻底、全面,并出具盘点表,注明当月在大库领用数量、金额,本月实际消耗数量、金额,剩余数量、金额。做到物卡相符、账卡相符、账账相符。

6.2.8 经常与大库保持联系,了解物品使用及其他情况。

6.2.9 下班前检查库房内有无隐患,关闭电源,锁好门窗后方可离开。

7 员工餐厅厨师各班交接制度

7.1 政策

规范管理,维护员工餐厅正常工作秩序。

7.2 程序

7.2.1 交接班人员必须准时到岗。

7.2.2 上班最后离岗人员必须做好交接班工作。

7.2.3 交接过程包括清点食品、清点用具、交接遗留工作,检查卫生情况,交接工作钥匙。

7.2.4 在岗人员如有要事离开,必须报告中级厨师、初级厨师。

7.2.5 打烊下班,离岗人员应把所有储物柜、雪柜、库房门等锁好,如发现因失误而造成的损失由该当班最后锁柜人员负责,忘记锁柜者也要给予扣处罚。

8 员工餐厅盘点制度

8.1 政策

规范管理,维护员工餐厅正常工作秩序。

8.2 程序

8.2.1 每月月底最后一天为常规盘点日。

8.2.2 盘点以截止日期的实物数量为准数,以账目数量为依据,做好核对工作并做盘点表。

续表

××酒店标准文件		××酒店 员工食堂管理规定	文件编号××-××-××		
版本	第×/×版		页	次	第×页

8.2.3 盘点人为勤务主任、员工餐厅中级厨师与成本控制员，如财务部要求突击盘点，有关人员应做好协助工作。
8.2.4 盘点中发现的问题应及时向上级汇报。
9 各类物品、用具申领报损制度
9.1 政策
规范管理，维护员工餐厅正常工作秩序。
9.2 程序
9.2.1 在工作中如有物品损坏，必须填写在损坏记录簿上。
9.2.2 在损坏记录中应写明品种、数量、时间、地点、原因、报告人。
9.2.3 所使用工具在工作中如有损坏，应将损坏工具上交。
9.2.4 发现用具遗失，由当班人员赔偿。
9.2.5 如物品不够使用，统一上报仓管部。
9.2.6 统一到仓管部领取。
9.2.7 每月进行物品、用具的清点。

拟订		审核		审批	

制度34：员工宿舍管理办法

××酒店标准文件		××酒店 员工宿舍管理办法	文件编号××-××-××		
版本	第×/×版		页	次	第×页

1 员工宿舍管理员工作程序
1.1 政策
为员工提供干净、整洁的卫生环境，同时维护员工宿舍的正常秩序，保证员工休息。
1.2 程序
1.2.1 接夜班
（1）白班宿舍管理员提前10分钟于7:50换好制服到岗，与夜班进行交接，了解夜班工作情况，查看各项工作记录并检查规定区域卫生后由接班人签名确认。
（2）关闭走廊、卫生间、楼梯的照明灯。
（3）检查楼层钥匙及宿舍用品是否短缺。
（4）发现有烧坏的灯泡或其他损坏的设施设备，应及时报请工程部派人更换。
1.2.2 清扫所属区域卫生（8:00～9:30）
（1）先把＿＿＿＿楼、＿＿＿＿楼男、女卫生间细扫一遍，换掉垃圾袋，再用水桶冲洗男、女卫生间，用干净的抹布抹洗洗手盆和镜子。
（2）打扫卫生间的过道以及开水房、洗手池各处用抹布抹干净后，再细拖一遍。
（3）把洗手间的走道扫一遍，扫走烟头、纸屑后，再细拖一遍。
（4）先扫整个走廊，把走廊垃圾篓全部换掉，再把地细拖一遍。
（5）每天吃饭时，顺便倒掉当日垃圾。
（6）平时随时清洁床栏杆、柜子、窗户、门、洗手间的柜子，开水房的锅炉。
1.2.3 清理房间（9:30后开始）
（1）按倒班员工填写的退宿时间，提示员工退宿。
（2）按倒班员工退宿先后顺序，打扫房间内卫生和床铺卫生。检查房间内各种用品损失情况，并做好记录。
（3）按房间顺序更换房间内布草，做到房间布草每换人一次更多换一次或同一员工三天一换，同时做好更换记录。

××酒店标准文件		××酒店 员工宿舍管理办法	文件编号××-××-××	
版本	第×/×版		页　　次	第×页

(4) 将布草送往洗衣房洗涤。
(5) 检查宿舍内卫生。
(6) 对需叫醒的员工按时叫醒，并做好记录。
(7) 保持宿舍地面洁净，无杂物和卫生死角；房间的床架、床头柜无浮尘，折被平整，铺面干净，无毛发。
(8) 房间内物品如有缺损应及时向所属上级报告。
(9) 发现不干净的布草应随时更换。

1.2.4　安排员工午休
(1) 从14:00～16:30时为部分部门（如餐饮部）午休时间，对前来午休的员工需认真登记才能入住休息。
(2) 在16:20～16:30时，要准时叫醒午休人起床离房。
(3) 对员工要热情有礼貌。
(4) 宿舍管理员非因工作需要不准擅自离岗。
(5) 在午休员工离房后，检查房间卫生。

1.2.5　准备交班
(1) 在18:00～19:00时，要检查宿舍所有房间的地面和铺位的卫生。
(2) 宿舍地面洁净，无杂物、铺位平整、无毛发。
(3) 如有未完成的工作，已书面形式提交夜班继续完成或注意。
(4) 19:30时填写当班工作日志，并做好交班的准备工作。

1.2.6　接早班
(1) 夜班人员需提前10分钟于19:50时到岗接班，询问早班各项工作完成情况及注意事项和存在问题。查看早班工作记录，并检查所属卫生区域合格后，签名接班。
(2) 检查楼层情况，查看各房间床上用品是否完整无缺，各种设备是否完好。
(3) 20:00～21:00时做好当晚倒班员工入住前准备工作。
(4) 检查楼层钥匙及宿舍管理处用品，如有缺少应及时报告并立即补充。
(5) 如发现不妥应及时通知有关部门处理，做好记录。
(6) 准备房间钥匙及入住登记表、笔，开走廊灯。

1.2.7　接待倒班员工入住
(1) 21:00时准时接待员工入住，对住宿员工要认真核对，发现问题及时处理。
(2) 对住宿员工礼貌热情，严格执行凭卡登记手续，不符合手续者恕不接待。
(3) 对不进行退宿登记的员工提请注意和批评。
(4) 督促上大夜住宿员工登记叫醒时间，随时巡查，做到按时叫醒。
(5) 随时巡查各房间情况，如发现违反员工住宿管理规定的现象应及时劝阻。不服从管理者及时反映到有关部门，并做好记录。
(6) 将当天住宿人数按部门统计，并将统计情况填在登记表中的部门入住人数栏内。
(7) 叫醒服务叫醒一个记录一次。
(8) 对退宿员工应做好退宿登记，退宿一个登记一个。
(9) 提示住宿员工爱护宿舍用品。
(10) 对住宿登记表应及时装订，以备查询。

1.2.8　其他事项
(1) 安排新员工入住手续，凭人力资源部开具的入住单，给新员工发放床上用品，安排入宿，同时做好登记。
(2) 办理员工离职清退手续，将配发给员工的床上用品等如数、完好地收回，并在"员工离职手续清单"上签字注明。
(3) 完成上级交办的其他任务。

2　员工住宿申请程序
　2.1　政策

续表

××酒店标准文件		××酒店 员工宿舍管理办法	文件编号××-××-××		
版本	第×/×版		页 次		第×页

规范宿舍管理，为住宿者提供安全、良好的休息环境。
2.2　程序
2.2.1　适用对象
（1）外地员工、早6点以前上班、晚12点以后下班和因工作需要临时安排加班的员工可申请住宿。
（2）其他时间上下班的员工原则上不提供住宿，如有特殊情况需经所在部门经理、人力资源部经理批准方可住宿。
2.2.2　适用程序
（1）各部门根据营业时间及排班情况向人力资源部提交需住宿的员工数量，报人力资源部经理审批。
（2）人力资源部根据审批后的住宿申请表，向各部门派发入宿卡和临时入宿卡。
（3）各部门经理或部门指定人根据员工排班和倒班的具体情况，登记姓名后派发入宿卡。
（4）需入宿员工每晚9点前凭入宿卡在宿舍管理员处办理入宿登记手续，注明所在部门、入住床铺号、工作时间、离宿时间等，入宿卡交由宿舍管理员保管。
（5）入宿员工应在登记的离宿时间内离开宿舍。
（6）两头班的员工可凭入宿卡在午休时间在宿舍休息。
（7）不允许代他人办理入宿手续，不允许无入宿卡或部门经理批条强行入住。
（8）因加班或突发情况有个别员工无入宿卡的，由入宿者书面申请经部门主要负责人审批后，于晚上10点以前在宿舍管理员处办理登记手续。
（9）需叫醒服务者，应自行登记，早上9点以后不提供叫醒服务，入宿者应在早上10点前办理离宿手续后离房。
（10）宿舍管理员在员工办理退宿手续时，对配备的布草和其他物品应进行核查。
（11）员工必须在规定的时间内就寝，因特殊原因（如加班等）迟归或不归，必须提前通知宿舍管理员。

3　员工宿舍安全管理制度
3.1　政策
规范宿舍管理，保证为住宿者提供安全、良好的休息环境。
3.2　程序
3.2.1　员工宿舍是酒店为员工提供的住宿场所，严禁外来人员进入。住宿员工若有前来探访的亲友或同事等，被访者应写出书面请示，经所在部门经理签批，交宿舍管理员后，方可接受探访。
3.2.2　所有住宿员工必须服从宿舍管理员的管理。
3.2.3　宿舍内严禁留宿他人；严禁酒店离职员工进入员工宿舍。
3.2.4　未经允许，男女生不得互窜宿舍。
3.2.5　员工宿舍内坚决不允许私拉电线、移灯位、加装各种电源插头、插座等；严禁使用火烛。
3.2.6　宿舍内严禁使用电炉、电饭锅、酒精炉等电器。
3.2.7　宿舍内严禁私自使用电热毯或其他取暖设备。
3.2.8　所有住宿人员应节约用水、用电，随手关闭水、电开关，养成节约的良好习惯。
3.2.9　住宿员工不得携带大量现金、首饰和贵重物品入宿，如有丢失，后果自负。
3.2.10　入宿者若发现安全隐患，应立即通知宿舍管理员。如有需要应配合管理员共同解决。

4　住宿员工行为准则
4.1　政策
规范住宿员工行为准则，提高员工素质。
4.2　程序
4.2.1　住宿员工行为准则
（1）住宿者应规范自己的言行，服从宿舍管理员的管理。
（2）员工要讲究个人卫生，同时要保持室内卫生、床上整洁，自觉地维护公共卫生。
（3）维护公共环境卫生和宿舍卫生，不乱扔杂物，垃圾应倒入指定地点。
（4）宿舍内严禁喝酒、吸烟、打牌，吃带壳或汁水的食物。
（5）住宿员工要爱护宿舍内一切设施、物品，不准随意损坏，凡有丢失、损坏者，照价赔偿。
（6）禁止在宿舍内酗酒和变相的赌博活动。

××酒店标准文件		××酒店	文件编号××-××-××		
版本	第×/×版	员工宿舍管理办法	页	次	第×页

（7）住宿者应彼此相互关心爱护，过晚入宿者和过早离宿者应保持安静，避免影响他人休息。
（8）休息时间，不得高谈阔论，影响他人。
（9）同房间责任不清时，共同承担责任。

4.2.2 处罚制度

在宿舍内有下列行为者，将按酒店规定对违规者进行处罚。
（1）在宿舍内追逐、喧闹、乱扔及破坏酒店物品。
（2）不按指定床位睡觉，乱拉被褥。
（3）随地吐痰、乱扔果皮及杂物，将鼻涕擦在墙上、地板或床上，将鞋、手印打在墙上。
（4）在宿舍内乱张贴或悬挂物品。
（5）在室内大声喧哗影响他人休息。
（6）在宿舍内酗酒和变相的赌博活动。
（7）在室内晾晒湿衣物。
（8）借用、伪造、涂改入宿卡。
（9）在宿舍内吸烟。

5 宿舍管理员守则

5.1 政策

提供良好的住宿服务，做到热情有礼、服务周到。

5.2 程序

5.2.1 按时上、下班，认真做好本职工作。
5.2.2 坚持原则，杜绝人情关系，对严重违反宿舍有关规定的人员及行为要及时制止并上报人力资源部。
5.2.3 认真填写交接班记录，核查宿舍内公共物品，核实当天入宿人数。
5.2.4 严格执行入宿登记手续。
5.2.5 督促住宿员工登记叫醒时间，随时巡查，做到按时叫醒。
5.2.6 搞好房间卫生和铺位卫生，定期更换床上用品，喷洒药水，做好防蚊、防虫、防蝇、防鼠、防蟑螂等工作，保持卫生间无异味。
5.2.7 做好防火安全工作，定期检查和更换灭火器材，建立失物档案，帮助寻找失物。
5.2.8 热心帮助员工缝补制服，及其他员工需帮助事项。
5.2.9 负责所属环境、设备工具的清洁及保管、保养、报修工作。
5.2.10 合理使用清洁工具，节约用水、用电和清洁剂的使用。
5.2.11 负责宿舍、更衣室的消防、治安、保卫工作。
5.2.12 自觉执行上级临时安排的工作任务。

6 员工寝室内务摆放要求

6.1 政策

体为员工提供干净、整洁、舒适的就寝环境，让员工感受到酒店"家的温馨"。

6.2 程序

6.2.1 床上要求整洁，盖被统一叠成方形摆放于床的后头，枕头摆在盖被上，除床上用品外一律不允许摆放其他物品。
6.2.2 毛巾统一挂在床前头铁丝上，要求毛巾对折且往铁丝两头开始悬挂，长在外，短在内；鞋子统一摆在床下的后头，要求鞋尖朝外，摆在一条直线上，每人只能摆放3双鞋。
6.2.3 脸盆统一放在床下的后头，且摆放整齐。
6.2.4 牙膏、牙刷、口杯统一摆放在房间橱柜里，按口杯高矮顺序排列整齐，杯柄统一朝东向，牙刷头朝上，牙膏开口朝下，每个杯子只能摆放1支牙膏、1支牙刷。
6.2.5 行李箱及行李袋统一整齐摆放在指定床上。
6.2.6 开水瓶统一摆放在进门左边靠墙，瓶柄朝右。
6.2.7 洗涤衣物应外晾晒至不滴水，方可挂入寝室晾衣绳上，要求衣、裤分开悬挂。

请各位住宿员工参照执行，如有违反，视情节轻重将予以20～50元的过失处罚。

续表

××酒店标准文件		××酒店 员工宿舍管理办法	文件编号××-××-××		
版本	第×/×版		页	次	第×页

7　员工宿舍卫生标准
　7.1　政策
　保持宿舍正常秩序，室内环境任何时间干净、整洁、无异味。
　7.2　程序
　7.2.1　清洁并保持室内地面、窗台、床架、床头柜等部位的卫生，要求无浮尘、无杂物。
　7.2.2　每2周擦洗1次门窗玻璃，保持各区域的门窗玻璃明亮。
　7.2.3　各宿舍窗帘在每月月初水洗1次，要求窗帘整洁、无破损现象。
　7.2.4　每3天更换宿舍各类布草，并做好更换记录，要求床铺整洁，无毛发。
　7.2.5　每月底盘点所有宿舍布草，根据具体情况可向上级申请报损，同时申领下月卫生清洁用品。
　7.2.6　被褥叠放整齐，置于床头中间。
　7.2.7　卫生间地面无杂物、水渍，定期消毒卫生洁具，保持洗漱池、小便器、大便器清洁、光亮、无异味。
　7.2.8　秋冬季坚持给卫生间、走廊等部位，每周喷洒消毒及灭虫害药剂1次；春季坚持每周喷洒2次；夏季每天喷洒1次。
　7.2.9　公共走廊、楼梯应随时保持清洁、无杂物等。

拟订		审核		审批	

制度35：员工更衣室管理制度

××酒店标准文件		××酒店 员工更衣室管理制度	文件编号××-××-××		
版本	第×/×版		页	次	第×页

1　政策
　保证员工更衣室有安全、整洁的环境与秩序。
2　管理规定
　2.1　更衣室是员工更衣的场所，非酒店人员不得入内。
　2.2　员工在休假期间不得随意进出更衣室。
　2.3　一人一柜，更衣柜的钥匙一把由员工自行保管，另一把由人力资源部保管，若有遗失，员工须向人力资源部呈报，并须每次交费10元作为赔偿。
　2.4　严禁员工私自拆锁、换锁或配制更衣柜钥匙。
　2.5　员工更衣柜将分别编号，分配给员工的更衣柜只供该名员工使用，不得转让、互相调换或占用他人更衣柜。
　2.6　不得强行开启更衣柜，严禁在更衣柜内外打钉子和挂钩。
　2.7　讲究卫生，严禁随地吐痰、乱扔果皮纸屑等；不得在更衣室内乱扔垃圾及污染墙壁。
　2.8　不得在更衣柜上乱写乱画。
　2.9　不得将桶、盆带进更衣室，更不得将私人物品放在更衣柜顶上及走廊等地方。
　2.10　严禁员工利用用餐时间洗澡。
　2.11　严禁员工在更衣室内打牌、下棋、哄闹、睡觉和玩变相赌博游戏。
　2.12　不允许在更衣室卫生间内洗衣服，不准在更衣室内或酒店其他地方晾晒任何衣物。
　2.13　任何员工不允许在更衣室休息、闲聊或长时间逗留。
　2.14　不允许在更衣室内吸烟，员工如需吸烟，可在指定区域吸烟。
　2.15　员工应经常保持更衣柜清洁整齐，应随时紧锁，更衣柜内不允许存放食物、饮料、易燃易爆物品及任何酒店物品（酒店发给员工本人的制服及福利用品除外）。
　2.16　更衣柜内不能存放贵重物品，如有遗失，酒店概不负责。
　2.17　酒店将随时对员工更衣柜进行例行的安全检查。

拟订		审核		审批	

制度36：临时聘请人员用工制度

××酒店标准文件		××酒店 临时聘请人员用工制度	文件编号××-××-××		
版本	第×/×版		页次		第×页

1 政策
保证酒店有足够的人力资源，以满足经营的需要。

2 管理规定
2.1 原则
（1）酒店因经营需要，在各部门现有人员不能保证营运的情况下，可聘用临时雇员。
（2）临时雇员的连续雇佣期最长不超过1个月。
（3）临时雇员可以是所招聘岗位的熟练工（在该岗位工作3个月以上），也可是旅游职业学校的学生。
（4）原则上只有营运部门才可聘用临时雇员。
（5）由于酒店聘用临时雇员的工作时段属短期行为，故要求临时雇员为本市户口或者是与酒店内部员工相熟。

2.2 程序
（1）营运部门因经营原因需要临时聘用人员时，应提前7天填写"部门人力申请表"，经人力资源部经理审核，报总经理签批后，由人力资源部安排招聘并将"部门人力申请表"的副本交还用人部门，表明此申请已被接受。
（2）人力资源部根据批准后的人力申请表的内容，通过各种渠道发布聘用信息。
（3）应聘者必须在酒店人力资源部填写职位申请表，并需经过人力资源部、用人部门的面试。
（4）面试合格的人员由人力资源部讲解本酒店有关规章制度并填写制服申领单，到制服房领取工作服后，由用人部门安排具体工作。
（5）临时聘用人员的考勤记录由用人部门负责登记并记录在案。

2.3 工资发放标准与程序
（1）临时雇员的薪酬按日工资发放，熟练工的工资发放标准为××元/（天·人）；旅游职业学校学生的工资发放标准为××元/（天·人）。
（2）由用人部门将所属临时雇员的实际工作日汇总，经部门经理签字确认，以考勤表形式交至人力资源部，考勤表上须填写临时雇员的姓名、实际工作日等，经人力资源部审核无误后，汇总至财务部。
（3）原则上对临时雇员的工资结算应在该雇员完成工作任务后的48小时内。
（4）临时雇用人员的工资以现金形式在财务部发放。

2.4 临时雇员的工作行为虽属短期，但亦应遵守本酒店制订的各项规章制度，若有任何违反，将按酒店制度进行相应的处罚，处罚金将从该员工领取的工资中扣除。

拟订		审核		审批	

第三节 酒店人力资源管理表格

表格1：员工花名册

员工花名册

序号	职位	姓名	性别	出生日期	入职日期	家庭住址	身份证号码	联系电话	家人电话	离职时间

表格2：应聘登记表

应聘登记表

姓名			应聘职位			照片
性别		出生年月		文化程度		
民族		政治面貌		技术职称		
婚姻状况		家庭住址				
身份证号码				联系电话		
目前工作单位				岗位职务		
外语情况	语种_____ □一般 □熟练 □精通					
户口所在地派出所				档案所在地		
学习经历（从最高学历写起）						
起止日期	毕业院校				专业	
工作经历						
起止日期	工作单位及职务			主要业绩		离职原因
技术培训						
起止日期	培训内容				证书	
其他特长（体育运动方面）						
对应聘职位自我推荐						
期望薪金						

表格3：劳动合同统计表

劳动合同统计表

序号	姓名	入职日期	签订合同时间	试用期	合同期限	合同到期时间	续签年限

表格4：酒店部门人力补充申请单

酒店部门人力补充申请单

年　月　日

部门/单位	职称	编制人额	现有人额	申请人额
任用条件				
申请原因				
批示			部门主管	

表格5：酒店人力资源应试申请表

酒店人力资源应试申请表

申请工作：1._____　2._____　3._____
1.中文姓名：_____　英文姓名：_____　血型：_____
2.出生日期：_____年___月___日　性别：_____　籍贯：_____
3.婚姻状况：□未婚　□已婚　□离婚　　宗教信仰：_____
4.身份证字号：_____　身高：_____　体重：_____
5.户籍地址：_____　电话：_____
6.通信地址：_____　电话：_____
7.教育程度

等别	学校名称	地址	自	至	科系	肄毕业
小学						
中学						
高中						
大专						
其他						

8.经历

自	至	服务公司名称	职称	主管	电话	离职原因

表格6：试用期满通知单

试用期满通知单

日期：_____
部门：_____
员工姓名：_____
职位：_____
试用期满日期：_____

项目	优	佳	满意	可	差	需加强	意见
工作知识							
工作品质							
学习能力							
信赖度							
人际关系							
仪表							
出席							
纪律							

评语：_____
_____

考核者：　　　　　　　　　　　　被考核者：
□继续雇用
□延长试用（期限日）
□停止雇用

表格7：转正评估表

转正评估表

（适用经理及以下职位）

_____：
首先欢迎您加入酒店，并衷心祝愿您在本酒店工作愉快，生活开心！
本考评表用于对您试用期内的工作表现作出系统的评估，它共分为四部分。
（一）自我评述（包括试用期总结报告）。
（二）考核表（自我评分、部门主管/总监评分）。
（三）人事记录表及面谈记录。
（四）评估及考核结果。
填表说明：
1.以下各表，第一部分由您本人填写，第二部分由您的直接主管（或试用期指导员）填写，第三部分由您部门总监填写，第四部分由人力资源部（及总经理）填写。
2.合计总分中，员工自评、直接主管、部门总监和人力资源部各占一定比例。考核表各评分所占的权重比例分别为：
员工自评分数100分，占总分10%；
直接主管评分100分，占总分50%；
部门总监评分100分，占总分20%；

人力资源部评分100分，占总分20%；

总分：员工自评分×10%、直接主管评分×50%、部门总监评分×20%、人力资源部评分×20%。

第一部分 员工自我评价（占10%）

以下由转正员工填写

员工姓名		所属部门	
职　位		职　级	
入职时间		自评分	

请描述您在试用期间主要工作，以及工作完成情况：
请简单描述您的优点与专长：
请说明您在今后工作中需改善的地方，以及通过何种途径改善：
请简单说明您的个人发展期望：

第二部分 部门直接主管评分（占50%）

以下由部门直接主管填写

评分标准	
10分：杰出（超过了工作要求）	8分：好（很好地达到了工作要求）
6分：较好（全部达到了工作要求）	4分：一般（基本达到了工作要求）
2分：差（不能达到工作要求）	0分：（完全不能达到工作要求）

项目	考核标准	完成程度评级（分）					
		10	8	6	4	2	0
业绩	1.能短期内熟悉酒店情况和岗位职责要求						
	2.能与其他同事配合完成跨岗位合作工作						
	3.能按时完成上司交办的其他工作						
	4.能协助部门同事完成其他工作						
能力	5.良好的沟通技巧，与上司、同事关系融洽						
	6.电脑操作快速、熟练，不出错						
	7.效率高，针对不同问题能快速妥善的解决						
态度	8.积极主动，勇于承担责任，能快速完成工作						
	9.严格遵守酒店规章制度，试用期间无违纪现象						
	10.试用期间未接到任何投诉						
评分：		考评人：			考评时间：		

第三部分 部门总监评分（占 20%）

以下由部门总监填写

综合评价			
是否同意转正		□是	□否
评分：	总监签名：	考评时间：	

第四部分 人事记录表及评估（占 20%）

以下由人力资源部填写（以下6项总分30分；每项出现一次为2分，两次为0分）

人事记录表						
记录项目	病假	事假	迟到	早退	旷工	违纪
次数/时间						
评分：		审核人签名：		审核时间：		
试用期面谈意见（以下评分总分为70分）						
评分：		人力资源部面谈官签名：			面谈时间：	
总经理意见						
签名：			时间：			

评分汇总

总分=	×10%＋	50%＋	20%＋	20%＝	分
转正时间	□准时		□延期一个月	□延期两个月	
转正日期			转正薪酬		
备注：					

表格8：酒店人事异动通知

酒店人事异动通知

姓名	职称	原任单位	调任单位	生效日期	抵缺
部门主管签章：			人力资源部		

表格9：员工请假报告单

员工请假报告单

姓名：		部门：		填写日期：	
假别：		起止日期：自　　年　　月　　日至　　年　　月　　日止			
事由及申请天数：					
所在部门审批意见：			酒店领导审批意见：		
备注					

表格10：离职交接清单

离职交接清单

员工个人资料					
姓名		部门		职位	
联系电话		入职时间		填表时间	
第一部分　直属部门（工作交接事宜）					
1.经办事的交接					
2.文件资料的交接		接收人		日期	
3.电脑密码告知酒店：□是　　□否		^		^	
4.其他事项：		^		^	
5.附工作交接清单：□是　　□否共＿＿＿页		^		^	
以上手续已清，同意离职					
经手人：		部门经理/总监：		日期：	
第二部分　财务部门					
1.借支，备用金是否还清　　是□　　否□　　尚欠□					
2.费用是否报销或返纳　　是□　　否□　　尚欠□					
3.其他已交接事宜：					
4.尚未交接事宜：					
以上手续已清，同意离职					
经手人：		财务经理/总监：		日期：	
第三部分　人力资源部门					
行政类					
1.已回收：□员工卡　□钥匙　□酒店名片　□酒店资料证件　□酒店图书					
2.内部E-mail地址已删除　　　　□是　　□否					

续表

3. 已回收办公用品、固定资产	□是 □否		
4. 本月工作日＿＿＿天，该员工实际出勤＿＿＿天			
经手人：		日期：	
人事类			
实际离职日：	其他应补发事项：	社会保险卡退还日期：	
当月工作日：	补发金额：	退还项目：	
该员工月薪：	其他应扣发项：	总计应发款金额：	
工资小计：	扣发金额：	发放日期：	
经办人：	行政人事经理/总监：	日期：	
本人确认以上金额合计＿＿＿元为本人离职薪金的全部，以后一切费用与酒店无关			
离职员工签名：		日期：	

表格11：培训需求分析表（每季度）

培训需求分析表（每季度）

该职位的任务	姓名	A	B	C	D	+	～	○
1	微笑和招呼							
2	预订流程							
3	入住接待程序							
4	离店结账程序							
5	钥匙制作和管理							
6	房态控制							
7	会员卡销售							
8	问讯服务							
9	客账控制流程							
10	物品寄存和保管							
11	行李服务							
12	商务服务							
统计	+							
	～							
	○							

分析代码："+"知道如何做并且做好。
"～"不知道如何做或做的很差　→　需要培训。
"○"知道如何做，但没有做　→　分析原因，加强督导。

表格12：培训计划表（每月）

培训计划表（每月）

编号	课　　程	日期/时间	对象	讲师	地点
1-1					
1-2					

说明：1.每月根据培训需求分析，确定和调整下月的培训计划，并在25日前提交公司培训部。

2.编号两位代表：月份-序号，以便对应实施记录表编号。

表格13：培训记录表

培训记录表

培训课程：　　　　　　　　　培训师：

日期/时间：　　　　　　　　　地点：　　　　　　　　　　编号：

序号	姓名	职位	部门	签字	备注
1					
2					
3					
4					
5					

培训内容提纲：

培训实施记录：

说明：1.培训讲师必须根据培训计划，在培训前填写员工姓名和培训主要内容。

2.签名栏目由学员亲自签名；对没有参加培训的学员，请注明原因。

3.培训讲师必须记录实施情况：培训计划完成情况、学员反映和意见等。

表格14：员工培训档案

员工培训档案

姓名		出生时间		入店日期	
部门			原工作单位		
学历		学校	学历	专业	毕业日期
	1.				
	2.				
	3.				
	4.				
	5.				
内部培训		培训日期	培训	内容	培训时间	评估
	1.					
	2.					
	3.					
	4.					
	5.					
外部培训		培训日期	培训内容及证书	培训时间	发证单位及有效年限
喜欢的工作					
特长					
备注					

表格15：员工申诉表

员工申诉表

申诉人	单位	职称	姓名
申诉事由与内容			
希望解决方式			
处理方式			
处理时间			

表格16：员工满意度调查表

员工满意度调查表

　　为了提高员工的工作积极性，完善公司各方面管理制度，并达到有的放矢的目的，现对本公司员工进行此次不记名调查，希望大家从公司及自身的利益出发，积极配合，认真、详实地填写该调查表。同时为耽误您的工作时间表示歉意！

第一部分　行政人事管理部分

1. 你认为公司的招聘程序是否公正合理？如果不合理，应在哪些方面还须改进
   A. 很合理　　　　B. 较合理　　　　C. 一般　　　　D. 较不合理　　　　E. 很不合理
   需改进的方面：
   _____
2. 你认为员工的绩效考评应该从以下几个方面考核（可多选）
   A. 任务完成情况　　B. 工作过程　　C. 工作态度　　D. 其他
3. 在绩效考评中，你认为2题选项中哪项应为主要考核内容：
   _____
4. 你认为公司应该依据下述哪些标准发放薪酬（可多选）
   A. 绩效考评结果　　B. 学历　　　　C. 在公司服务年限　　D. 其他
5. 在薪酬标准中，你认为4题选项中哪项应为主要依据
   _____
6. 你认为与公司签哪种劳动合同更为合适（只限专职员工回答）
   A. 1年　　　　　　B. 2年　　　　　C. 3年
   D. 没有具体年限限制，如果员工认为公司不合适或公司认为员工不合适可随时协商解除劳动合同
7. 你认为公司目前的福利政策（节日礼品、生日礼物、健康体检、带薪假期、社会养老/失业保险）是否完善，若不完善，还需进行哪方面的改善
   A. 是　　　　　　B. 否
   改善：
   _____
8. 你认为自己最需要哪些培训
   _____
9. 你认为是否有必要对公司的中层经理进行管理知识培训
   A. 有　　　　　　B. 没有
10. 如果是技术认证培训，并且需要个人出资，你最大的承受能力是多少
    A. 100元内　　　　　　　　　B. 500元内
    C. 1000元内　　　　　　　　 D. 如果该项培训对自己很重要，还可以承担更多
11. 你认为在公司工作有没有发展前途
    A. 有　　　　　　B. 说不准　　　　C. 没有
12. 除薪酬外，你最看重
    A. 提高自己能力的机会　　　　B. 好的工作环境
    C. 和谐的人际关系　　　　　　D. 工作的成就感
13. 你认为目前最大的问题是
    A. 没有提高自己能力的机会　　B. 工作环境较差
    C. 人际关系不太和谐　　　　　D. 工作没有成就感
14. 你认为目前的工作
    A. 很合适，并且有信心、有能力做好　B. 是我喜欢的工作，但自己的能力有所欠缺
    C. 不是我理想的工作，但我能够做好　D. 不太合适，希望换一个岗位
15. 你的职业倾向
    A. 希望在目前这个方向一直干下去　　B. 希望换一个方向
    C. 没有想过　　　　　　　　　　　　D. 根据环境的变化可以变化
16. 你认为公司环境卫生情况如何
    A. 很好　　　　B. 良好　　　　C. 一般　　　　D. 较差　　　　E. 很差
17. 你认为现行考勤制度是否合理？若不合理，讲明原因

续表

A. 合理　　　　　B. 不合理
原因：
_____

18. 你认为当前的人事管理的最大问题在什么地方
A. 招聘　　　　B. 培训　　　　C. 薪酬　　　　D. 考评

第二部分　员工个人部分

1. 你认为公司目前的工作环境
A. 很好　　　B. 较好　　　C. 一般　　　D. 较差　　　E. 很差
如果选 D 或 E，你希望哪方面有所改进：
_____

2. 现在工作时间的安排是否合理
A. 很合理　　B. 较合理　　C. 一般　　D. 较不合理　　E. 很不合理
如果选 D 或 E，你希望哪方面有所改进：
_____

3. 你对工作紧迫性的感受如何
A. 很紧迫　　B. 较紧迫　　C. 一般　　D. 较轻松　　E. 很轻松
如果选 D 或 E，你希望哪方面有所改进：
_____

4. 你认为工作的挑战性如何
A. 很有挑战性　　B. 较有挑战性　　C. 一般　　D. 较无挑战性　　E. 无挑战性
如果选 D 或 E，你希望哪方面有所改进：
_____

5. 你认为自己的能力是否得到了充分发挥
A. 已尽我所能　　B. 未能完全发挥　　C. 没感觉
D. 对我的能力有些埋没　　E. 没有能让我施展的机会
如果选 D 或 E，你希望哪方面有所改进：
_____

6. 你的工作是否得到了领导及同事的认可
A. 非常认可　　B. 较认可　　C. 一般　　D. 较不认可　　E. 非常不认可
如果选 D 或 E，你希望哪方面有所改进：
_____

7. 你对目前的待遇是否满意
A. 很满意　　B. 较满意　　C. 一般　　D. 较不满意　　E. 不满意
如果选 D 或 E，你希望哪方面有所改进：
_____

8. 你与同事的工作关系是否融洽
A. 很融洽　　B. 较融洽　　C. 一般　　D. 较不融洽　　E. 很不融洽
如果选 D 或 E，你希望哪方面有所改进：
_____

9. 你与其他部门的合作是否融洽
A. 很融洽　　B. 较融洽　　C. 一般　　D. 较不融洽　　E. 很不融洽
如果选 D 或 E，你希望哪方面有所改进：
_____

10. 是否受多重领导
A. 经常是　　B. 偶尔　　C. 从来没有
如果选 A，你希望哪方面有所改进：
_____

11. 工作职责是否明确
A. 是　　　　B. 不是
如果选 B，你希望哪方面有所改进：
_____

续表

12.你对哪层领导寄予希望 A.直接上级　　　B.主管经理　　　C.总经理 13.你认为公司的主要优势是什么 A.技术　　　　　B.市场　　　　　C.管理 请简述理由： _____ 14.你认为公司的主要问题是什么 A.技术　　　　　B.市场　　　　　C.管理 请简述理由： _____ 15.你希望公司用什么样的方式奖励你的出色表现（请概述）： _____ 16.你对公司的其他建议（请概述）： _____ _____

 **学习总结**

通过本章的学习，我对酒店人力资源管理有了以下几点新的认识：

1._____
2._____
3._____

我认为根据本酒店的实际情况，应制订以下制度和表格：

1._____
2._____
3._____

我认为本章的内容不够全面，还需补充以下方法、制度和表格：

1._____
2._____
3._____

第三章 酒店财务管理工具

引言

酒店以获取最大经济效益、获得最大利润为自己管理的目标，在经营管理中要取得最好的经济效益，财务管理起着不可或缺的重要作用。每一位酒店管理人员，都要关心财务管理工作和财务经营状况。

本章学习指引

目标	了解酒店财务管理的要点，并能够运用所提供的范本，根据本酒店的实际情况制订相应的管理制度、程序、表格

学习内容

管理要点	· 建立酒店内部财务管理体制 · 制订酒店财务计划 · 加强酒店各类资产的管理 · 加强酒店成本控制 ……
管理制度	· 预算管理制度 · 统计与经济分析制度 · 酒店资金管理制度 · 固定资产管理制度 · 酒店成本管理制度 · 酒店物资管理制度 · 低值易耗品管理制度 ……
控制程序	· 内部发票控制程序 · 日核核数员工作程序 · 发票、水单、预收款收据控制程序 · 发票管理控制程序 · 夜间核数员工作程序 · 固定资产管理控制程序 ……
管理表格	· 餐饮成本、毛利率测算表 · 收银员缴款登记表 · 客账日报 · 外币兑换明细表 · 外汇兑换日、月报表 · 送件回单 · 代客支款通知单 ……

第一节　酒店财务管理要点

要点1：建立酒店内部财务管理体制

（一）建立财务决策分析系统

酒店的经营决策是关系到企业总体发展方向和重要经营活动的决策，如投资方向和投资规模、价格水平、成本目标、盈利目标等。它牵涉到酒店的资金、成本和利润等重要的财务指标。如果决策正确，就能使酒店沿着既定的方向发展，取得预期的效果。如果决策失误，就会造成巨大的损失，甚至破产倒闭。酒店总经理在作出经营决策前，应由总会计师对各项决策方案的可行性进行经济分析，选择最优方案，保证经营目标的实现，提高酒店的经济效益。总会计师应充分发挥财务部门综合性强、联系面广和信息反馈灵敏的长处，建立起财务决策分析系统。

（二）建立成本费用指标的归口分级管理系统

酒店房间数目的固定性，决定了酒店营销量的局限性。在这种情况下，酒店要取得较好的经济效益，关键要降低各种成本费用的消耗，制订各种消耗定额，开展增产节约、增收节支活动，处处精打细算，减少各种各样的浪费。要实现这些功能，须建立成本费用指标的归口分级管理系统：餐饮成本指标由总厨师长负责管理，工资总额由人力资源部门管理，客房客人用品消耗由客房部门负责管理，动力用电、空调用电和煤气由工程部门管理等，建立健全酒店成本费用管理制度，可以保证该系统的正常运行。

（三）建立固定资产的归口分级管理系统

酒店须建立固定资产的归口分级管理系统，把固定资产日常管理的权限与责任落实到有关部门和使用单位，如将机器设备归口给工程部门管理，客房家具、电器归口给客房部门管理，餐厅桌椅归口给餐饮部门管理等。并在此基础上，按照固定资产的使用地点，由各部门负责进一步落实到班组各个人，充分调动各部门、各班组及职工的积极性和主动性，建立使用单位和个人的责任制。同时，会同有关部门制订固定资产的管理办法并监督有关部门执行。协助各归口分管部门做好固定资产的各项基础工作。组织财产清查，正确核定固定资产的需要量，组织固定资产的核算和分析。

要点2：制订酒店财务计划

（一）酒店财务计划的种类

财务计划分为年度、季度计划。

（1）每年第三季度进行酒店财务内审，第四季度各部门向财务部提交用款计划。经综合平衡后，提出下一年度财务收支计划，报酒店总经理办公室和财务部。

（2）酒店财务部按经批准的收支计划，合理安排比例，下达定额指标给各部门。

（3）各业务部门根据上报酒店总经理审批后的季度计划指标，结合本部门的具体情况，按月分摊季度任务指标，作为本部门季度内各月完成指标尺度。

（4）酒店对各业务部门的计划检查按季度进行，全年清算。

（二）酒店财务计划的内容

1. 财务部应编制的计划

财务部应编制的计划有流动资金计划、营业计划、费用计划、外汇收支计划和利润计划、偿还债务计划及基建计划、利润分配计划等。

2. 各部门应编制的计划

各部门应编制的计划如表3-1所示。

表3-1　各部门应编制的计划

序号	部门	计划名称
1	营销部及前厅部	客源计划（包括外联部分）、费用计划、营业计划和利润计划等
2	客房部	备品使用计划（含耗用品）、费用计划、设备维修更新及购置计划等
3	餐饮部	营业计划、利润计划、费用计划、食品原材料及物品采购计划、设备维修更新及购置计划等
4	康乐部	营业计划、利润计划、费用计划、原材料及设备采购计划、耗用品购进计划和设备养护计划等
5	采购部	物品进货计划、工服工鞋定做计划和加工订货计划等
6	旅行社市场部	客源计划、营业计划、利润计划和费用计划等
7	布件部	费用计划、布件添置计划和备品耗用计划等
8	管事部	职工餐厅收支计划和费用计划等
9	工程部	燃料进货和耗用计划、水电耗用计划、设备维修计划、零配件及工具购置计划和费用开支计划等

要点3：加强酒店各类资产的管理

（一）固定资产、低值易耗品的管理

1. 编制购置计划

每年年底前各部门应根据实际需要编制本部门下一年度的固定资产及低值易耗品的购置计划。编制完毕交财务部复核，并由财务部汇总，编制出酒店的固定资产购置计划，请酒店行政部门审议。审议通过后由总经理签字确认，上报决策层批准。决策层批准后由财务部安排具体执行计划。

2. 固定资产、低值易耗品的购入、验收、领用

固定资产、低值易耗品的购入、验收、领用手续如图3-1所示。

3. 在库及在用物品的管理

（1）职责分工　酒店在库及在用固定资产和低值易耗品，由财务部成本专职会计负责统一管理。在库资产由仓库保管员负责分管，在用资产由使用部门指定专人（或兼职）负责管理。

成本会计负责管理全酒店资产，各类资产按规定分类，并按品名、规格、数量、单价、在用和在库地点，分别独立建账，控制库房的进、销存数量。凭入库、领物、调拨单据等凭

业务一 ▶ 购入

> 酒店所有的采购工作均由采购部办理，采购部须按照酒店批准的预算进行采购。临时追加计划的要由使用部门出具报告，报送总经理批准方可执行，使用部门不得自行购置。任何物品无购置计划或未经财务部同意采购的物资，库房应拒绝验收，财务部不予报销。如使用部门在品种规格上有特殊要求，可派人与采购部人员共同选购，或由使用部门自行采购，再经由采购部办理入库、报销手续

业务二 ▶ 验收

> 仓库接到采购员购进资产，要根据订单和原始发票，检查规格、质量、数量等，验收合格后需填制收货报告。收货报告要列明资产的品名、牌号、规格、数量、价格金额等内容，收货报告一式五份。如发现购进的资产与批准购进合同所要求的标准不符，或与原始发票不符者可以拒收，并报请经理处理

业务三 ▶ 领用

> 仓库验收合格后，通知使用部门领用，使用部门在收货单上签字。购进资产入库需填写入库单，由仓库保管员办理入库手续。部门领用后，保管员应予以登记，并建立一式两份物品领用卡，一卡自留，一卡给使用部门

图3-1　固定资产、低值易耗品的购入、验收、领用手续

证及时登记入账并设置账卡。账卡一式两份，成本会计一份，使用部门一份。要与使用部门经常核对账卡，每年清点核对一次。如发现账物不符情况，必须及时查明原因，按照规定审批手续调整账卡，以保障账物相符。

（2）使用部门资产的管理　各使用部门在用资产由部门经理负责，指定一人为部门保管员，具体保管和登记账卡工作。部门保管账卡，应按财务部保管总账分类、编号，根据领交调拨等单据及时登记。部门经理要定期组织人员对部门资产进行核对，发现账物不符要及时查明原因，按照审批规定办理手续调整账卡，以保证账物相符。部门保管员不宜经常调动。如有变动，要事先通知财务部资产管理小组，并由资产管理小组监督在部门内办清移交手续，方可离开。

4.调拨、报废、租借手续

调拨、报废、租借手续如图3-2所示。

（二）**物料用品、维修材料的申购、验收、入库**

1.申购

各部门于每月月末根据本部门的实际需要，编制下月的物料用品及维修材料请购计划，并报财务部审核，总经理确认。经决策层批准后，方能按计划填制采购申请单由采购部办理进货事宜。

2.验收

仓库接到采购员购进的物品，要将经批准的采购申请单与实物进行核对，核对的主要内容包括物品的品种、规格、数量、质量等。验收合格后，按本酒店的资产名称填制收货报

业务一 调拨

部门之间的资产调拨需经主管部门同意,并一律通过资产管理小组办理手续。调入、调出单位将账卡联同资产调拨单到资产管理小组调整账卡

业务二 报废

凡因使用日久损坏,经工程部检修确已无法修复需报废的资产,需由使用部门填报损单,使用部门经理签字、工程部经理签字、财务经理签字、总经理批准。批准后由使用部门主管账卡的保管员与财务部资产管理小组将账卡调整并上报成本会计取消此笔资产。使用部门将报废固定资产放置到指定地点,由资产管理小组统一处理。未交废品实物的部门不准领用新资产

业务三 租借

凡向外单位租入、借入、租出、借出的资产一律由财务部资产管理小组办理手续。个人不准借用公家资产,如属特殊需要经过总经理批准到保管组借用,不得由部门直接借出。未经批准办理手续资产一律不得带出酒店。对外租借资产要拟定收费标准和损坏赔偿制度

图 3-2　调拨、报废、租借手续

告。在收货过程中,对不同种类物品分别按不同要求进行收货。

(1) 物品收货主要检查质量和数量,遇到专业性较强的让专业人员协助确认。保管员必须严把质量关、价格关,在验货过程中对与采购单上注明的某项有出入的,对不符合要求的,如食品已过期、外观严重破损、质量不合格、数量价格不符,应及时与有关部门联系予以解决。对解决不了的及时将情况报告主管经理。

(2) 保管员每日做好收货日报,汇总后交给成本控制及财务部付账。

(3) 保管员月末与供应商对账,配合采购部结账。

3. 入库

仓库保管员将实物与收货报告核对相符后,办理入库手续。

要点 4:加强酒店成本控制

(一) 培养员工成本意识,建立勤俭节约的企业文化

员工处于酒店的最前线,酒店的成本是否控制得好,归根结底取决于员工的个体行为。酒店是一个流动性相对较大的行业,而老员工的作风极大地影响着新员工的行为,这就需要建立整个企业勤俭节约的文化。比如"纸张两面用",对于一些内部文件、通知、规定等,可以用平时用过一面不再需要的纸,对于用过一面的报表纸等可以经过剪裁作为草稿纸用;客房用剩的肥皂、清洁液等可以收集起来放在员工洗手间使用;破损的布件可作为抹布使用;晚上亮灯的时间随着季节、日照长短合理调整;员工离开办公室随手关灯,下班关好空调;食品加工时合理充分利用边角料等。企业文化的建立是一个长期的过程,酒店经理、主管的榜样作用是非常重要的。只有当酒店的每一位员工都自觉地节约每一张纸,每一滴水,每一度电,酒店才能真正地做到成本最低。

（二）制订成本预算，实施成本考核奖惩制度

成本预算是成本控制的量化表现，只有对每一项成本项目制订了具体的指标，并且对此进行考核，成本控制才有实现的目标。考核可以半年或年度进行。

对于成本预算指标完成得好的部门，给予奖励。对于未完成成本预算指标的，相应给予惩罚。考核也可以与半年奖或年终奖相结合，成为奖金考核的一项内容或指标。对于不合理的预算指标，考核时要加以分析，在以后的预算中及时进行修正。对于一些变动成本，如餐饮成本等，可以用比率来考核。对于相对固定的费用，如电话费等，也可以用绝对数进行考核。如厨房员工可考核餐饮食品成本率，酒吧员工可考核餐饮酒水成本率，管事部员工可考核清洁用品/瓷器、玻璃器皿消耗量占餐饮收入的比率，客房部员工可考核客房清洁用品/客用品/办公用品消耗量占客房收入的比率。后台员工可考核办公用品费/电话费，工程部员工可考核维修费用等。水电费若能独立到部门，也可以作为部门的考核指标。若不能独立到部门，可以作为所有员工的考核指标，同时可以特别对工程部进行考核。

（三）建立成本监督体系，设立由专人监督检查的成本控制小组

酒店的成本监督控制体系，主要可从以下四部分展开。

1.餐饮成本控制

餐饮成本是酒店最大的直接变动成本，它直接影响着餐饮的利润。餐饮成本控制不是无限制地降低餐饮成本率，而是要在保证餐饮质量的前提下，降低原材料消耗、提高产出率、减少浪费。特别是现在餐饮业越来越发达，酒店不保持很低的成本率是很难有竞争力的。餐饮成本控制可由成本控制总监作为总负责，成本控制总监由财务总监领导，这样便于管理监督。但真正的责任人是行政总厨。成本控制总监一方面要及时列出成本报表，分析成本的合理性，随时与行政总厨沟通，对成本中出现的异常、用料的不合理等提出建议。另一方面，成本控制总监要随时到厨房进行检查，对厨师操作过程中的浪费现象及时指出。比如，食品边角料是否充分利用以提高产出率；调料使用是否考虑保质期，防止过期等。垃圾箱也要作为重点检查的对象，看是否有浪费。行政总厨更要在日常工作中对操作过程进行控制，制订合理的操作程序和标准，尽可能提高产出率、减少浪费。

2.能源费用控制

能源开支是酒店非常大的一个支出项目。酒店的能源费用支出往往高达营业总额的10%左右。而每个员工的行为都会影响到能源费用的高低。能源费用可以由工程部负责人作为总负责，并吸收相关人员组成节能小组。节能小组主要有三方面的职责。

（1）寻求节能的新方法　工程部员工是水电、设备方面的专家，在设备采购、使用、改造过程中，都要考虑到节能的因素。同时要寻求新的节能设备、方法等。

（2）制订节能措施　通过对整个酒店水、电、燃料的使用情况进行调查，找出能够节能的具体措施。如过道的灯在光线充足的情况下，可以关掉一边灯。大厅白天在光线充足的情况下，也可以关掉部分灯。办公室没人时要关掉灯，下班要关空调。根据温度来决定开空调的时间。酒店外的路灯、霓虹灯根据天气情况、季节变换相应调整开灯时间等。通过制订具体的节能措施并落实到每个部门，让每个员工相应执行。

（3）对节能措施的执行情况进行检查　节能小组要对整个酒店的节能措施的执行情况进行例行检查和突击检查。对于未能按规定执行、浪费能源的现象及时指出，并采取措施要求其改正。

3.其他费用控制

其他部门的可控成本如办公费、电话费等由部门经理负责。每个部门可以指定专人来控

制办公用品的领用。对通话时间过长的电话由其自行付费，办公室一般不开通直拨电话等。每月要对部门成本费用进行分析，对于异常的费用要找出原因，及时改正。

4. 设备控制

酒店的设备非常多，特别是综合性的星级酒店，设备的投资更大，如锅炉、电梯、空调、洗衣设备、健身设备、游泳池等。设备的投资维修是酒店的一项重要支出。对设备的管理要建立"预防性维护"体系：设备在采购、安装时就要考虑如何使设备使用更加方便、长久，如何节省能源。设备在正常运营过程中，就要对其进行日常维护保养，这样才能延长设备使用寿命、保证经营活动的正常开展。没有良好的预防性维护，等到设备出故障时再修理，不但花费大笔的修理费，还会降低设备的使用寿命，更严重的会影响到酒店的正常经营，甚至导致经营中断。因此，对设备的控制要注意"预防性"，即事先的维护保养，而不仅仅是事后的修理。对设备的"预防性维护"是有效节约成本的措施之一。

第二节　酒店财务管理制度

制度1：预算管理制度

××酒店标准文件		××酒店 预算管理制度	文件编号××-××-××	
版本	第×/×版		页　次	第×页
预算管理制度是酒店整个经营管理的重要组成部分，是经营者对酒店经营活动进行组织、管理、控制的手段之一，也是上级部门对酒店监控的有效措施。酒店要完成计划的经营目标，必须加强预算管理和控制。 **1　预算的组织管理** 　　酒店的预算管理由总经理负责，并设立专门的组织机构负责预算的编制、审核、调整、执行和控制。 　1.1　预算管理的组织机构 　　酒店的预算管理机构由三个层次人员组成。 　　1.1.1　预算管理委员会：由总经理、副总经理、部门经理等管理人员组成。 　　1.1.2　酒店预算工作小组：由财务部及各部门预算编制的专职或兼职人员组成。 　　1.1.3　部门预算工作小组：由各部门有关人员组成。 　1.2　预算管理机构的职责 　　1.2.1　预算管理委员会：根据年度经营方针提出预算编制的方针和指导思想。处理预算编制中出现的重大问题。审查并确定最后预算汇总的各项指标，对年中出现重大变化需调整预算的，确定调整方案，定期或不定期的听取检查和监督各项预算的执行和控制情况。 　　1.2.2　酒店预算工作小组：根据预算管理委员会确定的预算编制方针和指导思想，将编制任务下达给有关部门。汇总各部门草拟的分部计划，测算平衡反馈各部门，指导督促各部门的预算编制工作。汇总、编制总预算、检查、控制各项预算的执行。分析考核预算的执行情况。 　　1.2.3　部门预算工作小组：根据预算编制的方针和指导思想，以及酒店预算工作小组下达的任务，编制本部门的各项预算。对部门及专业预算的执行进行跟踪控制。分析本部门及专业预算与实际的差异，制订完成预算的有效措施。 **2　预算的编制管理** 　　酒店的预算编制在总经理领导下，由各编制小组自上而下，自下而上，反复测算、修改、平衡、调整后产生。 　2.1　预算的种类、内容及编制分工 　　按照预算的不同内容，预算分为经营预算、非经营性费用预算、投资预算和财务预算四大类，经营预算即GOP（Gross Operating Profit，营业毛利）前的经营利润预算，酒店业主批准后执行。				

续表

××酒店标准文件		××酒店 预算管理制度	文件编号 ××-××-××	
版本	第×/×版		页 次	第×页

2.1.1　经营预算

经营预算是指酒店日常发生的各项基本经营活动的预算。其中最主要的是销售预算,其他的各项成本、费用则根据销售预算的业务量分别编制。预算主要内容及编制分工如下。

(1) 销售收入预算。由销售部会同各营业部门编制,主要为各类营业收入,包括客源量、结构、客房的出租率和平均房价、餐饮的毛利率和餐位率、商品的毛利率等。

(2) 营业成本预算。由营业部门编制,主要是各营业部门耗用的原材料、物耗成本,包括食品成本、商品成本。

(3) 营业费用预算。由各营业部门编制,主要是各营业部门在经营中发生的各项费用。

(4) 人工成本及员工福利预算。由人力资源部编制,主要是劳动用工和人员工资以及福利费用。

(5) 教育培训费预算。由人力资源部编制,主要是各部门员工外语、业务等岗位技能的培训费用。

(6) 销售费用预算。由销售部会同各营业部门编制,主要是销售策划费用、广告宣传费用、促销费用等。

(7) 管理费用预算。由各部门编制,主要是各部门为组织和管理经营活动而发生的各项费用。

(8) 能源消耗预算。由工程部编制,主要是水、电、煤气、燃油、汽油等费用。

(9) 采购预算。由财务部编制,主要是物资库存量和耗用量的采购计划。

(10) 维修费预算。由工程部编制,主要是日常维修费用和项目修理费用。

2.1.2　非经营性费用预算

由财务部在总经理的指导下编制。主要包括固定资产折旧、房产税、财产保险、无形资产、大修准备摊销、贷款利息支出等各项支出预算。

2.1.3　投资预算

投资预算是固定资产的购置、扩建、改造、更新及其他投资等,在可行性研究的基础上编制的预算。投资预算由工程部会同财务部共同编制。主要包括固定资产购置、基建投资和更新改造预算。投资预算,编制的内容包括购置或投资的时间、内容、资金的来源、可获得的收益、现金净流量、投资的回收期等。

2.1.4　财务预算

财务预算是指酒店在计划期内反映的有关预计现金收支、经营成果和财务状况的预算,由财务部编制。主要包括预计现金流量表、预计损益表和预计资产负债表,亦称总预算。

2.2　预算编制的程序

2.2.1　总经理召集酒店预算管理委员会会议,根据酒店的经营方针、计划及设计思想,提出预算大纲及指导思想。

2.2.2　酒店预算工作小组根据预算管理委员会的预算大纲及指导思想将预算编制任务分解下达给各有关部门。

2.2.3　销售部根据市场预测及经营目标会同各营业部门编制酒店销售收入预算。财务部根据经营业务情况编制其他业务收入预算,分别报酒店预算工作小组。

2.2.4　各有关部门根据销售预算编制专业预算和部门预算报酒店预算工作小组。

(1) 人力资源部会同各有关部门根据销售预算和人工成本控制目标编制酒店各部门人工成本和员工福利费用预算报酒店预算工作小组。

(2) 工程部会同各营业部门根据销售预算和能源、维修类控制目标编制能源消耗和维修费,预算报酒店预算工作小组。

(3) 各营业部门根据销售预算和部门成本费用控制目标编制营业成本、部门费用和部门经营利润预算报酒店预算工作小组。

(4) 销售部根据销售费用控制目标编制销售费用预算报酒店预算工作小组。

(5) 人力资源部会同各有关部门根据酒店培训计划,编制酒店培训费用预算报酒店工作小组。

(6) 工程部、财务部等行政管理部门根据费用控制目标编制本部门的费用预算报酒店预算工作小组。

(7) 工程部、财务部会同各部门编制固定资产等财产的购置、扩建、改造、更新、预算报酒店预算工作小组。

续表

××酒店标准文件		××酒店 预算管理制度	文件编号××-××-××	
版本	第×/×版		页次	第×页

（8）财务部在总经理的指导下编制非经营性费用预算报酒店预算工作小组。

（9）财务部根据各部门销售、成本、费用、财产购置预算及库存控制目标编制酒店采购预算报酒店预算工作小组。

（10）酒店预算小组汇总各部门预算，并经测算、平衡、审核后，将预算初稿报预算管理委员会。

（11）预算管理委员会讨论初稿，提出修改意见。

（12）酒店工作小组召集各有关部门下达管理委员会的修改意见。

（13）各有关部门修改有关预算，再报酒店预算工作小组。

（14）酒店工作小组再次汇总修改后的各项预算，并编制酒店经营总预算报预算管理委员会。

（15）预算管理委员会通过各总项预算，由酒店财务部经理在总经理的领导下组织各部门执行。

2.3　预算编制的方法

2.3.1　固定预算

固定预算是按以前一年度的会计数据为依据而编制预算的方法。这种方法以外推法将过去的支出趋势（或上年支出额）延伸至下一年度，只是在编制时将数额酌情予以增加，以适应物价上涨而引起的人工成本和原材料成本的提高。这种编制方法是假设上年的每项支出均为必要，在下一年度中仍有继续进行的必要，且较别的新计划或新方案更为适合，是实现经营目标和任务所必不可少的，此种方法具有很大的不合理性。

2.3.2　零基预算

零基预算是以零为基数的计划编制方法。这种方法在每个预算年度开始时，将所有还在进行的管理活动都看作重新开始，即以零为基础，根据经营目标，重新排出各项管理活动的优先次序，以最必不可少的业务量及因此而发生的费用作为第一增量，然后，根据业务的轻重缓急依次提出第二、第三增量，各基层部门就其业务范围拟出各增量后，逐级上报，统筹安排，综合平衡，确定先后次序，最后编制出酒店的预算。

2.3.3　弹性预算

通过确认不同的成本状态，使其随着业务量的变动而变动的一种预算。弹性预算与传统的固定预算不同，不是以计划期某一确定的业务量水平为基础来确定各成本费用明细项目的预算金额，而是在编制此类预算时，考虑到计划期间业务量可能发生的变动而编出一套能适应多种业务量的成本费用预算，以便分别反映出各种业务量情况下应开支的水平。这种方法有利于成本分析和成本控制，有利于划清各经营人员的实际业绩。

2.3.4　滚动预算

随着各种因素的变化，按照制订的计划周期，循环不断地进行协调平衡和序时滚动的方法。年度滚动预算的基本内容就是使预算期永远保持12个月，每过一个月，立即在期末增加一个月的预算，逐期往后滚动。这种方法使管理人员能始终对未来一年的经营活动进行筹划，有利于对预算资料做经常性分析研究，并能根据当前情况及时修订。

酒店可根据自己的实际需要，对不同的预算，预算中的不同内容，交替采用上述各种方法，使酒店的各项预算能更符合酒店的实际情况。

2.4　预算编制的原则

2.4.1　预算确定的目标既要具有科学性、先进性，又要具有可实现性。

2.4.2　预算要落实到各部门，并分解到各个月度和季度，使各部门明确各自的目标和责任。

2.4.3　预算制订要与部门的目标责任制结合起来，并与奖惩相结合。

2.4.4　预算的综合平衡要统筹兼顾，适当安排，要处理好局部与全部的关系，树立酒店一盘棋的观念。各部门的综合平衡应服从酒店的总体平衡。

2.4.5　预算要有严肃性、权威性，一经确定不得随意变更。

2.4.6　各项预算之间要做好衔接。

2.4.7　年度预算要与酒店的中长期发展规划相衔接。

2.5　预算编制的时间安排

预算编制的时间一般为3个月（但要求销售部必须在9月30日前对市场情况做好分析预测），自10月

续表

××酒店标准文件		××酒店 预算管理制度	文件编号××-××-××		
版本	第×/×版		页次		第×页

份开始至12月份结束,并由总经理下达执行。具体时间原则上安排如下。

10月1日～10月10日,酒店预算管理委员会召开年度预算工作会议,商讨明年酒店预算工作方针目标,提出预算大纲和指导思想。

10月11日～10月20日,销售部编制市场预测及销售预算。

10月20日～10月30日,销售部会同有关营业部门编制分月的销售收入和预算。

11月1日～11月10日,酒店预算管理委员会讨论并批准销售收入预算。

11月11日～11月25日,各部门编制分月的成本、费用等专项和部门费用预算。

11月26日～12月5日,酒店预算工作小组汇总各部门的专项和预算,再测算、平衡、审核当月的预算草案。

12月6日～12月10日,酒店预算管理委员会审核预算草案,提出修改意见。

12月11日～12月15日,各部门预算工作小组修改各项预算。

12月16日～12月25日,酒店预算小组编制酒店经营预算、非经营性费用预算、投资预算、财务预算。

12月26日～12月30日,预算管理委员会审核总预算,修改批准后下达执行。

预算编制工作的时限要严格遵守,但在编制程序的进度上,可根据实际情况适当调节。

3 预算的控制管理

为保证预算的完成,实现预期的经营目标,各部门应认真研究,落实措施,并对预算执行进行检查、分析、考核,使各项预算指标经常处于受控状态。

3.1 预算的执行控制

3.1.1 酒店的各层预算管理组织要严格执行预算管理制度,严格按各项预算的内容规划部门的工作,各部门应将预算目标作为部门日常经营活动的标准,通过计量、对比,及时揭示实际偏离预算的现象,分析原因,采取措施,保证预算目标的完成。

3.1.2 对预算内的各项成本费用开支,按酒店的成本费用控制权限标准执行,对超出预算范围的开支,要报总经理批准。工作经营性费用支出投资预算,财务预算的变动一概需总经理批准后方能执行。

3.2 预算的考核控制

3.2.1 酒店应制订预算考核办法,把考核与目标经营责任制联系起来,与奖惩措施结合起来,将部门完成预算情况做好部门记录,以加强预算的执行力度。

3.2.2 酒店要将各项预算落实到各部门预算责任人,部门再将指标层层分解落实到各班组和个人,并对预算的执行结果进行考核。在考核中,应坚持考核结果与分配机制相联系,部门和个人利益与酒店整体利益挂起钩来。

3.3 预算的分析控制

3.3.1 酒店定期组织对各专业预算执行情况进行分析。每月召开1次经济活动分析会议,每季度做一次预算执行情况的分析小结,年终对全年预算的执行结果进行分析总结。

3.3.2 在每月的经济活动分析会议上,总经理、财务部经理听取并讲评各专业部门对月度的经营情况和预算执行情况进行分析,通过讲评,及时纠正预算执行中出现的偏差,及时调整经营策略,以保证预算执行的进度和力度。

3.3.3 各专业预算部门必须做好季度、年度的小结总结,一般在季度终了10天和年度终了20天内完成。内容包括各项预算的执行情况,实绩与目标的差异,分析原因以及改进的措施。通过对预算执行情况的总结分析,使各部门对各自的目标完成情况能有比较深入的认识。

3.3.4 酒店财务部必须做好酒店的月度、季度、年度的经济活动分析,并对各项预算执行中存在的问题进行分析,提出改进措施和建议,供酒店领导来决策。月度、季度、年度的经济活动分析报告需在月底终了7天,季度终了10天,年度终了15天内上报总经理。

拟订		审核		审批	

制度2：统计与经济分析制度

××酒店标准文件		××酒店 统计与经济分析制度	文件编号××-××-××		
版本	第×/×版		页	次	第×页

1 统计工作制度

统计工作是酒店经营管理和预算控制的基础，是酒店信息系统的重要组成部分。

1.1 统计工作的组织

1.1.1 酒店统计工作实行综合统计和专业统计相结合的分工负责制，酒店财务部在总经理领导下，负责综合统计工作，各部门负责专业统计工作。

1.1.2 酒店财务部应配备专职或兼职统计员，负责酒店的统计工作，各部门设兼职统计员或统计原始资料记录员，形成统计工作网络。

1.2 统计工作的任务和管理要求

1.2.1 本酒店统计工作由财务部统一管理，各部门的专业统计由部门分工负责，完成后由财务部统计员统一负责上报给总经理。

1.2.2 各类上报的统计报表上报前应由专人负责审核。

1.2.3 上报的统计报表必须按原审定的要求和编制说明编制，未经总经理同意，不得随意修改。

1.2.4 及时做好统计台账的登录，汇总和检查核对工作，保证统计资料的齐全完整。

1.2.5 按时按质上报统计报表，如遇特殊情况需要变更，应事先征得上级主管部门的同意。

1.2.6 加强统计资料的安全管理，未经批准，不得私自对外提供统计数字，对外提供公布统计报表、数据，应事先核对无误，经财务部经理审定报总经理批准后才予发表。

1.2.7 统计原始凭证、统计台账、统计报表等各项统计资料，采取分级归口管理的办法，谁统计谁保管，各部门应及时整理并装订成册。机构调整或统计人员变动时，需按规定办理交接手续。

1.3 统计职能部门的职责

1.3.1 组织本酒店的统计人员贯彻执行《统计法》和酒店颁发的统计工作制度，全面、准确、及时地完成各项统计工作。

1.3.2 制订本酒店的统计工作规章制度，对各项统计指标的设定、计算方法制订统一标准和统计口径。

1.3.3 负责收集、整理、归集各类所需的内部、外部经济指标数据，组织编制酒店的综合统计手册。

1.3.4 负责酒店专业统计报表的审查、上报和整理工作。

1.3.5 配合预算执行情况的检查，发现问题及时改进。

1.3.6 组织统计人员业务学习和交流，发现问题及时改进。

1.3.7 组织酒店的统计工作质量检查，保证统计数据的正确完整。

2 经济活动分析制度

经济活动分析是酒店经营管理的一个重要工具，搞好经济活动分析对指导酒店加强经营管理，促进成本控制，提高经济效益，保证各项预算的完成具有重要作用。

2.1 经济活动分析的任务

2.1.1 在经济核算基础上，通过对酒店经营活动过程及结果的分析研究，考核预算的执行情况，通过正确评估经营活动，揭示预算执行中的矛盾，分析预算与实际差异原因，提出改进措施，以促进酒店经营管理水平的提高。

2.1.2 挖掘增收节支潜力，高效地使用人力、物力、财力，提高经济效益。

2.1.3 通过经济活动的分析，使各部门领导层和执行层都能了解本部门的经营情况和酒店的财务状况，以调动全体员工参与管理的积极性和主动性。

2.1.4 通过对预算执行情况的分析，积累酒店经营情况资料，为编制下期预算提供依据。

2.2 经济活动分析的组织与分工

经济活动分析工作在总经理领导下，由财务部经理负责组织实施，按"统一领导，分级管理"的原则，各有关部门都负有分析预算完成情况的责任。各部门分工如下：

2.2.1 销售部：市场、客源、房金收入和市场营销费用情况分析。

2.2.2 客房部：客房消耗用品、全店布件洗涤与PA清洁用品等分析。

2.2.3 前厅部：商务中心的收入和费用分析。

2.2.4 康乐部：销售情况分析以及康乐营收和成本耗用分析。

续表

××酒店标准文件		××酒店	文件编号××-××-××		
版本	第×/×版	统计与经济分析制度	页	次	第×页

2.2.5　餐饮部：餐饮营收与成本分析，物料、器皿等费用消耗分析，以及商品销售情况分析。
2.2.6　人力资源部：人工成本、劳动生产率分析。
2.2.7　总经理室：管理费用分析。
2.2.8　工程部：能源消耗情况、修理费用情况分析。
2.2.9　保卫部、经管部、行政部：费用开支分析。
2.2.10　财务部：财产物资的采购供应、消耗情况分析，成本、费用分析，现金流量分析，酒店经济指标完成情况分析以及对酒店各部门的经济活动情况进行综合分析。
2.3　经济活动分析的内容
　　经济活动分析报告分部门分析报告和酒店综合报告二类，部门分析报告每月由各经营部门、职能部门编写，酒店综合报告由财务部负责编写。
2.3.1　部门经济活动分析报告内容
（1）实际业绩的资料。反映预算期内各部门的各项收入、费用、成本等财务数据以及客源出租率、平均房价、餐厅座位率、人均消费、物料消耗单耗、营收物耗率、百元营收能耗率等实际经营数据。
（2）正常情况下应达到的标准。反映预算编制的情况，即按现有的业务情况应达到的收入、费用、成本、利润等水平。
（3）实际与预算的差异。反映实际业绩与预算的绝对值的数据差异以及差异的原因，造成差异的责任等。
2.3.2　酒店经济活动综合分析报告的内容
（1）酒店各项预算的完成情况。反映酒店各项收支情况和经济指标的完成情况，它是酒店整个经营活动财务状况和经营成果综合反映。
（2）预算与实际业绩进行比较。采用定性和定量分析相结合的方法，通过对客源结构、房价、出租率、餐饮平均消费水平等对收入的影响程度的分析。原料价格、物料消耗量、人工成本、劳动生产率、毛利率、能源消耗等对成本费用的影响程度的分析。营收及其结构变化对营业利润、成本费用增减对实际的影响程度的分析。营收及其结构变化对营业利润、成本费用增减对实际的影响程度的分析以及资金利用能力、设备利用情况等分析，揭示预算与实际的差异。
2.3.3　对实际与预算差异进行分析和对变动较大的项目进行重点分析、调查
　　一是要从部门的分析报告中查找原因，二是要深入调查研究，进行专题分析。对分析出的问题，财务部要帮助各部门提出改进措施，对酒店在经营中出现的问题，财务部要提出改进意见和建议，为酒店领导提供决策依据。
2.4　经济活动分析工作步骤
2.4.1　各部门拟订分析计划、确定分工、进度及完成期限。
2.4.2　搜集分析资料，检查和核实资料所反映的情况。
2.4.3　根据资料进行研究，找出差异，分析原因。
2.4.4　对分析情况进行评价，并提出改进方案和措施。
2.4.5　编写经济活动分析报告。财务部在各部门分析报告的基础上编写酒店的综合分析报告。
2.5　经济活动分析采用的方法
2.5.1　对比分析法
　　通过指标分析对比，从绝对数和百分比的差异进行分析的方法。一般采用的方法如下。
（1）实际指标与计划指标相比，了解实际与预算的差异。
（2）本期指标与上年同期或上期指标相比，了解各项指标的升降情况和发展趋势。
（3）本酒店指标与同行业平均水平或同行业先进水平相比找出本酒店的薄弱环节，向先进企业看齐。
2.5.2　比率分析法
　　计算内在联系的两项或多项指标之间的比率关系，据此分析企业效益的质量、结构、比率的方法。主要采用的比率如下。
（1）相关指标比率：将一个指标与另一个相关指标对比，求出相关的比率，如毛利率、利润率、费用率等。
（2）结构比率：将子项目与总项目对比，求出相关的比率，如能源费用占全部费用的比例、客房营收占总营收的比率等，同时可以分析营收、费用等项目的变化与整个经营情况变化的相互关系。

续表

××酒店标准文件		××酒店 统计与经济分析制度	文件编号××-××-××	
版本	第×/×版		页次	第×页

（3）动态比率：将不同时期因素指标的数值进行比较，求出该类指标的增减率，以观察经营活动的变化趋势。

2.5.3 因素分析法

对某项综合性财务指标的变动原因，按其内在组合的因素进行量化分析，以测定每一因素对综合指标的影响程度。

2.6 经济活动分析会议制度

2.6.1 月度经济活动分析会议在月度终了后的8天内召开，以专题分析为主，由财务部根据上月经营情况预先确定会议议题。

2.6.2 季度经济活动分析会议在季度终了后10天内召开，各有关部门均应预先准备好专业分析资料，以便对季度的经济活动作较为全面的分析。

2.6.3 年度经济活动分析会议在年度终了后20天内召开，由各营业部门和职能部门对全年的经营情况作全面的分析，财务部对酒店的财务状况和各项指标的完成情况作综合分析。

财务部在经济活动分析会议召开后的2天内，根据会议内容修改由本部编写的经济活动分析报告，经财务部经理审核后报总经理。

拟订		审核		审批	

制度3：酒店资金管理制度

××酒店标准文件		××酒店 资金管理制度	文件编号××-××-××	
版本	第×/×版		页次	第×页

1 目的

为规范酒店的资金运作及管理工作，根据相关财务管理制度之规定，结合酒店业实际经营情况，特制订本办法。

2 一般规定

2.1 所有人员必须根据合法、完整的原始凭证，按规定粘贴、填制报销账单据。

2.1.1 原始凭证的基本要求

（1）原始凭证内容必须具备：凭证的名称，填制凭证的日期，填制凭证单位名称或者填制人的姓名，经办人员的签名或者盖章，接受凭证单位的名称，经营业务的内容、数量、单位和金额。

（2）从外单位取得的原始凭证，必须符合国家票证管理办法，并盖有填制单位的公章。从个人取得的原始凭证，必须有填制人员的签名或者盖章。自制原始凭证必须有经办单位领导人或者其指定人员的签名或盖章。

（3）凡填有大写或小写金额的原始凭证，大写与小写必须相符。购买实物的原始凭证，必须有入库单或验收证明。支付款项的原始凭证，必须有收款单位的收款证明。

（4）一式几联的原始凭证，应注明各联的用途，并且只能以一联作为收款证明。一式几联的发票和收据，必须用双面复写纸（发票和收据本身具备复写纸功能的除外）套写。

（5）经有关部门批准的经济业务，应当将批准的文件作为原始凭证附件。如果批准文件需要单独归档的，应当在凭证上注明批准部门、日期、批准人及"原件存档"字样。如果批准文件涉及两项报账内容，可将原件附其中一份报账单据，另一份注明原件在"××报账中"字样。

2.1.2 原始凭证粘贴的具体规定

（1）在空白报销单上将原始报账凭证按小票在下，大票在上的要求，从右至左呈阶梯状依次粘贴。若票据较少，可直接在正式报销单的反面粘贴（原始凭证的正面与报销单的正面同向）。若票据较多，可在多张空白报销单上粘贴。

（2）将已填写完毕的正式报销单粘贴在已贴好的原始报销凭证的空白报销单上（将左面对齐粘贴）。

2.2 原始单据遗失的处理

续表

××酒店标准文件		××酒店 资金管理制度	文件编号××-××-××		
版本	第×/×版		页	次	第×页

2.2.1 如果需报销的原始单据遗失,除飞机票、火车票、船票、长途汽车票,在理由充分的情况下,按票价的50%报销外,其他票据遗失一律不予报销。

2.2.2 特殊情况,必须报请酒店财务部负责人批准。

2.2.3 已由银行付款,需进行报账核销的原始单据遗失,须凭加盖对方发票章(或财务章)的原始单据复印件和经部门负责人签字的专题说明进行核销,同时对经办人予以100元的处罚。

2.3 原始凭证报账要求

2.3.1 对不真实、不合规定的原始凭证不予报账。

2.3.2 对记载不准确、不完整的原始凭证予以退回,并要求按规定更正、补充。

2.3.3 原始凭证有错误的,应要求出具单位或填报人重开或更正(金额只可改小,不可改大),更正处加盖单位印章或签章。

2.4 严格执行报账期限规定,及时进行报账

2.4.1 差旅费借支必须在返回酒店5天内报账,其他现金借支10天内必须结清。

2.4.2 领用的转账支票,经办人员必须在10天内到财务部门办理报账手续。直接由酒店汇往各往来单位的款项,记入经办人员往来账,经办人员必须在付款后(或货到,或工程完工后)1个月内到财务部门办理报账手续(合同上有规定的除外)。

2.4.3 凡未在规定期限内到财务部门结清财务手续的,按起点30元,每超期一天按2元的标准递增予以罚款。

2.4.4 费用单据超过2个月的,不予报账。

2.5 其他规定

2.5.1 严格执行酒店的审批规定,所有开支必须经部门负责人同意,酒店总经理及财务部负责人审批后方可办理。

2.5.2 各项费用开支,以现金方式支付的,必须填写酒店(或××集团)费用报销单。

2.5.3 已取得结算凭据的报账业务,必须填写××集团报销单。未取得结算凭据的付款业务,应由经办人填写请款单,待货到(或工程完工)后由经办人取得发票,办理入库验收(或工程验收)手续,填写报销单办理报账手续。

3 资金支付的审批规定及流程

3.1 报账审批规定

3.1.1 各部门员工的日常费用,由部门负责人控制审核,报酒店总经理和酒店管理公司财务经理审批。部门负责人的日常费用,直接由酒店总经理和酒店管理公司财务经理控制审批。

3.1.2 车辆保养、改装或维修,单项费用在3000元以内(含3000元)的,必须以书面形式,报管理公司总经理批准。单项费用在3000元以上的,必须逐级上报,由集团批示。

3.1.3 酒店各种办公、印刷用品、小车过桥及汽油费用、电话费(含个人手机话费)等所需资金的支出,由酒店办公室管理及审核,报酒店总经理及酒店管理公司财务经理审批。

3.1.4 酒店日常经营所需的水、电及零星工程设备维修费用,由工程部负责核实,报酒店总经理及酒店管理公司财务经理审批。

3.1.5 酒店日常购置原材料、低值易耗品、物料用品、促销品、宣传品、电脑设备及耗材等用于经营的物资,由采购部负责核实,报酒店总经理及酒店管理公司财务经理审批。

3.1.6 酒店管理公司和酒店所有需支付的资金(除临时处置资金外),均通过酒店管理公司财务经理统筹安排。

3.2 报账审批流程

3.2.1 员工因公发生的日常费用必须按规定事先报请部门负责人批准(部门负责人发生的费用,应逐级上报上级领导批准)。部门负责人必须做到严格控制,杜绝先斩后奏的现象发生。

3.2.2 凡涉及购买物资的部门,应预先提交申请报告,根据报账审批权限的规定经审批人批准后,由酒店指定的部门负责签订合同(除零星采购以外,所有采购业务均必须签订采购合同)、购置及报账。

3.2.3 各级审批人出差期间,对必须开支的款项可授权他人代理行使审批职责。授权书上必须详细注明授权的范围、期限、被授权人等主要内容。授权书一式两份,一份由本部门留存,另一份交财务部门存档。

4 资金的预算管理

4.1 每年1月10日前,酒店根据当年的经营计划,提出当年资金总需求预算方案,报集团总部审批。

续表

××酒店标准文件		××酒店资金管理制度	文件编号××-××-××		
版本	第×/×版		页	次	第×页

4.2 各酒店根据集团总部批准的资金预算方案，制订各月的资金预算计划，每月将酒店节余资金汇总报集团使用。

4.3 酒店总经理审定各部门申报的资金需求计划，并将总资金预算计划分解到各需求部门。

4.4 按照确定的分部门资金需求计划，合理调度和安排资金的运用。

5 借支及请款规定

5.1 现金借支规定

5.1.1 凡酒店员工因工作需要，需申请临时借支的，必须填写借支单，注明借支事由，经部门负责人核实、财务部负责人审批后办理借支手续。

5.1.2 差旅费借支必须由部门负责人根据员工出差天数及日费用标准核定。其他现金借支一次不得超过2000元。

5.1.3 因工作性质特殊，需借支备用金的，由借支人填写借支单，注明"备用金"字样，经部门负责人批准后在财务部门办理借支手续。

5.1.4 现金借支，严格遵循"前账不清、后账不借"的原则。

5.1.5 备用金借支，由财务部门每季度出具各部门备用金借支明细，交各部门负责人重新核定。如有工作或额度调整，应及时通知财务部门。

5.2 转账支票借支规定

5.2.1 除采购员借支外，其他部门超过2000元（含2000元）以上的开支，必须使用转账支票付款。

5.2.2 使用转账支票付款，经手人应提供准确、翔实的收款单位名称及金额。确实不能事先提供准确收款单位名称或金额的，由财务部门开具限额转账支票。

5.2.3 经手人预先领用转账支票的，应按规定填写请款单，详细注明收款单位名称、金额（或限额）、款项用途、协议号（已签订合同），经部门负责人批准后在财务部门办理借支手续。

5.3 异地付款的请款规定

5.3.1 原则上，异地付款一律采用电汇方式。如特殊原因需汇票付款的，必须详细注明原因，经财务部门负责人批准后才能办理。如办理的汇票需寄给往来单位，必须在办理正式交接手续后交酒店指定邮递员邮寄。如办理的汇票为收款单位自带，则财务部门必须在认真检查、核对取票人身份证，及收款单位提供的加盖单位公章或财务印鉴章，并指明取票人姓名的委托书（原件）后，才能办理汇票领取手续。"委托书"及取票人身份证复印件由财务部门妥善保存。

5.3.2 对依据合同或协议支付的款项，请款人必须严格依据合同或协议上填写的收款单位名称、账号及开户行填写请款单。如果收款单位名称、账号或开户行发生变动，请款人必须提供往来单位加盖公章或财务印鉴章的变更证明原件。

6 报账程序及报账的具体规定

6.1 费用报账

6.1.1 费用开支后，应凭报销单办理报账手续。有借支的，必须先清理借支。

6.1.2 费用报账时，必须由经手人根据酒店有关制度及规定填写报销单，详细注明报账事由，并附正式原始发票，经部门负责人批准后在财务部门办理。

6.1.3 根据合同开支的各项费用报账时，应详细注明合同号。

6.1.4 根据报告开支的各项费用报账时，应附已批示的报告原件。

6.1.5 购置办公用品、低耗品、物料、水电卫生设施等物资必须办理入库手续，报账时附入库单或直接由领用人在原始凭证上签字证明。

6.2 固定资产报账

6.2.1 固定资产（包括机器设备）购置报账应附申购单（或批示报告）、购货发票、入库单或验收报告等单据。特殊行业的资产（如电梯、锅炉等），必须同时附专业检测部门出具的检验合格报告。

6.2.2 结算在建工程完工工程款时，房产公司将结算依据移交给集团财务总部，由集团财务总部会同审计师事务所进行审计，并根据审核结论、工程结算发票及完工验收单全额结算。

6.3 供应商开户及货款结算

6.3.1 供应商开户规定

（1）日常计划采购开户规定：日常计划采购内容指酒店经营所需的基础性原材料、资产等。如食品、

续表

××酒店标准文件		××酒店 资金管理制度	文件编号××-××-××	
版本	第×/×版		页次	第×页

酒水、香烟、客房用品、美容美发用品、成批的低耗品及大额的固定资产等。采购部按照竞价筛选原则确定供应商后，须与供应商签订供货协议（或合同）。协议中必须注明质保金的缴纳和结算方式。协议签订后必须由采购部指定专人及时递交（原件一份）给财务部合同专管员，以便财务部及时录入电脑。供应商持供货协议书到财务部缴纳质保金，成本会计查实该供应商协议确已录入电脑并已缴纳质保金后，方可办理开户手续。

（2）对于零星或急件采购的物品（如零星物料用品、少量补充的基础性原材料等），金额较小，可以不签订协议，以经办的采购员户头办理入库手续。

6.3.2 供应商货款结算

（1）个体户供应商货款支付的规定：凡以个人名义与酒店签订协议的供应商，在协议中必须详细注明该供应商姓名、身份证号码、联系电话和地址（一家供应商只能以一个人名义签订协议，不得多户多人）。财务根据此协议中提供的资料录入电脑，并据此开户名称办理入库手续。在支付货款时，由协议中的供应商持本人身份证领取现金或支票，出纳员必须与电脑资料逐一核对无误后，方能发放。

（2）以单位名义开户的供应商货款支付的规定：凡以单位名义与酒店签订协议的供应商，在协议中必须详细注明该单位全称、开户银行、账号、委托经办人姓名、身份证号码以及货款的支付方式（支票、电汇等），收款单位必须与合同单位一致，否则，必须由合同单位出具委托付款协议书，并由其法人签字、盖章认可。

（3）供应商供货、结款应严格按照协议执行，即：在办理入库时，以协议中的单位名称开户。在进行货款支付时，由协议中的委托经办人持本人身份证领取支票（电汇由出纳员直接按协议办理）。如有变更，须有加盖该供应商单位公章或财务专用章的、负责人签名的书面变更通知，出纳员方可办理结算手续。

6.3.3 所有以供应商名义办理入库和结算手续的货款支付，原则上不得由酒店采购员代为结算，如有此情况，出纳员有权拒绝付款。

6.3.4 供应商付款方式的规定：个体户性质的供应商以现金支票或转账支票方式支付，其他供应商原则上要求以转账支票、电汇或银行汇票方式支付。

6.3.5 供应商货款结算流程及时间的规定：供应商货款集中按月支付，下月支付上月货款。

（1）每月的18～20日为上月货款对账日。供应商将上月的货物验收单整理，开具正规有效的发票（不得使用复印件），在采购部粘贴填写《报账单》，注明单据张数、货品名称、金额和供应商单位或姓名，由经办采购员签字后，到财务部往来账会计处对账。财务部往来账会计对货款的结算金额的真实性、发票及报账单填写的规范性、有效性进行认真审核，不合规定者不予以办理。

（2）每月的21～23日为采购部负责办理货款审批手续日。由采购部指定专人将已对账的货款单据统一收取，并报采购经理和各酒店总经理审核签字后，交酒店管理公司财务经理审核。

（3）每月的23～28日为财务付款结算日。酒店管理公司财务经理将审核无误后的货款单据交出纳。出纳按货款支付方式的规定开出支票或汇票，并通知供应商领取货款。

（4）上述结算时间的规定一般不得变动，除此时间之外的对账和结算（特殊情况除外）财务一律不予受理。

7 现金的日常管理

7.1 现金管理制度

7.1.1 实行备用金管理办法。备用金（库存现金）在核定的限额内使用。酒店备用金的领用人员包括出纳员、收银主管、前台收银员、各营业点收银员、采购员。原则上出纳员库存现金不得超过10000元。收银主管15000元。前台收银员10000元以及各营业点收银员找零备用金500元。采购员备用金10000元。

7.1.2 除零星开支部分从库存现金中支付外，其他一切支出必须从银行提取，不得坐支。因特殊情况需要坐支现金的，需报财务部负责人批准，核定坐支范围和限额。库存现金超过限额的部分，必须当日送存银行。

7.1.3 酒店与其他单位之间的经济往来，除允许现金支付的款项外，其余必须通过银行进行转账结算。

7.1.4 现金的使用范围

（1）临时员工工资（原则上要求由银行发放）。

（2）出差人员必须随身携带的差旅费。

续表

××酒店标准文件		××酒店资金管理制度	文件编号××-××-××		
版本	第×/×版		页	次	第×页

（3）酒店处理紧急情况时的支出。
（4）转账结算起点以下的零星开支。
（5）中国人民银行规定需要支付现金的其他支出。

7.2 现金收支控制

7.2.1 出纳员与会计人员必须分工明确，出纳员不得兼办收入、费用、债权债务账簿的登记、稽核和会计档案保管等工作，会计人员不得兼管出纳工作。

7.2.2 出纳人员应熟练掌握并严格执行有关现金管理制度。根据审核无误的收、付款凭证负责办理现金和银行存款的收付款业务。负责登记现金和银行存款日记账。清查库存现金，与账面、银行核对，做到账款、账账相符。负责保管库存现金、各种有价证券、支票和法人代表、出纳印章（财务专用章暂由天怡酒店财务部负责人保管）。

7.2.3 严格现金收付业务的审批制度。出纳员进行款项收付业务时，首先要认真审核所依据的凭证，既要审核手续是否完备，数字是否准确，还要审核其内容的合理性和合法性。对于手续不完备、数字错误的凭证，要求经办人完善手续后方可报销。对于不应开支的款项，应拒绝报销。对涂改或冒领款的不法行为，应及时向财务部负责人汇报。出纳人员办理现金收付时，收付双方应当面点清，并认真复核，加盖收付戳记及出纳人员签章，以防重收、重付。

7.2.4 对库存现金（含各部门的备用金），财务部负责人、主管会计要实施经常性的检查和突击性抽查，并填制"库存现金（备用金）核查情况表"，说明检查结果。对于核查出的长短款，要及时查明原因并提出处理意见。

7.2.5 出纳人员工作调离，必须办理严格的交接手续。

8 银行存款管理

8.1 账户管理

8.1.1 酒店在银行开立基本账户和一般存款账户。上述账户只供酒店业务经营范围内的资金支付，不准出租、出借或转让给其他单位或个人使用。

8.1.2 不得涂改和伪造结算凭证。各种结算凭证必须按要求填写齐全，如实填明来源或用途。

8.1.3 账户上必须留有足够的资金保证支付，不得签发空头支票。

8.2 支票结算管理

8.2.1 现金支票由出纳人员签发和保管，签发现金支票不得超越规定的现金使用范围和限额，使用黑色墨水填写，字迹要清晰，数额要正确，大小写金额必须一致，不得涂改。填写错误的支票必须加盖"作废"戳记与存根一并保存。

8.2.2 酒店购买商品、原材料或享受劳务供应时，可签发转账支票，直接交给收款单位，然后由收款单位持向自己的开户银行，办理转账结算（详见供应商货款结算程序）。

8.2.3 支票一律采取记名式，签发支票要注明接受单位名称或个人姓名。

8.2.4 不准签发空头支票和远期支票，严格执行支票的有效期限。

8.2.5 原则上不准携带盖好印鉴的空白支票出外采购，不准将支票给销货单位代为签发。如果确需携带盖好印鉴的空白支票时，一定要填好签发日期、收款单位名称和最高结算限额，并要督促经办人及时报销。

8.2.6 支票遗失或被盗时，需及时向领导汇报，并立即到银行办理挂失手续。

9 员工薪金储蓄卡管理办法

9.1 所有在职员工薪金统一通过银行储蓄卡（以下简称工资卡）发放。酒店新员工工资卡的建立，由人力资源部提前一个星期将新员工的详细资料（如姓名、性别、身份证号码）报财务部出纳员到银行办理工资卡。

9.2 新员工的工资卡办好后，财务部出纳员通知各部门员工领取。发放时由财务部出纳和人力资源部工资管理员共同核实发放给员工本人。

9.3 对因部门经理保管不当形成工资卡遗失，从而造成经济损失的，由责任人全额承担。

9.4 如员工本人不慎将工资卡遗失，应由其本人及时到银行办理挂失手续并通知财务部，同时由员工本人在银行办理新的工资卡，将新办的卡号通知人力资源部，以便人力资源部进行新旧卡号的更换。如因员工本人遗失又未及时通知人力资源部，造成的经济损失由员工本人承担。

拟订		审核		审批	

制度4：固定资产管理制度

××酒店标准文件		××酒店 固定资产管理制度	文件编号××-××-××	
版本	第×/×版		页次	第×页

1 固定资产的条件

固定资产必须同时具备以下两个条件。

生产经营设备使用年限在1年以上，非生产经营设备超过2年；单位价值在2000元以上。

凡不同时具备以上两个条件的劳动资料，一般都列为低值易耗品，低值易耗品的具体划分以酒店有关规定为准。

2 固定资产的计价

固定资产的计价，应按照如下规定。

2.1 由建设单位建筑和购置的固定资产，按照建设单位交付使用财产明细表中所确定的价值凭证，因建筑征用或投入土地所发生的土地征用费，旧建筑物拆迁费，也应包括在与工地有关的房屋建筑的价值的。

2.2 购入的固定资产，以货价加上设备的包装运输费、途中保险费和安装成本以及缴纳的税金，包括按规定支付的关税和产品税或增值税等计价。

2.3 在原有的固定资产基础上进行改建、扩建的，按原有固定资产的账面价值，加上由于改建、扩建而发生的全部支出，减少改建、扩建过程中发生的变价收入后的金额计价。

2.4 自行建造的固定资产，按建筑过程中实际发生的全部支出包括缴纳的城市建设开发费、耕地占用税等计价。

2.5 其他单位投资转入的固定资产，按同类资产的市场价值计价，或根据捐赠者提供的有关凭据计价。接受固定资产时发生的各项费用，应当计入固定资产的价值。盘盈的固定资产，按同类固定资产的重置完全价值计价。

2.6 有偿调入的固定资产，按现行调拨价，加上调入时支出的包装费、运费和安装成本后的价格计账。

2.7 固定资产的价值必须按照规定的计价入账，一经入账，除发生下列情况外不得任意变动。

（1）根据国家规定对固定资产重新估价。

（2）增加补充设备或改良装置。

（3）固定资产部分拆装。

（4）根据实际价值调整原来的暂估价值。

（5）发生原记固定资产价值有错误。

3 固定资产的管理与使用

固定资产的管理，在酒店总经理的领导下和财务部经理的具体负责下，实行归口分级管理的办法，贯彻"谁用，谁管"的原则，将全部固定资产归口列入有关部门，归口管理部门负有管、用和维修的责任，并对各使用部门落实到管理责任人进行岗位考核。

3.1 固定资产归口管理部门的职责

3.1.1 归口管理部门应配备专职或兼职的固定资产管理人员负责归口管理工作。

3.1.2 归口管理的各项固定资产应设固定资产账册和卡片，填写有关固定资产详细资料（技术资料、图纸等应作为技术档案单独保管）按固定资产类别和使用部门顺序排列、编号、保管，并与使用部门的固定资产账、卡保持一致，定期进行核对。

3.1.3 归口管理部门应制订财产、设备检修制度，并根据检修制度编制保养修理（包括大修理）计划，并督促使用部门配合实施。

3.1.4 办理固定资产的新增、调拨、转移、出租、出借、报废、清理等手续，定期或不定期对分管的固定资产组织清点（每年至少一次）和抽查，掌握固定资产的使用情况，保证账卡相符。

3.2 固定资产使用部门的职责

3.2.1 各使用部门应指定专人保管好固定资产卡，记好固定资产账，以便随时和归口管理部门相互核对，并按顺序排列、编号。

3.2.2 使用部门对在用的固定资产应严格执行有关维护保养制度和操作规范，妥善使用固定资产，以保证固定资产的完好无损。随时掌握固定资产的动态情况，定期组织清查盘点，保证账、卡、物三相

续表

××酒店标准文件		××酒店 固定资产管理制度	文件编号××-××-××	
版本	第×/×版		页　次	第×页

符。经常与归口管理部门取得联系,管好、用好固定资产,不得擅自将固定资产更动、转移或出借给其他单位。

　　3.2.3　协同归口管理部门编制固定资产需用量、更新改造和保养管理计划。

　　3.2.4　新购置的固定资产交付使用时,必须由成本管理部、归口管理部门和使用部门会同验收,并由归口管理部门填写"固定资产验收单",验收合格后,由上述部门在验收单上签章,用时归口管理部门应填制固定资产卡片,一式二份,一份自留,一份送使用部门。

4　固定资产的调出与转移

　　4.1　固定资产的调出,应经总经理批准。调出固定资产时,必须由归口管理部门根据批准的文件填制"固定资产调拨单",财务部会计部经理和使用部门经理都须签章。未办妥规定手续私自调出固定资产者作违纪处理,并追究当事人责任。

　　4.2　有偿调出的固定资产,一般以账面价值,同时参照市场价格作为调拨价格。遇到账面价值显然不合理时,应由归口管理部门,财产管理部等按照实际的新旧程度及市场价格情况,共同拟定调拨价格,经总经理及财务部经理审核批准后方能调出,任何人不得擅自作价调拨。有偿调入固定资产的手续同调出一样。

　　4.3　部门之间的固定资产转移,由使用部门填写固定资产转移单,经转入、转出部门签字后,交一联到归口管理部门办理固定资产账、卡的变动手续,同时将其中一联转移单送交成本财产管理部财产管理员。

　　4.4　一切固定资产的出租或出借都须经财务部经理审核并报请总经理批准。归口管理部门负责与租赁单位办理合同签订并将合同正本交成本财产管理部保管。对外出租或出借的固定资产由归口管理部门负责管理。任何出租和出借的固定资产应照提折旧,所得租金列其他业务收入。

5　固定资产的盘点、报废

　　5.1　固定资产必须每年定期清查盘点,填制"固定资产盘盈盘亏报告单",按有关规定的审批权限报请处理。

　　5.2　固定资产使用日久,损坏不能使用需要报废时,由财务部经理或总经理组织技术鉴定,确认无使用价值时才能办理报废手续。由使用部门填写报废申请,批准后由财务部会同归口管理部门核销和清理。固定资产报废的残料出售,任何部门和个人不得擅自作价处理,报废固定资产按国家物资政策办理。

　　5.3　为了保证固定资产的正常使用,归口管理部门和各使用部门应做好固定资产的维修保养和定期大修工作,按现行制度规定发生的修理费用,直接于成本费用中列支,若修理费用数额较大,可以实行预提或待摊的方法。

6　固定资产的核算

　　6.1　为了进一步反映各大类固定资产的增减变动情况,在"固定资产"一级科目下设置下列明细科目:房层及建筑物、机器设备、交通运输工具、家具设备(包括地毯)、电器及影视设备、文体与娱乐设备、其他设备、租出固定资产、未使用固定资产、不需用固定资产。

　　6.2　在明细科目下进行明细核算,归口管理部门应另设明细账和固定资产卡片等进行管理。

　　6.3　固定资产应按明细类别分类开张,并按保管使用部门设置专栏,按各项固定资产的增减日期序时登记,每月结出金额,以反映各部门各类固定资产的增减变动和结存情况。

　　6.4　为了保证固定资产核算资料正确性,应使用固定资产账册中各类固定资产余额之和与总余额核对相符。

　　6.5　固定资产卡片是进行固定资产明细核算的重要环节,固定资产卡片应按每一独立登记对象分别设置,每一对象一张,固定资产卡片应记载该项固定资产的编号、名称、规格、技术特征、技术资料编号、附属物、使用部门、所在地点、建造年份、开始使用日期、中间停用日期、原价、运杂费、安装费、规定使用期限、折旧率、大修理次数和日期转移调拨情况,报废清理情况等明细资料。

　　固定资产卡片应妥善保管,财产管理部、归口管理部门和使用部门应做到账、卡、物相符。

7　固定资产的分类及折旧年限

　　7.1　固定资产的分类及折旧年限须根据下列规定执行。

续表

××酒店标准文件		××酒店 固定资产管理制度	文件编号××-××-××		
版本	第×/×版		页	次	第×页

固定资产的分类及折旧年限

分　类		内　容	折旧年限
（一）房屋、建筑物			
（1）房屋		A、营业用房	20～40年
		B、非营业用房	35～45年
		C、简易结构房	5～10年
（2）建筑物		A、水塔	10～25年
		B、水井	
		C、油罐	
		D、停车场	
		E、围墙	
		F、游泳池	
		G、网球场	
		H、冷冻库	
（二）机器设备			
（1）供电系统设备		A、变压器	15～20年
		B、高低压开关机	
（2）供热系统设备		A、蒸汽锅炉	11～18年
		B、热水锅炉	
		C、管道	
（3）中央空调系统设备		A、制冷机组	10～20年
		B、冷却塔	
		C、水泵	
		D、风机盘管	
（4）通信设备		A、程控电话	8～10年
		B、文件传真机	
		C、无线寻呼机	
		D、无线电话机（移动电话）	
（5）洗涤设备		A、洗衣机	5～10年
		B、干洗机	
		C、烘干机	
		D、烫平机	
		E、脱水机	

××酒店标准文件		××酒店 固定资产管理制度	文件编号××-××-××	
版本	第×/×版		页　次	第×页

续表

分　类	内　容	折旧年限
（6）维修设备	A、金属切削机床设备	10年
	B、电焊设备	
（7）厨房机具	A、冰箱（厨房用）	5～10年
	B、冰柜（厨房用）	
	C、洗碗机	
	D、和面机	
	E、搅拌机	
	F、切面包机	
（8）电子计算机系统设备	A、电子计算机	6～10年
	B、电子计算机显示终端	
	C、电子打印机	
	D、收款机	
	E、点钞机	
（9）电梯	A、客梯	10年
	B、货梯	
（10）复印、打字设备	A、复印机	3～8年
	B、打字机	
（11）其他机器设备		10年
（三）交通运输工具		
（1）客车	A、大型客车（33座以上）　　30万公里	8～10年
	B、中型客车（32座以下）　　30万公里	8～10年
	C、小轿车　　　　　　　　　20万公里	5～7年
（2）行李车（工具车）	30万公里	7～8年
（3）货车	50万公里	12年
（4）摩托车	15万公里	5年
（四）家具设备类		
（1）家具设备	A、营业用家具设备	5～8年
	a、成套家具	
	b、床	
	c、沙发	
	d、写字台	
	e、会议桌	

续表

××酒店标准文件		××酒店	文件编号××-××-××		
版本	第×/×版	固定资产管理制度	页	次	第×页

续表

分　类	内　容	折旧年限
（1）家具设备	f、餐桌	5～8年
	g、柜台	
	h、货架	
	i、美容设备、器具	
	j、卫生设备、器具	
	B、办公用设备	10～20年
（2）地毯		5～10年
（五）电大及影视设备		
（1）闭路电视播放系统		10年
（2）音响设备		5年
（3）电视机		5年
（4）电冰箱 容量500L以下	A、冰箱（客房用）	5年
	B、冰柜（客房用）	
（5）空调器	A、柜式	5年
	B、窗式	3年
（6）电影放映机及幻灯机	A、电影放映机	10年
	B、幻灯机	
	C、投影机	
（7）照相机	A、普通照相机	10年
	B、专用照相机	
（8）其他电器设备	监视设备	5年
（六）文体娱乐设备		
（1）高级乐器	A、钢琴	10年
	B、电子琴	
	C、高级管弦乐器	
（2）游乐场设备		5～10年
（3）健身房设备		5～10年
（七）其他设备		
（1）工艺摆放	A、高级屏风	10年
	B、高级工艺品	
	C、名贵字画	
（2）消防设备		6年

××酒店标准文件		××酒店 固定资产管理制度	文件编号××-××-××	
版本	第×/×版		页　次	第×页

7.2　固定资产计算折旧的依据为固定资产原值，一般采用平均年限折旧法（即直线法），按平均年限折旧法的固定资产折旧率和折旧额的计算公式如下。

$$固定资产年折旧率 = \frac{1 - 预计净残值率}{规定的固定资产折旧年限} \times 100\%$$

$$固定资产折旧率 = 固定资产年折旧率 / 12$$

$$固定资产折旧额 = 固定资产原值 \times 月折旧率$$

7.3　固定资产净残值率一般按照固定资产原值3%～5%确定，固定资产折旧年限和折旧方法一经确定，不得随意变动。

7.4　固定资产应按月计提折旧，当月开始使用的固定资产，当月不计提折旧，当月减少或停用的固定资产，当月计提折旧。

拟订	审核	审批

制度5：酒店成本管理制度

××酒店标准文件		××酒店 成本管理制度	文件编号××-××-××	
版本	第×/×版		页　次	第×页

1　成本管理的基本任务

通过以部门为成本中心的计划预算、检查控制、归集核算和分析考核，达到反映经营管理成果，探索降低成本费用途径，提高经济效益之目的，成本是指酒店经营管理过程中的各项成本和费用，成本管理的具体任务是：

1.1　认真进行成本预算，紧密结合营收增减情况编制各部门与全酒店的成本费用计划，据此作为成本管理的依据。

1.2　检查成本费用执行情况，严格控制成本费用在计划范围内的正常开支。

1.3　正确、完整、及时地归集成本费用，按成本开支范围和核算规范，运用规定的成本计算方法核算成本。

1.4　开展成本费用分析，积极寻找降低成本费用途径，不断提高员工的成本核算意识。

1.5　进行成本考核，调动员工参与成本管理的积极性。

2　成本管理的组织体系

2.1　实行成本费用管理责任制。各部门负责人对本部门的成本费用负责，总经理对酒店的经济效益负责。

2.2　成本财产管理部负责各项成本控制管理的具体工作，各部门成本费用管理工作受成本财产管理部监督指导，负责在授权范围内行使成本费用否决权。

2.3　各部门应根据成本管理的要求，设置专职或兼职核算员。

3　成本管理的基础工作

3.1　建立和健全原始记录。完整、真实的原始记录是进行成本费用管理的必备条件。各种食品原料、物料用品、五金材料、低值易耗品的领用、退料、工资、费用等经营服务开支都必须有详细完整的原始记录。原始记录的填制和传递应按规定的程序，明确职责，加强管理。

3.2　制订各类消耗定额。经营管理过程中所耗用的料、工、费都应制订先进、合理、切实可行的定额，定额一般每年修订一次。

3.3　严格计量验收工作。做好各种食品原料、物料用品、五金材料和低值易耗品的收发、领用、转移和报废等环节上的计量验收工作。做好经营和管理中能源消耗的计量工作。

4　成本核算的基本原则

4.1　按照权责发生制原则计算成本，本期的营业收入和本期为取得这些营收而支付的费用相对应。

续表

××酒店标准文件		××酒店成本管理制度	文件编号××-××-××		
版本	第×/×版		页次		第×页

各项有关费用不得提前或延期列支。

4.2 必须划清应计入成本的经营管理费用与基本建设、专项工程支出及其他非经营成本费用的界限。

4.3 必须根据酒店行业的经营服务特点，以及加强经济核算的要求，制订切实可行的成本计算方法，以利于正确、真实地反映成本水平，提供决策依据。

4.4 成本计算方法一经确定，不得随意变动。

5 成本开支范围和成本费用项目

根据本酒店经营服务业务的实际情况，确定成本费用项目和相应的成本开支范围。

5.1 营业成本：指酒店各项经营业务的营业成本，包括为提供餐饮服务而发生的各种原料、辅料和调料的成本和商品进价成本。

5.2 营业费用：指各经营部门发生的各种费用，包括营业部门人员的工资、福利费、工作餐费、工作服费、洗涤费、仪容仪表费、燃料费、物料消耗、低值易耗品摊销运输装卸费、包装费、保险费、差旅费、广告宣传费及其他营业费用。

5.3 管理费用：指管理部门为组织和管理酒店经营活动而发生的各种费用，包括行政管理部门人员的工资、福利费、工作餐费、工作服费、洗涤费、仪容仪表费、办公费、差旅费、物料消耗、低值易耗品摊销、劳动保护费、工会经费、职工教育经费、劳动保险费、劳动保护费、待业保险费、广告宣传费、装饰布置费、邮电费、能源费、维修费、排污费、运输装卸费、清洁卫生费、车船使用费、交际应酬费、开办费摊销、无形资产摊销和其他管理费用。

5.4 财务费用：指为筹集经营所需资金等而发生的费用，包括利息净支出、金融和机构手续费等。

6 成本、费用的汇集和分配

6.1 按权责发生制原则：酒店当月发生的全部成本、费用均应在一级账户"营业成本""营业费用""管理费用""财务费用"等科目上，月末无余额。

6.2 低值易耗品的摊销方法，采用一次摊销法，即领用时一次计入费用，但领用部门或班组建立相应账册，控制费用，严格管理。

6.3 对于应由本期成本员担而尚未发生支付的费用，应通过"预担费用"科目分期计入成本，当费用发生时，如实际支付数同预担数有差额时，应在费用实际支付月份予以补销或冲销。"预担费用"科目年终一般应不留余额，如必须留有余额的，应请示主管部门。

6.4 对于本期支付而应由以后月份分摊的费用，应通过"待摊费用"科目分期记入成本，当费用发生时，按实际支付金额记入"待摊费用"科目借方。当结转本期成本应负担的费用时，从"待摊费用"科目的贷方结转至有关费用科目的借方，待摊费用的分摊期一般为一年，超过一年以上的，应通过资产科目的核算。

7 成本计划的编制和控制

7.1 成本费用计划的内容

7.1.1 食品原料成本计划，食品原料是指主料、辅料和调料，成本计划依据食品原料定额编制。

7.1.2 物料用品计划：物料用品是指客房、餐厅、康乐等部门为经营服务而消耗的用品，物料用品成本依据营业状况和消耗定额编制。

7.1.3 劳动工资计划。依据酒店经济效益的增减幅度与人员定额及工资总额编制。

7.1.4 固定资产修理计划。固定资产修理是指运营的房屋、设备和运输工具等固定资产的修理，计划依据设备运转完好率等技术质量指标编制。

7.1.5 费用计划。费用是指酒店经营管理过程中除直接成本外的各项费用，主要分为营业费用、管理费用和财务费用。各费用发生部门应根据费用定额和营业状况编制。

7.1.6 能源耗用计划。酒店的能源耗用是指水、电、液化气、燃料等的消耗，计划应按消耗定额和营业收入计划编制。

7.2 成本费用计划的编制步骤

7.2.1 收集、整理和分析有关主要基础资料

（1）有关经营业务计划。如营收计划、物品供应计划、劳动工资计划、固定资产维修计划、能耗和节能计划等。

（2）有关技术经济定额。如食品原料消耗定额、物料用品消耗定额、费用营收定额、岗位定员定额等。

（3）上年度实际成本费用和经济效益指标完成实绩及历史最好水平等资料。

（4）上年度总经理下达的经济效益和成本费用指标，完成情况及行业先进水平等资料。

续表

××酒店标准文件		××酒店 成本管理制度	文件编号××-××-××	
版本	第×/×版		页 次	第×页

（5）总经理下达的降低成本的目标指标等资料。

7.2.2 搞好试算平衡。试算平衡是成本预测内容之一，应根据影响计划期成本升降的各项主要因素，充分估计有利条件和不利条件，千方百计寻求节支途径，提出节支措施，测算成本可能达到的水平，分析成本降低的可行性和目标成本实现的保证程度，以确保成本降低指标和目标成本的完成。

$$费用支出计划总额 = 上本年营业收入计划总额 \times 营业收入费用率$$

$$营业收入费用率 = \frac{上年费用实际支出总额（元）\times [1+(费用增长因素\%)-(费用压缩目标\%)]}{上年营业收入总额（元）}$$

7.2.3 成本计划应在各部门的成本费用计划的基础上，由成本财产管理部负责汇总编制。各部门应加强各项成本经济资料的收集，落实本部门成本费用计划编制工作。编制方法应和成本核算方法一致，以便分析和考核。

7.2.4 成本计划编制后，按程序报批，经批准后，由成本财产管理部组织执行。
编制过程也是成本的预测和试算过程。自下而上的编制过程体现了成本的全员管理原则。

7.3 成本费用计划的分解落实

7.3.1 成本财产管理部将成本费用计划的有关控制指标，分解落实到各个有关归口管理部门，各归口部门再把部门指标进一步分解为各个具体小指标，落实到有关班级和个人，并结合班组和个人经济责任制考核指标的执行情况。使各部门、班组和个人明确各自的成本费用控制目标，关心成本费用指标的完成，使成本管理真正成为一项全员管理工作。

7.3.2 计划分解归口部门
（1）市场营销管理费计划由销售部管理控制。
（2）食品原料成本计划由餐饮部管理控制。
（3）综合服务项目成本计划由客房部管理控制。
（4）物料用品计划分别由客房部、餐饮部等有关部门管理控制。
（5）劳动工资计划由人力资源部管理控制。
（6）固定资产中小修理计划由工程部管理控制。
（7）能源耗用计划由工程部管理控制。
（8）行政管理费计划由总经理办公室控制。
（9）保安费用计划由保安部控制。

7.4 成本费用计划的检查控制
成本计划的检查控制是将成本费用的实际支出同计划成本费用相对照，将成本费用控制在计划范围之内。具体方法是将成本费用分为原材料、工资和费用三方面来实施控制。

7.4.1 原材料费用的控制包括食品原料、物料用品、五金材料等
（1）制订各种菜点的食品消耗定额。它既是编制食品原料成本计划的依据，也是各种菜点定价的依据。食品仓库应严格执行食品原料管理和收发制度，堵塞漏洞，减少浪费。
（2）建立物料用品和办公用品定额制度，应根据以前年度的实际消耗情况和营业情况，在确保服务质量的前提下，制订物料用品定额。
（3）五金材料的领用应严格按固定资产日常维修计划执行。对于修理金额大、修理时间较长的中小修理，必须立项备案，并下达限额修理卡。对追加费用、延期完工的项目需补办手续方可继续进行，否则仓库拒绝发料。日常零星修理项目，其费用应控制在总的中小修理费用计划之内。

7.4.2 工资费用的控制
（1）人力资源部应对定员计划实施检查，考核各部门劳动生产率，控制工资费用成本。
（2）人力资源部应严格控制计划外用工和加班工资支出，并编报计划外用工和加班工资计划报总经理、财务部经理审批，财务会计部依据审批报告支付费用。

7.4.3 费用控制
（1）费用控制应针对固定费用和变动费用的特点，对变动费用应控制其增长速度低于营业收入增长速度。对固定费用则应控制其绝对额的增长速度。
（2）要按责任会计原理，把费用划分为可控费用和不可控费用，并分解落实到各责任部门进行考核。

8 成本分析的制度

根据成本费用的动态变化，分析影响成本费用的各项因素。通过分析，发现成本管理上的薄弱环节，

续表

××酒店标准文件		××酒店 成本管理制度	文件编号××-××-××		
版本	第×/×版		页	次	第×页

提出改进措施和方法。

    8.1 建立和健全定期成本分析制度。在财务部经理的领导下,成本财产管理部应健全定期成本分析制度。月度分析应在年报送出后1个月内编报。

    8.2 建立和健全定期成本分析会议。成本分析会议一般每季度进行1次。会议由酒店总经理授权财务部经理主持召开,各部门经理参加。成本财产管理部向会议提出季度成本分析报告,阐述成本计划执行情况和成本管理上发现的问题。总经理或财务部经理针对成本分析报告所提出的问题,责成各有关部门落实措施及时解决,以确保成本计划的切实执行。

    8.3 成本分析的方法。成本分析必须运用一定的方法来计算说明。通常可采用对比分析和因素分析等方法,或者用几种方法综合分析。

拟订		审核		审批	

制度6:酒店物资管理制度

××酒店标准文件		××酒店 物资管理制度	文件编号××-××-××		
版本	第×/×版		页	次	第×页

    酒店的物资管理包括食品原料、物料用品、布件、工程维修材料及在库低值易耗品等。加强酒店物资管理是降低经营成本,提高酒店经济效益的重要途径。

1 物资管理的主要任务

    1.1 保证酒店经营活动的正常运行,促进管理水平的提高和经营业务的发展。

    1.2 在确保酒店服务质量的前提下,做好物资的合理采购和合理使用工作,加强仓储管理,堵塞漏洞,降低成本。

2 物资管理的基本方针

    供应有计划,计划有依据,储备、消耗有定额,管理有制度,实行ABC分类控制法,合理储备,按计划采购,按定额供应,积极处理呆滞积压物资,降低物资储备,加速资金运转。

3 物资核算的方法

    3.1 计价原则。发出物资一般采用加权平均法计价。一经确定,不得随意变更。

    3.2 入库物资按品种、规格进行明细核算,做到日清数量、旬结余额。

    不入库物资采用"对销账"核算方式。

    仓库员应及时记账,并按领用部门进行发出物资的分配、汇总,编制"物资收发存报表",报表一式二份,账表核对无误后,一份留存,一份附入库单、领料单登报财务会计部。

    3.3 财务会计部应加强对仓库财务工作和商品仓库账务工作的指导。及时解决核算中的疑难问题,每月对仓库财务进行稽核,确保物资账务的完整、准确及时。

4 物资管理的计划

    4.1 物资采购计划是组织物资供应的主要依据,物资采购计划必须在掌握市场行情的前提下,根据酒店综合经营计划、物资消耗定额、物资储备定额以及订货合同,充分考虑使用部门的合理要求进行编制。

    4.2 物资采购计划分为年度计划、季度计划和月度计划。年度计划是指导全年物资供应工作的主要依据,季度计划是年度计划的分解计划,用以明确季度物资采购供应工作的方向,月度计划是物资采购工作的具体实施与调整计划,计划编制按预算管理制度要求编制。

    4.3 计划外急需用品的采购视采购量的大小而分别采用追加计划和申购限额的办法予以解决。追加计划应随时申报。

    4.4 物资采购计划应列明"品名""规格""单位""期末库存量""月消耗量或储备定额""拟采购数量""预计单价""预计采购资金"等项目。采购计划一式三份,经财务部经理和总经理审批后,一分留

××酒店标准文件		××酒店 物资管理制度	文件编号××-××-××	
版本	第×/×版		页次	第×页

财务会计部,一份送审计室,一份送采购部组织采购。

5 物资管理的基础工作

5.1 物资消耗定额:物资消耗定额是编制物资采购计划的重要依据,是实施物资采购计划的基础条件,物资消耗定额必须符合合理、先进的要求。

5.2 物资储备定额:物资储备定额由财务会计部统一管理。财务会计部在物资消耗定额的基础上制订物资消耗资金定额和物资储备资金定额,并按季节进行调整。

5.3 酒店所有物资均由采购部统一采购外包单位商品除外。采购部应掌握市场行情,按"质优、价廉"的原则货比三家,择优采购,在同等条件下应先市内,后市外。如使用部门有特殊技术要求,可派人与采购员共同采购或使用部门自行采购,但须由采购部办理入库报销、领用手续。

5.4 物资采购若需订货的需按酒店合同管理制度要求签订合同,并盖有双方企业法人代表或具有法人委托书的代理人章和合同章。

5.5 物资采购后,入库物资由采购员填制入库单,入库单一式四联。物资经提运、验收、入库后经办人员分别签收。一联存根联,采购部留存;一联付款通知联,附发票经负责仓库管理的成本财产管理部经理签字后送总稽核员核对,计划外的再报财务部经理和总经理签字,送财务会计部付款;二联留仓库,其中一联仓库联,由保管员登记收、发、存、记录卡;另一联记账联,转仓库保管员记账。

不入库的物资填制收料单。收料单一式两联,经提运、验收、领用人员签收后,一联存根联,采购部留存;一联付款通知联,附发票经收料部门经理签字后送财务会计部核对,计划外的须报财务部经理和总经理签字后送财务会计部付款。

5.6 财务会计部监督采购制度的执行情况,按财务规定审核原始发票及入库单、收料单,审核无误,核销采购计划后付款。

5.7 所有外购物资均需验收后方可入库或领用,不合格的外购物资,不准入库或领用,验收所使用的计量工具应符合《计量管理制度》的要求。

5.8 物资验收员负责外购物品的验收工作,采购部对外购物品的质量在采购的全过程中负全部责任。

5.9 物资到店后应及时进行验收,尽量缩短入库待验时间,以便在发现差错和质量问题时,及时通知财务会计部拒付款项,并由采购部向对方索赔。鲜活食品、危险物品、贵重物品应随到随验。

被验物资的品种、规格、质量、数量、包装必须与随货凭证、入库单、收料单相符,包装的食品原料应注明生产厂家名称、厂址、商标、生产日期、保质期限、质量标准、包装规格等。

5.10 经检验不合格的物资应及时向部门主管及采购部报告,区别情况,及时处理。

(1)凡质量不合格的,未付款的应予退货,已付款的应向供应单位索赔,订有供货合同的,还应按合同规定的违约责任要求对方给予赔偿。

(2)质量等级下降,酒店尚可使用的以不影响酒店的服务质量为前提,应视情况予以退货或按货论价。

(3)数量短缺或有损坏的,应查明原因分别处理。

① 属供货单位发货不足的,应由采购部与对方单位交涉补足或通知财务会计部减付不足部分的货款。

② 属运输破损、遗失的,已保险的,应向保险公司索赔。

③ 仓库盘存属正常范围内的短缺、损坏,应填制损溢报告单说明情况,经部门主管批准后,予以核销。

④ 属酒店员工工作失职发生的短缺、损坏,应填制损溢报告单说明情况,同时追究有关人员的责任,给予处理。

5.11 物资经验收合格后,保管员即按规定签写入库单,并办理入库登记手续登记进货账、材料卡、料牌。

5.12 全店各类物资总仓库一律由成本财产管理部统管,但根据业务的实际需要经采购部同意,各业务部门可设立二级仓库,由总仓归口,部门自管。仓库保管员对所掌握的物资负有保管、保养、监督和检查的责任,严格执行物资的收、发、领、退、管等规定,严格履行岗位责任制。

5.13 仓库保管员应熟悉了解各类物资的保管要求,做到"二有"有:岗位责任、有储备定额;"三化":仓库环境整洁化、材料堆放系统化、材料收发制度化;"三相等":账、卡、物相等;"统一编号定位":按统一编号、分架、分层依次对号入座;"五五堆放";"五防":防火、防潮、防霉、防盗、防过期变质。

5.14 仓库保管员应掌握了解库存物资的储存期限,按先进先出的原则组织发货,防止呆滞变质。

续表

××酒店标准文件		××酒店 物资管理制度	文件编号××-××-××		
版本	第×/×版		页	次	第×页

5.15 酒店建立食品原料质量鉴定小组，鉴定小组由酒店有经验的厨师、食品检验员、仓库保管员组成，凡使用存放时间超过规定的食品及需报损的食品原料，均须通过食品原料质量鉴定小组鉴定后才能处理。

5.16 仓库应每月自行盘点1次，冷库定期冲洗，食品二级、三级仓库应逐日盘点，成本财产管理部每月对库存物资进行抽查稽核，财务会计部每年组织一次仓库全面盘点，盘点后应及时填制"库存物资物资损溢报告单"，说明原因，按审批权限规定分级处理。盘点中发现的呆滞积压物资应及时上报，并积极组织处理。

5.17 酒店的财产物资因盘盈盘亏及毁损变质或自然灾害等造成损失，应及时查明原因，分清责任，区别不同情况，按下列规定处理。
（1）属于定额内的正常损耗，列入本期管理费用。
（2）属于责任事故造成的损失，应视责任大小，由过失人赔偿损失的部分或全部。需要核销的部分，按规定的审批权限报经批准后，在管理费用中列支。
（3）属自然灾害等原因造成的非常损失，按规定的审批权限报经批准后，以其净损失即账面净值扣除保险赔偿和残值后，列作营业外支出。
（4）兼有责任事故及自然灾害等原因造成的损失，按酒店有关规定处理。
（5）流动资产盘盈，应查明原因，冲减管理费用，任何部门和个人不得隐瞒不报，不得抵补短缺和损失，或移作他用。

5.18 领用物资须凭领料单。领料单须经部门主管或相应有审批权的其他人员签署，手续齐全，保管人员才能发料。领用部门应指定专人领料。
仓库保管员发料时，应严格按照领料单填写的品名、规格、数量发货，并按实际发货数填列领料单中的实发数量，无特殊情况，实发数量不得超过申请数量。
领料单一式三联。领料后一联退领用部门，一联仓库留存及时登记账卡后交材料核算员登账，一联财务会计部进行账务处理。

5.19 实行以旧调新的物品工具。须报废单、领料单两单齐才可领料，其中属个人保管使用的工具还须带工具卡，因业务发展而需增领的部分，需领用部门主管、成本财产管理部经理会签后才可领用。

5.20 物料领用后，因质量、规格不符，领用部门要求退货的，应填写红字领料单，并说明原因，经领用部门主管、成本财产管理部经理会签后，准予退库。
属材料过程中发现的规格、数量不符，应及时调换。退库的物料须复验清楚，合理的方可入库。

5.21 退库的物品应加强管理，减少不必要的损失。凡列明保质期的日常用品、食品原料等应优先发出避免呆滞积压。

5.22 基本建设和工程所用的物资材料可参照本制度的要求进行管理，实物分开，账簿分设，用途分清，确保物资核算工作的真实性。

拟订		审核		审批	

制度7：低值易耗品管理制度

××酒店标准文件		××酒店 低值易耗品管理制度	文件编号××-××-××		
版本	第×/×版		页	次	第×页

低值易耗品具有数量大、品种多、使用期长短不一等特点。因此，管理、使用低值易耗品也是经营管理的一项重要内容。

1 低值易耗品的范围

1.1 按最新规定，单位价值不满2000元，使用期限较短的劳动资料属低值易耗品范围。

1.2 低值易耗品的分类

根据酒店的具体情况，酒店的低值易耗品可分为以下几类：

续表

××酒店标准文件		××酒店 低值易耗品管理制度	文件编号××-××-××	
版本	第×/×版		页次	第×页

大　类	小　类	细　类
（1）床上用品	羊毛毯	按规格分细类
	鸭绒被	按规格分细类
	枕芯	
	其他	
（2）布件	床上用布件	按品种规格登记
	床罩	按规格分细类
	洁理用巾	按品种规格登记
	餐巾专用布件	按品种规格登记
	各种帘套	按品种规格登记
	工作服	按品种规格登记
（3）器皿餐具	金属类	按品种规格登记
	玻璃类	按品种规格登记
	陶瓷类	按品种规格登记
	厨房用具	按品种规格登记
（4）工具类	度、量、衡具	按品种规格登记
	公用工具	按品种规格登记
	个人工具	按品种规格登记
	计算工具	
（5）其他	指不包括在上述范围内的其他低值易耗品	

2　低值易耗品的管理责任部门

低值易耗品的管理在酒店总经理和财务部经理的领导下，实行归口分级管理和"谁用谁管，管用结合"的办法。

2.1　成本财产管理部为低值易耗品的专业管理部门，负责低值易耗品的日常管理。
（1）负责在库低值易耗品的保管及核算。
（2）负责建立专用低值易耗品的管理制度。
（3）建立专用低值易耗品的辅助账，并定期到各部门清点和核查。

2.2　布草房负责床上用品、工作服及布件的日常管理。
（1）提供酒店所使用的床上用品、工作服、布件的备选式样、备选面料，供各使用部门及总经理决策。
（2）负责回收已使用过的床上用品及布件交洗衣房洗涤，并按回收数供应符合使用要求的床上用品及布件，负责员工工作服的洗涤收发工作。
（3）在用床上用品、布件和工作服的零星修补及少量床上用品、布件、工作服的制作。
（4）按"物资管理制度""定额管理制度"的要求，办理使用过程中床上用品、布件的报废、领用手续。
（5）按规定要求，登记在用床上用品、布件的收发情况，掌握在用床上用品、布件的动态。

2.3　餐饮部负责在用器皿餐具等的日常管理。
（1）编制酒店器皿、餐具的年度消耗计划。
（2）制订在用器皿、餐具的保管责任制。

续表

××酒店标准文件		××酒店 低值易耗品管理制度	文件编号××-××-××		
版本	第×/×版		页	次	第×页

　　(3) 按"物资管理制度""定额管理制度"的要求，办理器皿、餐具的报废、领用手续。办理餐厅在用布件的缺损申报手续。
　　(4) 经财务部同意，业务部门可设二级库，并相应建立在用器皿、餐具的台账，掌握使用消耗动态。
　2.4　客房部负责各管区所使用的低值易耗品的日常管理。
　　(1) 编制客房低值易耗品的年度消耗计划。
　　(2) 制订在用低值易耗品的保管责任制。
　　(3) 按"物资管理制度""定额管理制度"的要求，办理各管区在用低值易耗品的报废、领用手续。办理床上用品、布件的缺损申报手续。
　　(4) 按规定要求，建立在用低值易耗品二级、三级明细台账，掌握低值易耗品使用及消耗情况。
　2.5　工程部负责对个人工具、公用工具进行日常管理。
　　(1) 建立在用工具台账，掌握在用工具的使用动态。
　　(2) 对实行以旧换新的工具进行报废鉴定，办理新领工具的审批手续。
　2.6　各部门负责本部门使用的低值易耗品的管理工作。
　　(1) 编制低值易耗品的消耗计划。
　　(2) 建立在用低值易耗品的明细台账。
　　(3) 按"物资管理制度"办理低值易耗品的领发、保管等日常管理工作。

3　管理规定
　3.1　报废低值易耗品应先由使用部门填写报废单，使用部门经理签字后报财务部经理及总经理核准，报废物品的实物应交成本财产管理部验收后统一处理。
　3.2　领用低值易耗品应按照物资管理制度办理手续。一般实行以旧换新的办法，领用前应先办理报废手续，凭报废单、领料单领用新的低值易耗品。属增领或定额管理范围内的，应先经成本财产管理部财产管理员核准。
　3.3　低值易耗品的内部转移：在用低值易耗品在部门内转移的，由有关部门财产管理人员负责办理转移登记手续。
　3.4　在用低值易耗品跨部门转移的应由调入、调出，部门财产管理人员填财产转移单到成本财产管理部财产管理员处办理转移登记手续。
　3.5　低值易耗品的对外调拨，由财务会计部统一办理。在用低值易耗品对外调拨应由使用部门提出申请，报财务部经理和总经理批准后委托财务部门办理。任何使用部门无权直接对外调拨在用的低值易耗品。属"专控商品"范围内的低值易耗品对外调拨，应逐级报经财务部经理和总经理批准。
　3.6　低值易耗品费用的摊销，统一采用一次摊销法。

拟订		审核		审批	

制度8：采购管理制度

××酒店标准文件		××酒店 采购管理制度	文件编号××-××-××		
版本	第×/×版		页	次	第×页

1　采购业务流程
　1.1　制订采购计划
　1.1.1　由酒店各部门根据每年物资的消耗率、损耗率和对第二年的预测，在每年年底编制采购计划和预算报财务部审核。
　1.1.2　计划外采购或临时增加的项目，需制订计划或报告财务部审核。
　1.1.3　采购计划一式四份，自存一份，其他三份交财务部。
　1.2　审批采购计划
　1.2.1　财务部将各部门的采购计划和报告汇总，并进行审核。

续表

××酒店标准文件		××酒店 采购管理制度	文件编号××-××-××		
版本	第×/×版		页　次		第×页

1.2.2　财务部根据酒店本年的营业实绩、物资的消耗和损耗率、第二年的营业指标及营业预测做采购物资的预算。
1.2.3　将汇总的采购计划和预算报总经理审批。
1.2.4　经批准的采购计划交财务总监监督实施,对计划外未经批准的采购要求,财务部有权拒绝付款。
1.3　物资采购
1.3.1　采购员根据核准的采购计划,按照物品的名称、规格、型号、数量、单位适时进行采购,以保证及时供应。
1.3.2　大宗用品或长期需用的物资,根据核准的计划可向有关的工厂、商店签订长期的供货协议,以保证物品的质量、数量、规格、品种和供货要求。
1.3.3　餐饮部用的食品、餐料、油味料、酒、饮品等,由行政总厨、大厨或宴会部下申购单给采购部,采购人员要按计划或申购单的要求进行采购,以保证供应。
1.3.4　计划外和临时少量急需品,经总经理或总经理授权有关部门经理批准后可进行采购,以保证需用。
1.4　物资验收入库
1.4.1　无论是直拨还是入库的采购物资都必须经仓管员验收。
1.4.2　仓管员根据订货的样板,按质按量验收。验收完后要在发票上签名或发给验收单,然后需直拨的按手续直拨,需入库的按规定入库。
1.5　报销及付款
1.5.1　付款
(1) 采购员采购的大宗物资的付款要经财务总监审核,经确认批准后方可付款。
(2) 支票结账一般由出纳根据采购员提供的准确数字或单据填制支票,若由采购员领空白支票与对方结账,金额必须限制在一定的范围内。
(3) 按酒店财务制度,付款××元以上者要使用支票或委托银行付款结款,××元以下者可支付现款。
(4) 超过××元要求付现金者,必须经财务部经理或财务总监审查批准后方可付款,但现金必须在一定的范围内。
1.5.2　报销
(1) 采购员报销必须凭验收员签字的发票连同验收单,经出纳审核是否经批准或在计划预算内,核准后方可给予报销。
(2) 采购员若向个体户购买商品,可通过税务部门开票,因急需而卖方又无发票者,应由卖方写出售货证明并签名盖章,有采购员两人以上的证明及验收员的验收证明,经部门经理或财务总监批准后方可给予报销。
2　采购部业务操作制度
2.1　按使用部门的要求和采购申请表,多方询价、选择,填写价格、质量及供方的调查表。
2.2　向主管呈报调查表,汇报询价情况,经审核后确定最佳采购方案。
2.3　在主管的安排下,按采购部主管确定的采购方案着手采购。
2.4　按酒店及本部门制订的工作程序,完成现货采购和期货采购。
2.5　货物验收时出现的各种问题,应即时查清原因,并向主管汇报。
2.6　货物验收后,将货物送仓库验收、入库,办理相关的入库手续。
2.7　将到货的品种、数量和付款情况报告给有关部门,同时附上采购申请单或经销合同。
2.8　将货物采购申请单、发票、入库单或采购合同一并交财务部校对审核,并办理报销或结算手续。
3　食品采购管理制度
3.1　由仓管部根据餐饮部门需要,订定各类正常库存货物的月使用量,制订月度采购计划一式四份,交总经理审批,然后交采购部采购。
3.2　当采购部接到总经理审批同意的采购计划后(采购计划仓管部、食品采购组、采购部经理、总经理室各留一份备查),由仓管部根据食品部门的需求情况,定出各类物资的最低库存量和最高库存量。
3.3　为提高工作效率,加强采购工作的计划性,各类货物采取定期补给的办法。
4　能源采购管理制度
4.1　酒店工程部所负责的油库根据各类能源的使用情况,编制各类能源的使用量,制订出季度使用计划和年度使用计划。
4.2　制订实际采购使用量的季度计划和年度计划(一式四份)交总经理审批,同意后交采购部按计

续表

××酒店标准文件		××酒店 采购管理制度	文件编号××-××-××		
版本	第×/×版		页	次	第×页

划采购。

    4.3 按照酒店设备和车辆的油、气消耗情况以及营业状况,定出油库、气库在不同季节的最低、最高库存量,并填写请购单,交采购部经理呈报总经理审批同意后,交能源采购组办理。

    4.4 超出季节和年度使用计划而需增加能源的请购,必须另填写请购单,提前1个月办理。

    4.5 当采购部接到工程部油库请购单后,应立即进行报价,将请购单送总经理审批同意后,将请购单其中一联送回工程部油库以备验收之用,一联交能源采购组。

5 能源提运管理制度

    5.1 采购部根据油库请购单提出的采购能源品名、规格、数量进行采购。

    5.2 采购部将采购能源的手续办理好后,将有关单据、发票或随货同行单、提货单、提货地点、单位地址、电话等以及办妥提证后,连同填写委托提货单据,交油库办理签收手续,便以安排提运。

    5.3 各类油类、气类的验收手续,按油库验收的有关细则办理。

    5.4 提货完毕,应及时通知铁路卸车专线负责人,把空车拖走。

    5.5 验收情况要及时报告采购部。

拟订		审核		审批	

制度9:招议标采购工作条例

××酒店标准文件		××酒店 招议标采购工作条例	文件编号××-××-××		
版本	第×/×版		页	次	第×页

1 招议标工作概述

    为降低采购风险,满足酒店开业大批量物资采购需要,达到合理控制采购成本、提高采购效率、促进酒店开业进度的工作目标,经财务部牵头与酒店筹备组各部门成员一致讨论,按照××国际酒店筹备期采购工作要点,制订本酒店招议标工作条例,具体内容如下。

    1.1 成立酒店招议标小组

    根据筹备组全体成员会议讨论精神,××××年××月××日正式成立酒店采购招议标工作小组,具体成员名单:组长_____,副组长_____,成员_____,共_____人。

    1.2 招议标采购工作基本原则和要求

    1.2.1 物资招议标工作必须采取公开、公平、公正、透明,遵循竞争、择优的原则,进行"比质、比价、比服务"的综合评价。

    1.2.2 招议标采购工作必须在财务部及采购部的监督下进行。采购部负责组织物资的招议标工作,对授权范围内申购部门的招议标处理方式先评标,后将1~3家标书结果提交采购部负责人处再议标、定标,直至签订合同。

    1.2.3 采购部组织招标的经办人员原则上不能参与议标与评标。

2 招标说明书格式要求

    2.1 封面

酒店招标文件

标书编号:

招标人:××××国际酒店

续表

××酒店标准文件		××酒店招议标采购工作条例	文件编号××-××-××	
版本	第×/×版		页次	第×页

2.2 目录

目 录	
1.投标人须知	页码
2.合同格式	页码
3.投标书格式	页码
4.货物需求清单及报价表	页码
5.资格证明文件	页码

2.3 正文
2.3.1 投标人须知

投标人须知

为了切实做到"公开、公平、公正、透明",引导投标人进行正确投标,特制订本通告。
一、总则
1.投标费用:无论在投标过程中的做法和结果如何,投标人承担所有与编写和递交投标文件及样品有关的费用,招标人在任何情况下不负担这些费用。
2.采购用品要求:适应五星级酒店档次的用品或一次性用品并要求提供多层次实物样品。
3.采购方式:招标人实行定价采购实施方案,对市场价格相对平稳的物资采取约定期内(一年)定价采购。
二、招标文件
1.投标人应仔细审阅招标文件中所有须知、格式及条款。投标人未按招标文件要求提供全部资料或提交的投标文件未对招标文件作出实质性响应,那么投标人所投的投标文件将视为废标。
2.如何要求对投标文件提出澄清的投标人,应在投标截止日期前按招标通知中载明的通信地址以书面形式(包括信函、传真)通知招标人。招标人对投标截止日期前收到的任何澄清要求以书面形式予以答复。
3.在投标截止日期前任何时候,无论何故,招标人可主动地或在答复投标人提出澄清的问题时对招标文件进行修改。招标文件的修改将以书面形式通知所有投标人,并对其具有约束力,投标人应立即以传真形式确认已收到该修改。为使投标人在准备投标文件时有合理的时间考虑招标文件的修改,招标人可酌情推迟规定的投标截止日期。
三、投标文件的编制
1.投标文件的组成:
(1)按规定填写的投标书格式和投标报价表。
(2)证明投标人有资格投标以及如果中标有能力履行合同的证明文件。
(3)证明投标人提供的物品及其辅助服务是合格的,并符合招标文件要求的证明文件。
2.投标书格式:投标人应填写招标文件中提供的投标书格式及其适用的投标报价表,注明提供的物品、生产厂家、品牌、价格、服务承诺。
3.投标报价:报价为一轮报价,价格为到达招标人公司综合含税价,含17%增值税。投标人在投标文件所附的投标报价表上写明的拟提供物品的单价在合同执行过程中是固定不变的,非固定的投标价格将被招标人拒绝。
4.投标文件的式样和签署:投标文件须由投标人或经正式授权并对投标人有合同约束力的人签字,后者将"授权委托书"以书面形式附在投标文件中。投标报价表每页须有投标人签字和盖章。投标文件中不许有加行、涂改,若有涂改须由签署投标文件的人进行签字。传真投标概不接受。
四、投标文件及样品的递交
1.投标人应将投标文件及相应样品密封后,在投标截止日期前递交至招标人,并注明招标编号及在规定的开标日期前注明"不准启封"的字样。
2.提交投标文件截止日期为××××年××月××日前,对于迟交的投标文件及相应样品,招标人将拒绝接收。

续表

××酒店标准文件		××酒店	文件编号××-××-××
版本	第×/×版	招议标采购工作条例	页次 第×页

3. 投标人在投标文件提交后可对其进行修改或撤销,但招标人须在提交投标文件截止日期前收到该修改或撤回的书面通知,投标截止日期后不得修改投标文件。

五、开标和评标

1. 开标

(1) 招标人在规定的时间、地点开标,不邀请投标人参加。

(2) 为有助于对投标文件的审查、评估、比较,招标人可以请投标人澄清其投标内容,提出澄清的要求与答复均应是书面的,但不得要求或提出改动价格或对标书内容进行实质性的修改。

2. 评标方法:招标人在评标时,通过对样品质量的比较,在同等质量的前提下,以投标质优价廉者中标,除考虑投标人的报价外,将会综合考虑以下因素。

(1) 投标人的保供能力、交货周期。

(2) 与合同条款规定的付款条件的偏差。

(3) 提供售后服务的情况。

(4) 投标人的资信、存货等情况。

六、授予合同

1. 招标人将把合同授予中标人。在授予前,仍需进行资格审查。如果通过,则授予合同,否则,招标人将对候选的投标人的能力做类似的审查。

2. 合同签订

(1) 中标人确定后,招标人将以书面形式通知中标人,并将中标结果通知所有未中标的投标人。

(2) 中标通知书对招标人和投标人具有法律效力。若中标人放弃中标项目的,应当依法承担法律责任。

(3) 中标人在收到中标通知书后,应在中标通知书规定的时间内,派授权代表前来签订合同。

(4) 为保证招标人20××~20××年一次性用品的正常供应,避免出现投标人采用先压低投标价格中标,执行合同过程中以次充好或要求提价否则不予供货等不正当手段竞争等情况发生,中标人在签署合同前,需交纳_____元整(RMB:_____元)履约保证金。

2.3.2 合同格式

定价供货协议

卖方: 卖方合同号:
                       买方合同号:
                       签订地点:
买方: 签订日期:

第一条 产品名称、数量、金额、供货时间等:

一、名称、规格型号、品牌:详见附件一

二、合同单价:详见附件一

三、交货时间、要求

(1) 卖方应按确定的品牌,根据买方实际需求清单,及时组织供货。为保证买方急需,卖方应适当备有库存。若卖方不能及时满足买方需求,影响买方经营的,买方享有解除合约之权利。

(2) 交货时卖方须随货附交货清单,交货清单内容应包括:产品名称、规格型号、品牌、生产厂家、数量等。交货清单一式三联,经买方验收签字后,一联留买方,一联结算时附发票后,一联由卖方留存。

(3) 卖方代办运输影响交货时间,由卖方承担责任,并设法采取补救措施,确保买方营业需要。

(4) 卖方应当按适应五星级酒店档次的确定品牌供货,不得随意更改。在特殊情况下(该品牌市场缺货,或市场质量状况较差),需更换品牌时,卖方必要事先取得买方的同意后保质供货,价格双方另行商定。

第二条 质量要求

一、卖方应当保证所供产品的质量正宗,如买方发现有假冒产品,卖方除负责及时调换外,还要在履约保证金中每次扣除_____元,若因产品质量问题造成买方损失的,还需另外赔偿买方经济损失。在约定期内发生两次所供产品为假冒产品的,买方将解除供货协议。

××酒店标准文件		××酒店 招议标采购工作条例	文件编号××-××-××		
版本	第×/×版		页 次		第×页

　　二、当产品本身存在质量缺陷，买方有权选择退货或调换，卖方须及时补缺，保证买方营业正常需求。
　　第三条　交（提）货地点、方式
　　一、交货地点：买方营业地。
　　二、交货方式：按买方实际需求清单供货。
　　第四条　运输方式及到达站、费用负担
　　一、运输方式、到达站：汽运至买方营业地。
　　二、费用负担：卖方负责承担。
　　第五条　验收标准、方法及提出异议的期限
　　一、验收标准：按合同第二条执行。
　　二、验收方法：以买方验收为准。
　　三、提出异议的期限：若质量和数量有异议，在货到30日内提出。
　　第六条　结算方式及期限
　　产品验收合格（符合合同有关条款）后次月结算，在卖方提供有效发票和运输发票后支付。
　　第七条　违约责任
　　一、卖方违约责任：
　　（1）卖方不能交货的，应向买方偿付违约金。产品的违约金为不能交货部分货款总值的10%。
　　（2）卖方所交产品的名称、规格、数量、质量等不符合合同规定的，由卖方负责包换或包退，并承担调换或退货而支付的实际费用。卖方不能调换的按不能交货处理。超过交货期的按逾期交货处理。
　　（3）逾期交货的应比照中国人民银行有关延期付款的规定，按逾期交货部分货款总值计算，向买方偿付逾期交货的违约金。
　　（4）产品发错到货地点或接货人的，卖方除应负责运交合同规定的到货地点和接货人外，还应承担买方因此多支付的一切实际费用和逾期交货的违约金。
　　（5）卖方未经买方同意，单方面改变运输路线和运输工具的，应当承担由此增加的费用。
　　二、买方违约责任：
　　（1）实行送货或代运的产品，买方违反合同规定拒绝接货的，应当承担由此造成的损失。
　　（2）由于买方保管、储存和使用不当等原因造成的产品质量问题由买方负责。
　　第八条　解决协议纠纷的方式
　　双方协商解决，若协商解决不成，向买方所在地法院（××市中级人民法院）起诉。
　　第九条　其他约定事项
　　本协议价在约定期限内一般情况下不作调整，若市场价格波动较大，双方另立协议确定价格。未尽事宜，双方另行协商。
　　第十条　协议约定期限
　　本协议约定期限为自20××年××月××日起至20××年××月××日止。有效期一年。
　　第十一条　本协议附件一均为本协议不可分割的组成部分，与协议正文具有同等效力。
　　第十二条　对本协议条款的任何变更、修改或增减，须经双方协商同意后授权代表签署书面文件，作为本协议的组成部分并具有同等的效力。
　　第十三条　本协议自双方授权代表签字、盖章后生效，协议一式四份，买卖双方各持两份。

买　　　方：	卖　　　方：
地　　　址：	地　　　址：
法定代表人：	法人代表人：
委托代理人：	委托代理人：
经 办 人：	经 办 人：
电　　　话：	电　　　话：
传　　　真：	传　　　真：
开 户 银 行：	开 户 银 行：
账　　　号：	账　　　号：
邮政编码：	邮政编码：
税　　　号：	税　　　号：

续表

××酒店标准文件		××酒店 招议标采购工作条例	文件编号××-××-××	
版本	第×/×版		页　　次	第×页

<table>
<tr><td colspan="6">附件一：

　　　　　　　　　　　　定价物资供货清单</td></tr>
<tr><td>品名</td><td>规格</td><td>数量</td><td>单价</td><td>金额</td><td>包装</td></tr>
<tr><td></td><td></td><td></td><td></td><td></td><td></td></tr>
<tr><td></td><td></td><td></td><td></td><td></td><td></td></tr>
<tr><td></td><td></td><td></td><td></td><td></td><td></td></tr>
</table>

2.3.3　投标书格式

投标书

致：××国际酒店有限公司

根据贵方为20××年××月××日起至20××年××月××日一次性用品招标采购的投标邀请（标书编号_____），签字代表_____（全名、职务）经正式授权并代表投标人_____（投标人名称）提供下述文件及物品。

1．投标报价表。
2．资格证明文件。
3．适应五星级酒店标准的投标实物样品。

据此函，签字代表宣布同意如下。

1．所附投标价格表中的报价为有效的。
2．投标人将按招标文件的规定履行合同责任和义务。
3．投标人已详细审查全部招标文件，包括澄清函和修改文件以及全部参考资料和有关附件，投标人完全清楚其应放弃提出一切引起含糊不清或误解的权利。
4．本投标自开标日起有效期为_____个工作日。
5．投标人同意提供按照买方可能要求的与其投标有关的一切数字或资料，并对买方可能不接受最低价投标及任何投标表示理解。

　　投标人名称（公章）：
　　授权代表姓名：
　　地址：
　　电话：

2.3.4　货物需求清单及报价表
2.3.5　资格证明文件
（1）营业执照。
（2）公司简介。
（3）税务登记证。
（4）法人证书。
（5）法人代表授权书。
（6）卫生许可证（投标单位）。
（7）卫生许可证（产品生产单位）。
（8）近期主要业绩。
（9）商标使用许可证。
（10）单个品种检验报告。

续表

××酒店标准文件		××酒店招议标采购工作条例	文件编号××-××-××	
版本	第×/×版		页次	第×页

（11）经审计的前一年的年财务报表。
（12）其他：最近3年本公司牵涉的主要诉讼。

3 酒店物资招议标采购处理细则

3.1 招标工作范围及要求

3.1.1 酒店开业所需的家具用品、陶瓷器皿、客房易耗品、清洁用品、棉织品、电器设备、印刷品、柴油、液化气以及必备的办公用品、修理用品备件，还包括酒店开业以后用的大米、食用油等各项物资原则上必须通过招议标进行采购。

3.1.2 开业物资采购申请单中的单类品种一次性需支付5000元以上或月累计支付超5000元以上，且属于酒店开业后常用的采购物资，需经过招议标进行采购。

3.1.3 除酒店开业物资采取招标采购外，酒店正常营业后，招议标工作每年进行1次，合同到期前2个月由采购部协同使用部门开始准备下一阶段的招议标工作，及时确定新的供应渠道，签订新年度的供货合同。合同执行过程中如遇供应单位严重违反合同约定，造成酒店利益损失的可终止合作关系，采购部重新开展招议标工作，寻找新的供应单位。

3.1.4 招议标确定的供应商在合同有效期内多批次供货，每批次价格可根据市场变化，实行询比价确认。

3.2 实行询比价采购范围

3.2.1 采购的物资只能从唯一渠道获得采购的物资或××集团内已进行招议标的。

3.2.2 使用数量小，无批量优势，用招议标采购不能进一步降低价格的物资。

3.2.3 供应商供货范围和品种因公司经营变化而发生变动，单次采购总金额低于5000元，且只需采购部采取单批次购置时。

3.2.4 酒店营业后的鲜活原材料及调味品均实行询比价采购，且价格按每期鲜活及调味品定价执行，询价人员由采购部、财务部及餐饮部厨房3个部门组成。

3.2.5 对特批的计划外物资按照货比三家的原则实行零星紧急采购。

3.3 招议标市场调研要求

采购部和使用部门应积极开展市场调研，做好招议标前的准备工作（标的、标书的拟定等），统计拟定招标物资的原采购渠道、原采购价格和预计需求量，并进行市场调研，对招议标物资的市场分布、生产厂家进行了解，提交对前期供货单位合同履行情况的评审报告，努力寻找满足资质条件的新渠道。对不具备招标采购的物资做好询价、比价和议价工作，并建立各类物资市场价格原始台账。对不具备招标条件的物资采购调研应按以下操作程序进行。

（1）采购员或已授权的使用部门需在市场调研的基础上，要初步对有意向合作单位进行评估。

（2）收集各种有效证件：包括产品经销单位资信证件、产品生产单位资信证件等相关的有效证件。

（3）提供3家以上符合要求的供应商报价。

（4）由采购部负责人进行审核，并派人进行针对性的市场调研，补充资料。

3.4 供应商选择

3.4.1 供应商资信的审查

由采购部、财务部和使用部门根据采购部收集的资料、生产厂家、价格及其变化趋势进行综合调查、分析、论证后，对有资格供货的供应商进行资信审查（注册资本、企业信誉、违规行为、产品质量和经营范围等），以确定是否具有供货合同履约能力和独立承担民事责任的能力。

3.4.2 供应商的选择原则及评定

采购部根据市场调查的结果，会同相关部门拟订招标供应商，参加投标厂商不得少于3家。招标书送达后集体（招标小组和使用部门责任人，重要标书须有董事长参加）揭标、评标、议标，然后确定中标单位。

4 招标采购工作流程

4.1 统计招标材料

物资申购部门需按照物资采购的招议标范围，汇总所属部门招议标物资的采购需求量，协同采购部寻找5～7家供货商，开拓采购渠道、掌握采购价格。

续表

××酒店标准文件		××酒店 招议标采购工作条例	文件编号××-××-××	
版本	第×/×版		页 次	第×页

4.2 供应商评审

采购部或使用部门按照比质、比价、比售后服务原则从5～7家供应商当中选取3家供货商的详细资料提交各酒店招投标小组,经小组成员初步评议后进行公开发标,下达招标通知。

4.3 招投标对象递送标书

招标对象必须按照酒店招投标的规定要求和时间节点向酒店采购部投送标书,若延迟投递标书,将被认为弃标。

4.4 招标小组评标效力

采购部在收到供应商密封的标书后需提前2天通知招投标小组成员,告知:评标时间、评标地点。若财务部或超过评标小组半数以上(评标小组共7人)成员因故未能按规定时间抵达开标现场,不得评标。

4.5 评标

招标小组进行集体评标,依据评分规则经达成一致意见后,以书面形式初步议定评标单位,财务部负责评标过程中原始单据的收集,留档备存。

4.6 定标

招标小组在第一时间内将招标小组评标结果进行上报,经董事长批复后,由采购部通知中标单位与采购部签订供货合同协议。

5 招议标评分标准及细则

5.1 价格标准

招标小组成员在揭标后需严格按照招标单位提供的货品价格进行评分,在价格评分过程中,小组成员要充分考虑该货品的品牌效力和市场占有率予以客观评价。

5.2 质量标准

作为评标的一项重点,招标小组在进行质量标准评分时要对招标货品的规格、大小、成色、紧密度等产品本身因素并结合该货品价格及市场口碑进行评分。

5.3 环保、售后及其他

招标小组成员在进行完价格、质量评分后,还要结合货品的环保要求、特殊物品微量元素含量(如家具类)以及可提供质保、售后服务进行综合打分。

6 采购供货合同签订

6.1 正式合同签订隶属于酒店采购部。

根据招标、议标结果,采购人员要参照《中华人民共和国合同法》及相关规定要求拟订规范的合同,由采购、财务等相关部门审核后,办理"合同审查会签单",报酒店总经理和董事长批准后正式签约。合同签订后,合同原件及会签表原件交财务部,比价原始资料由采购部留存。

6.2 合同签订原则

原则上所有物资的采购都需签订正式的文本供货合同,并确保供应单位资信齐全。对于酒店开业后鲜活原材料等以个体名义经营的供货商在合同或合作协议中需提供固定的经营场所、有效证件及联系方式。

6.3 招议标采购非合同类采购货品处理

零星购入对质量要求不高、购买数量少、单位价值不超过200元、不涉及售后服务、不涉及质保索赔事宜且每次采购总金额不超过1000元的物资(包括备件、办公用品)采购可不签订合同,并可以在市场中直接以现金采购。

6.4 合同变更或续签

物资供应合同在实际执行过程发生变更,经双方协商可以终止合同,并按合同签订程序重新签订合同或选择新的合同单位。若在合同执行过程中,供货方违反合同约定事项,严格按照合同违约条款。

拟订		审核		审批	

制度10：库房物品管理制度及程序

××酒店标准文件		××酒店 库房物品管理制度及程序	文件编号××-××-××		
版本	第×/×版		页 次		第×页

1 政策

　　这是××酒店的库房管理政策。此政策是为保证酒店正常运营，实现降低库存成本、节约资金的目的，要求库房人员对储存在仓库的所有物品的种类、数量及价格进行严格的控制，对库房物品的收、发、领、退及报废进行严格管理。

2 目的

　　制订此政策的目的是保证各类物品有充足的供应，避免积压，降低成本，节约资金。

3 程序

　　3.1　库房收货

　　3.1.1　仓库保管员通过收货部收到货物。

　　3.1.2　每张收货报告必须与每批货物相对应。

　　3.1.3　仓库保管员必须认真清点货物的数量，并与收货报告核对，核对相符后在收货报告上签字以表示确认收到货物，如遇收货记录与仓库记录不符，必须及时通知收货人员直到问题解决。

　　3.1.4　签过字的收货报告，其中一联保存在仓库保管员手中作为入库凭据。

　　3.1.5　物品保存在指定的地点，仓库保管员立即调整"BIN-CARD（货卡）"，并在收货报告上做记录以显示收货报告上的数量已被记录到"BIN-CARD"上。

　　3.1.6　工作完一天，收货部人员把一天的"总库收货记录日报表"的复印件转给仓库保管员。

　　3.1.7　仓库保管员检查是否当天的收货都记录在收货日报表中，把手中所有收货报告的副联加出总数，与报表对照。

　　3.1.8　如果记录不一致，仓库保管员要调整库存卡。

　　3.1.9　从运作部门退回存货是不允许的，除非有财务经理和总经理的批准同意，只有库房的存货项目才允许退回到库房。

　　3.2　库房设施

　　3.2.1　所有的库房必须备锁，在不发货的时候必须锁好。

　　3.2.2　如可能，避免使用外部的仓库设施及离酒店较远地方的设施。

　　3.2.3　库房设施要按相关的被保护存货的价值以及运作的方便来使用和分配。

　　3.2.4　库房的设施要有适当的温度及温度控制设备来保证环境，适合库房的需要。

　　3.2.5　库房的设施要有适当的灯光和通风系统，要特别关注洒水器、灭火器和易传染地区。

　　3.3　钥匙控制

　　3.3.1　只允许一套钥匙流通使用，另一套应保留在财务经理手中以备急用。

　　3.3.2　所有钥匙都要贴有标签。

　　3.3.3　当库房锁好后，所有钥匙要封在一个信封中，存在前台收款员处。

　　3.3.4　由总经理签字授权的可领钥匙的人员名单，要保留在前台处，所有钥匙只对名单上的人员发放。

　　3.3.5　记录本要保存在前台，记录钥匙的签进签出，每一条必须有两个签字——领钥匙人或归还钥匙的人、收款员或夜审接收或发放人。

　　3.3.6　为保证库房安全，库房门的锁要定期更换。

　　3.4　库存物品进价

　　所有存货项目的单价（成本）要注意以下几点。

　　3.4.1　存货应当按照实际成本登记入账

　　（1）购入的存货以买价加运输、装卸、保险等费用和应缴纳的税金作为实际成本。

　　（2）盘盈的存货，按照原实际成本或者同类存货的实际成本入账。

　　（3）自制自产的存货，以制造生产过程中的各项实际支出作为实际成本。

　　3.4.2　每个项目的单价都要反映在采购申请单、收货报告中。

　　3.4.3　每月底要与成本人员对单价进行检查，发现不符，查明原因，及时调整。

　　3.5　库房纪律

　　3.5.1　所有库房必须保持清洁、干燥、良好的通风和良好的照明。

续表

××酒店标准文件		××酒店 库房物品管理制度及程序	文件编号××-××-××		
版本	第×/×版		页	次	第×页

3.5.2　所有项目应标出收到货物的日期。
3.5.3　每一个库房的物品应有一个标准的存放地点,经常用的物品应放在方便的地点。重的物品应放在离门较近的地方,轻的物品要放在较高的架子上。
3.5.4　新运到的物品要放在架子上已有货物的后面。
3.5.5　库房发货的时间根据实际情况确定,一般日常用品可每星期2次,若遇紧急需要可随时发货。
3.5.6　没有财务经理的批准不得增加新的库房项目。
3.5.7　实地盘存必须按确定好的时间要求来进行。
3.5.8　每个库房实地检查的计划和确切时间必须确定。管理人员要视察并确保计划适合运作。
3.5.9　在实地存货清点的过程中,不允许收货或发货。
3.5.10　必须任命实地库存检查的负责人员。
3.5.11　每一个地区要有一个专人负责。
3.5.12　为避免实物清点的重复性,库存清点区域从开始到结束都要在备忘录中注明,如有必要,小组成员必须熟悉存货并先清点1次。
3.5.13　存货摘要必须在月末5日内完成。
3.5.14　部门经理和财务经理授权决定同意或否决存货摘要报告,如果存货摘要报告被否决,要弄清原因,同时新的存货程序要在同一天安排好。
3.6　长期库存记录
长期库存记录设置的目的如下。
3.6.1　及时提供使用的信息以及库存的数量以备再订货时有数据参考。
3.6.2　随时可形成账本上的库存与实际库存的比较情况。所有其他库存项目都需要作"长期库存记录"。
3.7　库存卡
库存卡是用来记录各类物品入库、发货、损坏/腐烂以及所有存货项目的调整的卡片。这些项目都要受长期库存记录的控制。仓库保管员每天记录和更新"库存卡"的记录,每一个库存卡上的余额代表可随时发出货物的实际数量。
库存卡必须与月存货记录相一致,所有长期记录与实际存货记录的不同之处必须调查清楚,并报告给财务经理。
3.8　物品申请单
3.8.1　设置物品申请单的目的
(1)物品领用申请单是各部门根据需要到库房领用所需物品的单据。
(2)保证库存物品的发出只用于允许的范围内。
(3)提供原始的发货数据资料,便于财务准确核算各部门费用。
(4)保持长期的存货记录以及部门成本摘要记录。
3.8.2　物品申请单的批准
(1)有权签字人员必须经总经理授权。
(2)有权签字/批准人员名单以及各自的签字样本的复印件要发到每一个库房保管员手中。
(3)各部门填制一式三联的物品申请单,经总经理授权的签字人员审批签字后可到库房领用。
3.8.3　物品的领用
部门人员持物品申请单到库房领货,库房保管员经对各项进行认真审核确认无误后发货,之后库房保管员要在物品申请单的发货人处签字,并将第三联退给领用部门,一联留库房做销账之用,一联转成本。
3.8.4　物品申请单的保管
(1)仓库保管员要妥善保管所有的物品申请单,如果仓库申请单数量较多,则可每25页或50页装订一本,为方便保存和查找,要在装订本上印上数字编号。
(2)准备一个笔记本来记录所有大批申请单的进货和发货,按类别分类。
(3)建立"签出"记录本,记录发出申请单的系列编号,每一个保管人员要在记录本上签字表示收到的申请单。
仓库申请单的发出与使用都要有严格编号控制制度。
3.8.5　申请单的准备工作
(1)总库申请单用于所有库房存货的发出。

××酒店标准文件		××酒店	文件编号××-××-××		
版本	第×/×版	库房物品管理制度及程序	页	次	第×页

（2）申请人在申请单上列出项目和数量，在最后一个项目用线封死，并在"REQUESTED BY_____（应_____的要求）"的空白处签字，让授权名单上的人签字批准。

3.9 库房发货程序

3.9.1 仓库人员只有在收到完整的、批准后的申请单后，才可发出货物，仓库保管员发货并签字后保留两个副联，将第三联转回使用部门。发货后，由仓库人员填入单价，计算汇总申请单上的金额，然后记入到存货卡上。

3.9.2 完成计算和登账后，根据申请单摘要（按项目、餐厅或部门等），仓库保管员准备"发货摘要日报表"，并将申请单第一联附在后面。第二天，把"发货摘要日报表"和所有申请单第一联转到成本控制部。

3.9.3 仓库人员保留所有申请单的第二联，作为日后的查询。

3.10 仓库发货报告

仓库保管领班按照财务经理建立的程序，负责编制库房发货报告，按以下方法完成报告。

3.10.1 总库申请单日摘要

此摘要是根据每天所填的申请单，从总库发货到各餐厅或各部门的摘要报告。

仓库保管员负责把总库发货的所有记录都记录在报告上，为取得发货的总数，仓库保管员必须计算每一个申请单，计算摘要总数，纸带必须附在每一个申请单后，所有的申请单都订在一起，纸带附在后面，显示所有申请单的总数。

3.10.2 运作设备申请摘要周报表

此报表是表示从运作设备库房发货到各餐厅或各部门的摘要报告，每天的申请单是来源文件。仓库保管员负责准备此报告。

要取得发货总数必须计算单个申请单，计算摘要汇总，纸带必须附在单个申请单后面。

所有的申请单要订在一起，加上纸带显示从申请单中计算出的总数。

3.11 存货发出计价方法

存货发出计价方法采用"先进先出"法。

3.12 存货程序检查

为核实长期库存记录的准确性，要强制性地按下列程序进行存货检查。

3.12.1 每个月都要对总库和工程库项目进行存货检查。

3.12.2 每个季度都要对运作设备进行存货检查。

3.12.3 存货检查准备

（1）只在一天工作结束的时候进行库房存货的清点，财务经理必须发布一个备忘录，明确清点日期、时间、地点，给每一个相关的部门领导。

（2）关于清点工作成员的安排必须明文规定，并要分发到各相关人员。

（3）"清点单"必须编号，如可能，列出摘要。

3.12.4 仓库保管员必须确保所有库房要按照库存项目正确存放，组织成有利于准确清点的方式。

所有"BIN CARD（货卡）"卡要在清点开始之前更正好。

3.12.5 每一项存货都应分开堆放，事先清点以方便准确计算和节省时间。

3.12.6 部门领导负责确保在他/她工作的时候，库存货物的需要能被及时补充，以确保在存货清点的时候，没有人持申请单去领货。

3.13 实地清点货物

3.13.1 存货的核算，一般采用永续盘存制。

3.13.2 存货每月月末盘点一次，盘存数如果与账面记录不符，应当于查明原因后及时进行会计处理，一般在年终结账前处理完毕。

3.13.3 盘盈的存货，应由仓库保管员填写存货盘盈报告，上报仓库及收货领班复核之后报财务经理及总经理审批，然后报总账进行会计处理。一般应当相应冲减有关费用。

3.13.4 盘亏或者毁损的存货，应由仓库保管员填制一式三联的盘亏/毁损报告，并附毁损物品证明，仓库及收货领班要进行认真复核，然后上报财务经理批准后报总经理审批。总经理审批后，一联转回库房做调整库存卡之用，一联给成本，另一联给会计做账务处理，会计在处理盘亏或毁损的存货时，在扣

续表

××酒店标准文件		××酒店 库房物品管理制度及程序	文件编号××-××-××		
版本	第×/×版		页	次	第×页

除过失人或者保险公司的赔款和残料价值之后，应当相应计入有关费用，其中由于非常原因造成的损失计入营业外支出。

3.14 审计核查

3.14.1 在审查期间，由财务经理派人进行"现场检查"，检查库存物品单中至少10%的物品数量及价格。

3.14.2 财务部人员必须核实计算结果以及各个存货记录单的总和及存货摘要。

3.15 存货文件

3.15.1 清点记录单和存货摘要必须由清点人员签字，列单员和相关财务人员核查数字计算过程并加出总和数，并请财务经理批准同意，为了与此项需要相结合，避免签字人在各自不同的清点单上签字，建议设计一个"封面清单"来记录以上人员的签字认可。

3.15.2 样式

```
库房
日期
清点人
列单人
传递人
批准人              （部门经理）
批准人              （总经理）
```

3.16 存货摘要批准

由各部门经理和财务经理批准实地存货清点和存货价值的确定。

3.17 存货调整

3.17.1 长期存货记录必须要在相应的记账期间后，按照实际的存货记录做相应的调整。

3.17.2 在账本记录调整以前，要按照月结的时间安排进行一次全面的检查，事先必须获得财务经理和总经理的批准认可。

3.17.3 任何调整均要由财务经理报告给酒店负责人。

3.18 废弃/不用的物品

3.18.1 在实地存货检查中，如证实有损坏/不用的物品应分别记录在存货表中。财务经理与各负责部门领导核实，确保所记录物品为废弃/不用的物品。一旦得到确认，要与总经理协商，由其决定确认是否处理或替换使用这些物品。

3.18.2 一旦处理结果确定下来，所有与处理废弃/不用存货物品的相关费用将被直接记入相应的使用部门的账户。

3.19 慢耗物品报告

3.19.1 由财务经理和采购部经理告知各有责任的部门领导"慢耗物品报告"，以便计划如何使用这些物品。

3.19.2 仓库及收货领班需按月填制"慢耗物品表"。

3.19.3 下列是规定的慢耗物品的时间，以上一次发货为起初日。

总库：6个月以上。

运作设备库：1年以上。

3.19.4 仓库保管员有责任在每月7日内准备和完成慢耗物品报告。

3.19.5 会计师要在分发前查阅此报告，然后分发给财务经理及各有关部门领导以及总经理。

拟订		审核		审批	

制度11：费用支出管理制度

××酒店标准文件		××酒店 费用支出管理制度	文件编号××-××-××		
版本	第×/×版		页	次	第×页

1　费用支出预算管理

　　1.1　酒店实行"费用支出按年度预算，分月调整预算执行计划"的管理办法，即各部门每年年末根据酒店年度工作计划，编制各部门下年度费用预算。每月月末，根据年度预算及各部门在工作中的实际情况，调整编制下月份的费用预算。预算一经确定，各单位须严格执行。

　　1.2　酒店各部门将编制好的费用预算报交财务部，由财务部对各部门的费用支出预算进行汇总和初步审核，财务部有权了解预算中各项费用的用途和开支理由，并对不合理的项目提出修正意见。

　　1.3　财务部将初步审核后的年度预算提交总经理办公会、董事会审批通过。月度预算提交总经理或其委托负责人审批。审批后的费用预算由财务部及各部门予以执行。

　　1.4　根据可供安排使用的资金，量入为出，财务部有建设调整及修改已批准预算的责任与义务。财务部应将调整及修改的预算报总经理核批。

2　费用支出性借款管理

　　酒店各部门采购物品、费用支出与因公出差需借款时，都要在预算内可控资金中量力安排，即先安排资金后借款。具体如下。

　　2.1　需要借款的人员，须填写借款单或支票领取单。金额在（5000元）以上的借款需提前通知财务部门准备。

　　2.2　借款人将经部门负责人审核签字后的借款单或支票领取单交财务部审核。

　　2.3　预算内费用支出的借款财务部可直接审批办理，预算外费用支出借款报交总经理（财务负责人）审批。

　　2.4　财务部有权要求借款人将相关合同、报价等资料提交财务部审批。

　　2.5　各部门负责人借款，无论预算外预算内，均需总经理（财务负责人）批准。

　　2.6　借款人必须认真负责清理自己的各项借款与欠款，逾期不报账或偿还借款，财务部将停发其工资，直至与财务部清账完毕。

　　2.7　前账未清而需借款的人员，需经总经理（财务负责人）批准后方可借款，但在下次报销中一并报账。

3　费用报销

　　3.1　费用申请报销人根据不同费用类别，选择填写"支出证明单""报销审批单"或"差旅费报销单"。要求填写内容完整齐全，所附凭证有效。

　　3.2　填写完成的报销单据顺序由部门负责人、财务会计、财务经理、总经理（财务负责人）审批后，方可办理报销。

　　3.3　财务每周一至周四（参照）办理单据审核手续，每周三及周五（参照）办理报销业务。

　　3.4　预算批准内的费用支出，财务部可直接办理报销手续。

　　3.5　办公用品、书籍资料及礼品等物件购入所发生的费用支出，报销人除填写报销单外，还须由物品管理或使用部门填制签发"物品接收单"予以确认，否则财务不予办理手续。

　　3.6　先支出后报销，也需事先经主管领导批准，在预算内可供使用的资金中安排，未经批准，不得"先斩后奏"。

4　费用支出的汇总考核

　　4.1　每月末财务部收集汇总各部门实际费用发生数，并与各个部门的预算相对比及预算执行情况，报总经理审阅。

　　4.2　预算与执行间发生重大差异，财务部应责成相关部门及人员进行解释。在预算进行期间如无合理由而超预算严重，财务部有责任及时向总经理反映情况，同时暂停部门或人员费用开支。

5　费用支出范围及标准

　　5.1　工资：按酒店职位工资序列及实施办法每月由人力资源部作表，财务部门审核并由总经理批准后发放。工资发放坚持本人领取的原则，避免他人代领，特殊情况需他人代领的须授权。

　　5.2　办公费（办公用品）：实行"统一采购、集中配发"的原则。

　　5.3　差旅费：酒店要制订详细的报销范围及标准，财务人员按标准严格掌握。

续表

××酒店标准文件		××酒店 费用支出管理制度	文件编号××-××-××		
版本	第×/×版		页	次	第×页

5.3.1 范围
总经理可乘坐飞机、软卧、轮船一等船；其他人员可乘坐火车硬卧、轮船二舱（特殊情况需经总经理批准）。

5.3.2 标准
（1）部门经理以上领导出差住宿费实行限额报销。总经理×××元/天（特区×××元/天），副总经理×××元/天（特区×××元/天），各部门经理×××元/天（特区×××元/天）。
（2）其他人员实行定额包干。其中县、县级市××元/天，地市级×××元/天，省会级×××元/天，特区×××元/天。
（3）外出参加各种会议，持会议证明按限额或定额标准报销（会议伙食补贴除外）。
（4）夜间超过10小时或连续乘车15小时以上而没买卧票的，按本人实际乘坐直快慢车的票价×%补助，坐特快硬席按票价×%补助，乘坐软座列车与硬卧同等对待车、船票费不在限额，定额包干费用在内。
（5）工作人员借出差之便绕道探亲或办私事，不负担交通费及其期间的出差补助。
（6）出差到酒店各子酒店及办事处，出差人员费用由出差单位负担，负责接待单位不承担食宿费用。如有特殊情况，需由接待单位负责食宿，其标准也不得超过酒店规定的出差费用标准。

5.3.3 报销程序
先由财务部按支付及标准审核后，普通员工交主管部门经理签字后，部门经理由总经理（财务负责人）签字审批后报销。

5.4 技术开发费
（1）开支范围。研究开发新产品、新技术、新工艺所发生的新产品设计费，工艺规程制订费，设备调试费，原材料和半成品试验费，技术图书资料费，人员劳务费，设备折旧等。
（2）开支来源。为保障酒店新技术、新产品开发在资金上得到大力支持，提高酒店产品的技术含量及附加值，研究开发市场适销对路的产品，酒店技术开发费实行预先提取，计划投入的方式，即根据年初销售预算制订技术开发费用预算，每月按实际销售收入的一定比例预提使用。

5.5 开办费摊销
开办费摊销是指酒店按规定期限摊销的筹备期间或设立分支机构的费用。其摊销期限为5年。

5.6 业务招待费
业务招待费应当有确实的记录、标准和依据并按下列规定招待。
（1）酒店因工作需要招待客人，一般在员工食堂就餐。
（2）酒店因工作需要在酒店外就餐的需办公室负责人签字，副总经理批准后，到财务部门支付。
（3）接待客人需备的礼品、水果，由办公室按规定统一购买。

5.7 水电费
按实际发生数列入管理费。

5.8 电话费
根据标准控制支出。其中无线话费参考标准为：酒店副总经理以上人员每月×××元以内开支。酒店部门经理以上人员每月×××元以内开支。

5.9 汽车（小车）费用
包括修理及零配件、汽油、保险费、行车及其他费用。按年度预算分季、月包天支出。

5.10 广告费
（1）广告宣传费，是指发生的印刷品的制作费用，通过媒体输出广告费，当上述费用已支付，但广告没有输出或输出没有结束时，上述费用记入预付款科目。实际发生的通过传媒输出的广告费及实际发生后以发票和输出的稿件、播出单、出库单、合同报账。记入费用。
（2）促销费用：指为销售发生的提成、回扣、促销人员的工资、促销活动的费用（包括管理费用），销售费用的支出以经批准的报告或合同为准，没经批准的一律不予支出和报账。

5.11 公关礼品费用支出
凡公关所需礼品支出，必须经总经理签批后，由酒店指定专人购买、登记，交经办人后，办理报销。

5.12 费用支出如福利费、劳动保险费等按国家规定及有关地方政策执行。

拟订		审核		审批	

制度12：酒店店内招待餐标准与签单权规定

××酒店标准文件		××酒店 店内招待餐标准与签单权规定	文件编号××-××-××		
版本	第×/×版		页　次	第×页	

1　政策

为配合日常管理，加强对酒店各级管理人员在本酒店内各餐厅及酒吧、保龄球等娱乐场所消费的管理。

2　目的

确定酒店各职级人员店内招待餐标准、招待费报销程序，严格控制招待费用总额。

3　程序

3.1　酒店经理人员在餐厅用餐权限

3.1.1　总经理、副总经理、总经理助理可在各餐厅招待业务客户。

3.1.2　各部门总监可在（除高档餐厅以外的）各餐厅和场所招待客户。

3.1.3　各部门正经理可在咖啡厅、大堂吧、保龄球、普通餐厅招待客户。只准招待本地白酒、啤酒、软饮料及茶水。

3.1.4　公关部经理因公招待客户，只限在大堂吧用软饮料、咖啡和茶。若需在其他餐厅宴请需经部门经理或主管总经理签字。

3.1.5　市场部、会展部宴请客户可参照业务部门的相关规定执行。

3.1.6　若有特殊原因需在店外招待客户，必须经总经理签字批准，未经总经理批准的一律不得报销。

3.1.7　原则上不允许在权限范围以外先宴请后请批，对未经批准先宴请的，计财部先按消费金额记入本人账户，待批准后再转入部门费用中，若未获批准，则此账只能由宴请人自付。

3.2　用餐标准

3.2.1　总经理助理、部门总监、部门正经理在权限所允许的餐厅内用餐标准如下：

（1）餐厅：人民币_____元/每人/次（售价）。

（2）酒吧：人民币_____元/每人/次（售价）。

3.2.2　总经理、副总经理签单不受此限制。

3.3　越权审批权限

凡由于工作需要，经理人员须在权限所规定的餐厅外或用餐标准超过20%的情况下，须报主管总经理批准，特殊情况下须经酒店总经理审批。

3.4　用餐及签单方法

经理人员在餐厅用餐应：

（1）自选菜单点餐（饮），并报用餐职员餐单；

（2）餐厅服务员应按菜单标价记账；

（3）用餐完毕后，经理人员应签酒店职员餐单并填写用途及招待单位；

（4）如酒店几位经理人员同时用餐，应由职务最高的经理签字。

3.5　结算方法

3.5.1　酒店经理用餐的收入不应列入餐饮总收入。

3.5.2　酒店经理用餐的成本应按财务规定，扣除当月相应餐厅的成本。

3.5.3　餐饮成本的摊派办法

（1）凡用于以推销为目的的用餐应按成本摊入市场营销费用。

（2）凡用于其他行政招待费用的，一律摊入本部门费用。

3.6　财务部应于每月10日前将上月签单情况汇总后报总经理。

3.7　私人宴请

管理人员和普通职员在酒店宴请亲友，总监以上人员（含总监）在店消费每月在3000元以内可享受50%的折扣优惠（不加收服务费），部门正经理在店消费每月在1000元以内可享受50%的折扣优惠（不加收服务费），超过部分按销售价总额收费，同时加收服务费。

拟订		审核		审批	

制度13：电脑系统出现故障时的紧急应对计划

××酒店标准文件		××酒店 电脑系统出现故障时的紧急应对计划	文件编号××-××-××	
版本	第×/×版		页次	第×页

1 定义

当酒店停电或机器设备、电脑设备出现故障，致使酒店电脑系统无法正常工作，酒店经营受到影响时的应对计划。

2 目的

确保酒店在电脑系统出现故障时，酒店仍能正常运作。

3 程序

3.1 IT部

3.1.1 当电脑系统出现严重故障的时候，IT员工应立即通知电话房，由总机通知相关部门协调员：

（1）IT部：IT经理/值班人员。
（2）财务部：财务总监/财务副总监。
（3）前台：前台经理/值班经理。
（4）电话房：主管/值班人员。
（5）预订部：预订部经理/主管。
（6）客房部：行政管家/值班经理。
（7）餐饮部：餐饮经理/值班经理/行政总厨。
（8）工程部：工程部经理/值班经理。

3.1.2 IT员工利用备份电脑检查"在线备份"数据，来评估影响情况（比如：完整性和准确性）。如果备份有效，着手进行打印紧急报告。如果备份无效，使用前一天的备份数据打印紧急报告。

3.1.3 紧急报告所需的内容如下。

（1）每日房态表（前台）。
（2）住店客人姓名及房号（前台）。
（3）客房部的房态报告，楼层主管和经理各持一个副本。
（4）目前的房态报告（预订部）。
（5）预测房态报告（预订部）。
（6）客人到达情况报告（预订部）。
（7）住店客人姓名和房间号（预订部）。

3.1.4 IT员工将继续查明故障是硬件故障还是软件故障。

3.1.5 如果是硬件故障

（1）如果故障设备有备用设备，电脑房经理将根据情况决定：立即自行更换设备或者由设备供应商的工程师来更换、维修。目前，备用设备包括服务器、网络交换机、电脑和打印机等。
（2）设备的故障硬件在更换、维修之后，测试并确认服务器、接口机和数据已经恢复正常。

3.1.6 如果是软件故障

（1）找出最新、最完整的一份备份数据。电脑房经理将根据情况决定自行安装备份数据，修复损坏的数据。或者配合相应供应商修复数据。
（2）在安装备份数据之后，立即修复损坏的数据。然后运行测试、打印报表以确认系统恢复正常并且数据正确。

3.1.7 数据修复后，确保所有硬件和软件运转正常，让总机通知各部门协调员系统已恢复正常。

3.1.8 IT人员将提醒所有部门协调员确保所有信息/数据全部重新录入系统，以确保所有的一切都恢复正常。特别前台经理/工作人员必须确保所有手动记录数据是完全重新进入系统之后，前台方可做"Check Out"。

3.2 工程部

3.2.1 由于停电或机器设备故障，使得酒店电脑系统停止工作，工程部值班人员应立即通知电话房，由总机通知相关部门协调员。

3.2.2 如果酒店停电，工程部值班人员必须赶到配电室，并立即打电话咨询电力部门了解情况，将了解的实际情况报告工程总监及总经理，如需要，启动酒店备用发电机。

3.2.3 如酒店机器设备发生故障，工程部值班人员应尽快联系设备供应商，进行维修。如果时间过

续表

××酒店标准文件		××酒店 电脑系统出现故障时的紧急应对计划	文件编号××-××-××		
版本	第×/×版		页 次		第×页

长,应通报工程总监及总经理,如需要,启动酒店备用发电机。
3.3 电话房
3.3.1 一旦接到 IT 员工或工程部员工通知的有关电脑系统出现故障的信息。
(1)立即通知各部门协调员,提醒他们启动电脑系统紧急情况应急方案。
(2)从前台获得报表——了解住店客人信息,熟悉重要的数据比如 VIP 客人的姓名及离店日期。
(3)一旦受到客人开、关电话线的请求,应记录时间和客人姓名。
(4)根据前台提供的资料为客人提供查询、叫醒、留言等各项服务。
(5)所有电话/宽带上网费用将做手工记录。根据 FCS 控制系统详细的电话信息以手工方式计算收费。
① 填写杂项调整单(一式两联)。
② 详细记录并汇总住店客人电话明细,接到前台该房间退房通知时,马上将离店客人电话账送前台收银处。
(6)前台签收杂项调整单(白联),总机留下粉联,之后将报表汇总,附上收费单,以便财务审计对账。
(7)同样的形式和程序适用于商业租户、订票中心和商务中心。一旦接到他们的请求,完整并准确地为他们提供手工计算的数额和详细的电话信息。
3.3.2 前台系统恢复正常后,立即通知相应的部门协调员。
3.4 前台
3.4.1 接到通知电脑系统出现故障,从 IT 部门取得下列紧急报告
(1)当日所有离店客人账单(尽量将非当日离店客人账单也提前准备,防止客人提前离店造成阻碍)。
(2)当日散客、团队预订报告。
(3)当日离店客人报告。
(4)当日房态报告。
(5)住店客人名单:按房号、按姓氏,确保将打印好的当日所有离店客人账单按房号放入其所属的文件夹内。
3.4.2 紧急情况下的"Check Out"程序
(1)客人到前台退房,立即通知电话房和客房部。
(2)如客房服务员打电话通知前台,客房查有迷你吧消费,前台需详细记录消费金额、房号、姓名,填写迷你吧水单(需注明接到客房部电话的时间),并将消费金额手工登记填写在所属房间账单中(这个程序并不适用于客房服务员在客人离店后报迷你吧的消费)
(3)如有客人在各营业网点(餐厅、健康中心、总机、商务中心、商品部)消费需要挂房账时,均需采用手工单,并及时送达前台,由前台人员在单据右上角签字确认并注明接收时间,前台需留底单,同时审核在店客人报表确认此消费是否属当日退房的房间,如是,立即将消费金额登记至所属房间账单中,这是为了确保及时、全面收集所有客人的消费。要经常检查和审计,以备客人提前退房。
(4)计算好账单后,如消费有变动,需在账单上手工注明 BALANCE(余额),并由客人签字确认。
(5)"Paid Out(已支付)"需填写杂项单,并由客人签字确认。
(6)前台人员在房间结完账目,客人离店后,需记录于"手工离店登记表"中,并及时更新离店客人报告及房间状态表。
(7)前台人员需各自记录好个人所经手的房号、账目及相关信息,以便在电脑恢复后即时录入电脑系统。
(8)如有客人要详细账单,前台人员应向客人解释因系统故障暂时不能提供,请客人提供传真号码或地址,系统恢复后马上提供。
(9)前台员工必须保证所有手工记录完整,以便系统恢复后输入 Fidelio 系统,然后进行在线"退房"。
3.4.3 紧急情况下的"Check In"程序
(1)根据客房部送来的房态表,从房态主表选一间空/净房,并划叉以做标记。
(2)核查客人姓名、离店日期及房价,并将这些信息填入"住店客人列表"中。当电脑系统恢复正常后将此表输入电脑中。
(3)通知客务部及电话房该客人的入住。
(4)在登记卡上标注"N/I"(意为此卡未入电脑)。
3.4.4 紧急情况下编制房态表
(1)每隔 60 分钟应该用"前台住店客人列表"与"客房部客人列表"做一次比较,所有差异都应立即更改。

续表

××酒店标准文件		××酒店 电脑系统出现故障时的紧急应对计划	文件编号××-××-××		
版本	第×/×版		页	次	第×页

（2）根据客房部的房态表，前台分房并登记好手工入住登记表及更新房态表。客人入住后，电话通知客房部及总机。
（3）客房与前台员工应定期核对，以确保房间与手工记录吻合，否则应立即修正或更新。
3.4.5　电脑系统恢复正常后
（1）前台员工应立即补录手工记录的数据、信息，如：客人迷你吧消费、离店客人在商品部的消费。
（2）前台确保所有手工记录数据均录入电脑系统，然后在线办理退房、入住和收取押金。
（3）系统恢复后立即更新系统。更新系统完毕后，通知客房部更新房态。
3.5　预订中心
3.5.1　接到通知电脑系统出现故障。
（1）立即打印以下报告
①未来一段时间的房态报告。
②未来一段时间的房态预测报告。
③未来一段时间的客人抵达报告。
④住店客人姓名和房间号。
（2）准备好当天预抵、当天售房、当天房态及当天取消的手工表：模板如下。
①当天抵达报告。

客人/公司名称	日期	房号/房型	房价	付款	备注

如为当天售房但未入电脑系统的订房需在备注一栏注明。
②当天售房或取消预订，及时填写预订单，并在备注中标注预订单号。

客人/公司名称	日期	房号/房型	房价	付款	预订号	备注

③已售房或取消后的房态报表。
3.5.2　电脑系统恢复正常后，预订中心员工应按手工表上的记录迅速录入到Fidelio系统中。
3.6　客房部
3.6.1　接到通知电脑系统出现故障
（1）立即向电脑房索取一份房态表（在线备份），并把房态表分发给各楼层领班、主管。
（2）填写《客房房态表》，复印并交到前台。
（3）定期检查和更新房态报告，并与前台进行核对，修改/更新记录和相应的复印件交给前台，以便他们准确更新目前房态。
（4）客房部的员工，不能使用客房电话更改房态及记录迷你吧消费，直到电脑房通知系统恢复。
（5）对于离店客人迷你吧消费，客房部服务员应手工记录并把消费金额报给前台，前台根据此金额向客人收费。
（6）对于尚未退房的迷你吧消费，客房部服务员应详细记录并送客房部办公室保管，在电脑系统恢复正常后录入。
3.6.2　当系统恢复正常时：

续表

××酒店标准文件		××酒店 电脑系统出现故障时的紧急应对计划	文件编号××-××-××		
版本	第×/×版		页	次	第×页

(1) 将所有手工记录迷你吧消费计入 Fidelio 酒店管理系统。
(2) 通知前台/值班经理账单补录完成。
(3) 接到前台所有 C/O、C/I 完成的通知后,根据实际房态表修改系统房态。

3.7　餐饮部
3.7.1　接到通知电脑系统出现故障
(1) 立刻停止入账(因为此时前台正在打印客人账单,如果入账,会使前台打印账单不全)。
(2) 关闭所有账单。
(3) 营业点开始使用手工账单、手工点单。如营业点有收银,手工账单由收银员开出。收银联与手工账单钉在一起,一起交给财务部。
(4) 各营业点在客人签单后,电话通知前台,确认可以挂账后,由本部门员工第一时间送到前台。前台接收账单后使用中文名(全称)签收。
(5) 保留副本以备系统恢复后,在电脑中重新入账。
(6) 备存一份登记册,记录每一笔手工记录交易已开出发票。
3.7.2　当电脑系统恢复正常
(1) 各营业点将手工账补录到 Micros 管理系统中,要求 30 分钟内完成补录。
(2) 通知前台/值班经理补录工作已经完成。

3.8　商品部
3.8.1　接到通知电脑系统出现故障
(1) 立即停止入账,改为手工记录。
(2) 在客人签单后,电话通知前台,确认可以挂账后,由本部门员工第一时间送到前台。前台接收账单后使用中文名(全称)签收。
(3) 保留副本以备系统恢复后,在电脑中重新入账。
(4) 客人在商务中心拨打电话后,要向总机索取收费单据。
(5) 备存一份登记册,记录每一笔手工记录交易已开出发票。
3.8.2　电脑系统恢复正常后,将手工账补录到 Micros 系统中,要求 30 分钟内完成补录,通知前台/值班经理补录工作已经完成。

拟订		审核		审批	

第三节　酒店财务控制程序

程序1:内部发票控制程序

内部发票控制程序

一、目的
为了保障酒店财务核算系统的规范与合理,保证发票的登记、领用、保管、开具及传递的规范、有效,特制订酒店财务内部发票、收据控制的规程。
二、执行程序
(一)发票的登记
1. 将每本发票的号码分别记录在专门的发票、收据登记簿上,登记的内容包括:发票(收据)号码、购入日期、发放日期、领取人姓名及签章发放人、旧发票(收据)的回收日期。
2. 新发票(收据)购入后,保管员应对购入的发票(收据)号码按本进行登记。
(二)发票的领用
1. 领取资格:应收账追收人员、收银员、收银领班,其他人一律不允许领取。

续表

    2.领取数量：收银员、应收账追收人员各两本，或根据各自的工作情况经财务经理或财务总监同意后，适当增加领取数量。前厅部人员领取发票规定可参见《发票、水单、预收款收据控制程序》的具体规定。

    3.领用原则：凭用完的发票至发票管理员处登记，并做好领用或归还登记。换领的旧发票，存根联需齐备。在每本旧发票经发票管理员销号后，注明作废的发票的数量和相应号码。若其中有作废的发票，须保证存根联、发票联（交给付款单位联）、记账联三联齐备且订在一起，不得撕下，并加盖"作废"章。

（三）发票的保管

    1.收发人员只有在收回旧发票后，才能向领用人发出新的发票。

    2.保管人员应跟踪监督已发出相当一段时间但仍未退回的发票。

（四）发票的开具

    1.使用范围仅限于本单位，用于营业收入、劳务收入、营运收入等，不得为他人代办或为其他单位开具发票，也不得提供其他单位使用。

    2.前厅、餐厅收银员只能分别对前厅、餐厅结账客人按账目实际项目、金额开出发票。

    3.已被转入后台的账目收款及其他杂项收款，应由应收账催款人员开具发票。

    4.收款细则应确切陈述在发票上，若遇外客账收款，账目陈述及相关号码应同相应的数额写在一起。

（五）发票的传递

    1.发票的附联传送：记账联、发票联、存根联。

    2.应收账催款人员应将已开具的发票客户联邮寄给相关客户，将记账联订在转账账单的底单上以备核查，存根联待完全使用完毕后一并归还。

    3.出纳将已收款的发票、收据的记账联作为做账凭证，存根联待完全使用完毕后一并归还。

    4.前厅部人员开具发票、收据，可参见《发票、水单、预收款收据控制程序》的具体规定。

程序2：日核核数员工作程序

日核核数员工作程序

一、目的

    为了完善财务管理制度，确立营业稽核工作程序。

二、执行程序

（一）每天工作程序

    1.依据"夜间核算员报表"及"饮食娱乐收入日报表"编制"营业收入日报表"分送各有关领导、部门。

    2.审核各类账表，编制"资金收入表""酒店应酬明细表""资金平衡表"并过表与总账。

    3.进行"商务会员"账务处理。

    4.填制"信用卡收入日报表"。

    5.填写"应收账本"，移交有关"账单"予应收账管理员。编制"应收账明细表"与"出纳"核对资金收入，包括"现金""信用卡""支票"等。

    6.统计"营业推广部"有关人员的推广应计金额，前制表。

    7.抽出"旅行社"现付"传真"并分社保管，以便核对结算。

    8.总结全天工作，并做好记录。

（二）月终工作程序

    1.打印各类报表并归档，并与"总账"核对相应科目余额，做到账账相符、账表相符、账实相符。

    2.进行"商务会员"月终账务处理，编制"商务会员本月部门消费表"予"总账"入账。

    3.与"总账"核对"商务会员"资金余额。

    4.督促"前台收银""夜审"做好月终结算工作。

    5.与推广部人员核对"推广月绩"，编制有关报表并上报审批。

    6.与"旅行社"核对"现付"回佣，并造表上报审批。

    7.对"核算管理"有关账表初始化，为新月做好准备。

（三）内部控制

    分客房收入和餐饮收入两类。

续表

> 1. 稽核房租，依据是三份报表，即前台接待处的客房状况报告、房务部的房间状态报告、夜核的房租过账表，目标是三表一致，这样做特别有助于发现管理上的漏洞和不足，有助于加强财务部、前厅部、房务部的协调和联系。
> 2. 复核前台收银员的账单、报告及其他营业点交来的账单和报告，分项核对"晚间核算报表"及其余额。检查"离店客人余额表"，查明存在余额的原因，发现问题须追究责任。
> 3. 再次测试当日收银的数据，即餐单与取菜单，餐单与收银报告，收银报告与收银机纸带，收银机纸条与清机报告相核对。
> 4. 稽核"餐饮收入日报表"，复核各类账单的加总，用餐单核对收入报表，试算食客的平均消费水平。
> 5. 将各营业点的吧台每日填制的"酒类进销存日报表"中的"本日销出"栏数额与收银打印的"吧台日报表"上的销出栏核对，看是否相符。
> 6. 核对"资金日报表"和出纳处点核现金后编制的"营业收入现金及支票日报表"，对有差额部分查明原因。
> 7. 按照夜核审计规程对各类账单，特别注意涉及现金收支账单的审核要求。譬如前台单据要求客人签名前与"RC"预留的一致并附有客有持有押金单，饮食娱乐业的单据要求盖现金类别章并有楼面相关人员的签名，查看前台收银员更改报表或餐饮账单，对不合理更改及同类更改问题经常出现的收银员要进行记录并向上司反映。
> 8. 把各营业部门送达的统计表与收银有关账表核对相符，例如，客房酒水收入要与房务部编制的"每日酒水销售日报表"核对。商务中心的收入要分类与商务中心编制的"传真、复印、电话、票务"等统计核对。
> 9. 查对"客人入住报表"审核日租是否已按规定收取，免收部分是否已得到相关人员签名。
> 10. "客人入住报表""客人离店报表"与房务部统计的"每班洁房登记表"进行综合分析，查找问题。

程序3：发票、水单、预收款收据控制程序

> **发票、水单、预收款收据控制程序**
>
> 一、目的
> 　　为了保障酒店财务核算系统的规范与合理，确保前厅单据流转的合理规范，特制订酒店发票、水单、预收款收据的控制规程。
> 二、执行程序
> （一）发票、水单、预收款收据的领用
> 　1. 前厅、餐厅收银人员使用发票、水单、预收款收据，须提前3天至财务部出纳处领用。
> 　2. 前厅收银按班次每班限领用3本发票、2本水单。餐厅收银按班次每班限领用6本发票（定额发票，一千、伍佰、一佰、伍拾面额各两本，拾元面额两本）。除首次领用外，每次领用须用旧的发票、水单、预收款收据来换领。
> 　3. 若因特殊情况需要多申领的，须说明原因，并应在特殊情况消失后，将领用的但未使用的发票、水单、预收款收据还回。
> （二）发票、水单、预收款收据的管理
> 　1. 发票、水单、预收款收据的开具
> 　（1）发票应按客人实际在酒店消费的金额开具，不得多开（具体参见《发票管理控制程序》）。
> 　（2）开具发票大小写金额须核对一致。大写金额以标准字体（壹贰叁肆伍陆柒捌玖拾/万仟佰）书写，小写金额以阿拉伯数字书写。
> 　（3）补开发票的客人须提供消费过账单，经查确未开具，收银员方可开具。
> 　（4）转账账单的发票前厅部相关人员未经授权，原则上不得开具，应由应收账催款人员在邮寄账单时开具。若前厅部相关人员未经授权私自开具转账账单发票，须说明原因，若查明确系违反酒店规程的，按《员工手册》的具体规定办理。
> 　（5）开具水单时，须将中国银行的外汇相应牌价抄录在水单上，如实写上外币兑换及人民币金额及水单上要求书写的其他项目，不得遗漏。
> 　2. 发票、水单、预收款收据的换领
> 　（1）收银员换领发票、水单、预收款收据的存根联须保证没有缺失，作废的发票三联（记账联、发票联、存根联）或水单（兑换联、客户联、存根联）、预收款收据三联（记账联、客户联、存根联）须齐备并盖上"作废"章。

续表

（2）交来的发票、水单、预收款收据若有缺失，须说明原因，若查明确系违反财务操作规程的，按《员工手册》的具体规定办理。

3.发票、水单、预收款收据的销号及签收（具体参见《发票管理控制程序》）

（1）收银员每日交来的发票、水单、预收款收据须由核数员负责销号，出现发票、水单、预收款收据缺失现象，须向核数主管或财务部上级领导（核数主管不在的情况下）汇报，由相关人员及时处理。

（2）核数主管根据收银员换领的发票、水单、预收款收据查对销号表，发现缺失，查明原因并及时处理。

（3）每次领用发票、水单、预收款收据双方须签收交接本，交接本上写明领用日期、领用人、领用的发票、水单、预收款收据号码及领用的数量。换领时根据还回的完整发票、水单、预收款收据进行销号。

程序4：发票管理控制程序

发票管理控制程序

一、目的

为了保障酒店财务核算系统的规范与合理，规范发票管理制度，特制订酒店发票管理控制的规程。

二、执行程序

（一）发票的使用范围

1.发票使用范围仅限于本酒店。

2.用于营业收入、劳务收入、营运收入等项目的开具，除租赁单位因客账或其他特殊原因需代开发票外，不得向其他单位代开或任意使用本酒店发票。

3.发票开具人仅限于酒店应收账催款人员及前厅、餐厅收银人员。

（二）发票的领用

1.领用人范围：限于应收账催款人员，前厅、餐厅收银人员。

2.领用数量：上述有权领用人中前厅部按班次，每班3本，应收账会计员1本，在公休或节假日前厅收银增领2本。如遇特殊状况或营业需要需增领，有权领用人须出书面申请，由财务经理、财务总监核准后进行增领。

3.领用原则：除首次领用外，用于换领的已用完的发票，存根联需全部备齐。作废的发票须保证三联齐备（记账联、客户联、存根联）订在一起，并有加盖"作废"章，并在每本发票封面上汇总注明作废发票具体数量与相应号码。

4.领用登记：有权领用人须凭用完的旧发票至发票管理员处换领，以一换一，并有责任协助发票管理员做好发票领用、归还登记工作。

（三）发票的开具

1.开具发票应按发票填列事项要求填列，大小与金额须相符，开具人须用中文签署姓名，并注明付款方式。

2.前厅、餐厅收银人员开具发票对象仅限于不涉及转账的前厅、餐厅结账宾客，并只能按实际消费项目及金额开具发票。

3.由前厅转入后台的账目收款，应由应收账催款人员按要求开具相应发票。如前厅或餐厅收银员在紧急情况下需开具，应电话请示财务经理，并作电话记录。

4.应收账催款人员仅在收到相应现金或付款票据，并确认收入实现后，方能按实际发生项目及金额开具发票。如有客户号与注明事项，应在发票中分别注明。

5.如需向宾客外开发票，宾客应提供原始消费账单，并查明确未开具的，方可外开。

（四）发票日常保管

1.发票管理员严格按领用原则及程序进行发票回收及发放工作。

2.发票管理员应在月末对领用发票的实际使用情况进行核对、检查，并有针对性的进行日常抽查，以确保发票的安全、完整。

3.按月填写当月各种发票的使用情况，按期报税务专管员。

4.注销、停用的发票须经税务核查，并剪角上缴。

5.发票管理员应对发票的购入、发放、回收进行详细登记，登记内容包括：发票号码、购入日期、发放日期、领用人姓名、旧发票回收日期等。

6.如发票不慎遗失，当事人须做出情况说明，并报财务经理、财务总监，发票管理员应及时通知行政部协助办理登报作废声明。产生的费用及由此给酒店带来的一切不良后果，均由责任当事人承担，并适时、适地追究相对人的法律责任。

程序5：夜间核数员工作程序

夜间核数员工作程序

一、目的

夜间核数，是财务对营业收入方面进行审核、控制的先头军，核数员应掌握基本的专业核算知识，了解熟悉整个收银系统的工作程序和财务对营业收入核算的基本要求。为了做好夜间核数工作，完善内部控制制度，减少错弊，提高工作效率，制订本规规程。

二、执行程序

（一）饮食、娱乐核算程序

1．打开某班"收银员报告表"，先对该表中所列的各项与该班别的电脑报表进行逐一核对相符，项目归类是否符合财务核算要求，并做必要更改，然后进行试算平衡。

2．把各类账单汇总数逐与"收银员报告表"对应的各项数据核对相符（比如："港币"单据与"港币"读数核对）。

3．做完"1"、"2"开始审核账单，要求如下。

（1）审核每一笔账单计价是否正确，附件（指点菜单等）是否齐全，折汇是否准确，项目的归类是否符合要求。

（2）审核每笔账单的折扣手续是否完备，折扣额度是否符合规定，折扣方法及金额计算是否正确，审查每一笔账单的取消是否有责权人签名，每一笔账单的退项是否有责任人的签名及必要的说明。

（3）审核每一笔单挂账是否有依据和授权，是否有规定人员签名或刷卡，其签认笔迹是否与预留的一致，该签单权是否被取消，是否给予规定的折扣优惠。

（4）审核账单的实际消费是否已达到规定的最低消费标准，是否已上足未达部分，审核消费金额与消费人数，是否符合一般规律。

（5）审查收银前后班次账单是否连号，账单编码控制表的填列是否清楚明确，账单数量及前后号码是否与报表一致，是否存在缺号、断号或重号情况。

（6）与前台核数员核对房客账，保证每个营业部门挂到前台的房客账数据相符。

（7）查对信用卡结账账单的消费额是否与签购单上填列的金额相符，是否有足够授权以及填列的各项目是否齐全，是否为酒店按受卡类，是否有在账单上压印卡号等收卡规定。

（8）查对用支票结账的账单上是否写明开出单位，持票人姓名、身份证号码、联系电话、联系地址等。

4．各类账单的审核工作后，依据更改正确的"收银员报告表"填制"每日饮食、娱乐收入表"，把各类账单的总数与该表对应的项目核对相符。

5．把"每日饮食、娱乐收入表"上反映相关项目金额与收银员交款时填列的"款项交收信封摘要"相关项目核对相符（譬如："人民币""港币""支票""信用卡"）。

6．所有账务处理完毕，对电脑进行清机。

（二）房务收入核算程序

1．打开某一班别的收银收入报表，把各类账单汇总数逐一与收入报表对应的各项数据核对相符（比如："港币"单据与"港币"读数核对）。

2．开始审核各类账单，具体操作如下。

（1）审核每一笔账单计价是否正确，附件（指电话单、各种文件等）是否齐全，折扣是否准确，项目的归类是否符合要求。

（2）审核每一笔账单的折扣手续是否完备，折扣额度是否符合规定，折扣方法及金额计算是否正确，每笔账单的退项是否有责任人的签名及必要的说明。

（3）审核每笔账单挂账是否已被取消，是否已给予规定的折扣优惠。

（4）查对信用卡结账账单的消费额是否与签购单上填列的金额相符，是否有足够授权以及填列的各项目是否齐全，是否为酒店接受的卡类，是否有在账单上压印卡号等收卡规定。

（5）查对用支票结账的账单是否写明开出单位、持票人姓名、身份证号码、联系电话、联系地址等。

（6）核查涉及现金支出单据上客人的签名是否与入住登记表（RC）预留模式一致，并附有"押金单"顾客联。

（7）所有押金收的单据要与所属的房号、客人姓名、金额核对相符，防止收银员入错金额、房号。

（8）迷你吧的收入与房务部编制的编制表核对相符。

续表

> (9) 商务中心发生的各类收费（譬如：复印、传真、打字、电话等）要与编制表核对相符。
> (10) 饮食、娱乐的"客房账"要与所属的房号、客人姓名、金额核对相符，防止收银员入错房号。
> (11) 打印"客人离店报表"，按照离店时间查看超时离店是否有收"日期"，是否按"接待处通知书"上所表明的收日租方式（全日租、半日租），免收通知书是否合理等。
> (12) 把各类账单按结账方式汇总，列印"客房收入报表"逐项核对相符，完成账单审核。
> 3. 按有关规定、要求审核"客人入住登记表"，查看房租、折扣等是否符合，否则要求补足必要手续。
> 4. 与接待处核对房租，按房号顺序逐间进行，空房还要查看房间钥匙是否存放在钥匙槽。
> 5. 查看房间入住状态，是否存在"应离店而未离店客人"，并通知接待处作相应修改。
> 6. 完成以上各程序，开始过租并打印相关报表。
> 7. 月底要进行某些账务处理，譬如，长住客结算、公司账月结、电话账清理、数据压缩等。
> （三）把账单、报表扎捆，交日间核数审核。
> （四）编制正式的《酒店收入汇总表》。
> （五）做好工作记录，完成夜审工作。

程序6：固定资产管理控制程序

> **固定资产管理控制程序**
>
> 一、目的
> 　为加强固定资产管理，使酒店的固定资产价值得到充分体现与合理运用，制订此政策。
> 二、执行程序
> （一）请购
> 　任何部门需购买固定资产必须先打请购报告，经财务总监和总经理同意后再填写"物品申购单"（以后操作同一般物品请购）。固定资产到达采购部时，必须同时通知仓库和相关的技术部门一同到场验收。
> （二）转移
> 　固定资产的转移先填写"固定资产调拨单"，经双方经理签字后方能生效。调拨单一式三联，双方部门各留一联，交财务部一联。
> （三）报废
> 　1. 各部门一旦发现现存的固定资产已不能使用且无利用价值时，及时填写"固定资产报废单"，经使用部门经理签字后报财务部，由财务部填写购买的日期、原值、累计折旧和净值后，经会计主管签字后报财务经理、财务总监和总经理签字。
> 　2. 每年的9～10月请所有的部门对自有固定资产进行自查，在10月底前向财务部报告自查情况，在11月中旬财务部会同所有部门的固定资产管理员对酒店所有固定资产进行全面的盘点复核部门的自查表。12月中旬将盘点情况以表样形式报总经理。
> 　3. 企业使用期限在一年以上的房屋、建筑物、机器设备、工具等资产应作为固定资产。不属于生产经营中的主要设备的物品，单位价值在人民币2000元以上，并且使用期限超过两年的，也应作为固定资产。
> 　4. 每个部门指定一个资产管理员负责本部门固定资产的实物管理，并配合财务部定期对固定资产进行盘点。

程序7：前厅备用金控制程序

> **前厅备用金控制程序**
>
> 一、目的
> 　为了保障酒店财务核算系统的规范与合理，保证前厅备用现金管理的有效、合理、安全，特制订酒店前厅备用金控制规程。
> 二、执行程序
> （一）备用金的分类
> 　1. 一般备用金：此笔备用金用于为客人退定金，不得挪作他用。此类备用金的领取额度由财务部规定，

续表

并由财务部按照实际营业情况适度调整。
　　2.外币兑换备用金：此笔备用金原则上用于为客人兑换外币，不得挪作他用。此类备用金的领取额度由财务部按照中国银行关于代兑点外币备用金规定操作。
　（二）备用金的管理
　　1.由前厅人员在填写"现金借款单"后至财务部领取。
　　2.前厅领用人员离职时，须与后保管的领用人员做好财务上的交接手续。
　　3.若因其他原因需增加备用金的，须事先申请，经相关领导批准后，方可领用。
　　4.前厅部当班人员收取的预收款不足以补充已作定金退款的备用金，须用未能补足的退款单据做成退款封包，并在封包指定处写上退款金额，待出纳收取查验后，按相应单据补足备用金。退款单上须有前厅部主管签名确认。
　　5.前厅部当班人员取得外币后，将外币连同兑换的水单做成封包，并在封包指定处写上外币汇率、外币及兑换的人民币金额，待出纳收取查验后，按相应单据补足备用金。
　　6.前厅部人员交接班时须认真填写"备用金交接记录"，包括已用金额、留存金额等。
　　7.前厅部人员来财务部领取备用金时须办理签收手续，并应当面点清交接的现金。
　　8.财务部核数人员、出纳需将在收银领班的陪同下不定期地对备用金的使用情况进行核查，并制作"备用金核查表"，及时上报情况。
　　9.对于违反备用金使用规定的人员，报相关领导批准后，按《员工手册》的具体管理规定办理。
　（三）备用金的发放
　　1.前厅部人员填写退款单，经主管签名确认后，制作成退款封包。若为外币兑换，将外币和水单用回形针订好后做成外币封包，按规定投入摇箱并填写投款记录。
　　2.出纳按投款记录收取封包。
　　3.出纳查验无误后，补足一般备用金与外币兑换备用金。

程序8：前厅部坏账控制程序

前厅部坏账控制制度

一、目的
　　为了保障酒店财务核算系统的规范与合理，严格控制应收账款，特制订酒店前厅部坏账控制的规程。
二、执行程序
　（一）坏账范围
　　1.由于前厅部收银人员工作差错，导致客人未结付，且不可能追回的款项。
　　2.由于电脑系统的故障，导致客人未结付，且无法追回的款项。
　（二）坏账处理
　　1.因前厅部收银人员发生差错导致坏账，应由当班主管查明原因，并写出情况说明后，再由前厅经理签名确认。
　　2.对于由于前厅部收银人员的差错造成的客人逃账，应由发生差错的人员负责在限期内追回。不能追回的，原则上应由其负责赔偿。具体操作是：现金应由本人赔偿或按员工过失条例处理，信用卡或挂账应由财务应收账会计根据相关规定处理。
　　3.因电脑系统故障造成的客人逃账，应当由当班主管查明原因，并写出情况说明，再由前厅部经理签名确认后附在调账单后交财务部。
　　4.审核人员根据递交来的调账单，联系电脑房工作人员调查核实，情况属实的，写出审核意见，交财务经理或财务总监审阅。
　　5.审核人员对经审阅由于电脑故障导致逃账的调账单据，在FOXHIS的相应账号中进行调整。
　　6.对于可能追回的信用卡款项，应收账会计应及时和银行取得联系，解决问题。对于确实无法追回的，及时向财务经理或财务总监汇报请示，并知会前厅部经理处理解决。
　　7.审核人员应每日核对电脑中的临时挂账项目，以防前厅相应的坏账产生。

程序9：房间价格的审核控制程序

房间价格的审核控制程序

一、目的

为了保障酒店财务核算系统的规范与合理，保证房费审核的一贯性、合理性，特制订酒店房间价格的审核控制。

二、执行程序

（一）需配合的部门

1. 审核人员对于房价的审核须得到销售部、前厅部的配合。
2. 审核人员可就房价事宜向销售部、前厅部咨询、查阅，并根据房价变化适时调整核对依据。

（二）具体事项操作

1. 销售部、前厅部负责提供房型及其价格标准，审核人员将根据已批准的标准对房价进行审核。
2. 若销售部、前厅部提供的标准有变更，须及时以书面形式通知审核人员。
3. 若前厅部为客人提供的房型及价格标准不同于销售部的预订单据，前厅部当班主管人员须在客人资料变更处签字，以确认变更事实。
4. 销售部确认的客人延长居住时间的，须及时提供延住的变更单据。
5. 审核人员对于按上述要求（3～4条）确认的变更，将填制"补单表"（后附），发往各相关部门予以核实。

附：补单表

补单表

日期	客人信息	变更理由	部门主管确认

程序10：收货、入库及领料控制程序

收货、入库及领料控制程序

一、目的

为了保障酒店财务核算系统的规范与合理，规范成本控制系统，制订此程序。

二、执行程序

（一）收货程序

1. 一切物品进入酒店使用部门前须经收货部验收。
2. 收货员严格对照"物品申购单"或"补仓单"的数量和价格等要件标准进行验收。
3. 收货员会同使用部门、仓库管理员进行验货。收货员主要负责检查物品数量（除办公用品、印刷品外）、使用部门检查物品质量。
4. 收货部在确定物品数量、质量符合要求后，收货员将物品送交仓库，同时开具收货记录。
5. 仓库在收到物品后立即通知请购部门。
6. 请购部门在接到仓库通知后填写"仓库领料单"，经部门经理、财务经理签字后至仓库一次领取。

（二）物品入库工作程序

1. 入库：库管员接到收货部到货通知后，到收货部与验收员一起验货。

（1）清点数量。

（2）检查货物是否与酒店所订货物相符。

（3）贵重物品要一一清点。

（4）金额数量大的按比例抽查，待检查全部合格后方可入库。

2. 出库：凡是酒店领用物品部门，必须填写"仓库领料单"一式三份，使用部门填写好申领单后送本

续表

部门经理签字,再送财务部经理签字,待手续齐全后,方可领货,库管员要严格按照领料单进行发货,双方清点无误后领货人、发货人签字,领料单一式三份,一份送交财务部,一份领用部门存留,另一份库房保留。

3. 订货:库管员在每天发放的基础上,清点数量,发现有该补充备仓物品立即填写"仓库补充申请表",在"仓库补充申请表"上要写清订货的品名、要求数量、现时存货、申请量、确认无误后交成本主管、财务经理签字,经财务总监、总经理审批后,交采购部。如属印刷品补仓,"补仓单"须有需求部门经理签字认可。

4. 物品入库后,要分类码放整齐,保证库存物品完好无损,物品入库后凭入库单及时入账登记。

5. 发货时,库管员按制度办事,做到先进先出,手续不齐全不发放,如有特殊情况,需财务经理批准后方可办理。

6. 凡是办公用品一律星期一14:00～16:00发放,其他物品星期一至星期五9:00～17:00发放。

7. 积极配合成本部门做好每月盘点工作,做到账物相符、账卡相符。

8. 每月25日制作保质到期物品提示表呈成本主管。

9. 下班之前,库管员要认真检查库房是否存在不安全因素,特别是水、电是否有跑漏的现象,电源插头是否拔掉,待一切检查合格后将门锁好。

程序11:收入审核控制程序

收入审核控制程序

一、目的

加强内部账务管理与前厅账单审核管理,特制订此程序。

二、执行程序

(一)收受房费的规定

1. 收受全日房费

原则上,客人入住后,应从当日中午12:00开始至翌日中午12:00为止向其收取一天房费。若客人在上午6:00之前入住的,视同前日入住收取房费。上午6:00以后入住的,应视为当日入住收取房费。但因航班等特殊状况导致客人当日上午5:00～6:00间入住的,应在前厅主管或以上级别人员许可下,视同当日入住收取房费。其间,授权许可的当值人员须在电脑中客人账户的备注栏中和客人登记单上分别注明原因。

酒店无钟点房销售。若期间由于特殊原因(客人换房、对于客房不满意、临时改变行程等)而未收取房费的,须由前厅部主管以上级别的人员在客人的登记单上写明原因并交至财务部审核。

2. 加收半日房费

原则上,客人在中午12:00之后至18:00退房应加收半日房费,但从实际角度考虑,可将客人的退房时间延长至当日14:00。客人在12:00～14:00(含)期间退房未向其收取半日房费的,应由前厅部主管或以上级别人员在结账单据上签名确认并写明原因。客人在14:00～18:00退房未向其收取半日房费的,应由大堂经理或以上级别人员签名确认并在结账单据上写明原因。此规定不适用于团队客人(不含自行延住客人)及订单上另注明特殊要求的商务、会议散客。

按酒店的常规,客人于当日18:00以后退房的(不包括日用房)应收全天的房费。但在大堂经理或以上级别的人员签字允许的情况下,可将退房时间酌情延长至当晚20:00,期间可向客人加收半天的房费。

(二)设立账户规定

1. 设立日结工作账户(假房账号),用于为非住店客人挂账,但为确保此账户不产生坏账,余额应永远为零,并由前台主管每天下班前进行查对。具体设立的账户:现金账户、信用卡账户、其他结账方式账户(以上账户仅仅用于挂当日能结算清楚的零散费用,如非住店客人当日结算的用车、购酒店内用品等费用)。

2. 设立非日结工作账户(假房账号),用于在宾馆工作账户中为已预付定金非住店客人挂账,但为确保此账户不产生坏账,应由前台主管每天下班前进行查对,若客人已结清账务,应及时关闭此账号。

3. 团队、会议主单中设立的团队、会议的主账号,用于团队、会议客人挂账,但为确保此账户不产生坏账,应由前台主管每天下班前进行查对,若客人已结清账务,应及时关闭此账号。

(三)关于前台退房查房个别项目收账的处理规定

1. 客房小酒吧的账务处理

(1)为了尽量避免前台在退房时,漏收或少收客人的客房小酒吧的消费,减少酒店的日常损失,前台

续表

收银应再报房务中心查房,并等客房服务员回复前台后,方可放行。但本着服务至上的原则,客房部应将退房的查房时间控制在两至三分钟之内,这样既可以给客房服务员有足够的时间查房,也不会让客人退房时,等待时间过长。对于类似VIP级的熟客,可在免查房的情况下,让客人先行结账。

若客人因飞机航班等特殊原因拒绝等待,前厅收银人员先询问客人是否有用过客房内的各消费项目,根据客人所说的项目录入客人的账单中,并请客人签名确认。最终和客房部核对金额后,如发生少收的话,可由大堂经理签字做调整,并写明原因即可。

(2) 凡客人拒付的费用,应请客人及大堂经理或以上级别人员在调账表中签名,确认拒付的准确金额。

(3) 若是因为前厅部相关人员或是客房服务员的个人原因而漏收或少收,则应由相应责任人自行做出赔偿。

2.物品的损坏或遗失的账务处理

当退房查房时,客房服务员查房时发现房内物品有损坏或遗失,提出应由客人来承担该笔赔偿费用。如发生客人拒付,必须由大堂经理或以上级别的人员同意免去该笔费用,并签字说明。

(四)临时挂账的处理规定

客人因特殊原因当天暂时不能结账的,前厅收银员在(大堂经理或以上级别人员)授权的情况下,可暂时将该笔费用临时挂账,但为避免坏账的产生,挂账时间不能超过3天。其中,授权人员须在电脑的相应账号中录入姓名。超过3天的,由相关人员负责追回。核数人员将每天对临时挂账情况进行跟踪清查。客人押金仍有余额,暂时无法到店结账的,经前厅部主管许可后,可直接变更为临时挂账处理。

(五)错账冲账的处理规定

电脑冲账只限用于抵冲当天发生的,并且是在当日电脑过日前,同一操作人员错误的电脑入账。若是要抵冲电脑自动过日后的错账,只能用调整的功能(即只能调账),并且一定要有大堂经理或以上级别的人员在已调整的账单上签字批准并注明原因。

(六)信用卡的退款规定

由于酒店方面的原因而造成在客人的信用卡中多收款,并无法直接在EDC机上取消交易的,前台人员应填写信用卡手工单,用红字冲正,并附上正确的账单及有关说明,由前厅部经理签字认可后,交至财务部。但若由此产生的银行(信用卡扣率)费用,应由误操作人员承担。

(七)前厅部主管人员签字权限的规定

退款单签单权限:前台主管或以上级别人员。

调账单签单权限:大堂经理:每日RMB200(含)以内的杂项费用。

突发事件紧急处理权限:前厅部经理:每日RMB2000(含)以内的房间费用。

追账单追账确认权限:前厅部经理。

(追账单定义:由于在客人离开酒店后发现客人还有未结的账,需要通过银行,用客人的信用卡对该笔费用进行追收的账单)

(八)账单、单据的签字规定

除房费须保密的账单(如旅行社定价、订单规定等情况)以外,收银员都必须请客人在准确的账单上签字确认消费款项。此外,还应请客人在信用卡消费单据、预收款收据、财务结算单上签字确认相应金额。

(九)账单打印、附单的补充规定

1.凡涉及客人转账的账单必打印明细,附件账单必须齐备,退房时所有应转账金额必须转入财务部指定的转账账号内。

2.在前台结清账务的账单不必附客人的明细账单,但账单上必须有客人确认账务的签字。

(十)发票管理的补充规定

对于前厅部人员因各种原因少开的发票,由核数员负责录入在相应账单号的客人档案中,便于将来前厅工作人员查询,为客人按正确的金额补开发票。对于要求补开金额发票的客人,要求其提供未盖"发票已开"章的账单。基于上述因素,要求开具发票的人员须如实在发票上写明房号、账号,开过发票的账单上都必须由前厅部收银人员盖上"发票已开"章。

凡是重开的发票,前厅收银人员均应收回先前已开过的发票,否则不可重开。

(十一)其他补充事宜规定

1.享受酒店房价格优惠政策或与销售部有协议的客人在入住酒店时,前厅接待人员应向客人收取相应确认单据或传真(或能证明客人身份的名片)、优惠卡等订在客人登记单后,并查对名片上面载的信息是否与已确认的传真信息一致,以确认该客人是否有权利享受酒店给予的协议或优惠价格。

2.信用卡内卡手工授权单上面须写明客人身份证号码,并有客人签字,授权取消应由前厅部相关人员负责操作。

3.前台收银投款封包的填写、投放,账单的装订,发票、水单、预收款收据的收发按财务部规定操作(参见财务部文件《发票管理控制程序》《前厅备用金控制程序》《前厅坏账控制程序》《水单、发票、预收款收据控制程序》《账单订制规范》)。

4. 客房部须为财务部审核人员提供每日入账的洗衣、小酒吧的统计报表，每日加床记录报表。前厅部（商务中心）须为财务部审核人员提供每日入账的复印、打字、上网、传真统计报表。

5. 对于当日应到未到的客人是否补收房费，原则上以销售部订单为准。

6. 客房部、销售部、前厅部（商务中心）凡涉及向客人收费的定价都应以书面的形式适时为财务部提供各类价格及价格变动信息。

程序12：应付账款控制程序

应付账款控制程序

一、目的

为了保障酒店财务核算系统的规范与合理，规范付款管理及提高资金的使用效率，制订此程序。

二、执行程序

1. 应付账会计将已经有关人员审批后的"付款通知书"与申购单（或补仓单）所列具体数量和金额进行审核。

2. 对收货记录、发票、申购单确认一致后在"付款通知书"上签字，呈财务经理、财务总监、总经理审批。

3. 出纳根据手续完备的"付款通知书"填写支票，并交财务部经理在支票上加盖"财务专用章"，再交财务总监及其他必要人手签，待预留印鉴及签名完毕后，由应付账会计通知采购部采购员集中领取，采购部再通知供应商领取支票。

4. 采购部采购员领取支票时必须在"支票领用登记本"上注明日期、支付内容、支票号、领取人亲笔签字、取票日期等，该登记本由出纳妥善保管。

5. 应付账会计根据已经支付的付款原始凭证编制付款记账凭证，并检查实际支付金额与发票金额是否相符，并按日期顺序编号登记入账及输入电脑，同时将当日付款情况及时告知出纳。

6. 应付账会计随时核对替换无发票收货记录。月末将当月未付款项编制转账凭证，挂入应付结算款账并输入电脑。

7. 应付账人员每月按供应商编制应付账账龄报表。

8. 应付账人员根据收付款凭证登记入金蝶系统，并每月在金蝶系统中调整因汇率变化而造成的汇兑损溢。

9. 负责汇总、复核、整理从核数处转来的租赁经营点寓、外客营收款数据，及时将营收款按合同、协议扣除税收、信用卡手续费等代付款项后按进行结算。

10. 保管酒店所有对外付款合同协议，并根据合同协议完成情况汇总编表，每月3日前完成上月合同、协议完成情况汇总表。

11. 每月底与银行核对存款余额。在收到银行对账单后，应逐笔核对借贷发生额和余额。发现记账错误，要立即更正。属银行的差错，要及时通知银行更正。发现未达账款，可采用"余额查找法"进行查对，并编制"银行存款余额调整表"来确定收付的未过账，对核实的未达账款，要加强管理，经常检查，如发现有账款未清，应认真查明原因及时处理。

程序13：应收账款控制程序

应收账款控制程序

一、目的

为了保障酒店财务核算系统的规范与合理，保障酒店营收的正常回收与资金的安全，制订此程序。

二、执行程序

（一）应收账程序

1. 每天从前台系统中打出两张报告，一张是外客账应收账报告，另一张是寓客账应收账报告。

2. 将前台转来的账单与以上两张报告核对，要求账单与电脑报告的应收款账号相符。

3. 每天转来的信用卡应收款金额与前台系统自动生成的信用卡应收款报告核对相符。

4. 账单与订单核对相符，要求订单、更改单、手续齐全。

续表

5. 如果核对有问题的账单找核数人员核查，要求当日解决。
6. 账单核对无误后进行 A/R SAP 系统转账。
7. 转账后，打出一份当日挂账报告，与当日所输入的账单核对无误后存入账单柜。
8. 每日根据结算情况在 SAP 系统中逐笔核销并制作当日付款报告。
9. 每日制作 CITS 结算清单，与银行快递对账单或银行网上对账系统逐笔核对，月底汇总，按卡类作调节表。
10. 海外旅行社除有结算要求的一律在审核账单后的3日内发出传真。对需提供每日结算清单的海外旅行社每日填写"结算明细表"，月底汇总，在次月10日前将"结算明细表"发传真给每个旅行社。
11. 对外埠旅行社账单在审核无误后的3日内寄出，必要时可以发传真。
12. 负责给外结人员提供准确无误的账单，要求有登记手续。
13. 每月1日打出账龄报告交财务总监。
14. 负责保管长住户合同及公司合同，要求合同齐全。
15. 根据协议合同计算所有承租商租赁费、根据表计计算所有承租商能源费用，根据电话局的计费单汇集所有承租商的电话费，要求准确无误，不能按时交纳的查明原因，逐级报告。

（二）外结程序
1. 每月根据应收款账龄报告，协助销售部制订收款计划。
2. 每月应对离店客人应收账款与销售部协作，及时催收，控制应收款的当月回收率。
3. 每天要与销售部协作，对客户进行联系，并要填写详细的收款记录。
4. 每天将收回的款项填写"收款记录表"一式两份：一份转应收款组，在电脑中打"收回"；一份连同所收的支票、现钞等交总出纳处。
5. 收回款项与账单不符时，应及时书面报告说明调整原因及情况，经财务经理审核，财务总监与总经理同意方可进行相关账务调整。
6. 掌握挂账客户的协议、合同等有关条款，并做好保密工作。
7. 对长期催收无效的账款，要及时写出书面材料，报告财务经理，通过审批程序及时做坏账处理。

（三）关于挂账的控制规定与程序
（1）允许挂账的是有信誉的商业公司和机构。这些公司的名单及基本状况通过其填列酒店信用申请表并由总经理、财务总监、销售总监共同签署决定。
（2）为加强挂账控制，接受一个新的申请人时，应由市场营销部评估，对外国旅行社要特别注意其资信状况，新成员要有酒店标准申请表等相关有效资信证明。
（3）所有挂账合同、协议应符合合同管理规定并必须在条款中规定授信额度、结付期限、延付罚金率。
（4）在一般情况下，结款期限为月结，财务部应收账会计员每月5日前向签约商户或旅行社寄送账单并用电传等快速对账方式进行对账确认，对方在每月20日前应结清所有款项。但在达到授信额度时不受月结时间限制，财务部应收账会计员会同市场营销部应及时通过催收方式要求对方立即结款。
（5）挂账记录存档。以下记录将由应收账会计员存档。
① 每一账目都有挂账档案，包括挂账来源的通知、授权书、往来信函。此账目应与复印件一致，存档时应按账目名称顺序。
② 申请表全部按字母顺序存档。
③ 应收账序号应按账目的连续性存档。

（四）挂账管理
1. 酒店前台系统对客户挂账情况实行实时预警机制，在签约商户或旅行社挂账余额达到其规定挂账限额的90%时，系统予以警示，并每日自动生成"应收挂账预警明细报告"，财务部与市场营销部根据预警情况告知挂账公司或做催收准备工作。
2. 如签约商户或旅行社挂账余额超过其挂账超额度（最多为允许挂账额度的10%），为规避坏账风险，除非其及时清款以使其挂账余额低于挂账超额度，原则上一律不予挂账（前台电脑系统将自动停止挂账）。在特殊状况下，须由市场营销部提出特别请示并附相关付款保证文件，由销售总监、财务总监、总经理签署同意后方可继续挂账。解除系统暂停挂账的授权密码由销售总监与前厅部经理分别执一，并共同确认后进行。
3. 处理坏账
（1）当销售部按程序催收时（包括指定催账公司），应预先通知财务总监、总经理。
（2）财务总监检查文件证据后，审查无误后转交总经理审批。
（3）应收账会计员按具体会计制度处理应收坏账。

程序14：账单及其资料的装订程序

账单及其资料的装订程序

一、目的
　　为了保障酒店财务核算系统的规范与合理，加强账单及凭证装订的规范管理，特制订此规范。
二、执行程序
　（一）客人资料的装订
　1.装订账单资料的一般顺序：客人的资料卡、预订变更单、预订单、客人传真、其他已消费的账单（小酒吧账单、商务中心账单、洗衣单等）。以上装订的总称客人资料（下同）。
　2.客人资料须装订在账单后方。
　（二）零散单据装订
　1.预收款收据、退定金收据、信用卡消费单据订在账单的左上方。
　2.发票装订：所有发票记账联订在账单的左上方。若有退定金单，装订次序自上而下，依次是退定金单、客人还回的预收款收据、开具的发票记账联、账单、客人资料。若有信用卡单据，发票的记账联订在信用卡单据后。若兼有数种结账方式，发票的记账联装订应遵循以下顺序：信用卡、退款、纯现金收入。但须在没有装订发票记账联的账单上注明记账联的去向。
　（三）账单及客人资料的汇总装订
　1.先按结账方式装订：若客人只有现金收入，客人资料订在现金账单后。若兼有现金收入和现金退款，客人资料订在退款单后。若兼有信用卡收入，客人资料订在信用卡账单后。
　2.若有转账账单，客人资料订在转账账单后。但须在无客人资料装订的账单上注明客人资料的去向。
　3.账单汇总后，按现金账单、退款账单、信用卡账单、转账账单自上而下的顺序摆放。每份分类的账单均须打印纸带，与班结报表上数额核对无误后，分类装订在各类账单的左上角。
　4.前台收银员当班时开具的迷你吧等手工账单须订在每班的班结报表后，将班结报表订在所有账单的最前方，投入报表箱。
　　夜间核数员根据前台收银员交来的账单及其资料审核，将审核无误后的数据打印成纸带，按类别分别订在账单的右上角供日间核数员复核。

程序15：资产管理控制程序

资产管理控制程序

一、目的
　　为了保障酒店财务核算系统的规范与合理，保证各项资产的安全运转与有效运用，制订此程序。
二、执行程序
　1.酒店内部各部门资产（包括营运物品、家具及办公用品等）在本部门必须登记备案，财务部将定期进行盘点及核查。
　2.关于资产管理各部门应本着"谁使用，谁保管，谁负责"的原则进行责任落实，并应由各部门经理指定一名资产协管员对于本部门所有资产协助财务部员工进行控制，做到专人管理，落实到人。
　3.对于各部门之间闲置资产的调剂应提交"接交记录"致财务部备案，"接交记录"须经移交双方部门经理及部门资产协管员签字确认。
　4.对于各部门资产的毁损和遗失应立即提交报损申请致财务部，不得隐瞒及虚报，如在财务部进行资产清查时发现有资产盘亏，财务部将直接报告酒店管理层。
　5.关于资产协管员的指定须提交"知情书"致财务部备案，以便财务部员工可以及时通知到人。
　6.如有资产送出酒店外进行修理，请及时将出门证交财务部备案。
　7.所有部门要求总仓备货的物品，请以书面形式通知仓库，应写明需备货的名称、规格、品牌、用途及最低备货量。

程序16：出纳操作程序

出纳操作程序

一、目的

为了保障酒店财务核算系统的规范与合理，保证酒店现金等票据管理的有序、合理、安全，特制订酒店出纳操作程序。

二、执行程序

（一）封包的收取、解行和备用金的发放、盘点

1. 每日（除节假日外）上午8:45，出纳在财务部日间核数的陪同下，开启投款箱并根据投款记录清点封包，日核进行复查。清点完毕，由日核和出纳分别在交接本上确认。若发现问题，及时向收银领班询问并查清原因，并如实将情况汇报给财务经理或财务总监处理。

2. 当日营业收入款项清点无误后，并根据当日营业实际收入填写收据交日间核数审核。若审核中发生现金长短款，及时汇报财务经理或财务总监。对前厅部交来的水单及外币按当日外汇牌价进行审核，发现问题，及时通知前厅部，并向财务经理或财务总监汇报。全部款项核算无误后，将营收现金放入出纳保管的保险箱内，直至银行收款。

3. 根据前厅收银交来的退款单据，在审核无误后，将前厅已用的备用金补回。外币备用金根据兑换款项，在核对无误后，将前厅已用的外币备用金补足。

4. 出纳须不定期地在日间核数及收银领班的监督下，对前厅、餐厅收银的备用金进行核查。发现有现金出入，及时在核查表上注明，待查明原因后，予以解决。

（二）款项的收支

1. 对于流转来的收款和付款单据，须仔细审核单据后附的发票金额、各部门主管的有效签名。若发现不符合财务规定的，应不予付款，并及时向财务经理或财务总监汇报。

2. 收款和付款时，须根据财务规定盖财务收款及付款章。

3. 收取和开具支票时，须仔细审核支票的日期、单位的名称、用途、大小写金额、财务印鉴章、背书情况，并做好支票交接记录。对于作废的支票，及时登记。

4. 每日核对收付款账目，对保险箱内钱款进行清点，做到账实相符。每月根据电脑数据和凭证与相关财务人员核账，做到账账、账实相符。

5. 及时登记、审核日记账的账目。

（三）委托银行收款的规定

1. 对外地及国外、中国港澳台地区发生的业务往来的应收款项，应在发生的次日，即应委托银行办理收款结算，并应加强检查委托收款情况，凡发现委托收款款项超过7天未收到，财务部应及时通知业务部门与往来单位联系催收。

2. 市内往来单位的应收款项，应及时联系催收。若用支票结算，在收到支票当天，最迟不得超过第二天，把支票送交银行结算，以加速资金回笼。

3. 银行存款的规定

① 送交银行的款项，应填写"银行现金缴款书"连同现金或结算凭证、转账票据等送存银行。并将"银行现金缴款书"或"银行进账单"转费用会计据以填制记账凭证入账。

② 从银行提取款项或转出款项时，应开出银行支票或其他结算凭证，并及时将支票存根、结算凭证付款联，转费用会计填制记账凭证并据以出账。

③ 酒店在银行开立的存款账户，不准外单位或个人借用或进行结算。

④ 出纳人员不得发出空白抬头或金额之支票。

（四）结账

1. 每月2日上午前将上月现金、银行日记账与总账核对无误，作为确定会计报表的准确数据。

2. 根据银行日记账与银行对账单核对情况，每月7日填制"银行存款余额调节表"，要求分银行、分币别填列。经三个月调节的未达账项应查明原因，书面报告会计主管、财务经理。

3. 及时控制酒店现金及掌握银行存款库存状况，定期报告财务经理，每旬做表一次，必要时随时提供。

4. 负责现金银行收付凭证的保管、装订，月末交会计主管归档。

5. 负责对有问题的银行票证的跟踪、查询、办理，半月内无法解决的要阐明原因，书面报告财务经理。

6. 负责对工资、奖金等的审核工作。

程序17：现金装投放及交接程序

现金装投放及交接程序

一、目的
　　为了保障酒店财务核算系统的规范与合理，保证各项资产的安全运转与有效运用，制订此程序。
二、执行程序
　（一）缴款袋投入
　　1.收银员于每班下班前清点现金，并根据电脑打印出的"收银员缴款单"应交现金、支票数额，按照币种、币值、张数、金额等分别把现金、支票填写在缴款袋的规定栏里。如当班收入少于支出，即出现负数，则用红笔填写，各币种的合计数额应与袋内的总金额相等。
　　2.把装袋的现金，支票数额再次与收银缴款单核对，两者亦应该相等。
　　3.核对无误后，把现金、支票、收银员缴款单一并装入袋内封好，并在封口上签封，投入保险柜。
　　4.填写"投款袋登记表"（一式二联）。登记表应包含下列栏目：日期、营业点、时间、收银员姓名及签章、见证人姓名及签章、收件人姓名及签章。
　　5.收银主任或其委托人作为见证人检查缴款袋是否填妥、收银员是否已在规定的位置上签名，然后监督收银员将缴提袋投入保险柜，最后见证人在上述登记表上填写见证时间并签名，见证人规定为前台收银主任或其委托人。
　（二）缴款袋提取
　　1.每天一上班应由核数员和出纳共同检查见证登记表内容，检查所有包括前台、餐厅、停车场等应交款部门的收银员是否已在见证登记表上登记，如发现未登记，应立即通知收银主任追查。
　　2.出纳掌握保险柜密码，日间核数员作为监点员掌握保险柜锁匙，两人同时开启保险柜。
　　3.打开保险柜后，按照见证登记表的内容逐一点收交款袋，如发现见登记表上有投入登记，而保险柜内并无该交款袋，则应即追查原因，并同时追究投袋人和见证人责任。
　　4.出纳逐个拆开交款袋，倒出现金，根据缴款袋各币种的数额进行清点日间核数或指定专人在场监点，如清点的数额与缴款袋数额和收银员缴款单数额三者一致，出纳、监点员则在交款袋、收银员缴款单上作妥的签署，如果不一致，数额或多或少，则出纳与监点人员一起签字证明。
　　5.缴款袋出现红字，出纳当即给予该收银点补充备用金，并由该点收银员签收。
　　6.出纳清点无误后在一式二联的见证登记表上作妥签署，并将缴款袋，一联见证登记表转核数，以便检查每天的交款情况，一联见证登记表、收银缴款单连同银行缴款单交会计入账并存档备查。
　　7.如银行上门收款，可由银行收款员直接开封清点现金，出纳在场监交，银行交款单与收银员交款单合计应相等。

程序18：前厅账单稽核程序

前厅账单稽核程序

一、目的
　　加强对已结账单的管理，有效补正操作失误。
二、执行程序
　　1.每日所有的前厅收银应将当日已结账单用打印计算器按支付方式汇总。
　　2.每日前厅收银在班结后即打印出系统班结报表，前台收银须将已按支付方式汇总的账单（含所有原始凭证附件）与系统报表按装订要求呈前厅当值领班或主管。
　　3.前厅当值领班或主管应按当日不同班别、不同收银所呈报的已结账账单与系统班结报表进行归集、整理。
　　4.每天9:00前，财务部核数人员至前厅当值主管处收集昨日前厅已整理完毕的账单、报表。
　　5.每天9:00前，财务部核数人员至前厅当值主管处取得已由前厅部大堂副理以上级人员签署的系统客房收入日报表。
　　6.财务部核数对所有已收集的昨日账单进行审核
　　（1）系统班结报表所反映的不同结账方式金额须与前台收银用打印计算器汇总的金额一致。
　　（2）审核每张结账账单所反映的所有消费项目与金额，同时查对每张结账账单所附的原始凭证附件。

（3）按结账方式用打印计算器汇总所有结账账单，并立即与系统昨日总收入报表核对，数据必须一致，如有差异，即联系前厅经理查找原因。
（4）根据房价设置与客房使用时间，审核由大堂副理签署的系统客房收入日报表，核对系统自动生成累加的房价是否一致，如有差异，即联系前厅经理查找原因。

7. 审核完毕后，立即根据各班结报表汇总完成酒店总收入报表（GRR），经财务经理审核后向总经理、财务总监、副总经理、总助及各部门经理发送。

8. 审核完毕后，立即根据各班结报表汇总完成收入汇总表，每周一交总账会计师上一周收入汇总表以便及时入账。

程序19：关于现金付款的规定和程序

关于现金付款的规定和程序

一、目的
规范现金管理，减少现象占用。

二、执行程序
1. 规定
（1）现金付款主要用于支付急需的小金额付款或个人费用（差旅、业务用餐、通信、医疗等）付款。
（2）政策规定
① 现金付款用于支付不超过2000元人民币的单笔费用或成本支出。
② 现金付款应得到酒店财务总监和总经理的同意。
③ 超过2000元人民币的支出，除特殊情况（如收款单位仅接受现金或隶属个人费用）或紧急状况，不允许用零用金支付，而只能通过正常的付款程序用支票和其他银行结账方式支付，并填写好适当的贷方科目。

2. 程序
（1）由总出纳常备现金总额为20000元，但备用金变动需由酒店财务总监和总经理商量后确定。
（2）现金支付应有付款申请做依据。
（3）每周五和月底，总出纳准备好备用金，规定用现金报销的时间一般为：每周（二）五下午。特殊情况，需特批。
（4）所有的付款应附有相应的原始凭证。
（5）对于交通费，应注明距离和目的地，且应由部门经理签字。
（6）通常可由现金支付的项目有：差旅、业务用餐、通信、医疗、钟点工工资。其他非正常支付项目，应由财务总监和总经理同意后方可支付。
（7）除上述可用现金报销的零星或紧急支付外，其他采购项目，应通过采购部购买。

程序20：总账制作程序

总账制作程序

一、目的
确保财务核算系统运行正常，规范账务处理。

二、执行程序
1. 月中总账会计根据有关资料编制"待摊费用"、"预提费用"、可能存在的各项准备金等记账明细表及登记入账，并输入金蝶系统。
2. 月末总账会计根据收入账余额计算编制营业税、增值税明细表，登记入账，并输入金蝶系统。
3. 总账人员根据审核无误的收、付、转账等记账凭证登记各相关明细账，同时输入电脑。
4. 随时检查核对各明细账，发现问题及时调整，随时催收欠款，并随时为财务经理、财务总监提供所要求的数据。
5. 每月8日前结转上月各明细账，编制试算平衡表并与各明细账核对无误后方可结账。
6. 每月12日打印经财务经理、财务总监审批后的财务报表并装订成册。每月20日前向税务局报送上月财务报表与各类流转税、所得税申报表，向统计局报送有关统计报表，同时向酒管公司报送有关报表与相应资料。

程序21：员工薪金发放工作程序

员工薪金发放工作程序

一、目的
　　使薪金发放符合财务运行规范。
二、执行程序
　　（一）月度工资发放程序
　　1. 人力资源部在每月10日将已由人力资源部经理签署的上月员工工资汇总表、明细表，交财务费用会计计算核对数据是否准确。
　　2. 费用会计将核对无误的工资汇总表、明细表报财务经理、财务总监、总经理审查签署后，费用会计凭工资汇总表编制付款凭证并申请支票，工资明细表转财务经理存档。由人力资源部薪酬主管将应发工资存入软盘，并用信封封存，在封口处签名并加盖公章转出纳。出纳在每月14日上午将软盘及支票送交银行，由银行输入员工存款账户。
　　3. 出纳及时清点未发出的工资，办理有关退款手续。
　　4. 根据人力资源部转来的工资变动表，补发其注明人员的工资。
　　5. 费用会计按员工工资明细表汇总个人所得税，填写所得税申报表，并在每月10日前到税务局申报纳税。
　　6. 费用会计做出工资及个人所得税的转账凭证，交财务主管、财务经理审核。
　　（二）零散辞职人员工资结算程序
　　1. 所有在每月10日前办理离职的员工，其上月工资及当月工资以现金支付，每月15日到财务部结算。
　　2. 所有在每月10日后办理离职的员工，其上月工资从银行发放，当月工资以现金支付，每月28日到财务部结算。
　　3. 凡是入职押金收条遗失的，当事人必须填写遗失证明，由部门经理审批，人力资源部经理审批，财务查找是否已交押金，再经财务总监及总经理批准，方可退还已付押金。
　　4. 特殊情况下，员工工资允许委托收款，但需填写委托申请书，由委托人和被委托人双方签名，交人力资源部经理确认，再交财务总监审批方可。

程序22：成本核算程序

成本核算程序

一、目的
　　为规范执行国家统一会计准则及政策，加强成本控制管理。
二、执行程序
　　1. 每月对购入的固定资产、低值易耗品按类别标准进行分类，编制固定资产目录，对固定资产进行分类核算，正确计算固定资产记账价值，正确计划固定资产折旧。
　　2. 每月负责编制财产使用分配表，进行会计核算。
　　3. 参与固定资产清盘和物品月末盘点工作，核对库存物资，做到账账、账卡、账物相符，并在月末盘点的数据基础上，进行成本、费用明细核算。
　　4. 审核仓库报送的收货报表，保证原始凭证真实、准确。正确填制会计凭证，登记账簿，做到账证相符、账账相符。
　　5. 每月计提固定资产折旧、登记账簿，月末结出资产净值余额。编制固定资产折旧汇总表，做到账表相符、账账相符。
　　6. 年末进行资产清查盘点，对报废处理和出售不使用固定资产按财产管理责任制规定办理手续，呈报审批，编制会计凭证，登记固定资产账户，减少固定资产净值和折旧额。
　　7. 负责低值易耗品和物料用品的出库分配，对其中的服务用品、清洁用品、印刷和文具用品、棉织品、玻璃器皿、瓷器等分别按领用部门分别编制分配表并编制会计凭证。

程序23：电脑房日常工作程序

电脑房日常工作程序

一、目的

有效维护网络，确保电脑系统运行安全。

二、执行程序

（一）巡视

1. 值班人员每天巡视检查一次交换机、计算机、收款机主机、电话计费终端、UPS电源的运行是否正常、是否停机、有无告警、有无错误代码。
2. 每班巡视一次计算机系统各终端、打印机、收银电脑是否工作正常，是否有不正确的操作使用，是否有带故障工作的设备。
3. 每班巡视一次机房温度、湿度是否符合标准，是否出现其他异常现象。
4. 遇到恶劣天气或酒店出现紧急或重要情况时，应加强巡视。

（二）处理报修

1. 接到报修电话，应问清报修的部门、设备的名称、故障的现象，并做记录。
2. 在没有处理主机或其他紧急故障的情况下，应首先处理报修。并要亲临报修现场，检查故障原因，处理故障。
3. 如遇到不能单独处理或涉及其他部门的故障，应请他人协助共同完成。如遇到影响各主机系统的故障，应报告财务经理、当班总值经理乃至总经理。如遇到需请外单位处理或需外修的故障，应先向财务经理申报。
4. 其他部门要求修改对酒店业务有影响的数据时，如房间总数、系统代码等，应有该部门书面申请，必要时要有财务经理的审批签字。其他部门要求增加、修改、删除各系统密码时，应有部门书面通知。
5. 报修完成后，应记录故障处理时间、处理方法及维修人签字。
6. 处理报修的原则是：及时、有效，一线部门优先、客人优先。

（三）数据处理

1. 每天做前台千里马系统数据备份，保留3年。
2. 每天做财务金蝶系统数据备份，保留3年。
3. 每周做人力资源系统数据备份，保留3年。

（四）记录本

值班人员需认真填写值班记录，包括设备运行记录、报修记录、物品领取发放记录、信函往来、总经理备忘录及和部门有关的所有事物。

第四节　酒店财务管理表格

表格1：餐饮成本、毛利率测算表

餐饮成本、毛利率测算表

年　月　日

餐厅及酒吧	食品								饮品							
	本期（当日、三日、七日、十日）				本月累计				本期（当日、三日、七日、十日）				本月累计			
	食品销售	免费餐	合计	成本	食品销售	免费餐	合计	成本	毛利率	饮品销售	免费餐	合计	饮品销售	免费餐	合计	成本	毛利率
总计																

制表人：

表格2：收银员缴款登记表

收银员缴款登记表

年　　月　　日

营业部门	班次/交款时间	金额	交款人	证明人	备注

总出纳签字：　　　　　　　　　　　　证明人签字：

表格3：客账日报

客账日报

年　　月　　日

本日项目	发生金额	昨日余额		本日金额	
				楼别	金额
房　金		本日发生			
加　床					
服务费		小计			
客房会场					
食品		本日收回			
		现金			
		支票			
		使用卡			
汽　车					
长　电		财务催收			
洗衣费					
理　发					
服务费		小计			
会　场					
导游迎送					
代　垫		本日余额			
电传电报				合计	
小酒吧					

续表

本日项目	发生金额	昨日余额		本日金额	
				楼别	金额
俱乐部					
其 他			补充资料	楼别 / 出租率 / 外宾人数 / 中宾人数	
小 计					

制表人：

表格4：外币兑换明细表

外币兑换明细表

T/C　　　制表　　　年　月　日

币别	笔数	外币金额	牌价	人民币金额	币别	张数	外币金额	原币扣贴息	外币净值	牌价	人民币金额
					合计	—	—	—	—	—	—
					银行	实付人民币	其中		代兑手续费		
							现金	转账		经办	复核
						经办	复核		（业务公章）	（外汇兑换专用章）	

表格5：外汇兑换日、月报表

外币兑换日、月报表

（　　年　月　日）

地区名称	美元	日元	港币	英镑	其他币种（折美元）
中国港澳台地区					
日本					
韩国					
美国					
新加坡					
马来西亚					
英国					
泰国					
德国					

续表

地区名称	美元	日元	港币	英镑	其他币种（折美元）
澳大利亚					
加拿大					
其他					
合计					

注：1.本表中所列国家或地区名称指持外币兑换人民币的非居民所居住的国家或地区，请根据其声明填写。

2.其他指本表中未列明的国家或地区。

3.其他币种（折美元）系指用除美元、日元、港币和英镑以外币种的外汇兑换人民币的金额，应折美元加总填写。

4.填报本表时，日元应精确到百位填写，其他，如美元等应精确到个位填写。

表格6：送件回单

送件回单

单位＿＿＿＿＿＿＿＿　　　　　年　月　日

日期	件别	账单号码	金额

收件人：　　　　　　　　　　　　　填表人：

表格7：代客支款通知单

```
              GOLDEN GULF HOTEL
                代客支款通知单
               PAYMENT VOUCHER
          交款日期      年   月   日
                 DATE
要求支款单位：_____    支款原因：_____
To _____              Reasons _____
要求支款单位联系人：_____  支款地点：_____
Name _____            Place _____
支款金额：_____        账单号码：_____
Amount _____          Bill No _____
收款人：_____          支款批准人：_____
Payee（sig）_____      Approved By（sig）_____
付款人：_____          付款批准人：_____
Payor（sig）_____      Approved By（sig）_____
财务部经理批准：_____   制单人：_____
总经理批准：_____       Prepared By _____
```

表格8：库存现金、银行存款、出纳报告单

库存现金、银行存款、出纳报告单

自　　年　　月　　日至　　年　　月　　日　　　　　　　　　　　编号：

项目	库存现金										银行存款										备注
	亿	千	百	十	万	千	百	十	元	角	分	亿	千	百	十	万	千	百	十	元	角	分	

财务会计部经理：　　　记账：　　　出纳：　　　复核：　　　制单：

表格9：财产缴回单

财产缴回单

部门　　　　　　　　　　　　　　年　　月　　日

名称及规格	单位	数量	原值金额	净值金额	缴回原因及意见

成本财产部经理：　　　财产管理员：　　　记账员：　　　经办员：

表格10：转账支票领用单

转账支票领用单

年　　月　　日

领用部门		领用人		部门经理	
收款单位				支票号码	
用　　途					
金　　额	（大写）万 仟 佰 拾 元 角 分				
审　　批				财务经办人	

注：转账支票领用后，领用人应尽快办妥核销手续。

表格11：借款单

借 款 单
年　月　日

借款部门		经办人		部门经理	
借　款 内　容			审　批 意　见		
金　额	（大写）仟 佰 拾 元 角 分			（大写）	
财务部经理		财务审核		领款人签字	

注：供款后，借款人必须在二周内到财务部输核销手续。

表格12：冲账单

冲　账　单

客人姓名：　　　　　序号：　　　　　日期：

项目	金额	备注
总计		大写总数

经办人：　　　　　交款：　　　　　收银主管：

表格13：采购用款申请单

采购用款申请单
年　月　日

项目	单位	数量	单价	币种	金额合计	用途说明
主管部门经理签名	采购部或工程部会签		财务会计部经理意见		财务部经理意见	总经理意见

经办人：

表格14：工程材料用料清单

工程材料用料清单

编号：

加工部门＿＿＿＿＿＿＿＿＿＿

用料＿＿＿＿＿＿＿＿＿＿　　数量＿＿＿＿＿＿＿＿＿＿

＿＿＿＿＿＿＿＿＿＿＿＿＿＿＿＿＿＿＿＿＿＿＿＿＿

加工成品名称＿＿＿＿＿＿＿＿＿＿＿＿＿＿＿＿＿＿

数量＿＿＿＿＿＿＿＿＿＿＿＿＿＿＿＿＿＿＿＿＿

此证

核算人：＿＿＿＿＿＿＿＿＿

加工人：＿＿＿＿＿＿＿＿＿

日期：＿＿＿＿＿＿＿＿＿＿＿

表格15：存货盘点明细表

存货盘点明细表

填报单位＿＿＿＿＿＿＿＿　　仓库＿＿＿＿＿＿＿＿＿＿

材料类别＿＿＿＿＿＿＿＿　　盘点时间：＿＿＿年＿＿月＿＿日　　　　金额单位：元

序号	品名	规格型号	存放地点	计量单位	单价	仓库账面收		实际盘点数				盘盈		盘亏		计算方法及公式	结账后收据补抵量
						数量	金额	数量	金额	其中：积压		其中：报拨		数量	金额	数量	金额		
										数量	金额	数量	金额						

盘点小组长：　　　　保管员：　　　　盘点员：　　　　审核员：

第　　页共　　页

表格16：食品原料进货报告单

食品原料进货报告单

附单据＿＿＿张　　　　＿＿＿年＿＿月＿＿日　　　　第＿＿＿＿＿号

类别	品名	数量	单位	单价	金额	小计	客户名称

仓库保管员：　　　　验收员：　　　　记账：

表格17：食品原料进货单

食品原料进货单

年　　月　　日　　　　　　　　　　　　　　　　　　　　No

单位名称	发票号码	货名	单位	单价	数量	金额	备注

部门经理：　　　　　主管：　　　　　记账：　　　　　验收：　　　　　制单：

表格18：物资验收入库单

物资验收入库单　　　　　　　　　　　　　　　　No

物资类别	

年　　月　　日　　　　　连续号：

交原单位及部门		发票号码或生产单号码			验收仓库		入库日期		
编号	名称及规格	单位	数量		实际价格		计划价格		价格差异
			交库	实收	单价	金额	单价	金额	
合计									

成本财产部主管：　　　　　记账：　　　　　　　　保管部门主管：
验收：　　　　　　　　　　单位主管：　　　　　　缴库：

表格19：零星物品申购单

零星物品申购单

部门：　　　　　　　　　　年　　月　　日

品名		规　格	
数量		估计单价	
申购理由	使用部门负责人：		
维修更新添置			
备注			

总经理：　　　　　　　　　　财务部经理：

表格20：部门申请购物单

部门申请购物单

申购部门：　　　　　　年　　月　共　　页第　　页

名称规格	单位	数量	单价	金额	添置	更新	备注

说明：各部门申购下月所需物品须在当月26日前将此单交采购部，非特殊急用物品不得另行申购。

总经理/财务部经理：　　　采购部：　　　部门经理：　　　申购经手人：

表格21：物资计划采购表

物资计划采购表

编号：　　　　　　编制日期：　　年　　月　　日

品名	规格	单位	单价	月末库存	核定储备量	采购		备注
						数量	金额	

总经理/财务部经理：　　　成管部主管：　　　保管员：

表格22：固定资产、低值易耗品内部转移凭证

固定资产、低值易耗品内部转移凭证

（　　年　　月　　日）No

类别	名称	规格	数量	单价	金额	备注

部门移入（班组）	部门名称		部门移出（班组）	部门名称	
	所在班组			所在班组	
	经营人			经营人	
	部门负责人			部门负责人	
部门经理					

经办人：

表格23：财产领用单

财 产 领 用 单

领用部门：　　　　　　　　　　　年　月　日　　　　　　　　　　　字第

大类	名称及规格	单位	数量	单价	金额	使用年限	应提摊销限	应提摊销数	财产卡号	
									总号	分号
备注：										

财产管理部：　　　　　　　　部门：　　　　　　　　领用人：

表格24：签订协议、合同审批书

签订协议、合同审批书

签订部位（人）		签订时间	
协议、合同内容及主要理由：			
签约部门意见： 　　　　　　　　部门经理		财务部门意见： 　　　　　　　　部门经理	
副总经理意见： 　　　　　　　　　　　　　　　　　副总经理			
总经理：			

表格25：预收款收据遗失单

GOLDEN GULF HOTEL
预收款收据遗失单
The Declaration of Loss the Deposit receipt

姓名： me：		账户号码A/C No：	
		房间号码 Room No：	
原收据号码： No of the lost Receipt：		金额（大写）： amount（in capital letter）：	
摘要： remarks：			
Manager of Financial dept 财务部经理	Bill collector 收银员	The certificate 遗失人证件	The loser 遗失人

表格26：营业款长、短差错报告单

营业款长、短差错报告单

年　月　日

报告人：		岗位：	
差错笔数：	溢		损
差错金额：	溢		损
差错原因：			

财务部经理审批：　　　　　　　　　　差错款人员：

表格27：应收账款账龄分析表

应收账款账龄分析表

年　月　日

客户名称＼欠账时间	本月	2～3个月	4～6个月	7～12个月	一年以上	金额合计	备注
合计							

审核：　　　　　　　　　　应收账款记账员：

表格28：对账通知书

对账通知书

尊敬的＿＿＿＿＿＿＿：

感谢您下榻我酒店，您住宿的＿＿＿＿房间，__月份账单已准备就绪，总金额为＿＿＿＿元。请劳驾去总服务台结算账款。我店可用现金或信用卡付款。

谢谢您的惠顾与合作。

总服务台谨启

年　月　日

表格29：结账通知书

××××HOTEL
结 账 通 知 书
The Notice for Settling an Account

_____ :

感谢您下榻我店。您住宿的房间，房金及其他费用已累计_____元，金额已超过我店规定的使用限额。
Thank you for your staying with us. We beg inform you that the accumulated folio amount of the room No.____in which you are lodging with the other expenses totals____yuan.

劳驾去总服务台结算账款。我店可用现金或信用卡付款。
Which has exceeded the credit set by our hotel. Would you settle the account at the Front Dest. Bill can be Paid either in cash or credit card.

谢谢您的惠顾与合作。
Thanks for your cooperation.

总服务台谨启
The front dest
Golden Gulf Hotel
／　　／

表格30：付账授权书

付 账 授 权 书
P\YMENT AUTHORISATION

本人谨此授权××酒店转载下列客人账项至本人名下。
THIS IS TO AUTHORISE THE ××HOTEL YAN TAI TO CHARGE ME FOR THE FOLLOWING GUESTS STAYING IN THE HOTEL.

客人姓名
GUEST NAME_____

房间号码
ROOM NUMBER_____

所用费用/单是房租
ALL EXPENSES/ROOM ONLY_____

本人姓名
MY NAME_____

本人房间号码/公司名称
MY ROOM NUMBER/COMPANY NAME_____

信用卡号码/现金
CREDIT CARD NO/CASH_____

信用卡类别
TYPE OF CREDIT CARD_____

信用卡用户/认可签署人签字
CARDHOLDER SIGNATURE OF AUTHORISING SIGNATORY_____

表格31：客房优惠收费通知单

客房优惠收费通知单

（存　根）

现有_____单位，_____等_____人，客房收费按_____。

部门经理：

总经理审核意见：

　　　　　　　　　　　　　　　　　　　　　　　　年　　月　　日

表格32：发票购买领用记录

发票购买领用记录

发票种类：

年月日	发票名称	本数	起讫号码	领票人签章	摘要（或领用部门）	领用数		经手人	存根回收		记录
						本数	起讫号码		本数	起讫号码	

表格33：酒水进销存日报表

酒水进销存日报表

餐厅_____　　　　　___月___日

酒水名称	单位	单价	进货数	销货数	销货金额	当月盘存	昨日盘存
					总计		

复核：　　　　　　　　　　　　　　　　　　　　　制表：

表格34：总出纳报告

总 出 纳 报 告
× × HOTEL
GENERAL CASHIER REPORT

日期：
DATE：_____/_____/_____
审计平衡表 BALANCED AUDIT
现金 CASH   支票 CHEQUE   差额 OVER/SHORT   备注 REMARK
前厅 FRONT OFFICE

姓名	现金	信用卡	支票	其他	备注
前厅小计 F/O TOTAL					

营业点 OUTLETS

姓名	现金	信用卡	支票	其他	备注
营业点小计 O/L TOTAL					
总　　计 BALANCING TOTAL					

当日存入银行合计
TOTAL AMOUT BANK-IN FOR THE DAY

制表　　　　总出纳　　　　　　复核　　　　　　日审
PREPARED BY：GENERAL CASHIER　　CHECKED BY：INCOME QUDITOR

表格35：现金收入日报

现金收入日报
年　　月　　日

部门	交款单号	现金	支票	信用卡	备注
合　计					
代垫及支出					
解：工商行					
解：					

续表

部门	交款单号	现金	支票	信用卡	备注
解：					
上期结存					
本期收入					
合　计					
本期支出					
本期结存					

复核：　　　　　　　　　　　　　　　　　　　　　　　　　　　制表人：

表格36：营业日报

营 业 日 报

年　　月　　日

项目	本日发生额		本月累计		去年同月累计		今年累计		去年同期累计	
客房部	房租	出租率%	房租	出租率%	房租	出租率%	房租	出租率%	房租	出租率%
小计										
餐饮部	餐费	其他	餐费	其他	餐费	其他	餐费	其他	餐费	其他
小计										
康乐部	营收	其他	营收	其他	营收	其他	营收	其他	营收	其他
其他										
小计										
其他收入										
其他收入	营收	其他	营收	其他	营收	其他	营收	其他	营收	其他
商务中心										
小计										
合计										

制表人：

表格37：_____年___月 财务分析报告

_____年_____月 财务分析报告

一、经营情况概述：

二、收入分析：

1. 酒店整体收入分析
2. 客房收入分析

	本月收入	预算	完成比率	平均房价	备注
旅行社团队					
旅行社散客					
商务公司					
会议客人					
网络订房					
自来散客					
长包房					
政府客户					
机组机场					
合计：					

3. 餐饮总收入分析

	本月收入	预算收入	完成比率	用餐人数	人均消费
中餐厅					
大堂吧					
送餐					
宴会厅					
合计：					

4. 其他销售部门总收入分析

	本月收入	预算收入	完成比率	占比	备注
客房酒吧					
商务中心					
洗衣服务					
电话收入					
汽车租赁					
杂项收入					
客房其他					
康乐部收入					
合计：					

5.酒店收入占比图

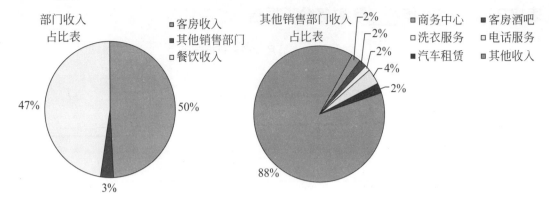

6.收入分项分析

三、成本分析

1.酒店总成本分析表

	中餐厅	大堂吧	送餐服务	宴会厅	合计
客用收入					
店用ENT					
店用DM					
营业收入小计：					
上期盘存					
直购成本					
仓库领用					
内部调拨					
本期盘存					
总成本小计：					
成本率：					
店用成本					
净成本					
营业毛利润					

（1）其中，中餐厅如下表

	食品	饮品	香烟	杂品	合计
客用收入					
店用ENT					
店用DM					
营业收入小计：					
上期盘存					
直购成本					
仓库领用					
内部调拨					
本期盘存					
总成本小计：					

续表

	食品	饮品	香烟	杂品	合计
成本率：					
店用成本					
净成本					
营业毛利润					

（2）其中，大堂吧如下表

	食品	饮品	香烟	杂品	合计
客用收入					
店用ENT					
店用DM					
营业收入小计：					
上期盘存					
直购成本					
仓库领用					
内部调拨					
本期盘存					
总成本小计：					
成本率：					
店用成本					
净成本					
营业毛利润					

（3）其中，西餐厅如下表

	食品	饮品	香烟	杂品	合计
客用收入					
店用ENT					
店用DM					
营业收入小计：					
上期盘存					
直购成本					
仓库领用					
内部调拨					
本期盘存					
总成本小计：					
成本率：					
店用成本					
净成本					
营业毛利润					

2. 餐饮成本经营数据
3. 餐饮成本分析

4.小酒吧成本为_____元，如下表

	食品	饮品	香烟	杂品	合计
客用收入					
店用 ENT					
店用 DM					
营业收入小计：					
上期盘存					
直购成本					
仓库领用					
内部调拨					
本期盘存					
总成本小计：					
成本率：					
店用成本					
净成本					
营业毛利润					

5.小酒吧分析

6.员工餐厅总成本_____元，如下表

项目	食品				合计
上月盘存					
本月直购					
本月盘存					
抵扣外来单位					
实际成本					
早餐人数					
早餐成本					
早餐人均成本					
午餐人数					
午餐成本					
午餐人均成本					
晚餐人数					
晚餐成本					
晚餐人均成本					
夜宵人数					
夜宵成本					
夜宵人均成本					

7.员工餐厅成本分析

四、费用分析

1.经营费用总计

2.人员工资及福利费用

福利项目	本月实际	本月预算	差异比率	备注
工资费用				
员工膳食				
养老保险金				
失业保险金				
医疗保险金				
工伤				
生育险				
个人所得税				
工会经费				
住房公积金				
小计				

3.能源费用

项目	本月实际	本月预算	发生比率
水费			
电费			
天然气			
小计			

4.其他经营费用

五、概述及利润分析

各部门费用占收入比例分析表

部门	费用额	部门费用占总费用比	部门费用占收入比	（剔除折旧）部门费用占收入比	（剔除开办费摊销）部门费用占收入比
总经办					
人力办公室					
员工宿舍					
员工餐厅					
前台					
商务中心					
车队					
客房					
PA					
布草房					
小酒吧					
工程部					
保安部					
餐饮办					
中餐					
大堂吧					
送餐					

续表

部门	费用额	部门费用占总费用比	部门费用占收入比	（剔除折旧）部门费用占收入比	（剔除开办费摊销）部门费用占收入比
多功能厅					
管事部					
财务部					
销售部					
质检办					
合计：					

后附财务报表：
1. 资产负债表
2. 损益表
3. 现金流量表
4. 利润表
5. 营业费用明细表
6. 管理费用明细表
7. 财务费用明细表
8. 固定资产明细表
9. 应收账款账龄分析表
10. 应付账款明细表

 学习总结

通过本章的学习，我对酒店财务管理有了以下几点新的认识：
1.＿＿＿＿＿＿＿＿＿＿＿＿＿＿＿＿＿＿＿＿＿＿＿＿＿＿＿＿＿＿
2.＿＿＿＿＿＿＿＿＿＿＿＿＿＿＿＿＿＿＿＿＿＿＿＿＿＿＿＿＿＿
3.＿＿＿＿＿＿＿＿＿＿＿＿＿＿＿＿＿＿＿＿＿＿＿＿＿＿＿＿＿＿

我认为根据本酒店的实际情况，应制订以下制度和表格：
1.＿＿＿＿＿＿＿＿＿＿＿＿＿＿＿＿＿＿＿＿＿＿＿＿＿＿＿＿＿＿
2.＿＿＿＿＿＿＿＿＿＿＿＿＿＿＿＿＿＿＿＿＿＿＿＿＿＿＿＿＿＿
3.＿＿＿＿＿＿＿＿＿＿＿＿＿＿＿＿＿＿＿＿＿＿＿＿＿＿＿＿＿＿

我认为本章的内容不够全面，还需补充以下方法、制度和表格：
1.＿＿＿＿＿＿＿＿＿＿＿＿＿＿＿＿＿＿＿＿＿＿＿＿＿＿＿＿＿＿
2.＿＿＿＿＿＿＿＿＿＿＿＿＿＿＿＿＿＿＿＿＿＿＿＿＿＿＿＿＿＿
3.＿＿＿＿＿＿＿＿＿＿＿＿＿＿＿＿＿＿＿＿＿＿＿＿＿＿＿＿＿＿

第四章　酒店工程管理工具

引言

酒店集中了现代科学技术提供的最新设备，这些设施设备成为酒店提供优质服务和环保节能的重要保障。工程管理的使命是绝对确保这些设施设备能正常良性运行，使客人在享受舒适、温暖、关爱、方便、安全、宾至如归的服务的基础上，最大限度地做好能源消耗和成本控制，使酒店经济效益和社会效益达到双赢。

本章学习指引

目标	了解酒店工程管理的要点，并能够运用所提供的范本，根据本酒店的实际情况制订相应的管理制度、表格

学习内容

管理要点	• 营造酒店良好的硬环境 • 加强设备的综合管理 • 加强能源管理 • 处理好与其他部门的关系 • 人力方面做到一专多能 • 确保安全
管理制度	• 工程部管理细则 • 工程部各项工作操作程序 • 设施设备维修保养制度 • 设备安全管理制度 • 工程部应急预案 • 设备资料卡制度 • 客房维护管理制度 ……
管理表格	• 酒店硬件设备、设施维护保养计划表 • 设备档案卡 • 设备区巡视检查记录表 • 客房维修保养记录表 • 公共区维护保养记录表 • 工程人员交班表 • 变配电间巡查记录表 • 锅炉巡查记录表 • 电梯巡查记录表 • 酒店工程维修记录表 ……

第一节　酒店工程管理要点

要点1：营造酒店良好的硬环境

星级酒店硬环境包括酒店建筑、装饰装修、设施设备等组成的酒店有形环境，是星级酒店经营和服务的物质基础。酒店工程部首先应确保硬环境的正常，即随时处于可用状态。如大型设备系统运转正常、酒店建筑外观及公共区域整洁卫生、客房完好等。并在此基础上，通过持续科学的维护修缮和管理，努力改进硬件环境，不断提高设施设备水平，营造良好的服务环境。在工程部的日常工作中，具体体现在如下几个方面。

（一）加强酒店建筑、设施设备的日常维护和管理

通过建立科学的设施设备操作和使用制度减缓设施设备的有形磨损，加强设施设备的日常保养；健全日常巡回检查制度，对酒店公共区域、设备机房、主要服务区域等关键场所巡回及时发现问题并快速处理；动员全员力量，积极推行全员管理，引导客人合理使用设备，营造保护酒店硬环境的良好氛围。

（二）建立健全日常报修制，做好设施设备的紧急维修

酒店的日常报修是酒店维修工作的主要组成部分，是以维修单作为调度和控制工具，对设备日常运行中发生的紧急故障（或者是可能引发故障的设备隐患等）由设备使用部门提出维修申请，工程部派工维修的工作制度。紧急故障的产生一般都会对酒店的经营和服务带来影响，而对故障的紧急处理也体现了酒店应急处理的能力。要求工程部能够在现有的条件下，根据报修工作的轻重缓急合理安排，并积极协调和各部门之间的关系。在维修过程中，接受设备使用部门的监督，找出设备故障原因，能够对使用设备的部门提出建设性意见，避免类似故障的再次发生。

（三）加强酒店的全能技工巡查检修制度和设施设备的计划检修

通过设立全能技工岗位，健全客房和公共区域的巡查检修制度，制订科学合理的巡查检修表、巡查时间和巡查检修路线。组织优秀的全能技工队伍，加强对全能技工的培训和激励，提高检修水平。通过巡查检修和日常的巡视检查，实现设施设备的"常见常新"。在工程部的维修工作中，突出计划检修的思想，即强调以预防为主，有计划地对主要设备实施定期保养和维修，尽量减少紧急维修的工作量。计划检修的实施首先在于检修计划的制订，根据检修计划组织必要的力量实施，并做好计划检修的各项准备工作，这也需要工程部有较强的基础管理能力。

要点2：加强设备的综合管理

（一）建立"设备一生"的综合管理系统

坚持"以人为本"，确认"设备问题是人的问题"的基本理念，设备管理必须建立在人的行为科学基础上。工程部对设备生命周期的每一阶段，以本部门为核心，协同其他部门，建立设备管理的组织管理系统，如：设备规划型组织管理系统、设备信息反馈系统等，并在此基础上，建立设备全员管理网络，实现由设备主业化管理向综合性管理的形式转变。

（二）健全设备的寿命周期费用评价体系

设备是"费用"的结合体，管理设备的主要目标是追求设备"一生"所耗费的费用总和的经济性，即寿命周期费用最经济。工程部应从设备的经济价值考虑，在设备的每一阶段强化费用控制，包括建立一系列的决策与评价体系，如：设备规划、投资和购置决策，维修费用和劣化损失评价，设置更新、改造和大修理的经济性评价，设备的折旧和报废管理等。逐步建立完善的设备管理指标体系，特别是经济指标体系，协同财务部等主要部门尽量减少设备支出所带来的酒店成本增加。

（三）不断提高设备管理的技术水平

工程部应立足于现有设备，加强设备的可靠性和维修性设计，提高自身的技术水平。从设备的诊断技术和状态监测、设备维修保养技术、设备改装技术等方面进行提高，充分利用酒店已有设备。工程部还应掌握最新的酒店设备技术动态，特别是高新技术在酒店行业中的应用以及发展趋势，为酒店未来的设备更新奠定基础。

要点3：加强能源管理

能源是酒店经营的重要保障，工程部必须管理好为酒店日常经营提供能源的设备，如供电、供热、供冷、供汽等，负责控制和运行这些设备，并保证酒店的需要。

（一）建立能源管理的领导组织

以工程部为基础，在酒店高层管理者的领导下，建立能源管理的领导组织。

（二）提高设备的利用效率

全体员工参与能源管理。依靠工程部的广泛宣传，争取高层管理者重视，形成全店的节能风气，坚持不懈地推行节能措施。不断提高设备使用技术，并改进设备操作规范以减少设备能源损耗。加强设备日常操作管理，通过操作人员更科学地使用和全体服务人员的努力减少酒店能源消耗。

（三）加强节能技术的应用

工程部必须关注酒店业节能技术的应用趋势，结合自有设施设备的实际，不断引进合适的节能技术。通过科学分析，确定酒店主要的能源消耗类型及能源消耗的主要场所或设备，按照重要性程度选择使用节能技术类型，如节水技术（冷凝水回收、热水节能技术及各种节能用水器材等）、节电技术（节能灯采用、节能开关应用等）等。通过技术运用，更大幅度地减少能源的使用，提高能源的利用效率。

要点4：处理好与其他部门的关系

工程部虽然一般不直接面对客人，但是酒店的硬环境、酒店产品提供的物质基础的设施设备等都是由其提供并管理的。作为一个基础保障部门，必定在酒店生产经营中承担重要责任，与其他部门的协调状况将直接影响酒店的产品提供和服务水平。工程部必须处理好与其他部门之间的关系，以确保酒店生产经营的正常进行。

（一）设备使用和维修过程中的协调

酒店中的许多设备由各业务部门拥有并使用。

（1）餐饮部中的厨房设备，客房部的洗衣及清扫设备，保安部的消防监控设备等，工程部虽然不是直接操作，但是却负责对这些设备的维修及设备直接操作者的培训和业务管理。

（2）在酒店的日常报修中，工程部根据报修单信息严格按照报修制度和程序进行操作，同时经其他部门的协助、监督和验收，并应当向其他部门提出预防性措施和应急措施。

在计划检修中，一方面要考虑设备的需要，另一方面要兼顾酒店营业情况，也就是其他部门对设备的使用情况等。所有上述这种情况都需要工程部与其他部门协调一致，顾全大局，才能保证设施设备的正常使用。

（二）大型接待活动或重要客人接待的设施设备预检协调

在大型活动或VIP接待之前，工程部都应和公关部、宴会部、客房部等有关部门互通信息，主动了解并及时满足接待活动对设施设备的特殊要求，如灯光、音响、保安监控等设备系统的处理。应逐步健全接待过程中部门间的协调管理体系，使协调工作实现常规化和制度化。

（三）服务和管理的协调

在工程部部门内部管理中，涉及人力资源、财务、采购等多项管理工作。而提高工程部的管理水平、工作效率和员工服务水平，也需要酒店人力资源部、培训部、财务部等其他部门的支持。协调与这些部门之间的关系，也是决定工程部工作优劣的重要条件。

要点5：人力方面做到一专多能

管理，就是人的管理，在工程人员的招聘上，力求做到一专多能，即所谓的全能技工。当然，要在社会上招聘全能技工难度较大，这就要求工程部对平时招聘过来的水、电、空调、木工、油漆等工种进行交叉作业，通过1～2年的运作，相信整个部门几乎都是全能技工。但是在操作的时候仍以专业工种为主、其他工种为辅，避免单一工种作业时的扯皮现象，同时又可以有效地节约人力资源。

要点6：确保安全

每年在雷雨季节安排1次对大楼、机房、油库进行避雷检测；对输电控制柜各端子按计划两个月检测一次温度；对触点起弧严重的接触器，及时更换；按计划对消防设施及煤气系统，要求每周进行1次大检查；对二次用水和排污系统定期清理，保证生活用水和排污的畅通；每年至少4次安排清理厨房油烟系统。

要求各设备保养单位制订计划，并按计划通知工程部进行设备保养。在保养时安排工程部人员积极配合，杜绝电梯、空调等外保设备的应急抢修频率；对技术含量不高的设备，要求勤学勤问，努力变外保为内修，为酒店节约不必要的开支。

第二节　酒店工程管理制度

制度1：工程部管理细则

××酒店标准文件		××酒店 工程部管理细则	文件编号××-××-××	
版本	第×/×版		页　次	第×页
1　组织机构与主要职能 　1.1　组织机构 　工程部设经理，下设工程领班、电工、水工、锅炉工，在总经理的直接领导下保证酒店设备、设施的					

××酒店标准文件		××酒店	文件编号××-××-××	
版本	第×/×版	工程部管理细则	页 次	第×页

正常运行,对酒店的设施设备进行综合管理,做到设备设施装配合理、择优选购、正确使用,或指导其它部门正确使用,精心维护、科学检修并适时更新,保持设备完整,不断挖掘酒店的技术装备潜力,充分发挥设备效能。工程部对保证酒店服务质量,为顾客提供舒适环境,提高酒店的经济效益,保持酒店硬件档次和维护企业形象。

  1.2 部门职能
  1.2.1 负责酒店电力系统、电梯、空调系统、冷热水系统及地面管道,锅蒸汽系统运行管理、设备维护、维修、故障检修。
  1.2.2 负责酒店供水设备、厨房设备、洗涤设备的维修保养和故障维修。
  1.2.3 负责酒店、制冷设备、排汽设备的维修、维护和故障检修。
  1.2.4 负责酒店内楼舍维护和室内装修设施、家具、门锁、卫生间设施的维修工作。
  1.2.5 负责酒店电路、灯饰、灯具的维护、维修工作。
  1.2.6 负责酒店动力系统的设备更新和系统改造。
  1.2.7 负责油料,液化气的储存和发放及其设备的维修保养。
  1.2.8 负责酒店基本建设工程的组织实施。
  1.2.9 负责酒店设备运行的控制和监督。
  1.2.10 制订工程部规章制度、工作程序、工作计划。
2 岗位职责
  2.1 经理岗位职责
  2.1.1 负责制订业务工作计划,定期编制设备维修及更新的预算报表及审核请购物资报告。
  2.1.2 负责和实施酒店各项动力设备的运行控制及维修保养计划。
  2.1.3 负责酒店各项土建工程建设规划及组织施工。
  2.1.4 制订节能措施,降低酒店能源消耗,提高经济效益。
  2.1.5 负责处理业务范围内发生的问题和客人对工程维修工作的投诉。
  2.1.6 协调客房、餐饮、娱乐等部门的日常维修及各项设备维修周期计划的制订。
  2.1.7 合理安排部门员工工作,负责员工的业务技术培训及业务考核。
  2.2 工程部领班职责
  2.2.1 接受工程部经理领导,协助工程部经理管理整个工程部的员工。
  2.2.2 及时完成经理交办的各项工作任务,带领全班人员坚持执行岗位职责、操作规程及各项规章制度。
  2.2.3 协助工程部经理制订本部门的月度、年度预防性维修保养计划,有效保障酒店设备、设施安全经济运行完好。
  2.2.4 协助制订员工培训计划,对员工进行业务技能、酒店意识、基本素质的培训。
  2.2.5 掌握当班能源消耗及维修费用,确保酒店最大限度地节能、节支。
  2.2.6 推行节能运行计划的实施和运行维修费用预算的控制。
  2.2.7 协助工程部经理做好外部关系的协调,以获得良好的外部环境。
  2.2.8 协助经理主持部门工作例会,协调班组工作,协助做好班次的调整和人员工作调动。
  2.2.9 协助分析工程项目报价单,现场跟进检查施工与工程进度。
  2.2.10 协助工程部经理做好消防、安全工作。
  2.2.11 考核下级的工作,随时检查各部人员值班情况,并对其工作做出指导和评论。
  2.2.12 协助建立完整的设备技术档案和维修档案。
  2.2.13 执行工程部经理下达的其他工作指令。
  2.3 电工岗位职责
  2.3.1 严格遵守酒店《员工手册》和各项规章制度。
  2.3.2 努力学习技术,熟练地掌握酒店的线路走向及所辖设备的原理、技术、性能和实际操作。
  2.3.3 密切监视配电柜的各种仪表显示,正确抄录各项数据并填好报表。
  2.3.4 积极配合电路检修工作,如断电检修,需具体的检修人员直接通知挂"严禁合闸"的指示牌,未经检修人员通知而随意合闸造成严重后果由当班人员负责。
  2.3.5 发生故障时,值班人员应保持冷静头脑,按照操作规程及时排除,并报告部门经理,事故未排除不进行交班,应上下两班协同工作,一般性设备故障应交代清楚并做好记录。
  2.3.6 做好线路防火工作,严格检查线路负荷,发现不正常状态必须找出原因,加以纠正。
  2.3.7 认真保管电子设备维修专用仪器、仪表,保障达到仪器的各种工作指针。

续表

××酒店标准文件		××酒店 工程部管理细则	文件编号××-××-××		
版本	第×/×版		页	次	第×页

2.3.8 对电子设备维修中所需备件,包括备用零件、备用组件需妥善管理,定期测试,保证随时应急使用。

2.3.9 保证电子设备机房的工作环境达到设备的要求,做好防火、防潮、防静电工作。

2.4 修理工岗位职责

2.4.1 严格遵守酒店制订的《员工守则》,热爱本职工作,认真学习专业知识,熟悉设备性能及系统情况,判断故障快速准确,处理迅速及时。

2.4.2 每班的值勤人员负责常用耗材的清点,发现不足要及时补充。

2.4.3 严格遵守操作规程,正确使用手动和电动工具,发现问题及时调整修理。不能修复的必须报告部门经理,对各类工具设备做到勤保养和妥善保管。

2.4.4 树立强烈的酒店意识,文明维修,酒店至上,工作时尽量不影响客人,公共场所施工必要时加设围栏,在客房使用如冲击电钻等到强噪声的工具,必须严格遵守时间规定,严格按计划时间施工。自觉做好施工场地的收尾工作,以保证酒店的环境优美。

2.4.5 对来人来电报修及时登记,维修要迅速、及时,维修完立即返回班组待命,并认真填写"维修换件记录单"。

2.4.6 交班时发生应隐故障,上一班必须协同下一班排除故障后才能下班。

2.4.7 维修人员如违反制度,拖延时间,修理质量低劣,影响营业和造成设备损坏的要追究当事者责任。

2.4.8 严格执行《设备维修程序》的规定和《维修服务规范》。

2.4.9 工具管理制度

工程部购进的电工仪表、电动工具按产品说明检验后登记入账,工程部对工具实行二级管理。

(1) 工具价格较贵且容易损坏的,应由专人保管。

(2) 经常使用的工具和维修人员必备的工具记入班组工具账,建卡并由个人负责保管,组内公用工具由组长负责保管。

2.4.10 工具报废制度

需要报废的工具要经相关主管检验,确认符合报废规定后统一处理,并在组内账注销。

2.4.11 工具赔偿规定

工具丢失或因违反操作规程而损坏的,要追究当事人的责任,根据工具的新旧程度或损害程度按工具原价的40%～100%酌情赔偿。

2.5 锅炉工岗位职责

2.5.1 严格按照操作规程,确保锅炉的安全运行。

2.5.2 做好锅炉及其附属设备的维修保养和年度检修工作。

2.5.3 坚守工作岗位,按照规定做好巡检及各种记录。

2.5.4 负责锅炉房及相关设备的清洁卫生和节能措施。

2.5.5 努力学习技术,不断提高锅炉水平,防止重大事故发生。

2.5.6 积极完成上级交予的其他任务。

3 岗位制度

3.1 数据管理制度

工程部的资料主要有工程竣工图、设备保修单、产品合格证、设备技术说明及专业工具书。资料管理规定如下文所述。

(1) 工程竣工图按专业、系统分类,并编号、登记,存档。

(2) 专业工具书按专业分类登记、存档。

(3) 酒店配套设备、更新设备、增加设备的资料和技术说明按以下分类登记存档。

① 洗衣房设备。

② 炊事机械设备。

③ 机器设备。

④ 空调、采暖系统设备。

⑤ 给排水系统设备。

⑥ 电讯设备。

⑦ 音响设备。

⑧ 消防设备。

⑨ 升降梯设备。

续表

××酒店标准文件		××酒店 工程部管理细则	文件编号××-××-××		
版本	第×/×版		页次		第×页

(4) 借阅手续。
① 各组需借阅的资料由组长负责办理借阅手续。
② 借阅资料按时归还。

3.2 报告制度

为了避免不必要的疏漏,保证工作顺利进行,工程部员工应严格遵守报告制度,具体内容、顺序如下文所示。

3.2.1 下列情况报告当班组长
(1) 主要设备非正常操作的开停。
(2) 主要设备除了正常操作外的调整。
(3) 设备发生故障,停机检修。
(4) 零部件改造、更换或加工。
(5) 运行人员、上岗人员短时间离开岗位。
(6) 维修人员工作去向。
(7) 对外班组联系内容。

3.2.2 下列情况报告主管
(1) 重点设备除正常操作外的调整。
(2) 采用新的运行状态。
(3) 主要设备发生故障或停机检修。
(4) 系统故障及检修。
(5) 重要零配件改造、更换或加工修理。
(6) 领用材料、备件、工具。
(7) 加班、换班、补班、病假、年假。
(8) 对酒店外部的协作联系。

3.2.3 下列情况必须报告经理
(1) 重点设备发生故障或停机检修。
(2) 影响营业的设备故障或检修。
(3) 系统运行方式发生较大的改变。
(4) 重要设备主零、部件的更换。
(5) 系统及设备的外协加工。
(6) 主管、管理员以下的人员调整及班组重大组织机构调整。
(7) 主管、管理员及员工的请假批示。

3.2.4 报告程序
(1) 一般情况逐级上报。
(2) 紧急情况下,可根据制度规定直接报告,但同时仍要逐级报告,并说明已经报告、处理的情况。

3.3 设备事故管理制度

3.3.1 设备事故分类

凡本酒店的各种设备,由于使用操作、保管或维修不善而造成设备或设备主要部件损坏的,均称为设备事故。

(1) 特大设备事故。由于因设备损坏造成酒店停电、停水或停气72小时以上,或修复费用达50万元以上的均为特大设备事故。
(2) 重大设备事故。因设备损坏影响酒店停业36小时以上,或修复费用达20万元以上的为重大设备事故。
(3) 一般设备事故。因设备损害影响酒店日收入20%以上或修复费用2万元以上的为一般设备事故。
(4) 微小设备事故。因设备损害影响酒店日收入和修复费用低于一般事故的均为微小设备事故。

3.3.2 设备事故损失计算
(1) 修复费用即损失部分修复费用,包括人工、材料、配件及附加费用等。
(2) 收入损失=酒店年度月计划收入÷当月天数-当日实际收入。

3.3.3 设备事故的调查处理
(1) 调查设备事故原因,设备事故原因可分为以下几种:
① 设备缺陷。

续表

××酒店标准文件		××酒店 工程部管理细则	文件编号××-××-××		
版本	第×/×版		页	次	第×页

② 安装调试缺陷。
③ 违章操作、违章指挥。
④ 巡回检查不及时,或超期检修、试验。
⑤ 维修保养不周。
⑥ 检修技术方案失误。
⑦ 野蛮检修作业或检修质量差。
⑧ 安全附件、仪器仪表失灵。
⑨ 其他。
(2) 处理设备事故应执行"三不放过"原则,即事故原因分析不清不放过,事故责任者没有受到教育不放过,没有防范措施不放过。
① 一般和微小事故由工程部和设备使用部门负责调查,且提出处理意见。
② 重大设备事故由总经理组织有关部门及人员组成事故调查组调查。
③ 发生特大设备事故,工程部应与使用部门一起采取紧急措施防止事态扩大,并由酒店高级领导层参加组成调查组,必要时上级主管部门派人参加。
(3) 事故处理后应提出防范措施,研究修改方案,事故部门与工程部有关管理员应及时提出事故报告,由事故调查组提出处理意见。
3.3.4 以下情况不属本制度范围
(1) 由于外部原因,供水、供电、供煤气不及时或突然中断而影响酒店正常营业的。
(2) 由于各种原因出现人身安全事故的。
(3) 由于破坏和破坏嫌疑而引起的设备事故。
3.4 值班制度
3.4.1 值班人员须坚守岗位,不准擅自离岗,按规定须定时巡视设备运行情况,如离开值班室去巡查和抄表须报告。
3.4.2 仔细观察设备运行状态,注意及时发现和处理隐患。
3.4.3 值班人员接到维修报告后,须及时通知有关人员前往维修。
3.4.4 发现设备故障,而当班人员无法处理时,须报告上级人员组织处理。
3.4.5 用餐时间是值班的薄弱环节,值班人员须在规定的时间内就餐。所有运行值班机房须实行轮流就餐,保证值班。
3.4.6 值班人员须做好值班记录和交接班记录。
3.5 交接班制度
3.5.1 交接班前接班人员需做的工作
(1) 接班人员须提前10分钟到达岗位,做好接班准备工作。
(2) 查看交接班记录,听取上班的运行介绍。
(3) 检查仪表、工具,并在交接班记录本上签名。
(4) 检查设备运行情况。
3.5.2 下列情况不准交班
(1) 上班情况未交代清楚。
(2) 当班负责人未到或未经管理员同意指定合适的负责人。
(3) 交接班人数未达到需要人数的最低限度时。
(4) 设备故障影响运行或影响营业时。
(5) 交接班人员有醉酒现象或神志不清而未找到替班人时。
3.5.3 出现不能交接情况时的处理办法
遇有不能交班情况,应逐级上报,寻求解决办法。管理人员应在职权范围内给予指示,帮助解决问题。
3.6 安全制度
3.6.1 所有员工须加强治安防范意识,严格执行酒店治安管理制度。
3.6.2 未经部门经理批准,外来人员禁止进入配电室、电梯机房、锅炉机房、空调机房、煤气调压室等重要场所。经批准进入的人员须办理登记手续,并须由相关主管或管理员带领。
3.6.3 各工作间钥匙严禁随意配制,不准外借。
3.6.4 严格执行班组防火规定。
3.6.5 严格执行安全操作规程,特殊岗位上岗须按规定穿戴齐劳动保护用品,使用专用器械、工具。

续表

××酒店标准文件		××酒店 工程部管理细则	文件编号××-××-××		
版本	第×/×版		页次		第×页

3.6.6 部门负责组织对重型设备、设施、压力容器进行定期检验或检查。
3.6.7 工程部各组长、管理员须经常进行现场检查，调查设备及设备使用中的不安全因素，发现问题须及时组织人员解决。例如现场发现有违章作业和违章指挥的须立即制止，发现有可能造成事故隐患时，有权停止作业，并及时向部门经理报告。
3.7 工程部物料、备件管理制度
3.7.1 直拨给班组的材料，须由班组建立材料明细。
3.7.2 备件须严格执行验货制度，对材料订购单和发票的名称、规格、数量、单价进行核对，对材料须开包检验质量的，若不符合要求须当日向供应部门提出，严禁入库。
3.7.3 存库材料须按规定存放。
3.8 设备管理制度
为加强酒店的设备管理，建立健全设备管理条例，保证酒店的正常营业，根据设备运行规律，特制订以下规定。
3.8.1 须建立健全设备档案，设备档案包括以下一些内容。
（1）建立设备卡片。设备卡片内容包括物品功能、主要使用规范、安装地点、使用日期，附属设备的名称与操作规范、操作条件及设备更新记录。
（2）设备卡片分二级建卡。
（3）有设计资料或技术说明。
（4）有设备结构及易损配件图纸和测绘备件图纸。
（5）有两次检修设备运行累积时间。
（6）有历年设备缺陷及事故情况记录。
3.8.2 购进的设备须有说明和产品合格证，且由主管检验。
3.8.3 设备须有报废、停用、维修保养的规定。
3.8.4 设备应长期使用，已满使用年限，损坏严重又不能修复的，可以申请报废。设备报废须经管理员鉴定，由工程部和财务部办理报废手续。
3.8.5 设备停用前须采取清洗、封闭等防护措施。不准任意拆卸或挪用，须建账建卡，妥善保管。
3.8.6 由于事故造成的设备报废，须在调查、分析事故发生原因后，按设备报废手续处理。
3.8.7 新设备正式运转前，首先进行验收，新设备须符合质量标准，试运行合格后，方可运转。同时将设备设计图纸，以及设备技术说明、检修、安装、实验、鉴定、验收记录、随机附件、专用工具等交资料员管理。
3.8.8 设备使用须坚持维护与检修并重，以维护为主，严格执行岗位责任制，严格执行设备维护、保养规程，及设备检修规程，确保在用设备完好。
3.9 工程值班制度
为更好地搞好工程部的维修与管理工作，保证酒店营业的正常进行，特制订值班工程师值班制度，具体内容如下。
3.9.1 负责处理酒店各部门对设备故障的投诉电话并安排工程部的相关班组及时排除。
3.9.2 须做好工程部正常维修工作的调度，切实解决好设备的维修，及时调派临时人员抢修，将投诉降到最低点。
3.9.3 值班人员在经理不当班时对工程部所属的问题全面负责，重大问题须直接向部门经理汇报、请示。
3.9.4 夜班时须及时、有效地完成公司领导交给的工作，主动配合大堂副理和营业部门搞好酒店接待工作，完成情况须有记录。
3.9.5 对影响酒店营业的设备故障，须及时通知有关班组尽快排除，使设备正常运行。
3.9.6 值班工程师检查工作时须携带对讲机，检查班组的正常保养情况须记录，大的问题须及时上报。
3.9.7 值夜班时，须向各班组人员了解设备状况及使用状况。
3.9.8 注意本酒店的电、水、气运行及使用情况，如有问题须记录，重大问题须及时上报。
3.9.9 须全面向工程部经理汇报设备运行状况及班组工作情况。
3.9.10 发现设备运行问题，须及时提出合理化改进建议，并直接向工程部经理汇报。
3.9.11 如遇特殊情况（雷雨、地震、漏气、火灾），须迅速调动有关人员参加抢险并到现场指挥，且及时向酒店领导报告处理情况。
3.9.12 巡视公共设施、设备的运行情况和损坏程度，及时安排有关人员修复。
3.9.13 发生特大设备事故时，值班人员须亲临现场，调集人员进行抢修，防止事故扩大，同时查清

续表

××酒店标准文件		××酒店 工程部管理细则	文件编号××-××-××		
版本	第×/×版		页	次	第×页

原因,并采取措施避免事故再次发生。

3.9.14 及时了解各班组工作情况,解决工作中的困难。

3.9.15 夜间值班,检查班组工作须记录时间及签名。

3.9.16 值班工程师须参与各班组的绩效考评工作。

3.10 计量管理制度

3.10.1 计量器具的管理

(1)为保证酒店计量器具的统一管理,新添置或新建项目中所需要的计量器具,有关部门须先提出计划报工程部审议后方可购置。

(2)计量器具购进后,须由工程部组织验收,认定为合格的计量器具方可办理入库手续,对不合格的计量器具由采购部负责处理。

(3)对酒店使用的计量器具须依照计量器具的性能、使用场合、性质分别编入强制检定或依法管理目录,分别予以管理。

(4)在用计量器具的正常损坏须及时报废,由工程部统一管理。能作零部件使用的,由维修人员拆卸作为备用。

3.10.2 计量器具的使用和保管

(1)计量器具使用人员,须熟悉计量器具的性能及操作要求,按操作规程或说明书中的有关规定正确使用。

(2)使用部门须根据情况,对计量器具分别进行集中管理或个人管理,日常的卫生清扫及擦拭均由使用部门负责。

(3)在用的计量器具须有检定合格标记,发现遗失须及时标记,以便操作人员掌握器具的有效使用日期。对超期或明显不合格的计量器具,使用人员须拒绝使用。

(4)对非安装式计量器具,在经常移动使用中须轻拿轻放,严禁摔、碰、砸,并且用后须恢复到正常状态。

3.10.3 计量器具的周期检定

为确保计量器具的准确度,工程部须对酒店在用的计量器具按不同种类和不同用途编制管理目录,并根据有关规定合理编制周期检定计划。经周检合格的计量器具,写出周检记录。对强制管理的计量器具须按时进行年审。

3.11 梯子安全使用工作制度

3.11.1 使用梯子前须仔细检查,保证其完整、坚固,不缺档、无损坏。

3.11.2 梯子放置基础须稳定,不准垫高使用,斜度须适当,梯子与地面夹角以60°~70°为宜。

3.11.3 使用梯子须站在距离梯顶不小于1米处,不准使用不够高的梯子。

3.11.4 梯子上端须扎牢,下端须采取防滑措施,如挖坑或垫橡胶板之类的防滑物品,须有专人看护。

3.11.5 严禁两人同时在一个梯子上工作。

3.11.6 人字梯须有限制开度的拉钩或拉链,严禁站在最顶端工作。

3.11.7 梯子须放在工作点的正下方或略偏,严禁身子远探工作,防止将梯子蹬倒。

3.11.8 在行人信道处使用梯子须有人看护或设置围栏。

3.11.9 登梯工作严禁穿硬底或带钉易滑的鞋子。

3.12 高空作业安全操作制度

3.12.1 凡在坠落高度基准面2米以上、有可能坠落的高处进行作业,均为高空作业。

3.12.2 经体检合格的人员方可进行高空作业,凡患有心脏病、严重近视、高血压等不适合高空作业的病症的人员,严禁登高作业。

3.12.3 高空作业人员须使用合格的脚手架、支架、跳板、安全带等进行工作。临孔处设置不低于2米的安全栏杆。

3.12.4 高空作业如无安全可靠的设施,须使用安全带,严禁使用绳子代替安全带。

3.12.5 不准使用拖拉绳和缆风绳以及其他斜绳攀登高空,须站在梯子和其他安全坚固的攀登物登高,严禁用吊装升降机载人。

3.12.6 严禁坐在栏杆上、墙头上或踏在未安装牢固的跳板、设备、管道及物件上作业。

3.12.7 高空作业地点如有冰块、霜雪需打扫干净,并采取防滑措施,遇有六级以上大风,以及暴雨、雷电、大雾等天气,须停止露天高空处作业。

3.12.8 楼板上的孔、洞须设坚固的覆盖板和围栏,夜间登高作业须保证有足够的亮度。

3.12.9 高空作业所用的工具,须放在工具袋内。暂时不用的工具须放置稳妥,工具材料严禁上下扔掷,须用绳索吊运或其他安全方式运送。

续表

××酒店标准文件		××酒店 工程部管理细则	文件编号××-××-××		
版本	第×/×版		页	次	第×页

3.12.10 须避免上下双层垂直作业，必要时，上下层的中间须设置隔离设施，下面工作人员戴安全帽，无隔离设施严禁在下方操作与逗留。
3.12.11 近输电线路作业时，须注意空中的导线，间隔距离低压导线1.5米以上，高压导线距2.5米以上，并须防止运送物件时触碰导线。
3.12.12 进行高处焊接，气割作业时，须事先清楚火星飞溅范围内的易燃、易爆物品。
3.12.13 杆、栓等物体端部，严禁做安全带的生根点，以免滑脱。
3.12.14 在酒店楼房顶上或在高大塔器等上施工时，须有专人监护，并采取安全可靠的防范措施。
3.12.15 高空作业须严格遵守以下注意事项
（1）安全带须定期检查，进行负荷试验，须使用具有合格标记的安全带。
（2）绵、维纶安全带与绳、网须防止接触高温物。
（3）使用安全带前须仔细检查，确保无损坏、无附件不齐全，不合格的，严禁使用。
（4）安全带的拴挂，只准高挂低用，严禁低挂高用。安全带须在人的垂直上方，须尽量避免采取低于腰部水平的拴挂方式。
（5）安全绳须挂在安全牢固的构件上，严禁拴在尖锐的棱角上。
3.13 进入客房维修工作制度
3.13.1 维修前
（1）在服务员的陪同下找到要维修的房间。
（2）对门上挂有"请勿打扰"牌子的客房，任何时候都不准进入或打扰，须另找时间维修。
（3）客房未挂"请勿打扰"牌的，须先由服务员敲门，若客人不在房内，由服务员打开房门后进行维修。若客人在房间内，门开后，须以清晰的声音介绍自己："打扰了，工程部。"得到客人允许后，方可进入客房维修。
3.13.2 维修时
（1）若房内有住客，维修时不准有太大噪声。
（2）不维修电视机时，不准打开电视机。
（3）家具和床不准当做椅子使用。
（4）维修工作须尽快完成，以免打扰客人。
（5）修理时，须有服务员陪同。
3.13.3 收尾
（1）恢复客房原状，清理现场，通知有关人员。
（2）在客房有客人的情况下，须礼貌地说："对不起，打扰了"。
3.14 大修项目及加工件申请制度
3.14.1 询价
必须询问三家以上报价，选其一质优价廉的。
3.14.2 填报
各专业组须及时将大修项目加工件名称、数量及报价填写在"酒店零星材料订购单"内。
3.14.3 审批
（1）须将申购表交工程部经理审批。
（2）工程部审批后须由内勤交财务部审批。
3.14.4 大修或加工
申购表审批完毕返回后，通知各班组值班长进行大修或加工。
3.14.5 大修项目的验收
（1）大修项目完工后，须填写验收单。
（2）主管须验收。
（3）工程部经理须签字认可。
3.14.6 加工件支票的申请
（1）加工件加工由内勤填写"支票申请单"，部门经理须在申请单上签字。
（2）工程部内勤向计划财务部申请支票。
4 奖罚条例
4.1 奖励规定
（1）忠于职守，工作积极主动，不怕苦、脏、累，奖1分。

××酒店标准文件		××酒店 工程部管理细则	文件编号××-××-××		
版本	第×/×版		页	次	第×页

(2) 在日常工作中工作踏实,服从指挥,敢挑重担,不计个人得失,奖2分。
(3) 自觉钻研业务技能、技术革新,解决技术难题,参加技术比武获得名次者,奖1~3分。
(4) 关心集体、敬业、乐业,积极向部门提合理化建议,奖1~2分。
(5) 敢抓管理、敢负责、纪律严明,管理有方,班组团结齐心,完成计划工作,奖1~2分。
(6) 遇有抢修任务,积极主动投入,奖1分。
(7) 品德高尚,拾金不昧,奖1分。
(8) 受到宾客、管理者表扬,奖1分。
(9) 工具箱整洁、工具完整,奖1分。
(10) 认真检查,发现事故隐患及时处理汇报,防止事故发生,奖1分。
(11) 节约原材料,修旧利废(价值100以上),奖1分。
(12) 主动巡查,发现其他部有能源浪费的,奖2分。

4.2 扣分条例(以百分计算,每分扣××元)
(1) 工作场所物品堆放杂乱,扣1分。
(2) 接到维修通知未及时进行修理,扣2分。
(3) 维修效率不高,扣1分。
(4) 维修质量不高,扣2分。
(5) 接到维修电话后置之不理,扣5分。
(6) 维修不认真,引起投诉,扣5分。
(7) 维修工具在客用场所随意摆放,扣2分。
(8) 扶梯包脚脱落,损坏地面,扣1分。
(9) 工作场所存放私人物品,扣1分。
(10) 前台维修时未用床单垫住地面,扣1分。
(11) 未如实领取维修配件,假公济私,扣5分。
(12) 挪用公物修理私人物品,扣5分。
(13) 维修后的废旧物品未及时清理,堆放杂乱,扣1分。
(14) 未保管好维修剩余的配件,造成浪费现象,扣1分。
(15) 未按时将班组工作记录及油、电、水的每日消耗记录上报办公室,扣1分。
(16) 未做好半月一次的新风机房保养工作,扣2分。
(17) 未做好半月一次的排水、排污管道保养工作,扣2分。
(18) 未做好每季一次的净水器保养工作,扣2分。
(19) 未做好半月一次的防火门、闭门器、地弹簧的保养工作,扣2分。
(20) 未做好厨房设备的保养,扣2分。
(21) 未做好制冷设备保养工作(冷库、分体空调、制冰机、陈列柜等),扣2分。
(22) 未做好集水井、排污泵的保养工作,扣2分。
(23) 未做好吸尘器、消毒柜、推车保养工作,扣2分。
(24) 未按要做好水箱的投药消毒工作,扣2分。
(25) 未做好水箱每年一次的清洁工作,扣2分。
(26) 动用明火未办手续,扣3分。
(27) 未按规定做好霓虹灯和外墙泛光明灯及控制柜的保养工作,扣2分。
(28) 未准确调整霓虹灯的开启和关闭时间,扣1分。
(29) 电视机房未做好每天监视、监听及记录工作,扣1分。
(30) 未做好会议音响设施的维护保养工作,扣2分。
(31) 音控人员未准时到位,造成负面影响,扣1分。
(32) 音控人员责任心不强,影响会议质量,扣2分。
(33) 磁卡门锁程序未进行检测和重输(每2月1次),扣2分。
(34) 泄露操作员密码,扣5分。
(35) 未对电梯进行正常巡检(每天),扣1分。
(36) 未定期检查井道内、桥顶、坑底各安全电气开关的可靠性(每周一次,扣1分)。
(37) 未做好配线架线序表更正工作,扣1分。
(38) 未做好公用电话,投币电话的检查工作(每周四),扣1分。

续表

××酒店标准文件		××酒店 工程部管理细则	文件编号××-××-××		
版本	第×/×版		页次		第×页

(39）未按规定及时检查蓄电池情况，扣2分。
(40）没有对电话计费进行统计，以备检查，扣1分。
(41）私自开通长途，扣3分。
(42）未做好交接工作，扣1分。
(43）未做好电梯月度保养工作（每月20号），扣2分。
(44）未做好每月2次的安全疏散指示灯的检查、维修工作，扣2分。
(45）电梯房未按规定开启空调，扣2分。
(46）锅炉房、空调房未按规定送水、供汽，扣5分。
(47）未做好锅炉报警装置的检测，扣3分。
(48）未做好锅炉安全阀测度与检修，扣3分。
(49）未按规定做好冷、热空调的开启开作，扣2分。
(50）未按规定做好水质化验和未及时处理水质，扣2分。
(51）锅炉房每班上岗时未对锅炉水位表进行冲洗，扣2分。
(52）锅炉房未按锅炉化验要求进行排污，扣1分。
(53）空调房未做好机组保养和循环泵保养工作，扣2分。
(54）未按规定对冷却塔进行清洁维护，扣2分。
(55）配电房未做好每小时对配电屏的抄表、查看工作，扣1分。
(56）停电5分钟内未及时倒闸送电（除特殊情况），扣3分。
(57）空调机房未及时对室外温度时行测试，扣1分。
(58）设备设施保养检修记录不全，填写马虎，扣1分。
(59）夜班人员在岗位闭目养神，扣2分。
(60）未做好考勤工作，扣1分。
(61）未做好设备档案的整理和保管工作，扣3分。
(62）员工衣冠不整进入客用场所，扣2分。
(63）员工发型不符合规范、理怪发等，扣1分。
(64）上班未穿着规定的工作服，扣1分。
(65）工作服穿着不整齐、有卷裤脚等现象，扣0.5分。
(66）工作服污迹多，未及时洗涤，扣1分。
(67）维修工具保养、保管不妥，扣1分。
(68）调班请假未按规定办理，扣2分。
(69）在客用场所无故逗留，扣1分。
(70）工具箱杂乱，有污渍，扣2分。
(71）交接班工作马虎，交接不清，扣1分。
(72）接听电话不规范，未报所在岗位名称，扣3分。
(73）工作场地、卫生包干区地面不洁，未每天清扫，扣1分。
(74）未做好设备的巡查保养工作，扣2分。
(75）巡查记录弄虚作假，扣3分。
(76）规章制度上墙框积灰，扣1分。
(77）进房维修未规范操作，扣2分。
(78）管理者管理作用不强，不以身作则，工作效率低，考核不严，扣5分。
(79）值班室门窗、玻璃积尘，扣1分。
(80）管理人员督导不力，扣3分。
(81）备料架、备料箱物品未分。类摆放，杂乱无章，扣2分。
(82）未保管好工作用具或遗失，扣1分。
(83）未完成布置的计划工作任务，扣2分。
(84）下班后应关的电灯不关，应关闭的电源不断开，扣1分。
(85）维修用具随意放置，扣1分。
(86）交办的维修服务事项未按时按质完成，扣1分。
(87）处理问题不当，造成不必要的摩擦，扣2分。
(88）发现问题不及时处理，知而不服，扣2分。

续表

××酒店标准文件		××酒店 工程部管理细则	文件编号××-××-××		
版本	第×/×版		页	次	第×页

（89）工作服纽扣未齐全、扣好，敞胸露怀，衣冠不整不洁，扣1分。
（90）不刮胡子、留胡子，扣1分。
（91）上岗没精打采、漫不经心，扣1分。
（92）坐姿不端正，半躺半坐，趴在工作台上，扣1分。
（93）维修工工作结束后未做好场地收尾工作，扣1分。
（94）未做好生活水泵、蓄水池及生活水箱进行监护，扣3分。
（95）消除"跑、冒、滴、漏"不及时，扣2分。
（96）工作怕苦、累、脏、难，扣2分。
（97）对日常未能修复的故障，未及时交接汇报，扣2分。
（98）值班维修人员离开值班室，未向酒店总机告知去向地点，或未将电话呼叫转移，扣1分。
（99）维修人员进房关门维修，未写明去向，扣1分。
（100）设备开、停未及时转换运行状态标志牌，扣1分。

拟订		审核		审批	

制度2：工程部各项工作操作程序

××酒店标准文件		××酒店 工程部各项工作操作程序	文件编号××-××-××		
版本	第×/×版		页	次	第×页

1 日常报修工作程序及要求
报修单是工程部进行维修工作的依据，报修单一式三联，由报修部门填写。其标准程序如下。
1.1 服务员发现设备故障或缺陷报领班。
1.2 领班填写报修单。
1.3 报修单由主管签名后送工程部值班室。
1.4 工程部值班工程师在报修单签名以示收悉。
1.5 报修单的存档
（1）第一联，由报修部门取回存档备查。
（2）第二联，由工程部作领料用。
（3）第三联，交维修工，维修后留工程部存档备案。
要求：报修单要求填写清楚，字迹清晰，故障的地点、部位、时间准确。

2 电话报修工作程序及要求
电话报修适用于较紧急的故障。其标准程序如下。
2.1 服务员发现设备故障或缺陷报领班。
2.2 领班电话通知工程部值班室。
2.3 领班应先报姓名、职务，后报故障现象、地点。
2.4 值班工程师据报后记录在案，并派出维修工。
2.5 事后报修部门必须补办报修单手续。
要求：电话报修人员口齿清晰，准确讲出故障地点。值班工程师不接受匿名报修电话，不接受普通员工的报修电话（报警例外）。

3 日常维修程序及要求
日常维修是指一般性的修理，其任务由值班工程师派值班维修工去完成。其标准程序如下。
3.1 维修工上班后或维修回来后应在岗待命。
3.2 值班工程师根据领导指示和维修单派工。
3.3 维修工接单后应根据故障原因，带齐工具、备件前往。
3.4 有面客的维修点如客房、有客人的餐厅、会议室等，必须由服务员引入，不得自行进入。
3.5 处理故障时如要局部停水、停电、停气或会发出很大的响声时，必须经所在部门主管级领导同

续表

××酒店标准文件		××酒店 工程部各项工作操作程序	文件编号××-××-××		
版本	第×/×版		页次		第×页

意方可进行。

3.6　故障处理完毕后要清理现场,清除所有施工遗留物。

3.7　故障处理完毕后要经使用部门领班以上领导签字认可,交回工程部值班工程师存档备案。

3.8　如有暂时不能处理的故障,应报值班工程师,由值班工程师向报修部门主管级以上领导汇报,做好解释工作。

4　特别抢修工作程序及要求

特别抢修为:已有客人入住的房间、VIP房、正在开会的会议室、正在出菜的厨房或不马上处理会引起客人和酒店设备有较大影响的故障项目。其标准程序如下。

4.1　由值班工程师或工程部经理发出维修指令。

4.2　维修工在接到指令后,3分钟内赶到现场(必要时放下正在手头的工作)。

4.3　面客的场所必须由服务员引入。

4.4　维修完后必须清理现场,面客场所必须向客人致歉后才能离开。

4.5　暂不能处理的故障应报值班工程师,由值班工程师向报修部门解释,并协助报修部门做好应急措施。

4.6　值班工程师要求报修部门补办报修单手续。

5　重大事故处理程序

对酒店产生重大影响或对人身安全有严重威胁的事故称为重大事故。其标准程序如下。

5.1　值班工程师接到重大事故报告后,必须立刻做到以下几点。

(1) 根据事故性质,指示有关人员切断相应的电、水、油、气。

(2) 立刻派出主管工程师、维修人员到现场处理。

(3) 立刻通知工程总监、工程部经理、保安部值班室。

5.2　处理重大事故必须由在场的酒店经理或工程总监任总指挥,协调各部门的关系。工程部经理或主管工程师任现场指挥,调动所有的力量,用最快的速度修复故障。

5.3　故障处理完毕后,值班工程师应对此作详细的记录并归档交总经理办公室。

5.4　由现场指挥工程师填写事故分析报告,报告由工程总监审阅签名后报酒店总经理。

5.5　事故分析报告内容如下。

(1) 事故原因。

(2) 事故状况及影响。

(3) 处理方法。

(4) 预防措施。

(5) 对事故责任者奖惩意见。

5.6　由工程总监召开事故分析会,内容有"四不放过"原则。

(1) 事故原因未明不放过。

(2) 事故处理未彻底不放过。

(3) 预防措施、整改措施未落实不放过。

(4) 当事人和有关人员未受到教育不放过。

6　VIP接待标准程序及要求

所有的VIP接待均直接影响酒店的社会和经济效益,做好VIP接待,保证VIP活动的顺利进行,是工程部的重要任务。其标准程序如下。

6.1　工程部根据VIP接待要求开会研究,制订VIP接待方案(包括应急方案)。

6.2　按酒店或营销部要求和方案,提前一天做好所有的接待准备,包括水、电、照明、音响、场地、设施等。

6.3　工程部经理和主管工程师必须亲自全面检查,并征求VIP活动的筹备人员意见,务求满足客人的一切要求。

6.4　VIP活动期间,凡涉及活动范围的水、电、音响、电梯、冷气均指派专人跟班,确保活动顺利进行。

6.5　VIP活动期间,工程部经理、有关主管工程师亲自巡视,工程部派出充裕的人员值班,以保证紧急维修时有足够的人力。

VIP活动结束后,由工程部经理写VIP活动接待的总结报告,呈交工程总监和酒店总经理。

拟订		审核		审批	

制度3：设施设备维修保养制度

××酒店标准文件		××酒店 设施设备维修保养制度	文件编号××-××-××		
版本	第×/×版		页	次	第×页

1 设备维修程序
1.1 设备需要维修，使用部门应如实填写报修单，部门负责人签字后送工程部。
1.2 急需维修时，使用部门也可直接打电话通知工程部。
1.3 工程部接到报修单或电话后应在5分钟之内及时派维修工到达现场，凭报修单进行维修。特殊情况可先维修，然后补报修单。
1.4 修复后使用部门应在报修单上签字认可。
1.5 无法修复时，维修工应将无法修复的原因写在报修单上，签字并送工程部负责人手中。
1.6 工程部负责人根据情况，属零配件问题的，可按程序填报申报表。属技术原因无法修复的，在2～4小时内报主管经理。
1.7 关于维修时现场维修应注意的事项，按"维修服务规范"执行。

2 公共部位巡查检修
对于几个部门共同使用且较难界定由谁负责的公共部位设施设备，工程部派人进行巡查检修，每周一次，做好记录。一般故障由巡查员现场修复，重大故障由巡查员汇报当班负责人后安排检修。

3 客房巡查检修
可将客房易损项目制成表格，由工程部派人每周一次协助客房部巡查检修。对较大故障或需要更换配件的日常维修项目，仍由客房部填写报修单。

4 大型成套设备的计划检修
设备的计划检修是保证设备运行的主要手段，但在安排设备检修时应注意到酒店的设备运行特点，尽量减少对客人的影响和带来的不便。根据检修的要求，可分为以下两级保养。

4.1 一级保养
4.1.1 目的
（1）使操作者逐步熟悉设备的结构和性能。
（2）减少设备的磨损，延长使用寿命。
（3）消除设备的事故隐患，排除一般故障，使设备处于正常运转状况。
（4）使设备达到规整、清洁、润滑、安全的要求。
4.1.2 内容
（1）保养前要做好日常的保养安排，进行部分零件的拆卸清洗。
（2）对设备的部分配合间隙进行调整。
（3）除去设备表面的油渍、污垢。
（4）检查调整润滑油路，保持畅通不漏。
（5）清扫电器箱、电动机、电器装置、安全防护罩等，使其整洁固定。
（6）清洗附件冷却装置。

4.2 二级保养
4.2.1 目的
（1）使操作者进一步熟悉设备的结构和性能。
（2）延长设备大修期和使用年限。
（3）使设备达到完好标准，提高及保持设备完好率。
4.2.2 内容
（1）根据设备使用情况进行部分解体检查或清洗。
（2）对各传动箱、液压箱、冷却箱清洗换油。
（3）修复或更换易损件。
（4）检查电器箱，修整线路，清洁电动机。
（5）检修、调整精度，校正水平。

5 机房管理
5.1 空调机房、配电房的操作人员须持劳动部门颁发的操作证。
5.2 加强各机房的管理，建立严格的岗位责任制和设备操作规程。
5.3 操作人员对设备运行情况进行详细记录，并执行严格的交接班制度。

拟订		审核		审批	

制度4：设备安全管理制度

××酒店标准文件		××酒店 设备安全管理制度	文件编号××-××-××		
版本	第×/×版		页	次	第×页

1　使用管理

1.1　设备操作人员均应按操作规程进行操作。
1.2　锅炉工、空调工、电工均应持有专业操作证并定期年审。
1.3　其他设备的操作人员应接受工程部操作培训。各部门的设备、设施因损坏而修理，应向工程部报修，严禁非专业人员私自维修。
1.4　各工种设备定期巡查内容
（1）水电（含弱电）空调系统（末端）巡查内容及周期：变配电所、主楼低配房、楼层水电管井、机房的定期巡查，责任区域为：A为维修一班，C为维修二班。检查周期为每周一次，外场灯光为维修班中班每晚检查一次，冷库及屋顶水箱为维修夜值每夜检查一次，发现问题及时处理，并如实记录检查与处理情况。重大问题及时向主管或经理汇报。
（2）空调主机房：当班人员须对酒店前台区域的空调及热水使用情况作跟踪检查，以便及时了解并掌握对主机和温控的适度操作与调节，使其始终处于最佳状态。每班还需对冷水机组、泵系统、热交换器、地下泵房及屋顶冷却塔系统按时巡查，实时如实填写运行日志，发现问题及时解决。难度大的向主管或经理汇报协调处理。
（3）锅炉房：当班运行人员负责检查本区域设备状况，保持使用设备清洁、完好检查所有加压部位，并及时循环处理。发现情况及时向领班汇报。工程部根据具体情况每年安排1次大修，锅炉班对设备每3个月小修1次。每月进行1次锅炉附件、附件设备大检查，发现问题及时修理，确定解决不了的问题应及时汇报。

2　新增设备管理

2.1　凡需新增设备的部门，首先提出申请，报分管领导签字后，报送工程部。
2.2　工程部按设备电气负荷，建筑物承载允许值、安全、环保、通风、水暖核实后，报请总经理室批准后方可进行购置。
2.3　工程部应向采供部提供产品信息和提出产品质量、尺寸等要求。
2.4　根据安装要求，并视工程大小，工程部决定内部或委托专业施工单位施工。
2.5　新装设备应由工程部的相关专业人员当场开箱检查。
（1）规格型号是否相同，质量是否达到要求。
（2）收集有关技术说明资料，并交内勤存档。
（3）收集有关备品备件、随机工具等，交工程部保存。
2.6　设备安装后应由工程部技术人员在场指导调试后，方可投入运行。
2.7　设备一经安装固定，使用部门不得任意移动位置，另接电源等，若因经营需要，按改、移装制度办理。
2.8　设备正常运转后，应由使用部门负责人签字，方可交付投入使用。

3　设备改、移装管理

3.1　酒店设备需改、移装时，应由使用部门提出书面申请。
3.2　工程部根据施工技术要求及动力提供等其他技术因素论证后进行计划安排。
3.3　对改装工程较大，技术复杂性和价格较高或需对原结构、装潢做较大面积破坏的，由使用部门经理提出申请，拟定方案，报请总经理批准后，方可施工。
3.4　设备改装的材料及审批文件应由工程部存档。隐蔽工程设施的改装、移装资料及设备改动原因除存档外，应对相应的施工图纸作改动或标注有关说明备案。
3.5　部门移装、改装时，应按设备转让制度处理，并办理有关撤销、登记手续。
3.6　凡未经酒店许可，私自移动、改装拆除设备或破坏建筑结构、装潢效果者，将追究有关部门责任。

4　设备转让和报废

4.1　转让
4.1.1　转让给外单位的，在征求工程和财务部门意见后，上报总经理室批准后，方可办理转让手续。
4.1.2　进口免税设备还必须经海关批准。
4.1.3　部门间内部转让：部门协商后，经总经理室同意后，由工程部组织移装。

××酒店标准文件		××酒店 设备安全管理制度	文件编号××-××-××	
版本	第×/×版		页次	第×页

4.2 报废

4.2.1 属下列情况之一的,方可办理报废手续。

(1)国家指定淘汰产品。

(2)已超过使用期限,损坏严重,修理费用昂贵。

(3)因受自然灾害或事故损坏,修理费接近或超过原设备价值的设备。

(4)虽能运转,但有严重隐患,但修理费昂贵的设备。

(5)无法修复的设备。

4.2.2 设备的报废,应由部门申请,工程部组织技术鉴定确认,报请总经理批准后,方可办理报废手续。报废的设备,应由财务部估计残值。

5 设备事故的处理

5.1 一般设备事故的处理程序

5.1.1 酒店出现一般设备事故,应立即通知工程维修人员、值班经理、维护部。

5.1.2 在维修人员到场前,应保护好现场并保证设备及人身的安全。

5.1.3 在值班经理及工程部经理的指挥下对事故进行正确的处理。

5.1.4 与相关的设备厂家联系,协同处理设备事故。

5.1.5 做好事故记录,并以书面形式向公司汇报。

5.2 重大设备事故的处理程序

5.2.1 酒店重大设备出现事故,如电梯、锅炉、给排水系统、高低压配电装置、燃气等出现事故,首先切断电源,保证设备及人身安全。

5.2.2 立即向工程部、公司主管副总经理及总经理汇报,讲清事故原因、损失情况、影响范围以及采取的措施。

5.2.3 做好人员及设备的抢救、抢修工作,在没有接到指示以及救护人员没有到场的情况下,不得停止抢救、抢修的工作。

5.2.4 提前准备好相应的抢修零配件、工具、图纸等,组织抢救、抢修人员,接到上级的指示立即投入抢救、抢修工作。

5.2.5 合理调整设备运行装置,保障酒店的基本正常运行。

5.2.6 做好详细设备事故记录,便于设备事故的调查工作。

拟订		审核		审批	

制度5:工程部应急预案

××酒店标准文件		××酒店 工程部应急预案	文件编号××-××-××	
版本	第×/×版		页次	第×页

1 总则

本程序对饭店内发生火灾、防汛、电梯困人、停水、停煤气、煤气泄漏、停电、触电、漏水、停蒸汽等紧急情况时,工程部采取的应急措施予以表述,为了规范应急事件的应对管理,特制订本程序。

2 工程部火灾扑救预案

2.1 在工程部管辖范围内的各机房或工作区域发生火灾,发现人员应根据火势大小,尽最大努力灭火,扑救不及的要及时向保安部报警。

2.2 饭店内其他区域火灾发生后,工程部经理应立即赶赴现场,组织人员切断火区电源,根据情况采取技术措施进行抢险救灾。负责消防报警系统、火灾扑救系统维护的技术人员应立即赶赴中控室协助饭店扑救总指挥开展工作,水暖组值班人员立即在消防泵房就位,按照饭店扑救总指挥的指令开启扑救系统。

2.3 工程部应设值班管理人员坚守岗位,随时指挥调动各班组人员到达现场、抢救物资,并在出现险情时组织人员撤离。

续表

××酒店标准文件		××酒店 工程部应急预案	文件编号××-××-××		
版本	第×/×版		页	次	第×页

2.4 工程部各岗位或未受火灾危害的要害部位如空调机房、水泵房、配电室、电梯机房等机房值班人员都要根据需要迅速就位，随时关停设备。
2.5 对店内容易发生火警的部位根据不同季节加强巡视检查。

3 工程部防汛预案

3.1 工程部值班管理人员、水暖值班人员应熟知饭店内的各种防汛设施和防汛设备的操作，每年定期由主管与水暖领班对各有关岗位进行专门培训。
3.2 水暖、强电组须根据工程部年度保养计划，定期对各类防汛设备进行保养、检验、试运行，保持防汛设备在防汛期处于良好投入状态。
3.3 水暖值班人员在防汛期应加强对防汛设备的巡视，随时注意雨情的大小变化和各排污泵的工作情况。
3.4 当雨量大，防汛排水有困难时，工程部值班人员应立即向上级报告，以做出恰当决策。
3.5 工程部值班人员根据雨量和防汛设备投入操作情况，随时适当抽调其他当班人员一并参加防汛排水工作。各班人员要服从防汛工作的安排，确保饭店安全，把各种损失降到最小。

4 电梯困人解救方法

4.1 当电梯发生意外情况，乘客困于电梯内时，必须由受过专业培训的专门技术人员采取应急措施盘动电梯解救被困人员。
4.2 在盘动电梯轿厢前，必须预先警告被困乘客静候解救，切勿尝试自行设法离开电梯轿厢以免发生危险。
4.3 在进行盘动电梯之前必须切断电源总开关。
4.4 盘动电梯应遵守就近原则，选择上或下行至最近楼层。
4.5 完成上述操作后，必须恢复制动装置后，方可用电梯外门钥匙在该层打开电梯内外门放出被困乘客。
4.6 电梯放人时，操作人员必须小心缓慢松开制动装置，防止电梯轿厢由失重加速造成失控发生危险。

5 给排水系统故障应急程序

5.1 给排水系统出现故障由综合水暖值班员通报饭店值班负责人和工程部经理，对于工程部计划性停水由工程部书面通知各部门，工程部应急性维修的停水由工程部电话通知各部门。
5.2 工程部通知服务中心、餐饮部、大堂副经理，由各部门按本部门应急处理预案进行，做好对客人的解释和安抚工作。
5.3 对于外网停水由综合水暖组值班员及时与自来水公司取得联系，询问原因和恢复时间，据此上报工程部经理提出并实施限量、限区域供水方案，尽量保证营业需要，由工程部及时通知各部门供水具体方案。由于突发原因造成的停水参照第9条漏水应急预案进行。
5.4 综合水暖值班员及时检查蓄水池水位。
5.5 综合水暖值班员必要时关停供水泵。
5.6 保持与工程部值班人员的联系。
5.7 综合水暖值班员在岗位待命。
5.8 供水系统正常后，由综合水暖值班员通知服务中心、餐饮部、大堂副理，说明供水正常，由各服务单位做好供水的善后工作。

6 停煤气、煤气泄漏（污染）控制程序

为迅速、有效地处理煤气泄漏及管路停气污染事故，防止人员伤害发生，减少对周边环境造成环境影响及损失，制订本预案。
由于外网原因或工程部计划性、应急性维修的停气故障，应按以下程序进行。
6.1 工程部计划性停气由工程部书面通知各部门，由于外网及工程部应急性维修的停气由工程部电话通知各部门。由各部门按本部应急预案进行，做好应急性供气准备，如调整用气量、用气时间、使用液化气等。
6.2 对于外网停气由综合水暖组值班员及时与煤气公司取得联系，询问原因和恢复时间，并将相关信息及时通知用气部门。
6.3 供气正常后由综合水暖组通知用气部门，由用气部门做好供气的检查善后工作。
由于供气管路、用气设备出现故障，发生漏气时应按以下程序进行。
6.4 煤气报警程序
监控室保安员→保安部→工程部值班人员→饭店值班经理。

续表

××酒店标准文件		××酒店 工程部应急预案	文件编号××-××-××		
版本	第×/×版		页次		第×页

6.5 北门警卫室接到煤气报警通知后,要立即控制煤气泄漏区域周围的一切火源(包括明火、吸烟、电器火花、车辆启动等),禁止车辆通行,待接到撤除警戒命令后恢复通行。

6.6 工程部值班人员接到报警后要立即奔赴现场,进入泄漏区域迅速判明设备的泄漏点。组织有关工程技术人员进行止漏和排放。若情况严重,要立即采取停气措施,由工程部值班人员负责向店领导报告,并通知有关部门前来抢修。

6.7 保安部值班人员接到报警后,要迅速赶往现场,协助工程技术人员检查室内外情况,排除各种可能引爆的条件,布置安全措施。

6.8 饭店值班经理接到煤气报警通知后,要立即赶赴现场,视情况组织人员采取安全措施,如情况严重,需向上级汇报处理。

6.9 排险后由工程部负责向饭店领导写出事故报告(事故原因、责任人、采取的措施、有无损失等)。

7 停电应急预案

7.1 外网计划停电

7.1.1 领班确定停电时间及区域后,以书面形式上报领导批示。

7.1.2 领导批示后,文员根据批示下发停电通知。

7.1.3 当值主管、领班及时赶到配电室,所有在店电工马上赶到配电室待命。

7.1.4 停电前领班再次通知重要部位:服务中心、前台部、保安部、餐饮部、娱乐部、中控室、电梯机房、电脑机房、视听机房、电话机房、水暖组。

7.1.5 按照规定时间进入倒闸程序。

7.1.6 分断低压负荷原则:首先分断非面客区动力空调电源,其次分断非面客区照明,再次分断面客区动力照明。

7.1.7 进入高压倒闸程序。

7.1.8 如两路高压均停电可启动发电机。

7.2 正常送电

7.2.1 高压倒闸完毕检查正常。

7.2.2 送 $1^{\#}$、$2^{\#}$ 主变压器检查正常。

7.2.3 合低压主进空开 $4^{\#}$($12^{\#}$)检查正常。

7.2.4 送低压负荷原则:首先送面客区域照明动力,其次送非面客区域照明,再次送非面客区域动力空调,检查正常。

7.2.5 检查配电室高、低压配电柜电压、电流、指示灯、操作手柄位置是否正常。

7.2.6 询问检查监控中心、电梯机房、电脑机房、视听机房、电话机房、水暖组设备运转是否正常。

7.2.7 正常倒闸完毕。

7.2.8 领班及倒闸操作人员在工作票上签字。

7.2.9 停电倒闸全过程需13分钟左右完成。面客区域照明动力停电时间在6分钟左右。

7.3 非正常停电应急预案

7.3.1 非正常停电包括高压突然停电、供电局线路故障急需马上停电、自身线路故障引起跳闸。

7.3.2 非正常停电的处理程序

(1)突然停电或接到紧急停电通知核实后,接到通知人员马上向领班或主管或经理汇报。

(2)当值主管、领班及时赶到配电室,所有在店电工马上赶到配电室待命。

(3)配电室当值人员做好倒闸准备工作。

(4)检查高压供电情况及各主进开关状态。

(5)如双路高压正常低压主进跳闸可由1.3条款执行。

(6)如双路高压均停电可进入"发电机供电应急预案"。

(7)分断低压负荷原则:首先分断非面客区动力空调电源,其次分断非面客区照明,再次分断面客区动力照明。

(8)分断低压负荷开关同时,检查各负荷开关是否有跳闸现象,如有通知在场人员并记住标牌。

(9)进入倒闸程序。

(10)送 $1^{\#}$、$2^{\#}$ 主变压器检查正常后,合低压主进空开 $4^{\#}$($12^{\#}$)检查正常后,送低压负荷,原则为:首先送面客区域照明动力,其次送非面客区域照明,再次送非面客区域动力空调,检查正常后,查配电室高、低压配电柜电压、电流、指示灯、操作手柄位置是否正常。

(11)询问检查监控中心、电梯机房、电脑机房、视听机房、电话机房、水暖组设备运转是否正常。

××酒店标准文件		××酒店 工程部应急预案	文件编号××-××-××	
版本	第×/×版		页　次	第×页

（12）倒闸完毕。
（13）领班及倒闸操作人员在工作票上签字。
（14）停电倒闸全过程需13分钟左右完成。面客区域照明动力停电时间在6分钟左右。

7.4　发电机启动应急预案
7.4.1　启动发电机
（1）确认双路高压停电。
（2）分断低压主进开关及分路负荷开关。
（3）配电室值班人员（一人除外）其中一人去发电机房，将排风机打开，手动或自动启动发电机。
（4）检查发电机油压、油位、水温、电池电压、输出电压电流是否正常，并作记录。
（5）配电室值班人员按照先送面客区域照明动力，其次送非面客区域照明的原则送电并观察各路负荷电流是否正常。
（6）发电机房人员注意观察发电机各项指标的变化，每30分钟做记录一次。
（7）配电室人员对各路负荷加强巡查，及时观察高压是否正常送电。

7.4.2　高压正常供电，停止发电机供电
（1）配电室值班人员确认高压正常供电后。
（2）领班通知重要部位：监控中心、电梯机房、电脑机房、视听机房、电话机房、水暖组、大堂副经理停止发电机供电改由外网供电的时间。
（3）按照规定时间进入倒闸程序。
（4）分断低压负荷原则：首先分断非面客区动力空调电源，其次分断非面客区照明，再次分断面客区动力照明。
（5）进入高压倒闸程序。
（6）配电室值班人员通知发电机房人员发电机停止供电。

7.4.3　发电机停机后
（1）检查发电机组各紧固件是否松动，油温是否正常，油箱内是否需要加油。
（2）各处检查正常后，做好记录，打扫卫生。
（3）停机10分钟后将排风扇关闭，并锁好门。

8　触电应急预案
发现有人触电时，首先要尽快使触电人脱离电源，然后根据触电人的具体情况，采取相应的急救措施。

8.1　脱离电源的方法：（低压）
8.1.1　拉闸断电：触电附近地点有电源开关或插销的，可立即拉开开关或拔下插头断开电源，但应注意拉线开关、平开关等只能控制一根线，有可能只切断了零线，而不能断开电源。
8.1.2　切断电源线：如果触电附近没有或一时找不到电源开关或插销，则可用电工绝缘钳或干燥木柄铁锯、斧子等切断电线断开电源。断线时应做到一相一相切断，在切断护套线时，应防止短路弧光电流伤人。
8.1.3　用绝缘物品脱离电源：当电线或带电体搭落在触电人身上或被压在身下时，可用干燥的木板、木棍等绝缘物品，作为救护工具，挑开电线或拉开触电者，使之脱离电源。

8.2　脱离高压电源的方法：（高压）
8.2.1　拉闸停电：在高压配电室内触电，马上拉开断路器。高压配电室外触电，则应立即通知配电室值班人员紧急停电，值班人员停电后，立即向上级报告。
8.2.2　短路法：当无法通知拉闸断电时，可以采用抛掷金属导体的方法，使线路短路，迫使保护装置动作而断开电源。高空抛掷要注意防火。抛掷点尽量远离触电者，并且要二次以上。

8.3　脱离跨步电压的方法
遇到跨步电压时，可按上面的方法断开电源，或者救护人穿绝缘鞋或单脚着地跑到触电者身旁，紧靠触电者头部或脚部，把他拖或躺在等电位地面上（即身体躺成与触电半径垂直位置），即可就地静养或抢救。

8.4　脱离电源的注意事项
8.4.1　救护者一定要判明情况做好自身防护，在切除电源前不得与触电人裸露接触（跨步电压触电除外）。
8.4.2　在触电人脱离电源的同时，要防止二次摔伤事故，即使是在平地上也要注意触电人倒下去的方向，避免摔伤头部。
8.4.3　如果是夜间抢救，要及时解决临时照明，以免延误抢救时机。

续表

××酒店标准文件		××酒店 工程部应急预案	文件编号××-××-××		
版本	第×/×版		页次		第×页

8.5 伤员脱离电源后的处理

8.5.1 触电伤员如神志清醒者，应使其就地躺平，严密观察，暂时不要站立或走动。

8.5.2 触电伤员如神志不清者，应就地仰面躺平，且确保气道通畅并用5秒时间，呼叫伤员或轻拍其肩部，禁止摇动伤员头部呼叫伤员。

8.5.3 触电伤员呼吸和心跳均停止时，应立即按心肺复苏法支持生命的三项基本措施，正确进行就地抢救。

　A.通畅气道　　　　B.口对口（鼻）人口呼吸　　　C.胸外挤压（人工循环）

8.5.4 需要抢救的伤员应立即就地坚持抢救，并设法联系医疗部门接替救治，在医务人员未接替救治前，不应放弃现场抢救。

9　漏水事故处理应急预案

为迅速、有效地处理突发性漏水事故，减少漏水造成的损失，特制订漏水事故处理应急预案。

9.1 漏水事故是指饭店空调系统、采暖系统、生活冷热水系统、喷淋消防系统、雨水系统等因管道损坏造成的大面积、突发性漏水事故。

9.2 工程部报修值班人员接到报修后应立即通知水暖维修人员赶到漏水现场，并通知综合水暖领班及工程部总值班。

9.3 维修人员到达现场后根据现场情况及时关闭相应阀门，漏水管道无法关闭控制阀门或没有控制阀门的，维修人员应采取其他紧急措施尽量减少漏水量。

9.4 工程部综合水暖领班或总值班在接到漏水通知后应立即赶到漏水现场，指挥并协助维修人员进行抢修，漏水无法控制需系统泄水的，由综合水暖组领班或工程部总值班报请工程部经理或饭店总值班经理同意后通知综合水暖组运行值班人员对相应系统进行泄水，并通知可能影响的部门。

9.5 漏水事故危及用电安全的，维修人员应立即通知强电组采取相应措施，避免发生电力事故。

9.6 漏水被控制后，维修人员应及时修复漏水部位，尽快恢复供水。

9.7 查找事故原因，总结教训，对其他可能出现相同事故的部位进行检查。

10　停蒸汽应急预案

由于外网原因或工程部计划性、应急性维修的停蒸汽故障，应按以下程序进行。

10.1 工程部计划性停蒸汽由工程部书面通知各部门，由外网及工程部应急性维修的停汽由工程部电话通知各部门，管家部、娱乐部做好停热水对客人的解释工作，其他部门尽量不用热水，洗衣房做好如调整用汽时间，使用其他洗衣方式等应急处理工作。

10.2 对于外网停蒸汽由综合水暖组值班员及时与热源厂取得联系，询问原因和恢复时间，并将相关信息及时通知用汽部门。

10.3 对于较长时间的外网停汽，由工程部开启电锅炉对洗衣房供汽，对客房供应热水，具体方案参照以下内容进行。

白天8点至19点供应洗衣房蒸汽，20点至次日7点按实际需要供应中区或高区客房热水，除洗衣房和客房外，其他部门应停止使用热水以保证应急经营使用。

10.4 供汽正常后由综合水暖组通知管家部、娱乐部、洗衣房，由各部门做好供汽正常的检查善后工作。

11　空气（污染）传播性疾病应急预案

为迅速、有效地处理空气污染事故，防止人员伤害发生，减少对周边环境造成环境影响及损失，制订本预案。

饭店区域内（及由饭店引起，其他区域）发现如流感、军团病等空气传播疾病后，工程部经理应立即赶赴现场，通知饭店医务室人员赶赴现场，组织人员进行应急处理。

11.1 关闭相关区域的空调送风机，防止疾病扩散，对该区域的进入人员进行必要的检查和隔离。

11.2 对所有空调风机进行消毒、清洗，必要时更换空调过滤网。消毒办法具体参见国家相关消毒规范。

11.3 调整空调为全新风送风，对空调机送风进行空气检测，确认已无传播病菌后送风运行。

11.4 空调风机停止送风后，开启相关门窗，尽量采取自然通风，以保证新风量和保持良好室内环境。

11.5 查找原因，对其他可能出现区域进行检查和处理，做出处理报告。

12　水源中毒（污染）应急预案

为迅速、有效地处理水源污染事故，防止人员伤害发生，减少对周边环境造成环境影响及损失，制订本预案。

饭店区域内发现由于水源引起的中毒情况后，工程部经理应立即赶赴现场，通知饭店医务室人员赶赴现场，组织人员进行应急处理。

××酒店标准文件		××酒店 工程部应急预案	文件编号××-××-××	
版本	第×/×版		页 次	第×页

12.1 迅速查找中毒原因和供水源头，停止相关区域的供水。
12.2 检查生活水池是否污染，确认后，停止水泵供水，排空水池及所有供水管道内存水。
12.3 对生活水池进行清洗和消毒，重新蓄水，对水质进行检验，检验合格后供水。
12.4 检查供水管道内的水质，正常后方可供水使用。
12.5 查找原因，对其他可能出现区域进行检查和处理，做出处理报告。

13 蒸汽泄漏事故应急预案

为迅速、有效地处理蒸汽泄漏事故，防止人员伤害发生，减少对周边环境造成环境影响及损失，特制订蒸汽泄漏事故应急预案。

13.1 蒸汽泄漏事故是指饭店蒸汽系统管道、阀门、压力容器在、疏水器、电锅炉及附件等出现故障发生蒸汽泄漏，造成一定影响的事故。

13.2 工程部报修值班人员接到漏汽报修后应立即通知维修人员直到现场，初步判断漏汽原因，并通知综合水暖组领班或工程部总值班。

13.3 维修人员根据现场情况采取必要措施控制蒸汽泄漏，现场加设警示标志，防止人员、设备出现更大损失，造成人员伤害的及时进行救治。

13.4 工程部综合水暖领班或总值班接到漏汽通知后应立即赶到现场，指挥、协助维修人员进行抢修，漏汽无法控制需停供蒸汽的，由综合水暖领班或工程部总值班报请工程部经理或饭店总值班同意后通知综合水暖组运行值班人员停供相应区域蒸汽，并通知可能受到影响的相关部门。

13.5 维修时应首先确认管道、设备内的蒸汽余量，确定没有压力后方可施工，维修部位应局部降温，防止烫伤。

13.6 维修现场应确保有良好通风，防止高温环境下作业出现危险。

13.7 维修完成后及时恢复供汽，做好现场清理。

13.8 查找事故原因，总结教训，对其他可能出现相同故障的部位进行检查，消除设备设施的隐患。

拟订		审核		审批	

制度6：设备资料卡制度

××酒店标准文件		××酒店 设备资料卡制度	文件编号××-××-××	
版本	第×/×版		页 次	第×页

1 设备资料卡管理要求

1.1 酒店所有固定资产，都应编制固定资产登记卡并编号。
1.2 对所有设备，用设备资料卡代替固定资产登记卡。
1.3 酒店所有客房、办公室、各餐厅会议室、康乐设施、舞厅和厨房均建立资料卡。
1.4 资料卡上应显示所有的规格和详细的维修改装的历史记录。
1.5 资料卡片由工程部资料统一保管。
1.6 资料卡片是设备维修费用预算、设备改造、报废、更新或设备分析的重要依据。
1.7 资料卡片不得涂改或烧毁。

2 设备资料卡的内容

2.1 设备资料卡：设备名称、型号、样式、商号、价格、制造商、供应商、维修马达名牌上的全部资料、安装位置、安装日期、易损件订购号：马达轴承号、传动系统轴承皮带、保险丝、滤器、润滑油型号，维修、改装记录。

2.2 客房、办公室、餐厅、会议厅、康乐设施、游泳池资料卡：等级名称、面积、布置图、家具表和设施，现状评分表，维修记录。

2.3 厨房资料卡：位置，面积，布置图，厨房设备表，厨房结构维修记录，厨房烟道情况记录。

3 设备资料卡责任制

3.1 值班工程师负责区域的设备资料卡管理。
3.2 设备资料卡的执行是衡量主管管理效果的标准之一。

续表

××酒店标准文件		××酒店 设备资料卡制度	文件编号××-××-××	
版本	第×/×版		页　次	第×页

3.3　工程部经理应对值班工程师的工作水准进行衡量。
3.4　资料卡片由各值班工程师正确无误填写，对尚不能填入的项目应尽一切努力去寻找资料。
3.5　客房、办公室、餐厅、会议室、康乐设施、舞厅由负责客房和公共区域的主管编写。
3.6　请修记录、预防性维修记录均由修理员亲自填写。对调换零配件应详细登记。主管对员工值班填写负责。
3.7　改装、改建、更新、报废均由主管填写。
3.8　在酒店人力资源部开展员工评估活动时，资料卡片作为评估最重要依据之一。
3.9　对发生机件故障而影响酒店营业的事故，设备资料卡将作为重要的分析依据。

拟订		审核		审批	

制度7：客房维护管理制度

××酒店标准文件		××酒店 客房维护管理制度	文件编号××-××-××	
版本	第×/×版		页　次	第×页

1　目的
规范客房的统一管理。
2　客房的日常维护要求
2.1　客房门、门柜、浴室门、窗、壁柜门、小冰柜门：启闭灵活，闭门器应确保无冲出和锁舌轻轻碰上。所有五金附件无松动、锈蚀并能正常使用（指铰链、保险门、猫眼、门锁、门铃、门号码、门碰等）。
2.2　油漆：所有油漆表面保持光亮，无剥落、缺损、裂缝（指家具、镜框、门、门柜、壁柜、走道天花板、顶角线、贴脚板、窗帘框、小冰柜和搁柜）。
2.3　天花板：洁白无花斑、水渍或污迹。
2.4　墙纸：所有墙纸平整、无角、起泡、变形、裂缝、污损、无色差，特别是空调排风口应保持清洁后仍很少有的色差。
2.5　镜子：光洁明亮不变形，无水银剥落或锈蚀。
2.6　卫生洁具：表面光滑洁净，无缺损锈斑，冲水箱为低噪声。
（1）监洗伐件：光亮如新、无锈斑，启闭正常，无滴漏现象。
（2）淋浴水流量：热水温度16升/分钟，开冷气时（45±5）%，开暖气时（50±5）%。
2.7　地面
（1）浴室大理石地面：光洁、色调和谐。
（2）房间地毯：平整、无污渍。
2.8　小冰箱：温度：冷室0～5℃，噪声低于56分贝。
2.9　空调
（1）空调过滤钢板保持清洁，排风扇噪声低，季节交换期间有冷热风选择，噪声低于60分贝。
（2）房间温度：开冷气时：22～24℃。湿度50%～60%。开暖气时：18～20℃。湿度40%～50%。
2.10　照明：各开关插座和罩板无松动，节能开关安全可靠。日光灯一次闪出，各种灯具光亮如新，工作正常。
2.11　电视音乐：电视图像清晰，频道设置符合统一标准，闭路电视应有节目表。
2.12　电话：具有国际、国内和直拨功能，并有市内电话簿。
2.13　其他：窗户能按客人要求开启。节能开关和门铃有效工作。电吹风器绝缘良好，功能正常。
3　客房的维修规定
3.1　每间客房四个月进行一次彻底维修，平均每月完成若干间。
3.2　检修后的客房应达到以下标准
（1）门、窗、家具、贴脚板均确保满足技术标准。
（2）墙纸平整、无明显损污的翘角。空调排风口墙纸用清洗剂擦洗。

续表

××酒店标准文件		××酒店 客房维护管理制度	文件编号××-××-××		
版本	第×/×版		页	次	第×页

（3）天花板（卧室和浴室）无花斑水渍裂缝。
（4）卫生洁具、冰箱、空调、照明、电视音响、电话等均能正常使用。
（5）对所有存在问题均有书面记录，列入计划限期完工。
（6）对客房的总体情况有一个详尽的评分统计，以指导下一年度的客房翻新计划。
3.3 客房维修工作定额
（1）对翻新不足3个月的客房，每个维修工应每天完成4间，对陈旧客房，每个维修工每天应完成3间。
（2）客房维修工定额按月考核，每月应完成64间。
（3）客房维修领班每月完成16间，并对所有完工客房质量检查和签收。
3.4 客房维修工作内容
（1）必做项目：为强制性必须完成的。
（2）修补调整项目：对不符合标准，特别是墙纸、天花、家具油漆剥落，贴脚板更换，空调盘管吹洗、管道清通、电视机调整、阀件换新等，均应记录在内。
3.5 对整个客房现状进行评分，按此评分表将客房分为四类
A：81～100分，情况良好，不考虑近期翻新。B：65～80分列为两年内翻表计划。
C：39～64分，为待翻新房间，报工程部列入下季度计划。
D：38分以下，列为OOO房（Out of Order，维修房），立即组织修理。
3.6 客房维修档案制度
（1）对所有客房维修建立档案制度。
（2）所有客房维修记录表和客房评分表均存入该客房档案。
（3）所有改建、改装、翻新记录均应存入该客房档案。
（4）客房档案由客房维修组领班负责记录和整理，并统一保存在工程部资料室。

拟订		审核		审批	

制度8：公共区域管理制度

××酒店标准文件		××酒店 公共区域管理制度	文件编号××-××-××		
版本	第×/×版		页	次	第×页

1 目的
规范公共区域的统一管理。
2 适用范围
适用于公共区域的管理及各相关工作人员。
3 程序
  3.1 照明：光色采用暖色调，各种插座、开关安全可靠灯具无损坏。前台各种灯具正常工作，定时器按设定准时开关。
  3.2 家具：表面油漆无明显破损、剥落现象，台子、椅子无损坏，通道玻璃门启闭正常，无响声，闭门器可靠完好。
  3.3 天花：无明显色差、开裂、脱落，空调出风口四周无明显发黑痕迹。
  3.4 地面：完好，无破损、松动。
  3.5 客梯厅：电梯轿厢漆色光亮，无破损，客梯厅墙纸无破损起壳。
  3.6 前广场：地面平整，无积水，无严重裂缝、破碎、停车线清晰。
  3.7 空调：冬季24～26℃。夏季18～20℃。
  3.8 电话：公用电话保证24小时正常使用，无杂声，话机完好，布线明了整齐。
  3.9 电梯：客梯安全正常运行。
  3.10 各类告示、广告牌：放置挂吊安全无损，灯箱照明采用白光，无闪烁霓虹灯，字型明亮完整，无整流噪声。

拟订		审核		审批	

制度9：各项技术指标管理制度

××酒店标准文件		××酒店 各项技术指标管理制度	文件编号××-××-××	
版本	第×/×版		页次	第×页

1 强电

  1.1 有三个独立电源，其中包括一个应急电源。第一、第二电源要求互为备用。应急电源应能保证消防系统，事故照明用电。
  1.2 配电室应根据用电情况，采取节电措施。
  1.3 酒店受电端至用电设备的线路损耗，对一次变压的系统应不大于3.5%。
  1.4 受电端电压在额定电压内，酒店内部供电电压偏移允许范围不应超过额定电压的±5%。
  1.5 提高功率因素，合理装置无功补偿设备，使功率因素达到0.9以上。
  1.6 负荷或电压变动较大的，低压电器应采取自动调节装置，防止无功功率倒送。
  1.7 合理平衡各变压器的负荷，并确保经常不小于30%，否则应合理调整变压器并列运行时的最佳方式。
  1.8 几台变压器并列运行时，按组合后的技术特性，选择最佳的运行方式。
  1.9 几台变压器并列运行时，按技术特性，依变压器总损耗最小的原则，合理、经济地分配负荷。
  1.10 配电房内，对配电设备应配置相应的测量和计量仪表。监测记录电流、电压、功率因素、电量等。
  1.11 用电设备应均匀地分接在三相网络上，降低三相负荷电流的不平衡度，网络的不平衡应小于20%。
  1.12 公共照明系统应按季节调整开关时间表，自动调节照度控制开关。
  1.13 根据环境对使用场所的要求，应优先选用显色性好、光效高的高效灯具。

各种场所照度应在以下范围内：

场所	照度/LX
储藏室、楼梯间、公共卫生间	10～20
衣帽间、库房、冷库、客房走道	15～30
客房、电梯厅、蒸汽浴室	30～75
游泳池、卡拉OK、酒吧	50～100
洗衣房、客房卫生间	75～150
美容室、宴会厅、健身房、大门厅、厨房	100～200
餐厅、商场、会议厅、休息厅	150～300
总服务台、多功能厅	300～750

2 给排水系统

  2.1 客房热水温度：开冷气时（45±5）%　　　　开暖气时（50±50）%
  2.2 客房淋浴水流量：每分钟不少于16升。
  2.3 水泵配套的电机类型，应以节能的原则来选择，选用Y型或YX型。电机容量选择应使电机在高效率范围内工作。
  2.4 水泵选择应用高效型，应根据水泵应用场合、用途选择流量、扬程接近设计工况点的高效水泵。经测定离心泵、轮流泵常用工况点效率应不低于设计工况点效率的85%。
  2.5 管网应定期进行检查维修，减少多余弯头，降低管网阻力，防止泄漏。

3 空调、冷库和通风

  3.1 温度、湿度要求

场所	温度/℃		湿度/%	
	夏季	冬季	夏季	冬季
客房、宴会厅	22～24	20～22	50～60	40～50
餐厅	24～26	18～20	55～65	30～40
工作人员用房	26～28	18～20	60～65	30～40

续表

××酒店标准文件		××酒店 各项技术指标管理制度	文件编号××-××-××		
版本	第×/×版		页次		第×页

3.2 新风量控制

客房 40～50 立方米/（时·人）。餐厅 25 立方米/（时·人）。走廊 7 立方米/（时·人）。

3.3 冷藏温度：0～5℃，冷冻温度不低于 −18℃。

3.4 对中央空调，尽量以控制冷冻水温度的不同，来适应不同负荷的，以提高冷机效率，同时又节约能源。

4 电梯

客梯容量（台数、速度、定员等）依据集中率为 10%，等候时间小于 40 秒而定。

5 游泳池水处理标准

项目	标准
室内游泳池池水温度 /℃	22～26，小池 24～29
pH 值	6.5～8.5
浑浊度	不大于 5
耗氧量 /（mg/L）	不超过 6
尿素 /（mg/L）	不超过 2.5
余氯 /（mg/L）	游离余氯：0.4～0.6，化合性余氯：1.0 以上
细菌总数 /（个/mL）	不超过 1000
总大肠菌群 /（个/L）	不超过 18
有毒物质	参照《工业企业设计卫生标准》（Tj36 79）

拟订		审核		审批	

制度10：给排水管理制度

××酒店标准文件		××酒店 给排水管理制度	文件编号××-××-××		
版本	第×/×版		页次		第×页

1 目的

使每位员工在安全、请修、卫生、协作、沟通等方面有一个统一的行动准则。其宗旨是：以优质、高标准为客人服务。

2 安全规则

2.1 每个员工必须能独立识别全酒店的消防、供水、排水系统，并了解关键阀门的具体位置，确保正确操作和应急时安全迅速行动。

2.2 使用各用电设备时应首先检查绝缘是否正常，然后才能使用。

2.3 登高作业或在吊顶上工作应首先检查是否有危险隐患，确认无危险才能上去工作。

2.4 工作中需焊工配合，应相互照应，严格执行动火制度和"十不烧"制度。

2.5 各区停水、供水必须严格遵守操作规程，并根据酒店要求挂警告牌，必要时上锁，以确保安全。

3 维修保养

3.1 对消防泵、供水设备和排水系统做到主动完成预防性修理，确保以上设备一直处于在效运作状态。

3.2 严格执行请修制度。

3.3 未完成的维修单应向值班工程师说明理由，写明情况，由值班工程师决定是否转下一班或日班解决。

3.4 如遇紧急维修单，必须马上作出反应，主动、及时地处理解决。

3.5 维修时应带好所需工具、备件、揩布、扶梯等，不得使用客人的物品、家具等。

续表

××酒店标准文件		××酒店 给排水管理制度	文件编号××-××-××		
版本	第×/×版		页	次	第×页

3.6 维修保养时要保护好现场装修和设施,使之不受污损,工作结束后要清理现场盖好人孔板。

4 卫生
4.1 保持工作间和责任区内整洁,拆下不用的零件应放在指定的地方,不得随手扔在工作台或地上。
4.2 不能使用报废的物品,更不要堆放在工作间,影响环境整洁,要及时处理掉。
4.3 注意个人卫生,勤换衣服,保持良好的精神状态。
4.4 因工作环境或其他因素,自己身上很脏时,必须及时洗澡更衣,否则不能进入客区工作。

5 交接班制度
5.1 当班情况必须认真、详细地做好记录,并向下一班交接。
5.2 接班时对上一班所交接的内容签字认可,接班人员应按酒店要求在半小时内进行交接班。
5.3 对上一班所交的锁匙数量进行确认,对呼收机应当场试机,并到值班室命名。
5.4 只有完成上述手续后交班人员才能离岗。

6 协作交流
6.1 每位员工必须严格遵守酒店各项规章制度。
6.2 认真执行上级下达的各项任务,积极配合组长工作。
6.3 同事之间应相互合作、相互督促。
6.4 常交流工作中的各种想法及新的问题,寻求解决办法。
6.5 加强业务学习,提高紧急事故处理能力。

拟订		审核		审批	

第三节　酒店工程管理表格

表格1：酒店硬件设备、设施维护保养计划表

酒店硬件设备、设施维护保养计划表

月份	维护保养内容
1月	1.检修全店电气设备:清扫、紧固螺丝,查电流电压表、指示灯指示正常、防护板配置齐全
	2.检修全店供水系统运行情况,无跑、冒、滴、漏,水温正常软化系统、消毒设备可靠有效
	3.检查电梯、有线电视、锅炉、监控、消防报警运行情况,安排维保单位重点检查一次
2月	1.检查燃气系统供气情况,全面检查厨房设备使用情况和电器设备安全性
	2.检查全店普通照明、应急照明系统和疏散指示灯,保证完好率达到100%
	3.检查酒店各部位门窗开闭状况,保证开闭自如、紧闭
3月	1.对酒店全部设备间进行卫生清扫
	2.清洗酒店空调机进、出风口过滤网
	3.粉刷、修补员工餐厅、倒班宿舍
4月	1.检查遥测酒店避雷系统、接地系统,合格值:避雷系统不超过10欧姆,接地系统不超过4欧姆
	2.对酒店动力设备电动机进行清扫、除锈、加油、紧固,检查轴承、扇叶,声响异常及时更换
	3.粉刷员工公共区域墙面、修补地面

续表

月份	维护保养内容
5月	1. 检查酒店排污、雨水管路系统是否畅通，清扫楼顶污物，保证排水顺畅
	2. 检修酒店外部金属大门、自行车棚、垃圾房等设施，脱漆部位重新油饰
	3. 粉刷油饰、修补客房通道墙面、吊顶、管道井门，检修通道地毯、地砖
6月	1. 检修公共区域地毯、地砖、窗台面板等部位
	2. 检修公共卫生间洁具、五金件、给排水、电器、墙地面、隔断板、门窗是否完好
	3. 粉刷油饰大堂、咖啡厅墙面，检查修理木制家具
7月	1. 检查、保养酒店通风换气系统，厨房排烟系统、煤气表房强排系统
	2. 清掏酒店内外隔油池、排污池、化粪池、雨水管网
8月	1. 检查全店普通照明、应急照明系统和疏散指示灯，保证完好率达到100%
	2. 清扫、检修酒店高、低压配电设备
9月	1. 油饰、修补室外金属消防梯脱漆、开焊部位
	2. 重新油饰停车场车道线、庭院灯、铁艺装饰
	3. 修补、粉刷主门区域墙面、阶梯、装饰等部位
10月	1. 清洗酒店空调机进、出风口过滤网
	2. 检查清除酒店热水系统锅炉、热水器、出水过滤网结垢和杂质
	3. 全面检修酒店供暖系统
11月	1. 粉刷油饰室内消防步行梯墙面、顶面、阶梯、窗户、防火门等部位
	2. 粉刷油饰、修补客房通道墙面、吊顶、管道井门，检修通道地毯、地砖
	3. 对酒店客房墙面进行全面修补、粉刷、油饰
12月	1. 粉刷油饰大堂、咖啡厅墙面，检查修理木制家具
	2. 检查修理公共区域门窗是否完好
	3. 对酒店客房墙面进行全面修补、粉刷、油饰

表格2：设备档案卡

设备档案卡

制表日期：

设备名称：_____（按设备铭牌填写）
设备编号：_____ 固定资产编号：_____
管理类别：_____
相关设备编号：_____
规格型号：_____
总电功率：_____
制造单位：_____
出厂日期：____年____月____日　出厂编号：_____　启用日期：____年____月____日
保养维修电话：_____　免费保修至：____年____月____日　联系人：_____
安装地点：_____　设备现状：□在用　□封存　□闲置　□报废
设备原值：_____　预计残值：_____　使用年限：_____
备注：_____

工程制表人：　　　分管值班经理：　　　财务：　　　总经理（助理）：

表格3：设备区巡视检查记录表

设备区巡视检查记录表

位置：

签名	职务	日期/时间	检查情况（进入原因）
	□工程　□值班经理 □安保　□总经理（助理） □其他＿＿＿＿＿＿＿＿		
	□工程　□值班经理 □安保　□总经理（助理） □其他＿＿＿＿＿＿＿＿		
	□工程　□值班经理 □安保　□总经理（助理） □其他＿＿＿＿＿＿＿＿		

说明：用于电梯机房、锅炉房、配电间、泵房（给排水配设备间）弱电房。

表格4：客房维修保养记录表

客房维修保养记录表

检修房号：　　　　　　　维修日期：　　　　　　　维修人员：

项目	检修内容	良好	需修理	需更换	处理结果
客房门	有无变形、开裂、脱漆、污渍				
门牌	有无破损、脱漆、松动				
客房门锁	机械灵活、开闭自如、锁扣牢固				
门镜	清晰、牢固、配件齐全				
门套	无变形、开裂、污渍、脱漆				
门吸	安装牢固、位置适合、无损坏				
门碰	安装牢固、位置适合、无损坏				
闭门器	开闭自如、适度、牢固				
防盗链	安装牢固、无损坏				
门合页	安装牢固、螺丝齐全、无异声				
挂衣钩	安装牢固、位置适合				
坐便器	无开裂、漏水、配件齐全、抽水正常、底边打胶无脱落				
洗面盆	无开裂、漏水、污渍、配件齐全				
洗面镜	无破损、受潮、安装牢固、配件齐全				
供纸盒	安装牢固、配件齐全、无开焊				
口杯架	安装牢固、无破损、配件齐全				
毛巾浴巾架	安装牢固、无开焊、损坏				

续表

项目	检修内容	良好	需修理	需更换	处理结果
换气扇	声响正常、安装牢固				
挡水台	安装牢固、无漏水、破损				
花洒喷头	水流畅通、位置适合、安装牢固、软管无破损				
洗发液	安装牢固、位置适合				
浴帘杆	安装牢固、高度适合、无开焊				
浴帘	无破损、配件齐全				
龙头	开闭、调节灵活、水流畅通、无滴漏				
卫生间门锁	开闭、机械灵活、配件齐全、安装牢固				
插座	接线规范、安装牢固、无破损、插拔自如				
灯具	无破损、漏电、安装牢固、无异声				
地砖	无破损、颜色一致、勾缝完好，墙角打胶无脱落、霉变				
墙砖	无破损、颜色一致				
吊顶	顶板平整、齐全				
地漏	排水顺畅、配件齐全				
热水器	安装牢固、供水正常、开关温控、漏电工作正常				
浅室地砖	无破损、颜色一致				
浅室吊顶	无开裂、污渍、检查口平整				
衣架	牢固、无开焊				
踢角线	无开裂、脱漆、污渍				
窗帘盒	无开裂、脱漆、污渍、安装牢固				
窗帘杆	安装牢固、滑动自如				
窗帘	无破损、脱钩				
窗户	开闭自如、配件齐全、玻璃无破损				
灯具	无损坏、漏电，安装牢固、配件齐全、无异声				
灯具功率	门灯9瓦、床灯40瓦、吊灯40瓦、筒灯9瓦				
灯具色温	卫生间日光6700K、房间2700K				
开关	无破损、打火、划痕、安装牢固				
节电插牌	动作准确、面板无损、安装牢固				
电热水杯	绝缘完好、温控准确、配件齐全				
电视机	安装牢固、颜色、清晰度正常、遥控板完好				
空调机	制冷、制热、出风正常、声响正常、遥控完好				
电热膜	热辐射正常、温控器设温准确、面板无损				
暖气片	发热正常、无漏水				
暖气罩	无损坏、安装牢固				

续表

项目	检修内容	良好	需修理	需更换	处理结果
暖气台面	无开裂、脱漆、污渍				
石膏角线	无开裂、脱漆、污渍、坠落				
墙面	无开裂、污渍、脱漆				
地毯	无起毛、烫痕、污渍				
床头板	无变形、脱漆、开裂、安装牢固				
床头柜	安装牢固、无脱漆、开裂				
床箱床垫	无异声、断裂、缺腿、开线、破损				
储物柜	无开裂、脱漆、污渍				
圆桌	无开裂、脱漆、污渍、桌布、玻璃完好				
圈椅	无开裂、脱漆、污渍、开线				
靠背椅	无开裂、脱漆、污渍、开线				
装饰画	镜框完好、安装牢固、悬挂整齐				
穿衣镜	镜面完好、安装牢固				
电源插座	插接紧密、面板无损、接线正确				
电话线路	无噪声、压线牢固、号码正确、面板无损				
有线电视	信号清晰、接收准确				
门窗限位	安装牢固、行程一致				
说明	1.酒店客房维护保养计划的拟订，应由酒店经理全面负责，工程维修人员协助配合 2.根据酒店淡旺季节合理制订，计划执行中应提前准备相关维修工具和材料 3.遇有难以解决的问题，应及时以书面或邮件形式向公司汇报				

表格5：公共区维护保养记录表

公共区维护保养记录表

检修房号： 维修日期： 维修人员：

项目	检修内容	良好	需修理	需更换	处理结果
大堂					
1.门窗	开闭自如、配件齐全、无脱漆				
2.地面	无破损				
3.墙面	干净整洁、颜色一致、无开裂				
4.照明	保证完好率、功率、色温一致				
5.木器	无破损、脱漆、开裂				
6.装饰	画框安装牢固、端正、花木整齐、无折损				
7.沙发	无异声、破损				
8.IC电话	通话正常、安装牢固				
9.空调	工作正常、无异声				

续表

项目	检修内容	良好	需修理	需更换	处理结果
10.电源	符合电气安装规范				
11.擦鞋机	接线规范、无异声				
12.供暖	室温符合国家规定				
公共卫生间					
1.门窗	开闭自如、配件齐全,无脱漆				
2.地面	无破损				
3.墙面	瓷砖无破损,空鼓				
4.照明	保证完好率,功率、色温一致				
5.隔断	安装牢固,配件齐全				
6.装饰	镜、画框安装牢固,端正				
7.洁具	无开裂、漏水,配件齐全,感应器及抽水正常				
8.烘手器	安装牢固、配件齐全,反应灵敏				
9.换气扇	换气顺畅、无噪声,安装牢固				
10.电源	面板无损、牢固、工作正常				
11.冷热水器	水流顺畅、开闭自如,开向符合标准				
咖啡厅					
1.地面	地毯无破损、压条安装牢固				
2.墙面	干净、颜色一致,无开裂、空鼓				
3.电视	收视正常、画面清晰、安装牢固				
4.照明	保证完好率,功率、色温一致				
5.窗户	开闭自如、配件齐全,无脱漆				
6.装饰	画框安装牢固、端正,花木整齐、无折损				
7.空调	工作正常、无异声				
8.电源	面板无损、牢固、工作正常、布线整齐				
9.餐桌椅	牢固、无异声、无破损				
10.设备	配件齐全、无漏电、安装符合规范				
厨房					
1.电源	面板无损、牢固、工作正常、布线整齐、无过载				
2.照明	保证完好率,功率、色温一致				
3.热水器	安装、使用符合要求、无漏电、漏水				
4.燃气	阀门开闭完好、无漏气				
5.上水	水流顺畅、开闭自如,无滴漏				
6.下水	排水顺畅、管道连接紧密不漏水				
7.排水	通风正常、声响正常				
8.墙面	干净、颜色一致,无开裂、空鼓				

续表

项目	检修内容	良好	需修理	需更换	处理结果
9.地面	无破损、地漏排水顺畅				
10.电器	安装、使用符合要求，无漏电、漏水				
11.设备	无开焊，部件齐全				
12.门窗	开闭自如、配件齐全、无脱漆				
13.消毒	功能设置完好，配件齐全				
14.灶具	设备部件齐全，使用正常				
15.冰箱	完好无损、制冷、除霜正常				
燃气系统					
1.阀门	开闭自如、无漏气				
2.通风	运转正常、通风顺畅无堵塞				
3.计量	准确、完好				
4.管路	无锈蚀、无漏气				
配电系统					
一、高压					
1.电压	仪表、信号指示电压正常				
2.电流	额定电流允许范围内				
3.信号	显示正常				
4.工具	保存完好、保证使用				
5.记录	准确、整齐，保存完好				
6.卫生	干净整洁				
7.模拟板	无损坏，安装整齐、显示准确				
二、低压					
1.电压	额定电压指示正常				
2.电流	额定电流允许范围内				
3.信号	显示正常				
4.开关	无过热、过载，拉合可靠、动作准确				
5.接地	接地可靠				
6.电缆	无破损、过热				
7.压线	压线紧密、电阻合格				
8.防护板	安装牢固、齐全				
9.室温	符合要求：30℃以下				
配电间、盘					
1.大堂	安装牢固、防护配件齐全、温升正常				
2.咖啡厅	安装牢固、防护配件齐全、温升正常				
3.厨房	安装牢固、防护配件齐全、温升正常				
4.楼层①	安装牢固、防护配件齐全、温升正常				

续表

项目	检修内容	良好	需修理	需更换	处理结果
5.楼层②	安装牢固、防护配件齐全、温升正常				
6.楼层③	安装牢固、防护配件齐全、温升正常				
7.楼层④	安装牢固、防护配件齐全、温升正常				
8.楼层⑤	安装牢固、防护配件齐全、温升正常				
9.楼层⑥	安装牢固、防护配件齐全、温升正常				
10.地下室	安装牢固、防护配件齐全、温升正常				
11.楼顶	安装牢固、防护配件齐全、温升正常				
锅炉房					
1.水电气	供应正常				
2.温控	设置合理				
3.卫生	干净整洁				
4.照明	保证检修照度				
热水泵房					
1.供电	电压、电流指示正常，配电、线路无过热				
2.供水	水压、水位指示正常，循环系统正常				
3.电机	声响、温升正常，配件齐全				
4.管路	无锈斑、抖晃				
5.软化	软化药剂充足				
凉水泵房					
1.供电	电压、电流指示正常，配电、线路无过热				
2.供水	水压、水位指示正常				
3.电机	声响、温升正常，配件齐全				
4.管路	无锈斑、抖晃				
5.消毒	消毒设备工作正常				
电梯机房					
1.供电	电压、电流指示正常，配电、线路无过热				
2.层标	指示准确				
3.室温	符合要求：30℃以下				
4.曳引机	声响、温升正常，配件齐全				
5.卫生	干净整洁				
6.照明	满足维修要求				
通风系统					
开启时间	按照规定时间开启通风机				
设备运行	运转正常、通风顺畅无堵塞				
员工区域					
设备设施	电器设备安装规范				

续表

项目	检修内容	良好	需修理	需更换	处理结果
家具	完好无损				
规章制度					
应知应会	掌握程度				
巡检记录	执行情况				
工作记录	执行情况				

表格6：工程人员交班表

工程人员交班表

日期：		时间：	
交班人：		接班人（或值班经理）：	
工具间钥匙：	对讲机：		各设备间钥匙：
未完成保养：			
原因：			
未完成维修：			
原因：			
当日特殊事件：			
其他：			

表格7：变配电间巡查记录表

变配电间巡查记录表

酒店名：

日期	时间	电压	电流	功率因数	变压器	计量表读数（有功）	实耗数
	8:00						
	14:00						
	20:00						
	8:00						
	14:00						
	20:00						
	8:00						
	14:00						
	20:00						

注：实耗以上午8:00与前一天上午8:00为计算单位。

表格8：锅炉巡查记录表

锅炉巡查记录表

酒店名：

日期	时间	锅炉温度	水泵		客房系统		煤气抄表	煤气实耗
			热水供水压力	冷水供水压力	供水温度	回水温度		
	8:00							
	14:00							
	20:00							
	8:00							
	14:00							
	20:00							

注：实耗以上午8:00与前一天上午8:00为计算单位

表格9：电梯巡查记录表

电梯巡查记录表

酒店名：

日期	时间	机房温度	抱闸系统	减速器油位	机组有无异常响声	机房有无异味	轿厢照明	备注
	8:00							
	14:00							
	20:00							
	8:00							
	14:00							
	20:00							

表格10：酒店工程维修记录表

酒店工程维修记录表

酒店名：

时间	维修地点	维修内容	维修结果	材料消耗	维修人

表格11：酒店工程物料消耗统计表

酒店工程物料消耗统计表

酒店名：

序号	名称	规格	数量	备注

表格12：酒店物品损坏请修单

酒店物品损坏请修单

申请部门	损坏地点修护的项目及数量	要求修妥时限
维修人员	维修人员处理记录（说明修护情形）	
申请单位复查修护情形（说明是否修妥并签章）认可于　　年　　月　　日　　时至　　时		
申请单位		经办人	

....

损坏修护的项目及数量	修护地点	请修时间
修妥　　　　　年　　月　　日　　时		签章

表格13：酒店工程单位请修单登记表

酒店工程单位请修单登记表

　　年　　月　　日　　　　　　　　　　　　　　　　　　　　星期：

编号	请修部门	收件时间	请修内容	承修人	工时	材料费	完工日期
合计							

表格14：工程维修单

工程维修单

NO：

工程部_____ 发出部门_____ 部门负责人_____
日　期_____ 时　间_____ 地　点_____
工作内容_____
维修记录_____

耗用（请购）材料

序号	材料名称	数量	单价	合计
			总计	

接收：　　　　　维修员：　　　　当值工程师：　　　　　验收员：
白联：工程部　　　联：仓库　　　　　　　　　黄 联：报修部门

表格15：工程维修反馈单

工程维修反馈单

报修部门：　　　　　报修时间：　　　　　反馈时间：

序号	报修项目	检修原因	反馈内容	备注

表格16：配电停送倒闸操作表

配电停送倒闸操作表

日期_____ 签发时间_____ 签发人签名_____
签发理由_____
允许操作时间_____ 操作地点_____
由____月____日____时____分开始至____日____时____分结束
操作任务_____

顺序	操作项目
1	
2	
3	

监护人签名：　　　　　　　　　操作人签名：

表格17：设备开箱验收单

设备开箱验收单

验收部门：　　　　　　　　　　　　　　　　　　　　　　　年第　号

设备名称		制造厂家		型号规格	
出厂编号		到货日期		开箱日期	
外包装情况					
整机情况					
附机附件备件情况					
随机技术文件					
备注					
部门验收人签字		年　月　日	工程验收人签字		年　月　日

表格18：资料借阅登记表

资料借阅登记表

借阅资料名称：		资料检索编号：	
档案案卷号：		资料存放位置：	
资料密级：			
借阅时间：		归还时间：	
资料借出时状态：		资料归还时状态：	
资料借阅批准人签字：			
借阅人签字：			
备注：			

表格19：设备维修统计表

设备维修统计表

序号	日期	维修项目	报修单编号	使用材料	价格	工种	维修员	备注

表格20：柴油发电机组检查表

柴油发电机组检查表

年　　月　　日　　　　　　　　　　　　　　　　　　　　　　班次：

柴油箱油位		出水温度	
柴油箱开关		滤前油压	
油底壳油位		机油进油压	
调速器油位		增压器	
交流电源		蓄电池液位	
发电机加热		蓄电池充电	
冷却水预热		非充电电压	
负荷限制钮位置		各开关状态	
冷却水箱		配电柜状态	
急停手柄状态		冷却水温度	
配电柜急停按钮状态			
处理意见：			
主管：　　　　　　　　　检查人：			

表格21：后备发电机送停操作表

后备发电机送停操作表

操作人		时间	时	分
监护人		时间	时	分
签发人		时间	时	分
操作顺序				
1				
2				
操作人		时间	时	分
监护人		时间	时	分
签发人		时间	时	分
操作顺序				
3				
操作开始	时	分		
操作完毕	时	分		
4				
5				
操作开始	时	分		
操作完毕	时	分		

表格22：高空作业审批表

高空作业审批表

作业班组		作业负责人	
作业地点		作业时间	
作业人		监护人	
作业人身体状况及年龄		作业方式	
申请时间		填表人	
作业内容			
安全措施			
审批意见	签名： 年 月 日		

表格23：工程明火作业申请表

工程明火作业申请表

申请时间		申请人	
作业班组		现场负责人	
作业地点		作业时间	
作业人		监护人	
作业内容			
安全措施			
工程部审批意见	签名： 年 月 日		
保安部审批意见	签名： 年 月 日		

表格24：电气运行记录表

电气运行记录表

年 月 日 室外温度 ℃

项目		时间									
		0:00	3:00	6:00	8:00	10:00	12:00	14:00	16:00	18:00	20:00	22:00
线路	电压/kV											
	电流/A											
	电压/kV											
	电流/A											

续表

项目		时间										
		0:00	3:00	6:00	8:00	10:00	12:00	14:00	16:00	18:00	20:00	22:00
变压器													
变压器温度	A相											
	B相											
	C相											
低压进线	电压/V											
	电流/kA											
	电流/kA											
	电流/kA											
低压进线	电压/V											
	电流/kA											
	电流/kA											
	电流/kA											
低压进线	电压/V											
	电流/kA											
	电流/kA											
	电流/kA											
运行记事												
当值签名				当值签名				当值签名				

表格25：水泵房运行记录表

水泵房运行记录表

班次：　　　　　　值班员：　　　　　　日期：

名称	机号	项目	运行内容
生活泵	号	泵起停时间	
		运行电压电流/（V/A）	
		水压/（kg/m^2）	
	号	泵起停时间	
		运行电压电流/（V/A）	
		水压/（kg/m^2）	

续表

名称	机号	项目	运行内容
消防加压泵	号	泵起停时间	
		运行电压电流/（V/A）	
		水压/（kg/m^2）	
	号	泵起停时间	
		运行电压电流/（V/A）	
		水压/（kg/m^2）	
	号	泵起停时间	
		运行电压电流/（V/A）	
		水压/（kg/m^2）	
消防喷淋泵	号	泵起停时间	
		运行电压电流/（V/A）	
		水压/（kg/m^2）	
	号	泵起停时间	
		运行电压电流/（V/A）	
		水压/（kg/m^2）	
	号	泵起停时间	
		运行电压电流/（V/A）	
		水压/（kg/m^2）	
消防消火栓泵	号	泵起停时间	
		运行电压电流/（V/A）	
		水压/（kg/m^2）	
	号	泵起停时间	
		运行电压电流/（V/A）	
		水压/（kg/m^2）	
	号	泵起停时间	
		运行电压电流/（V/A）	
		水压/（kg/m^2）	
备注			

表格26：空调机房电气运行记录表

空调机房电气运行记录表

年　　月　　日　　　室外温度　　　℃

项目		时间											
蒸发器	蒸发器进口水温/℃												
	蒸发器出口水温/℃												
	蒸发器饱和制冷剂温度/℃												
	蒸发器制冷剂压力/kpag[①]												
	蒸发趋近温度/℃												
	蒸发器水流开关状态												
	膨胀阀阀位/%												
	膨胀阀阀位步数												
	蒸发器制冷剂液/mm												
冷凝器	冷凝器进口水温/℃												
	冷凝器出口水温/℃												
	冷凝器饱和制冷剂温度/℃												
	冷凝器制冷剂压力/kpag												
	冷凝器趋近温度/℃												
	冷凝器水流开关状态												
压缩机	压缩机启动台数												
	压缩机运行时间												
	系统制冷剂压差/kpag												
	油压/kpag												
	压缩机排气温度/℃												
	出口过热度/℃												
	%RLA L1，L2，L3A/%												
	安培 L1 L2 L3（安培）												
	伏特 AB BC CA												
	运行主机台号												

---

① kpag，即 kilopascal gauge，表压。

项目		时间								
冷冻系统	冷冻泵运行台号									
	冷冻泵电流/A									
	冷冻出水压力/mPa									
	冷冻回水压力/mPa									
冷却系统	冷却泵运行台号									
	冷却泵电流/A									
	冷却出水压力/mPa									
	冷却回水压力/mPa									
运行记事										
当值签名及值班时间				当值签名及值班时间				当值签名及值班时间		

表格27：发电机组运行记录表

发电机组运行记录表

年　　　月　　　日　　　　　　　　班次　　　　　　　　值班员：

抄录时间	电压/V	电流/A	转速/(r/s)	频率/Hz	充电压/V	水温/℃	油压/pai	漏油、漏水	异响	烟色	运行时间

本班说明：

燃油滤清器更换时的小时读数：_____小时，机油及机油滤清器更换时的小时永读数：_____小时，空气滤清器更换时的小时读数：_____小时，水滤清器更换时的小时读数：_____小时。
"漏油、漏水""导响""烟色"如不正常，在表内打"×"，如正常则打"√"。

交班员签名：_____　　　　接班员签名：_____

表格28：配电运行记录表

配电运行记录表

项目		时间								
高压线路	电压/kV									
	电流/kA									
	电流/kA									
	电流/kA									

续表

项目		时间											
变压器运行情况	A相												
	B相												
	C相												
变压器温度	A相												
	B相												
	C相												
1#主变低压进线柜	电压/V												
	A相电流/kA												
	B相电流/kA												
	C相电流/kA												
2#主变低压进线柜	电压/V												
	A相电流/kA												
	B相电流/kA												
	C相电流/kA												
运行记事													
当值签名及值班时间			当值签名及值班时间				当值签名及值班时间						

表格29：设备改造（大修）审批单

设备改造（大修）审批单

填报部门： 　　　　　　　　　　　　　　　　　　　　　　　　　年第　　号

设备名称		设备编号		型号规格	
设备原值		设备等级		已用年度	
预计费用		资金来源		预计时间	
目前设备状况	部门经理：　　年　月　日 工程总工：　　年　月　日				
改造大修方案概况	（附方案）				
预计改造大修后设备状况					
拟聘设计单位		拟聘施工单位			
各级审批意见	使用部门总监\经理		酒店工程总工		总经理

注：此表存入设备档案，重点设备及特种设备改造（大修）须附技术、经济论证材料及设计、施工单位材料。

表格30：设备改造（大修）验收单

设备改造（大修）验收单

年第　号

设备名称		制造厂家		型号规格		
设备编号		资产编号		管理类别		
设备原值		折旧年度		已用年度		
累计折旧		预计费用		实际费用		
审批单号		审批日期		施工单位		
开工日期		竣工日期		验收日期		
大修改造方案概况						
大修改造主要内容			关键部件更换情况	部位	部件名称	数量
改造后精度性能						
主要遗留问题						
验收各方意见	酒店负责人		设计单位		施工单位	
			名称（印章）： 　　　年　月　日		名称（印章）： 　　　年　月　日	

表格31：设备报废单

设备报废单

年第　号

设备名称		设备编号		型号规格	
制造厂家		出厂日期		资产编号	
设备原值		折旧年限		已用年限	
累计折旧		预计残值		报损值	
报废原因					
最后报废日期					
各级意见	设备部门总监		酒店财务总监	酒店工程总工	
	总经理				

填表人：　　　　　　　　　　填表日期：　　　　年　月　日

表格32：设备事故报告单

设备事故报告单

年第　　号

设备名称		设备编号		事故主要责任者		姓名		技术等级	
事故类别		事故性质							
事故损失		修理费用							
发生时间	年　月　日	修复时间	年　月　日			修理单位			
事故经过和原因及设备损坏程度									
修理内容									
防范措施									
处理结果		事故部门： 负责人：							
		工程部： 负责人：							

注：1. 内容填写不下时，可另附纸。
2. 此表存入设备档案。

表格33：设备安装竣工报告单

设备安装竣工报告单

年第　　号

设备名称		型号规格		制造厂家	
出厂日期		竣工日期		验收日期	
空载运转情况					
负荷运转情况					
机械质量精度					
外观附件与安全装置					
技术资料					
验收结论					
验收签字					
使用部门		签名（印章）　　　年　　月　　日			
工程部		签名（印章）　　　年　　月　　日			

表格34：设备封存单

设备封存单

年第　号

设备名称		设备编号		型号规格	
制造厂家		出厂日期		资产编号	
设备原值		已用年度		封存地点	
封存日期	自　年　月　日至　年　月　日			保管人	
封存原因					
封存前技术状况及附机附件	检查人签名：　　　　　　　　　　　年　月　日				
各级审批意见	酒店		公司		
	设备部门： 主管领导：		经核部： 工程部：		

表格35：设备启封单

设备启封单

设备名称		设备编号		型号规格	
制造厂家		出厂日期		资产编号	
设备原值		已用年度		封存地点	
封存单号	年第　号	已封时间		启封日期	年　月　日
启封原因					
启封前技术状况及附机附件	部门签字：　　　　工程签字：　　　　年　月　日				
各级审批意见	酒店		公司		
	设备部门： 主管领导：		经核部： 工程部：		

表格36：万能工检修项目表

万能工检修项目表

项目	序号	检查内容	状态	项目	序号	检查内容	状态
空调	1	电磁阀		电话	27	拨号指示说明	
	2	温控开关			28	按键灵活	
	3	风速三挡			29	回铃声（低档）	
	4	空调过滤网（清洁）			30	无杂音、交流声	
	5	冷凝水盘及管清疏通			31	手柄线、联线（破损换）	
	6	风轮噪声		衣柜	32	柜门（检修）	
	7	电源			33	合页（不松动）	
	8	开关盒松动及损坏更换			34	挂衣棍架	
灯及开关	9	开关（所有开关是否正常，含脚踏、手按式）			35	磁碰（吸力适当）	
	10	请勿打扰（DND灯）			36	拉手（松脱）	
	11	门铃			37	衣柜灯（开关检修）	
	12	床头灯（控制板是否正常，板面完好无破损）		家私	38	抽屉推接自如（轨道）	
	13	插座（松紧程度）			39	支撑脚对称不斜（写字台）	
	14	壁灯			40	行李柜（开关检修）	
	15	灯罩（修换）			41	冰箱柜（开关、磁碰）	
	16	走道灯			42	床头柜装饰条（不缺）	
	17	灯泡、灯头			43	沙发不松动	
	18	筒灯（松动、少盖）			44	茶几、吧柜	
	19	开关插座少螺丝、少帽、不安全			45	床头板（掉饰品、松动）	
	20	吧灯（松动、维修）			46	床脚、床轮	
	21	检查音响（几套、音质）			47	电脑桌	
	22	电视（频道、图像质量）			48	壁画、衣镜、吧镜	
	23	天线（松动）			49	护角线、地脚线	
	24	遥控器（电池盖板、按键）		门窗窗帘	50	窗帘、窗沙（拉动灵活、窗帘导轨）	
	25	电视使用正常及安全			51	窗锁	
	26	取电牌（跳电、不灵、松动）			52	凉台门（密封、变形）	

续表

项目	序号	检查内容	状态	项目	序号	检查内容	状态
门窗窗帘	53	凉台门锁（上黄油、门变形）		浴室及卫生间	77	提拉杆（灵活）	
	54	房门（门合页、门变形）			78	淋浴连标杆（破损、松动）	
	55	猫眼、门牌号			79	浴缸鸭嘴阀	
	56	门碰			80	水龙头过滤网（清洗）	
	57	IC门锁（电池、开关正常、螺丝不缺）			81	手纸盒	
	58	防火出路牌			82	浴缸泄水阀（自如）	
	59	闭门器（完好、无锈）			83	晾衣绳	
天花墙面地毯木地板	60	天花（裂、污）			84	放大镜	
	61	墙纸（无破损）			85	排气扇	
	62	烟感（松、污）			86	天花（平整）	
	63	喷淋头（滴水）			87	淋浴帘及杆	
	64	墙面涂料（含阳台）			88	浴巾架	
	65	出风口（松、脏）			89	手纸架	
	66	回风口（松、脏）			90	衣钩	
	67	地毯（烟印、皱）			91	日光灯	
	68	木地板（损坏、松动、裂缝）			92	浴室玻璃门	
保险冰箱	69	保险箱（电池、电压、按键、固定）			93	地砖、面砖	
	70	冰箱（噪声、运转）			94	浴缸检修口	
浴室及卫生间	71	马桶（冲水、不漏水、渗水、拉杆、内桶清）			95	浴缸打胶	
	72	座厕板（不缺件、灵活、无损）			96	浴室门（不变形、不响）	
	73	面盆（四周胶、排水塞）			97	浴室门锁	
	74	面盆鸭嘴阀（不滴水、滤网清洗）			98	浴室门吸	
	75	浴缸扶手（不松）			99	镜子（边缘胶、镜面）	
	76	淋浴软管（不漏水）			100	面盆下水弯管（排水畅通、不漏水）	

房号： 检查人： 日期：
□良好 □需维修 □需大修
此房需下列标出人员配合
□木工 □电工 □空调 □管工 □需备件 □钳工 □弱电工 □消防组

表格37：计划工作记录表（万能工）

计划工作记录表（万能工）

工程项目		预计完成日期		
日期	完成房号	检修人	累计完成数量	备注
1				
2				
3				
4				
5				
...				
30				

年　　月

值班工程师抽查房_____间　　总工抽查房_____间　　返修率_____％
值班工程师签名_____　　　　　　　　　总工签名_____

表格38：万能技工工作登记表

万能技工工作登记表

万能技工：			日期：	
地点	维修项目	使用材料	是否需其他班组维修	备注

学习总结

通过本章的学习，我对酒店工程管理有了以下几点新的认识：

1. _____
2. _____
3. _____
4. _____
5. _____

我认为根据本酒店的实际情况，应制订以下制度和表格：

1. _____
2. _____
3. _____
4. _____
5. _____

我认为本章的内容不够全面，还需补充以下方法、制度和表格：

1. _____
2. _____
3. _____
4. _____
5. _____

第五章 酒店前厅管理工具

引 言

前厅部是酒店的首席业务部门。在酒店业务活动过程中，前厅部是酒店和宾客之间的桥梁，是酒店运作的中枢，是为酒店的经营决策提供依据的参谋部门。前厅部要加强与有关部门的联系与合作，并为酒店经营和各部门传递信息、提供服务。

本章学习指引

目标	了解酒店前厅管理的要点，并能够运用所提供的范本，根据本酒店的实际情况制订相应的管理制度、表格

学习内容

管理要点	· 及时与客房部核对客房现状报告 · 接受房间预订 · 妥善处理超额订房问题 · 做好入住登记 · 加强房卡的分发及管理 · 做好前厅夜班客房报告
管理制度	· 前厅部员工仪容礼貌规范 · 前厅纪律与行为准则 · 前厅各班工作分配规则 · 总台（订房）组业务操作规程 · 问讯处业务操作规程 · 大堂副理（夜班经理）工作程序 · 行李处业务操作规程 · 总机房操作规程
管理表格	· 散客预订单 · 团队预订单 · 预订等候单 · 临时住宿登记单 · 境外人员临时住宿登记单 · 房卡 · 预收款收据 · 住店客人开门通知单 · 商务服务记录单 · 宾客留言单 · 行李寄存牌 ……

第一节　酒店前厅管理要点

要点1：及时与客房部核对客房现状报告

（一）客房部准备一份客房现状报告表

每天的15:00及22:00时，客房部都会预备一份房务现状报告表，在此报告表上所记录的是所有客房的实际入住情况。

（1）客房现状通常又可分为：已入住、迁出没清洁、已清洁的空房和待修理客房。
（2）客房的人数。
（3）客房里有没有其他特别服务，比如加床、婴儿床等。

（二）总台接待员（下午）

当总台接待员接到客房部15:00的客房现况报告后，应做到以下几点。
（1）核对房间资料与客房现状报告表有无出入。
（2）如有差异，应调查资料是否过时，是否因有疏忽而导致错误。
（3）用电话通知客房部有差异的客房状态及房号，待客房部员工进行核实。

（三）总台接待员（晚上）

当总台接待员接到客房部22:00的客房现状报告后，应做到以下几点。
（1）核对房间资料架上的资料与客房现状报告表有无出入。
（2）把资料差异填写在一式三份的客房状态差异报告表上，房号、客房部的报告房态和接待处的报告房态。
（3）请行李员把差异报告表交与客房部。
（4）客房部根据差异的房号再作一次房间检查。
（5）检查完毕后，客房部便会在客房状态差异报告表的另一栏填写复查的结果。
（6）将客房状态差异报告表交于接待处核查。
（7）经复查后，如出错的是客房部，接待处的工作便完毕。
（8）经复查后，如资料错误归接待处，接待员便应：抽出登记卡，调查是否因疏忽导致错误。如果是资料登记出错误，应查出错误后马上更改资料，同时避免以后再犯同样的错误。
（9）总台接待员在签署客房状态差异报告表后，正联由总台存案，二联分给客房部，三联分发财务部。

要点2：接受房间预订

酒店的利润收入全赖于成功地出租房间及酒店的其他设施，因此，客房的预订服务是极为重要的一环。散客的预订虽然多是始于市场推销的营业部，但总是要经过柜台或电话直接向总台预约的。因此，各柜台的服务员及预订处主管应了解客房未来的预订情况。订房时应注意以下几点。

（1）若有关的预订需要通知其他同事，应填写于副本"分发"一栏内，然后照数复印副本分发。

（2）完成订房之后，把订房表上交预订处主管处理，并应告知客人要注意的事项如下。

① 订房时未预付订金，且又没有准确的到达时间，如遇订房紧张时，会在下午6时后自动取消订房。

② 订房时未预付订金，而有火车或飞机班次时间的，如客人在该班次抵达后两小时尚未能前来登记，则酒店有权将预订自动取消。

③ 如已付订金的，在上述情况下所有订金不予退还。

要点3：妥善处理超额订房问题

当客人已缴付订金，到达酒店时酒店却不能提供住宿，这往往是由于超额订房的原因，通常这种情形会令客人非常恼怒。所以，处理超额订房是一件极富技巧的工作，必须有经验和坚韧的耐心；因此处理这类问题时，需由总台主管或值班经理处理。

（一）超额订房的原因

1. 人为因素

（1）预测错误：预订处对未来的入住率计算错误。

（2）登记错误：客人的离店时间登记错了，如某客人应该明天离店，接待处却登记了今天的日子。在客房紧张时，就算一间客房的错误，也可导致客房不够的情形。

2. 坏房影响

在旅游旺季时，当每一间客房都订满了的时候，某些客房的设备出现问题，被迫空置，不能出租，减少了房间供应量。

3. 其他原因

有些原因是在酒店不能控制下发生的。

（1）如某团队应该在今天全部退房，但因天气恶劣，航空公司取消飞机班次，酒店被迫把团队留在酒店内。

（2）如客人遇到意外或身体受伤，不能如期退房，也会影响酒店的入住情况。

（二）做好准备工作

（1）安排客人到别的同级酒店暂住。

（2）查看当天住客登记表，看客人中是否有合住（DOUBLE UP）可能，如家庭、同游者和互相认识的客人，本是预订多间客房，在登记时希望他们占住同一个房间，以减少占住客房。

（3）联络订房的单位询问客人到达的时间，并解释订房的规定是：如客人未通知店方其到达时间，订房将在18:00自动取消，提醒订房单位须预缴订金以便保留房间。

（4）了解附近同级酒店是否有空房，如有需要则代为预订所需房数。

（5）查看当天住客登记表，准备一些容易接受到别的酒店去住宿的客人。如自付房费或初次来酒店的客人等。

（三）处理程序

（1）当客人到达时，总台接待员应立即通知值班经理或总台主管。

（2）值班经理处理问题时，应与客人远离总台；如在总台处理，接待员亦应停止替其他来客办理入住手续（请来客稍坐）以免令值班经理尴尬。

（3）与客人解释客满情况，着重强调酒店已替他们作出了安排，避免提及不能提供的事情。

（4）如需安排到别的酒店，则用电话订好附近同级酒店房间，并为客人提供最理想的房价。

（5）如客人是在别的酒店暂住，其后要搬回本酒店住的，应记录好入住日期及时间以便安排酒店汽车接回（酒店负责费用）。

（6）转移客人时，应用酒店专车。

（7）在记录本记下客人归来的日期、时间，当天应小心安排其住房。

（8）如客人只住别的酒店一天，可提议他寄存一些大件行李于行李室，以待第二天入住时领取。

（9）向客人解释清楚账目上的问题。

（10）客人第二天入住时，应安排较好的房间，并赠送一些酒店小礼品和附上酒店道歉字条。

要点4：做好入住登记

对于大多数客人来说，在前台办理入住登记是其本人第一次与酒店员工面对面的接触机会。对酒店前厅部来说，入住登记是对客服务全过程的一个关键阶段，这一阶段的工作效果将直接影响到前厅部的出租客房、提供信息、协调对客服务、建立客账与客史档案等各项功能的发挥。办理入住登记手续也是酒店与客人之间建立正式合法关系的最根本一步，它的主要目的如下：

（1）遵守国家法律中有关户口管理的规定。

（2）获得住店客人的个人资料，这些资料对搞好酒店的经营与服务是至关重要的。

（3）满足客人对客房与房价的要求。

（4）客人入住后，为各种表格、文件的形成和制作提供了可靠的依据。

（5）向客人推销酒店的服务与设施。

要点5：加强房卡的分发及管理

（1）房卡的分发须严格控制，接待员（问讯员）可直接把房卡分发给熟悉的贵宾，长住客和酒店的常客。分发房卡时，一定要小心慎重，绝不可漫不经心地将客人的房卡弄错，引起客人的反感。同时，正确分发客房的房卡，可以防止和避免发生意外，如客人拿错了房卡入错了房间，被该房间的客人投诉丢失物品时便很难处理。

（2）客人来拿取房卡时要热情迎接，向客人问候。若能主动、准确地将客人的房卡拿给客人，客人会感到你的业务熟练，记忆力好，感到你对他们的尊重。

（3）对于你不认识、不熟悉的客人来拿房卡时，应该有礼貌地询问客人的姓名，然后与住客名单仔细核对，确认准确无误后，方可给予客人房卡；如有疑问，还应请客人出示房卡以供核对，这样做的目的是为了把房卡发给真正的客人。

（4）非住店客人若要取用客房房卡，一定要有住客的书面授权或书面证明方可；非住店客人如有特殊情况必须进入客人房间时，一定要有大堂副理及保安人员在场陪伴。

（5）注意与前台收银、大堂副理、团队领队及陪同保持联系，提醒离店客人归还房卡。

（6）房卡从客人手中收回时，应放入房卡格内，以免到处放容易丢失。将房卡放入房卡格时一定要看清楚房号，不要放错，避免引起工作不便。

（7）前台柜台严禁外人及无关人员出入及动用客房房卡。

（8）定期擦拭房卡，保持清洁卫生。

（9）如发现房卡遗失，当班员工必须在住房控制表上的相应位置注明"房卡遗失"（NO KEY）的标记，同时还应填写房卡遗失的报告。报告的内容除证实该客房房卡遗失外，还应填写遗失的原因，以便前厅部管理人员可以从遗失的客房房卡数量及遗失的原因中，发现改善管理的必要性，从而决定应该采取何种安全措施。

要点6：做好前厅夜班客房报告

前厅部除了直接与客人接触的服务外，也有很多夜间报告，主要是夜班总台接待员在夜班核数员的协助下需完成的任务，以便上级领导得以明了业务上的进度及住客的情况，各项住房报告均在所有住客已经安顿后（在凌晨时分）将账目及其他资料作一总结。前厅部的夜间报告表如下。

（一）客房透视表

此表须复印一份，需把每一个房间的总人数、房租收入等填写清楚，然后将每一层楼的房租收入列一总数，交与夜班核数员。夜班核数员按收款机记录核对总数是否正确，如有差异，便马上找出原因。

（二）客房营业统计表

此表是当天的住房登记情况及第二天占住率的预测，是前厅部重要报告之一。此报告应一式九份，分别派发给总经理、副总经理、前厅部经理、客房部经理、人事部经理、餐饮部经理、总工程师、财务总监及存档。

（三）免租住客表

从房间资料本上取得所有当天免租住客的房号，再从前厅收银处取得客人已登记记录，制作出此一式九份的免租住客表，连同客房营业统计表一并派发各有关部门。

（四）坏房表

从房间资料本上取得当天因为各种原因未能出租的故障房间，目的是能让上级领导注视这些房间的修缮进度，以便能及早投入供应，增取收入。此表一式七份，分发给总经理、副总经理、前厅部经理、客房部经理、总工程师、财务总监及存档。

（五）预订不到取消表

此表是报告当天原定入住客人的预订，但由于各种原因而把预订取消和没有取消但又不来的预订。夜班接待员制作出此报告，以便上级领导能了解预订取消情况及作为日后记录。预订不到取消表为一式七份，分发给总经理、副总经理、前厅部经理、客房部经理、餐饮部经理、财务总监及存档。

（六）预期退房表

此表是把所有明天预期退出的房间列出，以便其他部门作应有的准备。此报告应一式五份，分发给副总经理、保安部经理、行李部主任、客房部经理及存档。

第二节　酒店前厅管理制度

制度1：前厅部员工仪容礼貌规范

××酒店标准文件		××酒店 前厅部员工仪容礼貌规范	文件编号××-××-××		
版本	第×/×版		页　次		第×页

1　要求

　　前厅员工是酒店的先锋部队，也是酒店客人首先接触的员工，又由于前厅部职员常处于备受注目的环境中，客人往往可以从前厅员工的操作情况看出酒店的管理水平。所以前厅员工在仪容及礼貌方面要不断地检点及警惕，员工的一举一动代表了酒店的形象及声誉。

2　仪容

　　制服要完整清洁及称身，不得穿脏或有皱褶的衣服。

　　头发——男：不得有头皮，而且不得过长（留酒店规定的长度）。

　　　　　　女：头发梳洗整齐，长发要捆绑好，不得戴太夸张的发饰，只宜轻巧大方的发饰，头发不得掩盖眼部或脸部。

　　脸部——男：不得留胡须，脸部要清爽宜人，口气清新。

　　　　　　女：不得抹太多胭脂水粉，只宜稍作修饰，淡扫娥眉，轻涂口红，轻抹胭脂便可。

　　手部——男：不得留指甲，指甲要清洁，指甲内不得藏污垢。

　　　　　　女：不得留太长指甲，不宜涂鲜红指甲油，指甲油只可用淡色的。

　　脚部——男：清洁的鞋袜、鞋子每天上班前要擦亮。

　　　　　　女：清洁的鞋袜，不得穿有色的袜，要穿酒店规定的袜色，鞋子每天上班前要擦亮。

　　气味——男：保持身体气味清新，不得有异味。

　　　　　　女：不得用强烈香料（香水）。

3　礼貌

　　3.1　在工作的时候，要面带笑容，表现出和蔼可亲的态度，能令客人觉得容易接近。

　　3.2　不得故作小动作（永远是成熟、稳重），打哈欠要掩着口部，不要做出搔痒、挖鼻、掏耳、挑牙等不雅的动作。

　　3.3　工作时不得咀嚼口香糖，吸烟及吃东西。

　　3.4　不得嫌客人啰唆，应耐心地为客人服务。

　　3.5　在处理柜台文件工作时，还要不时留意周围环境，以免客人站在柜台片刻，员工还茫然不知。

　　3.6　客人来到柜台前，马上放下正在处理的文件，礼貌地问安，热情地为客人服务。

　　3.7　留心倾听客人的问题，不能随意打断客人的叙述，然后再清楚地解答，以免答非所问，如遇到问题不能作答时，应该说："请稍等，待我查一查以便回答你的问题。"

　　3.8　如遇到客人对某事情外行或不能随俗之处，不得取笑客人。

　　3.9　柜台员的工作效率要快且准。

　　3.10　不得表现懒散情绪，站姿要端正，不得摇摆身体，不得倚傍墙、柜而立或蹲在地上，不可歪身，及扮鬼脸作怪动作。

　　3.11　除了工作上应交代外的事，不得互相攀谈私事，不得争论，不粗言秽语。

　　3.12　不得擅自用柜台电话作私人之用，如遇急事可请求上司用后台的电话。

　　3.13　用词恰当，不可得罪客人，也不可阿谀奉承，声调要平稳、和蔼，不可过大或过小，要清楚表达所要说的话。

　　3.14　不得在工作时阅读报章、书籍。

　　3.15　走路时应脚步轻快无声，不可奔跑。

　　3.16　尽量记住客人的姓氏，在见面时称呼客人"××先生/小姐/女士，您好！"。

　　3.17　若客人的问询在自己职权或能力范围以外，应主动帮客人解决，而不得随便以"不知道"回答甚至置之不理。

拟订		审核		审批	

制度2：前厅纪律与行为准则

××酒店标准文件		××酒店 前厅纪律与行为准则	文件编号××-××-××		
版本	第×/×版		页 次		第×页

1 必须遵守的纪律与行为准则

作为前厅部的员工必须遵守以下纪律及行为准则。

1.1 每天上班之前，养成习惯阅读告示栏上的新内容。
1.2 上班期间除紧急情况外，一律不允许打私人电话（私人电话只限于在工作空隙期间，使用指定的后台电话）。
1.3 制服应经常换洗，以保持其干净、平整。
1.4 勤洗澡、勤剪指甲、头发梳理整齐；女员工要化淡妆。
1.5 前厅各工作场地应保持干净整洁。各种文具报表摆放整齐，同时在每班交接时保证有足够的备用量。
1.6 不许迟到早退，有事要请假。
1.7 总台应保持每时都有足够人手在岗，按规定一般情况下最少要有两位总台人员值台。
1.8 当班时不允许谈论私人问题。
1.9 如有特殊原因不能上班或要晚到，须事先请示前厅经理或部门主管，以便于人手调配。
1.10 用餐时间由各部带班主管/领班安排，工作餐地点按规定只限于员工餐厅。
1.11 法定节假日或年假由各部门主管安排，并经前厅经理审批，以上休假须提前做申请，以利人手协调安排。
1.12 每天上班前须仔细阅读工作交班本，以了解当日工作安排。
1.13 在工作岗位上，不准吃口香糖等零食。
1.14 在工作岗位上不准看报纸、杂志、小说，玩手机等。
1.15 只准利用休息时间，在员工休息室或更衣室吸烟，严禁在营业场所及其他公众场所吸烟。
1.16 前厅各工作台或后台办公室除特别批准外，不准摆放食物。
1.17 除本部门员工外，前厅各工作柜台办公室不允许接待私人访客或其他部门无关人员。
1.18 仪态会直接影响个人形象。尽量避免或克服不好的习惯动作。
1.19 除必需的用品外，个人物品一律不得摆放前台，特别情形要请示上级。
1.20 禁止在前台大声谈笑及聊天。
1.21 在客人面前不得用本地方言与同事交谈。
1.22 当班时间不得串岗，下班后无事也不得在酒店范围内滞留。当班期间除用餐时间或安排的休息时间外，应坚守自己的工作岗位。
1.23 除工作特别需要，不可让客人等候而自己与同事聊天。即便是处理其他紧急事情，也应跟客人先说对不起，请客人稍候。
1.24 遇到客人投诉应仔细倾听，并告知客人会将其意见向有关经理转达。

2 纪律处罚补充规定

纪律处罚补充规定

扣分行为	处罚扣分
1.非因工作需要未经上级批准而乘搭客用或货运电梯	10分
2.发出不必要的声响、喧哗	5分
3.擅离工作岗位或到其他部门闲荡	10分
4.下班后逗留在酒店范围内	10分
5.在更衣室存放食品、饮品和危险品以及酒店财物	5分
6.工作时间嚼口香糖和吃零食	5分
7.在员工食堂以外进餐	10分

续表

××酒店标准文件		××酒店 前厅纪律与行为准则	文件编号××-××-××	
版本	第×/×版		页次	第×页

续表

扣分行为	处罚扣分
8. 使用酒店电话办理私人事务	10分
9. 工作时间听广播和音乐	5分
10. 随地吐痰	5分
11. 高声与客人对话，无礼和出言不逊	5分
12. 迟到、早退	10分
13. 穿着酒店制服在非指定场所吸烟	10分
14. 在大堂等宾客用的沙发上就座休息	5分
15. 违反安全守则或部门常规	10分
16. 当班时瞌睡	5分
17. 未经酒店同意作任何形式的募捐	10分
18. 私自携带亲友或其他人到酒店	5分
19. 未敲门或未经房客许可而进入客房	5分
20. 在酒店内（1）酗酒（2）赌博（3）吵闹（4）打架	（1）10分（2）50分（3）20分（4）辞退
21. 唆使他人或代他人打卡、考勤	20分
22. 穿酒店制服离开酒店	10分
23. 在酒店内出卖或兜售私人物品	辞退
24. 擅自标贴、涂改、搬移酒店财物	30分
25. 休息时在酒店闲逛、停留	30分
26. 提供假资料或报告	50分
27. 未经许可（1）擅用万能钥匙（2）复制钥匙（3）更衣柜（4）文件柜（5）书桌抽屉（6）办公室打开或打开客房	（1）开除（2）辞退（3）20分（4）50分（5）20分（6）30分
28. 与客人私做交易，行贿受贿，贪图钱财或在酒店内进行不道德的行为	开除
29. 违反操作规程或不按服务程序操作	50分
30. 用非法手段涂改原始记录、账单或单据、利用已付账单再向客人多收钱，而中饱私囊	开除
31. 摆弄、使用或故意破坏客人的财物	辞退
32. 盗窃或骗取客人财物	开除
33. 随意翻阅酒店办公文件	50分

续表

××酒店标准文件		××酒店 前厅纪律与行为准则	文件编号××-××-××	
版本	第×/×版		页次	第×页

续表

扣分行为	处罚扣分
34.向客人索取小费和回扣	100分
35.未经批准使用客人洗手间、游泳池等	20分
36.上班时间会客	10分
37.在酒店内进行任何粗言秽语	5分
38.没使用指定的员工信道和洗手间	20分
39.没保持仪容的整洁	10分
40.没穿整齐的制服	20分
41.没保持更衣柜和工作地点的整洁	5分
42.没按时上下班、打卡考勤	10分
43.没保质保量完成工作任务	10分
44.不服从部门主管的命令	20分
45.不接受保安人员的检查	50分
拟订		审核		审批	

制度3：前厅各班工作分配规则

××酒店标准文件		××酒店 前厅各班工作分配规则	文件编号××-××-××	
版本	第×/×版		页次	第×页

酒店的工作是日夜连续不停的，接待处必须24小时有员工当值，每天分3个班，每班8.5小时工作时间（其中包括半小时进餐），根据每天客人量的情况安排人手，不能各班平均使用人力，各班的工作基本分配如下。

1 早班

1.1 与夜班同事做好交接班工作，了解昨晚发生的事情、处理的结果及需向早班交代的，要求早班帮助解决和特别要说明的事情。

1.2 了解昨晚的开房情况、今天的走房数、今天的到房数、可开房数及客房状况。

1.3 了解当天的开房情况，有多少VIP客人、特别客人、散客和团队客人等。

1.4 准备当天退房客人的资料，以便处理客人退房事宜，早上是客人离店较集中的高峰时期，要做好离店客人的接待工作。

1.5 早班主管检查夜班同事各项工作完成的情况，包括各种报表是否准确，以避免售错房间。

1.6 负责问讯的员工对邮件报纸要及时分发，客人代寄的邮件要通知行李员送去投寄。

1.7 做好接待当日预订客人各项准备工作并做好抵店入住客人的接待工作。

1.8 至中午12:00时对仍未退房的散客要及时与客人联系，确认客人的离店时间，如客人续住，应请客人办理续住手续。

1.9 当班过程中，如有重要通知及有待解决的事情和问题，必须写下交班记录。

续表

××酒店标准文件		××酒店 前厅各班工作分配规则	文件编号××-××-××		
版本	第×/×版		页次		第×页

1.10 完成上司交给的其他各项工作和任务。

2 中班

2.1 与早班同事做好交接班工作，了解早班发生的事情、处理的结果及需向中班交代的，要求中班帮助解决和特别要说明的事情。

2.2 了解当天的到房数、可开房数及客房状况。

2.3 了解和知道今天的开房情况，有多少 VIP 客人、特别客人、散客和团队客人。

2.4 熟悉订房资料的内容，尤其是 VIP、特别客人和重点客人的订房情况和工作要求。

2.5 继续关照好离店客人结账，注意接收客房卡。

2.6 充分做好迎接客人到店的准备工作，有条不紊地为客人办理入住手续。

2.7 积极介绍酒店的各种服务设施和服务项目，具有强烈的销售意识。

2.8 迅速、准确地将住店客人的资料分类整理好，尽快将资料分发有关部门，并保证将住店客人的资料全部移交给总台收银处。

2.9 严格检查入住客人的证件，对客人的临时入住登记表要认真查验并保证跟催交齐，维护国家的法律制度和酒店的规定，保障住店客人的生命财产安全。

2.10 做好到店（住店）客人的接待工作，对客人的意见、投诉，要诚恳、耐心、礼貌、迅速、周全地予以解决。

2.11 正确地填写好第二天的预期客人离店表，分发至各有关部门，以便总台和各部门能提前做好对离店客人的接待准备工作。

2.12 对因故未到和取消的预订客人，在接到确切消息后，必须书面通知有关部门。

2.13 做好客人的各种预订工作，将客人的邮件、信件、留言等物品尽快交到客人手中。

2.14 注意大堂的动向，与大堂副理、大堂保安密切配合，维护大堂的秩序，避免发生意外。

2.15 当班过程中，如有重要通知及有待解决的事情和问题，必须写下交班记录。

2.16 完成上司交给的其他各项工作和任务。

3 夜班

3.1 与中班同事做好交接班工作，了解中班发生的事情、处理的结果及需向夜班交代的，要求夜班帮助解决和特别要说明的事情。

3.2 继续做好住店客人的接待工作和办理客人的入住登记手续。

3.3 认真核查当天各班的所有工作情况，准确地制作各种报表。

3.4 与财务部夜间核数员工共同审核当日房间的收入情况，对于发现的问题要予以即时更改，此项工作必须在凌晨 4:00 前予以全部完成，以便所有的资料均全部准确无误。

3.5 正确地制作当日的营业日报表，将当天的营业情况报告管理部门及有关部门。

3.6 将当日抵店全部客人的临时住宿登记资料全部分类整理好，并仔细检查，保证资料内容准确无误，以便早班员工上班后将资料传送至公安局出入境管理科。

3.7 （打）印当日各项报表，分送各有关部门和人员。

3.8 整理次日抵店客人的预订资料并开好团队名单。

3.9 认真核对、检查客房的房卡，将检查的结果写在交班簿上。

3.10 夜班是在酒店领导休息，绝大部分员工回家的情况下工作的，因此要保持高度的工作责任心，要保持与值班经理及各部门值班人员的联系，以便有事故发生时能及时通报，得到及时妥善的解决。

3.11 注意在大堂是否有可疑或行为不端的人，维护酒店和客人的安全。

3.12 整理总台柜台，保持整洁美观。

3.13 当班过程中发生的重要事情及处理的结果必须写下交班记录。

3.14 将当日因故未到或取消的客人预订资料交到早班员工手中，通过他们将资料退回到预订处并查清客人是否还会到，以便做好接待准备。

3.15 完成上司交给的其他各项工作和任务。

拟订		审核		审批	

制度4：总台（订房）组业务操作规程

××酒店标准文件		××酒店 总台（订房）组业务操作规程	文件编号××-××-××		
版本	第×/×版		页次		第×页

1　总台的职责

1.1　要求

总台接待员是酒店和来客接触的前线，能给客人留下对酒店良好的第一印象。若客人在疲乏的旅程后，在入住酒店过程中，接待员笑脸迎人，有效率地安排一间舒适的房间，客人逗留酒店期间必然倍感愉快。

1.2　总台的主要工作

（1）为客人登记：协助入住客人填妥入住登记表，并为客人安排房间。

（2）出售房间：包括对客人介绍酒店的设备，接受预订，争取提高酒店的入住率。

（3）提供咨询：解答客人的问题，提供酒店其他设备及服务。

（4）客人的沟通：主动接触客人，了解客人对酒店的意见，从而可获得改进建议。

（5）处理投诉：总台经常是客人投诉的对象，如能妥善处理，可减低客人的不满。

（6）房务记录：除了接触客人的服务外，还要处理及制订一些文件、报告、营业状况和住客记录，以便管理阶层明了营业情况。

2　前台操作必备知识

2.1　推销房间的必备知识

2.1.1　熟悉酒店情况——即是指了解酒店设计特点、装饰、布置、陈列、酒店的各种服务设施、服务项目、娱乐项目，特别是餐厅、客房的种类及其特点和酒店的价格政策等。

2.1.2　宣传酒店好处——主要是突出它的环境位置，如我们酒店地理环境幽雅安静，园林式特点突出等。

2.1.3　强调酒店的特点——这是指本酒店与其他酒店相比所具有的不同特点及其长处。

2.1.4　建立良好的关系——客人到店时，应向客人表示欢迎，并向客人介绍本酒店的情况，若正在听电话或为客人办理事情，对新到的客人也要表示欢迎，让客人知道你已注意到他的到来，不使他感到冷淡。客人有什么疑难，要及时帮客人排忧解难，若客人因某种原因改变住店计划，也热情为他介绍别的酒店，有的客人需要酒店资料或者了解情况，要热情接待尽量满足他们的要求，要认识到他们是酒店的客人或未来的客人，要给他们留下良好的印象。

2.2　房间的分配

负责分配房间的员工必须了解和掌握酒店的优缺点、位置、房租标准以及当日和每日订房情况，做到心中有数，在分配房间时要根据客人的不同特点、档次及旅行社的要求和酒店房间的具体情况给予妥当的安排，以下为一般规律。

2.2.1　分房前应认真审核订房单的要求。

2.2.2　优先分配VIP客人和其他政府接待的团体，对VIP客人要安排豪华或较好的房间，安排时注意保密、安全、卫生及服务方面等。

2.2.3　分房时要考虑到原住客人的离店时间和当天到达客人的抵达时间，尽量把早走客人的房间分给先到的客人。

2.2.4　根据客人的档次安排房间和楼层的高低，对一般零散客人，由于他们住店的目的不同，在安排房间时要有所区别，如来做生意的客人，他们对房租不太敏感，可能安排房租较高的房间；旅游者对房租较敏感，可以安排房租较低的房间；旅行社或客户可以为酒店带来生意，可能安排较好的房间。总之，要区别不同对象、不同需要，给予恰当安排。

2.2.5　对团体客人，应尽量安排同一层楼、相同标准的房间并尽量集中。

2.2.6　对年老、伤残者、带有小孩的客人，一般应安排在离电梯较近的房间。

2.2.7　对于新婚夫妇，要安排大床房间，使他们感到酒店服务周到、亲切。

2.3　房间的控制和保留

2.3.1　房间的控制——在预订的客人抵店的前一天或前几天提前将房间安排好，写好交班记录，使这些房间不能再出售给其他客人，如此可保证订房客人的住房，使房间可以很好地控制。

2.3.2　房间的保留——客人在酒店订的房间，无论客人住不住，只要客人要求保留，就应为客人保留，这种房间称为"保留房间"，不经客人允许不能再售给新的客人或挪作他用。此种房间按已售房处

续表

××酒店标准文件		××酒店 总台（订房）组业务操作规程	文件编号××-××-××		
版本	第×/×版		页	次	第×页

理，但需明确房费支付方式。

2.4 客人入住之前

在客人抵店之前，为接待好客人应做好准备工作，如各种表格齐备，用品充足，对当天房间状况一清二楚。对于有预定的团体或散客应预先分配好房间，打印出报表送呈客房部，并把资料、餐卡（有的话）、房卡等一一准备好，等待客人的到来。

2.5 客人入住之后

在办理完入住登记手续后，马上通知客房部客人已入住，然后，将资料集中分类并存档，把有关资料复印分发给相关部门，最后将所有资料、凭据全部送前台收银处并签上接待员的姓名。

2.6 房租

房租的计算方法：通常酒店计算客人的房租是由客人到前台办理入住登记至结账离开时为止。

2.6.1 一天房租——指早6:00后入住至第二天中午12:00前退房，计收一天房租。

2.6.2 半天房租——指早上6:00后入住至当天中午12:00，为半天房租；或至第二天中午12:00点后退房，加收半天房租，如超过第二天下午6:00后退房需加收一天房租。

2.6.3 特别房租——指客人已预订房间，但由于客人抵达时，酒店因故不能提供同一等级的房间，只好提供级别稍高的房间给客人，但房租不变，这种房租称为特别房租，必须在住宿资料上注明。

2.6.4 折扣房租——在淡季时，对VIP、熟客、常客及需要优待的客人，在计算房租时给予一定的优惠称为折扣房租。如折扣率较大必须经由总监级以上人员批准。

2.6.5 免收房租——酒店对重要贵宾、对酒店有贡献、在社会上有影响的人士、同行以及可为酒店带来生意的重要客户，在入住时给予免费招待，不计收房租，但必须经由总监级以上人员批准，同时要在订房单和账单上加以注明。

2.7 特别事项

2.7.1 客人已订房但酒店没有同一类型的房间可提供。遇到这种情况，应首先向客人道歉、解释，并同客人商量，询问客人是需要级别高点的房间，房租不变还是级别低点的房间，房租降低，让客人自己选择。

2.7.2 客人已抵达酒店但没有该客人的预订资料或预订资料不符。出现这种情况，应再三核对清楚，确认有问题时，可先安排客人住下，如有可能应叫客人先交押金，再尽快与客人订房的人或机构联系核实，然后再按核实后的价格处理。

2.7.3 换房：换房可能是客人的愿望，也可能是酒店的要求。如果是客人希望换房，一般来说，换房工作可顺利进行，如果是酒店希望客人换房，事情就会变得比较复杂，可能会引起客人的抵触情绪，所以在处理时要特别慎重，但不论何种原因的换房，都应按照下列步骤和事项去办理。

（1）弄清（或向客人解释）换房的原因。

（2）换房前应征求客人的意见，并告诉客人换新房的情况及换房的时间。

（3）为客人换房时，最好有客人在场指导，若客人因事外出并委托酒店代为办理时，须由行李员与客房服务员等两人以上在场，最好有大堂副理或主管在场。

（4）搬运行李时如有客人在场，可按客人的指示搬放，若客人不在，搬运行李时应按原样放好。

（5）衣柜内若挂有衣服，要注意连衣挂一起拿，不要将衣挂取下。

（6）换房完毕要填写转房单送有关部门，以便为客人服务，如房价有变化还应书面通知前台收银处。

2.7.4 续住：客人如有特别需要延长住宿时间，只要酒店有房，应予以同意，但须先明确付款方式，然后通知前台收银和客房部，并在有关资料上更改离店时间。

2.7.5 订房资料必须于前一天送达接待处，以便做好当日开房的计划，确认今日可出租的房间数。

2.7.6 酒店客满时，对于一个初到异地，一时找不到住处的客人来说，其心情是可想而知的，接待处人员一定要热情接待，想办法给客人安排或联系其他酒店，使客人有栖身之处，这样做可以赢得更多的客人对本酒店的信赖。

2.7.7 若发现可疑的人入住酒店时，可以酒店客满或全部预订为由拒之。

2.7.8 接待未经预订的客人和无行李或极少行李的客人时，应请客人先付房租或交押金以免跑账。

2.7.9 接待处对于已知即将到来的客人的姓名及抵达时间，应通知行李员、大堂副理及客房部，待客人一抵达酒店，各岗位工作人员都能准确地称呼客人的姓名，并向他们表示欢迎和问候，这将会给客人留下一个深刻的印象。

2.7.10 酒店欢迎卡：是为方便客人而设，也是客人是否住店的凭证，在客人入住时发给（团体除

续表

××酒店标准文件		××酒店 总台（订房）组业务操作规程	文件编号××-××-××		
版本	第×/×版		页	次	第×页

外）。住店期间客人可凭卡（有效期与住店时间一致），领取房间钥匙，在各消费场所签单，待离店时一起结账。

2.7.11 结账退房：办理客人结账退房的手续，主要是前台收银处的工作，作为前台接待处，应予以协助，如将来到前台的客人带到收银处结账。接待处的主要工作是要保证住店客人在住店期间所产生的一切费用的手续、资料已落实或办妥，以方便收银处开单收账，另一个主要工作是追回客房的钥匙，避免丢失。若客人丢失，则需赔偿××元人民币，对于超过中午12:00而仍未退房的客人，应马上跟客人联系，以弄清和决定客人的退房时间及是否收取客人的延住房租，对无行李而又没有预付房租和押金的客人要特别留意，以防跑账。

3 与客房部核对客房的现状资料

3.1 目的

前厅部与客房部的资料要相符，保证酒店的利润不受损失。

3.2 程序

每天下午3:00及晚上10:00，客房部都会准备一份"客房现状报告表"，在该表上记录着所有客房的实际情况。

3.2.1 客房现况（ROOM STATUS）通常又可分为4种

（1）已入住（OCCUPIED）。

（2）迁出没清洁（VACANT DIRTY）。

（3）已清洁的空房（VACANT CLEAN）。

（4）待修理（OUT OF ORDER）。

3.2.2 客房的人数。

3.2.3 客房里有没有其他特别服务，比如加床、婴儿床等。

3.3 当总台接待员接到客房部下午3:00的客房现况报告后，应做：

3.3.1 核对房间的资料与客房现况报告表是否有出入。

3.3.2 有差异之处，应调查资料是否过时，是否因有疏忽而导致错误。

3.3.3 用电话通知客房部有差异的房态及房号，待客房部员工调查清楚实际情况。

3.4 当总台接待员接到客房部晚上10:00的客房现状报告后，应做：

3.4.1 核对房间的资料与客房现状报告表是否有出入。

3.4.2 把资料差异填写在一式三份的房间状态差异报告表上：房号、客房部的报告房态、接待处的报告房态。

3.4.3 请行李员把差别报告表交于客房部。

3.4.4 客房部根据差异的房号再作一次房间检查。

3.4.5 检查完毕后，客房部便会在房间差异报告表的另一栏填写复查的结果。

3.4.6 差异报告表，重交接待处核查。

3.4.7 经复查后，如是客房部的错误，接待处的工作便完毕。

3.4.8 经复查后，如是接待处的错误，接待员便应：抽出登记卡，调查是否因疏忽导致错误或资料登记的错误。查出错误后，便应马上更改资料，避免日后再犯同样的错误。

3.4.9 总台接待员再签署房间差异报告表后，正联由总台存案，二联送客房部，三联送财务部。

4 接受房间预订

4.1 要求

散客的预订多是经过柜台或电话直接向总台预约的。因此，各柜台的服务员及订房处主管应了解客房未来的预订情况。订房处通常设有一个黑板，上面写上已经订满的日期。由于订房情况经常改变，前厅部工作人员应每天留意预订的情况。为方便内部沟通，订房情况通常是用颜色表示：红色表示所有房间已经订满，不能再接受当天的预订；绿色表示需要接受所有房类的预订；黄色表示普通房已经订满；蓝色表示一般房间已经订满，只余套间可以再接受预订。

4.2 正常预订程序

当客人用电话或亲自到前台要求订房时，应礼貌地询问客人需要订房日期，若该日期是开放订房的（绿色），接受订房者须取出订房表进行记录。

4.2.1 填上接受订房日期。

4.2.2 在订房的小方格内打钩，表示此表已有订房显示。

续表

××酒店标准文件		××酒店 总台（订房）组业务操作规程	文件编号××-××-××		
版本	第×/×版		页 次		第×页

  4.2.3 将全部来客的姓名，以正楷字体书写。
  4.2.4 填写到达日期及离开日期时，应与客人进行确认，以免误会。
  4.2.5 填写客人是乘什么交通工具、火车或飞机班次、到达时间。
  4.2.6 填写客人所需房类及数量，如：1○普通房——1人进住一间普通房，2○○高级房——2人进住一间高级房，3○○○○家庭房——4人进住一间家庭房。
  4.2.7 填上房价，并说明是否另付附加费。
  4.2.8 向客人要求预付订金，通常是一晚的房租以便落实预订。
  4.2.9 备注是用以填写特别事项的，如有关折扣、餐饮、车辆接送及旅游安排等。
  4.2.10 填写订房者的姓名及其电话号码。
  4.2.11 填写订房者的公司名称及地址。
  4.2.12 询问客人有否需要酒店的订房证明书，若然需要，可将订房表复印1份发给客人。
  4.2.13 接受订房人员在经办人栏内签名。
  4.2.14 若有关的预订需要通知其他同事，应填上该部门在副本分发一栏内，然后照数复印副本分发。
  4.2.15 完成订房之后，应多谢客人并交订房表给予预订处主管处理，并应告知客人要注意的事项如下。
（1）没有订金的预订，且又没有到达时间资料的，如遇订房紧张时，会在下午6:00后自动将订房取消。
（2）没有订金的预订，但有火车或飞机班次时间的，如客人在该班次抵达后2小时尚未能前来登记，则酒店有权将预订自动取消。
（3）所有订金不会退还。
  4.3 预订的日期已满处理程序
  4.3.1 如遇客满
  应表示抱歉并提议其他有空房的日期，也许客人可以通过更改行程来配合。
  4.3.2 等待名单
  如客人行程不能改变，应提议为客人作一个等待名单的预订，向客人解释由于所订日期现已客满，但可将资料记录下，待其他日期相对的预订取消时，便可将这个预订接上，若客人同意等待名单提议，应按正常预订程序把资料填在订房表上，但须在等待名单的小方格上打钩，由订房处主管处理，待订房情况有变，需要在那天接收订房时，便由订房处主管以电话通知客人。
  4.3.3 无法接受客人预订
  若因日期不合，不能为客人完成订房，也应提供其他酒店的电话号码，协助客人尝试别的酒店，并礼貌地多谢客人来电（或前来），希望日后有机会再为他服务。
  4.4 取消预订
  4.4.1 取消预订时，预订人员应取出一张新的订房表，在"取消"一栏的小方格上打钩，以表示预订取消。
  4.4.2 在此表上列出预订来客的姓名。
  4.4.3 填上预订来客的到达及离开日期。
  4.4.4 填上预订的房间数量及房类。
  4.4.5 将通知者的姓名写在订房者一栏。
  4.4.6 填上有关通知者的公司名称、电话号码及地址，作为记录。
  4.4.7 预订人员签名后，应向客人道谢，希望以后有机会能为其服务。
  4.4.8 取消订房表应交与订房处主管，便于在订房记录上取消预订。
  4.5 更改预订
  4.5.1 已经做好预订，但要求更改一些资料，一般如飞机或火车班次时间、到达或离开日期、客名和房间数量的资料，预订人员应取出一张新的订房表，然后在"更改"一栏的小方格上打钩，再在旁边横线上写上更改的缘由，如更改□飞机班次。
  4.5.2 列出客人原来的订房资料，再填上更改后的资料。
  4.5.3 将此有关更改预订的订房表，交与订房部主管，做好应有之更改。
  4.6 注意事项
  4.6.1 如客人需要更改日期，已经客满（红色）应向客人表示歉意，作出婉拒。
  4.6.2 如客人需加订房数量，在当天订房情况客满时，也不能接受增加。

续表

××酒店标准文件		××酒店 总台（订房）组业务操作规程	文件编号××-××-××	
版本	第×/×版		页　次	第×页

5　处理超额订房问题

5.1　简介

处理超额订房是一件极富技巧的工作，必须有经验和坚韧的耐心；因此处理这类问题时，需由前台主管或值班经理处理。

5.2　超额订房的成因

5.2.1　人为的错误

（1）预测错误——订房处对未来的入住率计算错误。

（2）登记错误——客人的离店时间登记错了，如某客是应该明天才迁出的，接待处却登记了今天的日子，在订房紧张时，这一间客房的错误，也可导致客房不够的情形。

5.2.2　坏房影响

在旅游旺季时，当每一个客房都订满了的时候，出现某些客房的设备出现问题，被迫空置，不能租出，减少了房间供应量。

5.2.3　其他原因

有些原因是在酒店不能控制下发生的。

（1）如某团体应该在今天全部迁出，但因天气恶劣，航空公司取消飞机班次，酒店被迫把团体留在酒店内。

（2）如客人遇到意外，身体受伤，不能如期迁出，又会影响酒店的入住情况。

5.3　做好准备

5.3.1　应知道让客人去别的酒店住宿是最后的选择，因为这是对客人和酒店本身都没有好处的。

5.3.2　查看当天来客表，试看客人中有否连住可能，如家庭、同游者和互相认识的客人，本来是预订多间客房，但当他们登记时，希望争取住同一个房间，以减少占用客房。

5.3.3　联络订房的单位，询问客人的到达时间，并解释订房的规定是：如客人未通知店方其到达时间，订房将在下午6:00自动取消，提醒订房单位须预缴订金以便保留房间。

5.3.4　了解附近同级酒店是否有空房，如有需要则代为预订所需房数。

5.3.5　查看当天住客登记表，做好转往其他酒店入住的准备。

5.4　处理程序

5.4.1　当客人到达时，接待员应立即通知值班经理或前台主管。

5.4.2　值班经理处理问题时，应与客人到僻静处处理。

5.4.3　和客人解释客满情况，技巧地着重强调酒店已替他作出了安排，避免提及不能提供的事情。

5.4.4　如是要转到其他酒店入住，在附近同级酒店订好房间，并为客人取得最理想的房价。

5.4.5　如客人是在别的酒店暂住，其后要搬回本酒店住的，应记录好入住日期及时间以便安排酒店汽车接送（酒店费用）。

5.4.6　转移客人时，应用酒店专车。

5.4.7　在记录本上记下客人归来的日期时间，当天应安排好住房。

5.4.8　如客人只在别的酒店住一天，可提议他寄存一些大型行李于行李室，以待第二天返回时领取。

5.4.9　向客人解释清楚账目上的问题。

5.4.10　客人第二天入住时，应安排较好的房间，并赠送一些酒店小礼品和酒店道歉信。

6　如何编排住客房间

6.1　要求

编排住客房间是指当天客人来到时，为客人预先编排好房间，这样可以减低客人迁入时间的混乱，同时可使客人尽快到房间休息。编排住客房间是由总台接待员负责，编排房间的种类有：

（1）当天团体客人。

（2）当天散客。

（3）为预订未到的客人编排房间。

编排房间时，要根据客人要求的房间类型、房间方向、房间楼层、常客对某房间的特别爱好来确定。

6.2　为当天团体客人编排房间

6.2.1　总台接待员根据团体协议去编排已预订的房间类型。

6.2.2　尽量编排在同一楼层，相同类型的房间，以免引起同一团体的其他客人有异议。

6.2.3　在房间指示上标明，该房间已被编排，不能再作其他用途。

续表

××酒店标准文件		××酒店 总台（订房）组业务操作规程	文件编号××-××-××		
版本	第×/×版		页次		第×页

6.3 将当天散客房间编排好
6.3.1 通常投诉的都是散客，因此总台接待员在编排房间时要特别注意。
6.3.2 尽量按客人所要求的编排。
6.3.3 如来客表示有两间预订房间的客人是朋友或相熟的，应尽量把他们编排在相邻的房间。虽然总台接待员在编排房间时都是尽客人的要求而为，但有时还会有以下情形出现，会影响房间编排。
（1）某类房间出现短缺的情形。
（2）家庭或套房及其他套房数量有限。
（3）旅游季节繁忙的时候。
6.4 如何编排住客房间
订房人员在预先编排房间时，需了解各类房间的存量。总台接待员为当天来客编订房间时，通常会遇到以下问题：
6.4.1 客房不足：这种情形通常会在旅游旺季，超额订房时所致。
6.4.2 某类型客房不足：当多数客人预订同一类型客房时（例如：预订向江的一面）便会出现这种情形。
6.5 客房不足的补救方法
6.5.1 通常客房不足，可以用以下方法补救。
（1）前一晚或当天预订未到的。
（2）客人提早迁出。
（3）谢绝客人延期或延时迁出。
（4）在迫不得已时，由前厅部经理决定是否为客人另找酒店。
6.5.2 某类型客房不足时优待客人入住高一级的房间。
（1）因为酒店只按客人原预订的房间价格收费，因此必须由前厅部经理批准。
（2）被优待的客人逗留时间只能在两天之内，以免酒店损失太多。
（3）告诉客人已经被优待。
6.6 自来客（WALK-IN）的房间编排。
6.6.1 自来客是指事先未预订房间的客人。由于总台接待员不能预先为这类客人编排房间，所以，需要花长一点时间去为客人编排房间。
6.6.2 为了使酒店的豪华客房有较高的销售量，总台接待员应有技巧地向客人推销该类房间，但切记不能用欺骗或过分推荐的手段。
6.6.3 介绍房间类别及价钱。
（1）没有预订房间的客人来总台，接待员应礼貌地解释不同价格房间的区别，使客人了解并选择自己所需的房间类型。
（2）当客人决定入住房间的类型时再向客人复述该房间的价钱，以免产生不必要的误会。

7 客人入住手续的办理
7.1 要求
当客人在酒店门前下车，行李员应主动上前相迎，并接过客人的行李，把客人引领到总台办理入住登记手续，领取钥匙后，引领客人到房间休息，这一个简单的手续，如能处理得好，定能使客人对酒店的服务倍具信心。
7.1.1 总台接待员应暂停原来的工作，向客人展露笑容，礼貌地询问客人姓名如："先生，您好，欢迎您光临××酒店，请问先生应怎么称呼，但愿我能为您服务。"
7.1.2 当客人说出自己的名字后，应说："多谢×先生"，然后在订房架上拿出订房卡，取出一张入住登记卡让客人填写。
7.1.3 当客人正在填写入住登记卡时，接待员应马上按照订房卡上的资料，编排房间，填写住客手册注明客名、房号、迁出日期及房价。
7.1.4 客人填妥入住登记卡后，应查看客人有否遗漏了什么重要事项，如离去日期、证件号码、国籍、付账方式及签名等。
7.1.5 查看客人的证件，核对编号是否填错。
7.1.6 当客人填写付账方式是信用卡时，应请客人出示信用卡，并压出一张信用卡表，目的是方便客

续表

××酒店标准文件		××酒店 总台（订房）组业务操作规程	文件编号××-××-××		
版本	第×/×版		页	次	第×页

人在迁出时节省时间。

  7.1.7 如客人是现金付账，那么便要礼貌地请客人先付全部租金（包括服务费及税金）。

  7.1.8 一切手续办好后，便在客人面前展开住客手册，向客人解释他的房号，离开日期及房间的租金，然后将手册给予客人，再将房间钥匙交与行李员，再向客人说："×先生，行李员××会带领你到房间去，祝您在××酒店愉快。"

  7.1.9 接待员应将入住登记卡分开，把订房卡订在第一联入住登记卡的后面，以方便查阅。

  7.1.10 把订房资料订在入住登记卡的第三联后面，连同账单，一并交与前厅收银部。第二联登记卡则存在一起，第二天早上一并向公安局申报。

  7.1.11 把客人的姓名、房号、人数、离开日期，依据第二联的入住登记卡的号码次序，填写在当天入住客人登记簿上。

  7.2 散客入住登记的程序

  7.2.1 询问客人有无预订

  抵店的客人分为两类：已办订房手续的客人和未办订房手续而直接抵店的客人。这两类客人办理入住登记的过程是完全不同的。接待员应面带微笑，主动问候客人，对他们的光临表示热情欢迎，然后询问客人有无预订，如客人已办理预订，则应复述客人的订房要求，然后请客人填写登记表。

  7.2.2 对于未经预订直接抵店的客人，接待员应首先了解客人的订房要求，热情向客人介绍酒店目前，可出租的房间类型和价格，确认客人能够接受的房间类型、付款方式和离店日期，尽量满足客人的要求。

  7.2.3 填写欢迎卡，向客人介绍其用途并请客人在上面签字，如是自费的客人应写清楚房价和折扣率并请客人交付押金。

  7.2.4 检查客人的登记表内容是否与证件一致，是否清晰、正确和齐全，最后填上房间的号码并签上接待员的名字。

  7.2.5 向客人介绍和推销酒店的服务设施和项目，询问客人是否需叫醒或其他服务。

  7.2.6 将房卡交给行李员，安排引领客人进房并祝客人在本酒店住得愉快。

  7.2.7 如客人有电传、传真、邮件、留言等，应在办理入住登记时一并交给客人。

  7.2.8 对于持订房凭证的客人，接待员应注意检查下列八个方面的内容：客人的姓名（旅行团号）、酒店名称、居住天数、房间类型、用餐安排、抵店日期、离店日期和发放订房凭证单位的印章。接待员应向客人解释订房凭证所列的内容并解答客人的疑问。

  7.2.9 将客人资料整理好并做好记录。

  7.2.10 交客人资料全部交前台收银处。

  7.3 团体入住的登记程序

  团体客人是酒店的重要客源，接待好团体客人对建立稳定的客源市场，提高酒店的出租率，保持与增加收入有重要的意义。在团体客人抵店前，接待处应做好一切准备工作，如是大型团体，酒店可以在指定区域或特别场所为客人办理入住手续。做好团体客人抵店前的准备工作以避免客人在抵店时，酒店大厅内出现拥挤阻塞的混乱现象。以下是团体入住登记的基本程序。

  7.3.1 团体客人均有接待计划且一般都预订了房间，在团体客人抵达酒店的前一天，必须做好房间预报，并在客人到达的当天早上就将房间分配好，做好一切准备工作，客人房间数按两个人一间房为原则来安排（不负责自然单间，但要预备陪同床位），除非预订计划明确要求单人间或三人间。

  7.3.2 团体客人抵达时，接待员向领队、陪同致意，确认团号、核实人数、房数、用餐等有无变化和是否相符，如有变化，则要与领队、陪同弄清情况，取得一致意见后方可给予开房。

  7.3.3 请领队、陪同分配房间，并落实该团的住宿计划，如确定叫醒时间、出行李时间、用餐时间、有无特别要求及领队房间号码等，然后请地陪在团体资料上签名，若该团有全陪，要安排全陪入住，分完房拿到分房名单后方可给予房卡，安排客人进房休息。

  7.3.4 向领队、陪同要回团体客人住宿登记表，如是台湾客人，表内应有台胞证号码、签注号码、签注有效期、客人姓名、性别、出生年月日、永久地址等项目；如是港澳客人，表内应有回乡证号码、回乡证有效期；如是外国客人，表内应有团体入境签证印章；如无团体签证，则要客人填写一份外国人临时住宿登记表。

  7.3.5 团体客人临时提出加房、加床的要求，要严格按照合同和操作程序处理，首先应让订房机构确

续表

××酒店标准文件		××酒店 总台（订房）组业务操作规程	文件编号××-××-××		
版本	第×/×版		页	次	第×页

认，如订房机构同意确认，应请陪同、领队书面注明原因、挂账单并签名，然后将此单交订房处底单连同客人资料一起交前台收银处，如订房机构不同意，则应请客人即时现付加房、加床的费用或交押金，并请领队、客人在书面通知上签名，然后将书面通知的底单连同客人资料一同交前台收银处，该单由接待处存底备查。

7.3.6 重要VIP团入住时，可先发房间钥匙给客人，让客人先上房间，留下领队及陪同办理入住手续即可。

7.3.7 完成接待工作后，接待员要将该团全部资料集中在一起，将团体接待单、更改通知单、特殊要求通知单、客人分房名单等资料尽快分送有关部门，将该团全部资料交前台收银处。

7.3.8 制作团体总账单，将团体客人资料分类整理好。

7.4 填写登记表

在办理入住登记的过程中，减少客人办理入住登记的时间。对于已经办理订房手续的散客，在客人抵店前，便可把有关资料记录在客人的登记表上，待客人抵达时，请其在登记表上填上其他内容，然后签名，核对客人证件无误后即可。对于已办订房手续的贵宾或常客，接待员可以根据客人订房单和客史档案资料的内容，提前准备好登记表、房卡、钥匙信封等，待客人抵店时，核对客人证件并签名后即可进入客房。未经预订、直接抵店的客人，由于酒店无法进行客人抵店前的准备工作，因此，要求这部分客人填写空白登记表，在客人填写表格的过程中，接待员应尽量提供帮助，尽可能地缩短客人办理入住登记的时间。客人的临时住宿登记表共一式三份，第一联可用作申报临时户口之用，第二联应与客人的账单和订房资料一同交前台收银处，第三联可用作客史资料存档。

7.5 入住登记时出现的问题及对策

7.5.1 繁忙时刻

繁忙时刻，客人等候办理入住手续的时间过久，以致引起抱怨。为避免客人等候过久的现象出现，在工作中要努力做到：

（1）客人抵店前，接待员应熟悉订房资料，检查各项准备工作。

（2）根据客情，合理安排人手，客流高峰到来时，保证有足够的接待人员。

（3）繁忙时刻保持镇静，不要打算在同一时间内完成好几件事。

（4）保持记录的正确和整洁。

7.5.2 客人暂不能进房

在接到客房部关于客房正在打扫的通知时，接待员不能将客房安排给抵店的客人，因为客人对客房的第一印象是十分重要的，出现这种情况时，接待员可为客人提供寄行李服务或请客人在大堂休息区稍候，同时与客房部联系，请他们加派人手赶快打扫，当客房打扫完毕、检查完毕后，才可让客人入住。

7.5.3 酒店提供的客房类型、价格与客人的要求不符

接待员在接待订房客人时，应复述其订房要求，以获得客人确认，避免客人误解，房卡上填写的房价应与订房资料上一致，并向客人口头报价（仅指自付客人）。如果出现无法向订房客人提供所确认的房间，则应向客人提供一间价格高于原客房的房间，按原先商定的价格出售，并向客人说明情况，请客人谅解。

7.5.4 入住登记完成后，未能正确、及时地将信息传达给其他部门，影响了对客服务的质量。

8 转房程序

8.1 要求

客人入住客房后，在各种不同原因之下，也许会出现要求换房的情况，作为酒店服务员，应在合理的情形下尽量满足客人的合理要求。

8.2 一般客人换房的理由

8.2.1 客房噪声太大。

8.2.2 客房方向不满意。

8.2.3 客房层数高低有异。

8.2.4 远离朋友的房间，接触不方便。

8.2.5 要求不同的床类（双人床、单人床）。

8.2.6 要求不同价目之房间。

8.3 换房前应注意的事项

续表

××酒店标准文件		××酒店 总台（订房）组业务操作规程	文件编号××-××-××	
版本	第×/×版		页次	第×页

8.3.1　因客房价格有别，应有技巧地向客人说明。

8.3.2　将入住的房间是否已由客房部清洁好，如暂时还未清洁但又没有别的选择，应与客房部联系，优先整理，并问清所需时间，然后向客人说明。

8.3.3　未经清洁的房间，绝不可让客人更换，以免影响客人对房间的印象。

8.3.4　礼貌地请客人预先收拾行李，以便行李员搬运。

8.4　程序

8.4.1　总台接到通知后，应在房间资料本上查看，选择合适的房间，询问客人会在什么时间把行李准备好，行李员应在什么时间协助搬迁，请客人在客房等候。

8.4.2　总台应填妥一份"客房/房租变更表"，此表为一式三联，并在打印时印上时间。

8.4.3　总台把"客房/房租变更表"及时交予行李员，并将要迁住的房卡一并交予行李员，按时前往客房替客人换房。

8.4.4　行李员替客人更换妥后，应把变更表上在行李处一栏内签署，再把第三联给予房务员，余下两联交返总台。

8.4.5　总台收回变更表后，把第一联交与前厅收银员，以便更改账目及住宿登记表或团体房号表上有关资料。

8.4.6　总台应把第二联备存，然后更改房间资料架及其他有关的记录，通知总机更改客名资料架上的房号，如有影响订房部资料（如整房安排）也应通知订房处。

8.5　客人不在房间的转房程序

有时候客人要求转房，但他要马上外出，或因其他原因不能留在房中等待，为了满足住客的要求及不影响酒店的房间调配，酒店有必要为客人不在时替他更改房间。

8.5.1　总台应了解客人的房间要求。

8.5.2　向客人解释不可马上更换的原因（大多是因为房间没有及时清洁或客人还未迁出）。

8.5.3　如客人需要外出而希望酒店能自动替他换房时，应通知客人预先把行李收拾好。

8.5.4　要避免告诉客人即将迁调的房号，这样可以挑选最早清洁的房间，为他安排。

8.5.5　通知客人返回酒店后，可向总台询问及拿取新的房卡。

8.5.6　总台待房间清洁完毕后，填写"客房/房租变更表"。

8.5.7　客人不在房间的换房，行李员必须由保安员陪同前去处理。在行李员从旧房取出行李后，保安员应检查客人有否遗漏任何物品，然后陪同行李员把行李放在新的房间内的行李架上，最后关门离去。

9　职员住房要求

9.1　职员住宿酒店的各种原因

9.1.1　酒店餐饮部订餐繁忙，员工需要在深夜下班后，第二天早上又要马上继续上班。

9.1.2　遇到飓风（大风暴）夜班职员留夜，以防早班员工未能准时接替。

9.1.3　各部门经理因为公事上的需要。

9.1.4　各部门因为某种原因，如清算盘点及职员短缺等，有些员工需要连续接班。

9.2　程序

9.2.1　各部门经理需要填写一式两份的职员住宿要求书，详列职员的名称及住宿原因。

9.2.2　值班经理或前厅部经理根据当天订房情形，许可住宿要求。

9.2.3　当住宿要求被批准后，值班经理或前厅部经理须在要求书上签署。

9.2.4　总台员工安排职员房间。

9.2.5　总台员工在人名资料架上写明职员住房。

9.2.6　通知客房部。

9.2.7　通知保安部，以防职员在房间内喧哗或赌博。

9.3　夜间报告

夜班接待员在填写好职员住房报告后，正本可附于分发给总经理的报告表上，副本则附于前厅部经理的夜间报告上。

拟订		审核		审批	

制度5：问讯处业务操作规程

××酒店标准文件		××酒店 问讯处业务操作规程	文件编号××-××-××		
版本	第×/×版		页	次	第×页

1　问讯处员工应掌握的信息范围

问讯处员工要耐心、热情地解答客人的任何疑问，要做到百问不厌，态度和蔼可亲。为了能正确、迅速地向客人提供问讯服务，问讯处员工必须熟悉下列信息。

1.1　了解主要客源国的风土人情、生活习惯、爱好、忌讳等。
1.2　世界地图、全国地图、本省及本市的地图。
1.3　旅游部门出版的介绍本地各风景名胜点的宣传册。
1.4　本酒店及本酒店所属集团的宣传册。
1.5　电话号码簿。
1.6　邮资价目表。
1.7　酒店当日活动安排表。
1.8　当地电影院、剧院的节目安排表。
1.9　当日报纸。

2　留言服务

2.1　留言分类

酒店里常见的留言，大概可分为4类。

2.1.1　外来电话找不到客人，要求总机或柜台服务员代为留言。
2.1.2　访客到来，找不到要见的住客而为其留言，要求转交房客。
2.1.3　客人外出前，给可能会来找他的朋友留言。
2.1.4　酒店本身发出的通知。

2.2　留言程序

2.2.1　为客人留言，应记录房客的姓名及房号，核对清楚是否正确。
2.2.2　记录客人留言并请客人过目签字。
2.2.3　把留言者的姓名及电话号码记录下来。
2.2.4　记录留言的时间及日期。
2.2.5　接办人签名。

2.3　留言单处理

访客留言单应一式三联，第一联放在问讯处；第二联应由行李员从客房门下送入客房；第三联送话务处，由话务员打这客房的留言指示灯，客人返回后，话务员则向客人口述。

3　电讯及邮件的接收

3.1　邮件的种类

邮件的种类大约可分为电传、信件、包裹。

3.1.1　电传：由订房部主管或其他前厅部人员从电传机取下，交予总台发送。
3.1.2　信件：每天由邮递员直接交予总台。
3.1.3　包裹：由邮递员送达总台，一般都要总台接待员在收据上签收，由于包裹的体积较大，是由行李部签收及暂存，再与总台联系，送发收件人，因此，在接收包裹时，应先查阅此人是否在酒店入住或订房。

3.2　处理邮件的基本规则

3.2.1　不可拆阅或扔掉任何信件及包裹。
3.2.2　熟悉各部门主管的名字，不至与客人的信件混淆。
3.2.3　如收信时发觉信件已被破坏，应用铅笔在信面上注明，以使其他同事知悉。

3.3　程序

3.3.1　总台在接收任何信件电传时，都应在及时记录接收的日期及时间。
3.3.2　将邮件分为两类：一类是属酒店其他部门，另一类是酒店的住客。
3.3.3　将属同一部门的信件，用橡皮胶扎在一起，送交行李处派发至部门的信箱（如属急件，应马上递交部门办公室）。
3.3.4　从总台的住客资料中，查获住客的房号，并以铅笔在信面写上房号。

××酒店标准文件		××酒店 问讯处业务操作规程	文件编号××-××-××		
版本	第×/×版		页	次	第×页

    3.3.5　如属电报、挂号信，应在记录本上填写，以便客人签收。
    3.3.6　用电话通知客人，请他前来总台取信，然后将信放在钥匙架内，如客人要求送到房间，可由行李员送上。
    3.3.7　如不能接触客人，应填写信件通知单，此单一式两份，正本由行李员从门底送入客房，副本夹在信上，处于钥匙架上，待客人领取。
    3.3.8　所在钥匙架上的普通信、房客留言及传真，若在晚上10:00客人仍未前来领取，总台便应到与行李处，由行李处填写送信记录，然后从客房门底送入。
   3.4　收件人尚未搬入
    若从订房资料中，得知客人将在当天入住，如是团体客人，应将信件夹在团体订房记录文件上，交予总台将信件放进所编排定的钥匙信封内，待团体入住时，即时交与客人；如是散客，应将信件放好，并在订房记录卡上写上（有信件）或（有传真）等字句，写上客人预定入住的日期，并放在暂存邮件盒内。
   3.5　客人已迁出
    3.5.1　若得悉客人是当天迁出，应马上询问行李处，查看客人是否仍有行李暂放或仍未离开酒店，以便将邮件交送客人。
    3.5.2　若客人已经离去，可查看客人有否在离开前留下转邮地址，以便可以将信件转寄给客人。
    3.5.3　如邮件在暂存14天后仍不能转交客人，则应按原址退回。

拟订		审核		审批	

制度6：大堂副理（夜班经理）工作程序

××酒店标准文件		××酒店 大堂副理（夜班经理）工作程序	文件编号××-××-××		
版本	第×/×版		页	次	第×页

1　夜班经理的职责
    夜班经理是酒店在夜间工作中的最高负责人，负责酒店夜间所有工作，确保一切夜间的业务得以正常运作，因而必须具备一定的管理才能和对酒店一切操作有相当熟悉的了解。
   1.1　处理客人的投诉、财务、失窃及其他意外事件，向上级汇报。
   1.2　监察酒店内的夜间工作，保障酒店的财务、人力和物力不致浪费。
   1.3　签批总台及夜间核数员的夜间报告，确保计算及预测正确。
2　大堂副理记录本
    大堂副理记录本是由前厅部的大堂副理及夜班经理在值班时的工作记录本，通常是把酒店内所发生的重要事情记录下来以供参考、改善及处理。记录本是在每天早上8:30前（星期天除外）呈报前厅部经理，由前厅部经理转交总经理审阅。
   2.1　记录本上事项记录程序
    2.1.1　日期。每一天都在新的一页上写上日期。
    2.1.2　时间。写下事情发生的时间。
    2.1.3　事件情况。将事情发生的经过详细地记录下来。
    2.1.4　处理。将事情发生后的处理的方法记录下来。
    2.1.5　善后处理。记下事情的最后处理结果。
   2.2　一般需要记录的事情包括
    2.2.1　客人的投诉。
    2.2.2　任何失窃事件。
    2.2.3　打架斗殴。
    2.2.4　意外事故。
    2.2.5　员工犯规情形。

续表

××酒店标准文件		××酒店 大堂副理（夜班经理）工作程序	文件编号××-××-××		
版本	第×/×版		页次		第×页

2.2.6 重要人物入住。
2.2.7 其他事情。
3 处理客人的投诉
3.1 对投诉客人的应有态度（意识）
3.1.1 永远保持酒店的良好形象，不应显得不耐烦。
3.1.2 为客人调查挂账的情况。
3.1.3 仔细倾听客人的投诉。
3.1.4 仔细分析客人的意见是否合理。
3.1.5 向客人表示歉意。
3.1.6 无论是酒店或客人的错误，事情处理完毕后，都应多谢客人提出的宝贵意见。
3.2 处理投诉的程序
3.2.1 接待投诉客人
（1）如情况许可，在事前应先将事件发生的过程了解清楚。
（2）态度要诚恳。
（3）礼貌地请问客人姓名，并介绍自己的姓名及职位。
（4）引领客人到办公室，请客人坐下，并请客人喝饮料，一定等客人心平气和后，再作进一步处理。
3.2.2 倾听客人的投诉
（1）全神贯注地聆听客人的投诉，将事情记录下来。
（2）不要打断客人的陈述，客人遇到不快的事，极需要一个倾诉的对象，以发泄不满。
3.2.3 表示歉意及同情心，并感谢客人指出的问题
（1）无论客人投诉的是什么事，都要诚心的表示歉意，客人总觉得自己是对的。
（2）说话要礼貌、婉转，并对客人的投诉表示关注。
（3）感谢客人帮我们指出了问题，并表示会尽快处理。
3.2.4 查出真相
（1）寻找投诉者的资料，查询有关的员工，客观地分析客人的投诉。
（2）找出被投诉的有关工作人员或设备。
（3）当面询问被投诉的员工。
3.2.5 记录及作善后工作
（1）在记录簿上记录下时间、客人姓名、房号和所投诉的事项及善后的处理方法。
（2）同有关部门商讨改善的方法。
（3）由前厅部经理代有关部门发致歉信，通知客人他所投诉的事，已正在进行处理或已经改善，并多谢客人的宝贵意见。
3.2.6 履行酒店的规章
在处理投诉时，我们也许被迫要向客人说"不"字，作为处理投诉者，如遇客人无理要求，应正视对方，按酒店的规定婉拒客人。
4 客人结账的问题处理
4.1 要求
当客人结账时，发觉账单上的总结数目与所预算不同而发生投诉时，管理人员应慎重处理。平时应具备这方面的常识可使问题迎刃而解。
4.2 各种不同的账单差异及其处理方法
4.2.1 住房价目的差异
（1）收银单上的房价与登记卡上的价目不符：应以订房时报给客人的房间价目为准。
（2）登记卡与住客手册上的房间价目不符：如果住客手册上的房间价目比登记卡上的为少，为了保持与客人的友好关系，应以住客手册上的价目收费。
4.2.2 长途电话账目的差异
（1）住客打电话时，受到电流干扰，不愿付钱。应向客人解释，电话费是电信部门及电话公司所收取的费用，酒店不得不收，只可以给服务费。如果该项长途电话只用了少于3分钟的时间，而客人却极力拒绝付费，则为了保持和客人的友好关系，也可作出让步，由前厅部经理签署取消。
（2）电话接线生登记或计算错误。应立即向客人道歉，并纠正错误。

续表

××酒店标准文件		××酒店 大堂副理（夜班经理）工作程序	文件编号××-××-××		
版本	第×/×版		页	次	第×页

（3）客人赖账。记住我们态度永远保持友好，但坚持客人付账。坚持客人付账的过程，比较困难，须特别注意沉住气，冷静、友好地给客人解释，不急不躁，但肯定而支持，绝不可出言不逊，甚至嘲讽讥笑赖账的客人。

4.2.3 餐饮的差异
（1）客人忘记有该项账目。
（2）客人认为该项餐饮账目太大。
（3）服务员的登记出现错误、差漏。应立即调查餐饮单的存案，让客人复核。如果客人认为餐饮单上的其中一二项是错误时，按当时情形，可以取消收费。

4.2.4 迷你酒吧的差异
（1）客人投诉并没有使用迷人酒吧的饮料或食物。
（2）服务员忘记补充其中一两项食品或酒水，事后又报酒水消费单至前台，应作如下处理。
——调查迷你酒吧登记记录。
——调查客房部客人迁入的时间记录，因为有可能是刚迁出的客人使用了酒水。
——为了保持与客人的友好关系，按客人的解释理由，可以取消收费。

4.3 如何避免账单上的差异
首要是细心操作，保持记录正确无误，减少人为的错误，即使在忙碌中，也应保持镇定，从容应对，忙而不乱。
4.3.1 小心计算数目，避免加减错误。
4.3.2 登记准确及时，避免把账目记在别的客人账单内。
4.3.3 夜班前台员工每晚都应小心核对客人账项，及早发觉错误之处，便于及时处理。

5 住客不能结账的处理
当客人办理迁出手续时，如因为自己所持的信用卡出现问题，又没有足够的现金付账时，前厅收银员一定通知前厅部经理处理。
5.1 礼貌地要求客人可否用其他方法付账。
5.2 如客人无法以其他方式付账，应询问他是否有同伴、本地的朋友或公司可以帮他支付酒店费用。
5.3 如没有充分时间等待客人的银行电汇，应记下客人的资料：姓名、详细地址或公司地址、电话号码或电传号码、护照号码。
5.4 请客人签署账单。
5.5 向客人说明账单将寄往他所提供的地址，并希望客人尽快寄发支票付款。

6 处理客人发生意外事件的程序
6.1 住客常遇的意外
6.1.1 在浴室滑倒或在公共场所绊倒。
6.1.2 玻璃刺伤。
6.1.3 急病或晕倒。
6.2 处理程序
6.2.1 员工若发现客人有任何的意外发生，应马上通知保安部值班室或当值大堂副经理。
6.2.2 值班室应传呼当值保安部主管及前厅部的大堂副理前往现场察看。
6.2.3 如客人的意外事态严重，应立刻通知救护车送医院救治。
6.2.4 门前保安员应疏通交通，以便救护车停车方便，并指引救护人员至现场。
6.2.5 如客人是在酒店的范围内受伤，若经酒店的医护人员处理好后，保安部主管应协助伤者填报一份意外受伤报告表，以便酒店进一步调查和记录。

7 客人损坏酒店财物的处理程序
7.1 客人破坏酒店财物的几种原因
7.1.1 孩童的无知或顽皮。
7.1.2 宾客的恶作剧。
7.1.3 宾客的疏忽、粗心大意。
7.1.4 外来人员的肆无忌惮和恶作剧。
7.2 处理方法
7.2.1 如发现有孩童在破坏酒店的财物时

续表

××酒店标准文件		××酒店 大堂副理（夜班经理）工作程序	文件编号××-××-××		
版本	第×/×版		页	次	第×页

（1）员工应马上上前善言劝阻。
（2）通知保安员劝阻。
（3）如孩童的父母不在场，应马上寻找孩童的父母，告知详情，并希望孩童的父母阻止。善意劝告日后不要有同样的事情发生。
（4）员工应注意不能吓坏小孩，也不能过于责备小孩的父母。
7.2.2　房务员每天进入客房搞卫生时，要注意观察房间内的设施设备是否有损坏的迹象。
7.2.3　如发现损坏马上通知客房部经理处理。
7.2.4　客房部经理会同前厅部经理或值班经理、保安部经理到该房间用相机把损坏的东西拍下来。
7.2.5　该房房门将会被双重锁锁起来，或将房间封闭起来。
7.2.6　总台接待员在记事本上记下客人的资料，在房间资料上标明显示该房间已被双重封房。
7.2.7　待该客人回来时，告知客人前厅部经理有事商谈。
7.2.8　由前厅部经理决定客人损坏酒店财物应付的赔偿。
7.2.9　员工若发现有不速之客在酒店，应通知保安员进行监视，以防有不轨行为发生。
7.2.10　如发现外来客人破坏酒店的设施设备，应立即通知前厅部经理和保安部经理。
7.2.11　必要时，可警告该人不得再擅自进入酒店。
7.2.12　事态严重的，便将其扭送到公安局处理。

8　处理醉客问题
　8.1　要求
客人醉酒的情形要谨慎处理，处理不当会令客人感到被轻视的感觉，一般客人醉酒在酒吧或餐厅发生较多，当餐厅部主管不能应付时，都会通知前厅部的大堂副理及保安部经理协助处理。
　8.2　客人在酒吧、餐厅里喝醉酒
　8.2.1　餐厅服务员若发觉顾客已喝得太多或有醉意时，应立即马上通知餐厅主管并上前劝客人饮用其他非酒精类饮品。
　8.2.2　如主管不在时，通知前厅部经理。
　8.2.3　如确定客人已不能再继续喝酒，应技巧地劝阻客人，并停止供应任何酒水。
　8.2.4　立刻引领醉酒者离开酒吧，以免骚扰其他客人。
　8.2.5　保护醉客，以免醉客伤害自己及其他客人。
　8.2.6　护送醉客到其房间，请其朋友照顾醉酒者。
　8.2.7　如有需要，则为客人准备热水、热茶或咖啡等。
　8.2.8　如非酒店住客，请醉酒者离开酒店。
　8.2.9　如遇醉客难以应付，应通知保安员协助处理。
　8.3　客人在房间喝醉
　8.3.1　若楼层房务员发觉有客人在房间饮酒喧哗，影响邻近住客时，应通知客房部经理来婉转规劝客人。
　8.3.2　当楼层房务员发觉有住客喝醉，应马上通知客房部经理。
　8.3.3　客房部经理到醉客房间劝阻客人停止使用酒水。
　8.3.4　如有必要，令房务员拿走房间的迷你吧供应品。
　8.3.5　通知餐饮部拒绝酒水服务。
　8.3.6　保安员应在房外留意醉客动态，以免发生意外。

9　处理酒店失窃事件
　9.1　酒店失窃的类型
酒店的失窃，大约可分为两类。
　9.1.1　住客报称有财物在客房内失窃。
　9.1.2　酒店内的财物失窃。
　9.2　住客财物在客房内失窃的处理程序
　9.2.1　若接到有关酒店范围内失窃之事，应马上通知保安部或前厅部经理，并保护好现场，现场环境绝不可移动。
　9.2.2　前厅部经理与保安部值班主管同时前往现场察看。
　9.2.3　如有需要，则用相机对现场进行拍摄记录。
　9.2.4　前厅部经理应向客人了解情况，如所失物是体积细小者，应征得客人同意后，帮客人在房间仔

××酒店标准文件		××酒店 大堂副理（夜班经理）工作程序	文件编号××-××-××		
版本	第×/×版		页 次		第×页

细寻找。
 9.2.5 如是客人的疏忽，放错地方，则找到该失物后，绝不可表现不悦之色。
 9.2.6 如在房间内找不到失物，保安员应协助客人填报一份"失物报告表"，以作酒店的调查资料，存案备查。
 9.2.7 前厅部经理与保安部值班主管将事情经过记入记事本内，报总经理审阅。
 9.2.8 失物确定无法找回，而客人坚持报警时，立即通知保安室人员代为报警。
 9.2.9 将事件经过报告当天值班经理。
 9.3 酒店内的财物被盗的处理程序
 9.3.1 前厅部经理与保安部当值主管前往现场察看。
 9.3.2 如有需要，用相机将现场拍摄记录。
 9.3.3 保安部询问有关员工，了解情况，作进一步的调查。
 9.3.4 前厅部经理及保安部当值主管应把事情记入记录本中，呈总经理审阅。
 9.3.5 如有需要，由值班经理确定是否需要向公安局报案。
 9.3.6 将事件经过报告当天值班经理。

拟订		审核		审批	

制度7：行李处业务操作规程

××酒店标准文件		××酒店 行李处业务操作规程	文件编号××-××-××		
版本	第×/×版		页 次		第×页

1 行李处的职责
 行李处位于大堂近正门处，其主要职责是迎送客人，协助客人搬运行李等，是客人首先接触到的酒店服务员，因此行李员的礼貌和工作效率，在一定程度上代表酒店的服务水平。行李处职责如下。
 1.1 欢迎客人。客人抵达酒店时，应礼貌地欢迎及为客人开门，引领客人到大堂办理入住手续。
 1.2 协助客人搬运行李。确保客人的行李在搬运和暂存过程中，不致遗失或损坏。
 1.3 信息传递。为客人派发留言、信件，同时也为酒店其他部门传递信件、文件和报告及代为找人——住客或房客等。
 1.4 疏导交通。留意车道交通，协助客人上下汽车。
 1.5 接收及投寄包裹。派发邮件包裹给客人，以及协助客人投寄包裹。
2 行李员对客人入住服务程序
 2.1 散客入住
 2.1.1 行李员看到客人到达时，应立即为客人开门，微笑地向客人问安并欢迎客人光临酒店。
 2.1.2 帮助搬卸行李下车，并告知客人卸下的行李数量，且礼貌地询问客人姓名（如能从客人的行李名牌上知道更好）。
 2.1.3 引领客人到总台办理登记入住手续。
 2.1.4 待客人办妥手续后，从总台接待员手中接过客人房间的房卡。
 2.1.5 核对房卡无误后，引领客人入房间。
 2.1.6 带领客人途中，可简单介绍本酒店的设施（例如酒店内的餐厅及酒吧等）。如客人已是常客，则无须作此介绍，而宜作一般闲谈。
 2.1.7 引领客人到达房门前，放下行李，为客人打开房门，让客人先进入房间，然后把行李放在行李架上。
 2.1.8 简单告诉客人房内设施的操作方法，然后把房卡交给客人。
 2.1.9 离开前，应问客人还有什么吩咐并预祝客人住得愉快。然后为客人把房门轻轻关上（切勿逗留过久，以免令旅客误会）。
 2.1.10 返回行李处柜台，填写客人入住记录（房间号码、时间、行李件数等）。

××酒店标准文件		××酒店 行李处业务操作规程	文件编号×× - ×× - ××		
版本	第×/×版		页次		第×页

2.2　团体入住

2.2.1　早班的行李员在当天上班后，便到总台拿取一份当天客人入住登记表。

2.2.2　详细了解当天团体客人的情况，如有多少个团体入住本酒店，人数有多少及团体的大概到达时间。

2.2.3　团体到达时，应微笑地向客人问安并欢迎各位客人光临本酒店。

2.2.4　迅速引领客人到大堂安坐，以免阻塞大堂门前的交通。

2.2.5　迅速将行李搬到适当的空置地方，清点行李件数，并挂上行李牌。

2.2.6　根据客人入住登记表上的预编房号，核对客人行李名牌姓名，把房号写在各行李牌上。

2.2.7　将行李根据楼层分类放好，以便运送。

2.2.8　行李员将各楼层的行李分别送到客人房间。

2.2.9　到达客人房间时，应先敲门，并告诉客人行李已到达，客人开门后将行李搬进客房，在适当的地方放下，以便客人便于查收，且把进房行李件数记下。

2.2.10　送完行李后，将各房间的行李件数准确地登记在"团队行李记录表"上。

3　离店客人的行李服务

3.1　团体的迁出行李服务

3.1.1　夜班的行李员应该查核前台团体离店表，然后把当天离店团体房号、收行李时间及相关的资料填在"团体迁出总结表"上。

3.1.2　再将各准备离开的团体归纳于一张团体迁出总结表上。

3.1.3　行李员应在指定时间到房间收集行李并记录件数。

3.1.4　行李员到达房间时，应先敲门，问安，并请问客人准备好没有。

3.1.5　如客人未准备好，不得露出不耐烦的神色。

3.1.6　把收集好的行李集中在保存室暂时安放，并应用绳串连，以免与其他行李混淆。如放置在公众场所，应不妨碍行人，并用网罩好。

3.1.7　当行李车到达酒店接团体离开时，行李员便应通知旅行团领队陪同盘点行李，确认数量后，才小心运送行李上车。

3.1.8　切记在团体离开酒店前，所有客人及旅游公司账目已经在前厅收银处办妥，并接过结账书。

3.2　散客离店行李服务

3.2.1　当行李员接到客人或总台接待员的通知某房间需要离店，应将客人房号及通知时间记录在散客离店表上。

3.2.2　行李员应在指定时间到客人房间提拿行李，离开前把"请清洁房间"牌挂在房门外，询问醒人有否订车，如有需要，替客人把车子订好。

3.2.3　带领客人到前台收银处办理离店手续，行李员应站在客人后面等候（留意客人有否交还房卡），完毕后，接过结账单，带领客人到预订的汽车前，把行李放好，请客人盘点清楚，向客人道别，欢迎他日后再度光临。

3.2.4　返回行李处柜台，把客人的离开时间、车辆编号记录在零散客人离店表内。

4　行李的处理及保管

4.1　要求

客人来酒店住宿，行李是他们的必需品，也是客人的财物，作为酒店的工作人员应对客人财物予以爱护。客人的行李若在酒店受损或遗失，对客人一定会造成诸多不便，甚至可能引起酒店的索赔，因而影响酒店的声誉。

4.2　行李服务中应注意的事项

4.2.1　在接收行李时，应注意行李外表是否有损破，如有，应立即通知行李主管转告客人。

4.2.2　不可将行李压迭或倒置。

4.2.3　提拿行李时，应手持行李把手，不可牵提手带或其他不堪负重的地方。

4.2.4　在任何情形下，不得脚踢、拖拉、抛接、脚搭或坐在行李之上。

4.2.5　暂卸行李的地方不应妨碍交通及行人。

4.3　行李的保管

4.3.1　散客的行李保管

散客若需要暂存少量行李，应开具行李账单，将资料加房号、客名、日期、时间及件数填上，撕下下方部分给客人，上部分则挂于行李上，同时将资料记录在记录本上，以便查阅。在客人取拿行李时，必

续表

××酒店标准文件		××酒店 行李处业务操作规程	文件编号××-××-××		
版本	第×/×版		页	次	第×页

须交还收据,才可以提取行李。
 4.3.2 团体行李的保管
 团体客人也许会集体离开酒店一段时间到指定的旅游地区住宿,在回程时再入住酒店,因此他们不会携带全部行李随行,便会留下一些暂时不需要的行李,行李处在团体离店时,须按时到房间收取行李,放在近大堂正门一角挑出需要代为保管的行李。保管时,应记录件数,并开具行李收据给团体负责人。要保存的行李应存在行李室内,并做好记录,待团体到达时,向团体负责人取回收据,再将行李编上房号,一并送交客人。
 4.3.3 收据处理
 收据收取后,应订在存根后面进行存档,以便需要时查阅。
 4.3.4 遗失收据
 若客人遗失了行李收据,应通知行李处主管处理,需客人签署收据遗失证明后,才可以放行李。

拟订		审核		审批	

制度8:总机房操作规程

××酒店标准文件		××酒店 总机房操作规程	文件编号××-××-××		
版本	第×/×版		页	次	第×页

1 总机的职责
 1.1 目的
 1.1.1 方便客人对内/外的电话联系工作。
 1.1.2 为客人提供各方面的资料和消息。
 1.1.3 密切注意酒店内的安全报警系统。
 1.1.4 为住店客人提供叫醒服务。
 1.2 总机的职责
 1.2.1 为客人接拨长途电话。
 1.2.2 为客人留言。
 1.2.3 早晨叫醒服务。
 1.2.4 熟悉本地所有紧急事项的联络电话。如医院、消防大队、公安局、航空服务单位等,便于必要时能准确而快速地联络。
 1.2.5 了解国际时差,以便提供客人询问的回答。
 1.2.6 注意消防报警系统的运作。
 1.2.7 熟知发生火警时的操作程序。
2 客人资料的认识
 2.1 要求
 为了了解住店客人的资料,便于提供有关咨询及良好服务,总机房应设置一个宽约12厘米、长约90厘米的铝质人名资料架,方便查阅。该架子放有很多铝片,每一个铝片可放一张人名资料卡。如无该资料架,则须由总台送给一份客人名单表,作为查询之用。
 2.2 用途及处理方法
 2.2.1 当总台替客人办好入住手续后,随即准备好一份一式四联的人名资料卡,其中一联便由行李员送到总机房。
 2.2.2 接线员收到该资料卡时,应马上根据住客的姓名(或拼音)顺序编排好插在相应的资料架格内;或按格架所排列的房号对应插入资料卡。
 2.2.3 资料卡上写有住客名字、房号、到达及离开日期和其他重要资料。
 2.2.4 访客或住客亲友打电话到酒店找住客时,接线员便很容易从资料架中找到住客的房间号码,为其提供快速的查询及电话转接服务。
 2.2.5 当客人需要叫醒服务时,客人说出房号及姓名时,接线员可重新核对一下该资料是否与资料架

续表

××酒店标准文件		××酒店 总机房操作规程	文件编号××-××-××		
版本	第×/××版		页	次	第×页

上的内容相同，如果客人把房号记错而说错了接线员可以即刻加以纠正。

2.2.6 当总台接待员分发住客信件时，可利用人名资料架迅速查出住客的房号。

3 接听电话的礼貌用语及技巧

3.1 要求

电话是酒店中重要的联络工具，无论是对外，还是对内都是最快而最有效的信息传递工具。作为一名接线员，在言语表达及态度方面应有良好的技巧，力求不至于令对方产生误会。

3.2 技巧及规范

3.2.1 接听电话时要声音清晰柔和，给对方舒心亲切的感觉，努力将你的笑语和善意融入声音之中。则让对方产生面对面的感觉，使对方觉得电话里的接线生的声音有一份温暖和微笑，这样说起来似乎很抽象，但作为一个好的酒店服务员来说，却又是必须具备的条件之一。

3.2.2 应以礼貌、诚恳的态度，不厌其烦地回答对方的问题。由于电话接听服务的优与劣直接反映酒店的服务水准。因此，若接线员态度恶劣，则必会影响酒店的声誉。

3.2.3 接线员对电话机的性能与功用、电话线路、号码等应有清楚的认识并须牢记在心，则在接听电话时必能应付自如，节省时间，以免令对方久等。

3.2.4 所有电话在铃响三声以内，均须接听，不得让对方久等。

3.2.5 如果你一个人正在接听电话，而此时另外一部电话又在响起，那么应该跟正在接这个电话的客人表示歉意并说："对不起，先生/小姐，请您稍等。"接着马上听第二条线，向来电者解释你正在接一个电话，并请他留下电话号码或房间号码。（规范语是："对不起先生/小姐，我正在接另一个电话，请您留下电话号码给我，我过一会儿跟您联系好吗"）若对方同意，则在你讲完前一个电话之后，便马上回电给他；如果他坚持要等你一会儿的话，那么请他稍等（"好吧，那么麻烦您稍等一会儿。"），同时，须有技巧地或迅速地结束第一个电话，不至于第二条线的客人久等（但是，必须注意：接线生不能为了光想急于接听第二条线而无礼地催促第一条线的客人，而应该技巧地结束该谈话）。

3.2.6 接听电话时，首先要向对方问好，接着简单地介绍自己及所在单位，使用清楚温和的话语进行表述，使对方知道他要打的电话没有打错。通常可以按以下方式进行。

（1）"早上/下午/晚上好，（这是）××酒店。"（外来线路）

（2）"早上/下午/晚上好，（这是）××酒店，我想问一下……"（总机对外）

（3）"您好，是××港吗？我是××酒店总机，想麻烦您帮忙查一下……"（对外）

（4）"您好，××酒店。"（外线简洁用语）

（5）"您好，总机。"（内线最简洁问好及介绍语）

3.2.7 接线员应对酒店的各项活动、设施的开关时间，本市及附近的环境、活动、舟车甚至邻近城市的航班均应清楚了解，并应做好对不同种类咨询的心理准备。

3.2.8 客人可能会问起各类不同问题，如遇到不能回答的，应向客人表示歉意并说："对不起（很抱歉），先生/小姐，关于这个问题我不太清楚，不过请稍候，我会马上帮您查询一下。"然后马上请教部门经理或有关人士，再给客人作答复，不能随随便便以"我不知道啊，你问别人。"作答了事。以下是一些简单范语可供参考。

（1）"对不起，先生/小姐，这方面的情况我不太清楚，我帮您将电话转去总台问一下好吗？"

（2）"很抱歉，先生/小姐，这个问题我不太了解，我帮您查询一下再告诉您好吗？"——切记：查完之后，不论有无答案，均须复电话告知客人："您好，是××先生吗？非常抱歉，您问的……没有能了解到，……（最好能解释一下原因，以安抚客人）""您好，请问是××小姐吗？很高兴通知您，您问的……问题查清楚了，是这样的……"

3.2.9 如遇有客人问及其他（酒店）各部门的情况。如某客人想咨询有关歌舞厅的消费项目及收费方式等问题，若接线员知道答案，则应礼貌地说："××先生，我把您的电话接到歌舞厅去好吗？他们会很详细地告诉你的（他们会很详尽地给你解释的）。"假如该部门电话正忙，应对客人说："对不起先生，歌舞厅的电话正忙着，要不您再稍等一会，我再给您接过去好吗？"如客人说等，便应礼貌地说："那好吧，请您稍候。"但是千万需注意，对方的线，如在半分钟内所要接的部门还不能接通的话，此时不能扔下对方一直在等下去，而应向对方说："很抱歉，先生，歌舞厅的电话还在忙着，无法接通，请先生稍后再打来吧，真是对不起了"或者要求对方留言，以待该部门恢复线路空置时再作处理。

3.2.10 若遇电话对方找人，应问清楚寻人者姓名及电话来源，便于找到所要找的人时好作清楚简述。例如：××公司王小姐打电话来找客房部李经理，则可能会有以下几种情形。

（1）开始的对话——"您好，××酒店。""麻烦帮我找一下客房部李经理。""请问您是哪里？小姐

续表

××酒店标准文件		××酒店	文件编号××-××-××		
版本	第×/×版	总机房操作规程	页	次	第×页

贵姓？""您是深圳××公司的王小姐，对吗？……好的，这就帮您找，请稍等。"

（2）找到李经理，"李经理吗？您好，我是总机。深圳××公司有位王小姐找您。请问要不要接听电话（请问电话接到哪里）？""我正在开会，你让她半个小时后再打来。""那好吧，谢谢您，我迟些再打来。""王小姐请别客气，再见。"

（3）李经理愿接电话——"李经理吗？您好！有长途电话，深圳××公司王小姐找您，请问把电话转接到什么地方？""请接到我现在用的这个电话吧，228""转到228吗？……好的，请稍等。"向王小姐说："王小姐吗？……李经理找到了，请别挂电话，我马上帮您接过去。"再向李经理："电话（接）通了，请讲！"

（4）如果未找到，则应考虑电话对方在等待中可能会焦急，因此在找人过程中，每隔半分钟左右便向对方说明一下你正帮他找寻，并请其稍候，最好能同时问一声他是否愿意等，若对方愿意等，那么再继续帮他找；若对方等了或者晚一点再打过来，则可在表示歉意后便将电话挂断。若估计找不到时，不可一味地占用这条线，以免影响了其他客人使用电话，而应礼貌地请对方过后再打来，或请对方留言，表示可以代为转告，尽快结束通话。如"对不起，王小姐，找不到李经理，可否请您晚一点打来呢？""对不起，王小姐，李经理这会儿不在，您晚一点再打过来好吗？或者您有留言的话，我会帮您转告她的。""喂（声线要亲切柔和），王小姐，我们正在帮您找，请稍等……（15秒至30秒后）喂，王小姐吗？……对不起，我找了好几个地方她都不在，不如这样，您留下电话号码，我找到她后请她给您回电话？"

3.2.11　一定要牢记各类紧急电话号码，以保证一旦遇有意外，便可马上通知。如医院、消防局、派出所等。

3.2.12　如遇意外，接线员应镇定应付，首先通知前厅部经理，征询进一步的处理指示，然后再马上通知有关领导，应清楚地告知发生情形。须切记，任何重大紧急事项，如火警、刑事案件、盗案、召唤救护车等，在未得酒店领导指示及许可之前，千万不可自作主张地报警报案，以免影响酒店的声誉。

3.2.13　如遇到外来电话拨错打错的现象，则不可无礼对待，而应礼貌地去处理，即使对方不礼貌，也应豁达大度地应对自如。切记不能对任何一个打错电话的客人无礼或抱怨，而应礼貌地向对方说："您好，先生/小姐，这里是××酒店，电话线可能出了问题，请先生重新再拨您想打的号码。"

4　叫醒服务

4.1　叫醒服务程序

4.1.1　当接到客人需要叫醒服务时，应礼貌地询问客人的姓名及房号。

4.1.2　核对客人的房号及姓名。

4.1.3　把住客的房号记录在叫醒服务表的"叫醒时间"下，如住客希望在早上5:00被叫醒，接线员便把该客人的房号记录在表上"5:00"一栏下。

4.1.4　填写房号应字体清楚，以防夜班员工把房号看错了。

4.1.5　夜班接线员要根据叫醒表把住客准时叫醒。如果叫醒服务出现失误，往往会给客人造成损失引起投诉。

4.1.6　做完了每一个房间的叫醒服务，应在房号旁打钩（√），以示已作过叫醒服务。

4.1.7　当客人接听电话后，应说："早上好，先生，这是叫醒服务，现在是××点钟了。"（电脑自动叫醒程序另外）

4.1.8　夜班接线员交班前，要在"叫醒记录表"上签名，并交领班或总台主管查阅跟催。

4.2　住客没有接听叫醒电话时

当接线员在指定时间把住客叫醒，房内无人接听电话时。

4.2.1　通知客房楼层没有人接听电话的房号。

4.2.2　由客房部派人到该房敲门叫醒客人，如无人应，则应开门进房查看。

4.2.3　如房务员报告该房间无人应或门外有"请勿打扰"牌或灯示信号，应通知值班大堂副理或当班前台主管人员。

4.2.4　值班大堂副理或当班前台主管人员通知保安部当值主任前去房间查核处理。

5　对长途电话的认识

总机操作人员应具备的常识

5.1　住客要求拨打长途电话时，须马上记录住客的姓名、房号、对方姓名及电话号码、长途电话的性质（对方付钱，叫号或叫人）。

5.2　告知住客大概什么时候会接通，以免住客久等或住客离开房间（如有房间直拨功能，则帮住客开机接通直拨功能即可）。

××酒店标准文件		××酒店 总机房操作规程	文件编号××-××-××		
版本	第×/×版		页	次	第×页

5.3 与长途台联络挂接（直拨功能不需此程序）。
5.4 接通后，马上把电话转接到住客房间（直拨功能不需此程序）。
5.5 待住客讲完话后，在"长途电话单"上计算及记录拨打时间、电话费、附加费（服务费）及总数。
5.6 告诉客人刚才电话所用的时间及收费。
5.7 取消长途电话。
5.8 了解世界各地与本地区的时间差及国内外长途电话区号。
5.9 了解各地电话收费的价目及注意各地有无日费或星期天收费的不同差别。
5.10 电话收费是根据对话时间的长短来计算的，前3分钟的一定收费（不到3分钟也当3分钟计算）是固定的，超出3分钟范围，以后每过1分钟须另再计算每1分钟的收费，如此类推。
5.11 长途电话单填妥后，当值接线员须在电话单上签署姓名。之后便将有关记录填写在长途电话收入表上。
5.12 长途电话单交由前台收银处记账。
5.13 住客在房间打长途电话，一定要登记入住的客人，其他如客人的朋友等，接线员一定要问清楚该房住客是同意及负责付账后才予以接通（或开通直拨功能）。

拟订		审核		审批	

第三节　前台管理常用表格

表格1：散客预订单

散客预订单
RESERVATION

Arrival :　　　　　　　　　　　　　　Departure :
linkman :　　　　　　　　　　　　　　Company :
Telephone :　　　　　　　　　　　　　retention time :

Pay for. :　☐ Cash　　☐ by company　　☐ other

Room	Stander room	Single room	King size bed room	Business king size bed room	Suite room
Room number					
Room price					
If include breakfast					

Guest name	sex	Reservation No	Remark

Total number :

Special require

表格2：团队预订单

团队预订单

预订号：

团 队 号		团队名称	
国 籍		城 市	
人 数		陪同人数	
到店日期		离店日期	
1.预订房型/间数	/	房 租	元/间晚
2.预订房型/间数	/	房 租	元/间晚
3.预订房型/间数	/	房 租	元/间晚
4.陪同房型/间数	/	房 租	元/间晚

用餐标准			
	餐费	用餐时间	用餐人数	用餐地点
早餐	元/人			
午餐	元/人			
晚餐	元/人			
其他				

付款方式	1.公付房费、早餐其他自理 2.房费、早餐由旅行社离店前现付　3.自付 4.其他
备 注	1.房费含早餐 2.售早餐转账 3.全天餐　　元/人天标准

接待单位：_____　订房人：_____
电　　话：_____　预订员姓名：_____
酒店负责人确认：_____
电脑输入员：_____　日期：_____

信息确认
※ 团队名单：_____
※ 团队到店时间：_____
※ 团队用房确认：_____
※ 团队负责人姓名/联系电话：_____

表格3：预订等候单

预订等候单

预订日期：

客人姓名	房型	间数	联系电话	记录人	处理结果	处理人

表格4：临时住宿登记单

临时住宿登记单
REGISTRATION FORM OF TEMPORARY RESIDENCE

以下表格请用正楷填写 Please fill in black letters

姓名 Name		性别 Gender		国籍（籍贯） nationality		年龄 Age		民族 Nation	

工作单位及职务 Unit & Vocation
户口所在地 Permanent Address
证件号码 ID No.

到店日期 Date of Arrive	离店日期 Dater of Departure	拟住天数 Occupant Days
由何处来 From	目的：旅游□ 商务□ Purpose Tour Business	同住关系 Relation of Occupation

预订号码 Reservation No.	结算方式 My account will be paid by 现金□　旅行社凭单□　　信用卡□　　支票□　　公司□ Cash　　Travel Voucher　　Credit card　　Chegue　　Company

客房类型 Room type 单人间□　　标准（双人）间□　　大床房间□　　商务大床□　　套房□　　其他□ singin　　　standand（Double）single（Big size）Business single　Suit　　Other

房间号码 Room Number	房价 Room Rate

注 Remark 1.贵重物品（价值￥×××元以上）请寄存前台，否则失窃由旅客自己负责，与酒店无关。 Please keep valuables which is outvalue RMB×××. at Front Desk. Other wise Hotel will not be responsible for it. 2.每日离店时间为中午12:00。 Check out time is 12:00 noon. 3.访客请登记，房内最晚访客时间为23:00。 Please register for interview，the last in house interview time is 23:00。

宾客签名（我已阅读） Guest Signature（I agreed）	接待员 Receptionist
	电脑输入员 Key in by

一式两联：白联：前台；绿联：客账。

表格5：境外人员临时住宿登记单

境外人员临时住宿登记单
REGISTRATION FORM OF TEMPORARY RESIDENCE

英文姓 surname		英文名 Given name			
中文姓名 Name in Chinese		性别 Sex		出生日期 Date of birht	年 月 日 Y M D
国家或地区 County or region		房号 Room No		房价	
证件种类 Type of travel document		证件号码 No. of travel document			
选项填写 Choice & Fill	国外人签证种类、停留有效期 Foreigner：type of visa and date of expiry			客人签名	
	台湾居民签注有效期 People form TW：validity of endorsement				
	华侨、港澳居住证件有效期 Oversea Chinese and people form HK and MO：validity of document				
入境口岸 Port of entry		入境日期 Date of entry			
抵店日期 Date of arrival		离店日期 Date of departure		服务员签名	
接待单位 Received by		单位名称 Accommodation place			

一式三联：白联：前台；黄联：客账；红联：客账。

表格6：房卡

酒店房卡（套）
Home Inn Passport

（前台填写部分）

酒店房卡 Home Inn Passport 客人姓名（Guest Name）：_____ 房号（Room No.）：_____ 入住时间（Departure Date）：_____ 备注（Notes）： ·酒店退房时间为中午十二时，如需延时退房，请与前台联系。 ·离店时请您将IC钥匙卡归还前台。 ·请妥善保管您的钥匙卡，如不慎遗失，损坏将承担相关赔偿费用人民币10元。 ·Last check –out time is 12:00 at noon. Please ask FO for delay check-out. ·Please return back the card to FO when you check-out. ·Please keep the card carefully it is RMB 10 for compensating one card.	

表格7：预收款收据

预收款收据

Deposit Receipt

预收款收据 Deposit Receipt						
No.						
日期Date（YY/MM/DD）：_____年___月___日，兹收到						
房间号码Room Number：_____ 客人姓名Guest Name：_____						
□支票cheque （号码No.：_____）						
□信用卡credit card （卡号No.：_____）						
□现金cash 金额RMB：	仟	佰	拾	元	角	分
大写人民币 仟 佰 拾 元 角 分						
【注】临时收据不作报销，妥善保存，结账退回，遗失责任自付。 【Remark】Please keep it carefully, and return back to Front Desk for balance your account. 宾客签署Guest signature：_____ 日期Date：_____						

一式三联：白联：存根；红联：财务；绿联：客人。

表格8：住店客人开门通知单

住店客人开门通知单

Enter the Room Notice

住店客人开门通知单 Enter the Room Notice
房号 Room No.：_____
客人姓名（先生/小姐） Guest Name：Mr./Ms.：_____
日期 时间 Date：_____ Time：_____
接待员 Receptionist：_____
我们非常乐意为您提供服务，如有任何需要，请致电前台，分机：×。 It's our pleasure to help. If any information, please call Front Desk, extension number "×".

表格9：商务服务记录单

商务服务记录单

Business Deposit Receipt

商务服务记录单 Business Deposit Receipt
No.
房间号码Room Number：_____ 姓名Guest Name：_____
服务项目Business Service Item：

续表

☐复印 COPY＿＿＿＿＿＿＿＿＿＿＿＿＿＿＿＿＿＿＿＿＿＿＿＿＿＿＿						
☐传真 FAX＿＿＿＿＿＿＿＿＿＿＿＿＿＿＿＿＿＿＿＿＿＿＿＿＿＿＿＿						
☐打字 TYPING＿＿＿＿＿＿＿＿＿＿＿＿＿＿＿＿＿＿＿＿＿＿＿＿＿＿						
☐票务 TICKET PURCHASE						
（请填写下述内容 Please full in follow items）						
・姓名 Name（正楷 In Block）：＿＿＿＿＿＿＿＿＿＿＿＿＿＿＿＿＿						
・有效证件号码 ID Number：＿＿＿＿＿＿＿＿＿＿＿＿＿＿＿＿＿＿						
・航班或火车的班次（Shift）：＿＿＿＿＿＿＿＿＿＿＿＿＿＿＿＿＿						
・发车日期/时间 Date/Time：＿＿＿＿＿＿＿＿＿＿＿＿＿＿＿＿＿＿						
・其他 Others：＿＿＿＿＿＿＿＿＿＿＿＿＿＿＿＿＿＿＿＿＿＿＿＿						
商务服务预收款金额 Deposit RMB：	仟	佰	拾	元	角	分
大写人民币　　仟　　佰　　拾　　元　　角　　分						
备注 Notice：						
——请确认上述服务内容，以避免给您带来不便。						
Please confirm above item for avoiding any inconvenient.						
——至前台了解相关商务服务项目，领取车（机）票等时，请出具此收据。						
Please keep this receipt，and return back to Front Desk for taking tickets.						
——对于票务公司、航空公司或任何第三方造成的损失，酒店将不承担赔偿责任。						
Hotel does not respond in damages because of agent，airways or other third party.						
宾客签署　　　　　　　　　　　　　　　　日期						
Guest signature：＿＿＿＿＿＿＿＿＿＿＿　Date：＿＿＿＿＿＿＿＿＿＿＿						

一式两联：白联：前台；绿联：客人。

表格10：宾客留言单

宾客留言单
Message Card

<div align="center">宾客留言单 Message Card</div>	
客人姓名	房号
Guest Name：＿＿＿＿＿＿＿＿＿＿	Room No.：＿＿＿＿＿＿＿＿＿＿
留言人	联系电话
Linkman：＿＿＿＿＿＿＿＿＿＿＿	Tel Number：＿＿＿＿＿＿＿＿＿＿
日期	时间
Date：＿＿＿＿＿＿＿＿＿＿＿＿＿	Time：＿＿＿＿＿＿＿＿＿＿＿＿
内容	
Message：＿＿＿＿＿＿＿＿＿＿＿＿＿＿＿＿＿＿＿＿＿＿＿＿＿＿＿＿＿＿	
＿＿＿＿＿＿＿＿＿＿＿＿＿＿＿＿＿＿＿＿＿＿＿＿＿＿＿＿＿＿＿＿＿＿	
我们非常乐意为您提供服务，如有任何需要，请致电前台，分机：×	
It's our pleasure to help. If any information，please call Front Desk, extension number "×"	
记录人	处理时间
Taken By：＿＿＿＿＿＿＿＿＿＿＿	Time：＿＿＿＿＿＿＿＿＿＿＿＿
备注	
Remark：＿＿＿＿＿＿＿＿＿＿＿＿＿＿＿＿＿＿＿＿＿＿＿＿＿＿＿＿＿	

表格11：行李寄存牌

行李寄存牌
Luggage Card

```
                                          No.
客人姓名
Guest Name_____
行李件数
No. of Pieces_____
店名/房号
Hotel/Room No._____
寄存日期
Date_____
联系电话
Telephone No._____
客人签署
Guest Signature_____
经办人
Bellman Name_____
              ××酒店
酒店地址：×××××    邮编：×××××
电话：×××××        传真：×××××
```

```
                                          No.
客人姓名
Guest Name（Mr./Ms.）先生/小姐
行李件数
No. of Pieces_____
领取人
Signature_____
领取日期
Date_____
              ××酒店
酒店地址：×××××    邮编：×××××
电话：×××××        传真：×××××
```

表格12：行李存寄本

行李存寄本

寄存卡号	宾客姓名	房号	数量	易碎品/贵重物品数量	寄存		取出		备注
					日期	经手人	日期	经手人	

表格13：物品租借单

物品租借单

物品租借单
Lend Notice

客人姓名　　　　　　　　　　　　　　　房号
Guest Name : _____　Room No. : _____

借用物品名称/件数 Lend item（s）/Piece（s）：
_____
_____
_____

借用日期 Period : _____

备注：使用不当使物品损坏将按等额价值赔偿。如有任何需要，请致电前台，分机：×
Remark : It will be compensated that any damage of unsuitable using. If any information, please call Front Desk, extension number "×"

经办人 Receptionist : _____

宾客签署　　　　　　　　　　　　　　　日期
Guest signature : _____　Date : _____

表格14：访客登记单

访客登记单

来访人姓名		性别		年龄		男女	人
来访日期	年　　月　　日			上午下午		时　　分	
证件名称				编号			
单位地址或住址				来访事由			
被访人姓名		性别		年龄		房号	床号
出门时间	上午下午		时　　分		服务员签名		

表格15：保险箱记录卡

保险箱记录卡

（正面）

保险箱记录卡
Safety Box Record
保险箱号码
Lssued Safety Box No. : _____
使用记录 RECORDS

时期 Date	时间 Time	客人签署 Guest Signature	经办人 Receptionist

本人特此声明保险箱内的一切物品，均已完全取回，酒店的一切责任均已取消。

I prove that all property stored in Safety Box has taken out completely. Hotel in dispensed with all responsibility.

客人签署：_____ 日期：_____
Guest signature : _____ Date : _____

（反面）

保险箱记录卡
Safety Box Record

客人姓名　　　　　　房号
Guest Name : _____ Room No. : _____

证件号码
No. of ID : _____

永久地址
Pemanent Address : _____

联系电话
Telephone No. : _____

保险箱使用须知
Notice

——保险箱只为住店客人提供服务。
We only offer safety box to in house guests.
——不得在保险箱内存放任何违禁物品。
Any contraband is strictly prohibited.
——如将保险箱钥匙遗失、损坏，需赔偿人民币××元。
Please keep the key carefully. It is RMB×× for compensating one key.
——退房时请将保险箱钥匙交还前台。
Please return back the key when you check-out.

××酒店

表格16：保险箱使用情况登记表

贵重物品保险箱寄存卡
Safe Deposit Box Record Card

保险箱号码 Box No.	房号 Room No.	证件号码 ID/Passport No.
姓名 Name	申请日期 Date	联系电话 Tel.
永久地址 Permanent Add.		

客人使用保险箱规章

1. 保险箱钥匙只有一把。如果钥匙遗失或找不到，我们将不得不更换新锁，您需承担换锁的费用：人民币200元。

2. 住店客人使用保险箱是免费的。

3. 如果客人离店时没有结清账目，本酒店有权扣留保险箱中的物品。

4. 只有客人的钥匙才能开启保险箱，因此本酒店对任何遗失概不负责。

5. 任何易燃、易爆、放射性、腐蚀性物品,剧毒物品、毒品、武器,以及国家其他明令禁止存放的违禁品,谢绝寄存。

6. 宾客开启保管箱须同时出示有效证件及保管箱钥匙。

7. 若您结账离店时遗忘办理交还所使用保险箱的手续,且在30天内未与酒店联系,酒店有权在30天后开启保险箱并移出保存物品,不承担任何责任。

Rules for the guest to use the safe box

1. We do not have a duplicate key to the safe deposit box. So if the key is lost or misplaced, we must break open the safe and replace the lock. A charge of RMB ¥200 will be collected for replacement of the lock at the expense of the guest.

2. The guest can use the safe deposit box free of charge during accommodation period in the hotel;

3. The hotel have the right to detain the contents of the safe deposit box in the event that the guest departs from the hotel without paying bills.

4. No one but the guest can have access the safe. So the hotel is not liable for any losses.

5. Any flammable, explosive, poisonous or radioactive material, drug, weapon and any other official prohibited goods are not allowed to be put into the safe boxes.

6. Valid identification certificate (passport, ID card) are required upon access to the safe.

7. If you forget to go through the procedure of returning the safe deposit box when you check out, and have no contact with our hotel in 30 days, HANTING HOTEL has the right to open the box and remove the contents without liability after 30 days.

本人收到保险箱钥匙并同意以上保险箱使用规定。

I hereby acknowledge receipt of the key to the Safe Deposit Box. I understand and agree with the terms and conditions on the issuance as stated above.

客人签名:　　　　　　　　日期时间:
Guest Signature : _____   DATE/TIME : _____
授权使用人签名 Signature of Person(s) Authorized to have Access to Safe Deposit Box_____
职员签名Clerk_____

------------------------下列内容为反面------------------------

开箱记录

请在下列栏目中填写以便开启保险箱。

Please fill in the form for accesss to your Safe Deposit Box.

日期 Date	时间 Time	客人签名 Guest signature	经办人签名 Clerk Signature

最后开启 LAST TIME ACCESS

我特此承认我放在××酒店保险箱中的所有物品都已被我安全如数收回,酒店对这些物品不再负有任何责任。

I hereby acknowledge that all property stored in the Safe Deposit Box of ×× HOTEL has been safely withdrawn there from, and all liability of said hotel therefore is hereby released.

日期 Date	客人签名 Guest Signature
时间 Time	经办人 Handled by

表格17：撬开保险箱委托书

撬开保险箱委托书
Authority To Bore Safe Deposit Box

客人姓名 Guest Name		房号 Room No.	
我谨此申明承担遗失_____号保险箱钥匙的全部责任。我委托××酒店当面为我撬锁，以便我获取储存之物。我同意赔偿撬锁及换锁钥匙的一切费用。为此酒店方不负任何责任。 I hereby assume complete responsibility for the loss of key to the safe deposit box No. (_____) and authorize the hotel to bore the lock in my presence in order that I may have access thereto. I agree to reimburse the hotle for the cost of boring and replacing the lock and key and thereby release the hotel from any and all liabitity.			
永久地址 Permanent Address			
保险箱使用人签名 Signature of the box holder			
开箱物品清点记录 Record Of Item In The Box			
证人 Witnesses			
值班经理 Duty Manager		前台员工（收款员） Clerk	

表格18：叫醒记录本

叫醒记录本

年　　月　　日

房号	客人姓名	叫醒日期	叫醒时间	录入系统人	值班经理	人工叫醒	备注

表格19：借物登记本

借物登记本

编号	房号	客人姓名	出租日期	经办人	归还日期	经办人	备注	
								I & B 烫衣板和熨斗
								HD 电吹风机
								EB 多功能电源插座
								UMB 雨伞
								MJC 麻将桌和牌

表格20：遗留物品标贴

遗留物品标贴

客人姓名：		房号：		遗失地点：	
日期：		时间：		证件号码：	
有关遗失物品叙述					
拾物人：		移交人：		经办人：	

表格21：遗留/遗失物品招领本

遗留/遗失物品招领本

拾物						领取				值班经理	逾期处理签名	备注
						日期	认领人/代领人					
日期	地点房号	物品名称	数量	拾物人	值班经理		姓名	证件号码	联系电话			

表格22：遗失证明

遗失证明
Lost Notice

客人姓名： Guest's Name	房号： Room No.	日期： Date
兹证明本人不慎遗失（单据名称及编号）： I have lost [item（s）& Number]		
特此证明上述单据作废： Above item（s）declared null and void		
宾客签名： Guest Signature	接待员： Receptionist	值班经理： Duty Manager
粘贴宾客证件复印件： Attach With Photocopy of PP		

表格23：外宾接待统计表

外宾接待统计表

日期	中国			其他国家		合计	统计人	备注
	香港	台湾	澳门	国籍	人数			
1								
2								
3								
…								
合计								

表格24：会议团队接待单

会议团队接待单

公司/旅行社名称：_____　　会务组负责人/领队房号：_____
姓名：_____　　　　　　　　联系方式：_____
在店日期：_____～_____　　　　天数：_____

房号	姓名	性别	身份证/护照号码 团队签证号码	特殊要求

备注：
共领取房间钥匙卡：_____张。
叫醒时间（请填写每天需要叫醒的确切时间和房号）：_____
_____

用餐时间和人数：_____
_____

其他：_____
_____

会务组/团队领队确认上述事项，签名：_____

表格25：客人代付凭证

客人代付凭证

客人代付凭证
Pay for/Pay by Notice

客人姓名　　　　　　　　　　　　　房号
Guest Name：_____　　Room No.：_____
证件号码
ID No.：_____
兹证明本人负责支付下述住客的费用：
I am willing to pay under mentioned expenses for following in house guest（s）：
房间号码 Room No.　　　　　　　　客人姓名 Guest（accepter）
1._____　　　　　　_____
2._____　　　　　　_____
3._____　　　　　　_____
支付费用如下：
Expenses as follow：
☐ 全部费用 All
☐ 仅房费 Only Room Rate
☐ 其他 others（请注明 indication）：
宾客签署　　　　　　　　　　　　　日期
Guest signature：_____　Date：_____
经办人 Receptionist：_____

一式两联：白联：被支付人客账／　　绿联：支付人客账

表格26：房间/房价变更通知单

房间/房价变更通知单

Room & Rate Change Notice

No.

姓名： Name	日期： Date	
原房号： From Room No.	至房号： To Room No.	
原房价： From Room Rate	至房价： To Room Rate	
备注： Remarks		
宾客签名： Guest Signature	接待员： Recptionist	值班经理： Duty Manager

表格27：小商品/早餐券交接班本

小商品/早餐券交接班本

小商品											
序号	品名	规格	单价	本日入库	日班：		晚班：		本日销售数量总计	本日销售金额总计	本日余额数量
					库存	销售数量	库存	销售数量			
会员卡（普卡）											
会员卡（金卡）											
合计											

注：本日销售数量总计=三个班次销售数量的合计；本日余额数量=早班库存+本日入库－本日销售数量总计

本日销售金额总计=夜审报表中商品金额（如不相等，注明原因）。

早餐券							
班次	编号	售出			本日销售数量总计	本日销售金额总计	备注
		现金	挂账	含早			
日班							
晚班							
合计							

表格28：总台交班核对表

总台交班核对表

日期：　　　　　　　　　　　班次：

一、行李交换　　　　　☐
二、贵重物交换　　　　☐　　已使用保险号 _____
三、借用物品　　　　　☐
四、钥匙：行李房钥匙　☐　　收银抽屉钥匙　☐　　贵重物品保险箱钥匙　☐
五、前台备用金

备用金定额	交财务	备用金结余
（_____）元		

六、发票、登记押金单及早餐券

名称	当班票号	开出张数	作废张数	作废票号	移交票号
发票					
登记押金单					
早餐券					

七、会员卡

| 名称 | 本班销售会员卡 || 移交下班会员卡 ||
	编号	数量	编号	数量
××普卡				
××金卡				
备注				

八、备忘录
重要预订，未处理工作，需处理的投诉，钥匙寄存，转交物品，宾客遗留物品，传真信件，备品不足需补充的物资和单据，领导交代的重要事项。

移交人签名：　　　　　接收人签名：　　　　　接班值班经理签名：
日　　期：　　　　　　日　　期：　　　　　　日　　　　　　期：

表格29：当日预计汇总表

当日预计汇总表

日期：

客人姓名	房型	间数	房价	离店日期	保留时间	联系电话	备注

一式一联单，各连锁店按需自行负责制。

表格30：团队登记单

团队登记单

团队名称：				到店日期：			离店日期：			
房号	姓名	性别	国籍	证件名称	证件号码	出生年月	签证种类	签证有效至	备注	

表格31：同意转账单

同意转账单
Pay For Notice

No.

客人姓名： Guest's Name	房号： Room No.	日期： Date
兹证明本人负责支付下述宾客的费用： I'm under the responsibility of paying the in-house guest's（guests'）expenses listed as follow.		
房间号码： Room No.	宾客姓名： Guest's Name	
支付费用如下： Expenses as follows		
全部费用： All	仅房费： Only room Rate	其他（请注意）： Others（Indication）
宾客签名： Guest Signature	接待员： Receptionist	值班经理： Duty Manager

表格32：杂项单

杂项单

Accounting Adjustment Voucher

No.

房号： Room No.		宾客姓名： Guest's Name		日期： Date						
项目 Item		说明 Interpretation		价格 Price						
				万	仟	佰	拾	元	角	分
大写（人民币）： 万 仟 佰 拾 元 角 分 Capitalization（RMB）				合计： Total						
支付方式 Means of Payment	费用已结算 Already Paid		费用转房账 Sign Bills		积分兑换 Redeem Points			需要积分数 Need Points		
备注： Note			宾客签名： Guest's Sign			接待员： Receptionist				

一式三联：白联：客账；红联：财务；绿联：前台。

表格33：宾客免赔单

宾客免赔单

房号：		姓名：		日期：					
物品名称		数量		价格		备注			
					仟	佰	拾	元	角	分
总计金额（小写）：									
接待员：			值班经理：						

黄联：物品所在部门/ 红联：财务。

表格34：大堂副理夜班值班报告表

大堂副理夜班值班报告表

内容	检查结果	内容	检查结果
11:00～11:30		大堂玻璃门、地毯卫生	
交接班		西餐厅的安全卫生情况	
店旗情况		厨房的安全卫生情况	
卫生		公用电话的情况	
团体、散客入住及行李到达情况		宴会厅的情况	
值班汽车调度		各小宴会厅	
值班医生		会议中心及高尔夫球场的卫生和安全	
值班总经理		2:00～3:00	
11:30～12:50		什么时间开始做报表	
处理来访客人离店情况		保安及车场值班员在位情况	
大堂范围当值人员的仪容仪表		一楼车场情况	
大堂的秩序、卫生情况		咖啡厅大厨房厨工及送餐部员工当值情况	
12:50～01:50		音乐厅、健身中心的安全及卫生	
接待组的团体名单复印及发送情况		花园的安全及卫生	
STAYOVER REPORT送客房部		花园人员当值情况	
委托代办客人信件寄出情况		更衣室、职工招待所当值人员在位情况	
总机叫醒服务的处理情况		中餐厅当值人员情况	
商务中心的安全及卫生		商品厅的安全情况	
二楼行李房的安全及卫生		3:30～5:30	
行李员及行李的运送情况		大堂副理与保安员巡楼	
车门保安员的当值情况		空房情况	
票台、邮局及商场陈列品的情况		5:30～6:00	
行李房的安全及卫生		FIL完成情况	
各部员工的当班情况		团体追收工作情况	
保安员的当值情况		早团行李离馆情况	

续表

内容	检查结果	内容	检查结果
咖啡厅、风味厅、酒吧及各娱乐场所的收市情况		前台人员仪容、仪表	
大堂安全和卫生		6:00～7:00	
员工餐厅的卫生营业报表情况		咖啡厅、当值情况	
员工通道卫生及保安员当值情况		大堂副理进行记录及资料整理	
1:50～2:30		复印夜间巡查报告	
委托代办的留言处理情况		处理早上结账离店客人的各类问题	
稽核员的工作情况		前台人员上班情况	
大堂灯光			
大堂大理石卫生（水洗、打蜡）			
CC：总经理、前台部、保安部、客房部、餐饮部、财务部、总务部、汽车房		日期： 大堂副理：	

表格35：大堂副理与客人谈话记录

大堂副理与客人谈话记录

日期：　　　　　　时间：

客人姓名		房　号		谈话地点		大堂副理	
谈话内容：							

 学习总结

通过本章的学习,我对酒店前厅管理有了以下几点新的认识:

1.＿＿＿＿＿＿＿＿＿＿＿＿＿＿＿＿＿＿＿＿＿＿＿＿＿＿＿＿＿＿
2.＿＿＿＿＿＿＿＿＿＿＿＿＿＿＿＿＿＿＿＿＿＿＿＿＿＿＿＿＿＿
3.＿＿＿＿＿＿＿＿＿＿＿＿＿＿＿＿＿＿＿＿＿＿＿＿＿＿＿＿＿＿
4.＿＿＿＿＿＿＿＿＿＿＿＿＿＿＿＿＿＿＿＿＿＿＿＿＿＿＿＿＿＿
5.＿＿＿＿＿＿＿＿＿＿＿＿＿＿＿＿＿＿＿＿＿＿＿＿＿＿＿＿＿＿

我认为根据本酒店的实际情况,应制订以下制度和表格:

1.＿＿＿＿＿＿＿＿＿＿＿＿＿＿＿＿＿＿＿＿＿＿＿＿＿＿＿＿＿＿
2.＿＿＿＿＿＿＿＿＿＿＿＿＿＿＿＿＿＿＿＿＿＿＿＿＿＿＿＿＿＿
3.＿＿＿＿＿＿＿＿＿＿＿＿＿＿＿＿＿＿＿＿＿＿＿＿＿＿＿＿＿＿
4.＿＿＿＿＿＿＿＿＿＿＿＿＿＿＿＿＿＿＿＿＿＿＿＿＿＿＿＿＿＿
5.＿＿＿＿＿＿＿＿＿＿＿＿＿＿＿＿＿＿＿＿＿＿＿＿＿＿＿＿＿＿

我认为本章的内容不够全面,还需补充以下方法、制度和表格:

1.＿＿＿＿＿＿＿＿＿＿＿＿＿＿＿＿＿＿＿＿＿＿＿＿＿＿＿＿＿＿
2.＿＿＿＿＿＿＿＿＿＿＿＿＿＿＿＿＿＿＿＿＿＿＿＿＿＿＿＿＿＿
3.＿＿＿＿＿＿＿＿＿＿＿＿＿＿＿＿＿＿＿＿＿＿＿＿＿＿＿＿＿＿
4.＿＿＿＿＿＿＿＿＿＿＿＿＿＿＿＿＿＿＿＿＿＿＿＿＿＿＿＿＿＿
5.＿＿＿＿＿＿＿＿＿＿＿＿＿＿＿＿＿＿＿＿＿＿＿＿＿＿＿＿＿＿

第六章 酒店房务管理工具

引 言

客房部是酒店主要业务部门之一,其主要任务是使整个酒店在任何时候都处于舒适宜人、幽雅常新的状态。客房部工作的好坏不仅直接影响到住店客人与其他来店客人对酒店的印象,对于酒店内部工作环境与气氛的营造同样至关重要。因此,客房管理是酒店管理的重要组成部分。

本章学习指引

目标	了解酒店房务管理的要点,并能够运用所提供的范本,根据本酒店的实际情况制订相应的管理制度、表格

学习内容

管理要点	・客房设备管理 ・客房钥匙管理 ・保证客房的清洁质量 ・客房部计划卫生整理 ・做好客房部值班记录 ・阅读和填写交接班记录 ・建立保存好文件档案
管理制度	・客房清扫卫生规范 ・客房服务管理制度 ・客房部物品管理制度 ・客房安全管理制度 ・客房部应急处理预案
管理表格	・客房动态表 ・客房主管工作日报表 ・客房质量检查表 ・楼层工作检查表 ・钥匙与对讲机领用登记表 ・客房例会记录表 ・客房服务员工作报表 ・布件盘点表 ・布件送洗记录登记本 ・每日客用品统计表 ・大清洁、计划卫生记录表 ・客人通知单 ・工程维修单 ・……

第一节　房务管理要点

要点1：客房设备管理

客房设备管理是酒店的一个重要组成部分，是酒店提高服务质量的必要物质条件，是提高经济效益的重要途径。

（一）设备采购

在设备的采购方面应注意选型，既要保证技术上的先进又要经济合理。技术上的先进主要指应与酒店的等级、规模、环境、格调相一致，要使用方便灵活，要适应不同的工作环境和条件，能减轻劳动者的工作强度，改善工作条件，并具备防止各类事故发生的预防装置；另外还应注意环保性，如设备的低噪声等。经济合理主要指节能及设备的售后服务和维修。

（二）设备档案的建立

客房部所有设备都必须根据其分类列入进货档案，对每件设备应注明采购日期、货源、价格和其他有关信息；同时应将设备的有关资料做好记录，以便掌握该种设备从采购、使用到维修的全套资料，从而帮助管理层了解某种品牌设备的购置是否合理，并为购置新设备提供参考资料。

（三）日常维护保养计划

客房部应对其所属的设备、机器制订日常维修保养计划，其中包括对使用者的培训、设备的清洁保养制度及与专家或供应商签订的维修合同，以保证设备处于完好状态。

（四）归口管理，明确责任

客房部是一个很大的部门，其中分楼层部、公共区域部、洗衣房、布件房等，因而对设备应进行归口管理，谁使用谁负责，建立完善的责任制度，避免造成只用不修、只用不管的现象，调动员工积极性，与管理层共同管理好、使用好、维护好设备。

（五）对机器设备的使用者进行培训

随着科学技术的发展与进步，不断有新型清洁机器设备投放清洁工作，代替以往人工手工操作的清洁工作。客房和公共区域清洁工作越来越依赖新的机器和设备。由于这些设备的使用减少了人力支出，使清洁工作更具现代化，大大提高了工作效率。然而这些机器设备成本高、造价高，需要良好的维护保养，为降低机器设备的损坏率，除了正常的定期维护保养以外，对使用者进行有效、完整、系统的培训，也变得越来越重要。通过培训，使用者了解机器的性能、结构、原理、功能和操作常识，一般维护常识等，从而达到使用者会使用、会保养、会排除简单故障，避免由于使用不当、保管不善而造成机器设备损坏或人身危险，增加维修费用，降低劳动效率。

要点2：客房钥匙管理

各酒店由于硬件设施和对客人服务模式不同，钥匙管理方式也有所区别，但不管采用电子门锁（也叫房卡）还是普通门锁，对钥匙的分发、领取、交回等方面都应实行严格的管理方式。

（一）钥匙的管理

多数酒店客房部的钥匙由客房部办公室人员直接负责，在办公室内设有存放钥匙的钥匙箱或钥匙柜，在不用时应加锁。箱内每把钥匙都应有编号，以明确其开启的楼层和房间号。

（二）钥匙的发放

员工如需使用，应到客房部办公室根据其工作的区域领取有关钥匙。客房部办公室应备有钥匙发放交回登记本，内容应包括领取钥匙的日期和时间、钥匙的编号、领取人及签名等内容，任何人不能在未签领的情况下取走钥匙。

（三）钥匙交回

任何人使用完钥匙后应尽快将钥匙交回客房部，并在钥匙"发放交回登记本"签字，标明交回时间，任何人不得将钥匙带出酒店。

（四）钥匙的使用

钥匙领取后，员工应对所掌握的钥匙负责，任何人不得将钥匙转交给他人使用，钥匙应随身携带以免丢失；一旦发现钥匙有损坏的迹象应及时报告，及时补充新钥匙。

（五）钥匙的交接班

钥匙的交接班是客房部办公室人员交接班时的一项重要的、必不可少的工作内容。应认真核对钥匙箱中存放的钥匙，钥匙的编号是否相符，对于发放出去的钥匙在登记本中应有明确登记，确保持钥匙人确实在上班。在下班高峰期一定要严格检查收回钥匙，及时发现那些因急于下班而忘记交还钥匙的员工，追回钥匙。

要点3：保证客房的清洁质量

（一）制订清洁标准

客房的清洁卫生质量，与管理者制订的标准及检查制度和检查标准有关。要实现清洁质量标准，就需制定服务质量标准化、服务方法规范化、服务过程程序化的工作标准：质量标准化即明确客房各摆件的顺序位置、方向、件数和种类；方法规范化要求达到质量目标，必须有一套科学的、切实可行的方法，大家都按照明文规定的保证质量方法进行清洁工作，不但可以提高质量，也便于检查和管理，避免差错和不必要的体力消耗；清扫过程程序化是在清洁过程中严格按照一套程序先后合理地完成清扫工作，才能达到清洁质量所规定的标准。

清洁标准反映出酒店的档次和星级，因此，制订清洁标准应以酒店的经营方针和市场行情为依据。要本着方便原则：方便客人——即尽量少打扰客人；方便操作——既省时又方便操作，减少不必要的体力消耗，并能提高工作效率；方便管理——减轻管理者负担，贯彻管理者管理意图。清洁质量的控制，还有赖于清洁速度和清洁定额，这里要考虑新员工和熟练工的因素，是否有跨层清扫因素；客人的素质也在相当程度上影响着清洁速度和质量。还有其他一些因素，如棉织品短缺、清洁工具不齐备等，都可影响清洁速度和质量。

（二）制订检查制度

逐级检查制度，即领班、主管和经理三级检查制度是确保清洁质量的有效方法。

1.服务员自查

要求服务员每整理完一间客房，要对客房的清洁卫生状况、物品的摆放和设备、家具是否需要维修等进行检查。通过服务员自查不仅可以提高客房的合格率，还可以加强服务员的责任心和检查意识,同时,减轻领班查房的工作量。不过,服务员自查的重点是客房设施设备是否好用、正常,住客用品是否按规定的标准、数量摆放,自查的方式是边擦拭灰尘边检查。此外,在清扫完房间准备关门前,还应对整个房间进行一次回顾式检查。

2. 领班普查

领班普查是服务员自查后的第一关,常常也是最后一道关。因为领班负责OK(整理完毕)房的报告,总台据此就可以将该客房向客人出租。客房部必须加强领班的监督职能,让其从事专职的客房某楼层的检查和协调工作。

领班查房的顺序,在一般情况下应按环形路线顺序查房,发现问题及时记录和解决。但对下列房间应优先检查。

(1)首先检查那些已列入预订出租的房间。
(2)尽快对每一间整理完毕的走客房进行检查,合格后尽快向客房服务中心报告。
(3)检查每一间空的VIP房。
(4)检查维修房,了解维修进度和家具设备状况。
(5)检查每一间外宿房并报告总台。

3. 主管抽查

楼层主管是客房清洁卫生任务的主要指挥者,加强服务现场的督导和检查,是楼层主管的主要职责之一。主管检查的方式是抽查。抽查的好处在于这种检查事先并未通知,是一种"突然袭击",所以检查的结果往往比较真实。

楼层主管对客房清洁卫生质量进行抽查的数量,一般可控制在20间房间左右。

主管主要检查领班实际完成的查房数量和质量,抽查领班查过的房间,以观察其是否贯彻了上级的管理意图,以及领班掌握检查标准和项目的宽严尺度是否得当。主管在抽查客房卫生的同时,还应对客房公共区域的清洁状况、员工的劳动纪律、礼节礼貌、服务规范等进行检查,确保所管辖区域的正常运转。

主管检查的重点是:检查每一间VIP房。检查每一间维修房,促使其尽快投入使用。

4. 经理抽查

楼层清洁卫生工作是客房部工作的主体。客房部经理也应拿出1/2以上的时间到楼面巡视和抽查客房的清洁卫生质量。这对于掌握员工的工作状况,改进管理方法,修订操作标准,更多地了解客人意见,具有十分重要的意义。经理抽查房间应每天保持一定的数量,应特别注意对VIP客房的检查。

客房的逐级检查制度应一级比一级严,所以,经理的查房要高标准、严要求,也即被称为"白手套"式的检查。经理的检查宜不定期、不定时,检查的重点是房间清洁卫生的整体效果、服务员工作的整体水平如何,以及是否体现了自己的管理意图。

(三)制订检查表格和报表

客房部的管理主要是通过各种制度和计划来实施,要了解和掌握这些制度和计划的实施情况均离不开原始记录。表格和报表的重要作用就在于它们为实现规范化管理提供格式化手段,为考核员工工作表现提供重要依据。

要点4:客房部计划卫生整理

在客房日常清扫过程中,天花、高处的灯管、门窗、玻璃、墙角等处不可能每天清扫。这些地方的清扫服务一般通过计划卫生,即定期循环方式来完成。搞好计划卫生要注意两个方面的工作。

（一）制订计划卫生日程

计划卫生一般每周循环1次，对日常清扫不到的地方通过计划日程每天或隔天清扫一部分。

（二）认真做好计划卫生清扫工作

计划卫生涉及范围广，高空作业时间较长，做好清扫服务要注意三个方面。

1.准备好卫生用具

包括干湿擦布、清洁剂、刷子、安全带等，具体用具、物品要根据日程安排的内容来确定。

2.注意安全

如清扫门窗玻璃、天花板，以高空作业为主，站在窗台上擦外层玻璃要系好安全带；清扫天花板墙角或灯管，要用脚手架或凳子。要注意安全，防止发生事故。

3.保证质量

客房某一部分的计划卫生间隔时间较长，清扫时必须保证质量。如客房四角的墙裙、门窗玻璃、外檐等处。只有保证质量才不致影响整个房间的卫生，适应客人需要。

要点5：做好客房部值班记录

（1）做好所有来往电话的记录。客房部值班室应该有电话值班记录，记录所有来往电话的具体日期、时间、打电话人、电话内容、处理结果、处理时间、何人负责处理，所有这些都应一项不漏地登记在记录本上。同时做到字迹清楚、内容简洁、准确、完整。

（2）迅速将接到的各种报告、投诉、咨询传送到相关的人或部门中去，使问题得到及时解决，避免延误。

（3）重大问题除登记在值班记录本并传送到有关人或部门以外，还应立即向本部门经理报告，以得到更高层次管理人员的注意和参与，使问题得到圆满解决。

（4）来访者或打电话人要找的人如果不在，应询问打电话人或来访者是否要留言；应将来访者姓名、单位、联系电话、日期等项填写清楚，以最快的速度将留言送到有关人或部门。

（5）检查上个班次的值班记录是否有遗留问题需下一班来解决，应在客人要求的时间内尽快解决。

要点6：阅读和填写交接班记录

认真填写并仔细阅读交接班记录是客房部内部沟通的方法之一，它帮助客房部经理及管理人员了解本班将要完成什么工作。通过阅读交接班记录，可以清楚地了解客房部近期工作的轨迹，了解近期发生的变化。

（一）填写交接班工作记录

填写交接班工作记录应注意事宜。
（1）首先应填写交接班日期、班次、填写人。
（2）交接班记录中语言要简洁明了，字体工整，便于阅读。

（3）记录中所交接的工作要具体，所应注明的一切信息都应写入记录中。如"今日换早餐卡，有5间房未换，请中班继续换"，这句话中没有提供足够的信息使得中班不知所措。正确的写法应是："今日换早餐卡，有5间房未换，房号是702、722、732、745、766。新的早餐卡在楼层工作间写字台内，请继续完成这5间房的工作。"

（4）凡是未做完的工作无论在交接记录中已记录过多少次，还应每班作记录，直到工作圆满结束。如"××客人2月5日入住，需每早8点钟清洁房间，每天换浴衣，客人将于2月10日离店"。这样的记录应在2月5日至2月10日每天各班的记录中都能看到，这样才能引起各班的注意，无论是换了领班还是换了服务员，对客人的服务始终保持一致。

（二）阅读交接班工作记录

阅读交接班工作记录应注意以下几个方面。

（1）提取自己楼层或分管区域有关的事宜。如你是一名客房7层的主管，那么你应该有侧重地阅读上一班交下来的有关7层的一切事宜。

（2）提取部门性的或是公众性的信息。如客房部在某日更换了本周的电视节目表，或在某日新换了客房送餐菜单，当阅读到这些信息后尽管你的前一班已将这一工作结束，但为保险起见，在更换的头几天中应连续检查是否有因工作疏忽而漏换，一旦发现及时纠正。

（3）如果某个主管休完年假回来的第一天，该主管应将休年假期间所有的接班记录阅读一遍，以了解这一时期客房部都做了哪些工作，有什么变化；同样，公休两天后或病假回来上班，主管都应把未上班期间的交接班记录阅读一遍。

（4）凡阅读过的有关信息和工作交接都应有签字。

要点7：建立保存好文件档案

客房部各种档案、资料的保存是一项非常重要的工作，它直接关系到客房部工作的正常运转、酒店的服务水平、酒店的声誉。客房部应保存的档案有以下各项。

（1）人事档案。

（2）采购收货报告档案。客房部对发出的所有采购单在送出去之前都应复印存档，以便及时检查督促采购进程；凡是到货的物品都应有收货报告，并将采购报告与收货报告装订一起，完好保存，便于日后核查。

（3）预算。预算是客房部全年工作的向导，所以说预算定下后应完好地保存，并经常检查预算执行情况。

（4）各项清洁、花卉租摆等合同。客房部有许多工作要交给专业单位去做，例如外墙的清洁，玻璃窗的清洁，各类盆栽植物的租摆，机器设备的维修合同等。

（5）每日工作单、工作分配、钥匙管理、住宿情况等报告。所有这些报告表都应以天为单位进行整理存档，不要丢失遗散，以便发生投诉时查询。

（6）客人遗失物品记录。

（7）各种住客用品和棉织品的日用量，发放登记及月终盘点。

（8）客房部办公室值班记录。

（9）客房部固定资产记录（家具、设备、机器等）。

（10）维修更新档案。作为客房部的管理人员应保存客房修整记录，这些记录记载着修整过的房间、时间以及所增添的各种家具和设备，保存这些记录有利于掌握每次修整情况、内容，避免重复劳动。

第二节　房务管理制度

制度1：客房清扫卫生规范

××酒店标准文件		××酒店 客房清扫卫生规范	文件编号××-××-××	
版本	第×/×版		页　次	第×页

1　客房清扫总要求
　1.1　客房清扫顺序
　1.1.1　从上到下。
　1.1.2　从里到外。
　1.1.3　先铺后抹：房间清扫应先铺床，后抹家具物品。
　1.1.4　环形清理：清扫房间时，也应按顺时针的方向进行环形清扫。
　1.1.5　干湿分开：在抹拭家具物品时，干布和湿布的交替使用要注意区分，例如，电器设备、镜、灯罩、卫生间的金属电镀器具只能用干布擦拭。
　1.1.6　先卧室后卫生间：先整理房间，后清洁卫生间。
　1.2　客房卫生标准
　1.2.1　眼看到的地方无污迹。
　1.2.2　房间优雅安静无异声。
　1.2.3　手摸的地方无灰尘。
　1.2.4　浴室空气清新无异味。
　1.3　客房卫生"十无"
　1.3.1　天花墙角无蜘蛛网。
　1.3.2　地面干净无杂物。
　1.3.3　楼面整洁无害虫（老鼠、蚊子、苍蝇、蟑螂、臭虫、蚂蚁）。
　1.3.4　玻璃、灯具消毒无积尘。
　1.3.5　布草洁白无破烂。
　1.3.6　茶具、杯具消毒无痕迹。
　1.3.7　铜器、银器光亮无锈污。
　1.3.8　家具设备整洁无残缺。
　1.3.9　墙面干净无污迹。
　1.3.10　卫生间清洁无异味。
　1.4　客房清扫次序
服务员要查看并掌握房间的状况，遵照下列顺序进行清洁。
　1.4.1　VIP房。
　1.4.2　挂"请即打扫牌"的房间。
　1.4.3　客人口头提出要求清理的房间。
　1.4.4　走客房。
　1.4.5　普通住客房。
　1.4.6　长住房。
　1.4.7　空房。
注意：不要进入挂着"请勿打扰"牌子的房间，但如超过15:00房间仍挂此牌，需要向有关领导汇报，请示处理意见。
2　客房卫生清洁规范
　2.1　准备工作
　2.1.1　提前10分钟上班，穿本岗工作服，配戴好工号牌，（女员工化淡妆）整理好仪表仪容上岗。
　2.1.2　整理清洁车

××酒店标准文件		××酒店 客房清扫卫生规范	文件编号××-××-××	
版本	第×/×版		页 次	第×页

(1) 用抹布清洁好工作车的各个角落。
(2) 检查清洁车是否损坏，使用是否灵活。
(3) 将应备的各种物品（客用品和清洁用口、用具等），规范地放在工作车内。（客用品包括：床单、被套、枕套、浴巾、面巾、小方巾、地巾、香皂、纸巾、茶叶、拖鞋、卫生袋、沐浴液、洗发液、牙刷等各种生活用品）。

2.1.3　检查吸尘器各部件是否完好，是否有损坏、漏电等情况，将尘袋倒干净（定期更换尘袋），准备操作时，禁止湿手操作，以免触电。

2.1.4　准备工作就绪后，注意将清洁车和吸尘器堆放在楼层走廊一侧，以免影响客人进出。

房务工作车的准备步骤和做法。

房务工作车的准备步骤和做法

步骤	做法和要点	备注
1. 擦拭工作车	(1) 用半湿的毛巾里外擦拭一遍 (2) 检查工作车是否有破损	
2. 挂好布草袋和垃圾袋	对准车把上的挂钩，注意牢固地挂紧	
3. 将干净布草放在车架中	(1) 床单放在布草车的最下格 (2) "四巾"放在布草车的上面两格	
4. 摆放房间用品	将客用消耗品整齐地摆放在布草车的顶架上	
5. 准备好清洁篮	(1) 准备好工作手套 (2) 准备好干、湿抹巾、百洁布、毛刷等 (3) 准备好各种清洁剂和消毒剂	

工作车是客房清洁员清理房间最重要的一种工具，有三层或四层大小不同的规格，工作车上所放置的物品不宜太多，以免影响美观及增加推进的难度。工作时应将工作车停放在紧靠客房门口，开口向内侧。

2.2　房间清洁规范

清洁程序可以概括为13个字。

1	2	3	4	5	6	7	8	9	10	11	12	13
进	开	撤	扫	铺	擦	洗	添	归	检	拖（吸）	关	登

2.2.1　进——进入客房

(1) 准备进房——将清洁车和吸尘器放在要进入的房间对面的走廊边上。观察室外情况，包括：门框、门扇、门柄、房间号码牌的清洁程度，有无破损，发现破损，要做好登记，注意严禁通过视镜孔向房内窥视。

(2) 若房间挂着"请勿打扰"牌或灯光显示"请勿打扰"灯时，不要进入房间和敲门（住房）。

(3) 敲门（不可按门铃，门铃是供客人使用的），手指微弯曲，以中指第二骨节部位在房门表层轻敲三下，时间节奏为半秒钟，并报称："您好，服务员"，后正面向着房门，站立在房门外正中位置，距房门40厘米处，目光平视开门线，敲门5秒钟内自报部门或工作职务。

(4) 第二次敲门（在无人应答的情况下）操作规范同上。

(5) 开门（在仍无人应答的情况下）将房卡放在感应器上，听到磁的一声，亮了绿灯，轻握门柄将门轻轻开启。开门时在房门口再报一次职务，如客人在房，须征得客人答允后方可进入房内，如问候后无人应答，5秒钟后即可进入房间。

(6) 敞开房门。在清洁客房的整个过程中，房门始终要敞开着。

(7) 填表。在卫生值班表上填写开始做房的时间。

续表

××酒店标准文件		××酒店 客房清扫卫生规范	文件编号××-××-××		
版本	第×/×版		页	次	第×页

注意事项:
——勿用拳头或手掌拍打门,要体现文明服务,敲门太急促会令客人感到服务冒失,报称的声调要适度,报称时不要低下头或东张西望。
——姿势要自然,即使遇上客人也不失大方。
——开门切勿用力过猛,以免发出不必要的噪声。
——及时填写表格,确保原始记录的准确性。

2.2.2 开——开电源、窗帘
(1) 打开房门后,开启客房电源总开关,检查所有照明设备是否正常。
(2) 打开窗帘、窗纱,让房间空气流通,使室内光线充足,便于清扫。
(3) 视客房内能见度强弱,关上多余照明电灯。
(4) 检查窗帘是否有脱钩或污损现象,窗帘是否使用正常。
(5) 在做房期间发现遗留物品应通知当值领导,在第一时间报交总台,以便尽快交还客人,并在日报表上做好记录。

2.2.3 撤——撤物品用具、垃圾
撤掉垃圾和布草。先把房间的垃圾撤干净再把床上布草撤掉,撤布草时应注意是否夹带着客人的物品、数量是否属实,撤垃圾时注意不要把客人的物品丢掉。将杯具放在洗手间的云石台上(撤杯具时要注意杯内是否有客人的假牙或隐形眼镜等物品,有则不要撤出)。
(1) 撤床铺程序。撤床铺程序如下表所示。

撤床铺程序

步骤	做法和要点
1.观察床面的状况	(1) 有无破损撕裂或烟印烟洞 (2) 特别要留意床单、枕袋、被套中是否夹带客人用品
2.拉床	站立在床尾30厘米外,两脚前后交叉呈一定距离,下蹲并重心前倾,双手紧握床架尾部稍抬高,将床架连同床垫慢慢拉出,使床身离开床头50厘米
3.清理棉被(撤被套)	(1) 解开棉被套结,将被芯撤出被套 (2) 留意被芯有无污渍
4.卸枕套	(1) 注意枕套内有无遗留物品 (2) 留意枕头有无污渍
5.卸床单	(1) 从床垫与床架的夹缝中拉出 (2) 注意是否夹带客人的睡衣或其他物品
6.撤走用过的床单、枕套	(1) 撤下的床单、枕套要放进装收洗布草的工作车上 (2) 注意清点数量

(2) 撤床上用品必须一层一层地撤,以免卷包走客人的遗留物品。
注意:先撤垃圾再撤布草,以免将枕芯、被芯搞脏。

2.2.4 一步扫——扫尘污
(1) 按照从里到外顺序清扫地面。
(2) 注意边角位、床底、家具底;有家具阻挡的地方,先移动家具,扫完后复原。

2.2.5 铺——铺设床上用品
(1) 铺床上用品(每床)有:保护垫1张、床单1张、棉被1张、枕头2个。
(2) 铺好的床要求结实、平整、挺括、对称、美观。
(3) 做床要注意掌握好六个环节:抖单、定位、包角、包边、装枕芯、起枕形。

续表

××酒店标准文件		××酒店 客房清扫卫生规范	文件编号××-××-××		
版本	第×/×版		页 次		第×页

步骤	做法和要点
1.拉床（撤床铺时已拉出，则免此步骤）	（1）站立在床尾30厘米外，两脚前后交叉呈一定距离，下蹲并重心前倾，双手紧握床架尾部稍抬高，将床架连同床垫慢慢拉出，使床身离开床头50厘米 （2）床垫拉正对齐 （3）根据床垫角边标明的记号，定期翻转床垫，使其受力平衡
2.整理保护垫	拉平、理顺，发现污迹及时更换
3.铺床单	要求：中线居中，正面向上，左右方向包角，四角包成隐45°，显90°角（顺时针操作），表面平整（四边、角挺括、紧）操作快、巧、准 （1）站在床尾操作，开单：用左手抓住床单的一头，右手将床单的另一头抛向床面，并提住床单的边缘顺势向右甩开床单 （2）打单 ① 将甩开的床单抛向床尾的位置 ② 将床头方向的床单打开，使床单的正面朝上，中线居中 ③ 手心向下，抓住床单的一边，两手相距约80～100厘米 ④ 将床单提起，使空气进到床尾部位，并将床单鼓起 ⑤ 在离床面约70厘米高度时，身体向前倾，用力打下 ⑥ 当空气将床单尾部推开的时候，利用时机顺势调整两边 （3）包角 ① 包角从床尾右角包起 ② 包右角：左手抬床垫，右手拉紧床单右手提起床单，左手将下垂床单从床右侧掖进，并以左手虎口位作包角定位右手将床右侧下垂床单拨进床垫下并顺势拉紧，使床单边包成隐45°角，显90°角。 ③ 包左角：方法与右角相同，但左右的动作相反 ④ 床头两角与床尾两角包法相同
4.套被套	（1）将棉芯的两个角套进被套，棉胎不得露在外面，开口向尾，将被套打成结，被结不可外露。要求平整均匀 （2）头反折25厘米
5.套枕头	要求：套好的枕头必须四角饱满、平整，且开口处枕芯不外露，操作时，不能在枕面留下手印 （1）将枕芯平放在床上 （2）两手撑开枕袋口，一手将枕芯头纵向中折，另一手拿枕套往枕芯里套，使枕芯里套，使枕芯全部进入枕袋里面
6.放枕头	要求：套好的枕头放在床头正中位置，枕袋开口处于床头柜相反方向 方枕三角摆在枕头正中，图案向正面

2.2.6 擦——擦拭家具、设备
原则：
（1）从上到下，从内到外，干湿抹布分开、环形方向，依次进行，把房间的家具、物品抹一遍，家具物品要边抹边归位，注意家具底部、柜内及边角位均要抹到。
（2）操作时要默记待补充的用品和消耗品。
（3）同时检查各种设施设备（如电视、电话、照明灯具等），发现故障立即报修并记录。具体要求：房门（门铃、门牌、门框、门板）要擦干净，保持整个门面的整洁。
擦拭的项目及要求如下表所示。

续表

××酒店标准文件		××酒店 客房清扫卫生规范	文件编号××-××-××	
版本	第×/×版		页 次	第×页

擦拭的项目及要求

序号	项目	要求
1	风口	一般是定期清洁，防止风口积尘，避免一通风就尘土飞扬
2	壁柜	擦时要注意边角位都要擦到，包括衣架，注意不能弄脏客人的衣物，发现物品不够时要补充
3	梳妆镜	要先用湿布，后用干布擦，镜面不能有手印、布毛等。保证清洁、光亮
4	行李架	要擦浮尘，注意不要挪动客人的行李，不能弄脏行李架上的物品
5	写字台	擦台面时，不能乱动客人的物品，擦抽屉时，注意四角位置，不得翻动客人的任何物品。擦台时，要检查宾客指南内的物品是否齐全，并及时补充
6	电视机	要先关电源，用干布擦掉表面的灰尘，擦干净后，打开电视机，检查使用效果是否正常
7	酒水车	要将灰迹、茶迹抹干净，注意底部轮子是否使用灵活，并补充各种饮料
8	电话	先检查电话有无故障，听听有无忙音，然后用布擦净话机，消毒效果，抹拭完毕将电话线绕话机一圈理好
9	台/壁灯	用干布除尘，切勿使用湿布除尘
10	沙发茶几	沙发用干布除尘，注意整理沙发前及沙发边缝棱角的积存物。清洁茶几时，要用湿布擦去脏迹，然后用干布擦干、擦净
11	窗台	先用湿布抹后用干布擦拭干净，无水迹。擦完后拉上窗帘
12	壁画	擦时要用一块干净的干布铺在椅子上，然后脱鞋踩在椅子上再擦壁画，（不能弄脏椅子）擦壁画时（有框的画）要先布、后干布擦、擦后将壁画摆正，保持美观
13	床头板	擦时注意湿布不要贴墙，防止将墙壁擦出污迹，影响房间的美观，擦拭床头后如发现床罩不平整时，要加以整理
14	床头柜	除擦尘外，重点要检查各种开关是否使用正常，发现异常马上报修，如有电子钟，要注意调准，还要检查床头柜内存放的一次性拖鞋、擦鞋器，（或擦鞋纸）禁止卧床，检查吸烟牌等是否齐全，要及时补充
15	分体空调	先用湿布后用干布擦拭表面灰尘，并定期清洗隔热网，保证空调的正常运转，擦拭后要检查运转是否正常

2.2.7 洗——洗卫生间、用品、用具

携带清洁桶、剂、工具进入卫生间进行清洗，清洗前要打开抽风机，戴上手套。清洁后的卫生间要做到整洁干净、干噪、无异味、无脏迹、无皂迹和无水迹。所有设施、物品、用具洗后必须抹干水迹，保持干爽，具体操作如下。

（1）先用清洁剂喷洒"三缸"。
（2）洗烟灰缸、香皂碟。
（3）洗刷手盆、镜子、云石台面：注意洗手盆水龙头上的污迹；洗淋浴间/缸、浴帘，用淋浴喷头放水冲洗沐浴间/缸、墙壁、地面。
（4）洗马桶：用专用的毛刷洗马桶、厕板，并要注意坐厕的出水口、入水口、厕内壁和底座等。
（5）洗卫生间地面：用刷子把地板刷干净，并用清水冲干净，注意马桶底部与浴缸边。

2.2.8 添——补充物品

先将卫生间应补的巾类和物品补齐，再把房间应补的易耗品补齐并按规则的位置摆放。如有需要另外消费的物品或商品不能立即补上的也应记录好，尽快补好它。保证房内物品完好。

××酒店标准文件		××酒店 客房清扫卫生规范	文件编号××-××-××		
版本	第×/×版		页　次		第×页

(1) 添补卫生间内的小件物品，按统一要求整齐摆放。
(2) 添补面巾纸、卷纸。开口处均要折角，美观又方便宾客使用。
(3) 添补"四巾"。按规定位置摆放整齐。
(4) 添补杯具。补充杯具时，手指不可捏住杯口或放进杯内。
(5) 添补房内物品。对房内配备的各类客用品、低值易耗品均需根据规定的品种数量及时摆放要求补齐、补足、放好，按要求的规格摆放整齐，既不能少也不能多。注意物品的商标要面对客人。
(6) 将抹干净的烟灰缸、垃圾桶放回原位。
(7) 添补房间物品。按照房间陈设标准要求补充，如：拖鞋、擦鞋纸、洗衣袋（单）、针线包、文具等，服务指南内资料有残、缺、损、花现象应及时补充更换。

2.2.9　归——物品归位
按照房间各种用品陈设布置的摆放要求将各种设施、物品归位。如前窗、拉窗纱、摆设施、家具、物品、用具等。

2.2.10　检——检查效果
检就是自我检查，房间清扫完毕，回顾一下房间，检查工作有无漏项，房间家具设备有无损坏，配备物品有无缺损，打扫是否干净，摆放是否符合要求，清洁用品或工具有否遗留。最后还需检查窗帘、窗纱是否拉上，空调温度（制冷：夏天23～24℃；制热：冬天25～26℃）。
注意：检查过程中，如发现设备设施损坏应及时报修，检查过的房间应保证卫生质量，若房间有异味，应喷清新剂或及时开窗透气。

2.2.11　拖（吸）——地面
若地面是大理石的，应采用拖。先从里拖起，拖地要按顺纹方向推拖。注意拖边角位。若地面是铺地毯则采用"吸"的操作；电线理顺并把电流插好，从里到外地吸，按地毯纹向推拖，不可吸铁钉、大纸张及有损吸尘机的东西，用完后，先把机器关掉，再把插头关掉，放在相应的位置。注意有水的地方不能吸，以防漏电和发生意外。如有污迹应立即清除。

2.2.12　关——关电源、门
(1) 关电源。将房内的灯全部关掉，然后取回钥匙牌断电。
(2) 掩卫生间门。将卫生间的门半掩上。
(3) 关房门。将房门轻轻关上，锁好房门，并拧几下门锁，看看是否锁牢。
注意："请勿打扰"灯切记关掉。

2.2.13　登——登记卫生报告本
登记客房清扫情况，登记进、离房的时间，以及布草、易耗品的使用情况及设备维修项目。

2.3　住房的清洁程序与要求
2.3.1　与走客房的程序差不多，但在整理物品时需注意：
(1) 将客人的物品稍加整理，注意不要弄错位置，严禁翻阅客人的物品。
(2) 除放在纸篓内的东西，客人的物品即使洒落在地面上也只能为客人做好简单的整理，千万不要自行处理。
(3) 对女性客人使用的化妆品稍加收拾，不要随便挪动位置，即使化妆品已用完，只要客人未扔进纸篓内，都不要随手将空瓶和化妆盒扔掉或私自处理。
(4) 要特别注意不要动客人的计算器、笔记本、钱夹和各种贵重物品。
(5) 床上用品若没有明显污迹，则每天一整，连住三天一换（除非客人有特殊要求）。
(6) 对客人启动过的巾类需每天进行更换。
(7) 客人使用过的物品，不可以扔掉，继续保留。对未拆封的易耗品则可以继续使用，对客人已开启的易耗品进行补充。
(8) 清洁卫生时需注意客人自带的毛巾、牙刷不可随意扔掉，即使客人的物品是随便放在云石台上的也都不可以扔。在清洗杯具时需注意杯具内是否有客人的隐形眼镜、假牙、假睫毛等细小的物品。

2.3.2　在整理住客房时需特别注意事项：
(1) 不可接听客人电话，做房时，住房的电话响后，服务员不可接听。
(2) 不可丢掉客人物品，做房时，客人的东西要轻拿轻放，客人没有放进垃圾桶里的东西不可随意丢掉。
(3) 不可随便翻看客人的书、资料等。
(4) 不可食用客人房里的食物。

××酒店标准文件		××酒店 客房清扫卫生规范	文件编号××-××-××		
版本	第×/×版		页	次	第×页

(5) 不可让住客以外的人进入房间。
(6) 不可在客房里与别的服务员或客人闲聊。
(7) 不可在房里看电视。
(8) 清洁房间后不可无故在房间逗留。
(9) 清理完毕客人的物品要放回原位,如万一不小心损坏客人的物品,应如实向主管反映,并主动向客人赔礼道歉。
(10) 在清洁工作中,遇到客人回房时,要主动向客人打招呼问好,询问客人是否继续打扫清洁,如"先生/小姐,请问我现在可以继续为您的房间打扫吗?"客人同意就继续,如果客人不想被打扰,可以礼貌地向客人告辞:"好的,先生/小姐,您出去时请通知我们一声,我们将继续为您打扫,不打扰您休息了。"退出房间时要轻轻关上房门,别忘了把整理房间的工具拿出来,并做好记录。
注意:要确定客人是此房的住客才可以让客人进来,以防有不法分子利用此机会进行作案。
(11) 做住房卫生时,需注意家具设备是否完好无损,若发现有损坏的需及时通知领班,及时向客人反映,以防客人不承认。
(12) 不可以将客人的布件当抹布使用。
(13) 不宜与客人长谈。

2.4 空房清洁程序与要求
空房是客人离开酒店后已经清扫过但未出售的房间,一般只须抹拭家具,检查各类用品是否齐全。不用吸尘拖地。
2.4.1 每天通风透气,检查房间状况。
2.4.2 用一湿一干的抹布把房间的家具物品抹拭一遍。
2.4.3 马桶的水要入流一两分钟。
2.4.4 可进行计划卫生,工作完毕须将客房恢复原状。

2.5 物品的摆放标准(双人房)
各区域物品摆放标准如下表所示。

各区域物品摆放标准

区域	类别	摆放标准
洗手间	巾类	1.浴巾(按房间类型配备数量):放在毛巾架的上方,并叠好,酒店标志朝上,浴巾口向内 2.毛巾:挂在毛巾杆上,酒店标志向外,毛巾口向内 3.地巾:搭在浴缸沿中间,标志朝外 4.方巾:叠在三角形,放在云石台上,标志朝上,开口向内
	易耗品	1.牙具、浴帽、沐浴液、洗发液、梳子标志朝上,均放在小托盘内,摆放在洗脸盆一侧 2.香皂放在皂碟上,摆放在水龙头旁边
	杯具	1.漱口杯:用杯垫垫住,口向下,摆放在水龙头一侧 2.烟灰缸:用杯垫垫住,标志向外,摆放在云石台上
房间内	易耗品	1.拖鞋:摆放在床头柜下,两侧各放一双拖鞋,标志向上 2.擦鞋纸:放在拖鞋的中间,一上一下,刚好突出酒店的标志,标志朝上
	杯具	1.茶杯:用杯垫垫住,标志向外,摆放在酒水车上 2.烟灰抽屉:用杯垫垫住,摆放在茶几上
	电器	1.电热水壶:摆放在酒水车上,电线围着水壶圈好 2.电话机:摆放在床头柜上,靠着内床的一侧摆放,话线要往床头柜内放,不可外露 3.电视机:摆放在电视柜上
	其他	服务指南:里面摆放"宾客须知""添加物品须知"

××酒店标准文件		××酒店 客房清扫卫生规范	文件编号 ××-××-××	
版本	第×/×版		页次	第×页

2.6 客房日常设备的保养与维护

客房每天都要进行清洁,只有采用正确的清洁方法对其进行清洁保养,才能延长客房设备用品的使用寿命,减少损失和浪费。

2.6.1 门铃:门铃属电器设备,要防潮防水,对门铃要经常检查,清洁时用干布擦,保持光洁。

2.6.2 电视机和灯具:电视机和灯具属电器设备,湿布会损坏电视机的某些部件,只能用干布擦。擦灯具、电线、插座容易触电,电源插座要牢固,电线要收好,开关要灵活。

2.6.3 床:床头板靠近床头柜的电器线路,应保持光洁、干爽,床垫要经常翻转,防止床垫变形,床脚易坏,应经常检查,及时报修。

2.6.4 电冰箱:冰箱内有水易生锈,要经常清理。

2.6.5 窗帘:窗帘低部容易脏,要经常检查,经常清洗。窗帘脱钩要及时挂好,挂窗帘时不要站到窗台上,以防发生意外。

2.6.6 地毯:彻底吸尘是保养地毯的关键。地毯每天都要除尘,将地毯的灰尘、纸屑吸掉,如果地毯上饮料或有色污渍要及时清洗,以免受侵蚀的时间太长损伤地毯。需要定期清洗地毯。

2.6.7 电视柜、茶几、行李柜:定期用碧丽珠维护。

2.7 房间卫生检查程序与标准

这与整理客房的程序标准基本一致,查房时应按顺时针方向依次进行,发现问题应当马上记录及时解决,以防耽搁或疏漏。

2.7.1 房间

(1)房门:无指印,锁完好,安全指示图等完好齐全;请勿打扰牌及餐牌完好齐全,安全链、窥视镜、把手等完好。

(2)墙面和天花板、地脚线:无蛛网、斑迹、油漆脱落等。

(3)地毯:吸尘干净,无斑迹与污迹。

(4)床:铺法正确,床罩干净,床下无垃圾,床垫定期翻转。

(5)家具:干净明亮,无刮伤痕迹,位置正确。

(6)抽屉:干净无杂物使用灵活自如,把手完好无损。

(7)电话机:无灰尘印迹,指示牌清晰完好,话筒无异味,功能正常。

(8)镜子与画框:框架无灰尘,镜面明亮位置端正。

(9)灯具:灯泡清洁,功率正常,灯罩正确。

(10)电视机:清洁,使用正常。

(11)垃圾桶:状态完好而清洁。

(12)衣柜:衣架干净,门、柜底和格架清洁完好。

(13)窗帘:干净、完好、使用自如。

(14)窗户:清洁明亮,窗台与窗框干净完好,开启轻松自如。

(15)空调:滤网清洁,运转正常,温控符合要求。

(16)小酒吧:清洁,无异味,物品齐全。

(17)客用品:数量、品种正确,状态完好,摆放规范。

2.7.2 卫生间

(1)门:前后两面干净,状态完好。

(2)墙面:清洁、完好。

(3)天花板:无灰尘和污迹,完好无损。

(4)地面:清洁,接缝处完好。

(5)浴室:浴缸内外干净,浴帘扣齐全,浴槽底部干净无污。

(6)洗脸盆:干净,镀铬件明亮,水阀使用正常。

(7)坐厕:里外干净,使用状况良好冲水流畅。

(8)抽风机:清洁,运转正常,噪声低,室内无异味。

(9)杯具、不锈钢:无手印,无污迹。

(10)客用品:数量、品种正确,状态完好,摆放规范。

××酒店标准文件		××酒店 客房清扫卫生规范	文件编号××-××-××		
版本	第×/×版		页次		第×页

2.7.3 公共区域
（1）电梯：干净无杂物，照明设施及运转正常。
（2）走廊：通道畅通，干净明亮，地面无纸屑、烟头等，墙面无灰尘、斑迹，地毯吸尘干净。
注意：每月做好"防四害"工作，如喷洒杀虫水等。每月各部门的负责人对酒店四害进行调查。
2.8 发现下列问题立即报告
（1）客人损坏设施、设备和用具。
（2）客人的遗留物品。
（3）已通知是走客房，但房间内留有行李。
（4）客人生病。
（5）水电设备发生故障。
（6）房间内有动物。
（7）房间内发现害虫和鼠类。
（8）客人携带违禁品。
（9）客人开了房但没到房间入住。
（10）空房但有人住过。
（11）损坏了客人的物品。
（12）房间聚有很多客人。
（13）"请勿打扰"房一直持续，并超过15:00。
（14）房内有异常情况。

拟订		审核		审批	

制度2：客房服务管理制度

××酒店标准文件		××酒店 客房服务管理制度	文件编号××-××-××		
版本	第×/×版		页次		第×页

楼层客房的任务是：迎客服务，输送服务，送客服务。
1 迎客服务
1.1 迎客要求
1.1.1 当接到前台通知楼层开房时，服务员应站立在电梯门口迎接，两手自然下垂站立。
1.1.2 电梯到达楼层开门时，服务员应用手按住电梯感应处，示意客人出电梯并微笑对客人讲："×先生/小姐，您好！欢迎光临"。要笑脸相迎。
1.1.3 问清房号（接过住宿单），如有需要应帮客人提行李，行动不便的客人应主动挽扶。
1.1.4 带客：礼貌地用客人姓氏称呼："×先生/小姐，这边请"，让客人随着自己来，服务员为客人引路时，要走在客人的左前方，距客人2～5步远，行走要轻松，不迟滞，不过快，遇转弯处停住脚步，向所行方向伸手示意，再向前引路。要注意用客人的姓氏称呼。
1.2 迎领客人进房
迎领客人进房时，一般程序如下。
1.2.1 在客人左前方或右前方1.5米左右引领客人，途中可与客人适当交流，介绍酒店服务情况和回答客人的提问。
1.2.2 到房门口后，放下行李，用客人的钥匙按程序将门打开。
1.2.3 打开房门后，退到房门边，请客人先进，但是如发现客房有不妥之处，应请客人稍等，立即通知前台，以做调整。
1.2.4 按客人要求将行李放在合适的位置。

续表

××酒店标准文件		××酒店 客房服务管理制度	文件编号××-××-××		
版本	第×/×版		页	次	第×页

1.2.5　向客人简单介绍房内设施、设备及使用方法。
1.2.6　告诉客人服务台的电话号码，如有需要可打电话通知。
1.2.7　祝客人住得愉快，面向客人轻轻关上房门。
1.2.8　回到服务台做好记录。

2　输送服务

2.1　来访服务
2.1.1　问清房号及姓名。
2.1.2　请出示有效证件，填写来访表，并核对证件。
2.1.3　先打电话询问客人是否方便接见。
2.1.4　带访客到住客门口并帮忙敲门。
2.1.5　做好记录。
2.1.6　若客人不在或不愿接见时，不可让访客在楼层逗留。
在接待来访客人时，要特别注意以下几点。
（1）未经住客同意，不可将来访者引进房间，同时不得将客人的姓名、房号、地址告诉来访者。
（2）如果客人不在房间，应请访客留言或到大堂等候，不可让访客在楼层逗留，未经住客同意，访客不得在房间等待。
（3）来访期间，服务员应勤巡视楼层，检查是否有异常情况，并注意访客是否在住客陪同下带走物品。
（4）要做好访客进离店后时间记录。

2.2　送餐服务
如果客人需要在房内用餐，须拨打电话××××即可，由餐厅服务员送到房间并收钱，客人用餐完毕，服务员应主动协助做好客房用餐的善后工作。

2.3　留言服务
一般有在住客外出告诉来访者的留言或访客留言给住客，有客人的留言需认真做好记录，并与客人重复留言内容。

2.4　叫醒服务
当客人要求叫醒服务时，应询问要求叫醒的时间，并正确填写叫醒服务记录，在叫醒客人时，如果无人应答，应再叫醒一次，仍无应答的，应通知当值主管，搞清原因。

2.5　物品借用服务
一般酒店负责提供借用的物品：剃须刀、电吹风、熨斗、熨衣板、剪刀、电线插头等，借用物品时需叫客人在"借用物品登记表"上签名。借用物品的规程如下。
2.5.1　问清客人所借的物品，由楼层服务员填写"借用物品登记表"，登记内容：物品名称、数量、编号、借出时间、房号、经手人、归还时间（若所借物品不多的情况下，要问客人所归还时间，以免给下一位客人造成不便），并请客人签名，尽快送到房间。
2.5.2　客人归还物品时，服务员应做好记录，在"借用物品登记表"上注明已归还。
2.5.3　客人离店查房时，应特别注意客人所借物品是否已归还，如没归还，应礼貌地提醒客人归还，并注意语言表达方式，不要引起客人的误解。

2.6　出售一些商品或食品
问清客人所需要的东西，数量及付款方式，并向客人说明收费标准，立即送给客人，并填写单据，并请客人签名。

2.7　洗衣服务
酒店不具备洗衣房，届时将与某洗衣商联系，上门收洗送货。住客要求洗衣时，应先填写好洗衣单，然后连同衣物送至服务台，台班员收到衣物时，首先要检查衣服口袋有无遗留物品或钱，如有要及时送还客人。其次检查纽扣是否齐全，有无污迹、褪色或破损，如有应向客人讲清楚，根据客人填写的洗衣单仔细核对种类、件数、干洗、湿洗、价格、房号、客名字，并告知客人送衣时间，提醒客人是否需要加快。衣物交给洗衣部时，要有签收，送还时，应按单清点，交还客人时需问客人付款方式。洗衣操作要求做到"五清一主动"，即房号要记清、要求要写清、口袋要掏清、件数要点清、衣料破损、污渍要看清，主动将客衣送到房间。

续表

××酒店标准文件		××酒店 客房服务管理制度	文件编号××-××-××	
版本	第×/×版		页次	第×页

2.8 加床服务
2.8.1 加床服务需收费，客人如果需要这项服务，应先到前台接待处办理登记手续。
2.8.2 楼层服务员接到前台通知进行加床。
2.8.3 根据客人要求把加床放在客人指定的位置，并添加一套客用品。
2.8.4 加床服务通常在晚上，为了增加起居空间，可撤除加床，如客人要求，可保留本房间。
2.8.5 在交班本上做好记录。
注意：一个房间只能加一张床，开单据给客人签名确认。

2.9 开夜床服务
开夜床以便客人休息。整理干净以使客人得到舒适，表示对客人欢迎和礼遇规格，一般在18:00～20:00进行。
2.9.1 按规定程序开门进房。如房间内有人，先打电话至房间："您好，我是楼层服务员，请问需要整理房间吗？"如果客人怕打扰，可以不开夜床。
2.9.2 开灯。看是否都亮，将空调开到指定度数，撤除房内杂物。
2.9.3 轻轻拉开窗帘。
2.9.4 开床：打开床头一角，将被子折成一个三角形，将枕头拍松并摆正。
2.9.5 倒垃圾并清洁烟灰缸和桌面。
2.9.6 整理卫生间。
注意：开床时，如一个住单间，则开有电话的床头板一侧；一个住双人房，一般开临近卫生间的那张床的靠床头柜一侧，如二人住大床的房间，两边都要开，二人住双人间，可各自开靠床头柜的一侧。

2.10 输送房间服务，需要加易耗品、巾类、饮料等。
当接到客人电话时，要细心倾听，做好记录，并向客人复述一次，要求是：
2.10.1 尽快送给客人。
2.10.2 如果时间在23:00后，只要将物品送到门口，无须进房。
2.10.3 服务员在服务输送时，不许以任何的借口与客人闲聊。
2.10.4 如遇客人在房间内大声喧哗，应礼貌地提醒客人，保持楼层安静，以免影响他人休息。

3 送客服务
3.1 送客服务程序
3.1.1 当客人通知退房，应询问是否需要帮忙提行李，并提醒客人不要遗留物品。
3.1.2 按下电梯的按钮，站在电梯的一侧。
3.1.3 电梯开门后，应按住电梯门感应处，请客人进入并礼貌地向客人告辞："×先生/小姐，请慢走，欢迎您再次光临"，当步入电梯时，应用手扶住电梯门。
3.2 查房工作
客人走后的检查工作，查房时需注意事项。
3.2.1 检查是否有遗留物品，发现立即通知前台，尽快交给客人；来不及归还的，要做好记录，交到服务中心，并要通知前台。
3.2.2 服务员查房时发现床单或地毯有烟洞或其他设备物品有损坏或遗失，索赔后服务员进行清理和修复。
3.2.3 发现异常情况，要保护现场，立即报告主管。
3.2.4 安排清洁工作，做好记录。
3.2.5 客人离店后，在住宿登记表上写上离店时间。

拟订		审核		审批	

制度3：客房部物品管理制度

××酒店标准文件		××酒店 客房部物品管理制度	文件编号××-××-××		
版本	第×/×版		页	次	第×页

1 客房部布草交接及管理制度

为了保证部门布草的正常运行及班次布草数量的交接明细，部门特制订布草交接本，现将有关制度及要求做以下概述。

1.1 制订规范的各区域布草交接明细本。
1.2 每月底主管将盘存实数（减去报损的数）填在布草交接本上，主管负责和财务部核实。
1.3 每日早、中、晚三班次领班负责交接布草并认真填写交接本，主管并核实签字，如发现问题，并及时给予解决。
1.4 各班次清洁班负责各区工作车的日常整理，按规定数量配备布草，做好与下一班人员的交接工作。
1.5 每日撤出的脏布草必须按规定放在指定的布草车内。
1.6 工作间的周转布草要保持整洁、整齐。
1.7 如在工作中发现有破损严重的布草，及时收出并交于领班进行记录。
1.8 针对报损的布草，领班做好交接记录。
1.9 针对破损布草能修复的，部门主管与洗衣房协调进行修整。
1.10 对于客人损坏的布草，在退房后报到前台，在客人赔付的情况下经大堂副理签字，由部门负责人从财务部仓库领取。
1.11 全体人员严格遵守部门的布草交接及管理制度。

2 固定资产

2.1 客房部的固定资产由客房部资产管理员具体负责管理。
2.2 部门的资产实行"谁主管，谁负责"的责任制，按照使用说明准确使用，并切实做好日常维护和清洁保养工作，做到物尽其用，正确使用。
2.3 部门资产的调拨、出借必须经部门总监或部门经理审核批准，填写财务部印制的固定资产调拨单。私自调拨、出借要追究当事人责任。
2.4 固定资产在部门之间转移，由归口管理部门填写固定资产转移单，并将其中一联送交财务部。
2.5 部门资产使用日久损坏或因技术进步而淘汰需报废时，必须经酒店有关部门鉴定和财务总监或总经理批准后才能办理报废手续。
2.6 新增添的资产必须经酒店批准，会同财务部共同验收，并填写财务部印制的财产领用单、办理领用手续后，登记入账。
2.7 部门资产员每季度对资产进行核对，每年定期清查盘点，确保账物相符，发生盈亏必须查明原因，以书面形式报至财务部处理。

3 物料

3.1 部门设专职或兼职人员负责对物料用品的管理工作，负责编制年度物料用品消耗计划，按物料用品的分类，建物料用品账，掌握使用及消耗情况，办理物料用品的领用、发放、内部转移、报废等工作。
3.2 各种物料用品的领用，应填写财务部印制的"物料用品领用单"，经部门经理审核签字后，向财务部领取，并及时登记入账。报废的物品应先经部门经理审批，并由财务部统一处理。各种物料用品在内部转移，由相关部门物资管理人员办理转移登账手续。
3.3 各种物料用品的消耗、领用和报废、报损每月底由部门物资管理人员统计、清点一次，并填写"物料用品耗用情况月报表"，经部门经理审核后，上交财务部及总经理。
3.4 各部门经理应结合日常管理工作，加强对物料用品使用情况的检查和监督，做到准确使用和合理使用，杜绝浪费。

4 迷你小酒吧

4.1 客房迷你小酒吧的酒水、日用品由客房中心物管员负责统一领取、发放，凭酒水单报账和补充。
4.2 酒水单一式三联：第一联作为发票，第二联作为记账凭证，第三联作为补充酒水、食品的凭据。
4.3 客房楼层班组每日向物管员领取酒水，补充耗用数。
4.4 物管员每月应对客房小酒吧的耗用、领取和结存情况进行统计、核查，确保数物相符。
4.5 客房小酒吧酒水如因客观原因发生漏账情况，由客房部经理负责签报，如因员工工作过失，造成漏账或报损的，由员工个人负责。

续表

××酒店标准文件		××酒店 客房部物品管理制度	文件编号××-××-××	
版本	第×/×版		页　次	第×页

5 工作间内卫生标准及摆放标准
5.1 外间门后放扫帚、簸箕各一，确保簸箕内无垃圾。
5.2 紧靠外间隔墙墙角放一张加床，背面朝上，确保加床上无脏布件。
5.3 工作间内间和加床对面靠墙各放一辆工作车，正面向上。
5.4 加床旁靠墙放一只吸尘器。
5.5 紧靠内间隔离墙放一个货架。
5.6 确保货架上无污迹、无灰尘。
5.7 货架上布草按标志摆放整齐。
5.8 货架顶层左侧放卫生纸。
5.9 货架下放洗发液、沐浴液各一箱。
5.10 工作间天花板无蜘蛛网、无污迹、无灰尘等。
5.11 工作间地面无垃圾、无灰尘等。
5.12 工作间内无人门应锁上。

6 工作车的摆放标准
6.1 第一层：客用品（牙具、梳子、浴帽、棉签、洗发水、沐浴液、护肤露、卫生袋、信纸、传真纸、咔板杯垫、吸水杯垫、便笺纸、铅笔、针线包、调酒棒、宣传册、本地信封、航空信封、明信片、意见书）。
6.2 第二层：床单、被罩、枕套、内侧放拖鞋、卷纸、购物袋。
6.3 第三层：巾类（浴巾、面巾、地巾、方巾）。
6.4 工作车保持干净整齐。
6.5 工作车左侧挂布草袋，右侧挂垃圾袋，下方放清洁篮。

拟订		审核		审批	

制度4：客房安全管理制度

××酒店标准文件		××酒店 客房安全管理制度	文件编号××-××-××	
版本	第×/×版		页　次	第×页

1 职业安全

客房楼层服务员和清洁员在清扫整理房间或进行其他项目的清洁工作过程中，必须注意安全，严格遵守酒店所规定的安全守则，杜绝事故的发生，在工作过程中粗心大意，违反操作规程，将会造成不可弥补的损失。

1.1 造成事故的主要原因
1.1.1 进房间不开灯。
1.1.2 赤手伸进垃圾桶取物。
1.1.3 清洁卫生间没注意剃须刀片。
1.1.4 挂浴帘时站在浴缸边缘上。
1.1.5 搬动家具时不注意被尖物刺伤。
1.1.6 光脚进行清洁工作（地面上的玻璃碎片等）。
1.1.7 电器的电源没靠墙角放置，人易被绊倒。
1.1.8 关门时，不是握着门把而是扶着门的边缘拉门。
1.2 安全操作注意事项
1.2.1 双手推车，防闪腰。
1.2.2 利用梯架打扫高处的积压卫生。
1.2.3 工作地带保持干爽，以防滑倒。
1.2.4 不用已损坏的清洁工具，不擅自修理，以免发生危险。

续表

××酒店标准文件		××酒店 客房安全管理制度	文件编号××-××-××		
版本	第×/×版		页	次	第×页

1.2.5 举重物品时（如抬家具）切勿用腰力，须用脚力（先蹲下，平直上身，然后举起）。
1.2.6 公共场所灯光照明不良时，应马上报告，尽快修理，以免发生事故。
1.2.7 工作车等用具应尽量靠边放，注意电线绊脚。
1.2.8 发现家具或地面如有尖钉等物，须马上拔去。
1.2.9 所有玻璃物品、器具（窗、镜等）如发现破损，立即报告，及时更换，未及时更换的，应用强立胶纸贴上，以防划伤人。
1.2.10 发现桌椅松动，须尽快修理。
1.2.11 不可赤手伸进垃圾桶，须戴手套，并小心操作，以防玻璃碎片、刀片等刺伤。

客房服务员大部分是女性，在工作中要有自我防护意识，对客人既要彬彬有礼、热情主动，但又要保持一定的距离。客人召唤入房时，不可关上房门，要将房门大开，对客人关门要求要坚持，客人邀请时不要坐下，更不要坐在床上，也不宜在客房逗留时间过长，尽量谢绝客人邀请外出，不要轻信和陶醉在客人的花言巧语中，下班后不可以到客人房间串门。

2 防盗工作
2.1 各岗位工作人员要坚持岗位，掌握客人出入情况，熟记客人的特征、性别，非住宿人员不能任其无故进入楼层，发现可疑人员要立即向领班、主管报告。
2.2 严格会客制度，未经住房客人同意，不允许来访者进入房间。
2.3 清理房间时，房门要始终打开着，将工作车挡在房门口，清洁房间完毕，要马上锁好房门。清洁过程中要随时察、看、倾听门外动静，发现可疑情况立即报告。
2.4 跟房检查或清理房间途中，如有急事离开，要锁好门，不得将门虚掩。
2.5 发现客人丢失钥匙，应立即向上级报告，迅速采取防范措施，并通知维修人员，24小时内将丢失钥匙的房间门锁更换好。
2.6 服务员不得穿便装进入客房工作。
2.7 客人离店后，及时检查房间，发现遗留物品，要做好登记，并交给上级按规定办理。
2.8 客人报失物品时，服务员要立即上报主管处理，由领班及以上人员负责了解报失情况，要询问报失人遗失物品的经过、时间、地点，物品的外观特征以及所住房间，物品丢失前最后一次见到失物时间，在此时间内，客人去过哪些地方，在房间内接待过哪些客人，对那些人是否怀疑及理由，失物的价值，是否买保险等资料，要记录清楚，并征得客人同意后，联同保安人员与客人一起，在客人目睹的情况下帮助客人在房间内做一次彻底的查找，切不可自作主张私自进入客人房间翻找。查找到失物时，不要指责埋怨客人，要将此事报告主管领导结案并做好记录，如找不到失时，不要表态，不要做结论，要安慰客人不要着急，请再想想找找，并征询客人意见，是否要向公安部门报案。如要报案，应立即为客人提供方便。

3 防火工作
其内容和操作规范要求如下。
3.1 预防火灾规范
3.1.1 建立各级防火组织。客房部全体员工均应熟知防火规定和本岗位职责，掌握使用各种灭火器材的技能。客房内（门后或明显处）挂有紧急疏散图和防火标志，告知客人发生火灾时行走的路线。
3.1.2 客人离开房间后，服务员整理房间时，要注意查找房内不安全的隐患。
3.1.3 加强对住客房间的电器设备、通信设备的检查，告诫客人不要超负荷用电，严禁使用电炉、电饭锅及私自拉电线。
3.1.4 客人在房间内使用电吹风等发热设备时，应放在专门隔热防燃物品上，禁止放在床上或台椅上。
3.1.5 禁止在卫生间、阳台处焚烧字纸、文件，要让客人在酒店指定的地点处理字纸、文件。
3.1.6 客房内一般不能搞明火作业，如确需要动工时，作业单位要报保安部门签发"动火证"，客房部、工程部要取来相应的防火设备配合工作，方能动工。
3.1.7 汽油、煤油、酒精、硫酸等易燃品不得随意存放，应指定地点专人保管，随用随取，用完封存。
3.1.8 加强住客房间的阳台管理，禁止堆放易燃易爆物品，禁止在房内燃放鞭炮。
3.1.9 确保走廊等公共场所保持足够的照明亮度，安全出口部位24小时有绿色指示灯，安全门、太平梯要保持畅通无阻，楼道内要有安全防火灯及疏散指示。不准在楼梯口、走道、配电柜等处存放物品。
3.1.10 垃圾要每天按时清理，在房间内清运垃圾时，要特别注意垃圾内有无未燃尽的烟头，发现后

续表

××酒店标准文件		××酒店 客房安全管理制度	文件编号××-××-××		
版本	第×/×版		页	次	第×页

要立即熄灭。

3.1.11 严禁服务员在工作区域内吸烟、禁止乱丢乱扔烟头。

3.1.12 所有电器发现不能正常运转、使用或有漏电情况时,要马上停止使用,立即报修。

3.1.13 值班员(尤其是夜班)值班时间要勤巡视,闻到糊、焦气味时,要查踪追源,确定房间后要唤醒客人,及时向领导报告采取应急措施。

3.2 火警的应急处理规范

3.2.1 发现火源——当报警器发生信号时,应立即停止手中的一切工作,查明火源,迅速赶到现场,了解火势情况,立即采取有效措施扑灭火源,如自动报警未发出火警信号,但已闻到着火的气味时,值班员要立即查找火源,发现火源后,要迅速查清失火燃烧物。

3.2.2 查明火源、火情后,要及时向有关部门报告,报警时一定要语言清楚,并把详细地点、时间、火情、报告人姓名讲清楚。如果火情较小,可用灭火器、消火栓进行扑救。灭火时要注意宾客人身、财产安全,灭火后,要妥善保护好现场,禁止无关人员入内,为有关部门调查了解起火原因提供线索。

3.2.3 疏导宾客——火灾发生时,服务员要迅速打开太平门、安全梯,有步骤地疏导宾客。疏散时各楼层的楼梯口、路口、大门口都要有人把守,以便为客人引路,为使宾客及时脱险,在疏散时要明确疏散路线和人流分配,避免事故发生。疏散时要逐一检查房间是否有未离开房间的客人,将客人送到安全区域。

3.3 ABC灭火器的操作规范

扑救火灾时,手提灭火器到火场,并上下颠倒、摇晃均匀,离火点3～4米,拔掉灭火器上的封记及保险销,一手握紧底部,对准火焰根部,另一只手迅速将压把压按下,干粉即可喷出,并迅速摇晃喷嘴,使粉雾横扫整个火区,将火扑灭,另外要注意灭火时要果断迅速,不要遗留残火,以防复燃。

4 防自然事故

4.1 地毯:要平坦,衔接处要吻合平整,防止客人行走中跌倒。发现地毯凸起时要拉平。

4.2 地面:如有油污、湿、滑要立即抹净。

4.3 木器家具:发现尖钉要马上拔起,发现有松散、开胶之处要及时更换维修。

4.4 电器设备:要经常调试、检查,使之保持完好。

4.5 清洁机械:对已损坏和漏电的清洁机械,不能继续使用和擅自维修,而应立即报修。

4.6 电镀设备:发现各种电镀拉手、水龙头有脱皮现象要及时更换,防止扎伤。

4.7 玻璃窗、镜子:发现破裂要及时更换。

4.8 高处作业:要用稳固的梯子和系好安全带。

4.9 收垃圾:不要将手伸进垃圾筒和垃圾袋内,以防扎手,推车要用双手推动,防止闪腰。

4.10 照明:厅堂、走道、楼梯、客房等要经常检查、维修照明设备,保证充足的照明效果。

4.11 打蜡:要有专人看护打蜡地面,实用防滑标志指示牌,预防客人滑倒。

4.12 电源线:发现电源线在明显处要及时整理好,入在暗处,发现有磨损,要及时通知维修。

4.13 挂画、顶灯:要经常检查、及时加固维修,防止脱落。

4.14 卫生间设备:要经常检查、加固,浴缸要采取防滑措施。

4.15 茶具:及时更换有缺口、裂痕的茶具,清洁消毒时不要用手伸进水中捞取,应戴胶质手套,防止玻璃片扎伤手指、手腕。

4.16 设施设备:客人第一次来店时要详细介绍使用方法和注意事项。

4.17 易燃、易爆、有毒物品:不能放在客房内,要统一保管,防止事故发生。

4.18 电热水炉、电热杯:使用时要严格按操作规程。

5 致伤事故处理

宾客致伤:

5.1 要查清致伤原因(客人因自然事故致伤者)。

5.2 要汇报有关领导,听候领导的处理意见。

5.3 要处理。要征询客人是否请接待单位来人,或是马上送医院治疗。

5.4 要重点服务客人,如住店休养者,应加强服务次数,尽量满足客人要求。

5.5 要看望,领班以上的领导看望宾客,并给予特别的照顾。

拟订		审核		审批	

制度5：客房部应急处理预案

××酒店标准文件		××酒店 客房部应急处理预案	文件编号××-××-××	
版本	第×/×版		页次	第×页

1 火灾应急预案

1.1 发生火灾

1.1.1 部门某岗位发生火灾时，如果是较小火灾，应尽快把火扑灭后报部门当值主管和经理，经理要上报总经理直至董事长。

1.1.2 如果火势较大，部门某岗位无能力扑火，必须马上打电话到前台或保安部报警。报警的内容包括具体地点、燃烧何物、火势程度、如果有人员受伤需告之、报警人的姓名、部门及所在位置。服务中心通知前台打印住店客人明细单。

1.1.3 如火情紧急，应立即打碎最近的报警装置进行报警，迅速使用灭火器进行灭火。所有的固体材料例如纸、纺织品等可用水进行扑灭，电器设备和易燃液体不能用水灭火，可用干粉灭火器进行扑灭。

1.1.4 如果涉及自身的安全，请尽快离开现场，并关闭身后的门窗。

1.1.5 如果火情无法控制，关闭门窗直至救援人员到来。

1.1.6 在火灾现场打开门窗必须先检查，发烫的门表示火势正在蔓延，记住千万不可打开。

1.1.7 在火灾现场，千万不要乘电梯，要使用安全通道。

1.1.8 在任何情况下，员工都要保持镇定，使现场的惊慌降低到最低程度。

1.1.9 当区域烟雾笼罩时，尽量俯下身子，因为烟雾比火更致命，而在接近地面的地方能找到新鲜的空气。

1.2 进行扑救

1.2.1 接到报警呼叫，立即移除走道上的障碍物（工作车、吸尘器等），将其放到工作间或空房里；确信所有的房间已被关闭。

1.2.2 如果火灾发生在你所在的楼层，听从紧急小组领导的指示进行灭火或撤退。

1.2.3 始终保持对区域的警觉，一有任何火灾或烟雾的紧急情况，立即报告指挥岗或前台。

1.2.4 一旦开始执行撤退指令，楼层负责人立即拿着住店客人清单到走道上顺时针或逆时针通知客人，要保持急而不乱，保持冷静，"现在向您通知紧急情况，酒店出现火情，请您不要慌乱，由我统一指挥……"。协助住店宾客从最近的消防逃生通道撤退。

1.2.5 在协助大部分宾客撤退后，按顺时针或逆时针方向开始检查所有客房。用事先准备的笔在房门上作标记，在所有客房检查完毕后，通知前台或指挥岗。

1.2.6 如果在检查撤退房间过程中，你发现自己受到火灾或烟雾的影响，请立即停止并尽快撤离此地，记下没有检查的房号/楼层，并立即通知前台或指挥岗，以便告诉消防人员。

1.2.7 撤到集合点，清点楼层顾客，防止遗漏。等待上级的进一步指示。

1.2.8 在火灾发生时，所有对讲机都应处于工作状态，以保证信息畅通无阻。

2 停电

2.1 事先得知要停电

2.1.1 如事先得知将要停电应在客房内放入告示并尽可能通知到所有宾客。

2.1.2 在发生停电的时间内，服务员应使用应急灯在过道上巡视，做好安全防范工作并向宾客做好解释工作。

2.1.3 提醒宾客勿在停电期间乘坐电梯。

2.1.4 注意检查楼层的应急照明是否有效；准备好备用手电筒。

2.1.5 楼层上严禁使用明火照明。

2.1.6 恢复供电后检查各区域是否有异常情况。

2.2 突然停电

2.2.1 如果是突然停电，首先现场人员马上通知工程人员，电话××××，或对讲机××频道。

2.2.2 工程人员接到通知后，立即到达现场，落实电梯内是否有被困人员，并稳定乘客情绪。落实原因并展开营救。

2.2.3 查看停电原因，检查配电箱是否有跳闸现象，查明原因后把电源合上，原因不明之前禁止合用。

××酒店标准文件		××酒店 客房部应急处理预案	文件编号××-××-××	
版本	第×/×版		页次	第×页

  2.2.4 如果是大范围停电,联系供电局询问停电原因及来电时间。
  2.2.5 工程部负责人请示领导是否发电。
3 停水
  3.1 如事先得知停水应在客房内放入告示并尽可能通知到所有宾客。
  3.2 事先储存一部分水,供必要时使用。
  3.3 如突然停水,应立即组织员工取水,在客人需要的时候送到房间。
  3.4 准备一定数量的矿泉水作为饮用水。
  3.5 恢复供水后检查是否有漏水现象并做相应的处理。
4 宾客受伤/死亡
  4.1 接到宾客受伤的信息后马上到房间查看。
  4.2 如宾客伤势不重,向宾客表示慰问并询问宾客是否到医院就诊。
  4.3 伤势较重立即向上级汇报,协助做好相关工作。
  4.4 如宾客已经死亡,切记保持镇静,立即向上级汇报并保护好现场,后由保安部经理、客房部经理、大堂副理一起进房间查看。
  4.5 检查后由管理人员将情况报告总经理,通知前台封锁房间,注意房号保密。
  4.6 迅速通知死者家属或工作单位、接待单位、同行人员,如是境外客人,须及时通知公安局入境管理部门,政府外事部门,如客人有投保,还需通知投保的保险公司。
  4.7 征得死者家属或单位同意后,报公安机关,并接受法医验尸。
  4.8 尽快将死者转移出酒店,转移时注意避开住客,可选择夜深人静之时,从员工通道出店。
  4.9 死者的遗留物品应及时整理、清点和记录,并妥为保存,待死者家属或指定委托人认领并做好领取的签收手续。
  4.10 客房部经理根据调查的结果写出客人在店期间死亡及处理经过的报告,经总经理审阅通过后,一份留酒店备案,其余的交给死者家属及有关单位和人员。死者的死因不做随意的猜测和解释,统一由酒店指定的权威人士解答。
  4.11 尸体转移后,对客房进行严格消毒,客人用过的物品与卧具焚毁处理。
5 客人报失
  5.1 客人报失时应立即帮助客人查找。
  5.2 经过努力未找到时要及时上报保安部。
  5.3 协助保安部保护好现场并作进一步调查。
  5.4 丢失较贵重的物品时,应请示上级报当地派出所协助处理。
6 醉酒客人处理
  6.1 发现客人有醉态,服务员应主动上前搀扶客人到房间(女服务员找客人的陪同或同伴陪同)。
  6.2 进入房间后扶客人躺在床上,帮客人沏上杯浓茶,床边放置垃圾篓。
  6.3 把火柴、打火机和刀具之类的危险品放在客人拿不到的地方,退出后暂时不要锁门,要勤观察。
  6.4 如果客人喝醉酒后无理取闹,应立即上楼与楼房服务员共同处理此事,必要的话,通知客人的领队或者接待单位家属。
  6.5 将客人扶进客房,尽量让他躺在床上休息,避免醉酒的客人在楼层大吵大闹,影响其他客人的休息。
  6.6 如客人醉得厉害,要打电话请医生,并向值班经理汇报,必要时及时送医院抢救,并与医院保持联系。
  6.7 客人的房间双锁处理。

拟订		审核		审批	

第三节　客房管理表格

表格1：客房动态表

客房房态表

年　　月　　日　　　　　　　　　　　　　　　主管/领班签名：

房号	房态	房号	房态	房号	房态	……	房态	代号
							空房	VC
							走客房	VD
							住客房	OC
							预退	ED
							坏房	OOO
							无行李	NB
							少行李	LB
							没过夜	SO
							请勿打扰	DND
							不需要服务	NNS

注：1.此表由客房主管/领班填写。
2.每天两次交此表给前台值班经理。
3.核对后，发现差异及时核查。
4.此表需存档，以备查询。

表格2：客房主管工作日报表

客房主管工作日报表

主管/领班签名：　　　　　　　　　　　　　　　日期：

姓名	房号	检查情况	整改结果
公共区检查项目			
特别事项			
没行李（NB）		少行李（LB）	
未过夜（SO）		未打扫（DND）	
维修房（OOO）			
工程维修情况：			
今日检查主要的问题：			
交接事项			

注：本表每日主管工作结束交值班经理/总经理。

表格3：客房质量检查表

客房质量检查表

房号：　　　　房态：　　　　服务员：　　　　领班：　　　　日期：

卫生间	检查记录	房间	检查记录	房间	检查记录
门/框/锁/门铰链/百叶		总门/门框/门把手/门铰链		窗台/窗玻璃/窗框	
顶灯/灯罩		房号牌/猫眼/逃生图		窗帘/钩子/窗箱	
浴室顶/排风扇/墙面		门锁/防盗链/请勿打扰牌		椅子/沙发/茶几	
镜面/框/插座		闭门器/门后磁吸		画/画框	
面盆台面/侧面		开关/电源插口		床头板/床架/床脚	
面盆/溢水口/笼头/塞子		通道灯/顶/风口		床罩/床裙	
漱口杯/杯垫		穿衣镜/衣架/挂衣杆		枕套/枕芯	
托盘/玻璃架		衣柜/衣柜门		床单/被套	
浴帽/牙刷/木梳		行李架/饮水机架		地板/地毯	
肥皂/皂碟		桌面/两侧/抽屉		床头灯/开关/灯罩	
浴帘/淋浴房/滑杆		电视机/插座/网线		电话机	
浴皂架/发液/墙上标志		托盘/烟灰缸/遥控器		便笺/夹子/铅笔	
浴缸/淋浴头/防滑垫		茶叶缸/茶叶		床头柜表面/侧面/抽屉	
面巾/浴巾/架子		纸杯/杯托/杯垫		鞋篮/擦鞋纸/拖鞋	
水箱/卫生袋/地巾		服务指南/酒店通信		空调/网罩	
马桶内/外/抽水系统		台灯/灯罩/灯泡/插头		卧室顶/日光灯/顶灯	
马桶坐板/盖板		饮水机/电热水瓶/电线		墙面/墙角	
垃圾桶		信纸/信封/圆珠笔		地脚线	
地面/地漏		垃圾桶		室内空气	
其他：		其他：		其他：	
合计		意见：			
		检查人：		跟办人：	

注：总经理、值班经理、客房主管抽查客房时使用此表。

表格4：楼层工作检查表

楼层工作检查表

主管/领班：_____ 日期：_____

楼层/房号	初始房态	最终房态	查房时间	情况记录	备注/服务员
……					

备注：1.此表领班/主管每天检查房间时使用。
2.结束工作后，需与服务员报表一起装订存档，以备查询。
3.未解决的问题在交接本上反映。

表格5：钥匙与对讲机领用登记表

钥匙与对讲机领用登记表

日期	编号	领用人签名	领用时间	归还人签名	归还时间	备注

注：1.客房服务员领用钥匙与对讲机登记时使用。
2.此表由客房主管保管。

表格6：客房例会记录表

客房例会记录表

客房主管：_____　　　　　　　　　　　　日期：_____

工作安排内容：
岗前培训内容：
例会内容记录：
员工签名：

注：1.客房主管早上开晨会的记录，每天让服务员签名。
2.休息的服务员第一天来上班，先看例会记录。
3.由主管保管。

表格7：客房服务员工作报表

客房服务员工作报表

服务员： 领班/主管： 日期：

楼层：						客用品补充统计													棉织品统计				备注
房号	初始房态	进房时间	出房时间	结束房态	信纸	信封	铅笔	便签	茶叶	纸杯	杯垫	杯托	拖鞋	牙具	香皂	浴帽	梳子	卷纸	圆珠笔	擦鞋纸	垃圾袋	卫生袋	床单	被套	枕套	面巾	浴巾	地巾	
……																													
合计																													

VD：退房　　VC：空房　　OC：住客房　　ED：预退房　　OOO：维修房　　NB：没行李　　LB：少行李　　DND：请勿打扰　　NNS：不需要打扫
SO：没过夜

此表由客房服务员负责如实填写；下班前交客房主管并领取第二天需使用客用品数量。

表格8：布件盘点表

布件盘点表

填表人：　　　　　　　　核查人：　　　　　　　　日期：

布件名称	工作间	工作车	房间特别情况	脏布件	送洗布件	合计
中巾（白）						
中巾（黄）						
脚巾						
枕套						
小床单						
中床单						
大床单						
小被套（红）						
小被套（绿）						
小被套（白）						
中被套（红）						
中被套（绿）						
中被套（白）						
大被套（红）						
大被套（绿）						
大被套（白）						

注：月底盘点时使用。

表格9：布件送洗记录登记本

布件送洗记录登记本

布件名称		大床单	中床单	小床单	枕套	大被套	中被套	小被套	白毛巾	黄毛巾			备注
楼层	送洗												
	收回												
	退洗												
	欠数												
楼层	送洗												
	收回												
	退洗												
	欠数												

注：每天布件送洗统计。

表格10：每日客用品统计表

每日客用品统计表

月份：

	茶包	圆珠笔	擦鞋纸	卷纸	拖鞋	浴帽	木梳	牙具	肥皂	卫生袋	杯垫	DND卡	便笺纸	信纸	信封	杯套	纸杯	铅笔	小垃圾袋	大垃圾袋	洗发液		
上月结余																							
本月领进																							
1																							
2																							
3																							
4																							
5																							
…																							
其他部门																							
合计																							
本月结余																							

注：客房主管每天根据服务员报表登记客用品领用数。

表格11：大清洁、计划卫生记录表

大清洁、计划卫生记录表

月份：

房号	大清洁	计划卫生							
		1	2	3	4	5	6	7	……
……									

注：每天大清洁、计划卫生结束记录在此表上。

表格12：客人通知单

客人通知单

亲爱的先生/小姐：

　　现在我们无法联系到您，暂时未能向您提供以下服务：
　　□ 整理房间
　　□ 负责维修
　　□ _____

　　我们非常愿意及时为您提供服务，请与前台联系，分机：×。
　　祝您住宿愉快！

服务员敬启
年　　月　　日　　时　　分

表格13：工程维修单

工程维修单

日期/时间：_____　　　报修人/部门：_____

维修地点：_____

维修内容：_____
_____

维修人签字：_____（月　　日　　时　　分）完成

维修情况：_____
_____

材料消耗：_____验收签字：_____

注：本单由工程维修人员保存，月底汇总报总经理。

表格14：遗留物品登记表

遗留物品登记表

拾遗地点：	拾遗时间：
拾遗者姓名：	经办人：
拾遗物品名称及数量：	
备注：	

表格15：楼层服务当班记录（一）

楼层服务当班记录（一）

日期：	班号：
出勤人员：	
开房情况：	
特殊情况：	
当班工作评估：	
当班记录明细：	
当班楼层领班签字：	接班楼层领班签字：

表格16：楼层服务当班记录（二）

楼层服务当班记录（二）

做房情况：
房检情况：
返工情况：
报修情况：
楼层主管核查签字：　　　　　　　　　　　　　　年　月　日　时

表格17：楼层服务当班记录（三）

楼层服务当班记录（三）

客人情况	服务内容	应答人	完成人	客人意见

表格18：楼层服务工作日志

楼层服务工作日志

日期：	楼层主管：
开房情况记录：	
特殊情况记录：	
当日工作评估：	

表格19：查房报告

查房报告

房号：　　　　　检查日期：　　　　　状态：　　　　　楼层领班：

序号	卧室	情况
1	门—锁、安全链	
2	电器—暖气+空调	
3	灯—开关+插头	
4	天花板灯	
5	灯（罩+灯泡）	
6	梳妆台灯	
7	床头柜灯	
8	写字台灯	
9	落地灯	
10	角桌灯	
11	梳妆台—台面+抽屉	
12	床头柜—台面+架子	
13	电话	
14	控制板	
15	收音机	

续表

序号	卧室	情况
16	电视机+电视机架	
17	写字台—台面+抽屉	
18	写字台椅	
19	游戏桌/咖啡桌	
20	游戏椅	
21	沙发+沙发椅	
22	角桌	
23	窗户	
24	窗帘+窗帘钩	
25	墙	
26	镜子+客房面	
27	地毯+踢脚板	
28	天花板+烟感器	
29	床头板	
30	床罩、床上用品+床垫	
31	纸篓	
32	烟灰缸+火柴	
33	文具夹+文具及宣传品	
34	针线包+钢笔	
35	便笺	
36	服务指南	
37	客人意见书	
38	请勿打扰+清扫房间牌	
39	早餐单	
40	客房餐饮服务菜单	
41	电视节目单	
42	多用袋	

其他备注:

表格20：报修单

报 修 单

致工程师　　　　No.　　　　　　　　　　_____ 日期：_____　AM/PM时间：　　　_____ 请修理：　　　　地点： 1._____　_____ 2._____　_____ 3._____　_____ 部门：　　　　　部门主管：	

工程部填写：
日期：_____　　　　　AM/PM时间：
备注/材料：
_____
_____
_____

记入记录□
经办人　　　　　　　　　审查
日期：_____　　　　　AM/PM时间：
当值工程师签署　　　　　　　　　　_____

表格21：客人遗留物品登记表

客人遗留物品登记表

日期			编号	
捡拾人姓名			上交时间	
物品名称	件数	单价	捡拾地点	备注
领班意见				
主管意见				
部门经理意见				

表格22：客房夜床服务报告单

客房夜床服务报告单

楼层：　　　　　　　　客房服务员：　　　　　　　　日期：

房号	房态	人数	清扫时间	备注	房号	房态	人数	清扫时间	备注
01					10				
02					11				
03					12				
04					13				
05					14				
06					15				
07					16				
08					17				
09					18				

房态：V—空房　O—走客房　I—住客房　X—维修房　R—预抵房　LONG—长住房　H—保留房
DND—请勿打扰　　VIP—贵宾　　G/I—客人在房间　　EXBD—加床

表格23：客房中心交接班本

客房中心交接班本

日期		姓名		班次	
工作事项：					
交接内容：					
备注：					
交班人			接班人		

表格24：楼层领班交接班本

楼层领班交接班本

日期		出勤	领班—	A—	B—	病事假—
本班次离店房号						
本班次预低房号						
本班次到店房号						
本班次VIP房号						
本班次工作内容及特殊服务事项记录						
交下班次记录			总钥匙交接	时间		
				交班人		
				接班人		
交班前房间状况统计						

表格25：客房清扫报表

客房清扫报表

客房服务员：　　　　　　楼层：　　　　　　　　　　　　日期：

项目房号	房态	客人	设备	客房清洁时间	注意
				—	
				—	
				—	
				—	
				—	

房态：V：空房　　O：走客房　　R：预抵房　　LONG：长住房　　DND：请勿打扰　　I：住客房　　X：维修房　　H：保留房　　VIP：贵宾　　G/I：客人在房间　　EXBD：加床

表格26：客房布草盘点表

客房布草盘点表

年　　月　　日

品名	单位	数量	单价	金额	备注
高泡地毯清洁剂	桶				
低泡地毯清洁剂	桶				
玻璃清洁剂	桶				
地毯去渍剂	桶				
浴室清洁剂	桶				
空气清新剂	桶				
金属擦亮剂	桶				
不锈钢光亮剂	桶				
牵尘液	桶				
洁厕灵	桶				
高级卫生纸	个				
洗手浮露	桶				
去污粉	盒				
大卷纸	个				
洁厕块	个				
尘推罩	个				
除臭球	盒				
高级地板上光蜡	桶				
免磨面蜡	桶				
喷磨保养蜡	桶				
牙刷	盒				
香皂（大）	盒				
木梳	把				
其他					
合计					

表格27：客人租用物品记录表

客人租用物品记录表

日期	房号	退房日期	经办人	借出物品	借出时间	借用客人签名	收回时间	责任人	备注

学习总结

通过本章的学习，我对酒店房务管理有了以下几点新的认识：

1._____

2._____

3._____

我认为根据本酒店的实际情况，应制订以下制度和表格：

1._____

2._____

3._____

我认为本章的内容不够全面，还需补充以下方法、制度和表格：

1._____

2._____

3._____

第七章　酒店餐饮管理工具

引言

我国星级酒店的餐饮收入约占酒店总收入的 1/3，餐饮经营有特色的酒店的餐饮收入甚至已经超过了客房收入。因此，通过扩大宣传、推出有特色的餐饮产品、增加服务项目、严格控制餐饮成本和费用等手段，餐饮部增收节支的潜力非常大，也即餐饮部可为酒店创造可观的经济效益。

本章学习指引

目标	了解酒店餐饮管理的要点，并能够运用所提供的范本，根据本酒店的实际情况制订相应的管理制度、表格

学习内容

管理要点	・加强餐饮安全卫生管理 ・加强菜肴制作过程质量控制 ・加强服务质量控制
管理制度	・餐饮部管理制度 ・餐饮服务质量标准 ・餐具管理制度 ・食品卫生安全管理制度 ・餐饮部、出品部应急预案
管理表格	・农副产品请购单 ・食品原料领料单 ・食品原料内部调拨单 ・点菜单 ・酒水单 ・客房送餐预定表 ・客房送餐表 ・吧台销售日报表 ・餐饮部布件洗涤单 ・地面、地毯、沙发洗涤登记表 ・工作委托单 ・餐饮部内部物品领料单 ・宴会、会议预定单 ・VIP 就餐通知单 ・会议、宴会变更通知单 ・当日宴会会议情况汇总表 ……

第一节 酒店餐饮管理要点

要点1：加强餐饮安全卫生管理

餐饮场所是宾客出入消费比较频繁的地方，其卫生、安全非常重要。也可以说，餐饮业是一"良心事业"，身为主管，要以"确保卫生安全"为天职，以提供给宾客一个安全、舒适、卫生的用餐环境与愉悦的用餐享受。所以一定要制订一些卫生、安全准则，采取一些预防措施，并培训员工紧急应对的技巧。具体如下。

（1）餐饮设备完好率的保持，设备出现故障的修理与更换，冷冻柜、冷藏柜等主要设备的维护等。

（2）餐厅的环境卫生。一般按区域安排，责任到人，由主管检查落实。

（3）在营业结束后，主管应对餐厅的封闭情况、保安人员的到位情况、消防设施的摆放情况等主要环节作最后的核实，以确保安全保卫工作万无一失。

要点2：加强菜肴制作过程质量控制

菜肴制作过程主要包括原料加工、菜品配份、合理烹调三个程序。控制就是对菜肴质量、菜肴成本、制作规范三个流程中的操作加以检查督导，随时消除在制作中出现的一切差错，保证菜肴达到质量标准。

（一）制订菜品控制标准

1.制订菜品控制标准的必要性

（1）无标准就无法衡量。生产的菜品必须有标准，没有标准就无法衡量，就没有目标，也就无法进行质量控制。所以，必须首先制订出制作各种菜品的质量标准，然后由餐饮部经理、厨师长及有经验的老厨师经常进行监督和检查，确保菜品既符合质量要求，又符合成本要求。如果没有标准，会使菜品的数量、形状、口味等没有稳定性，导致同一菜品差异很大。

（2）有标准才可规范化。厨房制作是手工操作，其经验性较强，且厨师个人烹饪技术有差异，而厨房是以分工合作方式制作，制订标准既可统一菜品的规格，使其标准化和规格化，又可消除厨师各行其是的问题。

2.菜品标准类别

（1）标准菜谱。标准菜谱是统一各类菜品的标准，它是菜品加工数量、质量的依据，使菜品质量基本稳定。

标准菜谱基本上是以条目的形式，列出主辅料配方，规定制作程序，明确装盘形式和盛器规格，指明菜肴的质量标准、成本、毛利率和售价。

标准菜谱的制订形式可以变通，但一定要有实际指导意义，它是一种菜肴质量控制手段和厨师的工作手册。

（2）菜点投料单。菜点投料是厨房为餐厅（酒店）宾客所设的菜点投料单，它是根据菜肴的基本特点以简单易懂的方式列出主、配料及各种调味料的名称和数量。投料单以表格的方式放在配菜间明显的位置。

（3）标量菜单。标量菜单就是在菜单的菜品下面，分别列出每个菜肴的用料配方，以此来作为厨房备料、配份和烹调的依据。由于菜单同时也送给宾客，使宾客清楚地知道菜肴的成分及规格，作为厨房选料的依据，同时也起到了让宾客监督的作用。

(4) 生产规格标准化。生产规格是指加工、配份、烹调三个流程的产品制作标准，它包括了加工规格、配份规格、烹调规格，用这种规格来控制各流程的制作。

(二) 现场制作过程控制

在制订控制标准后，要达到各项操作标准，就一定要由训练有素、通晓标准的制作人在日常的工作中有目标地去制作。餐饮部经理应经常按标准严格要求，保证菜肴符合质量标准。因此，制作过程控制应成为经常性的监督和管理的内容之一。

1. 加工过程的控制

加工过程包括原料的初加工和细加工。初加工是指对原料的初步整理和洗涤，而细加工是指对原料的切制成形。

（1）控制出成率。在这个过程中应对加工的出成率、质量和数量加以严格控制。原料的出成率即原料的利用率，该项控制应规定各种出成率指标，把它作为厨师工作职责的一部分，尤其要把贵重原料的加工作为检查和控制的重点。具体措施如下。

① 对原料和成品损失要采取有效的改正措施。

② 经常检查下脚料和垃圾桶，是否还有可用部分未被利用，使员工对出成率引起高度重视。

（2）控制原料成形规格。加工质量是直接关系菜肴色、香、味、形的关键，因此要严格控制原料的成形规格。

① 凡不符合要求的不能进入下一道工序。

② 加工的分工要细，一则利于分清责任，二则可以提高厨师的专业技术熟练程度，有效地保证加工质量。

③ 尽量使用机械进行切割，以保证成形规格的标准化。

④ 加工数量应以销售预测为依据，以满足需求为前提，留有适量的储存周转量。

⑤ 避免加工过量而造成浪费，并根据剩余量不断调整每次的加工量。

2. 配菜过程的控制

（1）配菜控制要经常进行核实。应检查配菜中是否执行了规格标准，是否使用了称量、计数等控制工具。

（2）凭单配菜。配菜厨师只有接到餐厅的订单，或者规定的有关正式通知单才可配制，保证配制的每份菜肴都有凭据。

（3）要严格避免配制中的失误。要避免如重算、遗漏、错配等失误，尽量使失误率降到最低限度。因此，要查核订单，这是控制配菜失误的一种有效方法。

3. 烹调过程的控制

（1）监控炉灶厨师的操作规范。烹调过程是确定菜肴色泽、质地、口味、形态的关键，因此应从烹调厨师的操作规范、制作数量、出菜速度、成菜温度、剩余食品五个方面加强监控。必须督导炉灶厨师严格遵守操作规范，任何只图方便违反规定的做法和影响菜肴质量的做法，一经发现都应立即予以制止。

（2）经常督导烹调的出品。应严格控制每次烹调的出品，这是保证菜肴质量的基本条件。在开餐时要对出菜的速度、出品菜肴温度、装盘规格保持经常性的督导，阻止一切不合格的菜肴出品。

(三) 控制方法

为了保证控制菜点质量、标准的有效性，除了制订标准，重视流程控制和现场管理外，还必须采取有效的控制方法。常见的控制方法有以下几种。

(1) 厨房制作过程控制法。从加工、配菜到烹调的三个程序中，每个流程的生产者都要对上一流程的食品质量进行严格的检查，不合标准的要及时提出，帮助前一道工序及时纠正。如配菜厨师对一道菜配置不合理，烹调厨师有责任提出更换，使整个产品在每个流程都受到监控。而餐饮部经理要经常检查每一道工序的质量。

(2) 责任控制法。按厨房的工作分工，每个部门都担任着一个方面的工作。首先，每位员工必须对自己的工作质量负责。其次，各部门负责人必须对本部门的工作质量实行检查控制，并对本部门的工作问题承担责任。厨师长要把好出品质量关，并对菜肴的质量和整个厨房工作负责。

(3) 重点控制法。把那些经常和容易出现问题的环节或部门作为控制的重点。如配菜部门出现问题，则重点控制配菜间；灶间出现问题，则重点控制灶间。

要点3：加强服务质量控制

过去只是让"客人饱食"的时代已经不在，现今光靠食品是无法达到宾客云集的目的，因为消费者越来越重视食品本身以外的附加价值——服务。

（一）一致的服装仪容

店面人员的服装仪容，是宾客进门后对餐饮从业人员先入为主的第一印象，梳剪整齐的头发、整洁一致的制服、端庄的仪容、表里如一的亲切款待等，都是相当重要的环节。

餐厅有必要订立自己的穿着标准及特色，依男女分别绘制易看易懂的穿着图示，向员工详述明白。关于服装仪容的规定，不外乎下列：头发、脸、胡子、制服、胸牌、皮鞋、指甲、袜子、领带、衬衫、衣领、袖口等。

（二）定型的服务态度

服务人员接待宾客的态度也相当重要，如何将欢迎及感谢的心情迅速而真诚地表现出来，让宾客感受至深，是决定餐饮服务水准的主因。所以应对餐厅接待动作乃至谈吐设定出一套参考的基准。也就是从等候、迎接、引导、点餐、上菜、询问、巡视、送客、回收到整理的十个步骤中，明确定出谈吐和动作的规范，此之谓"定型服务"。如表7-1所示。

表7-1 定型服务规范

项目	言语	动作	重点
等候	(在规定位置待命，不可与同事聊天)	注目玄关方向，取舒适自然的姿势，不得坐在椅子上或偏倚柜台、柱子	1.任何时候，只要顾客驾临，都要表现出由衷欢迎的姿势 2.脑中要记住几号桌跟几号房是空的
迎接、引导	1.明朗有朝气地说："欢迎光临！" 2."有几位呢？"确认人数 3."请走这边。"由衷含笑着欢迎之意(尖峰时段用手掌……)	1.轻轻点头(15°)行礼，两手自然下垂，手指并拢 2.走在顾客之前，慢步到席位 3.轻拉椅子，用手指点	1.以正确姿势，表达由衷欢迎之意的行礼 2.引导至合乎顾客的席位。携带小孩的，到小房间，情侣同伴则带至不引人注目的席位，要商谈事情的顾客则到安静的席位，单一顾客则至2人用桌席

续表

项目	言语	动作	重点
接受点菜	1. 再一次说："欢迎光临。" 2. 郑重地说："请点菜。" 3. 重复再说一遍："您点的菜是○○○，○份，△△，△份……" 4. "是，遵命。"以感谢的语气说："麻烦您"、"稍候一会儿！"	1. 轻轻点头 2. 提供毛巾、冰水或茶水（一直要从顾客看菜单到点菜为止，在旁等待） 3. 在传票上记录顾客点菜 4. 注目顾客眼睛，等候回答 5. 轻轻点头，退下 6. 点菜单送到厨房	1. 桌上必须摆置菜单 2. 要判断顾客中谁有点菜的决定权 3. 必要确认所点的项目及数量 4. 必要请示饮料，尤其是咖啡或果汁究竟要在用餐之前、中、后，何时提供 5. 牛排等要请教几分热 6. 冰水、茶等容器必须持下端，不可将手指插进容器内来移动 7. 要迅速，让人等候是最大的败笔
上菜	1. "打搅您。" 2. "让您久候了，这是○○。" 3. 要有精神，说："是！"笑容回答："请稍候。" 4. "可以撤下吗？"	1. 做配合各式菜肴的安排 2. 退下 3. 将菜端上桌，以正确姿势，不可扭转身子或做出夸张的姿势 4. 补充顾客的冰水或茶水（顾客中途呼叫时） 5. 将空下的器皿撤下送到厨房	1. 必须记住，不可弄错点菜的人和所点的菜 2. 热的要趁热，冰的要趁冰，迅速上菜 3. 上菜前检查菜之装盛，要提供正常的菜 4. 冰水、茶水要趁顾客要求之前斟好 5. 烟灰缸要换 6. 即使喝完、吃完也必须待顾客答允，才可撤下 7. 上菜时，原则上要从顾客的左肩方向
送客	1. 以感谢之心，明朗地说："多谢您照顾。" 2. "恭候您再度光临。"会这么说，则你是老手	1. 走到靠近玄关 2. 以感谢之心行礼（直到顾客完全走出玄关为止，采取欢送的姿势）	1. 检查席位，是否有顾客忘带的东西 2. 以充满感谢之心欢送，务必要做到能使顾客心想"下次我还想再来"，"心"跟"笑容"最重要

由于服务员来自不同的地方，其思考方式、成长背景、教育水准都不尽相同，所以定型服务的做法很有必要。良好的餐饮经营更应设置教育培训部门，甚至训练和纠正店面人员的仪态，以提升餐厅的水准。

（三）由衷的笑容

笑容是接近宾客的最好方法，除了销售产品之外，附加微笑的服务也是一种出售的产品。表达笑容的具体方法归纳如下：要能展现笑容，必先从"感谢、感情、自信"三方面下手，如此自然可以注意客客的反应，并展现出由衷的微笑，进而完成良好的服务。

（四）细心的关照

必须教育服务员从上菜到回收餐具，都按照规划出来的路线来行走，这样一来不仅可以监控餐桌上的摆设及使用状况，还可以借此节省各桌的整理时间，提升服务效率。在客满高峰状态下，不能把视线移离餐桌，以免怠慢宾客；低谷时也要如此，否则将引起宾客"不尊重"的责难。

其实在宾客等候上菜的时段，正是发挥高度关心的最好时机：巡视一下全场，倒倒茶水，接受宾客餐前餐后的评语，跟小朋友聊聊天，送些小蛋糕、赠品、促销品等，与宾客尤其是常客寒暄、闲话家常，都是促使宾客再次光临的关键，也是接受建议改进各项品质的好渠道。

第二节 酒店餐饮管理制度

制度1：餐饮部管理制度

××酒店标准文件		××酒店 餐饮部管理制度	文件编号××-××-××	
版本	第×/×版		页次	第×页

1 例会制度

1.1 部门例会

1.1.1 餐饮部例会由餐饮部经理主持。

1.1.2 部门例会参加人员：中餐厅经理、××园经理、西餐厅经理、管事部领班、西点房厨师长。

1.1.3 例会内容：

（1）各部门负责人汇报工作落实情况，发言要求简明扼要，突出重点；每周一要汇报本周工作计划，并汇报上周工作落实情况。

（2）餐饮部经理每周一对上周经营管理状况、客源市场问题、人员组合问题、服务质量、成本费用问题、部门布置的各项工作完成情况进行分析评估，提出表扬及批评，布置下周部门工作计划，规定落实的具体时间和要求。

（3）布置重大宴会和会议接待计划，提出要求及具体责任人。

（4）下达酒店总经理对部门的工作指令。

（5）会议要有专人记录，各参加会议人员必须有自己的会议记录，以便在部门班前会传达。

1.2 班前会

1.2.1 餐饮部班前会制度执行范围：中西厨房、酒吧、咖啡厅、管事部、西点房。

1.2.2 班前会内容：由各部门负责人传达到餐厅领班及厨师领班，再由餐厅领班及厨师领班在班组班前会传达。

1.2.3 班前会出席对象：各班组当班全体员工。

1.2.4 各班组班前会召开时间：在每天营业前，时间为10～20分钟。

1.2.5 班前会主要内容：

（1）检查员工的仪容仪表和个人卫生。

（2）提醒上一天服务方面存在的问题，提出改进措施及日后工作需要注意事项，并提出表扬及批评。

（3）讲述当日菜品供应情况及酒水供应情况。

（4）下达餐饮部的工作指令。

2 物资管理制度

2.1 餐饮部物资管理制度实行班组责任制，由各分部门经理总负责，餐厅领班和厨师领班具体负责；分部门做好二级账，班组做好三级账。

2.2 对分部门物资每月清点一次，由分部门报出月损耗率及设施设备的维修保养情况；每年年底，由财务部统一组织物资清查，做好物资管理。

2.3 缺损物资应填写"物资损耗报告单"，经主管或领班签字后，报餐饮部经理。如设施设备不能维修，应及时按有关规定办理报废手续。

2.4 贵重餐具、用具必须正确使用，加强维护保养，如有损坏应及时报告，查找原因，追究责任。

2.5 各部门内部设备、餐具的借用应办理借用手续；部门外借用，应经部门经理批准方可办理借用手续。

3 治安、消防管理制度

按照酒店安全管理的要求，餐饮部要建立相应的治安消防网络，坚持"安全第一，预防为主"的方针和"谁主管，谁负责"的责任制。

3.1 餐厅、酒吧、咖啡厅

3.1.1 如有重要宴请或大型宴会和会议应及时通知保安部，协助维持治安秩序。

3.1.2 营业前，餐厅主管对安全消防设施、通道进行细致检查，发现问题及时纠正。

3.1.3 发现可疑物品或不明物品，应及时通知保安部妥善处理。

3.1.4 营业中随时注意宾客随身带来的贵重物品，防止遗失；如在餐厅发现宾客遗留物品，应按宾客

续表

××酒店标准文件		××酒店 餐饮部管理制度	文件编号××-××-××		
版本	第×/×版		页	次	第×页

遗留物品处理规定进行处理。

3.1.5 营业结束后,应把所有火种隐患(烟头和燃剩的蜡烛、固体酒精等)熄灭,集中倒在有盖的铁桶内,存放在安全的地方。关闭所有电器开关、门窗,倾倒干净所有垃圾,做好安全检查,确保安全。

3.1.6 如发生宾客醉酒闹事、影响治安,应迅速报告保安部,并劝导、制止和隔离;如发现有不轨行为的人和事,应严密监视和控制,并迅速报告保安部。

3.2 厨房

3.2.1 厨房内严禁吸烟,严禁存放易燃易爆和有毒物品。液化气瓶和固体酒精要专人存放安全地点,随用随拿。

3.2.2 开油锅时,注意控制油温,厨师不得随意离开,以防油锅着火。

3.2.3 使用各种电器设备、厨房炊用机械,须严格执行厨房设备机械安全操作规范,防止电器设备触电和机械设施伤人;发现异声、异味和不安全因素,要立即查明原因,迅速报告工程部和保安部。

3.2.4 经常检查厨房的各种电器设备,发现漏电、短路和超负荷情况,应及时通知工程部进行检修。

3.2.5 禁止无关人员进入厨房。下班前必须认真检查水、电、煤气、蒸汽、各种电器设备、炊用机械和刀具的使用情况,关紧开关,保证安全。

3.2.6 餐厅、厨房配置充足的消防设备和器械。所有员工都必须参加防火和安全培训,懂得正确使用各种消防器械,确保财产和人身的安全。

4 酒水管理制度

4.1 酒水领料单须一式二联,第一联交仓库保管员,第二联由酒水员自己保存,由酒水员按编号逐日将领料单上交餐饮部成本核算员。

4.2 领饮料时必须将品名、数量填写清楚,交餐饮部经理签字,方可生效;若有涂改现象,此联以作废处理。

4.3 酒水员领用酒水时,若在搬运途中损坏,按实物价格赔偿。

4.4 营业前酒水员必须将每瓶(听)饮料擦干净,营业时酒水员凭酒水单发放酒水;每餐营业结束后,酒水员要将酒水单与收银台进行核对,并做好记录。每月酒水领用表必须填写清楚,做到日清日结酒水毛利,每月餐饮部经理要对本部门酒水盘点一次。

4.5 酒水员每日必须检查酒水品种是否齐全,若仓库无货要及时请购。

4.6 严禁员工私拿饮料;一经发现,提供者和拿用者一并从严惩处。在保证质量的前提下,团体用餐饮料如有节余,必须填表,一式两份,一份由酒水员保存,一份交餐饮部经理按月结算一次。

4.7 宾客点用饮料品种,必须与酒水单上所开品种相同,不得采取变通办法(如茶水充酒水);一经发现,按实数对当事人从严处罚。

4.8 酒店内部举行促销活动,多余的酒水必须填表,一式两份,一份由酒水员留存,一份交餐饮部经理;若私自存放享用或供他人享用,一经发现,从严处罚。

4.9 各种饮料、酒水价格,不许随意改动;一经发现,对责任人从重处罚。

5 餐饮部服务工作质量管理制度

5.1 餐饮部服务工作质量必须根据国家旅游局评星级标准及评分原则,结合模式规定的管理制度、服务工作规程及质量标准等进行质量监督检查,坚持"让客人完全满意"的服务宗旨,加强部门的质量管理工作。

5.2 餐饮部质量管理按垂直领导体制,严格实施逐级向上负责,逐级向下考核的质量管理责任制。

5.3 部门应划分质量监督范围,建立质量监督检查网络,作为部门的一个管理子系统,以保证质量管理的连续性和稳定性。

5.4 各级管理人员加强现场管理和督导,并做好逐日考核记录,作为奖罚的依据,并将质量管理情况和改进措施在每周例会上汇报讨论。

5.5 为了确保质量管理工作的严肃性,做到有案可查,餐饮部应建立员工工作质量档案和各级管理人员工作质量档案。

5.6 各营业点应设立"宾客意见征求表",及时处理宾客投诉,并做好统计反馈工作,各管区主管或领班应经常征求订餐宾客和接待单位意见,后台部门应征求前台部门意见,了解宾客反映。

5.7 菜点质量应按食品卫生和厨房工作规范严格操作生产,严格把关,凡质量不合格的菜点绝不出厨房。

5.8 质量监督、检查应采取每日例行检查与突击检查相结合,专项检查与全面检查相结合,明察与

续表

××酒店标准文件		××酒店 餐饮部管理制度	文件编号××-××-××		
版本	第×/×版		页次		第×页

暗察相结合的方法,对各管区的质量及时分析评估作出报告,并定期开展交流和评比活动。

6 鲜活原料申购、仓库领料验收及仓储管理制度

6.1 除鲜活原料外,所有高档原料申购单需经餐饮部经理审核后上报审批,由财务部经理、采购部经理认可,上报总经理同意后方可申购。

6.2 一般原料采购由厨师领班按日采购,由部门经理认可后即可购买。

6.3 鲜活原料原则上使用海鲜房原料,若有特殊要求则报采购部购买。

6.4 领取食品原料必须按规定填写"领料单",各部门领料必须由厨师长或厨师领班签字,各部门经理批准。

6.5 领取食品原料必须在领料单上正确写清品名、数量、单位,由发货人根据领料单发货。

6.6 若实际发货数量不足,须在领料单上注明实际领用数量,并由发货人及收货人共同签字认可。

6.7 发完货后,必须由收货人验收并签字认可。

6.8 各部门领取贵重原料必须经过预算,提前一天领用,并严格验收,核准数量。

6.9 各部门领料单必须由专人保管,不得将领料单互借使用。领后的领料单必须按编号保存,月底将领料单凭证汇总上交餐饮部。

6.10 在领取鲜活原料时,必须严格验收,如发现质量不符合要求,则应拒绝领用。

6.11 做好"货物验收日报表",分类列出,以便于成本核算。

6.12 所有进入厨房的食品由厨师长或厨师领班负责。

6.13 仓库保管员应明确存货的需要量及周转量。

6.14 仓库要求清洁卫生、摆放有序,保持柜门的安全,防止食品被盗。食品货架离墙至少10厘米,离地20厘米,以防食品受潮发霉。

6.15 干湿货物、罐头、瓶酒等应分类存放,水果、乳制品、海鲜类应单独存放,并分类储存,排列整齐。仓库和冰箱湿度、温度符合要求。

6.16 一切干湿物品要有明确分类存发记录。凡每月每项进货及凭领料单分发各部门的物品,均应有详细注明进仓和发货的数量、日期及经手人等。准确记录入库单,做到进货有数,存货有序,发货存据,库存有分类,管理有制度。

6.17 如进货数量不足,质量不符合要求或存在其他问题,应及时和采购部取得联系。

6.18 进货时应加贴标签,注明入库日期、价格等,以便掌握物品的储存期限,有利于发货和盘存工作。放置物品时要有先后固定位置,以便先进先出,后进后出。

6.19 一切干湿物品都应随时留意,以防变质,干货预防发霉或被虫、鼠咬坏,价格昂贵的物品应密封储存。

6.20 储存罐头食品时,须保留原包装纸或原装木箱;大米、面粉、食盐等,仍按原包装的口袋发出,基本保证物品按原包装发出。

6.21 储存的物品应定期盘点和不定期抽查核对,做到账物相符,盘点后填好盘存表。

6.22 无关人员不得进入食品仓库;如有事进库,须经餐饮部经理、部门经理签字认可。

6.23 仓库规定固定领物时间,如无特殊情况禁止开库。

6.24 仓库保管在一天结束后,将各部门领料单交给餐饮部成本核算员,为确定日清日结的食品毛利提供依据。

7 餐饮部客史档案管理制度

7.1 客史档案是餐饮部经营和销售活动中的机密文件。

7.2 客史档案主要内容为:菜单、宾客意见反馈等。

7.3 除餐饮部领导、厨师长、销售人员可借阅外,非经餐饮部经理同意,其他无关人员不得查阅。

7.4 客史档案记录应包含各类别、各档次宴请情况。

7.5 客史档案应着重记录中外高层领导、中外企业领导和社会各界知名人士、美食家的食俗、口味特点和对菜点质量、服务质量的意见。

7.6 客史档案内容要定期仔细核对,并经常补充调整。

7.7 客史档案应分门别类编号或根据行业、系统划分,并按宴请日期排列存档。

7.8 安排专人负责客史档案的整理、编排、清理、存放。

8 各餐厅酒水盘存制度

8.1 餐厅酒水的盘存工作必须每个班次进行。

续表

××酒店标准文件		××酒店 餐饮部管理制度	文件编号××-××-××		
版本	第×/×版		页	次	第×页

8.2 酒水盘存由酒水员负责进行，并签字认可。
8.3 酒水盘存方法是以酒水库标准储量为标准。
8.4 开库基数须与上一次关库实际盘存数相同。
8.5 当班关库实际盘存数应与理论盘存数相同。
8.6 盘存中发现数量不符应及时查找原因，无法解决的要及时汇报餐厅主管或领班。
8.7 酒水盘存中实际销售数量须以酒水单为依据，酒水单保存3个月。
8.8 每月底会同成本控制员进行一次全面盘存。

9　银器管理制度
9.1 库房必须建立银器类专用账册。
9.2 银器必须根据其特性，按使用说明进行清洁保养。
9.3 银器的保管、清洗必须有专人负责。
9.4 清洁保养银器的清洁剂在使用前必须严格检查。
9.5 领用银器必须领用人签字以便回收时验收。
9.6 经常使用的银器每月须清洗磨光一次。
9.7 不常使用的银器必须包装好，分类存放在固定的餐具架上。
9.8 因人为因素造成高档餐具损坏或损失必须赔偿。

拟订		审核		审批	

制度2：餐饮服务质量标准

××酒店标准文件		××酒店 餐饮服务质量标准	文件编号××-××-××		
版本	第×/×版		页	次	第×页

1　餐厅、酒吧、咖啡厅环境标准
　1.1 布置高雅美观，环境清洁舒适。
　1.2 卫生间清洁卫生，保证有岗、有人、有服务。
　1.3 空调室温冬季18～24℃，夏季22～24℃。
　1.4 室内噪声不高于50分贝。
　1.5 相对湿度为40%～60%。
2　厨房设施设备和环境标准
　2.1 水台、冰箱、炉灶、蒸汽炉等设施设备完好有效。
　2.2 防蝇、排烟通风设施完好。
　2.3 消防设备、器材安全有效。
　2.4 各种食品加工机械完好有效。
　2.5 室高不小于3米，面积不小于1.5平方米/人。
　2.6 连接餐厅的通道，有隔音、隔气装置，干净整洁。
3　餐厅服务质量标准
　3.1 餐厅设领位、服务、传菜岗，并保证有岗、有人、有服务，服务规范，程序完善。
　3.2 上岗的服务人员要做到仪容端正，仪表整洁，符合《员工手册》的要求。
　3.3 开好营业前的班前会，做好上岗前检查，明确分工，了解当班的宴会、冷餐会、会议及日常营业情况。
　3.4 用英语接待、服务外宾，做好菜点、酒水的推销和介绍。
　3.5 各式中餐宴会、散餐铺台按各式铺台规范，台椅横竖对齐或排成图案形。铺台前要洗净双手，避免污染餐具。
　3.6 中西餐菜单、酒单外形美观，质地优良，印刷清晰，中英文对照，干净无污渍；菜单、酒单上的品种95%～98%能保证供应。

续表

××酒店标准文件		××酒店 餐饮服务质量标准	文件编号××-××-××		
版本	第×/×版		页	次	第×页

3.7 严格执行使用托盘服务,保持托盘无油腻。

3.8 严格执行报菜名制度,上每一道菜都要向宾客报菜名。

3.9 为点菜宾客倒第一杯酒,餐间服务要按工作流程及质量标准做好斟酒、分菜、换盘等服务。

3.10 宾客就餐过程中,坚持三勤服务,即"嘴勤、手勤、眼勤",及时提供服务。

3.11 按中西不同餐式的上菜顺序出菜,传菜无差错。

3.12 第一道菜出菜距点菜时间不超过15分钟。

3.13 桌上烟灰缸内的烟头不超过3个,换烟灰缸按操作流程规定更换。

3.14 设立无烟区,桌上有标志。

3.15 上菜、上汤、上饭时手指不触及食物,汤水不外溢。

3.16 收银用收银夹,请宾客核对账单,收款后向宾客道谢。

3.17 宾客用餐结束,主动征求意见,送行道谢,欢迎再次光临。

3.18 餐厅内设宾客意见征求表,并对填写过的征求表及时收回。

3.19 保持餐厅走廊过道、存衣处等公共场所的干净整洁、无浮尘、无污渍。

3.20 保持清洁卫生,门窗光亮,地毯、地板、墙面、天花板无积尘、无四害,无蜘蛛网。

3.21 保持花木盆景的清洁,无垃圾、烟蒂,无枯叶。

3.22 保持餐厅内各种艺术挂件完好,挂放端正,无浮灰、无污迹。

3.23 保持餐桌、椅子、工作台、转盘的清洁;工作台内物品分类、摆放整齐。

3.24 保持餐具、水杯、酒杯的清洁完好,所有餐具、水杯、酒杯必须严格消毒,无手纹、无水渍、无缺口、无裂痕。

3.25 保持调味器皿的清洁完好,无脏渍、无缺口,若内装调料需保证调料不变质、不发霉。

3.26 保持台号、菜单的清洁完好,无污渍、无油腻、无破损、无涂改。

3.27 保持台布、餐巾的清洁完好,熨烫平整,无污渍、无破洞。

3.28 保持工作间、工作车的干净清洁,无油腻、无垃圾;工作间内物品摆放整齐,随手关门。

3.29 保持餐厅内的桌椅、转盘、用具的完好有效,餐厅内的冰箱、空调、电话机以及所有照明设备均完好有效。

3.30 各类宴会、酒会、冷餐会要求准备充分,台型摆设装饰美观,菜肴品种丰富适量,按服务规程提供优质服务。

3.31 会议服务根据出席人数准备充足茶水,配备记录纸和笔;纸张要求干净无破痕,笔要求好用,会议用扩音设备完好有效。

3.32 做好宴会结束的收尾工作,桌椅归位,台面铺设复原,无遗留垃圾,地面保持清洁。

3.33 除24小时营业的餐厅外,一般餐厅的午餐在14:30,晚餐在22:00(冬天可在21:30)前仍需接受点菜。

3.34 各餐厅建立起物资月报制度,每月做好清点工作,控制餐具、布件等的散失和损坏。每月餐具损耗及丢失控制在月营业额的5‰以内。

3.35 员工具有一定的消防意识,熟悉灭火装置及使用方法,并保证灭火装置的有效性。

3.36 对宾客的投诉和意见,首先要认真对待,及时处理,其次要记录在案,以便培训时作为资料,保证餐厅不再发生类似情况。

3.37 遵守《员工手册》和酒店规定的各项规章制度,不私收小费和宾客馈赠的礼品;对待宾客遗留的物品,要按宾客遗失物品处理规定及时处理。

3.38 做好班次交接工作,对本班次未完成而需交代到下一班次完成的工作,一定要有交接记录,保证班次的连贯性。

3.39 餐厅经理及餐厅主管坚持在服务现场的管理和监督,每天有工作考核记录。

4 酒吧、咖啡厅服务质量标准

4.1 设立领位、服务、传菜、调酒等岗位,保证有岗、有人、有服务,服务规范,程序完善,咖啡厅24小时营业,酒吧营业到凌晨1:00～2:00。

4.2 上岗的服务员做到仪容端正、仪表整洁,符合《员工手册》的要求。

4.3 开好营业前的班前会,接受上岗前的检查,了解当班业务情况,明确分工,做好服务工作。

4.4 熟练地用外语接待、服务外宾。

4.5 铺台、摆台合乎规范。

续表

××酒店标准文件		××酒店 餐饮服务质量标准	文件编号××-××-××		
版本	第×/×版		页 次		第×页

4.6 严格执行使用托盘服务,严禁直接用手拿杯服务客人。
4.7 酒水单、菜单中英文对照,印刷优良,字迹清楚,无破损无折痕。
4.8 各种杯具及器皿清洁卫生,放置整齐,无污痕,保证玻璃器皿无手印。
4.9 能配置酒单所列的各式鸡尾酒,调制快速、准确、卫生,符合规范。
4.10 正确掌握摇酒器、调酒棒、量杯等的使用方法。
4.11 整瓶酒出售时,应按斟酒操作程序服务,当着宾客面启封开口,使宾客看到标牌,倒酒时无溢滴现象。
4.12 营业低峰时,宾客所点酒水在2分钟内上台,高峰时5分钟内上台。
4.13 坚持"三勤"服务,及时提供各种小服务。
4.14 烟灰缸内烟头不许超过3个,更换烟灰缸严格按照《烟灰缸更换程序》进行。
4.15 收款用收银夹,请宾客核对账单,准确无误后收款,并向宾客道谢。
4.16 餐厅设宾客意见征求表,对填写过的征求表及时回收。
4.17 宾客用餐及点用酒水结束,拉椅送客至餐厅门口,热情道谢送别,3分钟内重新铺好台面。
4.18 保持室内的清洁卫生,门窗光亮,地毯、地面、墙面、天花板无积尘,无蜘蛛网。
4.19 保持花木盆景的清洁,花架和叶面无浮尘,盆景和垫盆内无垃圾、无烟蒂、无枯叶。
4.20 保持室内各种艺术挂件完好,挂件端正,无浮尘,无污迹。
4.21 保持餐桌、椅子、工作台、吧台的清洁,工作台内各种物品摆放整齐。
4.22 保持茶具、酒具、咖啡具、水杯、冰桶等清洁完好,严格消毒,无手纹、无水渍、无脏痕、无裂痕、无缺口。
4.23 保持台布、餐巾清洁完好,洗涤干净,熨烫平整,无污渍、无皱纹、无破洞。
4.24 保持冰箱、制冷机、空调、电话以及所有照明设备、灯头均完好有效。
4.25 做好营业结束后的收尾工作,要求桌椅位置、台面摆设复原,无遗留垃圾,保持地面清洁,无杂物。
4.26 建立物资台账,每月清点一次物资,保证餐具的破损率和丢失控制在月营业额的5‰之内。
4.27 具有一定的消防常识并熟悉灭火设备的位置及使用方法。
4.28 对宾客的投诉和意见,要认真对待,及时处理,保证宾客满意而归,并做好记录。
4.29 遵守《员工手册》和各项规章制度,不私收小费和客人馈赠的礼品;对待宾客遗留的物品,要按宾客遗失物品处理规定及时处理。
4.30 做好班次交接工作,保证班次的连贯性。
4.31 餐厅经理及餐厅主管坚持在服务现场的管理和督导,做好每日工作考核记录。

5 客房送餐服务质量标准
5.1 在餐厅设立预订、送餐服务岗,24小时保证有岗、有人、有服务,服务规范,程序完善。
5.2 上岗的服务人员做到仪容端正、仪表整洁,符合《员工手册》要求。
5.3 熟练地运用外语进行预订及送餐服务工作。
5.4 接听电话预订时,先礼貌地向宾客问候:"您好,客房送餐,请讲。"再准确无误地记录宾客点的菜点及酒水,并向宾客复述一遍订餐内容;每张预订单上均应加盖时间章,然后交厨房和送餐服务员准备。
5.5 客房送餐从接受预订到送至客房的时间:早餐20分钟,中晚餐30分钟内。
5.6 客房订餐电话铃声3响内接听,超过3响以上应主动向宾客致歉。
5.7 送餐服务前对菜肴、酒水、调料、餐具、台布、餐巾、送餐车作全面检查,要求菜肴、点心符合质量要求,并加盖保洁保温;餐具配置得当,清洁完好,台面、餐巾干净整齐,无污渍、无折皱;送餐车干净整洁,完好有效;并将餐具记录在"客房送餐记录本"上。
5.8 送餐服务时餐车推行小心谨慎,餐具摆放平稳得当。进房时,先敲三下并说"客房送餐";待宾客开门后再进入房间,礼貌问候宾客,并主动征求宾客对摆放和服务的意见要求。
5.9 送餐服务时要视宾客需要,提供各种小服务。
5.10 用账单夹送上账单,请宾客签字并道谢告别。
5.11 送餐完毕45分钟后,到楼面回收宾客使用过的餐具和布件,防止丢失和损坏;对45分钟后收不回的餐具,应主动询问宾客何时可收回餐具并准时回收。回收餐具后,在"送餐记录本"上做好记录。
5.12 每天定期清理送餐车,保持干净整洁、无油腻;有送餐车维护保养制度,每天检查并注意一周

续表

××酒店标准文件		××酒店 餐饮服务质量标准	文件编号××-××-××		
版本	第×/×版		页	次	第×页

加一次润滑油。

5.13 由咖啡厅服务员晚24:00、次日3:00、5:00分3次到客房楼层回收门把式早餐单，按宾客要求在20分钟内给宾客送餐至房间。

5.14 对宾客的投诉和意见，要高度重视、及时整改，使宾客满意，并记录在案。

5.15 做好交接班工作，交接清楚，并有记录及交接人签字。

5.16 若有VIP宾客的送餐服务，部门经理或餐厅主管与服务员一起送进房。

6 厨房工作质量标准

6.1 在规定的岗位和工作时间内，必须有岗、有人、有服务。

6.2 上岗应按规定着装，服装、鞋帽整齐、干净、统一，不留长发和指甲，厨帽罩住头发，不戴首饰，个人卫生符合食品卫生要求。

6.3 严格执行《中华人民共和国食品卫生法》，切实把好食品原料质量关，操作卫生和储藏保洁关，防止污染，确保食品安全，无差错、无事故。

6.4 存放食品的冰箱做到"四分开"（鱼肉分开、荤素分开、生熟分开、成品和半成品分开），并有专人管理，定期清理打扫，冰箱内整洁干净。隔顿、隔夜食品做到回锅蒸煮。

6.5 保持厨房的整洁卫生，工作区、台面以及各种用具和食品加工机械干净清洁，调料缸一定要加盖。

6.6 中西厨冷盘间和点心加工间要做到"三白"（白衣、白帽、白口罩）、"三专"（专业、专人、专用具）、"三严"（严格检查进货，严格分开生熟食品，严格消毒各种用具）、"三不入"（未经洗好的生食品不准入内，非有关的人员不准入内，私人的物品不准带入），专用间内备有"三水"（消毒水、洗涤水、清水）。

6.7 落实安全措施，厨房内不得存放有毒、有害和易燃物品；有完好的灭火装置，每个工作人员都熟悉使用方法和放置的位置；使用各种电器设备，严格执行安全操作要求。开油锅时，操作人员坚持做到人不离锅，严防油锅起火。营业结束后，认真检查水、电、燃油和各种机械设备及刀具的使用保管情况，保证安全。

6.8 厨房内的设施设备及各种物资账目清楚，有专人负责保养及卫生。各种设施设备及各类炊具、刀具、用具完好有效；若有损坏，及时报修。

6.9 领料、验收和发货手续完善，做到领料凭签单，验收按质按量，进发货按票据，做到货物票单相符，日清日结，账物清楚。

6.10 合理使用各种原料，做到物尽其用，最大限度地减少损耗和浪费。

6.11 做好成本核算，严格控制成本和当日毛利率；做到按定额标准投料，主料过称，各种原料领取数量和实际耗用数量以及出产的成品数量均有记录，每日核算准确无误。

6.12 严格执行厨房生产操作规程和菜点质量，把关程序，确保质量，做到"一快、二好、三足、四及时"。

一快：出菜速度快，无论散餐或宴会均应在15分钟之内上第一道菜。

二好：从原料选择，切配标准，搭配合理，烹制精细到菜点成品的味感、观感和营养均好。

三足：原料准备充足，宾客所点菜点分量充足，宾客的特殊要求尽量满足。

四及时：准备工作及时，同各部门和班组联系及时，菜点供应及时，请示汇报及时。

6.13 遵纪守法，无私吃、偷拿、偷盗等违纪违法行为。

6.14 厨师长和厨房领班在生产操作现场进行管理和督导，并有工作检查和书面记录。

7 酒水管理质量标准

7.1 设立完备的酒水领发、保管岗，工作时间内始终保持有岗、有人、有服务，服务规范，程序完善。

7.2 上岗人员按规定着装，仪表整洁，符合《员工手册》的要求。

7.3 热情主动地为前台服务，及时了解和掌握餐厅的业务情况及重大活动，配齐与备足所需的各类酒水，保证供应不脱档。

7.4 与餐饮部保管员沟通联系，及时提出申购计划，控制好酒水的领进单，确保不积压。

7.5 各种酒水必须在保质期以内使用，保证无破损酒瓶及严重变形的听罐流入营业场所。

7.6 保持酒水仓库的干净整洁，摆放整齐，无积灰、无垃圾、无蜘蛛网。

7.7 各餐厅酒架上摆设的酒水，必须商标朝外，保证供应数量充足，并确保安全无流失。

7.8 建立酒水二级仓库账，做好酒水的日常检查和清点工作，保证每周一次酒水盘点，并做好记录。

××酒店标准文件		××酒店 餐饮服务质量标准	文件编号××-××-××		
版本	第×/×版		页	次	第×页

7.9 酒水仓库消防措施齐全有效，工作人员具有一定的消防知识并熟悉灭火装置的位置及使用方法。
7.10 遵守《员工手册》和各项规章制度，不利用职务之便私吃私拿或馈赠他人。
7.11 做好交接班工作，保证工作的连续性，并做好工作记录。

8 管事部工作质量标准
8.1 设有与工作任务相适应的工作岗位，并保持有岗、有人、有服务。
8.2 上岗人员按规定着装，个人卫生符合食品卫生要求。
8.3 设备财产和物资有明细账册，每月底清点核对，控制财产及物资的流失，减少餐具的破损率。
8.4 管事部的仓库有防火、防盗装置，仓库整洁，货架及货物摆放整齐，分类立卡，账物相符；贵重的银器餐具和易碎的陶瓷、玻璃器皿要分类存放，保管安全。
8.5 领用餐具、物品一律凭单，登记入账清楚；对大型活动各部门临时借用的餐具及物品，应于两天内收回。
8.6 每周检查一次餐具、物品的使用情况，严格查处短缺原因；每月进行一次损耗统计，填制出损耗月度报告，适时提出添补、更新计划；严格执行餐具定额管理制度，保证为餐厅和厨房提供充足、完好的餐具。
8.7 进货入库把好验收关，仔细核对货单、品种、数量、规格、质量和单价。
8.8 洗碗工执行洗碗工作操作流程。
8.9 爱护和珍惜使用清洁器械和各类用具、设备，经常保持工作场地干净、清洁，设备、用具整洁卫生。做好每餐的收尾工作，保证设备安全，场地环境清洁。
8.10 清洗餐具严格执行"一刮、二洗、三过、四消毒、五保洁"的工作程序，谨慎操作，轻拿轻放，最大限度地减少损耗；清洗消毒后的餐具及时分类，定点保洁存放。
8.11 定期进行除四害工作，四害密度不超过卫生部门规定的标准（100平方米范围内不许超过两只苍蝇）。
8.12 管事部经理每天要做好工作检查和工作考核。

拟订		审核		审批	

制度3：餐具管理制度

××酒店标准文件		××酒店 餐具管理制度	文件编号××-××-××		
版本	第×/×版		页	次	第×页

1 管理职责
1.1 楼面经理负责楼面餐具的全面管理工作。
1.2 服务员负责各自餐具的具体管理工作。
1.3 厨师长负责厨房餐具的全面管理工作。
1.4 洗刷工负责餐具的洗刷、保养工作。
1.5 厨房洗刷工负责餐具的厨房餐具的存放及具体管理工作。
1.6 酒店仓库负责新进餐具的管理、发放、破损餐具的鉴定及标示工作。
1.7 质检员、各管理人员、餐具流通过程的各相关人员负责餐具管理的监督、检查工作。

2 餐具的采购
2.1 按照公司采购管理的要求，酒店采购餐具须经餐具使用部门提出申请，酒店总经理审核，公司总经理批准后，由采购部负责采购。
2.2 由于餐具破损引起的餐具补充由使用部门提出申请，酒店总经理批准，由采购部负责采购。
2.3 餐具入库须经餐具使用部门认可、检验合格并在"入库单"上签字后方可入库，未经检验餐具严禁入库，若入库由仓库责任人负责退回，并按公司管理规定处罚相关责任人。

3 餐具的领取
3.1 酒店餐具适用谁破坏谁赔偿的原则，由损坏人赔偿。

续表

××酒店标准文件		××酒店 餐具管理制度	文件编号××-××-××		
版本	第×/×版		页	次	第×页

3.2 楼面/厨房客损、自损餐具的领取须由部门负责人开出"领料单",楼面经理/厨师长确认餐具已经赔偿后签字确认,餐具使用人到仓库领取。

3.3 楼面自然破损餐具由楼面经理鉴定、签字,并开具"领料单",经仓库签字确认为自然破损后,餐具使用人到仓库领取。

3.4 厨房自然破损餐具由厨师长鉴定、签字,开具退单,经仓库签字确认为自然破损后,退回仓库,厨师长方可在餐具台账上减去。

3.5 客损餐具须经楼面经理签字确认后才能给顾客加客损。

3.6 厨房餐具领取须经厨师长批准,开具领料单后由使用人领取。

3.7 损坏餐具的领取必须以旧换新,旧餐具由仓库保管,能够使用的设置损坏标志,报废的暂存仓库经酒店总经理批准后由质检监督统一销毁。

4 楼面餐具的管理

4.1 楼面餐具管理采用谁使用谁负责的原则,使用人对餐具维护、防护负责。

4.2 餐具洗刷及交接过程由接收方负责检验,餐具破损由交方负责赔偿。

4.3 楼面各包房、零点大厅严格按照"餐具配比表"的数量配备餐具,多出餐具由质检罚没,交回仓库重新入库,并按公司管理规定进行处罚,缺少餐具由使用人赔偿。

4.4 楼面应不定期对楼面餐具进行盘点、检查,每周不少于1次。

5 厨房餐具管理

5.1 厨房餐具采用谁损坏谁赔偿的原则,由餐具损坏者负责赔偿。

5.2 厨房餐具损坏、老化但是不影响使用的由仓库统一在餐具不影响感观的部位设置破损标志,任何人不准破坏破损标志,一经查出按照酒店管理制度处罚。

5.3 厨房餐具在洗刷间按照酒店要求(由厨师长规定),统一分类按照指定的位置存放,存放过程应轻拿轻放,严禁野蛮作业,一经查出严格按照酒店制度处罚。

5.4 餐具洗刷、传递过程,轻拿轻放严禁野蛮作业,一经查出严格按照酒店制度处罚。

5.5 打荷员工负责厨房餐具的领取工作,领取前打荷员工应检查餐具是否破损,严禁领取无破损标志的破损餐具,一经查出由领取人(打荷)负责赔偿,破损餐具交质检送回仓库,根据适用情况由仓库负责报废或设置破损标志。

5.6 传菜过程传菜员工严禁传递破损餐具,一经查出由当事传菜员工负责赔偿,破损餐具交质检送回仓库,根据适用情况由仓库负责报废或设置破损标志。

5.7 服务员严禁接受无破损标志的破损餐具,一经查出由当事服务员赔偿,破损餐具交质检送回仓库,根据适用情况由仓库负责报废或设置破损标志。

5.8 传菜员工根据领班的要求负责餐具撤回工作,传菜员工严禁撤回无破损标志的破损餐具,一经查出由当事传菜员工负责赔偿,破损餐具交质检送回仓库,根据适用情况由仓库负责报废或设置破损标志。

5.9 洗刷员工严禁接受破损餐具,一经查出由当事洗刷员工负责赔偿,破损餐具交质检送回仓库,根据适用情况由仓库负责报废或设置破损标志。

5.10 厨房餐具严禁在楼面过夜,由于洗刷班组下班等原因造成的撤回餐具当天无法交接,传菜员工应按照厨房要求,将餐具当天传回厨房指定地点,第二天由传菜员工与洗刷员工交接。

5.11 餐具流通的任何过程严禁野蛮作业,严禁餐具乱摆、乱放,一经查出,将严格按照酒店管理规定从严处罚。

5.12 餐具流通过程涉及的相互交接的每一个环节,交接双方应相互检查监督,发现有破损餐具,应立即报告质检员,由质检员负责处理,如知情不报按照破公共财物处置。

5.13 厨房部应设立专门的餐具台账,每周对餐具进行盘点,如发现餐具流失,厨师长负责落实流失原因找到相应责任人,由责任人负责赔偿餐具。

5.14 对任何恶意破坏餐具的行为,将严格按照酒店处罚管理规定的最高处罚条款处罚,全体员工都有义务举报这种行为,酒店将按照管理制度的最高奖励条款对举报人予以重奖,知情不报者与破坏者同罪。

拟订		审核		审批	

制度4：食品卫生安全管理制度

××酒店标准文件		××酒店 食品卫生安全管理制度	文件编号××-××-××		
版本	第×/×版		页	次	第×页

1 食品留样制度
1.1 大型宴会、重要接待，厨房每样食品都必须由专人负责留样。
1.2 每餐、每样食品必须按要求留足200克，分别盛放在已消毒的餐具中。
1.3 留样食品取样后，必须立即放入完好的食品罩内，以免被污染。
1.4 留样食品冷却后，必须用保鲜膜密封好（或加盖），并在外面标明留样日期、品名、餐次、留样人。
1.5 食品留样必须立即密封好、贴好标签后，必须立即存入专用留样冰箱内。
1.6 每餐必须做好留样记录：留样日期、食品名称，便于检查。
1.7 留样食品必须保留48小时，时间到后方可倒掉。
1.8 留样冰箱为专用设备，留样冰箱内严禁存放与留样食品无关的其他食品。

2 餐饮工作人员食品安全知识培训制度
2.1 食品生产、经营、餐饮人员必须在接受食品安全法律法规和食品安全知识培训并经考核合格后，方可从事餐饮服务工作。
2.2 认真制订培训计划，在食品药品监督管理部门的指导下定期组织管理人员、从业人员进行食品安全知识、职业道德和法制教育的培训以及食品加工操作技能培训。
2.3 餐饮服务食品人员的培训包括负责人、食品安全管理人员和食品从业人员，初次培训时间分别不少于20课时、50课时、15课时。
2.4 新参加工作人员包括实习工、实习生，必须经过培训、考试合格后方可上岗。
2.5 培训方式以集中讲授与自学相结合，定期考核，不合格者离岗学习1周，待考试合格后再上岗。
2.6 建立从业人员食品安全知识培训档案，将培训时间、培训内容、考核结果记录归档，以备查验。

3 餐饮工作人员健康检查制度
3.1 食品生产经营人员每年必须进行健康检查。新参加工作和临时参加工作的食品生产经营人员必须进行健康检查，取得健康证明后方可参加工作。
3.2 食品生产经营人员持有效健康合格证明从事食品生产经营活动。
3.3 凡患有痢疾、伤寒、病毒性肝炎等消化道传染病（包括病原携带者），活动性肺结核，化脓性或者渗出性皮肤病及其他有碍食品卫生的疾病，不得从事接触直接入口食品的工作。
3.4 凡检出患有以上"五病"者，要立即将其调离原岗位，禁忌症患者及时调离率100%。
3.5 凡食品从业人员手部有开放性、感染性伤口，必须调离工作岗位。

4 餐饮工作人员个人卫生管理制度
4.1 从业人员必须进行健康检查和食品安全知识培训，合格后方可上岗。
4.2 从业人员必须认真学习有关法律法规和食品安全知识，掌握本岗位的卫生技术要求，养成良好的卫生习惯，严格卫生操作。
4.3 严格的洗手：操作前、便后以及与食品无关的其他活动后应洗手，先用消毒液消毒，后用流动水冲洗。
4.4 从业人员不得留过长指甲、涂指甲油、戴戒指。不得在食品加工场所或销售场所内吸烟、吃东西、随地吐痰，不得穿工作服入厕。
4.5 从业人员不得面对食品打喷嚏、咳嗽及其他有碍食品卫生的行为，不得用手直接抓取入口食品、用勺直接尝味，使用后的操作工具不得随处乱放。
4.6 从业人员要注意个人卫生形象，养成良好的卫生习惯，穿戴整洁的工作衣帽，头发梳理整齐置于帽后。
4.7 从业人员必须认真执行各项食品安全管理制度。

5 餐（用）具洗涤、消毒管理制度
5.1 设立独立的餐饮具洗刷消毒室或专用区域，消毒间内配备消毒、洗刷保洁设备。
5.2 洗刷消毒员必须熟练掌握洗刷消毒程序和消毒方法。严格按照"除残渣→碱水洗→清水冲→热力消→保洁"的顺序操作。药物消毒增加一道清水冲程序。
5.3 每餐收回的餐饮具、用具，立即进行清洗消毒，不隔餐隔夜。

续表

××酒店标准文件		××酒店	文件编号××-××-××	
版本	第×/×版	食品卫生安全管理制度	页 次	第×页

  5.4 清洗餐饮具、用具用的洗涤剂、消毒剂必须符合国家有关卫生标准和要求。餐具消毒前必须清洗干净，消毒后的餐饮具表面光洁、无油渍、无水渍、无异味、无泡沫、无不溶性附着物，及时放入保洁柜密闭保存备用。
  5.5 盛放消毒餐具的保洁柜要有明显标记，要经常擦洗消毒，已消毒和未消毒的餐饮具要分开存放。
  5.6 洗刷餐饮具的水池专用，不得在洗餐饮具池内清洗食品原料，不得在洗餐饮具池内冲洗拖布。
  5.7 洗刷消毒结束，清理地面、水池卫生，及时清理泔水桶，做到地面、水池清洁卫生，无油渍残渍，泔水桶内外清洁。
  5.8 定期清扫室内环境、设备卫生、不留卫生死角，保持清洁。

6 预防食品中毒制度
  6.1 豆浆、四季豆等生食有毒，必须煮熟煮烂方能销售。
  6.2 马铃薯（土豆）发芽时，因芽内含有龙葵素，必须将芽彻底挖掉，才可进行烹调食用。
  6.3 未煮熟透的海产品，不得食用，熟透的海虾、海蟹应一次或当天食用，如有剩余，放凉后立即妥善冷藏，再次食用前要加热煮透。
  6.4 夏秋季多发细菌性食物中毒，要注意食物加工消毒及炊具、餐具消毒。
  6.5 严防发生投毒事件。外部人员不得随意进入食品加工出售间，注意炊事人员的思想建设，及时化解矛盾，以免发生过激行为。
  6.6 食品仓库、加工间不得存放任何有毒、有害物质。
  6.7 餐厅内不得有员工住宿、午休房间。
  6.8 如怀疑有食物中毒发生时，应迅速上报食品药品监督管理部门、卫生行政部门和上级主管部门，采取及时有效措施进行救治。

7 食品卫生综合检查制度
  7.1 制订定期或不定期卫生检查计划，全面检查与抽查、自查相结合，主要检查各项制度的贯彻落实情况。
  7.2 各餐饮部的卫生管理组织负责本部的各项卫生检查制度的落实，每天在操作加工时段至少检查一次卫生，检查各岗位是否有违反制度的情况，发现问题，及时告知改进，并做好卫生检查记录备查。
  7.3 厨师及各岗位负责人、主管人员要跟随检查、指导，严格从业人员卫生操作程序，逐步养成良好的个人卫生习惯和卫生操作习惯。
  7.4 酒店质检管理人员及卫生管理员每周1～2次对各餐饮部位进行全面现场检查，同时检查各部的自查记录，对发现问题及时反馈，并提出限期改进意见，做好检查记录。
  7.5 检查中发现的同一类问题经二次提出仍未改进的，提交有关部门按有关规定处理，严重的交食品药品监督管理部门按有关法律法规处理。

8 烹调加工管理制度
  8.1 加工前检查食品原料质量，变质食品不下锅、不蒸煮、不烘烤。
  8.2 熟制加工的食品要烧熟煮透，其中心温度不低于70℃。油炸食品要防止外焦里生，加工后的直接入口熟食要盛放在已经消过毒的容器或餐具内。不得使用未经消毒的餐具和容器。
  8.3 烹调后至食用前需要较长时间（超过2小时）存放的食品应当在高于60℃，或低于10℃的条件下存放，需要冷藏的熟制品应在放凉后再冷藏。
  8.4 隔餐隔夜熟制品必须经充分再加热后方可食用。
  8.5 灶台、抹布随时清洗，保持清洁。不用抹布揩擦碗盘，滴在盘边的汤汁用消毒抹布揩擦。
  8.6 严格按照《食品生产经营单位废弃食用油脂管理规定》要求，收集处理废弃油脂，及时清洗抽油烟机罩。
  8.7 剩余食品及原料按照熟食、半成品、生食的卫生要求存放，不可混放和交叉叠放。
  8.8 工作结束后，调料加盖，工具、用具洗刷干净，定位存放；灶上、灶下、地面清洗冲刷干净，不留残渣、油污，不留卫生死角，及时清除垃圾。

9 粗加工管理制度
  9.1 分设肉类、水产类、蔬菜原料加工清洗区域池，并有明显标志。食品原料的加工和存放要在相应位置进行，不得混放和交叉使用。
  9.2 加工肉类、水产类的操作台、用具和容器与蔬菜分开使用，并要有明显标志，盛装海水产品的容器要专用。

续表

××酒店标准文件		××酒店 食品卫生安全管理制度	文件编号××-××-××		
版本	第×/×版		页次		第×页

9.3 各种食品原料不得随意堆放。清洗加工食品原料必须先检查质量，发现有腐败变质、有毒有害或其他感官性状异常，不得加工。

9.4 蔬菜类食品原料要按"一择、二洗、三切"的顺序操作，彻底浸泡清洗干净，做到无泥沙、杂草、烂叶。

9.5 肉类、水产品类食品原料的加工要在专用加工洗涤区或池进行。肉类清洗后无血、毛、污，鱼类清洗后无鳞、鳃、内脏，活禽宰杀放血完全，去净羽毛、内脏。

9.6 做到刀不锈、砧板不霉，整齐有序，保持室内清洁卫生。加工结束后及时拖清地面、水池、加工台，工具、用具、容器清洗干净，定位存放，切菜机、绞肉机等机械设备用后拆开清洗干净。

9.7 及时清除垃圾，垃圾桶每日清洗，保持内外清洁卫生。

9.8 不得在加工清洗食品原料的水池内清洗拖布。

10 凉菜间卫生管理制度

10.1 凉菜间工作人员应严格注意个人卫生，严格洗手消毒，穿戴整洁的工作衣帽，戴口罩和一次性手套。

10.2 认真检查食品质量，发现提供的食品可疑或者感官性状异常，立即撤换做出相应处理。

10.3 传递食品需用专用的食品工具，专用工具消毒后使用，定位存放。

10.4 配餐前要打开紫外线灯进行紫外线消毒30分钟，然后对配餐台进行消毒。

10.5 工作结束后，清理凉菜间卫生，配餐台无油渍、污渍、残渍，地面卫生清洁，紫外线消毒30分钟。

10.6 凉菜间按专用要求进行管理，要做到"五专"（专用房间、专人制作、专用工具容器、专用冷藏设施、专用洗手设施）。其他人员不可随意进入，传递食品从能够开合的食品输送窗进行。

11 餐厅卫生管理制度

11.1 食品经营单位必须成立食品安全领导小组，食品安全有专人管理和负责。

11.2 《食品卫生许可证》或《餐饮服务许可证》悬挂于醒目可视处。

11.3 食品从业人员持有效健康合格证明及食品安全知识培训合格证上岗。

11.4 工作人员上班时应穿戴整洁的工作衣帽，并保持良好个人卫生。

11.5 保持餐厅内外环境卫生，加强通风和消毒工作，做到每餐一打扫，每天一清洗。

11.6 食用工具每次用后应洗净、消毒、保持洁净。

11.7 盛装垃圾的容器应密闭，垃圾及时处理，搞好"三防"工作。

12 面食制作管理制度

12.1 加工前要检查各种食品原料，如米、面、黄油、果酱、果料、豆馅以及做馅用的肉、蛋、水产品、蔬菜等，如发现生虫、霉变、异味、污秽不洁，以及不符合其他食品安全要求的不能使用。

12.2 做馅用的肉、蛋、水产品、蔬菜等原料要按照粗加工卫生制度的要求加工。蔬菜要彻底浸泡清洗，易于造成农药残留的蔬菜（如韭菜）浸泡时间30分钟以上，然后冲洗干净。

12.3 各种工具、用具、容器生熟分开使用，用后及时清洗干净定位存放，菜板、菜墩洗净后立放。

12.4 糕点存放在专库或专柜内，做到通风、干燥、防尘、防蝇、防鼠、防毒，含水分较高的带馅糕点存放在冰箱，做到生熟分开保存。

12.5 按规定要求正确使用食品添加剂。

12.6 各种食品加工设备，如绞肉机、豆浆机、和面机、馒头机等用后及时清洗干净，定期消毒。各种用品如盖布、笼布、抹布等要洗净晾干备用。

12.7 工作结束后及时清理面点加工场所，做到地面无污物、残渣，面板清洁，各种容器、用具、刀具等清洁后定位存放。

13 厨房卫生管理制度

13.1 厨房烹调加工食物用过的废水必须及时排除。

13.2 地面天花板、墙壁、门窗应坚固美观，所有孔、洞、缝、隙应予填实密封，并保持整洁，以免蟑螂、老鼠隐身躲藏或进出。

13.3 厨房每周要进行全面大扫除，一定要对所有区域全面清洁。

13.4 工作厨台、橱柜下内侧及厨房死角，应特别注意清扫，防止残留食物腐蚀。

13.5 食物应在工作台上操作加工，并将生熟食物分开处理，刀、菜墩、抹布等必须保持清洁、卫生。

13.6 食物应保持新鲜、清洁、卫生，并于清洗后分类用塑料袋包紧或装在有盖容器内分别储放冷藏

续表

××酒店标准文件		××酒店 食品卫生安全管理制度	文件编号××-××-××		
版本	第×/×版		页 次		第×页

区或冷冻区,确实做到勿将食物在常温中暴露太久。

13.7 凡易腐烂的食物,应储藏在0℃以下冷藏容器内,熟的与生的食物分开储放,防止食物间串味,冷藏室应配备脱臭剂。

13.8 调味品应以适当容器盛装,使用后随即加盖,所有器皿及菜点均不得与地面或污垢接触。

13.9 应备有密封盖污物桶、潲水桶,潲水最好当夜倒除,不在厨房隔夜,如需要隔夜清除,则应用桶盖隔离,潲水桶四周应经常保持干净。

13.10 员工工作时,工作衣帽应穿戴整洁,不得留长发、长指甲,工作时避免让手接触或沾染成品食物与盛器,尽量利用夹子、勺子等工具取用。

13.11 在厨房工作时,不得在工作区域抽烟、咳嗽、吐痰、打喷嚏等要避开食物。

13.12 厨房工作人员工作前、方便后应彻底洗手,保持双手的清洁。

13.13 厨房清洁扫除工作应每日至少两次,清洁完毕,用具应集中处置,杀虫剂与洗涤剂分开放置,并指定专人管理。

13.14 不得在厨房内躺卧或住宿,也不许随便悬挂衣物及放置鞋履或乱放杂物等。

13.15 有传染病时,应在家中或医院治疗,停止一切厨房工作。

14 食品添加剂管理制度

14.1 食品添加剂必须由酒店统一采购,所购的产品包装及说明书上必须有"食品添加剂"字样标示,其包装或说明书上应按规定标出品名、产地、厂名、生产日期、保质期限、批号、主要成分、使用范围、用量或使用方法等。

14.2 食品添加剂种类繁多,主要分成天然与合成两大类。现将本酒店允许使用的食品添加剂,具体规定如下。

(1)常用食品添加剂。如食用盐、食用碱、酵母、味精、鸡精、天然调料等,这类食品添加剂只要按经验或口味食用都是安全的。

(2)专用食品添加剂。如葡萄糖内酯、拉面剂、蛋糕油、嫩肉粉、泡打粉等,这些食品添加剂,只要按说明书正确使用,也是安全的。

(3)控制使用的食品添加剂。以下食品添加剂允许使用,但使用单位首先要报请卫生监督部门批准,在使用时严格按照说明书或国家规定的剂量、办法使用,在食品添加剂的外包装上必须有明显标记,要做到单独存放并有专人负责保管和控制使用剂量。

——防腐剂。允许使用山梨酸及其钾盐,仅限糕点制作时使用。

——甜味剂。允许使用甜叶菊苷,可用于任何食品制作,其甜度约为蔗糖的300倍。

——食用色素。可以使用国家规定允许使用的食用天然色素和食用合成色素,允许在加工糕点时使用,不提倡在加工凉菜、酱制品中使用。

——食用香精。可以使用国家规定允许使用的人工食用香精,允许在加工糕点时使用,不提倡在其他方面使用。

——亚硝酸盐(硝酸钠)。亚硝酸盐是一种发色剂,加入肉制品中,可使肉色鲜红,我国规定亚硝酸盐(硝酸钠)可用于肉类制品,其最大使用量为0.5克/千克,残留量以亚硝酸钠计,肉制品不得超过0.03克/千克。为严防残留量超标,腌制后的肉类要充分浸泡和漂洗。

14.3 严禁使用甲醛(福尔马林)、硼酸、硼砂、吊白块等国家明令禁止使用的添加剂。

15 废弃食用油脂管理制度

15.1 废弃油脂必须按国家《食品生产经营单位废弃食用油脂管理的规定》进行管理。

15.2 废弃油脂应设专人负责管理。

15.3 废弃油脂应有专门标有"废弃油脂"字样的密闭容器存放,集中处理。

15.4 废弃油脂只能处理给城市废弃物管理中心,不得销售给其他单位和个人。

15.5 处理废弃油脂要建立档案,详细记录销售时间、种类、数量、收购单位、用途、联系人姓名、电话、地址、收货人签字等,并长期保存。

15.6 不得随便处理废弃食用油脂。

拟订		审核		审批	

制度 5：餐饮部、出品部应急预案

××酒店标准文件		××酒店 餐饮部、出品部应急预案	文件编号××-××-××		
版本	第×/×版		页　次		第×页

1　煤气泄漏的应急预案
　　1.1　现场指挥
　　在工作中使用煤气，如发生泄漏或发生火灾、爆炸事件，由现场职务最高者负责指挥。
　　1.1.1　关闭供气阀门，切断电源。
　　1.1.2　如果发生火灾或爆炸应就近使用灭火器材进行扑救。
　　1.1.3　按照火灾处理程序进行：部门某岗位无能力扑火，必须马上打电话到前台或保安部报警。报警的内容包括具体地点、燃烧何物、火势程度、如果有人员受伤需告之、报警人的姓名、部门及所在位置。预订部打印就餐客人明细单。
　　1.1.4　如火情紧急，应立即打碎最近的报警装置进行报警，迅速使用灭火器进行灭火。所有的固体材料例如纸、纺织品等可用水进行扑灭，电器设备和易燃液体不能用水灭火，可用干粉灭火器进行扑灭。
　　1.1.5　如果涉及自身的安全，请尽快离开现场，并关闭身后的门窗。
　　1.1.6　如果火情无法控制，关闭门窗直至救援人员到来。
　　1.1.7　在火灾现场打开门窗必须先检查，发烫的门表示火势正在蔓延，记住千万别打开门。
　　1.1.8　在火灾现场，千万不要乘电梯，要使用安全通道。
　　1.1.9　在任何情况下，员工都要保持镇定，使现场的惊慌降低到最低程度
　　1.1.10　当区域烟雾笼罩时，尽量俯下身子，因为烟雾比火更致命，而在接近地面的地方能找到新鲜的空气。
　　1.2　楼层的行动
　　1.2.1　接到报警呼叫，立即移除走道上的障碍物，将其放到工作间或空房里；确信所有的房门已被关闭。
　　1.2.2　如果火灾发生在你所在的楼层，听从紧急小组领导的指示开展灭火或撤退。
　　1.2.3　始终保持对区域的警觉，一有任何火灾或烟雾的紧急情况，立即报告指挥岗或前台。
　　1.2.4　一旦开始执行撤退指令，区域负责人立即到走道上顺时针或逆时针通知就餐客人，要保持急而不乱，保持冷静"现在向您通知紧急情况，酒店出现火情，请您不要慌乱，由我统一指挥……"。协助客人从最近的消防逃生通道撤退。
　　1.2.5　在协助大部分客人撤离后，按顺时针或逆时针方向开始检查所有房间。用事先准备的粗笔在房门上作标记，在所有房间检查完毕后，通知前台或指挥岗。
　　1.2.6　如果在检查撤退房间过程中，你发现自己受到火灾或烟雾的影响，请立即停止并尽快撤离此地，记下没有检查的房号/楼层，并立即通知前台或指挥岗。以便告诉消防人员。
　　1.2.7　撤到集合点，清点客人数量，防止遗漏。等待上级的进一步指示。
　　1.2.8　在火灾发生时，所有对讲机都应处于工作状态，以保证信息畅通无阻。
　　1.2.9　如发生煤气中毒现象，需将伤员抬至安全通风处等待医务人员救治。
2　厨房环境潮湿或操作不慎触电受伤的应急预案
　　由现场职务最高者负责指挥。
　　2.1　立即切断事故发生部位的电源。
　　2.2　在原地对伤员进行人工呼吸抢救。
　　2.3　电话通知医院120，必要时协助医护人员将伤员送往医院抢救。
3　厨房环境潮湿、超负荷、线路积油及线路绝缘等引起电器火灾的应急预案
　　由现场职务最高者负责指挥。
　　3.1　立即切断事故发生区域的电源。
　　3.2　使用灭火器进行扑救。
　　3.3　报告保安部讲明所在的位置，火势的大小及着火的原因。
　　3.4　必要时协助医护人员将伤员送往医院抢救。
4　对醉酒客人的闹事或暴力行为处理的实施预案
　　4.1　客人喝醉酒闹事，服务员应及时通知到部门经理、保安部及大堂副理等相关部门。
　　4.2　在保安员及大堂副理未到之前，尽可能将醉酒客人对餐厅其他客人的影响降到最低，迅速将客

续表

××酒店标准文件		××酒店 餐饮部、出品部应急预案	文件编号××-××-××		
版本	第×/×版		页次		第×页

人因暴力被破坏的物品转移并留存。

4.3　如当醉酒客人有同伴时，尽量争取到同行人员的帮助。通过同伴向醉酒客人进行劝阻，协助本部员工对其暴力行为进行制止。

4.4　由专人将损坏物品留存，并按原有价格开出赔偿清单。

4.5　如客人因醉酒闹事而未结账，则要及时将账单打好，如有赔偿物品连同赔偿清单保管好。可交于餐厅经理。

4.6　上述情况，如客人有同伴的，可向同伴客人询问结账一事，但要注意语言的运用，并就开出的赔偿单耐心向客人解释原因。

4.7　如醉酒客人已神志不清，在无其他同伴而又未结账时，可协助餐厅经理、保安人员共同将客人安置于休息处，由专人照顾，待客人醒酒后再与客人沟通。

4.8　当醉酒客人无其他同伴，但能将自己住址告知服务人员时，酒店要安排车将客人送回。

4.9　在醉酒客人长时间未清醒，且反应不正常时，又不能联系到此客人朋友的情况下，须请示领导是否有必要将客人送医院救治，是否酒精中毒。

4.10　如涉及严重事件需报110处理。

5　客人突发心脏病或晕倒、骨折后的应急预案

5.1　首先要把客人平放。

5.2　不移动客人。

5.3　上报管理人员并立即联系医院120。

6　客人报失后的应急预案

6.1　客人报失时应立即帮助客人查找。

6.2　经过努力未找到时，及时通过管理人员上报保安部。

6.3　协助保安部保护好现场并作进一步调查。

6.4　丢失叫贵重的物品时，应请示上级并征得客人意见报当地派出所处理。

7　客人之间发生纠纷情况严重时的应急预案

7.1　应立即上报上级领导并上前调节，向双方道歉。

7.2　避开公共区域引导一方离开现场。

7.3　上报上级领导对受委屈的一方做升值服务。

8　停电的应急预案

餐厅或公共区域突然停电时。

8.1　首先向客人道歉，点上备用蜡烛。

8.2　提醒客人不要慌乱，保管好自己的物品。

8.3　确认来电时间及停电原因，请客人不要慌。

9　食物中毒事件的处理程序

9.1　发现人的职责及处理程序

9.1.1　报告前台讲明自己的身份、所在地点、食物中毒人员国籍、人数、中毒程序及症状等。

9.1.2　看护中毒者，不要将病人单独留下，不挪动任何物品，保护好现场。

9.2　前台值班员的职责

9.2.1　接到食物中毒通知后，要问清时间、地点、中毒人数、中毒程序、症状并记录。

9.2.2　按下列顺序简明扼要通知有关部门人员到达现场。

（1）综合部质检人员。

（2）总经理、保安部。

（3）总值班经理、餐饮部。

（4）营销部、司机班。

9.3　食物中毒发生后，下列人员携带设备和物品赶到现场

9.3.1　保安部人员：勘察箱、照相机、笔录纸、手电。

9.3.2　行李房人员：根据路线人数、携带担架。

9.3.3　食品检验人员：食品取样器材。

续表

××酒店标准文件		××酒店 餐饮部、出品部应急预案	文件编号××-××-××	
版本	第×/×版		页次	第×页

9.4 食物中毒发生后有关人员的职责
9.4.1 餐饮部人员
(1) 负责与急救中心联系，如中毒者需送医院时，餐厅应派来人陪同前往。
(2) 公安机关来店处理食物中毒事件时，餐饮部要主动提供中毒者病理情况。
(3) 防疫部门接到通知抵店时，餐饮部负责向防疫部门介绍有关情况。
9.4.2 保安部人员
(1) 立即赶到现场，划定警戒线，控制无关人员的进入和围观。
(2) 协助抢救中毒者，做好对发现人和现场知情人的访问记录。
(3) 情况严重时随中毒者前往医院，适时做好中毒者访问记录。同时查明中毒者的身份、国籍。
(4) 店领导决定通知公安局时，保安部负责与公安局联系并做好接待工作。
(5) 如中毒者死亡，应派专职警卫保护好现场，初步调查，如系投毒，应立即控制嫌疑人，开展调查侦破工作。
9.4.3 总经理、总值班经理
(1) 听取各部门情况报告，对各部门工作予以协调，统一下达指令。
(2) 对应急措施予以决策，通知有关部门做好善后工作。
9.4.4 总值班经理、楼面经理
(1) 执行店领导对中毒现场及抢救工作的一切指令，向客人做解释，稳定客人情绪。
(2) 必要时立即通知中毒者单位及家属。
9.4.5 餐饮部楼面部
(1) 立即准备抢救用的担架并组织抢救。
(2) 按领导指令到达现场用担架运送食物中毒者。
9.4.6 司机班人员
(1) 准备好抢救中毒者和调查办案用车。
(2) 一名主管在现场随时接受酒店领导指示。

拟订		审核		审批	

第三节　酒店餐饮管理表格

表格1：农副产品请购单

农副产品请购单

No.

领料部门：　　　　　　　　　　年　　月　　日

食品原料及商品名称	计量单位	需用量	实　发　量			领货者
			数量	单价	金额	

核准人：　　　　　　　　　领料人：　　　　　　　　　发料人：

表格2：食品原料领料单

食品原料领料单

领料部门：   No.
领料用途：   年 月 日

电脑代码	品名	规格	单位	所需数量	实发数量	单价	金额							
							万	千	百	十	元	角	分

主管：   复核：   发料人：   领料人：

表格3：食品原料内部调拨单

食品原料内部调拨单

                                                                             No.
                                                                             年 月 日

编号	品　名	数量	单位	单价	金额	领料单号码	备注

转出部门   转入部门
主　管   主　管

表格4：点菜单

点 菜 单

                                                                           No.
厅＿＿＿＿＿   台号＿＿＿＿＿   年 月 日

数　量	品　名	金　额

用餐人数＿＿＿＿＿人   服务员＿＿＿＿＿

表格5：酒水单

酒 水 单

部门_____厅　　　台号_____　　　　　　　No.
　　　　　　　　　　　　　　　　　　　　　　　年　月　日

品　名	数　量	单　价	金　额

楼别：　　　　　　　　　　经手人：

表格6：客房送餐预订表

客房送餐预订表

预订日期 / 时间	序号	菜点及要求	客人用餐时间	预订员	送餐员	送餐时间	餐具回收时间		
							人员	时间	数量

表格7：客房送餐表

客房送餐表

餐厅_____　　　房号_____　　　　　　　No.
　　　　　　　　　　　　　　　　　　　　　　　年　月　日　时

菜肴名称	分量	单价	用餐人数	附随物品	备注

宾客：　　　　　　　送餐员：　　　　　　　核算员：

表格8：吧台销售日报表

吧台销售日报表

部门_____   年   月   日

电脑代码	名　称	规格	单位	昨日结存	今日领入	今日销售	今日结存

主管：　　　　　　　　复核：　　　　　　　　制表：

表格9：餐饮部布件洗涤单

餐饮部布件洗涤单

_____餐厅   年   月   日

名　　称	数　量	备　　注
大台布		
中台布		
小台布		
口　布		
小方布		
擦杯布		

交货人：　　　　　　　　　　　　收货人：

表格10：地面、地毯、沙发洗涤登记表

地面、地毯、沙发洗涤登记表

部门_____　地点（房号）_____

要求洗涤日期_____　洗涤内容_____

面积（数量）_____　部门负责人_____

....

洗涤工签名_____　完成日期_____

验收人_____　登记日期　　年　月　日

表格11：工作委托单

工作委托单

受托部门：　　　　　　　　　　　　　　　　　　　　　　　年　　月　　日

委托部门		联系人		电　话	
委托内容					
要求：					
完成日期					
委托部门领导批示					
受托部门领导批示					

　　　　　　　　　　　　　　　　　　　　　　　　　　　　　　　　填单：

表格12：餐饮部内部物品领料单

餐饮部内部物品领料单

领取部门：　　　　　　　　　　　年　　月　　日　　　　No._____

品　　名	规　　格	数　　量	备　　注

表格13：宴会、会议预订单

宴会、会议预订单

年　　月　　日

宴请单位				联系人		联系电话	
标　准		人数		席数		地　点	
日　期	年　月　日	时间	中午　时　分	下午　时　分		付款方式	
菜单						客人要求	
备　注						经办人	

餐厅联　　　　　　　厨房联　　　　　　　传菜　　　　　　　留存

表格14：VIP就餐通知单

VIP就餐通知单

年　　月　　日

时间：	标准：	地点：	人数：

宴请单位：_____

被宴请人：_____

_____

备注：

　　　　　　　　　　　　　　　　　　　　　　填表人：

表格15：会议、宴会变更通知单

会议、宴会变更通知单

年　　月　　日

公司名称：

变更内容：

　　　　原订：_____

　　　　　　　_____

　　　　现改：_____

　　　　　　　_____

　　　　　　　_____

接收人：　　　　　　　　　　　　宴会预定部：

表格16：当日宴会会议情况汇总表

当日宴会会议情况汇总表

年　　月　　日

地点	单位	标准	人数	席数	方式	时间	出席对象	备注
							经办人：	

表格17：当日宴会会议预订登记表

当日宴会会议预订登记表

年　月　日

地点	使用单位	时间	标准	人数	席数	使用方式	重点出席对象	结账方式	备注

表格18：零星申购单

零星申购单

部门＿＿＿＿＿　　　　　　　　　　　　　　No.　　　年　月　日

品名		规　格	
数量		估计单价	
申购理由：			
部门负责人＿＿＿＿＿＿　　申购人＿＿＿＿＿＿			
计财部负责人			
分管副总经理			
总经理			

表格19：部门月计划申请用物单

部门月计划申请用物单

申请部门＿＿＿＿＿＿　　　年　月　日　　　共　页　第　页

名称规格	单位	数量	单价	金额	添置/更新	审批		备注
						数量	金额	

店经理　　　　　　计财部　　　　　　部门经理　　　　　　申购经手人

表格20：餐饮部领用物品月报表

餐饮部领用物品（　　）月报表

物品名称	单位	单价	本期付出（餐饮部所属各领料部门明细）															
			大堂吧		波尔多		湘金苑		锦江府		南国春		圣保罗		酒水部		管事部		办公室
			数量	金额	数量	金额	数量	金额	数量	金额	数量	金额	数量	金额	数量	金额	数量	金额	数量	金额

表格21：餐饮部物品盘点表

餐饮部物品盘点表

物资类别：　　　　　　　　　　　　　　　　　　　　　　　　　　　年　　月　　日

物品名称	规　格	单　位	单　价	数　量

负责人：　　　　　　　　　　　　　　　　制表：

表格22：餐饮部餐厅厨房物品破损统计表

餐饮部餐厅厨房物品破损统计表

年　　月　　日

部　门		破损金额	客人赔偿	差额
会议中心、商务吧				
中点房				
大堂吧				
南国春	餐厅			
	厨房			
	小计			

续表

部门		破损金额	客人赔偿	差额
锦江府	餐厅			
	厨房			
	小计			
波尔多	餐厅			
	厨房			
	小计			
湘金苑	餐厅			
	厨房			
	小计			
圣保罗	餐厅			
	厨房			
	小计			
总计				

表格23：餐饮部费用汇总表

餐饮部费用汇总表

年　　月　　　　　　　　　　　　　　　　　　单位：元

部门		物料用品	低值易耗品	合计
圣保罗	餐厅			
	厨房			
	小计			
南国春	餐厅			
	厨房			
	小计			
锦江府	餐厅			
	厨房			
	小计			
湘金苑	餐厅			
	厨房			
	小计			
波尔多	餐厅			
	厨房			
	小计			

续表

部门	物料用品	低值易耗品	合计
大堂吧			
酒水部			
商务中心			
会议中心			
中点房			
粗加工			
宴会预订			
管事部			
办公室			
总计			

表格24：餐饮部厨房、洗碗间日常卫生检查记录表

餐饮部厨房、洗碗间日常卫生检查记录表

年　月　日

项目＼部门	西餐厅		××府		××苑		××		粗加工	
	上午	下午	上午	下午	上午	下午	上午	下午	上午	下午
水										
电										
液化气										
抽烟机										
冰库										
炉灶										
水台										
地面										
过道										
水沟										
垃圾桶										
餐具										
保洁柜										
门窗										
备注										

注："√"表示卫生已做好；"×"表示欠缺，需要加强；"△"表示此项正在工作中；"○"表示此项目未做。

表格25：餐饮部每日工作情况表

餐饮部每日工作情况表

部门 \ 项目		考勤记录				营业记录												月度累计	年度累计	工作记录
		出勤	休假	迟到	病假	早餐		午餐		晚餐		每日记录								
						人数	金额	人数	金额	人数	金额	人均消费	人数	海鲜	酒水	金额				
前台	大堂吧																			
	西餐厅																			
	××苑																			
	××府																			
	××厅																			
	……																			

部门					安全记录			卫生记录					设备	货源	
					水	电	煤	地	沟	墙	冰库	厨具	垃圾			
后台	西厨房															
	湘厨房															
	锦厨房															
	粤厨房															
	巴厨房															
	中点房															
后勤	预订部				预订情况：											
	管事部															
	酒水部															
	办公室															

客源曲线图	营收曲线图	

抄报：　　　　　　　　部门经理：　　　　　　　　制表：

表格26：食品留样登记表

食品留样登记表

日期	餐次	数量	品种名称	执行人签名

要求：须保留每个供餐品种200克以上，用消毒过的餐具单独密封盛放，放置在专用冰箱、冷藏48小时以上，重大活动供餐保留72小时。

表格27：酒店餐具器皿盘存表

酒店餐具器皿盘存表

部门：　　　　单位：　　　　盘点日期：　　年　　月　　日　　　　页次：

编号	品名	单位	上月库存量	请领日期与数量	应有存量	实际盘点量	破损	遗失	总数	总金额	备注

表格28：酒店菜单成本分析表

酒店菜单成本分析表

餐厅名称：　　　　　　代号：　　　　　　节庆名称：

菜名	材料及单位	成本

售价：	总成本：	成本比率：
服务说明：		图片

表格29：酒店厨房间物品转账单

酒店厨房间物品转账单

转出处
转入处
用途   日期

数量	名称/内容	重量	单价	总价

申请部门主管：

表格30：酒店厨房每月安全卫生检查表

酒店厨房每月安全卫生检查表

项目		检查内容	检查日期（每周择一日）			
			日	日	日	日
一、个人卫生	1	从业人员仪容整洁，并穿戴整洁工作服				
	2	从业人员手部保持清洁，无创伤脓肿				
	3	厨房无闲杂人进入				
	4	不留长指甲、不涂指甲油、不佩戴饰物				
	5	工作中不得任意取食				
	6	洗手设备清洁，并有清洁液、擦手纸				
二、调理场所卫生	1	墙壁、天花板、门窗清洁				
	2	排油烟罩、炉灶清洁				
	3	排水系统良好、清洁、无积水				
	4	地面清洁、无积水				
	5	冷藏（冻）库内清洁				
	6	工作台清洁				
	7	调理器械清洁				
	8	食品原料新鲜				
	9	食品储放温度适当（冷藏7℃，冷冻-18℃）				
	10	切割生、熟食品的砧板应分开使用				
	11	生食、熟食应分开存放				
	12	食品应用容器盛装或包装后冷藏（冻）				
	13	食品、器皿不可直接置于地面				

续表

项目		检查内容	检查日期（每周择一日）			
			日	日	日	日
二、调理场所卫生	14	餐具、器皿洗涤方法、储存场所适当				
	15	抹布清洁消毒				
	16	厨余妥善处理				
三、库房	1	库房通风且温度、湿度、照明良好				
	2	置品架物料排列整齐				
	3	不得存放非原（物）料				
四、其他	1	有防止病媒（昆虫、鼠类等）侵入的设施				
	2	紧急照明、避难方向指示灯正常				
	3	消防器具、设备良好				
	4	下班前瓦斯、电源、水确定关闭				

经理：　　　　　　单位主管：　　　　　　检查人员：

说明：1.合格打√，不合格打×。

2.每周自行检查一次，并请于月底送交安卫室。

表格31：厨房领料单

厨房领料单

领料部门：　　　　　　年　月　日　　　　　　编号：

食品原料及商品名称	计量单位	需用量	实发量			领货人
			数量	单价	金额	

核准人：　　　　　　领料人：　　　　　　发料人：

表格32：饮料领料单

饮料领料单

班次：　　　　　　　　　　日期：				
酒吧：　　　　　　　　　　付货员：				
饮料名称	瓶数	每瓶容量	单价	小计

总瓶数：　　　总成本：　　　审批人：　　　发料人：　　　领料人：

表格33：餐厅账单

餐厅账单

时间： 营业点：			收款员：		
序号	项目	规格	单价	数量	合计
尺寸：根据酒店电脑收银打印系统要求					

表格34：宴会预订单（工作人员用）

宴会预订单（工作人员用）

年　　月　　日　　　　　　　星期　　（午）　　（晚）

楼层	厅房	主办单位或主办人	人数和桌数	开宴时间	宴会管理
制表人			审定人		
分送部门					

表格35：餐厅外场清洁检查表

餐厅外场清洁检查表

编号	项目	○	△	×	编号	项目	○	△	×
1	外卖柜清洁				11	洗手台旁垃圾桶			
2	外卖柜装饰				12	擦手纸箱			
3	店面大门内外整洁				13	水龙头使用			
4	店内地毯				14	厕所进门			
5	化妆室				15	天花板、灯光			
6	化妆室回廊镜子				16	卫生瓷器			
7	脚踏垫				17	厕所垃圾桶			
8	男化妆室墙面				18	冲水使用			
9	男化妆室镜				19	烘手机			
10	男化妆室洗手台				20	女化妆室地面			

续表

编号	项目	○	△	×	编号	项目	○	△	×
21	女化妆室墙面				37	店内地面			
22	天花板、灯光				38	墙面			
23	厕所进门				39	音响			
24	女化妆室镜				40	电话			
25	洗手台				41	玻璃门窗			
26	水龙头使用				42	盆景			
27	烘手机				43	库房			
28	卫生瓷器				44	库房地面			
29	厕所垃圾桶				45	货架整理			
30	冲水使用				46	货品摆放			
31	洗手台旁垃圾桶				47	杂物整理			
32	健康运动展示柜				48	内场			
33	美化装饰				49	内场地面			
34	清香剂装配				50	垃圾处理			
35	热水清洗				51	物品处理			
36	店面				52	冷藏及冷冻柜			
说明	1.○，3分，佳；2.△，1分，尚可，待改进；3.×，0分，很差，须立即改进									

表格36：食品安全检查表

食品安全检查表

检查项目	检查内容	结果
收料与检疫	1.食品是否有害虫的风险 2.食品是否被化学品污染 3.包装是否干净、完整，能防止污染 4.是否在保质期内并符合法定的规定 5.收料后是否马上送到储藏处 6.运输食品的车辆等工具是否干净、食品温度是否正确 7.是否对肉、禽类食品进行动物检疫复核	
储存控制	1.是否有保质期 2.现场是否有库存管理程序 3.储存温度是否正确 4.是否有防虫控制措施 5.在储存处是否有化学和物理污染食品的可能性 6.食品包装是否干净和合适 7.是否有足够的设施安排食品的储存	

续表

检查项目	检查内容	结果
烹饪管理	1.烹饪时间是否足够并按程序进行 2.烹饪温度是否正确且按程序进行 3.烹饪方法是否适合食品（大或小、多或少） 4.烹饪后是否有交叉污染 5.烹饪结束时加入的原辅料是否有污染的可能	
设备管理	1.烹饪是否按正确的时间计划进行，以避免烹饪后放置时间过长再服务（上菜） 2.使用的设备装置是否合适、完好 3.冷藏和冷却程序是否安全 4.食品再次加热时的温度是否足够	
保温控制	1.保温时间和温度是否正确 2.准备的食品是否太多 3.是否有外来物、化学品的污染危险 4.是否有与其他食品交叉污染的可能 5.个人卫生是否符合规定 6.服务及销售前发运程序是否安全 7.操作台表面、器皿及设备是否干净 8.保温食品是否过多（尽管处于安全状态下）	
服务管理	1.时间和温度是否正确 2.个人卫生是否符合规定 3.是否有防止外来物或消费者污染食品的措施 4.是否提供公筷、公勺或推荐消费者分餐制用餐 5.操作台表面、器皿及设备是否干净	
清洁管理	1.清洁程序能否防止交叉污染 2.现场是否有清洁程序如清洁场所、设备和装置的程序 3.是否安全、正确地使用化学品，是否按有关指示或规定使用 4.是否使用合适的设施高效地进行清洁工作 5.水温是否恰当 6.现场是否有有关消毒的程序 7.清洁设备和清洁剂是否与食品分开储存或放置 8.是否有人负责清洁工作的监控	
个人卫生控制	1.员工是否具有基本的食品安全和卫生知识 2.员工是否有不卫生的举止（如吸烟） 3.员工是否遵循洗手的规定 4.洗手和干手装置是否足够 5.是否有足够的急救物品（包括防水、药箱、绷带） 6.员工是否佩戴首饰及涂指甲油 7.员工是否穿、戴合适的、卫生的工作服、帽 8.是否对设备、装置进行颜色编码及正确使用 9.是否戴手套，是否按规定换手套 10.员工是否患病或感染仍在岗位上及有引起食品中毒的可能 11.员工是否知道患某些疾病和感染必须向上级领导报告	
食品包装管理	1.用于包装食品的材料是否安全 2.包装时，温度是否始终安全 3.是否卫生地储存有关材料 4.食品标签是否正确，包括有关储存条件	

续表

检查项目	检查内容	结果
废料控制	1.水温是否恰当 2.食品废料及垃圾是否收集 3.垃圾箱是否合适 4.放置废料的区域及设备是否干净 5.是否按规定合理地收集有关场所的废料 6.现场的废物是否先卫生地集中后等待收集	
虫害控制	1.现场是否有虫害控制程序 2.员工是否知道发现虫害问题必须马上报告上级领导 3.在操作场所是否有虫害监控措施	
消毒管理	1.现场是否有消毒控制程序 2.员工是否知道消毒的重要性 3.在操作场所是否有消毒监控措施	

 **学习总结**

通过本章的学习,我对酒店餐饮管理有了以下几点新的认识:

1.＿＿＿＿＿＿＿＿＿＿＿＿＿＿＿＿＿＿＿＿＿＿＿＿＿＿＿＿＿＿＿＿＿

2.＿＿＿＿＿＿＿＿＿＿＿＿＿＿＿＿＿＿＿＿＿＿＿＿＿＿＿＿＿＿＿＿＿

3.＿＿＿＿＿＿＿＿＿＿＿＿＿＿＿＿＿＿＿＿＿＿＿＿＿＿＿＿＿＿＿＿＿

我认为根据本酒店的实际情况,应制订以下制度和表格:

1.＿＿＿＿＿＿＿＿＿＿＿＿＿＿＿＿＿＿＿＿＿＿＿＿＿＿＿＿＿＿＿＿＿

2.＿＿＿＿＿＿＿＿＿＿＿＿＿＿＿＿＿＿＿＿＿＿＿＿＿＿＿＿＿＿＿＿＿

3.＿＿＿＿＿＿＿＿＿＿＿＿＿＿＿＿＿＿＿＿＿＿＿＿＿＿＿＿＿＿＿＿＿

我认为本章的内容不够全面,还需补充以下方法、制度和表格:

1.＿＿＿＿＿＿＿＿＿＿＿＿＿＿＿＿＿＿＿＿＿＿＿＿＿＿＿＿＿＿＿＿＿

2.＿＿＿＿＿＿＿＿＿＿＿＿＿＿＿＿＿＿＿＿＿＿＿＿＿＿＿＿＿＿＿＿＿

3.＿＿＿＿＿＿＿＿＿＿＿＿＿＿＿＿＿＿＿＿＿＿＿＿＿＿＿＿＿＿＿＿＿

第八章 酒店康乐管理工具

引言

许多客人选择入住酒店的标准，就是酒店的康乐设施是否完备、别具特色，康乐服务是否优质。康乐设施的完美齐全，配套优质的服务，会带来更多的客人。康乐服务能否成功，影响着整个酒店的综合效益。可以说，康乐部在酒店中具有"一荣俱荣，一损俱损"的地位。

本章学习指引

目标	了解酒店康乐管理的要点，并能够运用所提供的范本，根据本酒店的实际情况制订相应的管理制度、表格

学习内容

管理要点	• 加强康乐部的人员编制 • 做好康乐设备的管理 • 加强安全管理，预防事故发生
管理制度	• 康乐中心运作流程规范 • 康乐中心检查工作细则 • 康乐部服务质量例会制度 • 保龄中心管理办法 • 美容美发中心管理办法 • 健身/游泳中心管理办法 • 棋牌中心管理办法 • 康乐部财产管理制度 • 康乐中心设备设施维护保养制度 • 康乐部各项卫生管理制度 • 康乐部沟通与协作规范
管理表格	• 康乐部工作质量检查表 • 康乐部值班检查表 • 康乐部每日营业月报表 • 康乐部账单汇总表 • 康乐部营业日报表 • 夜总会设备设施日常保养维护情况表 • 夜总会保养记录表（定期） • 美容美发中心服务项目单 • 康乐部客户资料登记表 • 康乐部预订情况表 • 康乐部员工消费券、夜总会赠券、五折券发放登记表 ……

第一节 酒店康乐服务管理要点

要点1：加强康乐部的人员编制

（一）影响编制的因素

1. 营业时间的长短

一般情况下，康乐部的营业时间较为灵活：有的项目晚上营业，如舞厅、歌厅；有的项目全天营业，如健身房、游泳池；有的项目可能从下午到第二天凌晨营业，例如有的保龄球房；还有的项目每天24小时营业，例如有些独立的桑拿浴场所。各个康乐部或不同项目每天营业时间不尽相同，有的项目排一个班次，有的排两个班次，有的需排三个班次，这是影响编制的因素之一。

2. 客流量的大小

由客流量的大小能够推算出某个项目、某个岗位劳动量的大小，从而进一步推算出该岗位服务人员的数量。例如两个同样规模的游泳池，由于客流量的差异，配备的救生员数量就不同。客流量是影响编制的因素之一。

3. 营业季节的淡旺

很多康乐项目具有明显的淡旺季特点，例如室外游泳池和室外游乐场，淡季和旺季的客流量差异特别大。因此不同季节员工的数量也会不同。

4. 管理模式的差异

不同的国家、不同的地区、不同的酒店，由于经济体制、所有制形式、人们的道德观念等的不同，特别是管理人员的管理理念、管理模式的不同，康乐部机构的编制也不尽相同。

（二）编制的依据

1. 政策依据

制订编制属于劳动管理工作，首先要贯彻执行劳动法。1995年1月颁发的《中华人民共和国劳动法》规定：劳动者平均每周工作不超过44小时，以每天工作8小时计，每周工作5天半。现在，北京市大多数单位都执行更新了的规定，即每周工作40小时，每天工作8小时，每周工作5天。这是制订编制时的政策依据。

2. 项目依据

不同的项目，需要的服务员数量是不同的；即便是同一个项目，在不同区域所配备的服务员数量也不一样。例如游艺厅，一个服务员可能照看10～20台框体式电子游艺机，而有些赠送游艺币或其他小礼品的游艺机，每个服务员所能管理的机台数量就较少了，有的每人只能照看1台。

3. 服务档次依据

同样的项目，由于市场定位不同、服务档次不同、所提供的服务细节不同，所配备的服务员数量也会不同。例如桑拿浴室，低档的只要发给每位客人一把更衣柜钥匙就行了，服务员再照看一下设备，以保证其正常运转，不需要太多的面对面服务。而高档的桑拿浴室则要设迎宾员，并要设专职的更衣室服务员，帮助客人更衣、为客人刷皮鞋等，还要设专职的浴室服务员和休息室服务员。

（三）制订编制的方法

1. 先定岗位再定编制

例如桑拿室，可以根据需要设置：开单收款岗、换鞋引导岗、更衣室服务岗、浴室服务岗、搓澡岗、按摩岗、休息室服务岗等；然后再根据需要确定每个岗位的服务员数量，从而制订出该项目的人员编制。

需要说明的是：应按每周营业7天，但每个员工每周工作5天、每天工作8小时计算，因此每个固定岗位需要的人员数量是：（8小时×7）÷（8小时×5）＝1.4（人）；再将每个岗位的固定员工数量乘以1.4，即为该岗所需的员工实际数量。

2. 公式法定编

下面是几个模糊公式，可用来较快地求出某项目的编制数量。用这些公式计算出的结果不一定都是准确的编制数，在实际应用时应根据康乐部的具体情况加以修正。

这些公式如下。

保龄球房编制＝（球道数×0.6＋n）×班次数

桌球房编制＝（球台数×0.3＋n）×班次数

游泳池编制＝[水面积（平方米）×0.08＋n]×班次数

卡拉OK厅编制＝[营业面积（平方米）×0.026＋n]×班次数

歌厅包房编制＝（房间数×2＋n）×班次数

桑拿室编制＝（更衣柜数×0.28＋n）×班次数

按摩房编制＝按摩床数×1.4×班次数

电子游戏室编制＝（机台数×0.14＋n）×班次数

棋牌室编制＝（牌桌数×0.37＋n）×班次数

健身房编制＝（设备台数×0.14＋n）×班次数

网球房编制＝（场地数×1.4＋n）×班次数

需要说明的是：上面列出的公式中除按摩房外都加上一个n，这里的n是个修正值，是指服务台岗位的服务员数量。例如保龄球房，无论是较大的或较小的，都必须设服务台，发放球鞋和控制球道开关。但这个岗位的编制受球道数量的制约较小，换句话说，无论球房大小，都与这个岗位服务员的人数相关不大。因此，一般情况下，n取1～3之间。按摩房的公式未加n，这是因为在一般情况下，按摩房都是与桑拿室共用一个服务台，因此这个n可以不加。

用公式计算出的数值虽是个近似值，但使用简便快捷，适合某项目立项时进行可行性分析，计算劳动力成本。

要点2：做好康乐设备的管理

康乐设备是指属于康乐部固定资产的机器和用具，这是康乐部提供各种康乐服务、开展经营活动的生产资料。做好设备管理工作是酒店康乐部取得成功的基础。

康乐设备管理的程序，按设备管理的不同阶段，可分为三部分。

（一）设备更新程序

这是指从设备更新的计划、决策、选型、订购到日常管理的运行程序。

（1）制订设备更新计划。

（2）申报、审批。

（3）收集资料，选定型号。
（4）联系商家，订购设备。
（5）设备到货，入库保管。
（6）安装调试。
（7）办理设备的移交、入账和建档手续。
（8）进行使用方法的培训。
（9）日常管理。

（二）设备技术改造程序

（1）收集在设备使用中所发现的结构、配套、安装等方面不适应经营需要的问题。
（2）召集由管理人员、使用人员、工程技术人员参加的设备改造研讨会，制订设备改造方案。
（3）设备改造施工。

（三）设备报废程序

（1）使用部门提出报废申请。
（2）由工程部会同有关部门进行技术鉴定和确认。
（3）价值较大的设备，报请总经理审批。
（4）将设备移出经营场地，到固定资产管理组办理销账手续。

要点3：加强安全管理，预防事故发生

安全重在预防，预防的措施主要有以下几点。

（一）加强对管理和服务人员的安全培训

通过培训，使全体工作人员认识到安全服务的重要性，认识到安全服务给酒店、给客人、给服务员带来的益处，提高全体工作人员贯彻"以预防为主"的安全管理原则的自觉性；通过培训，使全体工作人员认识并熟悉安全管理制度，并能提高处理安全事故的能力。培训的内容应涉及设备安全、人员安全、消防安全、治保安全等方面。

康乐部还应加强员工的安全操作技术培训，未取得专业技术上岗证的，不得从事操作带电的设备；开展经常性的安全培训和安全教育活动，建立安全检查工作档案。每次检查都要填写检查记录表单，检查的原始记录由责任人签字后存档。

（二）加强对客人的疏导与解说服务

安全管理涉及的重点场所和重点部位，特别是对社会开放的公共康乐场所，由于客流量较大，有时会出现拥挤现象，容易发生安全事故，如挤伤、踩伤等。另外，人多拥挤也给小偷作案提供了方便。这时，管理和服务人员就应该特别注意加强疏导服务，维持好现场的秩序，以防止发生伤害或失窃事故。

在某些存在危险性的康乐活动开始前，特别是一些大型游乐项目，应该对参与客人进行安全知识讲解和安全事项说明，并具体指导客人正确使用设备设施，确保客人能够掌握正确动作要领。某些康乐项目对客人的健康条件有要求，或不适合某种疾病患者参与，例如蒸桑拿、游泳、按摩、蹦极等项目，应该在该项活动的入口处以"警示"方式予以公布。在康乐活动进行过程中，应密切注意客人的安全状态，适当提醒客人注意安全事项，及时纠正客人不符合安全要求的行为。

（三）加强与酒店保安部，公安、消防部门的合作

保安部是大型酒店或康乐企业专门负责安全保卫的职能部门。保安部全面负责安全保卫工作，包括营业场所的治安管理、酒店的财产安全管理和消防安全管理。保安部的工作与康乐部的工作有密切联系，康乐部为客人提供服务的过程中需要保安部的协作与配合，在预防和处理安全事故或消防事故时应接受保安部的指导与帮助，以便共同为客人提供安全的服务。

公安部门和消防安全部门是政府的执法部门，是制订治安管理制度和消防安全管理制度的权威机关，在检查治安保卫工作和消防安全工作及处理相关事故的工作中具有权威性，拥有执法权。康乐部在经营工作中经常与公安部门和消防部门发生联系，接受监督、检查、指导，这对维持正常营业秩序、搞好经营工作具有非常重要的意义。特别是游泳池和歌厅、舞厅，更要搞好与公安机关的合作。

（四）建立完善的安全制度

康乐部经理应该特别重视安全管理，把安全工作放到重要议事日程中，注意培养全员安全意识，并且应建立和完善各项安保制度，包括安全管理制度、全天候值班制度、定期安全检查制度、安全操作规程和安全事故登记和上报制度。

（五）具备完善的安全设施

康乐场所应该具备完善的安全设施：
（1）各康乐场所、公共区域均应设置安全通道，并时刻保持其畅通无阻；
（2）在游乐场各游乐区域（封闭式的除外），均应按 GB 8408 的规定设置安全栅栏；
（3）严格按照消防规定设置防火设备，配备专人管理；
（4）安装报警设施，并按 GB 13495 设置警报器和火警电话标志；
（5）露天水上康乐场所应设置避雷装置，配备处理意外事故的应急救护设施设备。

第二节　酒店康乐服务管理制度

制度1：康乐中心运作流程规范

××酒店标准文件		××酒店 康乐中心运作流程规范	文件编号××-××-××		
版本	第×/×版		页	次	第×页
1　营业前准备工作					
1.1　早班人员					
1.1.1　到前台领取各式中英文报纸各一份及当日住客名单。					
1.1.2　打开入门、电灯及电脑。					
1.1.3　打开室内温度调节器调至适温。					
1.1.4　检查各项设备预约本，以便安排相关场地及人员。					
1.1.5　打开蒸气浴、按摩浴池等的设备温度调节器调至酒店规定的各种温度。					
1.1.6　详阅"工作记录簿"上是否有特别注意或交代事件，并视情况给以立即处理且签名。					
1.1.7　依"每日工作检查表"上所列项目，清理环境及补充必要的用品或备品。					
1.2　晚班人员					
1.2.1　到前台领取晚报一份。					
1.2.2　检查各项设备预约本，以便安排相关场地及人员。					
1.2.3　详阅工作记录簿上是否有特别注意或交代事项，并视情况立即处理且签名。					

续表

××酒店标准文件		××酒店 康乐中心运作流程规范	文件编号××-××-××		
版本	第×/×版		页 次		第×页

1.2.4 依"每日工作检查表"上所列项目检查，如有不洁之处，则立即清洁，并补充必要的用品和备品。

2 设备器材清洁维保

2.1 接待室

接待室设备器材清洁维保表

序号	周期	清理项目	备注
1	每日	（1）入口玻璃门的擦拭 （2）所有家具的擦拭（如沙发、桌、椅、柜子、茶几、电话、电视机、台灯、踢脚板等） （3）垃圾桶的清理 （4）桌上杂志的整理 （5）所有盆景、花浇水及枯叶等的整理 （6）地毯的吸尘	由接待室服务人员负责
2	每周	（1）冷气机滤网 （2）落地镜擦拭 （3）百叶门、墙的清洁 （4）男女更衣室	由酒店清洁人员负责

2.2 健身中心内各室的整理及各项备品的补充

健身中心内各室的整理及各项备品的补充如下表所示。

健身中心内各室的整理及各项备品的补充表

序号	项目	内　　容	
1	一般性的整理项目	（1）淋浴间的清洁及用品的排放、补充 （2）衣柜、鞋柜的清洁及柜内物品的排放及补充 （3）地板的清洁（由清洁人员负责） （4）抽水马桶及抽风机的清洁（由清洁人员负责） （5）垃圾桶内垃圾的清理 （6）化妆台、吹风机、镜子的清理及用品的排放及补充 （7）磅秤的清理 （8）百叶窗的清洁（由清洁人员负责）	
2	指压、按摩及SPA室	每日	（1）地毯 （2）指压、按摩床 （3）电话、茶几 （4）各项机器外表的擦拭 （5）衣柜
		每周	（1）踢脚板 （2）百叶门 （3）冷气机 （4）墙
3	超音波浴池	（1）每日早晨清洗浴池，清洗时先将水放掉部分，然后用清洁剂、刷子清洗 （2）每日上午10:00开始放水，直至放满为止 （3）每星期用水酸剂彻底清洁及消毒 （4）浴池外围的地板，每日用拖把擦拭干净	

续表

××酒店标准文件		××酒店 康乐中心运作流程规范	文件编号××-××-××		
版本	第×/×版		页	次	第×页

续表

序号	项目	内容
4	健身区、柜台区及办公室	（1）每日用桐油擦亮铜器部分器材，不锈钢油擦拭电镀及不锈钢器材，并于清理完毕后将器材归位 （2）地毯每日用吸尘器吸尘干净 （3）所有花、木定期浇水 （4）吧台内外每日整理干净，物品依规定位置排放整齐，水杯、刀叉等物须每周送至餐饮部门做定期的保养 （5）电话、音响、电视每日擦拭干净，电视必须同时检视遥控器是否运作正常、干电池是否须更换 （6）吊扇每星期定期清洁干净 （7）地板每星期清洗一次，视情况请清洁人员打蜡 （8）所有内面玻璃、铝门窗一星期定期擦拭一次（由清洁人员负责）
5	阳台（由清洁人员负责）	（1）每日擦净阳台内的桌椅、凉椅、太阳伞 （2）每日清洗淋浴室及更换补充用品 （3）花、木及盆栽适时浇水 （4）清扫落叶花瓣或用吸尘器清洁
6	仓库	（1）地板 （2）柜子 （3）器具摆置 （4）饮水机

  2.3　注意事项
  2.3.1　除了定时清洁维护之外，凡平时发现上述项目有任何不整洁的地方，应立刻清洁及维护，随时保持健身中心的环境及设备器材处于完整、清洁状态。
  2.3.2　凡发现任何设备有损坏或故障，则立刻开列"请修单"（交与工程部修护）。
  2.3.3　凡属清洁人员所属部分，如有不洁之处，应随时与负责的清洁人员联络处理。
3　布件类换洗领取
  3.1　换洗程序
  3.1.1　申请详细点数欲换洗的布品类，并将各类布品数量填写于"布品送洗单"内。
  3.1.2　持"布品送洗单"及欲换洗的布品至洗衣房换洗。
  3.2　领取程序
  3.2.1　领回相同数量的布品，尤其是本中心专用运动衣裤、浴巾、衣服、床单等，一定要如数领回。
  3.2.2　如有未如数领回的布品，则在下午3:00以后到洗衣房领取。
4　营业后整理工作
  4.1　康乐中心工作记录簿
  将当班期间所须注意或交代事项记录在"康乐中心工作记录簿"内，以利次日早班人员准备及注意。
  4.2　整理各项文件及账务
  晚班人员填写各项服务记录表，并计算金额。
  4.3　关闭设备
  4.3.1　依"每日工作检查表"上所列项目，逐项检查以利各项安全的维护。
  4.3.2　如有特污或大量的垃圾时（如客人吃剩物品），要先清理干净不可隔夜，以避免滋生蟑螂、蚊蝇及老鼠等物。
  4.3.3　关闭所有电源及温度调节器、超音波浴池开关、SPA室内的各项开关及水源。
  4.3.4　将大门锁好。
  4.3.5　将大门钥匙交至安全室或值班经理室（依各酒店规定），以利次日早班人员取用。

拟订		审核		审批	

制度2：康乐中心检查工作细则

××酒店标准文件		××酒店 康乐中心检查工作细则	文件编号××-××-××	
版本	第×/×版		页　次	第×页

1　岗前准备工作检查细则
1.1　严格按规定着装，仪表保持整洁，符合上岗标准。
1.2　做好场地卫生清洁工作，保证场内（室内）环境及各种服务设备干净整洁。
1.3　检查各种设备设施是否完好，发现故障要及时报修，保证各种设备的使用和运转情况一切正常。
1.4　查阅交班记录，了解客人预订情况和其他需要继续完成的工作。
1.5　检查并消毒酒吧器具和其他客用品，发现破损及时更新。
1.6　检查并补齐各类营业用品和服务用品，整理好营业所需的桌椅。
1.7　保持良好的工作状态，精神饱满，待客热情。

2　岗间服务检查细则
2.1　微笑迎宾，态度和蔼、热情，讲究礼节。
2.2　使用文明服务用语，以优质服务满足客人要求。
2.3　尊重客人风俗习惯，不讥笑、议论客人生理缺陷。
2.4　班前不饮酒，不吃带有刺激性异味的食品。
2.5　在岗时不吃零食，不聊天、串岗，保持正常的工作状态。
2.6　耐心回答客人提出的各种问题，指导客人正确使用酒店设备，避免客人受伤和酒店设备受损。
2.7　对客人的不文明行为要礼貌劝阻，对各种违规行为要及时予以制止。
2.8　对客人提出的合理要求要尽量予以满足，不推诿、拖延，提供一次性到位服务。
2.9　发现客人遗失物品要及时上交，并按规定及时准确予以记录。
2.10　洁身自爱，对客人提出的不合理要求，要礼貌地予以拒绝。
2.11　对客人已使用完的各类用品，服务员要及时予以清洁整理。

3　离岗前工作检查细则
3.1　做好交接班的各项准备工作，整理好值班工作日志，搞好场内（室内）环境卫生。
3.2　盘查本岗客用易耗品、酒水食品及其他各种营业用品，如有缺漏，及时登记补充。
3.3　将桌椅等各种服务设施整理归位，为次日营业做好准备。
3.4　认真查核当日本岗各类单据，准确填写营收报表，保证账目清楚、账实相符。
3.5　检查本岗各处门窗是否关严，各种设备是否都已关闭，并做好防火防盗工作。

4　环境卫生检查细则
4.1　服务场所整洁干净，物品摆放整齐，无垃圾、无污迹、无破损。
4.2　地毯、墙面、天花板无污迹、无剥落、无蜘蛛网。
4.3　空调出风口无积尘，各种灯具完好有效，明亮无尘。
4.4　各种绿植、墙面艺术挂件摆放整齐，干净无尘，花卉无病变、无黄叶。
4.5　服务台用品、宣传品摆放整齐，台面整洁美观，无污渍、水迹、破损。
4.6　各类酒吧用具干净、明亮，无污垢、无水迹、无破损；各类容器干净，无异味。
4.7　各类客用品干净整洁，摆放有序。
4.8　随时保持营业场所正常通风，保证营业场所的空气清新、无异味。
4.9　做好灭蝇、灭蚊、灭鼠、灭蟑螂工作，定期喷洒药物。
4.10　食品要分类存放，对即将过期的食品、饮品，要按规定做好退库工作。
4.11　客人娱乐时，在尽可能不打扰客人的情况下随时清理场内卫生，保证客人始终拥有一个干净、舒适的环境。
4.12　严格按照酒店有关规定对客用品进行消毒，保证做到客用品的"一客一换"。
4.13　随时打扫客用更衣室，保证更衣室的干净整洁。

拟订		审核		审批	

制度3：康乐部服务质量例会制度

××酒店标准文件		××酒店 康乐部服务质量例会制度	文件编号××-××-××	
版本	第×/×版		页次	第×页

1　会议目的
　　康乐部质量会的目的是为了保证酒店康乐管理经营的民主化和集体化；质量会为定期例会，时间为周二的上午，酒店可根据康乐营业忙闲的具体情况另行安排，会议最长间隔不得超过两周。
2　主持人与参与人
　　质量会由康乐部经理或康乐部最高负责人主持，康乐部不在岗的所有人员参加，最高负责人因故不能主持会议，需授权他人代为主持，其他人员如缺席会议，需得到最高负责人的许可。
3　会议内容
　　3.1　会议主持者传达酒店管理部门的经营管理意图和任务指示。
　　3.2　与会员工反馈与服务有关的各类事项。
　　3.3　与会人员进行问题研讨，并就部分可立即解决的问题当即议定。
　　3.4　会议主持人提出康乐部近期工作和任务的重点。
　　3.5　鼓励先进，表扬好事，保持和提高士气。
4　会议要求
　　4.1　会议实行每人发言制，讲述本期内发生的主要问题，鼓励与会员工将与服务有关的各类事件进行反馈和对会议主持人提出的议题进行积极讨论。
　　4.2　会议由专人负责记录整理，形成会议纪要，会议纪要报康乐部主管领导。

拟订		审核		审批	

制度4：保龄中心管理办法

××酒店标准文件		××酒店 保龄中心管理办法	文件编号××-××-××	
版本	第×/×版		页次	第×页

　　为了加强保龄中心内部管理，不断提高保龄中心的服务质量，奖勤罚懒、奖优罚劣，以提高每位员工的工作积极性。经研究决定，特制订《保龄中心管理办法》，请每位员工认真学习、深刻理解，并以此作为自己日常工作的行为规范。
1　罚则
　　1.1　仪容仪表
　　1.1.1　员工上岗时需按规定着好工装，保证衣服整洁、挺括、皮鞋光亮，按规定位置佩戴好工号牌，违者罚款____元。
　　1.1.2　所有员工一律不许留长指甲，女员工如头发过长应戴好发结，所有女员工应化淡妆上岗，严禁浓妆艳抹。女员工化妆一律在健身房隔壁的工具房。
　　1.1.3　严禁着便服在营业场所出入，违者罚款____元。
　　1.1.4　不允许在上班前食有异味的食物，违者罚款____元。
　　1.1.5　上班之前，领班必须对员工的仪容仪表进行仔细检查，发现问题及时纠正。
　　1.2　考勤
　　1.2.1　上（下）班需诚实签到（退），不准代签，不准补签。
　　1.2.2　不迟到（早退），迟到（早退）1分钟罚款____元，依此类推。在有特殊情况需请假时，应以书面请假条形式报权取限范围内领导批准（应逐级上报）批准权限：领班1小时、主管4小时、部门副经理或助理1天、部门经理3天。
　　（注：3天以上报人事部批准方可。严禁领班、主管级干部自己批自己的假，违者罚款____元。）
　　1.2.3　每月由领班负责排班，并于每月28日前将下月的排班表草稿交主管审批，通过后实行，并备份一份交办公室，以便主管随时查岗。排班表一经通过一律不予更改。每位员工如有特殊情况应在每月27日前提前通知领班，以便于安排。

续表

××酒店标准文件		××酒店 保龄中心管理办法	文件编号××-××-××		
版本	第×/×版		页次		第×页

1.2.4 原则上不允许将一个月的休假做一次连休，如有特殊情况应以书面形式报主管批准。

1.2.5 在保证当天班次总人数不变的基础下允许员工之间相互换班。换班必须是在相同级别的员工之间，不允许领班与员工之间相互换班。每天必须保证中班（16:00～24:00）有领班在岗，不允许两位领班同休一天。

1.2.6 员工上卫生间应口头通知领班，并快去快回。（小便10分钟、大便20分钟）领班应根据当时状况合理安排人员去食堂用餐，如因领班安排不当造成工作上的失误将追究领班责任，并严肃处理。（用餐时间35分钟以内）。

1.2.7 领班可根据当时生意状况合理安排较疲劳的员工休息。但如因安排不当造成工作失误将追究领班责任并严肃处理（休息时间15分钟以内，休息地点在休息室）。

1.2.8 非因工作需要严禁串岗，脱岗违者罚款____元。

1.2.9 任何原因需要离开工作岗位，必须口头说明离岗缘由，征得领班同意后方可离岗。如当时无领班在，需向其他同事打招呼，否则以脱岗处理。

1.3 清洁卫生

1.3.1 早班做卫生时间（10:00～10:30）、晚班做卫生时间（24:00～次日01:00）。每日A、B两班的领班带领当日当班员工做好保龄中心责任区域内所有设备设施、桌椅家具、地板地毯墙角线、各种物品的卫生保洁工作。领班应合理安排，每块区域要细分到人，做到区域到人、责任到人，出现问题有人可找。保洁工作完毕后，领班需仔细对整个卫生区域进行全面检查，发现问题及时纠正。主管随时对卫生工作情况进行突击检查。如果连续发现有5处以上地方卫生不达标，将会扣除该班组浮动工资____元，并责令重做，直到完全达标。领班再追究责任人的责任。

1.3.2 暂规定每周四为保龄中心大扫除日。（周四9:00～10:30）除当天休息的员工外，所有当班员工（包括早班、中班、晚班）都必须准时到岗，认真地搞好卫生。迟到（早退）者按"1.2.2"处理。缺席者以旷工半天论处，罚款____元。每周的卫生大扫除，除应搞干净日常的卫生区域外，还应将平日不太注意的卫生死角、一手高以上的卫生区域弄干净。整个保龄中心应做到一尘不染，玻璃门应做到通明透亮。卫生工作完毕后，主管将会连同领班一起进行仔细、严格、彻底的卫生大检查（戴白手套进行检查）。领班应做好检查记录，以便于总结经验，完善日后的工作。检查过程中如连续发现8处地方卫生不达标，将会扣除整个保龄中心浮动工资____元，并责令重做，直到完全达标。

1.3.3 上班之前，领班必须对员工的个人卫生进行检查，发现问题及时纠正。在问题得到改正之前，领班有权责令个人卫生不达标的员工停工整改。耽误的工作时间由该员工负责补偿（每分钟扣1元）。

1.3.4 在工作过程中，在为客服务过程中发现了不干净的地方应及时清洁干净，只要你长期坚持这样做，既时刻保持了保龄中心清洁的环境，又减轻班后卫生的工作强度，而且你将会得到班组的物质奖励和精神奖励。因为这样的行为只会出自有很强的服务意识的酒店人之中，而不会发生在普通的服务员身上。

1.4 行为规范

1.4.1 站如松、坐如钟，不倚墙靠物，不双手抱于胸前，不要将手插在口袋里。

1.4.2 不当着客人的面做任何不雅观的动作，不要以无意行为和习惯性动作作为借口，我们不会接受你的任何解释，而只会对你的不雅观行为进行处罚（____元/次）。

1.4.3 我们要求女员工化淡妆上岗，但并不允许在营业场所或客人区域当着客人的面化妆，因为这是对客人的不尊敬的行为举止。化妆点在1.1.2已作了规定。

1.4.4 当发现客人违反了《保龄球场规则》时，当班的每一位员工都有责任主动上前以委婉的语言予以提醒和制止。如因你的不主动而造成的失误使酒店财产遭受损失，我们将建议你重新再找一份更适合你的工作。因此请每一位员工熟悉《保龄球场规则》，因为它非常重要。

1.4.5 在为客服务时，应力求将每一个动作做到位，速度快捷、动作优雅，给人以优美的享受。

1.5 对客服务

1.5.1 如果你还没能达到为客人提供微小服务和超常规服务的素质要求，你至少要能按照《保龄中心服务工作规章》为客人提供常规服务。如果你连常规服务工作都不能做好，我们将会把你调离为客服务的第一线，以示惩罚。

1.5.2 我们并不赞同客人永远是对的，但完全赞同永远不与客人发生争执，不让客人难堪。只要你与客人开始争执，并让客人感到难堪，引起了客人投诉，经调查属实者，不管对错是否在你这一方，我们都会对你处以____元~____元罚款（视情节严重性而定），但最少不会低于50元。

续表

××酒店标准文件		××酒店	文件编号××-××-××	
版本	第×/×版	保龄中心管理办法	页次	第×页

1.5.3　请主动为客点烟，请适时为客人兑茶水。不要等领班或主管来要求你这么做，因为这样有可能会影响到你的浮动工资。

1.5.4　为客人呈上任何物品都请使用托盘，哪怕是一盒火柴。为客人买单请使用"买单皮夹"。因为这样做能使我们显得更加专业。但如有违反罚款____元。

1.5.5　每个人都会有心情糟糕的时候，但切记千万不要把这种消极、负面的个人情绪带给我们的顾客。好好地控制住自己的情绪，不要让它四处泛滥，这体现了我们良好的修养。

1.5.6　在客人尚未到来时，领班需安排员工定岗、定位站好等候客人，不要四处游荡。

1.5.7　在与客人交谈时，一要使用普通话，二要使用礼貌用语，如使用了地方方言或不敬语言，一经发现罚款____元。

1.6　工作纪律

1.6.1　每周三和周日上午10:30～11:00为员工练习打保龄球的时间，其他时间严禁打保龄球，违者罚款____元（陪客人打球除外）。

1.6.2　严禁带食品到工作区域，更不准上班时吃东西，违者罚款____元。

1.6.3　严禁使用客用卫生间，违者罚款____元。

1.6.4　对上级安排的工作先执行，后解释。不服从管理的罚款____元直至开除。（视情节严重性定）

1.6.5　同事之间严禁吵架、斗殴。违者罚款____元直至开除（视情节严重性定）

1.6.6　上班睡觉者罚款____元。

1.6.7　无故缺席上级组织的有关工作方面的活动者，如培训、会议、计划卫生等罚款____元。

1.6.8　非因工作需要脱岗、串岗者罚款____元。

1.6.9　上班时严禁聊天，违者罚款____元。

1.6.10　办公室是经理、主管的办公场所，需要保持严肃、安静的氛围，非因工作需要或非办公室人员招呼请不要随意出入办公重地。

1.6.11　当班时不准接待自己的亲朋好友，（因为那会影响你的正常工作）违者罚款____元。

1.6.12　员工对所分配的工作经常表现出无能为力或不情愿，罚款____元。

1.6.13　员要私自使用或消耗酒店设备、设施、物品、食物、酒水（或者让自己的亲朋好友做同样的事）罚款____元。

1.6.14　顶撞上级者罚款____元直至开除。

1.6.15　被质监部提出批评者罚款____元（如质监已作出处理将不重复处理）。

1.6.16　损坏酒店设备设施、物品的照价赔偿。

1.6.17　在酒店内使用不敬语言或大声喧哗，罚款____元。

1.6.18　非当班无故在酒店逗留，罚款____元。

1.6.19　在工作时间做与工作无关的事，如看电视、看书或其他理，罚款____元。

1.6.20　在各岗位上，当地毯、桌面等酒店财产被客人损坏，当班员工应及时以委婉的口气向客人索赔，未追回赔偿者应属工作失职，所有赔偿金将由你们支付。

1.6.21　非工作需要随便进入吧台或在吧台内喝水，私拿吧台茶叶者，罚款____元。

1.6.22　受到客人投诉经调查属实者，罚款____元。

1.6.23　以上管理办法可能不尽完善，我们将在日后的工作实践中及时给予补充。补充上的条例具备同样的效力，请每位员工多提宝贵意见。

补充条例
（1）由于工作失误造成跑单，由上级领导研究后并作出处理。
（2）被问及任何事情时，提供虚假情况的，罚款____元。
（3）员工违纪的罚金将在本月浮动工资中扣除，不足余额将在下月浮动工资中补扣，至完全补齐，情节严重者交人事部和质监部处理。
（4）员工违反了其他规章制度而本《管理办法》所未涉及的，按《员工守则》所规定的处理。

2　奖则

2.1　推销一张保龄中心会员卡按酒店计财部规定可获得会员卡金额的1.5%的提成（此规定系暂定规定，酒店总经理办公室具有最终解释权）。

2.2　服务杰出，表现优良，经常受到客人表扬的。

2.3　本月内无违纪记录的。

××酒店标准文件		××酒店 保龄中心管理办法	文件编号××-××-××		
版本	第×/×版		页	次	第×页

2.4 拾金不昧,并及时找到失主的。
2.5 提出合理化建议,在实践中证实有显著成效的。
2.6 对上级安排的工作能出色完成的。
2.7 发现事故苗头,及时采取措施,避免重大损失的。
2.8 推销得力,为酒店介绍了大量客户的。
2.9 公正廉明,赏罚分明,对违纪事件不姑息迁就的。
2.10 培训考试成绩优秀的。
2.11 勤奋好学,努力钻研业务的。
2.12 当因工作需要,被要求加班或参加额外劳动从无怨言,认真完成工作的。
2.13 工作责任心强,对工作一丝不苟的。
2.14 有其他优良事迹的。
2.15 知错能改者。

3 优秀员工
保龄中心每月将在本中心所有员工中最多评选2名优秀员工(或1名、或无),并给予一定的物质奖励和精神奖励。
优秀员工是每位员工的榜样和楷模,希望保龄中心的所有员工都争做优秀员工,不断进步、不断发展,为酒店的美好明天贡献自己的一份力量。
3.1 评选范围:保龄中心所有领班、服务员、机师。
3.2 评选名额:保龄中心每月最多评选2名优秀员工。其中A班、B班每月最多各评选1名,优中选优,宁缺毋滥。
3.3 评选方法:
3.3.1 每月的20日上午10:00在保龄中心举行"优秀员工评选会",每位员工届时必须到会。
3.3.2 "优秀员工"的评选条件参照"2奖则"(仅作参考)。
3.3.3 采取不计名投票选举方式,进行评选。每人限提名2人,根据具体情况也可以提名1人,也可放弃投票权。
3.3.4 被提名的2名"优秀员工"尽可能不要是同一班次的。
3.3.5 最终获选的优秀员工需得到半数以上(包括半数)的员工提名。

4 奖金
4.1 奖金来源于本月保龄中心员工违纪的罚金。
4.2 每月拨出本月保龄中心总罚金的____元作为2名优秀员工的奖金,如果当月共产生1名优秀员工,则拨出本月保龄中心总罚金____元作为该名优秀员工的奖金。
4.3 如果当月未产生出"优秀员工"则将本月金额累计到下月评选时用。
4.4 剩余的钱同样累计到下月评选时用。

拟订		审核		审批	

制度5:美容美发中心管理办法

××酒店标准文件		××酒店 美容美发中心管理办法	文件编号××-××-××		
版本	第×/×版		页	次	第×页

1 罚则
1.1 仪容仪表
1.1.1 员工上岗时需按规定着好工装,保证衣服整洁、挺括、皮鞋光亮,按规定位置佩戴好工号牌,违者罚款____元。
1.1.2 所有员工女员工应化淡妆上岗,严禁浓妆艳抹,违者罚款____元。
1.1.3 严禁着便服在营业场所出入,违者罚款____元。

续表

××酒店标准文件		××酒店 保龄中心管理办法	文件编号××-××-××	
版本	第×/×版		页次	第×页

1.1.4 不允许在上班前食有异味的食物，违者罚款____元。
1.1.5 上班之前，领班必须对员工的仪容仪表进行仔细检查，发现问题及时纠正。
1.2 考勤
1.2.1 上（下）班需诚实签到（退），不准代签，不准补签。
1.2.2 不迟到（早退），迟到（早退）1分钟罚款____元，依此类推。在有特殊情况需请假时，应以书面请假条形式报权取限范围内领导批准（应逐级上报）批准权限：领班1小时、主管4小时、部门副经理或助理1天、部门经理3天。
（注：3天以上报人事部批准方可。严禁领班、主管级干部自己批自己的假，违者罚款____元。)
1.2.3 每月由领班负责排班，并于每月28日前将下月的排班表草稿交主管审批，通过后实行，并备份一份交办公室，以便主管随时查岗。排班表一经通过一律不予更改。每位员工如有特殊情况应在每月27日前提前通知领班，以便于安排。
1.2.4 原则上不允许将一个月的休假做一次连休，如有特殊情况应以书面形式报主管批准。
1.2.5 在保证当天班次总人数不变的基础下允许员工之间相互换班。换班必须是在相同级别的员工之间进行，每天至少要保证有一位领班当班。陈丽萍、杨伟奇不允许在同一天休息，违者罚款____元。
1.2.6 员工上卫生间应口头通知领班，并快去快回（小便10分钟、大便20分钟）。领班应根据当时状况合理安排人员去食堂用餐，如因领班安排不当造成工作上的失误将追究领班责任，并严肃处理（用餐时间35分钟以内）。
1.2.7 领班可根据当时生意状况合理安排较疲劳的员工休息。但如因安排不当造成工作失误将追究领班责任并严肃处理（休息时间15分钟以内，休息地点在休息室）。
1.2.8 非因工作需要严禁串岗，脱岗违者罚款____元。
1.2.9 任何原因需要离开工作岗位，必须口头说明离岗缘由，征得领班同意后方可离岗。如当时无领班在，需向其他同事打招呼，否则以脱岗处理。
1.3 清洁卫生
1.3.1 美容美发中心早班做卫生时间（10:00～10:30），晚班做卫生时间为（22:30～23:00）。卫生应做到干净、彻底、细致。领班或主管将可能随时对卫生状况进行突击检查，发现问题责令重做，直到完全达标。
1.3.2 上班之前，领班必须对员工的个人卫生进行检查，发现问题及时纠正。在问题得到改正之前，领班有权责令个人卫生不达标的员工停工整改。耽误的工作时间由该员工负责补偿（每分钟扣1元）。
1.3.3 在工作过程中，在为客服务过程中发现了不干净的地方应及时清洁干净，只要你长期坚持这样做，既时刻保持了美容中心清洁的环境，又减轻班后卫生的工作强度，而且你将会得班组的物质奖励和精神奖励。因为这样的行为只会出自有很强的服务意识的酒店人之中，而不会发生在普通的服务员身上。
1.4 行为规范
1.4.1 站如松、坐如钟，不倚墙靠物，不双手抱于胸前，不要将手插在口袋里。
1.4.2 不当着客人的面做任何不雅观的动作，不要以无意行为和习惯性动作作为借口，我们不会接受你的任何解释，而只会对你的不雅观行为进行处罚（____元/次）。
1.4.3 女员工不允许在营业场所或客人区域当着客人的面化妆，请在各自的休息室化妆，违者罚款____元。
1.4.4 在与客人交谈时，请注意自己的礼貌用语。因为你的形象代表了酒店的形象。
1.5 对客服务
1.5.1 我们并不赞同客人永远是对的，但完全赞同永远不与客人发生争执，不让客人难堪。只要你与客人开始争执，并让客人感到难堪，引起了客人投诉，经调查属实者，不管对错是否在你一方，我们都会对你处以____元～____元罚款（视情节严重性而定），但最少不会低于____元。
1.5.2 请主动为客点烟，请适时为客人兑茶水。不要等领班或主管来要求你这么做，因为这样有可能会影响到你的浮动工资。
1.5.3 为客人呈上任何物品都请使用托盘，哪怕是一盒火柴。为客人买单请使用"买单皮夹"。因为这样做能使我们显得更加专业。但如有违反罚款____元。
1.5.4 每个人都会有心情糟糕的时候，但切记千万不要把这种消极、负面的个人情绪带给我们的顾客。好好的控制住自己的情绪，不要让它四处泛滥，这体现了我们良好的修养。
1.5.5 每位员工按规定轮流站牌，如果轮到自己站牌而未及时到岗（正在为客服务除外，此情况由下

××酒店标准文件		××酒店	文件编号××-××-××		
版本	第×/×版	保龄中心管理办法	页	次	第×页

一位顶替），或中途无故离岗者，罚款____元。
  1.5.6 凡接到顾客投诉上两次者，经调查确认后，罚款____元。
  1.5.7 服务不按流程操作，不完善、不周到者，（应做到人到茶到毛巾到，替客人寄存包等）违者罚款____元。
  1.5.8 在服务区域内，严禁大声喧哗，违者罚款____元。
 1.6 工作纪律
  1.6.1 严禁带食品到工作区域，更不准上班时吃东西，违者罚款____元。
  1.6.2 对上级安排的工作先执行，后解释。不服从管理的罚款____元直至开除。（视情节严重性定）
  1.6.3 同事之间严禁吵架、斗殴。违者罚款____元直至开除（视情节严重性定）。
  1.6.4 上班睡觉者罚款____元。
  1.6.5 无故缺席上级组织的有关工作方面的活动者，如培训、会议、计划卫生等罚款____元。
  1.6.6 非因工作需要脱岗、串岗者罚款____元。
  1.6.7 严禁使用客用卫生间，违者罚款____元。
  1.6.8 上班时间严禁聊天，违者罚款____元。
  1.6.9 私用酒店美容美发产品者，罚款____元。
  1.6.10 上班时间接听私人电话超过3分钟者，罚款____元。
  1.6.11 不得在有客人在时，当客人的面梳理头发、吹发、议论与工作无关的话题，违者罚款____元。
  1.6.12 办公室是经理、主管的办公场所，需要保持严肃、安静的氛围非因工作需要或非办公室人员招呼请不要随意出入办公重地。
  1.6.13 对所分配的工作经常表现出无能为力或不情愿，罚款____元。
  1.6.14 顶撞上级者罚款____元直至开除。
  1.6.15 被质监部提出批评者罚款____元（如质监已作出处理将不重复处理）。
  1.6.16 损坏酒店设备设施、物品的照价赔偿。
  1.6.17 被问及任何事情时，提供虚假情况的，罚款____元。
2 奖则
 2.1 服务杰出，表现优良，经常受到客人表扬的。
 2.2 本月内无违纪记录的。
 2.3 拾金不昧，并及时找到失主的。
 2.4 提出合理化建议，在实践中证实有显著成效的。
 2.5 对上级安排的工作能出色完成的。
 2.6 发现事故苗头，及时采取措施，避免重大损失的。
 2.7 推销得力，为酒店介绍了大量客户的。
 2.8 公正廉明，赏罚分明，对违纪事件不姑息迁就的。
 2.9 一个月内助理主动推介客人做焗油、烫发及美容护理超过10次者。
 2.10 美发助理一个月内洗发次数超过（160）人者。
 2.11 当因工作需要，被要求加班或参加额外劳动从无怨言，认真完成工作的。
 2.12 工作责任心强，对工作一丝不苟的。
 2.13 美容助理1个月为客人服务次数达（50）次者。
3 优秀员工
 美容美发中心每月将在本中心所有员工中最多评选2名优秀员工（或1名、或无），并给予一定的物质奖励和精神奖励。
 优秀员工是每位员工的榜样和楷模，希望美容美发中心的所有员工都争做优秀员工，不断进步、不断发展，为金源的美好明天贡献自己的一份力量。
 3.1 评选范围
 美容美发中心所有领班、美容美发师及美容美发助理。
 3.2 评选名额
 美容美发中心每月最多评选2名优秀技师。其中A班、B班每月最多各评选1名，优中选优，宁缺毋滥。
 3.3 评选方法
  3.3.1 每月的20日上午10:00在美容美发中心举行"优秀员工评选会"，每位员工届时必须到会。

续表

××酒店标准文件		××酒店 保龄中心管理办法	文件编号××-××-××	
版本	第×/×版		页　次	第×页

3.3.2 "优秀员工"的评选条件参照 "2 奖则"（仅作参考）。
3.3.3 采取不计名投票选举方式，进行评选。每人限提名 2 人，根据具体情况也可以提名 1 人，也可放弃投票权。
3.3.4 被提名的 2 名"优秀员工"尽可能不要是同一班次的。
3.3.5 最终获选的优秀员工需得到半数以上（包括半数）的员工提名。

4　奖金
4.1 奖金来源于本月美容美发中心员工违纪的罚金。
4.2 每月拨出本月美容美发中心总罚金的＿＿＿元作为 2 名优秀员工的奖金，如果当月共产生 1 名优秀员工，则拨出本月美容美发中心总罚金的＿＿＿元作为该名优秀员工的奖金。
4.3 如果当月未产生出"优秀员工"则将本月金额累计到下月评选时用。
4.4 剩余的钱同样累计到下月评选时用。

拟订		审核		审批	

制度 6：健身/游泳中心管理办法

××酒店标准文件		××酒店 健身/游泳中心管理办法	文件编号××-××-××	
版本	第×/×版		页　次	第×页

为了加强健身/游泳中心内部管理，不断提高健身/游泳中心的服务质量，奖勤罚懒、奖优罚劣，以提高每位员工的工作积极性。经研究决定，特制订《健身/游泳中心管理办法》，请每位员工认真学习、深刻理解，并以此作为自己日常工作的行为规范。

1　罚则
　1.1　仪容仪表
　1.1.1 员工上岗时需按规定着好工装，保证衣服整洁、挺括、皮鞋光亮，按规定位置佩戴好工号牌，违者罚款＿＿＿元。
　1.1.2 所有员工一律不许留长指甲，女员工如头发过长应戴好发结，所有女员工应化淡妆上岗，严禁浓妆艳抹。女员工化妆一律在健身房隔壁的工具房。
　1.1.3 严禁着便服在营业场所出入，违者罚款＿＿＿元。
　1.1.4 不允许在上班前食有异味的食物，违者罚款＿＿＿元。
　1.1.5 上班之前，领班必须对员工的仪容仪表进行仔细检查，发现问题及时纠正。
　1.2　考勤
　1.2.1 上（下）班需诚实签到（退），不准代签，不准补签。
　1.2.2 不迟到（早退），迟到（早退）1 分钟罚款＿＿＿元，依此类推。在有特殊情况需请假时，应以书面请假条形式报权限范围内领导批准（应逐级上报）批准权限：领班 1 小时、主管 4 小时、部门副经理或助理 1 天、部门经理 3 天。
　（注：3 天以上报人事部批准方可。严禁领班、主管级干部自己批自己的假，违者罚款＿＿＿元）
　1.2.3 每月由领班负责排班，并于每月 28 日前将下月的排班表草稿交主管审批，通过后实行，并备份一份交办公室，以便主管随时查岗。排班表一经通过一律不予更改。每位员工如有特殊情况应在每月 27 日前提前通知领班，以便于安排。
　1.2.4 原则上不允许将一个月的休假做一次连休，如有特殊情况应以书面形式报主管批准。
　1.2.5 在保证当天班次总人数不变的基础下允许员工之间相互换班。换班必须是在相同级别的员工之间，不允许领班与员工之间相互换班。不允许两位领班同休一天。
　1.2.6 员工上卫生间应口头通知领班，并快去快回（小便 10 分钟、大便 20 分钟）。领班应根据当时状况合理安排人员去食堂用餐，如因领班安排不当造成工作上的失误将追究领班责任，并严肃处理（用餐时间 35 分钟以内）。
　1.2.7 领班可根据当时生意状况合理安排较疲劳的员工休息。但如因安排不当造成工作失误将追究领

续表

××酒店标准文件		××酒店 健身/游泳中心管理办法	文件编号××-××-××	
版本	第×/×版		页 次	第×页

班责任并严肃处理（休息时间15分钟以内，休息地点在休息室）。

1.2.8　非因工作需要严禁串岗、脱岗，违者罚款____元。

1.2.9　任何原因需要离开工作岗位，必须口头说明离岗缘由，征得领班同意后方可离岗。如当时无领班在，需向其他同事打招呼，否则以脱岗处理。

1.3　清洁卫生

1.3.1　早班卫生时间（10:00～10:30），晚班做卫生时间（23:30～24:00）。每日（早、晚）两班的领班带领当日当班员工做好健身/游泳中心责任区域内，健身/游泳所有设备设施、桌椅家具、地板墙角线、各种物品的卫生保洁工作。领班应合理安排，每块区域工细分到人，做到区域到人、责任到人，出现问题有人可找。保洁工作完毕后，领班需仔细对整个卫生区域进行全面检查，发现问题及时纠正。主管将随时对卫生工作情况进行突击检查。如果连续发现有5处以上地方卫生不达标，将会扣除该班组浮动工资____元，并责令重做，直到完全达标。领班再追究责任人责任。

1.3.2　暂规定每周四为健身/游泳中心大扫除日。（周四16:30～17:30）除当天休息的员工外，所有当班员工（包括早班、中班、晚班）都必须准时到岗，认真地搞好卫生。迟到（早退）者按"1.2.1"处理。缺席者以旷工半天论处，罚款____元。每周的卫生大扫除，除应搞干净日常的卫生区域外，还应将平日不太注意的卫生死角、一手高以上的卫生区域弄干净（整个中棋牌中心应做到一尘不染）。卫生工作完毕后，主管将会连同领班一起进行（仔细、严格、彻底的）卫生大检查（戴白手套进行检查）。领班应做好检查记录，以便于总结经验，完善日后的工作。检查过程中如连续发现8处地方卫生不达标，将会扣除整个棋牌中心浮动工资____元，并责令重做，直到完全达标。

1.3.3　上班之前，领班必须对员工的个人卫生进行检查，发现问题及时纠正。在问题得到改正之前，领班有权责令个人卫生不达标的员工停工整改。耽误的工作时间由该员工负责补偿（每分钟扣1元）。

1.3.4　在工作过程中，在为客服务过程中发现了不干净的地方应及时清洁干净，只要你长期坚持这样做，既时刻保持了棋牌中心清洁的环境，又减轻班后卫生的工作强度，而且你将会得班组的物质奖励和精神奖励。因为这样的行为只会出自有很强的服务意识的酒店人之中，而不会发生在普通的服务员身上。

1.4　行为规范

1.4.1　站如松、坐如钟，不倚墙靠物，不双手抱于胸前，不要将手插在口袋里。

1.4.2　不当着客人的面做任何不雅观的动作，不要以无意行为和习惯性动作作为借口，我们不会接受你的任何解释，而只会对你的不雅观行为进行处罚（____元/次）。

1.4.3　我们要求女员工化淡妆上岗，但并不允许在营业场所或客人区域当着客人的面化妆，因为这是对客人的不尊敬的行为举止。化妆点在"1.1.2"已做了规定。

1.4.4　当发现客人违反了《健身/游泳规则》时，当班的每一位员工都必须有责任主动上前以委婉的语言予以提醒和制止。因为这也是优质服务的组成部分。

1.4.5　在为客服务时，我们应力求将每一个动作做到位，速度快捷、动作优雅，给人以优美的享受。

1.5　对客服务

1.5.1　如果你还没能达到为客人提供微小服务和超常规服务的素质要求，你至少要能按照《健身/游泳中心服务工作规章》为客人提供常规服务。如果你连常规服务工作都不能做好，我们将会把你调离为客服务的第一线，以示惩罚。

1.5.2　我们并不赞同客人永远是对的，但完全赞同永远不与客人发生争执，不让客人难堪。只要你与客人开始争执，并让客人感到难堪，引起了客人投诉，经调查属实者，不管对错是否在你这一方，我们都会对你处以____元～____元罚款（视情节严重性而定），但最少不会低于____元。

1.5.3　请主动为客点烟，请适时为客人兑茶水。不要等领班或主管来要求你这么做，因为这样有可能会影响到你的浮动工资。

1.5.4　为客人呈上任何物品都请使用托盘，哪怕是一盒火柴。为客人买单请使用"买单皮夹"。因为这样做能使我们显得更加专业。但如有违反罚款____元。

1.5.5　每个人都会有心情糟糕的时候，但切记千万不要把这种消积、负面的个人情绪带给我们的顾客。好好地控制住自己的情绪，不要让它四处泛滥，这体现了我们良好的修养。

1.5.6　在客人尚未到来时，领班需安排员工定岗、定位站好等候客人，不要四处游荡。

1.5.7　在与客人交谈时，一要使用普通话，二要使用礼貌用语，如使用了地方方言或不敬语言，一经发现罚款____元。

续表

××酒店标准文件		××酒店	文件编号××-××-××		
版本	第×/×版	健身/游泳中心管理办法	页	次	第×页

1.6 工作纪律

1.6.1 严禁使用客有卫生间，违者罚款____元。
1.6.2 严禁带食品到工作区域，更不准上班时吃东西，违者罚款____元。
1.6.3 对上级安排的工作先执行，后解释。不服从管理的罚款____元直至开除（视情节严重性定）。
1.6.4 同事之间严禁吵架、斗殴。违者罚款____元直至开除（视情节严重性定）。
1.6.5 上班睡觉者罚款____元。
1.6.6 无故缺席上级组织的有关工作方面的活动者，如培训、会议、计划卫生等罚款____元。
1.6.7 非因工作需要脱岗、串岗者罚款____元。
1.6.8 办公室是经理、主管的办公场所，需要保持严肃、安静的氛围，非因工作需要或非办公室人员招呼请不要随意出入办公重地。
1.6.9 当班时不准接待自己的亲朋好友（因为那会影响你的正常工作），违者罚款____元。
1.6.10 员工对所分配的工作经常表现出无能为力或不情愿，罚款____元。
1.6.11 员工私自使用或消耗酒店设备、设施、物品、食物、酒水（或者让自己的亲朋好友做同样的事）罚款____元。
1.6.12 顶撞上级者罚款____元直至开除。
1.6.13 被质监部提出批评者罚款____元（如质监已作出处理将不重复处理）。
1.6.14 损坏酒店设备设施、物品的照价赔偿。
1.6.15 在酒店内使用不敬语言或大声喧哗，罚款____元。
1.6.16 非当班无故在酒店逗留，罚款____元。
1.6.17 在工作时间做与工作无关的事，如看电视、看书或其他理，罚款____元。
1.6.18 上班时间闲谈罚款____元，如在有客人的情况还聊天则罚款____元。
1.6.19 非工作需要随便进入吧台或在吧台内喝水，私拿吧台茶叶者，罚款____元。
1.6.20 受到客人投诉经调查属实者，罚款____元。
1.6.21 以上管理办法（可能）不尽完善，我们将在日后的工作实践中及时给予补充。补充上的条例具备同样的效力，请每位员工多提宝贵意见。

1.7 补充条例

1.7.1 由于工作失误造成跑单，由上级领导研究后并做出处理。
1.7.2 被问及任何事情时，提供虚假情况的，罚款____元。
1.7.3 员工违纪的罚金将在本月浮动工资中扣除，不足余额将在下月浮动工资中补扣，至完全补齐，情节严重者交人事部和质监部处理。
1.7.4 员工违反了其他规章制度而本《管理办法》所未涉及的，按《员工守则》所规定的处理。

2 奖则

2.1 工作认真负责，得到健身/游泳中心一致认可的。
2.2 服务杰出，表现优良，经常受到客人表扬的。
2.3 本月内无违纪记录的。
2.4 拾金不昧，并及时找到失主的。
2.5 提出合理化建议，在实践中证实有显著成效的。
2.6 对上级安排的工作能出色完成的。
2.7 发现事故苗头，及时采取措施，避免重大损失的。
2.8 推销得力，为酒店介绍了大量客户的。
2.9 公正廉明，赏罚分明，对违纪事件不姑息迁就的。
2.10 培训考试成绩优秀的。
2.11 勤奋好学，努力钻研业务的。
2.12 当因工作需要，被要求加班或参加额外劳动从无怨言，认真完成工作的。
2.13 工作责任心强，对工作一丝不苟的。
2.14 有其他优良事迹的。
2.15 知错能改者。

3 优秀员工

健身/游泳中心每月将在本中心所有员工中最多评选2名优秀员工（或1名、或无），并给予一定的物

续表

××酒店标准文件		××酒店	文件编号××-××-××		
版本	第×/×版	健身/游泳中心管理办法	页次		第×页

质奖励和精神奖励。

　　优秀员工是每位员工的榜样和楷模，希望健身/游泳中心的所有员工都争做优秀员工，不断进步、不断发展，为酒店的美好明天贡献自己的一份力量。

　　3.1　评选范围

　　健身/游泳中心所有领班、服务员。

　　3.2　评选名额

　　健身/游泳中心每月最多评选2名优秀员工。优中选优，宁缺毋滥。

　　3.3　评选方法：

　　3.3.1　每月的20日上午10:00在健身/游泳中心举行"优秀员工评选会"，每位员工届时必须到会。

　　3.3.2　"优秀员工"的评选条件参照"2奖则"（仅作参考）

　　3.3.3　采取不计名投票选举方式，进行评选。每人限提名2人，根据具体情况也可以提名1人，也可放弃投票权。

　　3.3.4　被提名的2名"优秀员工"尽可能不要是同一班次的。

　　3.3.5　最终获选的优秀员工需得到半数以上（包括半数）的员工提名。

4　奖金

　　4.1　奖金来源于本月健身/游泳中心员工违纪的罚金。

　　4.2　每月拨出本月健身/游泳中心总罚金的____元作为2名优秀员工的奖金，如果当月共产生1名优秀员工，则拨出本月棋牌中心总罚金的____元作为该名优秀员工的奖金。

　　4.3　如果当月未产生出"优秀员工"则将本月金额累计到下月评选时用。

　　4.4　剩余的钱同样累计到下月评选时用。

拟订		审核		审批	

制度7：棋牌中心管理办法

××酒店标准文件		××酒店	文件编号××-××-××		
版本	第×/×版	棋牌中心管理办法	页次		第×页

　　为了加强棋牌中心内部管理，不断提高棋牌中心的服务质量，奖勤罚懒、奖优罚劣，以提高每位员工的工作积极性。经研究决定，特制订《棋牌中心管理办法》，请每位员工认真学习、深刻理解，并以此作为自己日常工作的行为规范。

1　罚则

　　1.1　仪容仪表

　　1.1.1　员工上岗时需按规定着好工装，保证衣服整洁、挺括、皮鞋光亮，按规定位置佩戴好工号牌，违者罚款____元。

　　1.1.2　所有员工一律不许留长指甲，女员工如头发过长应戴好发结，所有女员工应化淡妆上岗，严禁浓妆艳抹。女员工化妆一律在健身房隔壁的工具房。

　　1.1.3　严禁着便服在营业场所出入，违者罚款____元。

　　1.1.4　不允许在上班前食有异味的食物，违者罚款____元。

　　1.1.5　上班之前，领班必须对员工的仪容仪表进行仔细检查，发现问题及时纠正。

　　1.2　考勤

　　1.2.1　上（下）班需诚实签到（退），不准代签，不准补签。

　　1.2.2　不迟到（早退），迟到（早退）1分钟罚款____元，依此类推。在有特殊情况需请假时，应以书面请假条形式报权取限范围内领导批准（应逐级上报）批准权限：领班1小时、主管4小时、部门副经理或助理1天、部门经理3天。

　　（注：3天以上报人事部批准方可。严禁领班、主管级干部自己批自己的假，违者罚款50元）

续表

××酒店标准文件		××酒店	文件编号××-××-××		
版本	第×/×版	棋牌中心管理办法	页次		第×页

1.2.3　每月由领班负责排班,并于每月28日前将下月的排班表草稿交主管审批,通过后实行,并备份一份交办公室,以便主管随时查岗。排班表一经通过一律不予更改。每位员工如有特殊情况应在每月27日前提前通知领班,以便于安排。

1.2.4　原则上不允许将一个月的休假做一次连休,如有特殊情况应以书面形式报主管批准。

1.2.5　在保证当天班次总人数不变的基础下允许员工之间相互换班。换班必须是在相同级别的员工之间,不允许领班与员工之间相互换班。每天必须保证中班（16:00～24:00）有领班在岗,不允许两位领班同休一天。

1.2.6　员工上卫生间应口头通知领班,并快去快回（小便10分钟、大便20分钟）。领班应根据当时状况合理安排人员去食堂用餐,如因领班安排不当造成工作上的失误将追究领班责任,并严肃处理（用餐时间35分钟以内）。

1.2.7　领班可根据当时生意状况合理安排较疲劳的员工休息。但如因安排不当造成工作失误将追究领班责任并严肃处理（休息时间15分钟以内,休息地点在休息室）。

1.2.8　非因工作需要严禁串岗,脱岗违者罚款____元。

1.2.9　任何原因需要离开工作岗位,必须口头说明离岗缘由,征得领班同意后方可离岗。如当时无领班在,需向其他同事打招呼,否则以脱岗处理。

1.3　清洁卫生

1.3.1　清洁卫生工作主要由早班（8:00～16:00）员工负责完成。中班、晚班员工应随时做好保洁工作。每日早班员工必须在上午11:00以前将棋牌中心卫生做干净。卫生责任区域内所有的设备设施、桌椅家具、地毯墙角线、电器、壁画等都要求彻底打扫干净。领班或主管将会随时对卫生工作情况进行突击检查。如一次检查连续发现5处以上地方卫生不达标,将会扣除整个棋牌中心浮动工资____元,并责令重做,直至完全达标,由领班再追究责任人责任。

1.3.2　暂规定每周四为棋牌中心大扫除日（周四8:00～9:30）。除当天休息的员工外,所有当班员工（包括早班、中班、晚班）都必须准时到岗,认真的搞好卫生。迟到（早退）者按"1.2.2"处理。缺席者以旷工半天论处,罚款____元。每周的卫生大扫除,除应搞干净日常的卫生区域外,还应将平日不太注意的卫生死角、一手高以上的卫生区域弄干净。（整个中棋牌中心应做到一尘不染）卫生工作完毕后,主管将会连同领班一起进行（仔细、严格、彻底的）卫生大检查。（戴白手套进行检查）。领班应做好检查记录,以便于总结经验,完善日后的工作。检查过程中如连续发现8处地方卫生不达标,将会扣除整个棋牌中心浮动工资____元,并责令重做,直到完全达标。

1.3.3　上班之前,领班必须对员工的个人卫生进行检查,发现问题及时纠正。在问题得到改正之前,领班有权责令个人卫生不达标的员工停工整改。耽误的工作时间由该员工负责补偿（每分钟扣1元）。

1.3.4　在工作过程中,在为客服务过程中发现了不干净的地方应及时清洁干净,只要你长期坚持这样做,既时刻保持了棋牌中心清洁的环境,又减轻班后卫生的工作强度,而且你将会得班组的物质奖励和精神奖励。因为这样的行为只会出自有很强的服务意识的酒店人之中,而不会发生在普通的服务员身上。

1.4　行为规范

1.4.1　站如松、坐如钟,不倚墙靠物,不双手抱于胸前,不要将手插在口袋里。

1.4.2　不当着客人的面做任何不雅观的动作,不要以无意行为和习惯性动作作为借口,我们不会接受你的任何解释,而只会对你的不雅观行为进行处罚（____元/次）。

1.4.3　我们要求女员工化淡妆上岗,但并不允许在营业场所或客人区域当着客人的面化妆,因为这是对客人的不尊敬的行为举止。化妆点在"1.1.2"已做了规定。

1.4.4　当发现客人的某些行为影响了整个棋牌中心的环境氛围,或影响了其他客人的正常娱乐时（如客人将脚踏在麻将桌上或客人在棋牌中心大声喧哗或客人在棋牌中心用餐而破坏了本中心的清洁卫生时等）,当班的每一位员工都有责任主动上前以委婉的语言予以提醒和制止。因为这也是优质服务的组成部分。

1.4.5　在为客服务时,我们应力求将每一个动作做到位,速度快捷、动作优雅,给人以优美的享受。

1.5　对客服务

1.5.1　如果你还没能达到为客人提供微小服务和超常规服务的素质要求,你至少要能按照《棋牌中心

续表

××酒店标准文件		××酒店	文件编号××-××-××		
版本	第×/×版	棋牌中心管理办法	页	次	第×页

服务工作规章》为客人提供常规服务。如果你连常规服务工作都不能做好，我们将会把你调离为客服务的第一线，以示惩罚。

1.5.2 我们并不赞同客人永远是对的，但完全赞同永远不与客人发生争执，不让客人难堪。只要你与客人开始争执，并让客人感到难堪，引起了客人投诉，经调查属实者，不管对错是否在你这一方，我们都会对你处以____元～____元罚款（视情节严重性而定），但最少不会低于____元。

1.5.3 请主动为客点烟，请适时为客人兑茶水。不要等领班或主管来要求你这么做，因为这样有可能会影响到你的浮动工资。

1.5.4 为客人呈上任何物品都请使用托盘，哪怕是一盒火柴。为客人买单请使用"买单皮夹"。因为这样做能使我们显得更加专业。但如有违反罚款____元。

1.5.5 每个人都会有心情糟糕的时候，但切记千万不要把这种消极、负面的个人情绪带给我们的顾客。好好地控制住自己的情绪，不要让它四处泛滥，这体现了我们良好的修养。

1.5.6 在客人尚未到来时，领班需安排员工定岗、定位站好等候客人，不要四处游荡。

1.5.7 在与客人交谈时，一要使用普通话，二要使用礼貌用语，如使用了地方方言或不敬语言，一经发现罚款____元。

1.5.8 不管你对棋牌有多大兴趣，也不要长时间站客人旁看客人打牌。一来影响了你的其他工作，二来也让客人感觉厌烦，违者罚款____元。

1.6 工作纪律

1.6.1 严禁带食品到工作区域，更不准上班时吃东西，违者罚款____元。

1.6.2 对上级安排的工作先执行，后解释。不服从管理的罚款____元直至开除（视情节严重性定）。

1.6.3 同事之间严禁吵架、斗殴。违者罚款____元直至开除（视情节严重性定）。

1.6.4 上班睡觉者罚款____元。

1.6.5 无故缺席上级组织的有关工作方面的活动者，如培训、会议、计划卫生等罚款____元。

1.6.6 非因工作需要脱岗、串岗者罚款____元。

1.6.7 办公室是经理、主管的办公场所，需要保持严肃、安静的氛围，非因工作需要或非办公室人员招呼请不要随意出入办公重地。

1.6.8 当班时不准接待自己的亲朋好友（因为那会影响你的正常工作），违者罚款____元。

1.6.9 员工工对所分配的工作经常表现出无能为力或不情愿，罚款50元。

1.6.10 员工要私自使用或消耗酒店设备、设施、物品、食物、酒水（或者让自己的亲朋好友做同样的事）罚款____元。

1.6.11 顶撞上级者罚款____元直至开除。

1.6.12 被质监部提出批评者罚款____元（如质监已作出处理将不重复处理）。

1.6.13 损坏酒店设备设施、物品的照价赔偿。

1.6.14 在酒店内使用不敬语言或大声喧哗，罚款____元。

1.6.15 非当班无故在酒店逗留，罚款____元。

1.6.16 在工作时间做与工作无关的事，如看电视、看书或其他理，罚款____元。

1.6.17 客人结账后，应及时做好清理工作，将棋牌、电视机遥控器等物品归类收好，并迅速打扫好卫生，违者罚款____元。

1.6.18 在各岗位上，当地毯、桌面等酒店财产被客人损坏，当班员工应及时以委婉的口气向客人索赔，未追回赔偿者应属工作失职，所有赔偿金将由你们支付。

1.6.19 上班时间闲谈罚款____元，如在有客人的情况还聊天则罚款____元。

1.6.20 非工作需要随便进入吧台或在吧台内喝水，私拿吧台茶叶者，罚款____元。

1.6.21 受到客人投诉经调查属实者，罚款____元。

1.6.22 以上管理办法（可能）不尽完善，我们将在日后的工作实践中及时给予补充。补充上的条例具备同样的效力，请每位员工多提宝贵意见。

1.7 补充条例

1.7.1 由于工作失误造成跑单，由上级领导研究后并做出处理。

续表

××酒店标准文件		××酒店 棋牌中心管理办法	文件编号××-××-××		
版本	第×/×版		页	次	第×页

 1.7.2 被问及任何事情时，提供虚假情况的，罚款____元。
 1.7.3 员工违纪的罚金将在本月浮动工资中扣除，不足余额将在下月浮动工资中补扣，至完全补齐，情节严重者交人事部和质监部处理。
 1.7.4 员工违反了其他规章制度而本《管理办法》所未涉及的，按《员工守则》所规定的处理。
2 奖则
 2.1 工作认真负责，得到棋牌中心一致认可的。
 2.2 服务杰出，表现优良，经常受到客人表扬的。
 2.3 本月内无违纪记录的。
 2.4 拾金不昧，并及时找到失主的。
 2.5 提出合理化建议，在实践中证实有显著成效的。
 2.6 对上级安排的工作能出色完成的。
 2.7 发现事故苗头，及时采取措施，避免重大损失的。
 2.8 推销得力，为酒店介绍了大量客户的。
 2.9 公正廉明，赏罚分明，对违纪事件不姑息迁就的。
 2.10 培训考试成绩优秀的。
 2.11 勤奋好学，努力钻研业务的。
 2.12 当因工作需要，被要求加班或参加额外劳动从无怨言，认真完成工作的。
 2.13 工作责任心强，对工作一丝不苟的。
 2.14 有其他优良事迹的。
 2.15 知错能改者。
3 优秀员工
 棋牌中心每月将在本中心所有员工中最多评选2名优秀员工（或1名、或无），并给予一定的物质奖励和精神奖励。
 优秀员工是每位员工的榜样和楷模，希望棋牌中心的所有员工都争做优秀员工，不断进步、不断发展，为酒店的美好明天贡献自己的一份力量。
 3.1 评选范围
 棋牌中心所有领班、服务员。
 3.2 评选名额
 棋牌中心每月最多评选2名优秀员工。优中选优，宁缺毋滥。
 3.3 评选方法
 3.3.1 每月的20日上午10:00在棋牌中心举行"优秀员工评选会"，每位员工届时必须到会。
 3.3.2 "优秀员工"的评选条件参照"1.2奖则"（仅作参考）。
 3.3.3 采取不计名投票选举方式，进行评选。每人限提名2人，根据具体情况也可以提名1人，也可放弃投票权。
 3.3.4 被提名的2名"优秀员工"尽可能不要是同一班次的。
 3.3.5 最终获选的优秀员工需得到半数以上（包括半数）的员工提名。
4 奖金
 4.1 奖金来源于本月棋牌中心员工违纪的罚金。
 4.2 每月拨出本月棋牌中心总罚金的80%作为2名优秀员工的奖金，每人各占总罚金的40%，如果当月共产生1名优秀员工，则拨出本月棋牌中心总罚金的50%作为该名优秀员工的奖金。
 4.3 如果当月未产生出"优秀员工"则将本月金额累计到下月评选时用。
 4.4 剩余的钱同样累计到下月评选时用。

拟订		审核		审批	

制度8：康乐部财产管理制度

××酒店标准文件		××酒店 康乐部财产管理制度	文件编号××-××-××	
版本	第×/×版		页　次	第×页

1　部门财产物品管理制度
　1.1　部门所有财产、物品须经专人进行登记入账。
　1.2　所有财产、物品都必须有明确划分、明确责任人。
　1.3　所有财产、物品都必须定期进行盘点。
　1.4　所有财产、物品损耗、增补都要进行登记入账。
　1.5　物品损坏赔偿制度
（1）明确划分各营业点责任区域，区域内财产、物品采取谁主管谁负责的制度。
（2）财产、物品损坏，首先确定原因。
（3）若非自然损耗，都要照价赔偿并开出杂项收据。
（4）营业点根据实际情况，填写报修单或领料单。
　1.6　物品领用程序
（1）各营业点领用物品须由各营业点负责人统一填表，清楚写明所领物品名称、规格、大小等进行申报。
（2）由部门经理签字同意后由财产物料管理员领取。
（3）部门财产物料员保留一联，作为凭证立账，各营业点签收登记。

2　游泳、健身财产物资管理制度
　2.1　游泳池设备、设施的管理及维护
（1）每月清查一次各种硬件设备、设施及各种易耗品，发现问题及时解决或上报。
（2）游泳池的设备、设施每一周进行保养、维护确保正常运行。
（3）每天对各种设备、设施进行检查。
（4）各种物资、设备设施的清理、检查、管理每天、每周、每月具体到个人，具体由谁负责。
（5）领班不定期进行检查，发现问题及时安排到人解决，解决不了的报工程部。
　2.2　健身房各种器械的管理及维护
　2.2.1　每周一次清洗各种健身器械，发现问题及时报工程部。
　2.2.2　保证各种器械的正确使用方法，避免违规现象发生。
　2.2.3　每天上班前检查各种器械否能正常运行，各种零件、配件是否都齐全，保证安全无隐患。
　2.2.4　对客用设施如沙发、椅子、更衣柜每天要进行清理保养，保证干净无污迹。

3　棋牌室财产物资管理制度
　3.1　在杯具的保养问题上，每次用完后给予有效的消毒、清洁，减少杯具的大量流失和不必要的损失，并每天定期在交班时进行检查、清点和登记。
　3.2　在每次结账之后对茶几、椅子、麻将桌、柜子、电话机、壁画等进行检查，是否有损坏，如有应及时报修。麻将2次/月，麻将桌面及地毯1次/月。
　3.3　每天对各类低值易耗品进行统计，并对各项工程装饰品及设施进行检查，如有损坏及时报修。
　3.4　实行定岗、定制，责任到人，各人负责各人的岗位，负责各人的工作区域的财产物资及各项设备。日常用品一般由领班到部门仓库领取或由定点人去仓库代领并做好登记。
　3.5　防火设备定期进行有效的检查，察看能否有效使用。对各项消防器材进行有力的保养，并防止破坏，如有破坏马上向保安部报告。
　3.6　每天由当班人员检查是否有烟头及易燃物，营业结束要随手关断电源、门窗，确保安全。

4　康乐中心客用出租物品管理制度
　4.1　客用出租物品应分类编号，摆放整齐，保持清洁、完好、有效。
　4.2　出租客用物品应办理租借手续，填写"客用物品出租登记单"，以备查考。
　4.3　各类出租客用物品应在租借规定时间内使用，过时应办理续借手续。
　4.4　出租客用物品仅限在本饭店各康乐场所使用，未经许可不得将出租客用物品带出规定使用场所。
　4.5　出租客用物品用毕后，应及时收回，并核查物品数量和完好情况，发现问题应及时汇报解决。
　4.6　出租客用物品应定期检、保养，发现损坏应及时维修或更新，确保出租客用物品的完好有效。

5　康乐中心客用更衣箱（柜）管理制度
　5.1　客用更衣箱和更衣箱钥匙须有专人负责保管，并保持清洁完好和有效。

××酒店标准文件		××酒店 康乐部财产管理制度	文件编号××-××-××	
版本	第×/×版		页　次	第×页

5.2　客用更衣箱系客人专用服务设施，应做至专柜专用，不得存放其他物品。
5.3　在办理更衣箱租用手续时，应向宾客明示，请勿存放贵重财物，遗失概不负责。
5.4　为保证客用更衣箱的正常使用，宾客活动结束后应立即将钥匙收回，如需长期租用，应办理长期租用手续。

拟订		审核		审批	

制度9：康乐中心设备设施维护保养制度

××酒店标准文件		××酒店 康乐中心设备设施维护保养制度	文件编号××-××-××	
版本	第×/×版		页　次	第×页

1　保龄中心设备设施保养制度
　1.1　球道的保养与清洁
　　1.1.1　每周用球道清洁剂擦洗球道一次。
　　1.1.2　每天用黄纸拖将球道拖干净后再打油，打油后在球道一尺内的地方将油擦干净。
　　1.1.3　每月回球沟用铁丝刷清洗一次。
　　1.1.4　球沟每周用带少许油的干净拖把从置瓶区向犯规线外拖一次。
　　1.1.5　回球机每周拆开后擦拭一遍。
　　1.1.6　助跑区内禁用滑石粉。
　1.2　球鞋的保养
　　1.2.1　每月用铁丝刷将鞋底刷一次。
　　1.2.2　客人每用一次鞋必须用酒精消毒、除臭剂除臭。
　1.3　机器的清洁与保养
　　1.3.1　每月对机器设备上油、调试并进行检查。
　　1.3.2　每周擦拭机器3～4台，包括吸尘。
　　1.3.3　回球袋与其上面的布每月送洗衣房清洗1次。
　　1.3.4　彩板每月用抹布擦一次。
2　健身房设备设施保养制度
　2.1　每天班前对各种器械进行全面检查（电源、开关等）。
　2.2　对机械进行擦拭，组合器可用清水加洗涤剂擦，有电脑装置的设备可用干布。
　2.3　跑步机应每周检查3次，随时上油、上滑石粉和吸尘。
　2.4　每周对各种运动机械进行1次测试，在使用过程中如发现和听见异常声音或情况，应马上停机进行检查，并报工程部维修。
3　美容美发中心设备设施保养制度
　3.1　美发中心
美发中心设备设施保养维护实行专人负责制度，由专人负责此项工作，负责人必须从以下几个方面对设备设施进行维护、保养。
　　3.1.1　每日检查及维护保养
负责人将对所有设备设施进行班前及班后检查、保养。
　　（1）卫星一号红外线：运转功能是否正常，设备外壳有否破损，设备使用完毕后，电源有否关闭。
　　（2）焗油机：运转功能是否正常，设备外壳有否破损，蒸馏水有否加满，设备使用完毕后，电源有否关闭。
　　（3）烘干机：运转功能是否正常，设备外壳有否破损，设备使用完毕后，电源有否关闭。
　　（4）吹风机：运转是否正常，设备外壳有否破损，电源有否关闭。
　　（5）大工椅、双面镜台、升降椅有否损坏。
　　（6）冲头床：运转功能是否正常，水压是否稳定，水温是否正常，设备外壳有否破损。
　　（7）标志灯：运转功能是否正常，营业后有否关闭。

续表

××酒店标准文件		××酒店 康乐中心设备设施维护保养制度	文件编号××-××-××		
版本	第×/×版		页次		第×页

(8) 所有电源插座、电流、电压是否稳定。
(9) 如发现设备设施出现问题，及时通知酒店工程部进行维修。
3.1.2 每月设备设施维护、保养
美发中心负责人每月对所有设备、设施进行维护、保养。
(1) 卫星一号：轴承加油、清洁外壳、电压是否正常。
(2) 焗油机：轴承处加油、清洁外壳、电压是否正常，灯泡如有破损进行更换。
(3) 烘干机：轴承处加油、清洁外壳、电压是否正常。
(4) 配合工程部对所有设备设施进行检查及保养。
3.2 美容中心
美容中心设备设施维护保养及检查实行专人负责制度。由专人负责此项工作，负责人必须从以下几个方面对设备设施进行维护保养。
3.2.1 每日检查、维护、保养
(1) 水床：运转功能是否正常，电源是否正常，设备使用完毕后有否关闭电源，水温是否正常。
(2) 太空床：运转功能是否正常，设备外壳有否破损，电源是否正常，设备使用后有否关闭电源。
(3) 多功能美容仪、美白去皱仪、机理护理机、红外线塑身仪，是否严格按照操作程序进行操作，设备外壳有否破损，运转功能是否正常，使用完毕后有否关闭电源。
(4) 离子喷雾机：蒸馏水有否及时加满，运转功能是否正常，设备外壳有否破损，使用完毕后有否关闭电源。
(5) 当仪器设备出现故障时，立即通知酒店工程部进行检查及修理，避免使用时出现不能使用的现象。
3.2.2 每月检查及维护保养
每月配合工程部对所有设备设施进行检查及保养。

4 DJ房日常保养内容、保养程序、保养标准、定期保养的时间

4.1 影碟机
(1) 所有电器设备定期除尘清扫（星期二、六），包括稳压器、电脑点歌系统、电视机、影碟机擦干净，正常操作。
(2) 所有按键及各项功能检查（星期二、六），包括影碟机上按键、电脑键盘上按键功能是否能正常操作。
(3) 与电脑切换系统的功能检查（每天检查）包括切换系统的图像、伴音功能是否正常操作。
(4) 过接线（莲花插头）性能（脱焊、虚焊）检查（星期二、六），包括插头是否松动，是否断了，功能是否能正常操作。
4.2 电源部分
(1) 输入电源电压稳定否（星期一、三、五）：INPUT 220V。
(2) 净化稳压电源的工作状态输出恒定否（星期一、三、五）：OUTPUT 220V。
(3) 所有插座导通情况，接触情况（星期一、三、五）：所有插座是否通电，接触良否。
4.3 电脑点歌系统
(1) 所有集线器接杆每个星期天检查，接触良否，从电脑互影碟机再到每个包房的线路插头是否接触良否。
(2) 每月15日或30日进行1次电脑软件程序整理（也称程序格式化）。
(3) 每月1日归纳市场上流行新歌曲目，以利申购。
(4) 每月1日进行一次点歌机的性能检查。
(5) 检查电脑的监控和包房机功能是否能正常操作。
4.4 碟片部分
(1) 每天上班前，按序各自清洗碟片。
(2) 及时统计故障碟片（随时发现，随时呈报）。
(3) 及时整理歌曲库里的曲目，及时存入新的歌曲消除有问题曲目。
(4) 新碟来，及时存入电脑，只要发现有问题的碟片或歌曲及时消除。
4.5 有线麦克风
(1) 每天统计发放以及回收。
(2) 及时上报有故障的话筒。
(3) 麦克风连接线断了及时焊接，并每天储备3根连接线。

续表

××酒店标准文件		××酒店 康乐中心设备设施维护保养制度	文件编号××-××-××		
版本	第×/×版		页	次	第×页

4.6 DJ房其他财产每天清扫：包括桌、椅、碟机柜、碟片柜、门、地毯等。

4.7 包房功放、电视、音箱，每月1日调试1次。

整个DJ房检查的标准：所有设备干净、无灰尘、设备功能操作正常、电源、电压稳定。

5 灯光设备保养内容、程序、标准、时间

5.1 配电柜（总电源开关箱）

（1）所有开关定期除尘（星期一）。

（2）检查开关触点、电源导线是否发热变色（每天）。

（3）检查电源电压是否正常380V（每天）。

5.2 分开关（电脑灯、聚光灯、断路开关）。

（1）检查硅箱、电源电压是否正常220V（每天）。

（2）检查硅箱分路开关是否接通（每天）。

（3）电脑灯、断路开关是否发热、过流（每天）。

5.3 控制台

（1）电脑灯控制台电源插座导通情况（每天）。

（2）控制台定期除尘（星期一）。

（3）电脑灯控制台信号连接线是否接触良好（每天）。

5.4 电脑灯、聚光灯、烟机

（1）检查电脑灯、电源线、信号线、地线是否接触良好（每月1日）。

（2）电脑灯、灯具定期除尘、加油（每3月1次）。

（3）检查电脑灯、地址码与控制台是否相符（每3月1次）。

（4）聚光灯对光（每月1日）。

（5）聚光灯换色纸（每6月1次）。

（6）聚光灯除尘（每3月1次）。

（7）聚光灯接线柱检查是否过热、脱皮（每2月1次）。

（8）烟机定期加烟油（星期一）。

（9）烟机定期检查电源线、信号线是否接触良好（每天）。

（10）烟机定期除尘烟口定期限清洗（每月1日）。

6 音响设备保养内容、程序、标准、时间

6.1 电源部分

（1）电源配电厢、净化电源、调音台电源及周边器材接杆部分（电源），（每星期一、三）除尘检查显示正常否。

（2）后机房处理器源、功放电源（星期一、三）检查、除尘。

（3）INPUT OUTPUT 电源万用表（每星期一、三）检测，恒定为220V。

6.2 前级设备部分

（1）调音台，每星期1次吸尘、刷扫。

（2）EQ音频处理器周边每周三擦刷并调整恢复正常状态。

（3）所有效果器及周边器材每天上班前开机检查工作状态，随时注意性能正常否（电平指示、显示指示）。

6.3 后级设备部分

（1）后机房音频过程器和大功率功放每天上班前开机检查其工作状态包括：通风、过压、过流、保护、电平指示、OUTPUT 导通。

（2）所有后级设备每月15日、30日性能检查，包括失真、输出功率、灵敏度、转换速率。

6.4 整个音频系统

（1）每月15日、30日专左碟视听其喇叭与功放、前级设备的使用状况，有无烧坏显示、功率、失真的参数变化。

（2）每月15日、30日定期性能测试，外观的清扫、检查。

6.5 每星期一总结登记该部分设备的使用状况、故障状况、性能状况并即时（一有就上报）上报该部分设备的故障维修情况。

6.6 每月15日进行维修后设备部分的综合性能参数的总结，有无异常，并当日汇报以解决故障隐患。

拟订		审核		审批	

制度10：康乐部各项卫生管理制度

××酒店标准文件		××酒店 康乐部各项卫生管理制度	文件编号××-××-××		
版本	第×/×版		页	次	第×页

1 卫生间清洁消毒制度
　1.1 严格按照卫生间的清洗消毒规范执行，认真做好卫生间的清洗消毒。
　1.2 消毒员身体健康，熟知卫生间和清洗消毒程序，定期接受卫生知识培训，穿戴整洁的工作服上岗。
　1.3 先清扫、清洗后消毒，从污染最轻处开始，即面盆→浴盆→恭桶。
　1.4 "84"消毒液按1：（200～300）的比例配制消毒液。按上述顺序对"三盆"进行喷洒或抹洗消毒，作用时间为30分钟，最后用消过毒的布擦抹干净备用。
　1.5 消毒液即配即用，比例恰当。

2 美容美发中心清洁消毒制度
　2.1 美容盆坚持做到一客一换一消毒。
　2.2 美容盆按"一刷二洗三消毒四冲五保洁"顺序进行操作。
　2.3 将洗净的美容盆按次序放入消毒桶中，但高度不超过桶深的3/4。
　2.4 用清洁的冷水将"84"消毒液按1：200的比例配备消毒液放入桶中完全淹没美容盆。
　2.5 1：200消毒液的配制比例取10升清水，用量杯量出50毫升"84"或"94"消毒液倒于清水中，搅匀盖上盖即可备用。
　2.6 消毒过程中桶子应加盖，消毒过程中不能加入新的物品，消毒浸泡时间为30分钟。消毒药液配制后一般情况下4小时后应重新配制。
　2.7 美容盆浸泡后取出用清洁水冲洗干净，放入保洁柜备用。

3 舞厅卫生管理制度
　3.1 服务人员应把卫生工作作为优质服务的重点，讲究职业道德，保持身体健康，持"健康合格证"上岗工作。每年定期进行健康检查，定期接受卫生知识培训。
　3.2 对客服务的员工应先洗澡后上岗，并保持口腔清洁。领班在班前会上对所属员工进行仪容仪表检查，做到衣冠整洁、无汗味、无长指甲、双手干净，便后要洗手。
　3.3 厅内空气清新，班前班后地毯吸尘并保持干净，茶几无污迹油渍，墙壁、家具陈设无尘、整洁，摆放有序。
　3.4 服务员对客服务过程中，应严格按规定操作，禁止用手接触杯口或用手直接接触食品。
　3.5 厅内设禁烟标志，服务员应引导宾客在指定部室吸烟。
　3.6 定期投放粘鼠胶，定时灭蚊，做到防尘、防蝇、防鼠、防霉。
　3.7 班后进行卫生消防检查，杜绝死角。禁止剩余食品、饮品在厅内过夜。

4 卡拉OK厅卫生管理制度
　4.1 直接对夜总会主管负责。
　4.2 严格执行国家及酒店的各项卫生管理制度。
　4.3 经常清点、保养厨房设施设备、杯具、器皿，对造成丢失破损的要追究责任人并报主管。
　4.4 保证厨房出品的卫生及质量，做出适合客人口味的小吃食品。
　4.5 根据小吃出品的情况，合理选择原材料，节约成本，提高营收，避免造成浪费，并根据客人需要经常性更换口味。
　4.6 经常性检查煤气管道的完好情况，安全操作，防止事故发生。
　4.7 定期对厨房设备设施、杯具器皿进行盘点，对出品的原材料成本进行清查并上报。

5 厨房餐杯具清洗消毒制度
　5.1 严格按照餐杯、具清洗消毒规范执行，认真做好餐杯、具的清洁、消毒工作。
　5.2 消毒员身体健康，着装、个人卫生符合食品卫生要求，能熟练掌握清洗、消毒的有关知识。
　5.3 必须按"一刷二洗三冲四消毒五保洁"的顺序进行操作。
　5.4 正确配比和使用消毒剂，"84"消毒液按1：400的比例配成消毒液放入水池中，完全淹没杯具，作用时间不少于30分钟。
　5.5 电子消毒柜消毒，温度升至123℃时，持续消毒30～60分钟，中途不得开启柜门放入物品。
　5.6 洗碗机湿热消毒时，温度应达到100℃，时间15～30分钟。
　5.7 经热消毒餐具应做到表面光滑、无食物残渣、污物积存。经化学药液消毒的餐具要做到表面光滑、无食物残渣、污物积存，无不良气味和水溶性化学物积存。
　5.8 餐杯、具消毒冷却后放入保洁柜备用。

拟订		审核		审批	

制度11：康乐部沟通与协作规范

××酒店标准文件		××酒店 康乐部沟通与协作规范	文件编号××-××-××	
版本	第×/×版		页次	第×页

1 部门内部沟通与协作
 1.1 康乐预订部与各营业点
  1.1.1 预订部提前1天将包场或预订情况正式通知营业点的负责人，便于承办包场或预订的营业点布置和准备。
  1.1.2 通知中要详细写清包场或预订客人消费的时间、人数、消费标准，客人要求折扣（优惠）情况，场地布置，会客，重要领导人姓名，出席时间等。
  1.1.3 预订员要对各营业点准备工作情况进行检查核对，是否与接待单位的要求相符合，如有偏差及时告知营业点主管纠正，以免客人投诉。
  1.1.4 预订部要主动征询主办单位对任务的准备工作是否满意，还有什么要求并把意见转告给营业点主管，同时把营业点主管介绍主办单位有关人员，便于联系、沟通、协调工作。
 1.2 康乐预订部与部门仓库
  1.2.1 康乐预订部提前2天将包场所需物品以书面形式通知仓库。
  1.2.2 通知中写明所需物品的规格、尺寸大小、特殊要求。
  1.2.3 检查仓库是否有所需物品，如没有应及时向康乐部仓库提出申购或请求工程部或美工部制作。
 1.3 康乐预订部与办公室
  1.3.1 认真协调好每一次接待任务，并及时把活动有关情况向办公室汇报。
  1.3.2 接待活动中若有重要领导出席应及时向办公室汇报。
 1.4 夜总会工作沟通与协作
  1.4.1 歌舞厅与DJ房
  （1）如遇有包场，应提前1天将任务情况正式通知DJ房负责人，便于做准备。
  （2）通知的内容要详细告知DJ负责人，包括包场的时间、客人要求的层次、需准备的物件等。
  （3）歌舞厅主管对于DJ房负责人保持密切联系及时调整对灯光音响的要求，反馈客人的信息。
  1.4.2 歌舞厅与厨房
  （1）督促厨房厨师认真做好安全防范和卫生保洁工作。
  （2）认真核实厨房每天的出品情况和物品的领用情况。
  1.4.3 歌舞厅与舞台
  （1）上班前了解当天舞台节目的内容，并及时传达到领班、员工。
  （2）督促员工做好每天舞台的配合工作，包括道具的搬运、气氛的烘托、信息的反馈。
  （3）督促DJ房员工做好舞台乐器、设备设施的维护与保养。
  1.4.4 歌舞厅与KTV
  （1）加强与KTV包房的密切联系，如遇包场，在人手不足时，从KTV包房补充。
  （2）KTV包房的客人出来观看节目，做好必要的服务工作。
  （3）在KTV包房增加对夜总会节目内容的宣传，并配备适当夜总会的赠券。
  1.4.5 KTV与厨房
  （1）督促厨房出品质量，保证厨房出品的数量。检查成品与半成品是否放入冰箱。
  （2）了解厨房推出的新品种，主动向客人推荐。
  （3）适时地征询客人意见、建议，及时转告厨师以便改进。
  （4）根据宾客的建议与偏好，可经常推出新品种。
 1.5 各营业管区与部门仓库
  1.5.1 物料仓库，物料管理员将各管区月度计划物品（客用品、用具等）领至部门二级仓库，领料单必须部门经理签字。
  1.5.2 各管区根据每天实际所需，填单到部门仓库领取（最多3天用量）物品，领料单必须分管主管或经理签字有效。
  1.5.3 各管区所领用物品须验收登记，不合要求的退回部门二级仓库，部门物料员再退回酒店计财部仓库或采购部。
  1.5.4 部门计划物品的采购统一由部门物料员填单申报，申购单必须部门经理签字有效。
  1.5.5 各管区零星、急用物品的采购由各管区填单报部门物料员，申购单必须注明急购原因以及产品

续表

××酒店标准文件		××酒店	文件编号××-××-××		
版本	第×/×版	康乐部沟通与协作规范	页　次		第×页

规格、品牌、大小要求等事项，并要分管主管、经理签字有效，再由部门物料员负责督办。

1.5.6　部门物料员必须每周对各管区的客用品、用具、备用品等进行盘点，正常损耗之外的要照价赔偿。

1.5.7　各管区要及时将每月客用品、用具等实际消耗情况报部门物料仓库作为部门月度申购、申领计划的依据。

2　康乐部与饭店其他部室沟通与协作

2.1　康乐部与总经理办公室

2.1.1　上午九点把当日的宴请与会议任务通知发至总经理办公室。

2.1.2　有重大接待任务通知内容，写清宴请时间、地点、人数、标准、宴请单位等。

2.1.3　有重要领导人出席，写清姓名、职务、到离店的具体时间，提醒酒店领导迎送准备。

2.1.4　写清宴请或重大活动所需要的布置、会标牌等要求和具体完成的时间。

2.1.5　由康乐部撰拟的以酒店名义行文的文稿，应送总经理办公室审核以后报酒店领导签发。

2.1.6　部门秘书与酒店办公室秘书沟通好内部文件与档案工作并接受指导性意见。

2.2　康乐部与保安部

2.2.1　如有重要宴请或大型晚会和会议要事先用备忘录与保安部沟通并请协作维持治安秩序，做好重要客人的安全保卫工作和安排好乘坐车辆的停靠泊位。

2.2.2　部门前后台如发现可疑的人和事或可疑物品和不明物品，在立即做好监控工作的同时，应及时报告保安部。

2.2.3　各营业点如发现醉酒闹事，影响治安秩序要迅速报告保安部。

2.2.4　使用各种设施设备过程中，如发生异味、异声、漏电、短路、裂管等不安全因素既要立即报工程部检修，同时报保安部。

2.2.5　主动与保安部联系做好易燃易爆用品的管理和消防设备、消防器材的检查维护。

2.2.6　康乐部各部门应组织和教育员工自觉参加保安部开展的"四防"宣传教育及保安业务的培训和演练，提高全体员工的安全防范意识和保安业务知识。

2.2.7　康乐部各部门应主动接受保安部对安全保卫工作的指导和检查，对保安部提出的工作建议和意见及时整改，并将整改情况复告保安部。

2.3　康乐部与工程部

2.3.1　部门的设备管理和操作人员应自觉接受工程部进行的安全生产教育及专业技术和管理知识的培训，提高业务技能。

2.3.2　接受工程部定期对本部门设备设施管理制度的检查。

2.3.3　在本部门自查设备设施安全生产时发现隐患立即通知工程及时排除。

2.3.4　主动配合工程部对本部门厨房设备、炊事机械、冷藏、水、煤气、空调、除油、除烟等设备定期进行检测和计划维修，确保运转正常。

2.3.5　配合工程部做好餐厅、厨房等设施、设备的更新改造，并与全能技工密切合作，搞好餐厅、大堂吧设备的日常维护保养，确保各种设备完好。

2.3.6　上午九点将根据任务要求需要工程部配合的工作，用备忘录通知工程部，便于工程部对宴请场地进行全面整修。

2.4　康乐部与计财部

2.4.1　请计财部协助并指导编制部门的经营预算，各落实以部门为成本中心的成本费用控制管理。

2.4.2　加强与计财部计划分析员和成本核算员联系，做好部门各类客用物品、低值易耗品等物品的日清日结核算工作。

2.4.3　做好部门财务二级账和与计财部财物一级账的定期核对工作。

2.4.4　与采购部密切联系做好各类零星、急用物品的采购、验收工作和原料物资的申购工作。

2.4.5　配合计财部认真做好各类物品领用小票管理与汇总上交工作。

2.4.6　在计财部的指导下按月做好康乐经济活动分析，财物管理（含二、三级账表）和定额消耗管理。

2.5　康乐部与人力资源部

2.5.1　根据工作需要向人力资源部提出用工申请，参与录用员工面试，并负责做好新进员工的岗前技能培训以及现聘员工的岗位资格培训工作。

2.5.2　根据本部门工作需要和人力资源部安排，做好部门之间员工岗位调整工作和转岗培训工作。

2.5.3　及时做好本部门考勤统计、汇总，并积极配合做好工资资金的审核，上报人力资源部。

2.5.4　本部门员工因故离岗、离职、终止、解除合同，在职员工退休、死亡，按饭店有关政策和规

××酒店标准文件		××酒店 康乐部沟通与协作规范	文件编号××-××-××	
版本	第×/×版		页次	第×页

定，积极配合人力资源部办理各种手续，以及相关的劳动争议。
 2.5.5 做好本部门员工工作餐券发放工作，以及新进、调岗、离岗人员的工作服和更衣箱钥匙发放和回收工作。
 2.5.6 配合人力资源部，做好本部门员工福利待遇发放的审核与医疗费用审核。
 2.5.7 协同人力资源部，做好本部门员工的职称和技术等级评定考核与审核申报。
 2.6 康乐部与拓展营销部
 2.6.1 康乐部应及时向营销部发送四季菜单和各种宴会菜单，以及年度、季度和月度的促销设想，以便营销部进行康乐部促销计划工作。
 2.6.2 涉及康乐场所进行的重大促销活动或经营活动，康乐部在接到营销部的任务通知书后，应及时与营销部联系，确认并密切配合以便完成接待任务。

拟订		审核		审批	

第三节 酒店康乐服务管理表格

表格1：康乐部工作质量检查表

康乐部工作质量检查表

年 月 日   部门

部门	项目	保龄中心	棋牌中心	美容美发	桑拿中心	健身游泳	夜总会大厅	夜总会KTV	办公室	厨房	仓库
礼节礼貌	语言规范										
	着装规范										
	仪容仪表										
服务	服务规范										
	程序服务										
设备维护	设备运转										
	设备保养										
	设备安全										
卫生	球境卫生										
	工作台面										
	工作柜										
	玻璃器皿										
	客用布草										
	工/用具卫生										
	物品摆放										
	地面清洁										

续表

部门 \ 项目	保龄中心	棋牌中心	美容美发	桑拿中心	健身游泳	夜总会大厅	夜总会KTV	办公室	厨房	仓库
卫生 — 板（墙）壁卫生										
卫生 — 垃圾桶卫生										
其他 — 灯（座）										
其他 — 天关										
其他 — 门（窗）										
其他 — 锁										

注：表格内只需填上"优、良、中、差"。

检查记录
存在问题：
需解决问题：
有争议问题：
解决以上问题的拟订时间：
检查人员：

表格2：康乐部值班检查表

康乐部值班检查表

年　月　日　　　　　　　　　　　　　　　　检查：_____

内容 \ 部门	美容美发	棋牌中心	保龄中心	桑拿中心	健身中心	夜总会大厅	夜总会KTV	游泳池
营收情况								
服务规范								
语言规范								
宾客投诉								
VIP接待								
仪容仪表								
环境卫生								
工作柜卫生								
客用品卫生								
器皿卫生								
垃圾桶卫生								
水、电、煤关闭								
门、窗关闭								
设备运转								

注：正常打"√"、不正常打"×"。

内容\部门	水	电	煤	门/窗	安全	结束时间（关闭）	签名
美容美发							
保龄中心							
棋牌中心							
桑拿中心							
健身中心							
游泳池							
夜总会							
DJ房							

年　月　日　　　　　　　　　　　　　　　　　检查人：_____

表格3：康乐部每日营业月报表

康乐部每日营业月报表

月份

日期\部门	1	2	3	4	5	6	7	8	9	10	11	12	13	14	…	31	合计
棋牌中心																	
保龄中心																	
健身中心																	
游泳池																	
美容中心																	
美发中心																	
夜总会																	
KTV																	
总计																	
累计																	

表格4：康乐部账单汇总表

康乐部账单汇总表

日期	时间	台号	账单编号	账单实数	实买金额	支付方式	买单人	记录人

表格5：康乐部营业日报表

康乐部营业日报表
月　日　至　月　日

	星期一	星期二	星期三	星期四	星期五	星期六	星期日	合计	平均
棋牌中心									
保龄中心									
健身/游泳									
桑拿中心									
美容/美发									
夜总会									
KTV									
合计									
累计									

表格6：夜总会设备设施日常保养维护情况表

夜总会设备设施日常保养维护情况表

设备名称	灯光	音响	乐器	电脑	电视	功放	影碟机	客用沙发	桌子	啤酒罐	水箱	汽灶罐	其他
保养维护记录标准													
检查所存在的问题													

检查记录人：＿＿＿＿

表格7：夜总会保养记录表（定期）

夜总会保养记录表（定期）

单位：

设备编号名称	型号规格	保养日期	保养人	上次保养时间

保养内容	
	专业负责人：
提出下次保养解决问题	
验收意见	专业负责人： 部门经理：

表格8：美容美发中心服务项目单

美容美发中心服务项目单

顾客：　　　　　　　　美发：　　　　　　　　NO：
　　　　　　　　　　　　　　　　　　　　　　年　月　日

项目	金额	员工编号
洗、吹发		发型师
剪　发		
恤发（头发定型）		
晚　装		
焗　油		
头发倒膜		
颜色护理		
电　发		
		发型助理
合计		
大写（¥/$）	仟　　佰　　拾　　元	

表格9：康乐部客户资料登记表

康乐部客户资料登记表

姓名	公司名称	电话	传真	邮编	地址

表格10：康乐部预订情况表

康乐部预订情况表

时间	单位	联系人	联系电话	备注

表格11：康乐部员工消费券、夜总会赠券、五折券发放登记表

康乐部员工消费券、夜总会赠券、五折券发放登记表

发放日期	赠券种类	发放数量	赠券使用截止日期	预订部经手人	发放对象

表格12：赠券回收情况登记明细表

赠券回收情况登记明细表

部门＼日期	1	2	3	4	5	6	7	8	9	10	11	12	13	14	…	31
保龄球																
夜总会																
员工消费券																

表格13：康乐部（定期）卫生检查表

康乐部（定期）卫生检查表

部门	项目	日常保洁卫生	计划保洁卫生（包括地角线、通风口、灯罩、沙发缝以及一手以上区域内卫生）
健身房	大厅		
	更衣室		
	器械		
	工作台		
游泳池	吧台		
	工作台		
	更衣室		
	淋浴室		
	游泳池		
	休息区		
办公室	地面		
	垃圾桶		
	私人物品		
	办公桌		

续表

部门	项目	日常保洁卫生	计划保洁卫生（包括地角线、通风口、灯罩、沙发缝以及一手以上区域内卫生）
仓库	地面		
	货架		
	工作台		
	物品		
保龄中心	球道区		
	鞋吧		
	酒水吧		
	休息区		
	通道及公共区		
棋牌中心	大厅		
	包厢		
	吧台		
	公共区及通道		
美容美发中心	大厅		
	包厢		
	展示厅		
	工作台		
	工/用具卫生		
	布草		
桑拿中心	迎宾台		
	梳妆台		
	更衣室		
	淋浴室		
	擦背室		
	蒸房		
	三温暖		
	水吧		
	包房		
夜总会大厅	大厅		
	迎宾台		
	舞台		
	化妆间		
	火车卡座		

续表

部门	项目	日常保洁卫生	计划保洁卫生（包括地角线、通风口、灯罩、沙发缝以及一手以上区域内卫生）
夜总会大厅	啤酒吧台		
	展示柜		
	通道		
夜总会DJ房	音响控台		
	工作柜/台		
	地毯		
	电器设备		
夜总会KTV	迎宾台		
	通道		
	包厢		
	工作台		
	电器		
夜总会厨房	地面		
	储藏柜		
	清洗池		
	灶台		
	玻璃器皿		
	工/用具卫生		

注：1. 本部门定于每周二下午2:00～4:00对各管区进行检查。
2. 检查小组包括部门主管经理以及本部门主管。
3. 检查小组成员必须准时参加，不得缺席。
4. 卫生检查范围为各管区日常保洁区域和计划卫生区域。
5. 所检查区域三处以上不合格者，勒令返工，连续三次不合格者扣直接责任人50元。

表格14：康乐中心预订表

康乐中心预订表

日期 _____   星期 _____
时间 _____   人数 _____
活动名称 _____   活动地点 _____
联系人姓名 _____   联系电话 _____

活动内容及要求：

备注：

填表人：

表格15：康乐中心贵宾娱乐记录表

康乐中心贵宾娱乐记录表

内容 贵宾姓名	卡号	身份证号码	日期	项目	人数	时间起	时间止	持卡人签名	经办人	备注

表格16：VIP免费康乐预订委托单

VIP免费康乐预订委托单

客人姓名		身份	
房号/公司		免费活动人数	
免费活动要求		免费活动时间	
免费服务要求：			
接待部门		批准者	
联系人		联系电话	
变更/取消记录		预订销售处批准	
		服务场所签收	
		预订员	
备注		预订日期	
		输入日期	

经办人：已确认（　　）未确认（　　）

表格17：康乐中心当日工作情况汇报表

康乐中心当日工作情况汇报表
月　　日

项目 汇报内容	项目		内容	
	上班时间	姓名	下班时间	姓名
考勤				

续表

项目 汇报内容	项目		内容
钥匙物品交样情况	早班	中班	夜班
	交收	交收	交收
	备注：	备注：	备注：
检查情况	设备设施检查		
	电源切断		
	门窗检查		
	消防安全		
	客人活动意见反馈		
	若其他项目有问题请注明		

说明：若无任何问题，请写"一切正常"，并由当班人员签字。当班负责人签字：

表格18：康乐中心团队包场预订委托单

康乐中心团队包场预订委托单

No：

单位			
预订日期			
联系人		联系电话	
活动时间		参加人数	
活动项目		安排场所	
结算方法		服务要求	
直接付费		茶水饮料	
转账		教练指导	
其他		其他	
收费标准		优惠折扣	
预付定金		批准者	
变更/取消记录			服务场所签收
			预订员
			预订日期
			输入日期
经办人：	日期：		

经办人：已确人（ ）未确人（ ）

表格19：康乐中心客用更衣柜长期租用登记表

康乐中心客用更衣柜长期租用登记表

No：

客人姓名		会员（房号）卡号码	
联系地址		联系电话	
活动场地		租用时间	
更衣箱号码		备注：	
批准者			
发放钥匙数量		经办人	
收取押金数额		日期	

表格20：花草维护记录表

花草维护记录表

日期	时间	维护人	检查人	检查情况	日期	时间	维护人	检查人	检查情况

表格21：游戏币记录表

游戏币记录表

日期	班次	值班人	账单号	剩余币数	寄存人及币数	备注

表格22：送洗布草记录表

送洗布草记录表

送洗时间	送洗布草名称	数量	送洗人	领取时间	领回布草名称	数量	领取人	备注

表格23：制卡申请表

制卡申请表

日期： 年 月 日

（会员卡、次卡）资料			
类型	卡号	数量	有效期
30次卡			6个月
60次卡			9个月
100次卡			12个月
200次卡			18个月
会员卡			12个月
会员卡			12个月
会员卡			12个月
合计			
续卡情况			
康乐部签名			
制卡情况签名			

表格24：泳卡登记表

泳卡登记表

日期	种类	卡号	办卡日期	联系人	联系电话	截止日期	经手人	剩余次数

表格25：预订记录表

预订记录表

日期	项目	预订时间	单位	联系人	联系电话	预订员	接预订时间	特殊要求	预订状态	备注

表格26：技师工作记录表

技师工作记录表

日期	项目	放号/手牌号	按摩房号	时间	技师姓名	价位	账号	服务员	技师签名	备注

表格27：报损记录表

报损记录表

日期	报废物品及数量	报废原因	经手人	检查人	仓管员

表格28：钥匙记录表

钥匙记录表

日期	钥匙名称	领用时间	领用人	经手人	归还时间	归还人	经手人

表格29：宾客意见收集表

宾客意见收集表

年　月　日

客人姓名		性别	
工作单位			
消费地点			
宾客意见			
落实情况			

表格30：宾客意见落实跟踪表

宾客意见落实跟踪表

班组	日期	宾客意见	整改措施	落实情况

表格31：兼职销售员回访记录表

兼职销售员回访记录表

回访日期		回访人		回访形式	
回访内容					
宾客姓名	卡号	卡余额	有效期	联系电话	宾客反馈

表格32：客史档案表

客史档案表

姓名	性别	卡号	单位	联系电话	娱乐项目	喜好及习惯

表格33：遗留物品记录表

遗留物品记录表

捡拾日期	遗留物品数量及种类	捡拾人	捡拾地点	吧台员工	认领日期	认领人签字	认领人有效证件及号码	经手人签字

表格34：物品消毒记录表

物品消毒记录表

时间	消毒内容	清洗消毒人	检查人	检查情况

表格35：康体中心消毒记录表

康体中心消毒记录表

日期	时间	泳池消毒	男桑温度	泳池温度	女桑温度	泳池水温度	泳池PH值	泳池余氯值	浸脚池消毒	负责人

表格36：康乐中心卫生清理检查表

康乐中心卫生清理检查表

清理人		清理时间			自查时间			
自查人		复查人			复查时间			
检查区域	检查项目	自查情况	复查情况	检查区域	检查项目	自查情况	复查情况
大厅	指示牌			台球室	大门		
	水牌				地毯		
	大门				墙边		
	墙边				配电盒		
	壁灯				沙发		
	吧台				茶几		
	电脑				烟缸、火柴		
	电话				衣架、衣撑		
	打印机				服务器		
	税控机				价目表		
	Pos机				绿植		
	验钞机				球台		
	保险柜				灯罩		
	电话指南				球杆		
	便签本				记分牌		
	宣传册				手套		
	垃圾桶				巧粉		
	配电盒				架杆		
	木地板				球轨道		
公共区域	墙边				灯		
	走廊玻璃				垃圾桶		
	壁画			乒乓球室	门		
	插座				墙边		

续表

检查区域	检查项目	自查情况	复查情况	检查区域	检查项目	自查情况	复查情况
公共区域	标识牌			乒乓球室	沙发		
	房号牌				茶几		
	壁灯				服务器		
	绿植				价目表		
	高处木格				烟缸、火柴		
	冰箱				衣架、衣撑		
	灭火器				饮水机		
	安全通道				布草筐		
卫生间	大门				壁橱、接桌		
	云台				乒乓球		
	绿植				长巾筐长巾		
	物品				抽纸盒		
	镜面				球鞋、袜子		
	电镀件				记分牌		
	面盆				电视		
	马桶				垃圾桶		
	壁画				乒乓球台		
	木隔断				灯及空调开关		
	地面				地面		
棋牌室	大门			服务室	门		
	灯光及吊灯				灯及空调开关		
	配电盒				垃圾桶		
	墙边				可回收物品		
	沙发（毛发）				清洁篮		
	靠垫				清洁物品		
	衣架、衣撑				消毒柜		
	壁画				杯具		
	电视				文件架		
	烟缸、火柴				饮水机		
	象棋				电热壶		
	军棋				水桶		
	跳棋				备量橱		
	围棋				物品备量		
	茶几				私人物品		
	价目表				香巾柜		
	服务器				布草筐		
	壁橱				热水瓶		

续表

检查区域	检查项目	自查情况	复查情况	检查区域	检查项目	自查情况	复查情况
棋牌室	七常			服务室	七常		
	麻将牌			游戏机室	门		
	筹码				灯及空调开关		
	麻将桌				衣架、衣撑		
	抽屉盒				垃圾桶		
	桌布				茶几		
	垃圾桶				烟缸、火柴		
	绿植				游戏机		
	地毯				椅子		
					木地板		
大厅	大门			女桑拿房	大门		
	指示牌				地面墙面		
	水牌				地脚线		
	灯				梳妆台		
	电脑				更衣柜		
	电话				体重秤		
	验钞机				消毒柜		
	保险柜				垃圾桶		
	打印机				长条凳		
	税控机				淋浴间		
	便签本				干蒸室		
	宣传册架				湿蒸室		
	Lago图				卫生间		
	杯具				清洁区		
	烟缸火柴				助浴区		
	公放橱				地漏		
	开关				布草筐		
	垃圾桶				绿植		
	茶几				电镀件		
	沙发				配电盒		
	地面			男桑更衣区	大门		
	绿植				灯		
	墙边				地面		
	吧台				地脚线		
	饮料柜				梳妆台		
	展示架				更衣柜		

续表

检查区域	检查项目	自查情况	复查情况	检查区域	检查项目	自查情况	复查情况
大厅	饮水机			男桑更衣区	长条凳		
	消毒柜				布草筐		
	报刊架				垃圾桶		
	抽纸				消毒柜		
健身房	大门			男桑淋浴区	体重秤		
	灯				VIP		
	墙边				配电盒		
	木地板				搓澡床		
	健身器				充气枕头		
	垃圾桶				淋浴间		
	体重秤				卫生间		
	饮水机				电镀件		
	茶几				皂液器		
	座椅				地漏		
	VCD机				地面墙面		
	电视机				按摩池		
	提示牌				灯		
	绿植				卫生间		
	更衣柜				助浴区		
	梳妆台				干蒸室		
	镜面				湿蒸室		
游泳池	绿植			男桑干身区	垃圾桶		
	躺椅				地面墙面		
	茶几				开关		
	垃圾桶				梳妆台		
	地面墙面				镜面		
	灯				饮水机		
	救生圈				长条凳		
	救生杆				柜子		
	地漏			公共区域	地面墙面		
	提示牌				绿植		
	大门				壁画		
	饮水机				玻璃框		
	水质牌				灭火器		
	玻璃				卫生间		
吧台5S	物品备量			女桑5S	物品备量		
	物品摆放				物品摆放		

续表

检查区域	检查项目	自查情况	复查情况	检查区域	检查项目	自查情况	复查情况
吧台5S	记录本			女桑5S	记录本		
	卫生清洁工具				卫生清洁工具		
男桑5S	物品摆放			泳池5S	物品摆放		
	物品备量				物品备量		
	卫生清洁工具				卫生清洁工具		
	记录本				记录本		
今日计划卫生							
清理情况							
卫生总评	优　　　良　　　差						
检查人							

表格37：内部质检表

内部质检表

部门/班组：　　　　　　日期：　　　年　　月　　日

类别	时间	检查内容	责任人	检查人	处理措施
清洁卫生					
仪容仪表					
5S管理					
操作规范					
行为规范					
设施设备					
节能降耗					
员工亮点					

表格38：员工仪容仪表检查表

员工仪容仪表检查表

班组：　　　　　　日期：　　　　　　检查人：

姓名＼项目	发型	头饰（女）	化妆（女）	胡须（男）	指甲	饰物	衬衣领口袖口	工装上衣	工裤工裙	肉色丝袜	深色袜	领带领结领扣	皮鞋	手套	备注

 学习总结

通过本章的学习，我对酒店康乐管理有了以下几点新的认识：

1. _____
2. _____
3. _____

我认为根据本酒店的实际情况，应制订以下制度和表格：

1. _____
2. _____
3. _____

我认为本章的内容不够全面，还需补充以下方法、制度和表格：

1. _____
2. _____
3. _____

第九章 酒店安全管理工具

引 言

  星级酒店安全管理工作除受所在地区行业管理部门的统一安全管理外,还应结合星级酒店的性质与特点,建立起自己有效的安全组织与网络。安保部门看似一个被动的部门,总是在接到电话之后才采取行动的,但事实是,安保部门是一个非常积极主动的部门。安保部门对酒店客人和员工的人身、财物安全以及酒店财产安全进行了一系列组建、设计、指挥、控制、协调等管理活动。

本章学习指引

目标	了解酒店安全管理的要点,并能够运用所提供的范本,根据本酒店的实际情况制订相应的管理制度、表格

学习内容

管理要点	• 建立酒店安全网络 • 建立安全组织 • 加强安保部的内部管理 • 客人安全控制与管理 • 员工的安全控制与管理 ……
管理制度	• 安全管理规定 • 紧急情况管理计划 • 消防安全管理制度 • 车辆安全管理制度 • 保安部应急处理方案
管理表格	• 安保当值安排表 • 安保交接记录表 • 治安隐患安全记录表 • 备用钥匙使用单 • 酒店各部门门锁钥匙一览表 • 门锁钥匙增配单 • 酒店过夜车辆停车检查记录表 • 危险物品管理登记表 • 长住酒店的机构登记表 • 长住客人登记表 • 宾客财物被窃情况表 • 客人丢失物品访问记录表 ……

第一节　酒店安全管理要点

要点1：建立酒店安全网络

酒店安全管理网络是旅游安全管理网络系统中的一个子系统，应与旅游的安全管理工作协调一致，并与酒店各工作部门、各工作岗位的职责、任务结合起来。由于酒店安全管理工作始终贯穿于生产、服务过程中，并与其他部门相互依赖与关联，因此，酒店安全网络应包括以下内容。

（一）酒店层网络

由酒店高层领导、安保职能部门及酒店其他部门经理组成，并对整个酒店安全管理负责任的工作网络。任务是指导安全管理工作的开展，制订酒店安全管理计划与安全管理制度，并督促其有效实施。工作机构是酒店的安保部门，工作手段是计划和制度实施的检查与考核。监控方式是通过设在各部门、各岗位及酒店各要害部门、公共区域中的安全监控系统。安保部设在酒店电梯口、楼层通道、休息会议厅等场所的安全监控系统是酒店安全管理工作的技术支持与保障。

（二）部门管理层网络

由酒店客房部、前台、各楼层管理人员、酒店安保部分管各楼层安全管理工作人员及相关部门，如工程部人员组成，对酒店各楼层安全管理负责任的工作网络。其任务是指导前台部、各楼层安全管理工作的开展、制订前台部、各楼层安全管理计划和安全管理制度并督促其有效实施。工作机构是前台部、各楼层经理领导下的安全管理小组；小组由酒店安保部进行业务指导，人员由安保部分管各楼层安全管理工作人员及相关的管理人员组成。工作手段是在各自的工作岗位上结合生产、服务工作流程开展安全管理工作；监控方式是通过楼层安全管理计划和安全管理制度实施。

（三）楼面服务层网络

由酒店楼面所有一线服务人员组成的安全工作网络，其人员遍及楼层每个部位，在24小时全天候的楼面服务过程中实施楼层的安全管理工作。工作手段是把安全管理的内容、楼层安全管理计划和安全管理制度结合到自己岗位上的服务操作中，在服务操作中，消除安全隐患，避免不安全事故发生。这个层面安全网络的效果取决于楼层服务员对楼层安全管理重要性的认识程度。因此，楼层管理人员应对楼层员工开展经常性的安全教育，进行安全管理工作程序及相关技术的培训，以达到全员注重安全，杜绝安全隐患的目的。

要点2：建立安全组织

安全组织是酒店安全管理的组织，也是酒店安全计划、制度与安全管理措施的执行机构，负责酒店的安全与治安工作。酒店安全组织除履行旅游安全管理委员会指定的安全职责外，还要根据星级酒店的安全管理特征，履行酒店特有的安全职责。酒店的安全组织一般有安全管理委员会、安全管理小组、治安协管小组和消防管理委员会。

（一）安全管理委员会

安全管理委员会由酒店高层领导、安保职能部门及酒店其他部门经理组成，并对整个酒店安全管理工作负总责任的组织。任务是指导安全管理工作的开展，制订酒店安全管理计划、制度与安全管理措施，并督促其有效实施。

（二）安全管理小组

酒店安保部是负责酒店安全工作的职能部门，一般设有多个专门小组负责酒店各专项、各部门的安全管理工作。安保部内负责客房部安全管理工作的保安小组人员、楼层治安协管小组组长、消防管理小组组长及楼层相关管理人员就构成了酒店各楼层安全管理小组。楼层安全管理小组向酒店安保部和客房部经理负责，执行和监管酒店的安全管理工作。

酒店安全管理小组的主要职责如下。

（1）协助酒店管理者制订、实施楼层的安全计划。并根据实施中所发现的问题或各种变化的因素，向酒店管理层提出修改或完善有关安全管理的政策、程序等方面的建议。在得到认可后，负责对酒店安全计划进行修订与实施。

（2）将酒店的安全管理工作与酒店的整体管理工作统一、协调起来，使酒店安全工作与各工作部门及各工作岗位的职责、任务有机地结合，从而使酒店安全管理计划在各楼层得到有效的实施。

（3）对酒店员工开展安全教育，进行安全工作程序及技术的训练。负责使每个员工了解并掌握与各自工作岗位有关的安全工作程序与技术，懂得如何应付可能出现的紧急事故，如火灾、停电等，明白在紧急状况下自己所应起的作用及应采取的措施，并学会使用各种安全设备的方法及技术。

（4）保证酒店内各种安全设备设施始终处于良好的使用状态。通过定期或经常的检查，及时提出修理、更换或添置要求。

（5）组织开展酒店各楼层安全管理工作的各项活动，负责对酒店管理工作进行阶段性分析，并以各种信息反馈形式（如报表、评估报告、专题汇报等）向安保部及酒店管理者反馈安全管理工作情况。

（6）指导酒店治安协管小组开展日常治安管理工作。

（三）治安协管小组

酒店治安协管小组是由酒店各楼层员工组成，协助楼层安全管理小组实施楼层安全计划，做好安全管理工作。由于治安协管小组都不是专职的安全保卫人员，而是在其工作岗位上兼任安全协管工作。因此，必须选用综合素质高、积极负责的员工做安全协管员，明确他们协管的区域及任务，为他们提供必要的安全管理知识与技能训练，树立他们在楼层安全协管工作中的权威地位。

酒店治安协管小组的主要职责如下。

（1）协助楼层安全管理小组执行日常安全管理工作，落实和实施楼层治安工作责任制和安全计划，维护楼层治安秩序。

（2）对楼面公共区域、电梯入口进行必要的监控，在日常的工作岗位上监管安全工作，发现有安全隐患，应尽快将其控制，一旦出现不安全情况及事故，及时向楼层安全管理小组或安保部汇报，保证不安全情况能及时得到控制和解决。

（3）协助楼层安全管理小组及安保部人员调查和处理客人及员工报告的各种涉及安全问题的事件，防止犯罪分子及可疑人员进入酒店。

（4）结合岗位工作，做好日常的安全工作记录；对分管区域内的安全设备、设施进行检查与管理，做好这些设备设施的使用、维修及更换记录。

（5）对客人在客房内的隐私安全、心理安全、生活安全负责，协助客人做好安全防范工作。

（四）消防管理委员会

消防管理委员会负责管理和领导酒店的消防管理工作。消防管理委员会由酒店的客房部、安保部、工程部及相关部门的领导组成，酒店总经理是消防管理委员会的主任。由于酒店的消防工作涉及每个岗位和每个人员，因此，酒店消防管理小组必须有楼层中各种不同工作岗位的员工代表参加，以便消防安全管理能触及楼层各个层次与区域。

酒店消防管理委员会主要职责如下。

（1）认真贯彻上级和公安消防部门有关消防安全工作的指示和规定，把防火工作纳入本酒店的日常管理工作，做到同计划、同布置、同检查、同评比。

（2）实行"预防为主，防消结合"的方针，制订灭火方案和疏散计划，定期研究、布置和检查酒店的消防工作。

（3）充分发动与依靠每个员工，实施岗位防火责任制，保证酒店消防工作计划和政策的实施与落实，定期进行防火安全检查，消除火灾隐患和不安全因素。

（4）组织检查酒店消防器材的配备、维修、保养和管理，确保消防设施、设备及器材的完好，使其始终处于良好的使用状态。

（5）组织酒店员工进行消防知识教育培训与消防演习，使每位职工认识消防工作的重要性，发现不安全因素，立即排除并上报，让员工熟悉报警程序、疏散程序、熟悉紧急出口和通道，并能正确地使用灭火器材。

要点3：加强安保部的内部管理

酒店安保部门是酒店安全工作的职能部门，它代表酒店经营者来督察及保证酒店安全计划的实施，协调酒店内各部门的安全工作，并具体执行有关安全方面的专职任务，从而从整体上保证酒店客人的人身及财物安全，保证酒店员工的人身及财物安全和酒店自身的财产安全。因此，安保部门有一定的管理要求，包括以下几点。

（一）安保部门对酒店的内部管理

安保部除了有责任和义务保证酒店的安全，还应协助酒店经营者管理内部事务，严格落实各岗位员工安全工作职责。

（1）负责对员工通道和员工上下班进出口的纪律检查，纠察违纪现象。

（2）对携带酒店物品外出的人员要按规定进行检查，防止偷盗行为的发生。

（3）根据酒店实际制订酒店内部的安全制度，对酒店的经营范围、建筑结构通道及工程设备的分布进行统筹考虑，合理安排安保人员，正确划定巡查线路。

（4）维护酒店内的工作秩序，制止酒店员工的违章违纪行为，如在酒店内嬉戏打闹，损坏公物等。

（5）对公共场所要加强管理，注意有无擅离岗位的员工，衣履不整或不佩戴胸牌的员工，对于无端串岗的员工或下班后仍逗留酒店的员工要格外注意。

（二）安保部门对安保人员的管理

根据安保部门的工作性质，安保人员除了应遵循酒店的员工守则，还应该根据安保工作的要求，强调自身的执法守纪。因此，安保人员应遵守下列规定。

（1）安保部门应要求安保人员做到律人先律己，如安保人员自己违反纪律，则一律从严处理。

（2）加强安保人员的日常训练，严格日常管理和内务检查，应有定期的思想政治和业务知识培训。

（3）在值勤和日常工作中要自尊自爱，做到廉洁奉公，遵循原则，而不损人利己、损公肥私。

（4）安保人员应服从上级安排，上下同心，通力配合。

（三）安保部与酒店其他部室沟通与协作

1. 安保部与总经理办公室

（1）在安保业务中涉及全店性、连续性的重大经营活动和接待任务，安保部应将拟订的计划、制订的措施以及实施情况，及时报总经理办公室，由总经办转报总经理审批。

（2）公安、消防等业务主管部门直接下发安保部的通知、文件，应送总经理办公室办理收文登记，再呈报总经理审阅。

（3）酒店的文件材料应按文件处理单的拟办和批办意见办理，并按文书档案管理规定办复或存档。由安保部撰拟的以酒店名义行文的文稿，应送总经理办公室秘书审核后，报酒店领导签发。

2. 安保部与销售部

（1）为了保障酒店和客户的安全，销售部与客户签订长包房租赁合同时，必须按照政府颁发的治安、消防条例和法令的规定，签订安全协议书（或治安防火责任书）中的条款和内容，安保部应负责提供并与销售部商议。

（2）安保部应协助销售部做好对长包房的安全管理，向长住客户提供各项安全服务，发生安全事故时，应会同销售部进行交涉和处理。

（3）安保部应配合营运部做好前台等服务场所的安全管理，落实各项安全管理制度。

（4）安保部收到公安或政法部门来的通缉、协查通知后，应及时复印并发给营运部的前台，以便前台在办理住客登记时做好核查工作。

3. 安保部与客房部

（1）安保部应对客房部的员工组织"四防"宣传教育及保安业务的培训和演练，以提高员工的安全防范意识，增加保安业务知识。

（2）安保部应配合客房部做好客房的安全管理，落实各项安全管理制度。

（3）安保部应及时向客房部通报社会上出现的各种违法犯罪新动向，并与客房部一起研究制订防范的措施。

4. 安保部与餐饮部

（1）安保部要针对餐饮部员工的特点，协助餐饮部开展行之有效的安全教育，尤其是强化对厨师的防火宣传和灭火技能的培训。

（2）安保部应配合餐饮部做好各营业场所的安全管理，帮助餐饮部推行岗位责任制，落实各项安全管理制度。

（3）安保部要协助餐饮部做好易燃、易爆物品的管理，并配合餐饮部做好重要宴请和重大接待活动的安全保卫工作。

5. 安保部与财务部

（1）安保部应按财务部办公室安全管理规定，协助和敦促财务部对存放财务账册、印章和现金的办公室门窗安装安全栅栏和防盗报警器，在受理收付款处设置柜台。

（2）安保部应对财务部员工进行"四防"宣传教育和保安业务培训。

（3）安保部应协助财务部做好群防群治工作，落实各项安全措施和安全管理制度。

6. 安保部与人力资源部

（1）安保部要协助人力资源部做好对新进员工遵纪守法、保卫保密和安全防范的岗前培训教育。

（2）安保部应及时将公安和旅游主管部门下发的本地酒店行业清退人员名单提供给人力资源部，以配合人力资源部把好新进人员质量关。

（3）安保部要配合人力资源部做好对员工更衣室、浴室等生活设施的安全管理工作。

（4）安保部要协助人力资源部做好本部门员工考勤、考核和工资奖金的评议、发放工作，以及本部门员工福利待遇和医疗费用的审核。

（5）安保部要协助人力资源部选配好重点岗位人选，并对这些岗位的人员进行每年不少于一次的政治表现考核和审查。

7. 安保部与工程部

（1）安保部应协助工程部抓好新建、改建和扩建项目的防火审核和办理有关的审批手续。

（2）安保部要配合和敦促工程部落实施工安全管理制度，协助工程部做好外来施工人员的管理。

（3）酒店原有的保安设备设施更新改造时，安保部应预先向工程部提出计划，列入酒店工程预算和工程计划并付诸实施。

（4）安保部应负责做好安全设备设施的运行操作管理和维护保养工作，发现故障或损坏要及时向工程部报修。

要点4：客人安全控制与管理

（一）入口控制与管理

酒店是一个公共场所，除衣冠不整者外，任何人都可自由出入，难免有图谋不轨分子或犯罪分子混杂其间，因此，入口控制就显得非常重要。酒店入口主要有酒店大门入口、楼层电梯入口、楼层通道。

1. 酒店大门入口控制与管理

（1）酒店不宜有多个入口处，应把入口限制在有控制的大门。这种控制是指有安全门卫或闭路电视监视设备控制。在夜间，只使用一个入口。

（2）酒店大门的门卫既是迎宾员，又是安全员。应对门卫进行安全方面的训练，使他们能观察、识别可疑分子及可疑的活动。另外，在大门及门厅里应有安保部的专职安保人员在巡视。他们与门卫密切配合，对进出的人流、门厅里的各种活动进行监视。如发现可疑人物或活动，则及时通过现代化的通信设备与安保部联络，以便采取进一步的监视行动，制止可能发生的犯罪或其他不良行为。

（3）在大门入口处安装闭路电视监视器（摄像头），对入口处进行无死角监视，由专职人员在安全监控室进行24小时不间断地监视。监视人员与门卫及在入口处巡视的安保人员组成一个无形、有效的监视网，对酒店大门入口进行安全控制，保证大门入口处的安全。

2. 电梯入口控制与管理

电梯是到达楼层的主要通道。许多酒店，设有专供客人使用的专用电梯。为确保酒店的安全，必须对普通电梯及专用电梯入口加以控制。控制的方法一般采用人员控制或闭路电视监控。监控的位置一般在大厅电梯口、楼层电梯口、电梯内，具体见图9-1。

要点一　人员控制

通过设置电梯服务岗位来达到人员控制。这个岗位并非是固定式,而是根据需要时设时撤,一般在酒店举行会议、展销等大型集会时,由于进出酒店的人流增多,电梯瞬间人流增大,采用闭路电视监控较难达到监控效果时可设置电梯服务岗位,调配服务岗位的服务员招呼迎送上下客人,并协助客人合理安排电梯上下,尽快疏散人流。这一岗位上的服务员同样应受过安全训练,学会发现和识别可疑人员进入楼层,并能及时与楼层巡视的安保部人员联络,对进入楼层的可疑人员进行监督

要点二　闭路电视监控

通过设置在大厅电梯口及各楼层的电梯口及电梯内的摄像头组成的闭路电视监控网达到监视作用。安全监控室的专职人员通过闭路电视监控网对上下电梯的人员进行监视,以尽快发现疑点,及时与在各层巡视的安保部人员联络,进行进一步监视或采取行动制止不良行为或犯罪行为的发生,必要时采取录像存档,以便日后作为证据和对比材料使用

图9-1　电梯入口控制与管理要点

3.楼层通道安全控制与管理

楼层通道安全控制与管理要点如图9-2所示。

要点一　安保部例行通道巡视控制

派遣安保部人员在楼层通道里巡视应是安保部的一项日常、例行的活动。安保部对楼层通道巡视的路线,经过某一区域的时间应不时作出调整和变更,不能形成规律,以免让不良分子钻空子

要点二　楼层全员岗位控制

楼层安全计划应明确要求凡进入楼层区域工作的工作人员,如客房服务员、客房部主管及酒店经理等都应在其工作岗位中起到安全控制与管理的作用,随时注意可疑的人及不正常的情况,并及时向安保部门报告

要点三　闭路电视监控

通过装置在楼层通道中的闭路电视监视系统对每个楼层通道进行监视及控制

图9-2　楼层通道安全控制与管理要点

(二)客房安全控制与管理

客房是客人在酒店最常停留的主要场所及其财物的存放处,所以客房的安全至关重要,客房安全控制与管理包括以下两个方面。

1.客房门锁与钥匙控制与管理

为防止外来的侵扰,客房门上的安全装置是重要的,其中包括能双锁的门锁装置、安全链及广角的窥视警眼(无遮挡视角不低于60°)。除正门之外,其他能进入客房的入口处都有上闩或上锁。这些入口处有阳台门、与邻房相通的门等。

客房门锁是保护顾客人身及财产安全的一个关键环节。安全的门锁以及严格的钥匙控制是顾客安全的一个重要保障。酒店管理机构应设计出一个结合本酒店实际情况,切实可行的客房钥匙编码、发放及控制的程序,以保证客房的安全,保证客人人身及财物的安全。一般来说,这个程序包括以下的内容。

(1) 对于电子门锁系统,前台是房卡编码、改码和发放房卡的地方。当客人完成登记入住手续后,就发给该房间的房卡。客人在居住期内由自己保管房卡,一般情况下,房卡不宜标有房间号码,以免客人丢失门锁卡又不能及时通知酒店时,被不良行为者利用。

(2) 客人丢失门锁卡时,可以到前台补领,补卡时前台人员应要求客人出示酒店入住卡表明自己的身份。在服务人员核对其身份后方能补发重新编码的门锁卡。对于长住客或服务员能确认的情况下,可以直接补予,以免引起客人反感。

(3) 工作人员,尤其是客房服务员所掌握的万能房卡不能随意丢放在工作车上或插在正在打扫的客房门锁上或取电槽内。应要求他们将房卡随身携带,客房服务员在楼面工作时,如遇自称忘记带房卡的客人要求代为打开房门时,绝不能随意为其打开房门。

(4) 需防止掌握客房房卡的工作人员图谋不轨。采用普通门锁的楼层,客房通用钥匙通常由客房服务员掌管,每天上班时发给相应的房务员,完成清扫工作后收回。客房部每日都记录下钥匙发放及使用情况,如领用人、发放人、发放及归还时间等,并由领用人签字。客房部还应要求服务员在工作记录表上,记录进入与退出每个房间的具体时间。

2. 客房内设施设备安全控制与管理

客房内设施设备安全控制与管理的内容如图9-3所示。

内容一 电气设备安全控制与管理

客房内的各种电气设备都应保证安全。客房电气设备安全控制包括客用电视机、小酒吧、各种灯具和开关插座的防爆、防漏电安全;火灾报警探头系统、蜂鸣器、自动灭火喷头以及空调水暖设施设备的安全等

内容二 卫生间及饮水安全控制与管理

卫生间的地面及浴缸都应有防止客人滑倒的措施。客房内口杯、水杯及冰桶等都应及时并切实消毒。如卫生间内的自来水未达到直接饮用的标准,应在水龙头上标上"非饮用水"的标记

内容三 家具设施安全

包括床、办公桌、办公椅、躺椅、行李台、茶几等家具的使用安全。应定期检查家具的牢固程度,尤其是床与椅子,使客人免遭伤害

内容四 其他方面的安全控制与管理

在客房桌上应展示专门有关安全问题的告示或须知,告诉客人如何安全使用客房内的设备与装置,专门用于保安的装置及作用,出现紧急情况时所用的联络电话号码及应采取的行动。告示或须知还应提醒客人注意不要无所顾忌地将房号告诉其他客人和任何陌生人;应注意有不良分子假冒酒店职工进入楼层或客房

图9-3 客房内设施设备安全控制与管理内容

（三）客人财物保管箱安全控制与管理

按照我国的有关法律规定，酒店必须设置顾客财物保管箱，并且建立登记、领取和交接制度。

酒店客人财物保管箱有两类。一类设在酒店前台内，由前台统一控制。客人使用时，由前台服务员和客人各执一把钥匙，取物时，将两把钥匙一起插入才能开启保险箱。另一类则为客房内个人使用的保险箱，客房内保险箱由客人自设密码，进行开启与关闭。应将保险箱的使用方法及客人须知明确地用书面形式告知客人，让客人方便使用。须定期检查保险箱的密码系统，以保证客人使用安全。

要点5：员工的安全控制与管理

对酒店来说，它有法律上的义务及道义上的责任来保障在工作岗位上的员工的安全。在员工安全管理中，应根据酒店的运作过程，结合各个工作岗位的工作特点，制订员工安全标准及各种保护手段和预防措施。

（一）劳动保护措施

1.岗位工作的劳动保护与安全标准

酒店的各个工作岗位要根据岗位工作的特点制订安全操作标准。虽然酒店内的服务工作基本上以手工操作为主，但不同岗位的安全操作标准却不尽相同。如接待员需要防袭击和防骚扰，客房清洁服务员的腰肢保护和防清洁剂喷溅，餐厅服务员防烫伤、防玻璃器皿损伤等，都需要有相应的安全工作的操作标准。随着各种工具、器械、设备应用的增多，酒店应制订安全使用及操作这些工具、器械、设备的各个岗位的安全工作标准和操作标准。

2.岗位培训中的安全培训

在员工岗位技术培训中应包括安全工作、安全操作的培训与训练。酒店在组织员工培训时，应将安全工作及操作列入培训的内容，在学习及熟练掌握各工作岗位所需的技能、技巧的同时，培养员工"安全第一"的观念，养成良好的安全工作及安全操作的习惯，并使员工掌握必要的安全操作的知识及技能。强调并提倡员工之间的互相配合，即工种与工种之间，上下程序之间，都应互相考虑到对方的安全，如设备维修人员在维修电器或检查线路时，要告诉正在一起工作的房务员，以免造成不便或引起事故。

（二）员工个人财物安全保护

酒店员工的个人财产安全保护包括员工宿舍中员工个人财产的安全保护和员工更衣室个人衣物储藏箱的安全保护两个方面。

1.员工宿舍内员工个人财产安全保护

员工宿舍内员工个人财产的保护包括防止员工内部偷盗及外来人员偷盗两方面内容。

2.员工更衣室个人衣物储藏箱安全保护

原则上，酒店不允许员工带物品进入酒店及工作岗位，为确保员工的衣服及随身的日常小用品的安全，要为上班的员工提供个人衣物储藏箱，应告诫员工不要携带较多的钱财及贵重物品上班。

（三）员工免遭外来的侵袭控制

在酒店中，收银员可能成为受袭击的对象。所以，为保护收银员的安全，在收银处，应装置报警器或闭路电视监视器。收银处应只保留最小限额的现金。收银员交解现金时，应由安保部人员陪同。还应告知收银员，万一遭到抢劫时的安全保护程序。

客房服务人员还可能碰上正在房内作案的窃贼而遭到袭击，或遇到行为不轨或蛮不讲理的客人的侵扰。一旦发生这种情况，在场的工作人员应及时上前协助受侵袭的服务员撤离现场，免遭进一步的攻击，并尽快通知安保部人员及楼层管理人员迅速赶到现场，据情处理。

另外，给上夜班下晚班的员工安排交通工具回家或酒店过夜；及时护送工伤及生病员工就医；防范员工上下班发生交通事故；加强员工食堂管理，控制员工饮食安全，防止食物中毒等也属于员工安全计划的内容。

要点6：酒店财产安全控制与管理

酒店内拥有大量的设施设备和各种高档物品，这些财产设备和物品为酒店正常运行、服务及客人享受提供了良好的物质基础。对这些财产及物品的任何偷盗及滥用都将影响到酒店及客人的利益，因此，财产安全控制与管理是酒店安全控制与管理中的重要内容。酒店财产的安全控制与管理应包括以下内容。

（一）员工偷盗行为的防范与控制

事实证明，员工在日常的工作及服务过程中，直接接触各类设备与有价物品，这些物品具有供个人家庭使用或再次出售的价值，容易诱使员工产生偷盗行为。为了防范应考虑员工的素质与道德水准。这就要求在录用员工时严格把好关，进店后进行经常性的教育，并有严格的奖惩措施。奖惩措施应在员工守则中载明并照章严格实施。对有诚实表现的员工进行各种形式的鼓励及奖励；反之，对有不诚实行为及偷盗行为的职工视情节轻重进行处理，直至开除出店。

另外，还应通过各种措施，尽量限制及缩小偷盗的机会及可能。这些措施包括员工上班都必须穿制服、戴工牌，便于安保人员识别；在员工上下班进出口处，应有安保人员值班，检查及控制员工携带进出的物品；完善员工领用物品的手续，并严格照章办事；严格控制储存物资，定期检查及盘点物资数量；控制及限制存放在收银处的现金额度，交解现金需有安保人员陪同及参加；严格财物制度，实行财务检查，谨防工作人员贪污。

（二）客人偷盗行为的防范与控制

由于酒店物品的高档性、稀有及无法购买性（有些物品在市场上无法购买到），因而酒店住店客人也容易产生偷盗行为。酒店所配备的客用物品如浴巾、浴衣、办公用品、日用品等一般都由专门厂家生产，档次、质量、式样都较好；客房内的装饰物和摆设物（如工艺品、字画、古玩等）也比较昂贵和稀有，这些物品具有较高的使用、观赏价值和纪念意义而容易成为盗取的对象和目标。为防止这些物品被盗而流失，可采取的防范控制措施有：印上或打上酒店的标志或特殊的标记；有些使客人引起兴趣，想留作纪念的物品，可供出售，这可在《旅客须知》中说明；客房服务员日常打扫房间时，对房内的物品加以检查；或在客人离开房间后对房间的设备及物品进行检查。如发现有物品被偷盗或设备被损坏，应立即报告。

（三）外来人员偷盗行为的防范与控制

外来人员偷盗行为的防范与控制包括三方面人员的防范与控制，如图9-4所示。

要点7：消防安全计划与管理

制订科学合理的防火安全计划并进行有效的消防管理是酒店安全管理的重要内容。

Management Tools
第九章 | 酒店安全管理工具

要点一 ▷ 不法分子和外来窃贼的防范与控制

要加强入口控制、楼层通道控制及其他公众场所的控制，防止外来不良分子窜入作案

要点二 ▷ 外来公务人员的防范与控制

酒店由于业务往来需要，总有一些外来公务人员进出，这些人员包括外来公事人员、送货人员、修理人员、业务洽谈人员等。应规定外来人员只能使用员工入口处，并须经安全值班人员弄清楚情况后才能放行进入。这些人员在完成任务后，也必须经员工出口处离店。安保人员应注意他们携带出店的物品。楼层内的设备、用具、物品等需带出店外修理的，必须具有酒店经理的签名，经安全值班人员登记后，才能放行

要点三 ▷ 访客的防范与控制

酒店客人因业务需要经常接待各类来访客人，而来访客人中也常混杂着不良分子，他们在进入客人房间后，趁客人不备往往会顺手牵羊，带走客人的贵重物品或客房内的高档装饰物及摆设物；他们也可能未经客人的同意，私自使用客房内的付费服务项目，如打长途电话、甚至国际长途等。此外，酒店应尽量避免将有价值的物品放置在公共场所的显眼位置，并应对安放在公共场所的各种设施设备和物品进行登记和有效管理

图9-4　外来人员偷盗行为的防范与控制要点

（一）防火安全计划与消防管理

1.消防安全告示

消防安全告示可以从客人一入店时进行。可在客人登记时发给一张酒店卡，卡上除注明酒店的服务设施和项目外，还应注明防火注意事项，印出酒店的简图，并标明发生火警时的紧急出口。

客房是客人休息暂住的地方，也是客人在酒店入住期间停留时间最长的地方，应当利用客房告诉客人有关消防安全的问题。如在房门背后应安置楼层的火灾紧急疏散示意图，在图上把本房间的位置及最近的疏散路线用醒目的颜色标在上面，以使客人在紧急情况下安全撤离；在房间的写字台上应放置"安全告示"或放有一本安全告示小册子，比较详细地介绍酒店及楼层的消防情况，以及在发生火灾时该怎么办。

2.防火安全计划与制度

防火安全计划是指酒店各岗位防火工作的工作程序、岗位职责、注意事项、规章制度以及防火检查等项工作计划的总称。我国消防条例规定：消防工作实行"预防为主，防消结合"的方针，把重点放在防火上。

在制订防火安全计划时，要把酒店内每个岗位容易发生火灾的因素找出来，逐一制订出防止火灾的措施与制度，并建立起防火安全检查制度。酒店的消防工作涉及每个岗位的每一个员工。只有把消防工作落实到每个岗位，并使每位职工都明确自己对消防工作的职责，安全工作方能有保证。必须使每位员工做到以下4点。

（1）严格遵守酒店规定的消防制度和操作规程。
（2）发现任何消防问题及时向有关部门汇报。

（3）维护各种消防器材，不得随意挪动和损坏。
（4）发现火患及时报警并奋力扑救。

（二）火灾紧急计划与控制和管理

火灾紧急计划与控制和管理是指在酒店一旦发生火灾的情况下，酒店所有人员采取行动的计划与控制和管理方案。火灾计划要根据酒店的布局及人员状况用文字的形式制订出来，并需要经常进行训练。

酒店内一旦发生火灾，正确的做法是要立刻报警。有关人员在接到火灾报警后，应当立即抵达现场，组织扑救，并视火情通知公安消防队。是否通知消防队，应当由酒店主管消防的领导来决定。有些比较小的火情，酒店及楼层员工是能够在短时间内组织人员扑灭的。如果火情较大，就一定要通知消防部门。酒店应把报警分为二级。一级报警是在酒店发生火灾时，只是向酒店的消防中心报警，其他场所听不到铃声，这样不会造成整个酒店的紧张气氛。二级报警是在消防中心确认楼层已发生了火灾的情况下，才向全酒店报警。

酒店应按照楼层及酒店的布局和规模设计出一套方案，使每个部门和员工都知道万一发生火灾时该怎么做。

一旦酒店发生火灾或发出火灾警报时，要求所有员工坚守岗位，保持冷静，切不可惊慌失措，到处乱跑，要按照平时规定的程序作出相应的反应。所有的人员无紧急情况不可使用报警电话，以保证电话线路的畅通，便于酒店管理层下达命令。各部门及岗位该采取的行动如图9-5所示。

酒店消防委员会	消防委员会在平时担负着防火的各项管理工作，一旦酒店发生火灾，消防委员会就肩负着火灾领导小组的职责。 在发生火灾或发出火灾警报时，消防委员会负责人应当立即赶到临时火灾指挥点。临时火灾指挥点要求设在便于指挥、便于疏散、便于联络的地点。 领导小组到达指挥点后，要迅速弄清火灾的发生点，火势的大小，并组织人员进行扑救，与此同时领导小组还应视火情迅速做出决定是否通知消防队，是否通知客人疏散，了解是否有人受伤或未救出火场，并组织抢救
酒店消防队	根据消防法规，酒店应当建立义务消防队。酒店消防队是一支不脱产的义务消防队伍，担负着防火的任务，经常组织训练，随时准备参加灭火行动。一般由消防中心人员、安保部人员和各部门的人员组成。 当听到火灾警报声时，酒店消防队员应立即穿好消防服，携带平时配备的器具迅速赶赴现场。应有一名消防中心人员在集合地点带领消防队员去火灾现场参加灭火行动
安保部	听到火灾警报后，安保部经理应立即携带对讲机等必需物品赶赴现场指挥点。 安保部的内勤应坚守岗位，不要离开电话机。酒店大门的警卫应当立即清理酒店周围的场地，为消防车的到来做好准备。阻止一切无关人员的进入，特别要注意防范有图谋不轨者趁火打劫。 巡逻人员在火灾发生时要注意安排专人保护酒店的现金和其他一些贵重物品。要护送出纳员和会计把现金转移到安全的地方。各岗位的安全人员在发生火灾时，都必须严守岗位，随时提防不法分子浑水摸鱼

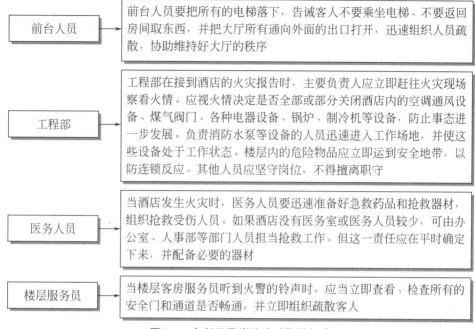

图9-5　各部门及岗位该采取的行动

（三）火灾疏散计划与管理

火灾疏散计划与管理是指酒店发生火灾后人员和财产紧急撤离出火灾现场到达安全地带的行动计划和措施。在制订该计划和措施时，要考虑到楼层布局、酒店周围场地等情况，以保证尽快地把楼层内的人员和重要财产及文件资料撤离到安全的地方。这是一项极其重要的工作，组织不当会造成更大的人员伤亡和财产损失。

通知疏散的命令一般是通过连续不断的警铃声发出或是通过广播下达。

在进行紧急疏散时，客房服务员要注意通知房间的每一位客人。只有确定本楼层的客人已全部疏散出去，服务员才能撤离。

在疏散时，要通知客人走最近的安全通道，千万不能使用电梯。可以把事先准备好的"请勿乘电梯"的牌子放在电梯前。有的酒店在电梯的上方用醒目字体写着"火灾时，请不要使用电梯"。

当所有人员撤离楼层或酒店后，应当立即到事先指定的安全地带集合，查点人数。如有下落不明的人或还未撤离的人员，应立即通知消防队。

（四）灭火计划与管理

灭火计划与管理的内容如图9-6所示。

要点8：紧急情况的应对与管理

酒店的安全管理也包括对一些紧急情况做出应对处理与管理。主要包括以下内容。

（一）国内客人违法的处理

客人违法一般是指国内客人在住店期间内犯有流氓、斗殴、嫖娼、盗窃、赌博、走私等违反我国法律的行为。安保部值班人员在接到有关客人违法的报告后，应当立即问明事情发生的时间、地点和经过，记录下当事人的姓名、性别、年龄、身份等，并立即向值班经理汇

```
内容一 ▶ 酒店总平面图
         要注明楼层布局、给水管网上消火栓的位置、给水管尺寸、电梯间及防烟
         楼梯间位置等

内容二 ▶ 酒店内部消防设备布置图
         如自动灭火设备安装地点、室内消火栓布置图、进水管路线、阀门位置等

内容三 ▶ 根据酒店的具体情况绘制的灭火行动平面图
         要解决抢救人员、物资及清理火场通路的问题。实施计划应同时考虑利用
         楼梯作为灭火进攻和抢救疏散人员、物资及清理火场的通路;如果楼梯烧
         毁或被火场残物堵塞,要有其他备用的行动方案等
```

图9-6　灭火计划与管理的内容

报。值班经理接到报告以后,要立即派安保主管和警卫人员到现场了解情况,保护和维持现场秩序。对于较严重的事件,安保部经理需亲自到现场调查,同时要向值班总经理报告。

安保部人员在找客人了解情况之前,一定要慎重,要了解客人的身份。对于客人之间一般的吵骂等不良行为,安保部可出面进行调解。对于其违法行为,要查明情况,在征得总经理同意后,向酒店的上级主管部门和公安部门报告。

在向公安部门报告后,安保部的人员应对违法行为人进行监控,等待公安人员的到达,安保部人员不能对行为人进行关押,应等候公安人员前来处理。

事件处理完毕后,安保部要把事件的情况和处理结果记录留存。

(二)客人伤病与死亡的处理

1.客人伤病

酒店应有各种措施,预防客人受伤病之害。如一旦客人受伤或生病,酒店应有处理紧急情况的措施及能胜任抢救的人员。具体的应对措施如下。

(1)如果酒店没有专门的医疗室及专业的医护人员,则应选择合适的员工接受救急的专业训练,并配备各种急救的设备器材及药品。

(2)如发现伤病客人,应一方面在现场进行急救,另一方面迅速安排病人去附近的医院。

(3)对客人伤病事件,应有详细的原始记录,必要时据此写出伤病事件的报告。

2.客人死亡

客人死亡是指客人在住店期间的伤病死亡、意外事件死亡、自杀、他杀或其他不明原因的死亡。除前一种属正常死亡外,其他均为非正常死亡。

安保部工作人员在接到客人死亡的报告后,应向报告人问明客人死亡的地点、时间、原因、身份、国籍等,并立即报告安保部经理。安保部经理接到报告后,会同大堂经理和医务人员前去现场。在客人尚未死亡的情况下,要立即送医院抢救。经医务人员检查,客人已确定死亡时,要派安保部人员保护好现场。对现场的每一物品都不得挪动,严禁无关人员接近现场,同时向公安部门报告。在一切事项处理完毕后,安保部要把对死亡及处理的全过程详细记录并存档。

(三)停电事故的处理

停电事故可能是由于外部供电系统引起,也可能是酒店内部供电发生故障。停电事故发

生的可能性比火灾及自然灾害要高。因此，对100间以上客房的酒店来说，应配备有紧急供电装置。该装置能在停电后立即自行启动供电。这是对付停电事故最理想的办法。

在没有这种装置的酒店内，应配备足够的应急灯。酒店平时应制订一个周全的安全计划来应付停电事故，其内容包括以下几点。

（1）保证所有员工平静地留守在各自的工作岗位上。

（2）向客人及酒店员工说明这是停电事故，正在采取紧急措施排除故障，将很快恢复电力供应。

（3）如在夜间，用干电照明公共场所，帮助滞留在走廊及电梯中的客人转移到安全地方。

（4）派遣维修人员，找出停电原因。如果是外部原因，应立即与供电单位联系，弄清停电原因、时间等。如果是内部原因，则应组织力量抢修，尽快排除故障。

（5）在停电期间，安全人员须加强巡逻，派遣保卫人员保护有现金及贵重物品的地方，防止有人趁机作案。

（四）防爆

这里的防爆是指防止人为的爆炸破坏事件。人为的爆炸破坏事件，在国际饭店业时有所闻，随着世界恐怖事件发生的概率不断增高，酒店一定要有相应的防范措施。

（1）依据我国《旅馆业治安管理办法》的规定，酒店应明文规定严禁客人将易燃、易爆、剧毒、腐蚀性和放射性等危险物品带入楼层。若有发现，应及时处理，严重的应及时报告公安机关。

（2）楼层内不得存放任何易爆、易燃的危险品。如确实是工作所必需，应规定专门的地方，采取必要的安全措施，只做短期存放。

（3）在公安机关的指导下，制订接听炸弹威胁电话的处理程序、搜寻工作程序以及发现爆炸物或可疑物后的处理程序等，并依此培训有关人员。

（4）制订防爆疏散及现场处理方案，同消防工作结合起来，组织酒店员工进行防爆演习。

此外，当在酒店内发现爆炸物或可疑爆炸物后，应迅速向安保部报告，不要轻易触动物体，尽可能保护和控制现场。安保部接到报警时，要问清确切地点、发现时间、形状及大小等情况，并立即通知安保部经理、值班总经理、工程部经理、客房部经理到达现场。在确认为爆炸物或可疑爆炸物后，应立即通知公安机关，并组织人员部署以爆炸物或可疑爆炸物为中心的警戒线，控制现场，等待专业防爆人员前来处理爆炸物或可疑爆炸物。

（五）重大事故处理

酒店安全中的重大安全事故包括造成客人人身重伤、残废的事故及暴力事件；重大火灾及其他恶性事故；大宗财物被盗及其他经济损失严重的事故等。

对于重大安全事故的处理，原则上由酒店所在地区的政府协调有关部门、事故责任及其主管部门负责，必要时成立事故处理领导小组。

在重大安全事故发生后，安保部经理和总经理应立即赶赴现场，全力组织抢救工作，保护事故现场，同时报告当地公安部门。酒店要立即组织医务人员对受伤人员进行抢救，伤亡人员中若有国际客人，责任方和酒店在对伤亡人员核查清楚后，应及时报告当地外办，同时以电话、传真或其他有效方式直接向"中国旅游紧急救援协调机构"报告，对事故现场的行李和物品，要认真清理和保护，并逐项登记。酒店应协助责任方按照国家有关规定办理对伤亡人员其家属的人身和财产损失的赔偿，协助保险公司办理入境旅游保险者的保险赔偿。事故结束后，酒店要和责任方及其他有关方面一起，认真总结经验教训，进一步改进和加强安全管理措施，防止类似事故的再次发生。此外，酒店还需将事故过程和处理经过整理成文字材料，上报有关部门并在本酒店存档。

第二节　酒店安全管理制度

制度1：安全管理规定

××酒店标准文件		××酒店 安全管理规定	文件编号××-××-××	
版本	第×/×版		页次	第×页

1　安全保护

酒店有责任保护客人的生命和财产安全，同时员工在工作中应注意个人安全，任何时候都要有安全意识，养成良好的工作习惯。切记，安全是工作的一部分，如不严格执行饭店的安全制度和工作程序将会受到纪律处分。

1.1　安全守则

员工必须遵守酒店所制订的各种安全措施。在工作中遵守安全守则，是每个员工的职责。

1.1.1　员工必须留意工作环境中的任何潜在的危险，一旦发现情况立即报告直属上级。
1.1.2　员工不能在酒店奔跑，应保持稳健的步态。
1.1.3　员工应双手推车。
1.1.4　使用凳子或登高工具够取物品或进行高处作业。
1.1.5　禁止使用破损的工具及设备，以免造成损伤。
1.1.6　提举重物须用双手，弯曲膝盖，用双腿的力量而非用背部搬取重物。
1.1.7　必须遵守制订区域的"禁止吸烟"告示。
1.1.8　所有工具必须做到安全保管，未经许可，不得擅自修理破损或有故障的机电设备。
1.1.9　员工如发现任何不安全的工作情况及操作程序，应立即向部门主管报告。
1.1.10　无论因工受伤的事故或伤害不论如何轻微，员工都应立即报告，任何伤害事故以事故报告的形式上报部门经理。

注意：员工应随时保持小心和警觉，在执行任务前，如对安全方法有任何疑问，应立即请示上级主管，不能猜测或臆断。

1.2　安全措施

酒店设立安全委员会以加强员工安全观念，制订安全措施；酒店内安装和配备了各种安全设备，员工应懂得如何使用；酒店随时愿意接受员工提出的安全建议；为预防意外事故，员工须提高警惕，通力合作，与保安部保护客人、员工和酒店的财产及人身安全，所有员工必须尊重他们的权力。

1.3　酒店安全

酒店安全，人人有责。全体员工必须遵守酒店保安规定。在酒店内发现可疑人员或任何危险及安全隐患，须立即报告部门经理或酒店保安部或值班经理，以便采取措施，妥善处理，切不可独自接近。

在确认客人身份之前不要为任何人打开客人的房间，可礼貌地引导客人到前台；无论上班或下班，不要与其他客人或员工谈及住店客人的名字和房号；不要将任何员工的名字、地址和联系方式告诉他人，需要时必须与人力资源部联系。

1.4　工作安全

员工上岗时要时刻注意携带及佩戴保护工具和设备，一切从安全出发。工作中不要快跑；高空作业须使用梯子，不要探身拿超出梯子范围以外的东西，禁止将水、油状物或其他不相干的物品随意放在地板上等。

1.5　客用设施

1.5.1　电梯：部门经理以下员工一律不可乘坐客用电梯，下列情况除外。
（1）送餐部送餐到客房时。
（2）因清洁或维修电梯。
（3）特殊情况或紧急事故。
1.5.2　任何员工均禁止使用公共或客用电话。

续表

××酒店标准文件		××酒店 安全管理规定	文件编号××-××-××		
版本	第×/×版		页　次		第×页

1.5.3　非公事所有员工禁止进入酒店客用区域，包括大堂、各营业点、客房区域等。
1.5.4　禁止使用一切供客人使用的设备设施。

2　酒店开放区的安全管理

2.1　前厅
2.1.1　加强车辆管理，部署警卫对停车场和大堂进行巡视，维护正常秩序。
2.1.2　严格宾客住宿登记手续，核对有效证件并复印备查；发放房间钥匙时，应保证其住房卡或钥匙凭证准确无误。
2.1.3　严禁非法将枪支、弹药、剧毒、易燃易爆物品及管制刀具带进酒店，未经批准酒店内禁止销售、燃放烟花爆竹。
2.1.4　行李房及贵重物品寄存处应具备防火、防盗条件，行李寄存应有严格的交接手续，发现行李破损、丢失，应及时报告并查明原因；客人行李在大堂暂存，要集中堆放，加盖网罩，设人看守；客人寄存贵重物品应放入客用保险柜，钥匙应有专人保管，有严格的存取手续。

2.2　餐厅及会议场所
2.2.1　餐厅及会议场所在营业期间，服务人员应对客人随身携带的物品，在提醒其保管好的同时，注意发现可疑人员，防止客人财物被盗，可采取增设椅罩等防范措施。
2.2.2　服务人员在清理卫生时应注意是否有未熄灭的烟头卷入台布中，以免引起火灾；出入通道和楼梯口应保持通畅，以备疏散。
2.2.3　衣帽间应建立严格的存取手续。
2.2.4　下班后应有专人巡视，做好安全检查。
2.2.5　在使用各种炉火时，应严格遵守操作规程，燃气存放或调压室内应安装防爆照明灯及报警装置，通风良好，使用完毕后由专人关闭阀门并做好记录。
2.2.6　厨房灶台照明应使用防潮灯，油烟管道应定期清洗，灶台附近应配备灭火毯和消器材。
2.2.7　厨房各种电器设备的安装和使用，必须符合防火安全标准，认真执行各项操作规程。
2.2.8　每日下班时厨房应有专人负责断水、断电、断气并登记备案。

2.3　娱乐服务场所
2.3.1　酒店娱乐场所应严格遵守国家和本市有关法规、规章和规定，保障宾客的人身财产安全。
2.3.2　娱乐服务场所严禁出现卖淫嫖娼、赌博、贩毒、吸毒、贩卖传播淫秽文化制品、严禁从事淫秽、色情的陪侍活动，严禁从事违背社会公德或封建迷信活动。
2.3.3　娱乐服务场所人员在营业期间应当注意发现可疑人员，并随时提醒客人管好自己的物品，以免丢失。

3　酒店非开放区的安全管理

在非开放区出入口应设置警卫岗或明显标识，防止非住店人员随意进入。警卫人员应加强经常性巡视，确保良好秩序。

3.1　客房区
3.1.1　客房内应设置《请勿卧床吸烟》标志，放置《宾客安全须知》，张挂《消防疏散图》。
3.1.2　严禁住宿客人使用自备的电热器。
3.1.3　包租客房、公寓、写字间的长住户，调换住宿人员应事先向酒店声明并履行变更登记手续，不得私自留宿，使用自备的电器设备应得到店方允许，并由酒店指定电工安装。
3.1.4　客人退房后，服务员应及时检查房内有无遗留火种、危险物品及其他物品。
3.1.5　客房服务员应有明确的责任区，不得擅自离岗，打扫房间时应将清洁车堵住客房门口，禁止无关人员入内，"开一间清扫一间，完一间锁一间"认真登记进出客房时间。
3.1.6　应经常对电子磁卡锁进行安全检查，确保其安全有效。
3.1.7　电子磁卡锁钥匙的配置与管理应有严格的制度和措施，万能钥匙应专人保管、认真履行使用登记手续。
3.1.8　酒店建立完善有效的会客制度，来访客人应在23:00前离开客房；服务人员不得把住店客人的

续表

××酒店标准文件		××酒店 安全管理规定	文件编号××-××-××		
版本	第×/×版		页次		第×页

情况向外人泄露。

3.1.9 客人退房离店，应及时回收房间钥匙；发现钥匙丢失应迅速查明原因并通知安保部门，及时采取防范措施。

3.1.10 发生消防报警后，保卫、客房、工程等部门应在3分钟内到达现场，保卫部负责携带灭火器材、逃生面具、对讲机、消防手电、消防电话等；客房部或前厅部负责开启房门并向客人说明情况；工程部负责对发生火灾时的电、气设备等采取应急措施。

3.1.11 客房区应适当配置消防逃生面具。

3.1.12 客房楼层应设安全出口标志，备有应急照明灯，安全疏散通道不得堆放杂物。

3.1.13 通向楼外的安全门既要确保紧急疏散，又要防止无关人员随意进入，可使用单向锁、电磁门等。

3.1.14 楼层管道竖井应按有关规定进行楼层封堵，检修孔严禁放置杂物。

3.2 财务部

3.2.1 财务室、零散收款点应有可靠的防护措施和报警装置，存放现金不得超过核定的数额，前台当日营业款应按时存入保险柜。

3.2.2 存放现金、支票、发票、公章应使用保险柜，钥匙由专人保管使用。

3.2.3 收到现金、支票及其他付款凭证应鉴别其真伪，严格履行有关制度。

3.3 库房区

3.3.1 库房的房顶、墙壁、地面应坚固，门窗有防护装置，闷顶及地下管道层不得与其他房间相通，贵重物品库房应安装报警装置。

3.3.2 库房钥匙应由专人保管使用，离人必须落锁，领物人员不得在库房内办理领取手续。

3.3.3 库房内物品应按《仓库防火管理规则》执行，电源线要穿防护套管，白炽灯和日光灯要加防护罩，易燃、易爆物品库房应使用防爆灯，库房区外应设置电源总开关，并有专人管理，离人必须断电。

3.3.4 物品出入库房应有严格手续，发现短缺，立即报告。

3.3.5 库房内应张挂安全制度，严禁无关人员入内，不得寄放私人物品，库房内严禁吸烟和使用明火，使用电气设备必须符合安全规定。

3.4 施工区

3.4.1 酒店改、扩建与内装修工程的设计、用料、安装规格应按有关规定，在防火、治安防范与环境安全等方面进行审查，与施工单位签订安全协议书。

3.4.2 施工作业区内禁止吸烟、留宿、充做临时仓库。

3.4.3 施工人员进店工作，应凭居民身份证注册登记并办理临时出入证，凭佩戴的出入证在指定的区域内作业和指定线路行走。

3.4.4 施工动用明火需向酒店安全保卫部申请动火证，动火证限一次有效，动火区应设专人值守，配备灭火器，动火后的30分钟内应继续监视，确定无遗留火种后，方可离开。

3.4.5 酒店安全保卫部应派专人到施工现场进行巡视，监督安全协议书的执行情况，竣工后安全保卫部参与安全质量验收。

4 消防安全

火灾是酒店面临的最大的危险。它使酒店遭到毁坏，使客人和员工受到伤害，使工作受到影响。所有员工应熟记酒店紧急情况的处理措施，尤其是对火灾的处理。每位员工都有责任正确掌握和使用火警报警器、内部电话报警的方法，学会使用各种消防器材，熟记酒店每个部位的消防疏散通道，清楚酒店消防程序。要保持高度警惕，防患于未然。

4.1 火灾预防

4.1.1 请勿在"禁烟区"吸烟，不要乱扔烟头，看到任何还在冒烟的烟头都应将其熄灭。

4.1.2 不得堆积废纸、脏毯、脏棉织品及其他易燃物品，自燃、电火花、焊接产生的熔珠以及乱扔火柴等，都可能导致火灾的发生。

4.1.3 避免在炉头或电灯附近放置易燃物品。

4.1.4 任何时候都要把盛有易燃物的容器盖子拧紧。

续表

××酒店标准文件		××酒店 安全管理规定	文件编号××-××-××		
版本	第×/×版		页 次		第×页

4.1.5 如果发现电线松动、磨损、折断、电源插座盒电气破损等情况都应立即向部门主管或工程部主管汇报。

4.1.6 厨师必须注意煤气管理、燃烧器、开关等，发现漏气情况应严禁明火，关闭气阀，开窗通风并立即报告工程部。

4.1.7 厨师下班前必须检查所有的煤气设备，关闭所有的气阀。

4.2 消防措施

发生火情时，不论程度大小，均应按如下步骤处理。

4.2.1 保持镇静，不要惊慌失措。

4.2.2 按动最近的火警报警器。

4.2.3 立即通知总机及前台服务经理，并说出本人姓名、部门、火情发生地点和火势。

4.2.4 呼唤附近同事援助。

4.2.5 在确保安全的情况下，正确使用就近的消防器材扑灭火源，切勿试图用水扑灭由电或油引起的火灾。

4.2.6 关闭所有火警现场的门窗，并关掉一切电器的开关。

4.2.7 如火势蔓延，应协助客人撤离现场。

4.2.8 不可使用电梯。

4.2.9 熟记火警讯号、防火通道与出口位置及灭火器的使用方法。

注意：除紧急情况外，消防水带要由受过培训的专业人士操作，员工最主要的是要保持冷静。

4.3 疏散程序

4.3.1 在接到警报时，所有人员需锁上重要文件、现金等，保持沉静并听取本部门上司的指示。不要打不必要的电话以免阻塞酒店程控交换机；如果你处在广播中播报的个别疏散区域，应协助客人并指引他们使用就近的消防疏散楼梯。如果客人已全部离开，保持所有门窗关闭。

4.3.2 在疏散过程中，不要重新进入房间或楼层；不要企图使用电梯。

4.3.3 疏散后，所有人员不许重新进入酒店，直到地面控制人员一致同意；所有客人和员工应按次序排序；不允许任何人进入建筑物直到权威人士确认安全或由总经理发出命令。

5 受伤及意外情况的处理

5.1 如遇到任何意外伤病事故发生，应马上通知酒店部门主管、保安员及值班经理到现场，并协助将伤员立即护送到附近的医院。应记下当时情况和目击姓名及联系方式并如实报告。应尽可能帮助受伤人员。

5.2 打内部紧急电话通知总机及前台服务（值班）经理。

5.3 加设标志，警告他人勿靠近危险区。

6 电梯故障

如有人被困在电梯内或电梯发生故障时，应立即通知总机或保安部和工程部，以便迅速执行电梯紧急救援/维修程序/解救被困人员。员工不得在现场逗留围观。

7 其他重点部位

7.1 消防中控室应设双人值班，值班人员应尽职尽责，严格执行操作规程，做好值班和报警记录，发现可疑情况应立即采取有效应急措施。

7.2 消防中控室不得堆放杂物，禁止无关人员进入，严禁烟火。

7.3 保安监控中心各种监控设施应完好有效，24小时全景录像，录像带保存期限应不少于10天。

7.4 烟感报警探测器应定期清洗，自动喷淋系统及消火栓每半年应进行水压测试，各种消防器材每年进行定期检修。

7.5 变配电室、电脑机房、电话总机房按照有关规定设专人值班，工作人员应尽职尽责，严格执行操作规程，认真履行岗位职责，积极做好安全防范工作。

拟订		审核		审批	

制度2：紧急情况管理计划

××酒店标准文件		××酒店 紧急情况管理计划	文件编号××-××-××	
版本	第×/×版		页次	第×页

1 目标

酒店紧急情况行动计划的目标。

1.1 确保酒店内所有人员的安全和利益，确保客人和员工免遭火灾、自然灾害或人为灾害的损害。
1.2 确保向酒店的客人、员工、公众及其他相关利益人提供及时准确的信息。
1.3 协助他人迅速对损失起因进行分析，对损失的严重程度进行评估。
1.4 协助酒店工作人员有条理地完成下列工作。
（1）分析酒店的所有者、运营者、与酒店有业务往来的第三人的潜在可靠性。
（2）及时发布严格按程序办事的命令。
1.5 发生重大损失时，协助酒店进行法律诉讼。
1.6 作为一种培训工具，帮助员工了解在酒店发生紧急情况时应采取哪些行动。

2 意外事故计划

紧急情况行动计划的关键部分是为可能发生的意外事故做准备。

2.1 员工培训

酒店有责任训练员工理解紧急情况下使用的程序，每半年需举办一次这样的培训，这样才能保证有的员工不致玩忽职守，使新员工训练有素，而且保证各种设备及时更新。如有要求，安全委员会的工作人员应当协助培训和制订紧急情况行动计划。为了判断员工的技能水平，可运用"员工技能调查问卷"。将这种表发给每位员工，要求他（她）们填表并上交给指定人员。所收集的信息将有助于确定哪些人是处理紧急情况的合适人选。

2.2 紧急援助

酒店发生紧急情况时，可能会要求其他酒店、公司或社会机构（如消防队、医院等）为酒店提供援助。因此酒店必须事先准备好一份援助单的完整名单，其中应记录单位名称、电话号码和所能提供的服务。如果某个签约单位不能满足紧急情况的要求，就可能需要后援服务。务必与每一个援助单位保持联系，确认它能随时满足请求，并有能力提供所要求的服务和设备。

另外，应保留酒店现任管理人员和酒店所有者的名单，以便发生紧急情况时能及时与他们联系。

2.3 与政府部门的关系

对于在酒店发生紧急情况时会做出响应的政府机构，酒店管理层应与其保持良好的工作关系。酒店管理者应该知道这些机构中协助酒店实施安全措施的负责人的姓名。

发生重大紧急情况时，当地政府部门可能会在随后一段时间内接管酒店。与政府部门共同做出防范工作能保证酒店政策和程序的顺利执行。

2.4 紧急情况核对表

每位部门经理都有一份说明紧急情况下采取何种措施的核对表。应将酒店的建筑平面图与核对表配套使用，以辨认设施控制处、集合点及其他重要的地点。

部门经理应当将核对表作为一种资源，通过专门的操作训练，熟悉发生紧急情况时各自所负的职责。部门经理还应将核对表上的具体职责分配给各位员工，并对其加以培训。

2.5 培训和评估

每月都要轮流进行酒店范围内的火警演习。紧急情况计划的其他部分的训练则至少每半年就要进行一次。酒店经理应当纠正员工的行为，并重新评估紧急情况计划。

2.6 紧急备用工具箱

前台应当准备一个紧急备用工具箱，里面装有各种设备，便于管理人员在发生紧急情况后追踪员工和客人的位置。具体有以下物品。

（1）客人身份标签。
（2）客人身份名册。
（3）几支笔。
（4）法律事项笔记本。
（5）文件夹。
（6）便签。

客人身份标签是用来确认已被送往医院的伤者身份的。要留出足够的位置记载伤者姓名、房间号码及

续表

××酒店标准文件		××酒店 紧急情况管理计划	文件编号××-××-××		
版本	第×/×版		页	次	第×页

送往的医院。该标签一式两份，一份贴在伤者的衣服上，另一份由总经理保管，以便确认伤者身份和所在地点。

客人身份名册也被用来确定发生紧急情况时滞留在酒店内的所有客人所处的地点，其中应记录客人姓名、登记的房间号和转移的地点名称，并注明转移地点是医疗机构还是临时住所。

2.7　紧急救助训练和设备

入选人员应事先针对紧急救助和CPR（Cardio Pulmonary Resuscitation，意为心肺复苏术）进行训练，基本紧急救助箱应装有各种需要的工具。

2.8　运输计划

发生紧急情况时，必须负责指挥客人撤离，并负责事先的安置工作。如必须安置客人，就要事先制订保证足够运输能力的计划。资源列表上应包括能够提供运输服务的机构名称。

2.9　住宿计划

发生紧急情况时，必须为撤离酒店的客人联系或寻找可能的住宿地点。例如，可以和邻近的酒店签订互助协议。紧急援助单位清单上也应记录这些酒店的名称。

2.10　重审紧急计划

每季度酒店的安全委员会都要重审该计划，如有必要，还会作出修改。总经理或高级行政人员要核实计划已被重审。

3　紧急计划

3.1　第一阶段

第一阶段中应准备帮助伤者、安置客人，并将意外情况通知酒店管理部门。

3.1.1　帮助伤者。

（1）通知紧急情况响应机构，如公安消防队、医疗机构，告诉他们酒店的情况。

（2）安置受伤人员，尽酒店所能进行急救。除非有生命危险或有进一步受到伤害的可能，千万不要移动伤者。

（3）急救人员到达后，配合他们的工作。受过CPR和急救训练的员工应当积极协助。为了帮助伤者，要向急救人员提供基本的急救物资、毛巾和毯子等。

3.1.2　安置客人。

（1）在专业急救人员建议下，将客人撤离酒店，并将其安置在远离危险的区域。酒店员工应帮助客人撤离至事先指定的安置中心。为确保工作顺利进行，请事先制订运输计划和住宿计划。如有必要将客人带离酒店，可安排他们与其亲友电话联系。酒店将为此类电话付账。

（2）指派管理人员监督离店客人的安置工作，包括受伤客人的安置工作。使用紧急备用工具箱中的设备（客人身份标签和名册），追踪每位客人的安置情况。这些记录将上交至总经理处。

（3）分配骨干员工在安置中心协助客人和员工。

（4）对每位发生紧急情况时在酒店现场的客人和员工做好谈话记录。相关的员工记录可以从酒店人力资源部主管处获取。客人的资料可从前台工作人员处获取。

（5）如有必要，在危险区域周围增派临时保安人员，增加安全度，保护客人财物与酒店的财产。采取有效措施，保证客人的私人物品和人身安全。如果客人已离开酒店，客房房门就应上双重锁。要在酒店大楼内经常进行安全巡视。有时可能会有必要从客房中取走客人的财物。但必须为客人的财物列清单（至少两位员工一起操作），并将其存于安全场所。该地点和钥匙由总经理或总经理指派的人员保管。通知酒店高层管理人员、协调机构和防损部门，告知其酒店的情况。

3.2　第二阶段

在这一阶段应建立一个指挥中心，安排信息沟通，建立紧急情况防范制度，为保证一个酒店系统的完整性而关闭某些设施，以及召开新闻发布会或接受媒体采访等。

3.2.1　酒店指挥中心。

如果因为安全原因不能留在酒店，要在撤离酒店之后尽快在事发现场的附近建立酒店指挥中心。以确保能在随时控制紧急情况的同时保证酒店继续运转。这个中心应当24小时全天候开放。指挥中心应留有一名职务尽可能高的管理人员，以便协调酒店运作，并与政府机构和酒店高级管理人员保持联络。

3.2.2　联系。

（1）与电信公司联系，协助安装多部电话。

（2）为联络中心配备足够的员工和临时工，这些员工应有足够的知识来回答客人和员工的问题。

（3）继续就酒店内的情况与高层管理人员保持联络。

续表

××酒店标准文件		××酒店紧急情况管理计划	文件编号××-××-××		
版本	第×/×版		页次		第×页

（4）制订人员需求表，向酒店员工传达工作安排情况。
3.2.3　紧急情况保安。
在与政府机构密切配合的过程中，要及时审核财产，保证客人、员工和酒店资产的安全。
（1）召回所有的保安人员并适当增加人数。建立24小时服务的保安工作安排表。建立巡逻制度，保证酒店大楼和周边地区的安全。
（2）雇佣临时保安人员，以提供所需的额外服务。
（3）如有必要，在受损区域周围设立警戒线，以限制无关人员进入。
（4）如已将酒店撤空，则开始进行对酒店大楼、周边地区和外部设施的协同保安程序。如果大楼结构遭到了破坏或是在相当一段时间内无法使用，就有必要在酒店周围树起围栏。
（5）为所有可能接近酒店的人员建立一套徽章识别体系。该系统可以帮助你安全地识别允许进入或出现在紧急区域周围的酒店员工和外来人员。酒店员工应佩戴姓名标签，作为身份证明。
（6）建立制度，确定有权进入受损区域的人员，并将其姓名提供给保安部门。仅有这些人才有权进入受损区域。应由保安部门记录进出人员的姓名、日期和进出时间。
3.2.4　设施/结构的完整性。
（1）让酒店工程人员关闭酒店设施和HVAC（Heating，Ventilation and Air Conditionig）空气调节系统。
（2）联系电力部门、供水公司，要求他们派人检查酒店系统的完整性。
（3）检查大楼的结构是否受损。随后可能要派结构工程师进行深入检查。
3.2.5　接受媒体采访。
（1）在远离事发现场的某个地点设立一个媒体代表可以集合的场所。
（2）制订发布信息或召开新闻发布会的严格时间表。
3.3　第三阶段
在该阶段应安排人员调查事故起因，就正在采取的措施进行管理上的审核，审核紧急行动计划以避免或减小不可预见的损失。
3.3.1　紧急情况调查。
（1）准备一份关于紧急情况的报告，其中包含以下内容。
① 发生了什么？
② 何时发生的？
③ 何地发生的？
④ 据报道有多少人受伤、死亡或是失踪？
⑤ 酒店的破坏程度如何？
应该访问紧急情况的目击者，并将其提供的信息记入报告中。该报告应尽早上报给酒店的高级管理层（酒店总部或特许经营主）。
一旦高级管理层接到了报告，你就要判断他们对紧急情况的反应如何，并且协助他们调配相应的资源来帮助酒店控制紧急情况。
（2）一旦政府部门将酒店的控制权交回酒店，采取下列保安措施。
① 关闭设施或隔离受损区域。
② 在整个酒店或受损区域周围设置栅栏。
（3）为发生的紧急情况制订短期调查计划和长期调查计划。为每个调查酒店损失的单位提供工作场所，并做以下安排。
① 会议室。
② 膳食服务。
③ 休息室。
④ 秘书和后勤人员（人数多少由事故的严重性决定）。
⑤ 联络工具（电话和双向无线电话报机）。
⑥ 独立的会计系统（出于紧急情况和保险的目的）。
⑦ 计算机（管理数据、提供文字处理）。
⑧ 酒店建筑平面图。
⑨ 员工协助（如可以派他们到哪里工作，需要配备哪些工具）。
⑩ 传真设备，以克服电话联系的不足。

续表

××酒店标准文件		××酒店 紧急情况管理计划	文件编号××-××-××		
版本	第×/×版		页　次		第×页

3.3.2　管理回顾。
（1）在发生紧急情况后的72小时内，一天至少要安排3次员工会议，以确保所有的任务都已执行。72小时之后，根据环境要求，一天至少开1次会。
（2）根据当前情况，增加或更改工作任务或职能。
（3）只要紧急情况尚未恢复正常运转，就要继续开会。
3.3.3　审核计划。
第一次灾难发生过后并不意味着已经平安无事了，经常会发生第二次灾难，有时甚至比第一次还严重。因此仍然需要提高警惕，继续评估紧急行动计划，以防这些情况发生。
紧急情况可能会对受害者及其家庭和酒店造成伤害性的后果。对意外情况提前做好准备可以大大减小这些灾害造成的影响，并有助于酒店开展灾后重建工作。

附：紧急情况核对表

	总经理
事故阶段	◇致电紧急情况响应机构（公安消防局、医疗服务机构）
	◇检查客人、员工的受伤情况
	◇协助现场的急救人员
	◇撤离酒店，重新安置客人
	◇关闭设施和HVAC
	◇隔离事发现场
	◇清点客人
事故过后	◇将酒店的情况向管理层汇报
	◇设立指挥中心
	◇加强酒店保安力度
	◇更换设备设施，使用临时电力
事故过后	◇重建联络系统（如呼叫器、移动电话）
	◇与公共机构和地方政府取得联系
	◇召回重要员工
	◇保全客人记录
	◇保全员工记录
	◇向电话总机操作员提供信息，告知其应如何应答客人、员工、亲属和来电的媒体代表
	前台
紧急情况阶段	◇提醒客人、员工注意紧急情况发生（如果已证实事故发生而且急救机构要求这样做）
	◇提醒管理人员前去有特殊要求的客人或残障客人的集合地点
	◇将急救机构提供的指导传达给酒店其他的相关部门
	◇清点所有当班的前台工作人员
	注意：只要安全允许，前台始终至少要有一个人值勤，以确保客人的问题能得到及时回答

续表

××酒店标准文件		××酒店 紧急情况管理计划	文件编号××-××-××		
版本	第×/×版		页	次	第×页

续表

紧急情况过后	◇保全客人记录、保险箱、紧急钥匙和现金	
	◇向负责追踪处理客人安置情况的酒店人员提供紧急备用工具箱	
	◇如有必要，人工记录对客人的处理情况	
工程维修部		
紧急情况阶段	◇对响起警报或发生突发事件的区域马上采取措施（如有火情，尝试用设备将其扑灭如果火情无法控制，关上所有通往该区域的门，但不要上锁，一定要给自己留有安全的退路）	
	◇将情况汇报给前台或电话总机操作员	
	◇准备关闭设备和HVAC系统（急救机构会决定是否有必要这样做）	
	◇向急救机构提供紧急钥匙	
	◇清点所有当班的工程人员	
紧急情况过后	◇收回酒店所有的印刷品和书面计划	
	◇与当地政府合作	
	◇协助有关单位对酒店硬件设施和设备进行临时修复	
	◇如有可能，与设备公司一起恢复现场设备的正常运行	
客房部		
紧急情况阶段	客房经理	◇指示洗衣部门员工关闭洗衣机和熨烫机
		◇如命令撤离，指示员工从最近的门撤离酒店并关上门
		◇尽可能协助客人
		◇统计所有当班的客房部员工
	一线员工	◇当警报响起时，员工们应遵循部门的紧急程序行事
		◇将布草车放在布草房或最近的客房中
		◇从楼梯撤离大楼
		◇尽可能协助客人，向其指明出口位置
紧急情况过后	◇开列客房部设备清单	
	◇建立中心分发区，向客人提供毛巾，肥皂及其他服务（如客人尚未撤离）	
	◇如有必要，联系外面的清洁公司来协助清洗尚可使用的布草	
餐饮部		
紧急情况阶段	◇判断事发地点及事故的性质	
	◇建议当班经理准备从部门撤离	
	◇关闭所有的设备	
	◇如已下达撤离命令，则安静有序地安排客人、客户和员工撤离	
	◇关闭所有的门	
	◇统计所有当班的餐饮部员工人数	

续表

××酒店标准文件		××酒店	文件编号××-××-××		
版本	第×/×版	紧急情况管理计划	页	次	第×页

续表

紧急情况过后	◇如有可能,清点前台内所有的现金收据,保证它们的安全
	◇召回重要的员工
	◇联系废品处理公司,清扫毁损的货物
	◇联系外面的食品公司妥善处理冷藏机内未受破坏的食物
	◇与销售部门协调,对特殊的促销活动重新进行安排
	◇指示宴会部门收集桌椅,供酒店指挥中心使用
电话总机操作员	
紧急情况阶段	◇将紧急情况汇报给急救机构(公安消防局、医疗服务机构),向其提供酒店紧急情况的完整信息(如果发生的是火灾,保持与消防部门的联络,不要中断联系)
	◇联系下列人员:总经理或酒店高级行政人员、当班的工作人员、当班的经理和保安人员
	◇记录所有与紧急情况有关的电话
	◇由总经理决定如何打电话进来的员工、客人、亲属和媒体代表
	◇如接到撤离命令,则开始向客房拨打电话
	◇将处于事发地点的酒店员工或客人提供的信息传达给急救机构、总经理或高级行政人员——若安全允许就要尽量坚守岗位
	◇接到撤离命令时,关闭灯和设备,走时关门。直接撤往最近的出口处
紧急情况过后	◇协调建立指挥中心内的电话系统
	◇保管好所有的电话记录和转达信息的记录
	◇准备好24小时的工作时间表,召回必要的电话接线员填写该表
	◇就如何回答客人和媒体的询问征求相关意见
安保人员	
紧急情况阶段	◇赶往警报区域事故区(如有火情,试着用灭火工具灭火。如果火势失去控制,则关上附近所有的门,但不要上锁,一定要为自己留下安全的退路)
	◇将客人带离危险区,直到被急救机构解救为止
	◇如接到命令撤离,则协助酒店的撤离工作
	◇保护客人和酒店的财产,直至其安全得到保证为止
紧急情况过后	◇如有必要,请求外面的安保公司提供服务
	◇为防止财物遭到故意破坏,与省和地方执法部门协调工作
	◇协调指挥中心和客人安置地点的安保工作
	◇保管并开列客人在保险箱内放置的物品的清单,将物品转交给轮班的安保人员(与一位酒店经理共同完成)
	◇尽可能提供任何帮助

拟订		审核		审批	

制度3：消防安全管理制度

××酒店标准文件		××酒店 消防安全管理制度	文件编号××-××-××		
版本	第×/×版		页次		第×页

1 总则

火灾始终时时刻刻对酒店业构成巨大的威胁。目前，国内外酒店对消防工作越来越重视。我们酒店投入了大量的资金，购买了先进的火灾报警系统和自动灭火系统。这对酒店消防工作起到了积极的作用，但是酒店的消防工作应以预防为主，为了做好应付各种突发事件的准备，根据酒店的现实情况，制订本规定。

2 消防机构

2.1 消防委员会的成立

消防委员会的人员组成如下。

消防委员会主任：酒店总经理。

副主任：营运总监、工程部总监、保安部经理。

成员：工程部、保安部主管及其他各部门经理。

2.2 三级防火责任人的确定

酒店设三级防火组织，任命三级消防安全责任人。

一级消防安全责任人由酒店法人代表兼总经理担任，二级消防安全责任人由各部门经理担任，三级消防安全责任人由各级主管及领班担任。

2.3 义务消防队的组建

根据《中华人民共和国消防法》和《机关、团体、企业、事业单位消防安全管理规定》的有关规定，企事业单位必须成立自建消防组织，在各自的岗位上发挥作用。

结合酒店的具体情况，根据要求，本酒店各部门都要组织义务消防队，由部门经理任队长，队员从在岗职工中选取。

3 职责

3.1 消防委员会职责

3.1.1 认真贯彻执行消防法规、规章、技术规范，根据消防监督部门的要求，建立消防组织，制订履行本单位的防火安全制度和措施，搞好酒店消防安全工作。

3.1.2 根据"谁主管，谁负责"原则、建立各部门、各工种、各岗位的防火安全责任制，实行目标管理，把防火安全工作与本单位的生产、经营活动实行同计划、同布置、同检查、同总结、同评比。

3.1.3 组织实施消防安全责任制和消防安全岗位责任制。

3.1.4 组建义务消防队，制订火警火灾处置程序，定期组织灭火演练。在火灾情况下，积极组织员工扑救火灾，疏散宾客和重要物资，保护火灾现场，协助公安消防监督部门做好事故查处工作。

3.1.5 布置、检查、总结消防工作，定期向消防部门报告消防工作。

3.1.6 定期组织防火安全检查，消除火险隐患，改善防火安全条件，确保消防设施正常运行。开展消防宣传教育，普及消防知识，提高员工消防安全意识。

3.1.7 定期召开防火安全委员会会议，及时布置、总结消防安全工作，解决存在的消防安全问题。

3.1.8 积极组织人员扑救火灾事故。

3.2 义务消防队职责

3.2.1 义务消防队在酒店防火安全委员会指导下开展工作。

3.2.2 贯彻执行酒店的各项消防安全管理制度，积极参加酒店组织的各项消防活动，做好消防宣传、培训工作。

3.2.3 熟悉酒店的消防重点部位，熟悉消防设施和消防器材的使用方法及位置，并做好维护保养工作。

3.2.4 进行经常性的防火安全检查。及时制止、纠正违反酒店消防安全制度的行为，预防和消除火险隐患。

3.2.5 定期组织灭火演习。一旦发生火灾事故，迅速正确地做出反应，按酒店火警火灾处置程序积极组织疏散和扑救，公安消防队到达现场后，引导消防队进入火场，并协助扑救。

3.3 值班巡查职责

3.3.1 酒店总值班职责

续表

××酒店标准文件		××酒店消防安全管理制度	文件编号××-××-××		
版本	第×/×版		页	次	第×页

（1）酒店总值班代表酒店总经理行使职权，负责督查各部门，尤其是重点部位的消防安全管理工作，督查夜间保安人员的安全巡查情况。

（2）负责处理当日酒店所发生的突发事件。一旦发生火警火灾事故，按酒店制订的火警火灾程序组织扑救。

（3）值班时遇到发生火警等消防事故，要立即前往出事地处理或排除。

（4）酒店值班每天对各岗位的督查不少于3次，并详细记录在案，次日晨会上通报。

3.3.2 保安值班职责

（1）消防监控值班必须提高警惕，严守岗位，集中精力观察和倾听控制器上的各种讯号，遇故障或火警信号应按酒店火警火灾处置程序处理。

（2）值班人员应熟悉和掌握消防设施的使用和维护保养，发生故障及时排除。

（3）认真做好值班记录。按时交接班，交接班情况清楚。

（4）保安巡查每班不得少于4次，应按保安部指定路线逐项进行检查，发现不安全因素应立即向酒店值班经理报告，遇火警、火灾应立即报告消防监控中心，并组织人员扑救。

3.4 各部门经理职责

3.4.1 负责领导本部门的消防安全工作，具体落实防火工作有关规定和要求。

3.4.2 把防火工作纳入本部门工作的议事日程，布置检查消防工作，及时处理和整改隐患。

3.4.3 根据本部门具体性质，制订具体的岗位防火规定。

3.4.4 落实辖区内，消防设施灭火器材的管理责任制。

3.4.5 当火灾发生时，迅速组织人员疏散客人至指定地点，搞好善后工作。

3.4.6 在总经理的领导下，追查火灾事故原因，对肇事者提出处理意见。

3.5 保安部经理职责

3.5.1 在总经理的领导下，全面负责酒店内部的消防工作。

3.5.2 认真传达、贯彻消防工作方针政策，搞好本部门的人员分工，完善酒店的消防管理制度。

3.5.3 建立健全各级义务消防组织，有计划地开展教育和训练，配备和管理好消防设施与器材。

3.5.4 组织好防火救灾教育及防火安全检查，建立防火档案和制订灭火作战计划，确定重点，制订措施。监督落实隐患整改工作。

3.5.5 加强防火工作目标管理，建立健全动用明火请示审批手续，对违反酒店消防规定的重大问题，要当场制止，严肃追查责任者。

3.5.6 密切协作，认真追查火灾事故的原因。

3.5.7 相互配合，搞好新员工的消防安全教育。

3.5.8 定期对全酒店进行消防安全检查。

3.5.9 监督各部门搞好消防工作。

3.6 消防主管职责

3.6.1 认真贯彻执行国家和酒店制订的消防安全工作的有关消防法规，结合酒店的实际情况开展消防工作。

3.6.2 制订布置消防工作的计划安排，督导下属工作。

3.6.3 定期召开消防例会，传达贯彻安全部的决定和指令。

3.6.4 负责组织检查、监督各部门防火安全措施的落实，消除火险隐患，检查消防器材、设备的管理工作。

3.6.5 经常向员工进行防火安全教育，检查员工是否自觉遵守防火制度和安全操作规程。

3.6.6 负责建立健全本部门义务消防组织，对本部门义务消防员排好班次，保证每个班次都有义务消防员在岗。

3.6.7 负责协助有关部门调查火灾原因，对直接责任者提出本部门处理意见。

3.6.8 组织扑救初起火灾，引导客人及员工疏散。

3.7 各部门领班的消防职责

3.7.1 负责本班组的防火工作，具体组织贯彻、执行有关消防安全管理规范和防火措施。

3.7.2 负责向本班组员工介绍防火注意事项和有关规定，检查酒店内特别是重点部位的防火措施落实情况。

××酒店标准文件		××酒店	文件编号××-××-××	
版本	第×/×版	消防安全管理制度	页次	第×页

3.7.3 结合本班组的具体情况，经常进行防火宣传教育，自觉遵守防火制度和安全技术操作规程。
3.7.4 定期检查酒店内的消防设施和器材，确保消防设施和器材完好、清洁。
3.7.5 每日领班要不定期进行防火检查，发现隐患后及时处理，重大隐患要上报上级主管。
3.7.6 发现火情要及时组织本班组人员积极扑救初起火灾。
3.7.7 火灾扑灭后，在上级领导的授权下保护现场。

3.8 消防监控员职责
3.8.1 熟练掌握消防设备操作规程。
3.8.2 对机器设备的各种显示都能迅速做出判断。
3.8.3 发现火警后能及时上报并采取相应措施。
3.8.4 严格服从上级领导的指令，认真完成上级领导指派的临时任务。
3.8.5 认真检查设备，发现问题及时上报。
3.8.6 做好交接班记录。

3.9 消防巡查员的职责
3.9.1 认真贯彻执行酒店消防安全管理规定和各项消防安全制度。
3.9.2 积极参加安全部的各项防火安全教育和消防业务知识的训练和学习，通过经常化、制度化的学习和训练，使自己达到"三懂、三会、三能"，即：懂本岗位内的火灾危险性，懂得预防火灾的措施，懂得扑救初起火灾的方法；会报警，会使用消防器材，会扑救初起火灾；能宣传，能检查，能及时发现和整改火险隐患。
3.9.3 认真检查消防器材及消防设备的完好情况。跟进施工队伍，根据《施工管理规定》严格检查施工情况，发现火灾隐患，及时报告。
3.9.4 如发现有异味、异声、异色要及时报告，并查明情况和积极采取有效措施进行处理。
3.9.5 当发生火灾时，首先要保持镇静，不可惊慌失措，迅速查明情况向消防控制中心或总机报告，要讲明地点、燃烧物质、火势情况、本人姓名、员工号，并积极采取措施，就近取用灭火器材进行扑救。
3.9.6 电器着火要先断开电源，再进行扑救。气体火灾要先关闭燃气阀门，如果阀门关不紧，先不要灭火，设法将阀门关闭再进行灭火。
3.9.7 保护火灾现场，协助有关部门调查火灾原因。

4 消防要求
4.1 酒店员工必须严格遵守防火安全制度，参加消防活动。
4.2 熟悉自己岗位的工作环境、操作的设备及物品情况，知道安全出口的位置和消防器材的摆放位置，懂得消防设备的使用方法，必须知道消防器材的保养措施。
4.3 牢记报警电话号码"119"，救火时必须无条件听从消防中心和现场指挥员的指挥。
4.4 严禁员工将货物堆放在消防栓、灭火器的周围。严禁在疏散通道上堆放货物，确保疏散通道的畅通和灭火器材的正常使用。
4.5 如发现异色、异声、异味，须及时报告上级有关领导，并采取相应措施进行处理。
4.6 当发生火灾火警时，首先保持镇静，不可惊慌失措，迅速查明情况向消防中心报告。报告时要讲明地点燃烧物质、火势情况、本人姓名、工牌号，并积极采取措施，利用附近的火火器，进行初期火灾扑救，关闭电源，积极疏散酒店内的顾客，有人受伤，先救人，后救火（小火同时进行）。

5 防火管理
5.1 消防日常管理
5.1.1 无论本单位、外单位及施工单位，如果要动火都必须到保安部消防控制中心办理"动火证"，严格遵守消防动火规定，并配备相应数量的灭火器材。
5.1.2 重点部位动火须由工程部主管签字，然后到消防中心办证。动火时，安全警卫人员必须在场监护。
5.1.3 严禁在防火通道、楼梯口内堆放货物，疏散标志和出口指示标志应完好，应急照明设施必须保证正常。
5.1.4 严禁施工单位将易燃、易爆物品带进酒店范围内，如施工单位确需使用，应报保安部消防监控中心及工程部，征得有关人员同意后方可使用。
5.1.5 仓库内禁止烟火，不准乱拉临时电线，不准使用加热设备。仓库照明灯限制60瓦以下白炽防

续表

××酒店标准文件		××酒店 消防安全管理制度	文件编号××-××-××		
版本	第×/×版		页	次	第×页

爆灯、防爆日光灯，严禁使用碘钨灯。物品入库时，防止夹带火种，入库后，保安人员要经常巡视检查。

5.1.6 进行油炸食品、电烤食品电动机注意控制油温、油量，防止油锅着火。

5.1.7 发电房、配电室、空调机房等地，不准存放易燃易爆和化学物品，严禁吸烟。

5.1.8 生鲜处所有的排油烟机及管道，应定期清理油垢，在清理卫生时，不得将水喷淋到电源插座和开关上，防止电源短路引发火灾。

5.2 防火设计与施工管理

5.2.1 凡新建、改建、扩建的装修工程，必须按照消防规范设计施工。施工前必须将施工图纸上报消防监控中心，由监控中心报消防部门审批后，方可施工。

5.2.2 扩建、改建、装修工程不得随意改动消防设施，确需改动的消防设施，要经保安部经理及消防监控中心批准，由本地公安消防部门同意后方可施工，任何单位和个人均不得擅自施工使用。

5.2.3 外来施工单位的施工人员进入现场前，必须到保安部办理手续，并进行消防 安全教育，经考试合格后，方可进入现场施工。

5.2.4 所有外来施工人员必须严格遵守酒店的所有规章制度。

6 消防设备的使用与维护

6.1 严格维护消防自动报警系统的设备，工程部要定期派人协助消防监控人员进行测验，发现问题及时解决，以保证设备的完好状态。

6.2 酒店内的烟感和温感探测器需每年清洁检测。

6.3 要每年排放一次喷淋管网内的水，使自动喷淋系统管网内的水形成活水。

6.4 自动灭火装置、加压泵、消火栓、喷淋、手动报警按钮每月检查一次（手动和自动分别检查）。

6.5 酒店内消火栓每季试放一次。

6.6 酒店内消火栓、送风机、排烟机、防排烟阀每季试启动一次。

6.7 消防中心监控系统、事故广播系统及事故备用电源每季检测一次。

6.8 店内各部门办公室，保安部视情况配备轻便手提式ABC干粉灭火器及灭火推车，摆放位置须明显易取，任何部门及个人不得随意挪动。

6.9 灭火器由辖区部门派专人负责保管及外表卫生清洁，ABC干粉灭火器每两年由消防中心经过测试更换一次。

6.10 各种消防管道的维修、停水、消防设施的维修与调试等，都应事先报安全部批准后方可进行。

7 制度

7.1 三级防火制度

7.1.1 一级检查由各部门主管实施

（1）员工必须每日自检本岗位的消防安全情况，排除隐患，不能解决的隐患要及时上报，若发现问题又不及时解决，由此而发生火灾事故，由各部门主管及员工本人负责。

（2）各部门主管要将每日自检的结果做好记录。

（3）负责维护、保养本部门辖区内灭火器材及其他消防设施，不得有损坏、放空的现象发生。

7.1.2 二级检查由各部门经理实施

（1）各部门经理每周应组织对本责任区域内的设备、物品，特别是易燃易爆物品进行严格检查，发现问题妥善处理。

（2）检查本部门一级消防安全工作的落实情况。

（3）组织处理本部门的火灾隐患，做到及时整改，定期给本部门员工进行消防安全教育。

7.1.3 三级检查由总经理领导组织实施

（1）每月由总经理或委托安全部经理对各部门进行重点检查或抽查，检查前不予以通知。

（2）检查的主要内容应是各部门贯彻、落实消防安全工作的执行情况，重点部门的防火管理制度的执行情况。

7.2 动火审批制度

7.2.1 一级动火审批

凡有下列情况之一者属于一级动火范围。

（1）禁火区域。

（2）油罐、油箱、油车以及存过可燃物体的容器及接在一起的辅助设备。

续表

××酒店标准文件		××酒店	文件编号××-××-××		
版本	第×/×版	消防安全管理制度	页	次	第×页

（3）各种受压设备。
（4）危险性较强的登高焊、割。
（5）比较密封的室内、容器内、地下室。
（6）与焊、割作业有明显抵触场所。
（7）现场堆有大量可燃和易燃物品。
（8）各种管道井。
审批方法如下。
由要求进行焊、割作业的部门填写"动火申请单"，必须由有关部门负责人、焊工本人、工程技术人员、防火监护人等有关人员在"动火申请单"上签字，然后报安全部消防监控中心，由监控中心上报酒店主管安全领导审批。对危险性特别大的项目，经审批同意后，并采取严密措施方可进行施工。

7.2.2 二级动火审批
凡属下列情况之一都属二级动火范围。
（1）在具有一定危险因素的非禁火区域内进行临时焊、割作业。
（2）小型油箱、油桶等容器。
（3）登高焊、割作业。
审批方法如下。
由申请焊、割作业的部门填写"动火申请单"，由工程部负责召集部门的负责人、焊工、技术人员、部门安全检查员在申请单上签字后，交安全部监控中心审批。

7.2.3 三级动火审批
凡属非固定的，没有明显危险因素的场所，临时焊、割作业都属三级动火范围：
审批办法如下。
由申请动火部门填写"动火申请单"，由焊工本人签字、部门安全员签字，工程部签署意见，报保安部消防控制中心审批。

7.3 施工防火制度
7.3.1 凡属一级、二级、三级动火范围的焊、割未办理动火审批手续的，不得擅自进行焊、割作业。
7.3.2 焊工要遵守焊工的"十不焊割"，各级领导都应该支持，不得强迫工人违章作业，否则工人有权拒绝焊、割，焊工在进行焊、割作业时，要严格遵守操作规程。
7.3.3 严禁在油库、仓库、车库、机房、控制室、电梯间吸烟，不准在行走中吸烟，必须在指定地点吸烟，烟头火柴梗要放在烟缸内。
7.3.4 酒店内严禁乱拉临时电线，如施工、维修需要拉临时线路，应报工程部，保安部批准，由酒店电工操作，临时线路用完后，要及时拆除。
7.3.5 安装、修理电气设备，必须由电工操作，并要严格执行电业部门的有关规定及操作规程，不准擅自改装电器设施，电气设备不准超负荷运行，禁止使用不符合安全要求的电线、电气设备及保险装置。
7.3.6 电气设备要定期检查，防止引起电火花和电弧、短路、电阻过大、发热、超负荷、缺相及电线绝缘损坏现象，严禁用电线头直接插入插座。
7.3.7 酒店内严禁储存易燃易爆物品，工作必须使用的可按不超过一周的作用量储存。要定人、定点、定措施妥善保管，并报保安部。
7.3.8 严禁将易燃易爆物品带入酒店，开大型展览会需要燃放烟花爆竹，应在大门外。
7.3.9 保管易燃易爆物品，必须建立严格的收发、登记、回收制度，切实做到现额领料，活完料尽。

7.4 防火安全检查制度
7.4.1 酒店实行三级防火检查制度，班组结合交接班每日进行检查。各部门每周进行检查一次。安全部会同各部门一月检查一次。酒店每季度和重大节日要组织有关部门进行检查。
7.4.2 除定期检查之外，要着重加强夜间巡逻检查，夜间当值主管、领班、工程人员要重点检查电源、火源，并注意其他异常情况及时堵塞漏洞，消除隐患。
7.4.3 各部门要认真落实消防安全规定，检查安全制度在本部门执行的情况，发现火险隐患，积极采取防范措施，并向上级汇报。
7.4.4 岗位防火责任人要严格遵守防火安全制度，积极参加各项安全活动。发现违章行为要及时劝阻，并向部门领导汇报，每天停止工作后，负责检查责任区内的消防安全，紧闭门窗，清除易燃物，检

续表

××酒店标准文件		××酒店 消防安全管理制度	文件编号××-××-××	
版本	第×/×版		页次	第×页

查好电源、火源,做好交接班。

 7.4.5 工程部要定期对重点部位的电气设备、线路、照明、自动报警、灭火系统、防排烟系统、防火门、消火栓、防火卷帘、空调系统、煤气管路等进行大检查,并做好记录。

 7.4.6 每次检查中查出的火险隐患要详细登记,逐条研究,限期整改,对一时难以整改的问题,要及时上报,同时采取防范措施。

 7.5 火险隐患整改制度

 7.5.1 杜绝"老检查、老不改"的老大难问题,应清醒认识到迟改不如早改,使火险隐患整改工作落到实处。

 7.5.2 对一时解决不了的火险隐患,应逐件登记由酒店安全领导小组制订整改计划,并采取临时措施,定专人负责,确保安全,限期整改,并要建立立案、销案制度,改一件,销一件。

 7.5.3 对消防监督机关下达的"火险隐患整改通知书",要及时地研究落实,按时复函、回告。各部门对安全部的火险隐患通知单,也要研究落实,如本部门解决不了,要上报酒店领导,酒店领导同消防安全小组成员共同研究处理。

 7.5.4 酒店技术改造发展规划中,要认真制订消防安全措施,以防止产生新的火险隐患。

 7.6 消防设施和器材管理制度

 7.6.1 安全部对酒店消防器材装备必须统一登记,要求逐级负责、专人管理,每季度进行一次清洁,发现问题及时解决。

 7.6.2 工程部要定期测试,检查自动报警、自动灭火系统、防排烟设施、消火栓、防火卷帘等消防设施,凡失灵损坏的要及时修复,并负责日常维护保养,确保好用。

 7.6.3 消防给水设备需要停水维修时,工程部要通知安全部,经过有关领导批准后方能动工。

 7.6.4 在各部门所管辖区域设置的一切消防设施及器材,所在部门要设专人负责保管和保养,要经常检查,在保养中发现损坏、丢失,应报保安部予以补充。

 7.6.5 一切消防器材应设在使用方便的地方,不准随意搬动或乱堆乱放,消防设施器材周围、消防通道、走廊要保持清洁,不准堆放任何物品,确保通道的畅通,消防器材除发生火灾外,任何人不准擅自动用。

 7.6.6 灭火器使用期限超过时,由保安部消防主管负责更换。

 7.6.7 对新购置的消防器材,应根据国家和企业规定的产品质量标准进行严格检验,经检验合格后方可使用。

 7.6.8 对消防设施、器材管理好的部门和个人应该结合检查评比进行表扬和奖励,对管理不当,保养不好和违反操作规程而丢失、损坏和造成人身伤亡事故的,要及时查明原因和责任,严肃处理。

 7.6.9 对故意损坏和破坏消防设施器材的行为,视情节追究刑事责任。

 7.7 火灾的调查及处理制度

 7.7.1 火灾扑灭后,保安部要设专人保护现场,不准一切无关人员进入现场。

 7.7.2 火灾现场包括下列三个范围。

一是发生火灾引起燃烧的场所。

二是虽然未发生燃烧但与火灾原因有关的场所。

三是发生火灾涉及的场所。

 7.7.3 在扑救火灾时,以不影响灭火行动为前提,要注意尽可能地减少对现场的变动,保护现场的痕迹与物证。

 7.7.4 发生火灾事故,安全部及有关人员应主动配合公安机关查清原因,查明肇事责任者,并提出处理意见,对有意隐瞒火灾事故不报告者、提供伪证者,要追究责任,严肃处理。

 7.7.5 发生事故必须做到"三不放过",即:事故原因不清不放过;事故责任者和员工没有受到教育不放过;没有防范措施不放过。

 7.8 动用明火管理制度

 7.8.1 在饭店内任何部位动用电、气焊、喷灯等明火作业,必须经部门领导同意,以文字形式报酒店安全部审核、批准,领取动火证后方可作业。

 7.8.2 保安部负责审核、管理和签发动火证工作。

 7.8.3 保安部在审核动火申请之时,必须到现场检查,一切防火措施齐全后由消防主管签字,再发给

续表

××酒店标准文件		××酒店 消防安全管理制度	文件编号××-××-××		
版本	第×/×版		页	次	第×页

动火证。

7.8.4 动火作业过程中应严格遵守动火证上的各项规定，否则一切后果由动火方自负（施工单位动火按安全部其他有关规定执行）。

7.8.5 饭店内所有部位不得使用电热器具（电炉、电熨斗、电褥、电饭锅等），特殊情况须经安全部同意并办理手续后方可使用。

7.9 电器设备管理制度

7.9.1 电工必须经过电业部门正式考核，发给上岗证后才能正式进入工作岗位。未考取上岗证的学徒工不得单独操作。电工必须严格执行电工手册的规定，并结合酒店防火要求，进行各种安装维修工作，不得违反操作规程。

7.9.2 安装和维修电器设备，必须由专门电工按规定进行施工，新设备增设、更换必须经工程部、安全部共同检查后方可使用。

7.9.3 电器设备和线路不准超负荷使用。接头要牢固，绝缘要良好。禁止使用不合格的保险装置。

7.9.4 所有电器设备和线路要定期检修，并建立维修制度，发现可能引起火花、短路、发热及电线绝缘损坏等情况必须立即修理。

7.9.5 在储存易燃液体可燃气体钢瓶、石油及其他化学危险品库内敷设的照明线路，应使用金属套管，并采用防爆型灯具和开关。

7.9.6 禁止在任何灯头上使用纸、布或其他可燃材料作灯罩。

7.9.7 在任何部位安装、修理电器设备，在未经做实验正式使用之前，工作人员离开现场时，必须切断设备的电源。

7.9.8 高低压配电室应保持清洁干燥，要有良好的通风及照明设备，禁止吸烟，在室内动火必须经安全部批准，严格执行饭店的《动火明火管理规定》。

7.9.9 使用电热器具，所有导线必须符合规定要求，绝缘要良好，并有合格的保险控制。必须设在可靠的不燃基座上，使用时要有专人看管，用完断电。

7.10 电、气焊作业防火制度

7.10.1 电气焊工必须经过专门培训，掌握焊、割安全技术，经考试合格后方可操作。

7.10.2 使用电、气焊喷灯要选择安全地点，作业前要仔细检查上、下、左、右情况，周围的可燃物必须清除干净。如不能清除应采取浇湿、设接火盘、遮隔或其他安全可靠的措施加以保护。用电、气焊在高空进行焊割作业时，除采取上述安全措施外，不得将乙炔罐、氧气瓶放在焊割部位的下面，要保持足够的水平距离，在楼内作业时应将乙炔罐、氧气瓶放在建筑物以外的安全地点，并设专人看护。

7.10.3 电、气焊在焊割前要对焊割工具进行全面检查，严禁使用有毛病、安全保护装置不健全或失灵的焊割工具。乙炔发生器的器头装置，及胶管遇冷冻结时，只能用热水或蒸汽解冻，严禁使用明火烘烤或用金属物敲打。

7.10.4 焊、割作业及点火要严格遵守操作程序，焊条头、热喷嘴要放在安全地点，焊、割结束或中途离开现场时，必须切断电、气源，并仔细检查现场，确认无余火复燃危险时方可离开。操作完毕半小时内反复检查，以防遗留火种发生问题。

7.10.5 电焊机的各种导线不得残破裸露，更不准与气焊软管、气体的导管及有气体的气瓶接触。气焊软管也不得从使用易燃、易爆物品的场所或部位穿过。油脂或沾油的物品禁止与氧气瓶接触。

7.10.6 电焊机、地线不准接在建筑物、机械设备及各种管道金属架上，必须设立专用地线，不得借路。

7.10.7 严禁在有可燃气体和爆炸危险品的场所进行焊、割作业，应按有关规定保持一定距离。

7.10.8 焊、割作业不得与油漆喷漆、木工以及其他危险操作同方位、同时间交叉作业。

7.10.9 焊、割现场必须由动火方自备灭火器材。

7.11 严格限制吸烟制度

7.11.1 酒店员工吸烟必须遵守酒店有关规定，酒店内严禁员工吸烟。

7.11.2 酒店内所有公共场所设置了充足的专供宾客使用的烟灰缸，客房服务员应认真检查，发现有丢落在地上的烟头和火柴棒要及时清理，以免留下火种。

7.11.3 对违章吸烟和违反上述规定的员工，保安部将依据有关规定处理。

7.11.4 全体职工有责任监督并自觉遵守本规定，对积极监督维护和纠正违章吸烟的员工，要给予表

续表

××酒店标准文件		××酒店 消防安全管理制度	文件编号××-××-××		
版本	第×/×版		页次		第×页

扬和奖励。

7.12 办公室防火制度（适用于酒店内各行政办公室）

7.12.1 在办公室内严禁吸烟。

7.12.2 办公室用过的废纸要放在纸篓内并及时清除。无用的资料文件要及时清理和统一安全销毁。

7.12.3 不准在办公室内使用任何电加热器具（包括电暖器），特殊情况须经安全部同意后办理使用登记手续。

7.12.4 机要室、机案室、财务室、计算机房等机房设专人管理，闲人免进。

7.12.5 下班前要对室内进行防火安全检查，切断电源确认无问题和隐患后，关窗、锁门方可离开。

7.13 库房防火制度

7.13.1 库房应设专人负责安全防火工作。

7.13.2 库房内严禁吸烟和使用明火，且严禁携带火种进入库房。

7.13.3 物品入库时应认真检查是否有遗留火种，特别是对草包、纸包、布包物品须严格检查，如有可疑，应隔离存放，进行观察。

7.13.4 库房内的照明灯具及其线路应参照电力设计规范敷设，由正式电工安装、维修，引进库房的电线，必须装置在金属或硬质难燃塑料套管内，禁止乱拉临时线。

7.13.5 库房内不准使用碘钨灯、电熨斗、电炉子、电烙铁等电加热器具，不应使用60瓦以上的白炽灯，不准超负荷作业，不准用不合格的保险装置。

7.13.6 每年至少两次对库房内灯具、电线等设备进行检查，发现电线老化、破损，绝缘不良等可能引起打火、短路等不良因素，必须及时更新线路。

7.13.7 物品应按"五距"要求码放

（1）顶距：货垛距顶50厘米。

（2）灯距：货物距灯50厘米。

（3）墙距：货垛距墙50～80厘米。

（4）柱距：垛与柱子10～20厘米。

（5）垛距：垛与垛之间100厘米，主要通道其间距不应小于1.5米。

7.13.8 要保持库内通道和入口的畅通，消防器材要放在指定地点，不得随意挪动，在消防器材1米范围内不能堆放物品。

7.13.9 库房内不准设办公室、休息室，不准住人，不准用可燃材料搭建隔层。

7.13.10 工作人员必须熟悉消器材放置的地点，掌握消器材的使用方法，能够扑灭初期火灾。

7.13.11 每天下班前要进行防火安全检查，做到人走灯灭，锁门。

7.13.12 非易燃易爆库房内不得存放易燃易爆的危险品。

7.14 客房防火制度

7.14.1 认真贯彻执行《消防法》《机关、团体、企业、事业单位安全管理规定》及酒店的各项防火安全制度。

7.14.2 客房服务员在打扫整理房间及其他服务工作时，要随时注意火源、火种，如发现未熄灭的烟头、火柴棒等要及时熄灭后再倒入垃圾桶内以防着火。

7.14.3 对房间内配备的电器应按规定及有关制度办理，发现不安全因素如短路、打火、漏电、接触不良、超负荷用电等问题除及时采取措施外，要立即通知工程部检修，并报保安部。

7.14.4 要劝阻宾客不要将易燃、易爆、化学毒剂和放射性物品带进楼层和房间，如有劝阻不听或已带入的客人，应及时报告保安部。

7.14.5 要及时清理房间的可燃物品，如不用的废纸、报纸、资料及木箱、纸箱（盒）等以便减少起火隐患。如果客人房间可燃物品较多，又不让清理的或不遵守公安部门制订的住宿防火规定的，要及时报告保安部。

7.14.6 楼层服务人要坚守岗位，提高警惕注意楼层有无起火因素，要做到"五勤"（勤转、勤看、勤查、勤闻、勤说），尤其对饮酒过量的客人要特别注意，防止因吸烟、用电、用火不慎引起火灾。

7.14.7 服务员必须做到人人熟悉灭火器存放的位置，掌握灭火器的性能及使用方法，灭火器存放的位置不得随意移动，并维护好辖区内一切消防设施、设备。

7.14.8 在遇有火情时，应按应急方案采取灭火行动，并按上级指令疏散客人，由最近的消防楼梯撤

××酒店标准文件		××酒店	文件编号××-××-××		
版本	第×/×版	消防安全管理制度	页	次	第×页

离到安全地带。要做到逐房检查,注意保护现场和客人的财产安全。

7.15 前厅防火制度

7.15.1 前厅工作人员要随时注意、发现并制止宾客将易燃易爆物品、枪支弹药、化学剧毒、放射性物质带进饭店区域,如宾客不听劝阻,应立即报告值班经理和安全部。

7.15.2 要随时注意宾客扔掉的烟头、火柴棒,发现后应立即处理。

7.15.3 所有人员必须会使用灭火器材,熟记就近灭火器材的存放位置,并做好保养和监护工作,发现有人挪动立即制止并报酒店保安部。

7.15.4 不准堆放废纸、杂物,严禁在行李寄存处休息。

7.15.5 发生火警后要对客人进行安抚,稳定客人的情绪防止出现混乱。

7.15.6 发生火情时,要及时报警并采取应急措施。

7.16 电话总机防火制度

7.16.1 工作间严禁明火作业,不准存放易燃易爆和与本机房无关的物品,无关人员严禁入内。

7.16.2 严禁使用汽油、酒精清洗机件。

7.16.3 室内电器设备要有专人负责,定期检查维修各种电源插板,并要有明显标志。

7.16.4 值班人员要坚守岗位,精神集中,不得擅离职守,要不断注意各种设备机件的运转情况,发现异常及时处理。

7.16.5 保持室内清洁、走道畅通,灭火器材存放位置不得随意挪动。

7.16.6 机房工作人员必须熟练掌握消防器材的使用方法,懂得初期火灾的扑救。

7.17 商务中心防火制度

7.17.1 电传、打字、复印室内严禁吸烟,并用中、英文制作标牌贴出提示客人。

7.17.2 室内工作人员要及时清理电传纸条等可燃物品,使用电器设备不得超负荷,接头、线路绝缘要良好。

7.17.3 工作人员下班前,要对整个房间进行检查。关闭电源、门、窗后方可离开。

7.17.4 发生火情时,应熟悉灭火器材的存放位置和使用方法,协助客人疏散到安全地带。

7.18 餐厅防火制度(包括中餐厅、西餐厅)

7.18.1 在各种宴会、酒会和正常餐饮服务中,要注意宾客吸烟防火。未熄灭的烟头、烟灰、火柴棒掉在烟缸外,在收台布时必须拿到后台,将赃物抖净,以免因卷入各种火种而引起火情。在清扫垃圾时,要将烟缸里的烟灰用水浸湿后,再倒进垃圾筒内。

7.18.2 餐厅的出入门及通道不得堆放物品,要保持畅通。所有门钥匙要有专人管理,以备一旦有事时使用。

7.18.3 餐厅要对各种电器设备经常注意检查,如发现短路、打火、跑电、漏电、超负荷等应及时通知电工进行检修处理。

7.18.4 工作人员要学会使用所备灭火器材,保持器材清洁,出现火情时按指令疏散客人并积极参加扑救。

7.18.5 要认真执行酒店有关防火规章制度。

7.19 厨房防火制度

7.19.1 厨房在使用各种炉灶时,必须遵守操作规程,并要有专人负责,发现问题及时报告工程部。

7.19.2 厨房内各种电器设备的安装使用必须符合防火要求,严禁超负荷运行,且绝缘要求良好,接点要牢固,要有合格的保险装置。厨房增设电器,要有工程部派人安装并报保安部备案。

7.19.3 厨房在炼油、炸食品和烘烤食品时,不得离人,油锅、烤箱温度不要过高,油锅放油不宜过满,严防溢锅着火,引起火灾。

7.19.4 厨房的各种燃气炉灶,烤箱关火时必须按操作规程操作(先点火后开气),不准往灶火眼内倒置各种杂物,以防堵塞火眼发生事故。

7.19.5 经常清理通风、排烟道,做到人走关闭电源、气源,熄灭明火。烟道油物要半年清除一次。

7.19.6 在点燃煤气时,要使用点火棒并设专人看管,以防熄灭。在煤气工作期间,严禁离开岗位。若发生煤气失火,应先关气后灭火。

7.19.7 厨房工作人员应熟悉灭火器材的使用和存放位置,不得随意挪动和损坏。

7.19.8 一旦发生火情要沉着、冷静、及时报警和扑救。

续表

××酒店标准文件		××酒店 消防安全管理制度	文件编号××-××-××		
版本	第×/×版		页 次		第×页

7.20　电脑房防火制度
7.20.1　机房内禁止明火作业，严禁存放易燃、易爆和其他与工作无关的物品。
7.20.2　用过的废纸、过期的文件或其他可燃物要及时清理，不允许乱堆乱放，需要烧毁时，应在指定的安全地点进行销毁，并保证现场始终有人看守。
7.20.3　经常检查辖区内防火规范落实情况，定期对设备进行清理、检查和保养。
7.20.4　工作人员应熟悉灭火器材的使用及存放位置，下班前要对所有房间进行安全检查，切断电源、关闭门窗后方可离开。
7.21　消防泵房防火制度
7.21.1　严禁非工作人员进入泵房，泵房内不准私人会客。
7.21.2　严禁携带危险品进入泵房。
7.21.3　泵房内不得随意使用明火，必要时须经安全部同意办理动火手续后方可使用。
7.21.4　不得在泵房内做木工、油工及其他工种作业。
7.22　电梯机房防火制度
7.22.1　机房内禁止存放各种油料、纸张和易燃、易爆物品。严禁兼作库房和其他工作间用。
7.22.2　机房梯箱顶部和电梯井底部要定期清扫，及时清除布毛、纸屑、垃圾等可燃物。
7.22.3　严禁使用汽油等易燃液体清洗机件，并应采取有效措施以防着火，擦布、油棉丝等要妥善处理好，不得乱扔乱放。
7.22.4　机房内严禁明火作业。
7.23　木工加工间防火制度
7.23.1　操作间内严禁吸烟，并在明显处设置"严禁吸烟"标志。
7.23.2　严禁在木工房内动用明火，禁止在操作间内乱拉临时线路，如确实需要，由酒店正式电工安装。
7.23.3　操作间内的木屑、刨花等杂物每天下班前应清扫干净。
7.23.4　下班前要进行防火安全检查，切断各种电源，确保无误后方可离开。
7.23.5　消防器材应摆放在指定地点，不准随便挪动位置，工作人员应掌握其使用方法，并能够扑救初期火灾。
7.24　机械层、设备间防火制度
7.24.1　严禁在设备间内动用明火，如需动火作业，应经部门主管签字后到安全部办理动火证，并在现场设监护人员。
7.24.2　工作人员要严格遵守操作规程，禁止存放各种易燃、易爆化学危险品。
7.24.3　严格交接班制度，做好值班记录，当班人员要随时注意设备运转情况，发现问题要及时维修。如果需要停止消防设备维修时，应及时通知保安部消防监控中心。
7.24.4　发生火灾时，要知道各自职责、任务，及时按规定开闭各种消防应急设备。
7.24.5　保持通道畅通，不得在门口通道处堆放物品。
7.24.6　消防器材应放置在指定地点，严禁随意挪用。
7.25　变、配电室及发电机房防火制度
7.25.1　室内严禁明火作业，严禁存放易燃、易爆物品以及与室内设备无关的一切物品，严禁在室内会客，无关人员严禁入内。
7.25.2　值班人员要保持通信畅通，发现危险情况，应及时果断处置。
7.25.3　当班人员要做到勤听、勤看、勤闻、勤检查设备，逢节假日敏感期要全面检查，确保供电安全。
7.25.4　严禁用汽油、煤油等危险品擦洗设备。
7.25.5　保持室内清洁，走道畅通，禁止在门口通道处堆放物品。
7.25.6　工作人员要熟悉掌握室内气体灭火系统的使用方法和作用，做到人在时开关放在手动位置，离开时放在自动位置。发现问题及时报告工程部维修。
7.25.7　发生火情时，无条件执行临时指挥部的命令，及时切断相关区域的电源。
7.25.8　经常检查发电机房设备情况，发现低油位，应及时补充油料，保证设备处在良好战备状态。
7.25.9　熟悉消防器材的摆放位置，掌握其使用方法。
7.25.10　自觉遵守安全操作程序，不准违章作业。

续表

××酒店标准文件		××酒店 消防安全管理制度	文件编号××-××-××		
版本	第×/×版		页	次	第×页

7.25.11 所有员工上岗前应经过保安部的消防知识培训。

7.26 奖励

在消防工作中有下列先进事迹之一者，给予表扬奖励。

7.26.1 模范遵守消防法规，制止违反消防法规的行为事迹突出者。

7.26.2 及时发现和消除重大火险隐患，避免重大火灾发生者。

7.26.3 积极扑救火灾，抢救酒店财产和宾客生命财产，表现突出者。

7.26.4 对查明火灾原因有突出贡献者。

7.26.5 在消防工作和其他方面做出业绩的贡献者。

7.27 惩罚

有下列行为之一者，尚未造成后果，处以罚款和警告。

7.27.1 在酒店范围内吸烟。

7.27.2 不服从管理，违反消防规章制度或冒险作业的。

7.27.3 部门负责人不执行消防法规，违章指挥操作的。

7.27.4 存在火险隐患，经多次指出，仍不实施整改的。

7.28 易燃、易爆物品库房防火制度

7.28.1 易燃、易爆化学物品的仓库保管员应当熟悉化学物品的分类、性质、掌握消防器材的操作、使用和维护保养方法，做好本岗位的消防安全工作。

7.28.2 易燃、易爆化学物品的仓库内不准设办公室、休息室，库房布局、储存类别不得擅自改变。

7.28.3 易燃、易爆化学物品应按GB 12268—90《危险货物品名表》分类、分项、分区、定品种、定库房、定人员储存管理。

7.28.4 建立健全入库验收、发货检查、提货验收等入库登记制度，主要包括校对物品；检查包装情况及物品是否有变质、分解等情况；检查需加稳定剂的化学物品是否充足了稳定剂；检查气体钢瓶使用期限是否过期。

7.28.5 化学物品堆码不得超高、超宽；堆垛要留"五距"，即墙距（不小于0.5米），柱距（不小于0.3米），顶距（不小于0.5米），灯距（不小于0.5米），垛距（不小于1米）；化学物品垛底应有衬垫。

7.28.6 对易燃、易爆化学物品要坚持一日三查，即上班后、当班中、下班前检查，检查后要做好检查情况和交接班的记录；对发现的问题要及时处理，消除隐患，每天下班前要关好库房门窗，切断库内电源。

7.28.7 易自燃和遇湿易燃的物品，必须在温度较低、通风良好和空气干燥的场所储存。

7.28.8 对爆炸品的储存管理要严格；使用过的油棉纱、油手套等沾油纤维物及可燃包装，应存放在安全地点定期处理。

7.28.9 照明灯具必须为防爆灯，以免灯具爆裂而引起化学物品燃烧或爆炸。施工单位必须在指定的区域内进行隔离。

7.28.10 不得在化学物品存放处乱搭、乱接电线，电线必须做好日常护理，发现隐患及时处理。

7.28.11 易燃、易爆物品仓库周围10米内严禁烟火。

8 宣传与培训

8.1 消防控制中心应指定专人负责酒店的消防安全知识的宣传和培训工作。

8.2 充分利用墙报、图片等媒体，报道近期内的防火安全工作情况，推广普及各种消防知识，力求形式生动，内容丰富。

8.3 要以各种形式进行灭火救援项目的技术比赛，从而达到具有强烈的消防意识提高消防技术素质的目的。

8.4 各岗位新员工，上岗前要按工种进行消防培训，不合格者不能上岗。上岗后还要参加消防中心组织的不定期考核，其成绩作为评估员工工作情况的一项标准。

8.5 各部门都要积极组织员工参加各种消防学习和演练活动。消防中心举办的一切宣传活动，各部门都应当提供便利条件。

拟订		审核		审批	

制度4：车辆安全管理制度

××酒店标准文件		××酒店 车辆安全管理制度	文件编号××-××-××	
版本	第×/×版		页次	第×页

1 泊车管理
1.1 车辆安全管理为保安部职责，当值外场人员须维护好广场秩序，及时了解当日客情，适当留好车位。
1.2 合理安排进店车辆停放在适当的位置，做到停车整齐，并时刻保持车道的畅通，车道上严禁停放任何车辆。
1.3 当值时要站在车场较明显的位置，指挥动作要标准、正确。明确指明停放车位。指挥倒车时要注意过往车辆、行人，确保安全。如广场无车位，则请客人将车停放至附近车场，并指明路线。
1.4 来车时要将车辆指挥到位，排列整齐。发现违章停放车辆，及时劝阻。对进店车辆安全进行仔细检查，发现问题，及时上报。检查要点：车辆有无损坏、车门有无上锁。

2 调解车辆纠纷
调解一般车辆纠纷先要寻找当事人及知情者了解情况，查明引起纠纷的原因。说服双方要各自认清自己的责任，以求达到协商调解目的。调解一旦达成协议，请双方互留地址以便进一步解决。受理人员要详细记录经过、双方地址、车牌号等。

3 处理店内一般交通事故
处理店内一般交通事故首先要查看有无人员受伤，如有人员受伤，视情况请医务人员到场或安排车辆送医院。要有保护现场的意识，可将肇事车辆留置原地不动。必要时拍照，留下现场资料，及时通知部门领导。处理时要客观公正，轻微事故，对当事人进行调解，尽量让双方协商解决；较重事故，报公安机关处理。

4 夜间巡查
对夜间进出车辆进行巡查时要记录下进出车辆牌号和时间，认真查看车门、车窗有无被撬痕迹，如有疑问，要及时核查清楚。

5 注意事项
5.1 与客人沟通时要注意礼节、礼貌及文明用语。要做到举止大方、不卑不亢，避免与客人发生争执与冲突，不准向客人索取小费。
5.2 收取停车费时问明驾驶人是否住店客人及停放时间，如属短时间停放或住店客人免收停车费。收取后立即递上发票并道谢。
5.3 指挥车辆泊位时要注意自身安全，防止撞伤、碰伤、擦伤等。

拟订		审核		审批	

制度5：保安部应急处理方案

××酒店标准文件		××酒店 保安部应急处理方案	文件编号××-××-××	
版本	第×/×版		页次	第×页

1 宾客报失应急预案
宾客报失指宾客在本酒店范围内丢失或被盗、被骗财物。
1.1 保安部接到报案后，由保安部经理或保安部当值主管立即会同前厅部经理迅速赶到现场。
（1）携带好访问笔录纸、照相机、手电、手套等所需用具。
（2）到达现场后，首先查看现场是否遭到破坏，如现场完好，立即进行拍照。
（3）认真听取失主对丢失财物过程各个细节的陈述，详细询问丢失物品的特征。
（4）通知有关部门、岗位的领导，并留下与丢失案件有关的人员。
（5）客人明确要求向公安机关报案或丢失财物数额价值较大时，保安部应立即报告总值班经理、总经理，同时派人保护好现场，即在公安人员到来之前，现场不许任何人进出，不许移动、拿走或放入任何物品（发生在公共场所要划出保护区域进行控制）。

××酒店标准文件		××酒店 保安部应急处理方案	文件编号××-××-××		
版本	第×/×版		页 次		第×页

1.2 失主明确要求不向公安机关报案的，先征得失主同意后帮助查找。
（1）仔细查看失主物品被翻动情况，注意发现有无犯罪分子遗留或抛弃的物品，以及可能留下的指纹的纸张、杯子和皮夹等。
（2）如有，要带好手套和用干净的软纸小心提起，然后放入干净的塑料袋或纸盒内以备技术鉴定用。
（3）如需提取客人物品作鉴定，必须征得客人同意。
1.3 做好访问笔录
（1）首先查验失主身份证、护照是否与持证（照）人一致，然后核对所失物品是否在海关申报单上有登记，注意登记的数量、种类、型号是否相符。
（2）详细记录以下情况。
① 失主的姓名、年龄、性别、国籍、职务、来店目的、来（离）店日期和具体时间、去向等。
② 丢失物品的准确时间，最后见到所失物品的时间。
③ 丢失物品的准确地点、位置。
④ 丢失物品的名称、型号、数量、特征、新旧程度、特殊标记、有无交保险、钞票张数和面额等情况。
⑤ 丢失有无怀疑的具体对象、怀疑的根据等。
⑥ 失主有何要求，例如开具丢失证明等。
1.4 对现场进行仔细检查
对区域内全方位检查如床上、床下、衣柜里外、床头柜、酒柜、电视柜里外、沙发、窗帘、窗台、浴室、浴室顶棚、冰箱等处都要查到。委婉地征得客人同意后对其箱、包、行李进行查找。相关区域也应认真检查如相邻的工作间等。
1.5 进行调查和处理
（1）对案件涉及人员进行谈话，调查了解事发时的情况。
① 接触现场的所有人中，谁先进入，谁先离开等情况。
② 按接触现场的时间、工作程序、所处的位置、现场状态的回忆等情况。
（2）对物品丢失时的当班服务员，逐一谈话，如已下班，立即将其从家中找回，涉及两人以上的要分别谈话并注意保密，以防串供或攻守同盟。
（3）通过调查排出的重点嫌疑人员，要尽快取证，做到情节清楚，准确无误。
（4）调查处理时，要摆事实，讲道理，重证据，严格注意政策。
（5）拿出处理意见，上报总经理批准后执行。
1.6 对确属被盗、被骗的案件，客人要求向公安机关报案，经总经理同意后，再向公安机关报告。如失主是涉外来客，应向公安局外管部门报告，如属国内人员应向当地公安机关报告。
1.7 如宾客报失属于在店外被盗、被骗，应立即与当地公安机关联系，并要失主去公安机关报案。
1.8 如宾客遗失或被盗、被骗属于护照、回港证、回乡证等身份证件，接报后立即与市公安局外管（外事）部门联系，并让失主去公安局外事处（部）报告。
1.9 宾客遗失或被盗信用卡、支票、存折、存单等应及时协助宾客与中国银行（相关银行）及各有关部门兑换点联系控制。
1.10 确定为案件后，保安部应把发案情况和处理结果填写案件登记簿，形成材料，应整理存档备查。
2 内部案件应急预案
2.1 酒店内部发生案件指发生在酒店范围内的酒店财物和员工个人的财物被盗、被骗以及赌博、打架等刑事案件和治安案件。
2.2 本店员工发现酒店的财务和员工个人财物在酒店被盗、被骗以及其他犯罪行为时，应保护好现场，及时向上级领导报告，并同时报告保安部，对正在犯罪的不法分子或嫌疑人应立即扭送保安部，但应防止行凶、逃跑和毁灭罪证等。
2.3 各级领导接到报案后，应立即到现场组织维护秩序，保护现场，积极发动员工向保安部和公安机关提供情况和线索。
2.4 保安部接到报案后，应向报告（反映）人问明发现和发生案件的时间、地点、被盗（骗）财物名称、数量及其他情况，认真记录，并及时向总值班经理、总经理报告。
2.5 保安部应视现场情况及被盗（骗）价值，如需报告公安机关处理的，要先报告总经理批准。
2.6 在公安人员到达现场前，要组织人员保护现场，并向有关人员了解情况，各级配合公安机关调查。
2.7 属于保安部查处的案件，由保安组织人员，认真勘查现场，向有关人员调查、取证、做好详细记录。

续表

××酒店标准文件		××酒店 保安部应急处理方案	文件编号××-××-××		
版本	第×/×版		页　次		第×页

2.8　根据案情需要找嫌疑人谈话，应经总值班经理或其部门领导同意，并研究谈话内容、方法进行。
2.9　将调查结果上报总经理批准后执行。
2.10　确定为案件后，保安部应把发案情况和处理结果，填写案件登记簿，形成材料，应整理存档备查。

3　抢劫、暗杀和凶杀等暴力事件的处理

3.1　报警程序
员工发现异常情况应做以下反应。
3.1.1　打酒店内线电话报告保安部，报告时不要惊慌，说明本人身份、发现案件时间、地点及简要情况。
3.1.2　保安部人员迅速到达现场，确认后，做好保护现场工作，通知前台值班员由其通知有关领导立即赶到现场。
3.1.3　视具体情况，由保安部负责立刻向公安机关报告所发生的情况。
3.1.4　前台值班员接到保安部报警后，立即通知以下人员到场。
（1）值班经理、发生以上事件的部门经理。
（2）保安部经理。
（3）总经理。
（4）客房部经理。
（5）车队。

3.2　各部门人员到场后的职责任务
3.2.1　保安部
（1）携带必要器材和电警具、对讲机、记录本、手电等。
（2）布置警卫保护现场，划定警戒线，控制人员进入，维护现场秩序。
（3）向当事人、报案人、知情者了解案情并记录。
（4）对现场进行拍照。
（5）协助抢救伤员，如需送往医院应与车队一同前往，并酌情向伤员了解记录有关案件发生的情况。
（6）配合公安人员检查现场。
（7）如发现不法分子（嫌疑人）正在行凶或准备逃跑，立即抓获并派来人看守，待公安人员来人后交给公安人员处理。
（8）如有人质被绑架、扣押案件发生，应立即报告公安机关，控制事态发展，采取必要措施。
（9）做好善后工作，包括清点客人财物等。

3.2.2　经理
（1）负责协调各部门的工作。
（2）立即向总经理、现场最高领导汇报案情。
（3）组织对受伤人员的抢救。
（4）记录整个案件的处理情况。

3.2.3　客房部
（1）准备万能钥匙，以备急用。
（2）提供抢救伤员所用的布巾和物品。
（3）准备手电及接线板，供照明使用。
（4）随时准备接受新的任务。

3.2.4　餐饮部
（1）协助运送伤员。
（2）安排送信员传递信息。
（3）完成上级交办的任务。

3.2.5　车队
负责保障办案，救护伤员用车。

4　爆炸及可以爆炸物品的紧急处理

4.1　报警程序
4.1.1　迅速用电话通知酒店前台，讲明发现爆炸或爆炸物的时间、地点和情况，同时将自己的姓名和身份讲清，不要轻易地动爆炸物，尽可能保护、控制现场。
4.1.2　前台值班员接到报警后，详细记录报警人的姓名、部门、时间、地点和发现爆炸或爆炸物品的

续表

××酒店标准文件		××酒店 保安部应急处理方案	文件编号××-××-××		
版本	第×/×版		页次		第×页

情况。并立即呼叫下列人员到现场。
　　（1）保安部经理、工程部经理、前台部经理。
　　（2）总经理、总值班经理。
　　（3）发生爆炸部门的经理、综合部、车队有关人员，呼叫时要简明扼要地将发生的情况、时间、地点讲清。呼叫时使用暗语，不可以直说发现爆炸物。暗语需要统一制订。有关人员必须熟悉暗语的意思。
　4.2　各部门人员到场后的职责
　　4.2.1　保安部立即组织人力，划定以爆炸或爆炸物为中心的警戒线，控制现场，楼层客房区可关闭防火门；同时报告上级公安部门，公安人员到场后，听从公安人员指挥，配合公安人员做好工作；随时将现场报告酒店有关领导。
　　4.2.2　工程部立即关闭附近由于爆炸物可能引起恶性事故的设备，搬走现场附近可以移动的贵重设备及物品。
　　4.2.3　总经理、总值班经理立即组织临时指挥部，根据各部门汇报情况，组织、指挥、协调各项工作。统一下达指令，采取有力措施，进行扑救，布置有关部门做好善后工作。
　　4.2.4　值班经理、前厅经理传达指挥部的指示，协调各部门工作，详细记录现场处理经过，向客人解释发生的情况并安定客人情绪。
　　4.2.5　发生爆炸部门的经理负责组织疏散事故发生区域的客人及行李。
　　4.2.6　综合部做好抢救伤员的准备，及时与急救中心联系。
　　4.2.7　车队做好抢救伤员所用车辆的准备。
　　要求：除按以上报警处理外，还要求酒店员工沉着、冷静、听从指挥、坚守岗位；配合专业人员排除险情。
5　突然死亡事故的处理程序
　5.1　接到突然死亡事故的通知后要立即赶到现场并保护现场，及时报告上级。
　5.2　保护现场，同客房经理、营销部经理查看原因，待搞清死亡原因后，由有关人员做好善后工作；通知酒店领导；通知前台封锁房间，注意房号保密。
　5.3　对自杀死亡人员，首先要保护好现场，不许无关人员靠近，待公安、保安人员到达后，寻找死者有无遗言等证据材料。
　5.4　对他杀死亡人员，首先保护现场，观察周围有无可疑人员，不许无关人员靠近，待公安人员到达后，汇报有关线索和情况。
　5.5　尽快将死者转移出酒店，转移时注意避开住客，可选择夜深人静之时，从员工通道到后区出店。
　5.6　死者的遗留物品应及时整理、清点和记录，作为遗留物品妥为保存，待死者有继承权的亲属或指定委托人认领并做好领取的签收手续。
　5.7　客房部经理根据调查的结果写出客人在店期间死亡及处理经过的报告，经总经理审阅通过后，一份留酒店备案，其余的交给死者亲属及有关单位和人员。死者的死因不做随意的猜测和解释，统一由酒店指定的权威人士解答。
　5.8　尸体转移后，请卫生防疫部门严格消毒客房，客人用过的物品与卧具焚毁处理。
6　火灾应急方案及事故处理程序
　　为预防火灾事故发生，或发生时的扩大和蔓延，酒店设火灾总指挥部，指挥部设在酒店保安部。总指挥由酒店总经理或夜间总值班经理担任。如果发生火灾，总指挥对火灾事故有直接指挥、下达命令、组织抢救的权力。其处理程序如下。
　6.1　火情报警
　　任何人在酒店发现煳味、烟火、不正常热度等火情，都有责任及时报警。其火情报警按以下程序处理。
　　6.1.1　发现火情打店内报警电话。报警时要讲清起火具体地点、燃烧何物、火势大小、报警人的姓名、身份及所在部门和部位。
　　6.1.2　如有可能应先灭火，然后报保安部，并保护好现场。如火情不允许，应立即打碎墙上的报警装置报警，同时拿上本区域的轻便灭火器进行自救灭火。
　　6.1.3　发现火情时绝对不能高喊"着火了"。如果火势较大，必须迅速报告酒店总指挥决定后才能打119报警电话。
　6.2　火情确认
　　消防中心接到报警器报警或电话报警后，如在客房区域应立即通知客房经理携带万能钥匙赶到现场，同时保安部消防员（或警卫）应携带对讲机赶到现场，确认火情是否存在，同时应携带近处可取的轻便

续表

××酒店标准文件		××酒店	文件编号××-××-××		
版本	第×/×版	保安部应急处理方案	页	次	第×页

灭火器,做好灭火准备。

　　室内起火确认火情时应注意:不要草率开门,先试一下门体,如温度正常可开门察看;如温度较高,已可确认内有火情。此时如房间内有客人应先设法救人。如没有人,应做好灭火准备后再开门扑救。开门时不要将脸正对开门处。

　　6.3　火情通报
　　6.3.1　保安部立即通知前台,告之火情已确认,然后按程序进行操作。另一人携带对讲机、应急灯赶到现场协助指挥人员工作。
　　6.3.2　前台按以下顺序迅速通知有关部门
　　(1) 一级火情:保安部、工程部、总经理或副总经理或值班经理、客房部、综合部、着火部门、前厅部。
　　(2) 二级火情:保安部、工程部、总经理或副总经理或值班经理、客房部、前厅部、营销部、着火部门及其他部门。
　　(3) 三级火情:保安部、工程部、总值班经理。
　　6.4　领导指挥机构
　　发生火灾时应迅速组成领导小组,负责组织指挥灭火自救工作。小组成员:由总经理、总值班经理、保安部经理、工程部经理、客房部经理等组成,其主要任务如下。
　　6.4.1　组织指挥救火;根据火情,决定是否拨打"119"报警。
　　6.4.2　根据火势,决定是是否关闭送风机组或回风机组;是否切断电源和气源。
　　6.4.3　根据火情决定是否发布疏散命令。
　　6.5　义务消防队行动
　　火情确认后,迅速通知酒店义务消防队。义务消防队员接到通知后,应立即到指定地点集合待命。其行动办法如下。
　　6.5.1　义务消防队负责人向队员简单介绍火情,分配任务。
　　6.5.2　队员携带齐全灭火器材,立即赶赴火灾现场。
　　6.5.3　迅速派两名队员沿疏散楼梯小心上楼,观察情况,如认为安全,可使用消防通道将灭火器材送到出事楼层,供消防队和其他人使用。
　　6.5.4　迅速组织队员按灭火程序实施灭火,并将工作进展情况随时报指挥部。
　　6.6　各部门应采取的相应行动
　　6.6.1　保安部行动
　　(1) 保安部经理携带对讲机、袖标迅速到保安部,接受救险总指挥部的指令。
　　(2) 消防人员及办公室除一人留守外,其余人均携带手电筒、对讲机、迅速赶到现场。
　　(3) 警卫主管带领警卫维持秩序,控制酒店大门,阻止外人进入酒店以防不测。
　　6.6.2　工程部行动
　　(1) 工程部经理迅速到消防中心,接受指令。
　　(2) 工程部各部位员工坚守工作岗位,做好各种工作准备。
　　(3) 其余主管和员工立刻赶到现场,按指令进行救火。
　　6.6.3　客房部行动
　　(1) 部门经理带万能钥匙赶到保安部接受指令。
　　(2) 服务中心留一人值班,并向救险总指挥部报告失火楼层住的客人人数。
　　6.6.4　综合部行动
　　(1) 车队人员待命,迅速准备好急救包、担架等。
　　(2) 根据命令派人到火灾现场救人,及时抢救伤病人员,并负责与急救中心取得联系。
　　6.6.5　其他部门行动
　　(1) 接通知后,各部留足岗位人员后,其余人员在本岗位待命。
　　(2) 迅速、有条不紊地整理账目、文件、资料等,该上锁的锁好,能随身携带的准备好疏散。
　　6.7　必要时的客人疏散
　　根据火情决定是否需要全面疏散客人。疏散命令由总指挥下达,具体实施办法如下。
　　6.7.1　保安部负责用紧急广播逐层通知:先通知着火层上面一层,其次是着火层下面一层,第三是着火层以上逐层。广播通知时千万不得将紧急广播同时全部打开;或由楼层负责人逐个房间顺时针或逆时针通知。
　　6.7.2　营销部、客房部经理负责组织客房服务员引导客人疏散。

续表

××酒店标准文件		××酒店 保安部应急处理方案	文件编号××-××-××		
版本	第×/×版		页	次	第×页

6.7.3　前厅部经理负责组织人员将疏散下来的客人安排在安全地点。
6.8　与专业消防队配合
如果已拨打119台报警，各部门应密切配合专业消防队行动。具体办法如下。
6.8.1　各部门接到火情通知后，除按指定任务执行外，其他人均应原地待命，等候指示。
6.8.2　保安部：负责维持好门前秩序，根据情况疏导门前车辆，以便消防队顺利到位。
6.8.3　前厅部：应派人到门前引导消防队到出事现场。
6.8.4　工程部：派人到门前，在消防队到场后，介绍消防水源和消防系统情况，并视情况或按总指挥的命令决定断电、断煤气。
6.8.5　专业消防队到场后，现场指挥要将指挥权交出，并主动介绍火灾情况，根据其要求协助做好疏散和扑救工作。
6.9　善后处理工作
火灾扑灭后，要做好以下善后工作。
6.9.1　全面疏散后，各部门要清点自己人员，看是否全部撤出危险区域。客房部要清点客人，防止遗漏。
6.9.2　综合部视情况负责与自来水公司、煤气公司、医院等单位联系；准备食品、饮料、安排好疏散客人的临时生活。
6.9.3　工程部在火灾扑灭后，应及时关闭自动水喷淋阀门，更换损坏的喷头或其他消防设备，并使所在的消防设施恢复正常。
6.9.4　保安部负责保护现场，并重新配备轻便灭火器。
6.10　实施中的注意事项
6.10.1　当火情由酒店自己组织力量可以扑救时，不必拨打119报警。
6.10.2　总指挥部设在保安部，总指挥由总经理或总值班经理担任，所有命令由其下达。
6.10.3　火情发生后，所有对讲机应处于待命状态，当总指挥呼叫时，要用简明的语言、准确报告情况。
6.10.4　客房部、营销部在实施疏散计划时要将客人按一路纵队排列从防火梯疏散，绝对不要等待电梯。电梯只供消防队员使用。要防止不知火情危险的客人再回到他们的房间，疏散中不能堵塞通路。
6.10.5　客房服务员负责指导、检查疏散情况，检查内容包括床下、浴间是否留有未听到疏散通知的人；是否留有行动不便的人；是否留有未熄灭的烟头和未关闭的灯；主要出入口是否关闭。

拟订		审核		审批	

第三节　酒店安全管理表格

表格1：安保当值安排表

安保当值安排表

日期：　　年　　月　　日

岗位	A：姓名（7:30～16:00）	B：姓名（16:00～24:00）	C：姓名（24:00～7:00）
休息人员			
备注		主管姓名	

表格2：安保交接记录表

安保交接记录表

班次		时间		人数	
工作情况					
器械情况					
交班人		接班人			
备注					

表格3：治安隐患安全记录表

治安隐患安全记录表

受检查部位				
检查人员		日期		
		时间		
经检查、上述部位存在下列问题：				
部门领导批示：				
			签字：	年 月 日
处理结果：				
			签字：	年 月 日

表格4：备用钥匙使用单

备用钥匙使用单

使用人		批准人	
使用时间			
使用地点			
使用理由			
结果			
持用人签字		陪同人签字	
收回时间		经手人签字	
备注			

表格5：酒店各部门门锁钥匙一览表

酒店各部门门锁钥匙一览表

序号	钥匙编号	数量	使用部位	每日使用时间	管理人员姓名	部门经理
要求	1.各部门在自查钥匙过程中，要切实做到疏而不漏 2.对表格要认真填写，不得有任何出入 3.必须在每月26日前报至安全部 4.此表格经各部门经理核实后签名为证							

表格6：门锁钥匙增配单

门锁钥匙增配单

部门		姓名	
门锁位置		增配数量	
增配理由			
本部门意见			
安全部意见			
总经理意见			
工程部处理结果			
备注			

表格7：酒店过夜车辆停车检查记录表

酒店过夜车辆停车检查记录表

检查人：　　　　　　　　　　　　　　　　　　日期：　年　月　日

是否属本单位	车型	颜色	车号	车辆情况						停放位置	停放时间	离店	备注
				车玻璃	车灯	后视镜	车轮	标牌	车体				

督查人：

表格8：危险物品管理登记表

危险物品管理登记表

物品名称		数量	
携物人姓名		部门	
包装形式		使用方式	
使用地点		存储地点	
化学特性			
防护措施		影响范围	
滞留时间	自 年 月 日至 年 月 日	使用时间	
负责人意见		安全部意见	

制表人：

表格9：长住酒店的机构登记表

长住酒店的机构登记表

机构名称		国籍		营业执照号			进驻时间	
办公地址						电话	迁出时间	
负责人姓名	性别	年龄	职务	国籍	护照号	身份号	所在单位	现住址
雇员姓名	性别	年龄	职务	国籍	护照号	身份号	所在单位	现住址
备注								

注：1.长驻机构是指在宾馆租房作办公用的企业、机构或个人，合同期在三个月以上的。
2.有中方合作单位的外国公司，把中国公司的名称填在备注栏内。
3.在担保单位的中国公司，把担保单位填在备注栏内。

表格10：长住客人登记表

长住客人登记表

姓名	性别	年龄	国籍	护照号	身份证	单位名称	职务	接待单位	房间号	住店时间

注：长住客人，是指与宾馆的租房合同期限有3个月以上的客人。

表格11：宾客财物被窃情况表

宾客财物被窃情况表

姓名		房号		报案时间	
发现财物被窃时间			最后一次见到财物的时间		
被窃财物描述：					
您认为可能的情况：					
客人签字：			安全部经手人签字：		

表格12：客人丢失物品访问记录表

客人丢失物品访问记录表

姓名		性别		年龄		房号	
护照号码			入店时间			离店时间	
报案时间			发案时间			丢失物品	
特征				最后见到失物时间			
接报情况简述：							
客房查找情况：							
涉及人：							
客人签字：				记录人签字：			

表格13：客人遗留物品登记单

客人遗留物品登记单

上交部门		拾遗人		拾遗地点、时间	
客人身份资料					
物品登记	品名				
	品牌				
	规格				
	数量				
	颜色				
	其他				
安全部签收人			安全部签收时间		

上交人： 　　　　　　　　　　制表人：

表格14：物品处理登记表

物品处理登记表

日期		送交物品部门		物品名称	
数量		特征		性质	
送交人姓名			接收人姓名		
领导意见					
处理结果					
日期		送交物品部门		物品名称	
数量		特征		性质	
送交人姓名			接收人姓名		
领导意见					
处理结果					
日期		送交物品部门		物品名称	
数量		特征		性质	
送交人姓名			接收人姓名		
领导意见					
处理结果					

表格15：来访登记表

来访登记表

来访		来访人姓名	性别	被访人房号	被访人姓名	来访人单位或地址	来访事由	备注
日期	时间							

表格16：员工携物出入酒店登记表

员工携物出入酒店登记表
年　月　日

离开时间	部门	姓名	出入事由及所携物品	回归时间

表格17：内部警卫方案记录表

内部警卫方案记录表

年　　月　　日

VIP		警卫级别	
入住时间		贵宾人数	
离店时间		警卫处联系人	
值班安保经理		值班安保主管	
重要岗位人员安排			
楼层		宴会厅		大堂	
机动		停车场			
VIP房号					
警卫人员房号					

表格18：外来施工单位登记表

外来施工单位登记表

施工单位			负责人联系方式		
施工项目		施工日期		完成日期	
施工位置			具体施工时间		
自带工具			是否动火作业		
自带施工材料					
施工人员	姓名	性别	年龄	工种	身份证地址、号码
工程负责人（审批人）					
安保值班负责人					

制表人：

注：此表经安全部经理审核签字后交安全部输入临时工卡交存档。

表格19：夜间安全巡查记录表

夜间安全巡查记录表

年　　月　　日　　　　　　　　　　　　　　　　　本班　　第　　次

楼层	巡查部位	巡查时间	巡查记录

制表人：　　　　　　　安保（巡查人）：

表格20：酒店管理公司安全检查项目表

酒店管理公司安全检查项目表

饭店名称： 　　　　　　检查日期： 　年　　月　　日

检查项目	检查内容	检查结果
锅炉房	要有当年锅炉检查运行许可证	
	操作人员持质量技术监督部门颁发的有效"司炉证"	
	持有政府环保部门颁发的燃烧设备"消烟除尘合格证"	
	锅炉安全运行制度健全，张贴上墙	
	按时、准确记录锅炉运行情况	
	运行管路无跑、冒、渗、漏（油、水、气）现象	
	鼓风机、引风机、压力表、水位计、安全阀、排污阀等设备运行正常	
	水处理各项指标达到标准	
	水处理常用试剂安全存放，专人保管	
	安全阀每周检查一次，水位表每天清洗一次，每天要进行排污，并有记录	
	配有消防器具	
配电室	操作人员持有效"电工作业许可证"	
	配电安全运行制度健全，张贴上墙	
	按时、准确记录电荷状况	
	备用供电线路须挂警示牌	
	发电机房、变压器房门口须有"严禁触电"字样或符号，配电室门口有"谢绝参观"、室内有"严禁吸烟"警示牌	
	有关闭严密的防大风、雨、小动物的纱门纱窗，并无破损	
	屋顶及四壁无漏水痕迹，防洪排水沟畅通	
	配电室内有系统供电模拟图示	
	避雷针、避雷线及其引下线装置完整，接地电阻测量有记录，室内地面有绝缘垫	
	电气设备的金属外壳有可靠的接零（接地）保护	
	进入配电室检查要填写"进入重点安全部位登记表"	
	配有消防器具	
电梯房	电梯维修人员持有"特种设备（电梯维修）作业人员操作证"	
	有政府主管部门颁发的"电梯使用证"以及合格的"电梯安装验收报告书"	
	有电梯维护保养制度和维修操作程序	
	电梯运行信号显示完好，明亮，标志清晰	
	保养和检修电梯时，应有"禁止运行"的警示牌，并有详细的维修保养记录或保养卡	

续表

检查项目	检查内容	检查结果
电梯房	电梯轿厢内和机房应标有"禁止吸烟"的警示牌	
	电梯机房门口应有"无关人员不得进入"的警示牌	
	机房内整洁，无杂物堆放，有消防设施	
库房	应在明显位置设立"严禁烟火"的警示牌或警示语	
	库房内存放物品要分类堆放整齐，货物距离灯具要大于50厘米	
	库房货梯严禁超载，轿厢内严禁烟火	
	库房内照明灯具及线路必须完好，禁止乱拉临时线，超负荷用电，防止线路老化	
	库房内不得使用电炉、电取暖器、电熨斗等电器设备	
	客房周围不得堆放易燃物品，保持主要通道畅通	
	应配有足够的消防设施	
楼层	浴室扶手无松动、脱落	
	清洗地毯或地面，防止弄湿电源插座	
	使用浓度高的清洁剂时，应戴防护手套，以防腐蚀皮肤	
	楼层通道指示路标清晰	
	玻璃门应贴有有色标志	
	公共区域打蜡时，必须放置警示牌	
	玻璃器皿破损要及时采取更换或修补措施，防止划伤	
消防监控	消防报警系统及其他消防设施完好	
	消防栓周围畅通，无杂物堆放	
	每半年对消防器材进行检验（火警报警系统、烟感装置、热感热置、煤气探测器、手动消防设备、喇叭和报警铃、自动喷淋装置、消防泵、消防管带和水龙带系统、灭火器、灭火毯、防火门 和防火闸门、安全出口及各项安全保护措施），发现问题及时处理，并记录存档	
	对消防喷淋泵每周试运行一次，防止锈死	
	对应急事故照明灯应经常检查，每周不得少于两次	
	动火操作人员须持有效的相关"特种行业人员操作证"	
	执行焊割动火操作审批制度	
	定期对员工进行消防知识培训，掌握各种消防器具的使用方法及自救能力	
	重点部位、公共区域配有监测器	
	配置录像设备，所有录像资料保存10天以上，能准确记录正在发生的紧急事件	
厨房	厨房各类电器、机械设备使用前应检查线路开关是否完好，并按操作标准操作，严禁违章操作	
	每天上、下班都应仔细检查燃气灶、抽气机的阀门和开关是否良好，下班是否可靠关闭，发现问题及时处理，并设有检查记录	

续表

检查项目	检查内容	检查结果
厨房	燃气灶点火应先点燃点火棒，再点燃炉火，切忌先开阀门，再用打火机或废纸点燃灶具	
	灶具在使用过程中，工作人员不得擅自离开（特别是在油锅加热时），以免温度过高引发火灾等异常事故	
	炉灶、抽风机应定期清洗和保养，油烟机及烟道每半年应清理一次	
	员工熟悉附近灭火器、灭火毯的位置，每个人都会使用灭火器材	
	绞肉机、压面机操作中，严禁离人，注意力保持高度集中，并将手放在规定范围外	
食品	建立食品安全可追溯体系，把好进货关，索证备案登记有效、可查	
	定期检查食品库食品，保证无过期食品	
	食品原料、半成品、成品按类存放，冷藏做到生、熟分开，加盖、加膜，开罐原料倒罐	
	冷荤间做到"五专"，紫外线消毒有登记，室温控制在25℃以下	
	消毒剂配比达标，消毒餐具感官检查干净亮洁	
	厨房、餐厅内外环境整洁	
	加工区域洗涤池分类使用	
	餐厨垃圾密闭存放，及时清理，无异味	
施工	施工人员进入施工现场，须编制名册，交验证件，办理出入证	
	施工现场设有"严禁吸烟"的警示牌	
	高空作业时，须加防护网、防护栏，并佩戴安全帽和安全带	
	施工材料分类摆放，堆放有序，并有标识	
	施工作业需焊接动火时，须办理动火申请，交验焊工操作证，现场须配备消防器材，设监护人员	
	施工现场禁止使用电炉、煤油炉等与施工无关的电器	
	施工现场禁止使用裸露电线和破损插头，用电和接电线路必须符合安全规范	
	施工现场不得乱拉电源线，更不允许将电源线路架空或悬挂	
	严禁将易燃易爆危险品在施工现场过夜存放，须存放在固定位置，并有专人管理	
	氧气瓶、乙炔相隔5米以上，距明火10米以外，且必须遵守安全储运、使用的各项规定	
	及时清理施工垃圾，集中堆放，并将垃圾浸湿，防止火灾发生	
	当天施工结束，必须关闭总电源，确保施工现场安全无隐患，方可离开	
	在营业区域内进行装修、维修、改造等施工且不停止营业的，与施工单位签订专门的安全生产管理协议，明确安全责任	

续表

检查项目	检查内容	检查结果
其他安全管理	健全安全组织管理机构，安全委员会人员变更及时备案	
	将经营场所出租的，与承租单位签订安全生产管理协定，明确各自的安全生产管理职责	
	认真履行公司《安全责任书》事项，逐级签订安全责任书达到100%	
	与机动车驾驶员签订交通安全责任书达到100%	
	至少每2小时对营业区域安全生产情况巡查一次并有记录	
	定期对员工进行安全生产教育、培训，有记录	
	对新上岗的员工进行岗前消防安全培训达到100%	
	建立安全事故应急预案，应急预案每半年至少演练1次，并有记录	
	客房、餐厅、歌厅、会议室等设置逃生疏散指示图、安全须知提示	
	洗浴、健身场所放置安全须知及相关警示牌	
	游泳池营业期间配备合格的专职救生人员及救生设备	
	前台收银、外币兑换处安装监控和报警装置	
	总出纳室配置防盗门窗、保险柜、报警器	

备注：查出此项目表以外的安全隐患：

安全管理建议：

检查人：

检查人代表签字： 日期：
被检查单位代表签字： 日期

表格21：酒店安全检查表

酒店安全检查表

检查人： 检查时间：

序号	部位	检查内容	检查结果
1	客房部	是否正确配置呼吸器	
2		每个房间是否张贴紧急疏散图	
3		电源线路距离易燃品是否过近	
4		是否张贴禁止在床上吸烟的文字图形	
5		落地式的玻璃门、窗、墙设置安全警示标志	
6		是否使用易燃物品装修	
7		是否堵塞楼梯间、通道及消防管制区	
8		消防设施、疏散标志是否完好	
9		疏散门是否上锁	

续表

序号	部位	检查内容	检查结果
10	客房部	是否保持最少两个安全出口	
11		电梯是否定期检验	
12		用电是否符合相关法律法规要求	
13	厨房	各类电器（冰箱等）是否完好	
14		是否按照规程操作各类机械（绞肉机等）	
15		燃气（油）装置是否定期检查	
16		气瓶（油罐）与火源距离是否过近	
17		主要通道是否加装防滑垫	
18		是否加装剩余电流保护装置	
19		气体存放间是否按照相关要求设置	
20		消防设施是否符合要求	
21	餐厅	是否按照相关要求配置消防、疏散用品	
22		是否保持最少两个安全出口	
23	配电房	操作人员是否持证上岗	
24		是否加装防鼠板	
25		是否加装放飞鸟装置	
26		是否堆放杂物及可燃物品	
27		绝缘设施是否完好并经过检验	
28		是否张贴相关操作规程	
29		是否装备灭火器等消防设备设施	
30		疏散门是否向疏散方向开启	
31		是否张贴危险警示标志	
32		是否加装绝缘垫	
33		是否配置工作牌	
34		接地、防雷是否符合规定	
35		配电柜间距是否符合标准	
36	消防监控室	操作人员是否持证上岗	
37		是否两人同时值班	
38		是否定时对设备进行检测	
39		是否堆放杂物	
40		监控员是否做与工作无关的事情	
41		是否定时记录监控情况	
42		用电是否符合相关规定	
43		是否配备相应的消防器材	

表格22：消控中心值班记录表

消控中心值班记录表

值班员					时间		时　　分至时　　分			
报警时间	报警性质				位置	原因及处理情况		认证人	复位时间	
	火警	误报	故障	其他						
设备运行情况	手报		消火栓		水流	正压口排烟口		断电	停空调	停新风
	电梯		送风机		消防泵	消火栓稳压泵		喷淋泵	排烟风机	防火卷帘
	电源		显示器		打印机	紧急广播		备电	内部音响	
备注										

表格23：重点部位防火安全检查表

重点部位防火安全检查表

重点部位	检查时间	检查情况	检查人
锅炉房			
配电房			
变压器房			
柴油机房			
总机房			
广播机房			
电梯机房			
空调机房			
煤气库			
电脑机房			
危险品仓库			
中厨房			
西厨房			
点心厨房			
消控中心			

续表

重点部位	检查时间	检查情况	检查人
消防蓄水池			
仓库			
备注			

填表人： 　年　月　日

表格24：动火作业申请表

动火作业申请表

动火作业单位名称		负责人	
作业部位		动火作业性质	
		动火部位现场监护人	
现场作业人员			
动火作业起止时间	从　年　月　日　时至　年　月　日止		
动火现场应急灭火器材			
动火作业事由		申请部门签章： 　　　年　月　日	
防火作业事由		申请部门签章： 　　　年　月　日	
安全部门意见	签名： 　年　月　日	单位防火责任人意见	签名： 　年　月　日

填表人：

表格25：动火许可证

动火许可证

一、动火时间：年 月 日 时至 年 月 日 时止
二、动火地点：
三、动火内容：
四、动火现场负责人：　　　　执行人：　　　　监护人：
五、动火安全措施：
六、单位主管部门审批意见：
七、审批人：
注：动火现场有关人员必须按《动火安全规则》有关规定执行

表格26：消防检查整改、处罚通知书

消防检查整改、处罚通知书

违章单位		违章地点	
违章部位		检查日期	
违反消防安全的问题：			
处理意见：			
检查人员：	安全部经理：		日期： 年 月 日

表格27：消防设备定检记录表

消防设备定检记录表

日期： 年   月   日   时间：   时   分

参检人员	
主机	
防排烟系统	
报警系统	
消火栓系统	
喷淋系统	

表格28：消防设备检修记录表

消防设备检修记录表

编号：   年   月   日

检修负责人		检修人		时间	时 分至 时 分
检修部门		检修设备			
检修原因					
检修情况及结果					
更换品种及数量			备注		

表格29：消防监控系统运行情况表

消防监控系统运行情况表

日期		时间		当班安全员	
报警区域	时间	报警类别	水泵状况	警铃状况	其他情况
处理情况					

表格30：部门经理夜间巡查报告

部门经理夜间巡查报告

部门		巡查人		大堂副理	
日期		开始时间		结束时间	
巡查范围					
内容：					
备注：					

表格31：各部经理夜间巡查统计表

各部经理夜间巡查统计表

年　月　日

部门 姓名 日期	客房部	餐饮部	财务部	保安部	管家部	工程部	康乐部	前台部	汽车部
1									
2									
3									
……									
31									

统计日期：　　　　　　　　　　　　统计人：

学习总结

通过本章的学习,我对酒店安全管理有了以下几点新的认识:

1. _____
2. _____
3. _____
4. _____
5. _____

我认为根据本酒店的实际情况,应制订以下制度和表格:

1. _____
2. _____
3. _____
4. _____
5. _____

我认为本章的内容不够全面,还需补充以下方法、制度和表格:

1. _____
2. _____
3. _____
4. _____
5. _____

第十章 酒店质量管理工具

引 言

酒店的服务质量管理是以服务质量为对象而进行系统的管理活动,为了提高酒店的服务质量,必须抓好酒店服务设计、服务保证体系设计,制订出符合酒店性质、档次的服务质量标准和服务规范。根据酒店的服务规范要求,做好酒店服务质量的过程管理和现场管理,并运用各种方法来评估酒店服务质量,提高宾客的满意度。

本章学习指引

目标	了解酒店质量管理的要点,并能够运用所提供的范本,根据本酒店的实际情况制订相应的管理制度、表格

学习内容

管理要点	• 酒店服务设计 • 酒店服务保证体系设计 • 酒店服务质量的现场管理和过程管理 • 酒店服务质量评估
管理制度	• 质量管理制度 • 质检管理运行手册 • 各部门质量目标规范 • 首问责任制 • 质检制度 • 质检及处理程序 • 质检工作服务流程与规范 • 质检员工作考核制度
管理表格	• 综合检查表 • 质量计划实施情况检查表 • 酒店质检日巡汇总表 • 酒店宾客投诉及处理记录 • 酒店纠正及预防措施实施记录 • 重大接待(会议)质检表 • 酒店质检通知单 • 酒店质检记录表 • 质检报告 • 质检日报表(一) • 质检日报表(二) • 质检周报表 • 质检月报表 • ……

第一节　酒店质量管理要点

要点1：酒店服务设计

酒店质量管理是围绕着质量管理的目标展开的。酒店质量管理的基本目标是：贯彻酒店服务质量等级标准，提供适合顾客需要的服务劳动使用价值，维护和保障顾客的合法权益，不断提高酒店的服务质量。

而要达到这一目标，首先必须抓好酒店服务设计。也就是根据酒店的性质、档次及服务提供的内容，设计服务功能，制订服务规范、提供规范和服务控制规范，确定服务质量要求和标准。

（一）服务功能设计

酒店服务是一种感知服务，要把顾客感知服务与酒店所提供的服务协调起来，酒店必须站在客人的角度，从三个层次来理解服务的功能：核心功能、辅助功能和延伸功能。服务功能的三个层次的全部意义在于提供一个具有质量保证和一定灵活性并且有竞争优势的服务产品。

1. 核心功能的设计

核心功能是指顾客购买酒店服务的基本收益，与顾客期望紧密相关。

2. 辅助功能的设计

辅助功能是顾客自己并不直接需要，但要得到核心服务所需经历的过程，即辅助服务过程。

3. 延伸功能的设计

延伸功能是为了满足个别顾客的特殊需求而提供的特殊和临时性的功能，通常超越了顾客的辅助期望和预料，是额外提供的功能。

（二）服务产品设计

1. 服务产品组合

服务产品的设计，主要是服务产品组合的设计。酒店产品组合由酒店产品的广度、长度、深度和一致性所决定。

2. 服务产品设计准则

服务产品的设计需要考虑以下准则。

（1）适应需求。顾客的需求是酒店服务的基础，也是酒店经营活动的起点。研究顾客需求的目的是为了确定科学的服务结构。顾客需求结构一般包括四个方面：功能需求、形式需求、价格需求、外延需求。

（2）顾及成本。对消费者而言，在获得某项服务时，其付出的成本主要包括货币成本、时间成本、体力成本、精神成本。

酒店应该对顾客的这些成本进行分析，根据酒店实际，降低顾客成本，提高服务质量。

（3）保证品质。品质是指品味和质量，酒店产品必须保证有品位和高质量。要达到这一要求，酒店服务必须做到"三个凡是"的"黄金标准"，如图10-1所示。

标准一	凡是顾客看到的必须是整洁美观的
标准二	凡是提供给顾客使用的必须是安全有效的
标准三	凡是酒店员工，对待顾客必须是亲切礼貌的。服务标准是酒店服务产品品质的保证之一，许多酒店都在这方面设计了许多保证品质的工作标准

图10-1　酒店服务的黄金标准

（4）注重特色。求新是人们普遍具有的一种心理，酒店服务产品的设计人员应注意和利用这种求新心理，使服务产品因其"新奇"、"独特"而对顾客具有吸引力。

（三）质量标准设计

1. 标准的含义

标准就是对重复性事物和概念所作的统一规定，以科学、技术和实践经验的成果为基础，经有关方面协商一致，由主管机构批准，以特定的形式发布，作为共同遵守的准则和依据。

2. 酒店服务标准类别

酒店服务标准化，要求酒店根据质量标准，并结合本酒店的实际，制订自己企业内部的标准体系。酒店内部的质量标准一般分为三个方面：工作标准、技术标准、管理标准。

3. 标准的制订

制订标准要注意以下几点。
（1）以顾客的需求为中心。
（2）标准要简单、明确、可操作，易于员工理解。
（3）定性和定量相结合，尽量使用定量标准。
（4）标准必须配套，相互协调，自成体系。
（5）标准的实施要坚持检查和考核，并不断加以修订完善。

要点2：酒店服务保证体系设计

（一）服务质量检查的组织形式

有些酒店成立了专职的部门——服务质量管理部；还有些酒店在培训部或总经理办公室内设立相应的职能，有利于将质量检查与培训工作紧密地结合起来，从技术和业务的角度来完善酒店的服务质量；而后者则是为了赋予质量检查工作更大的行政权威，加重检查工作的分量。也有一些酒店没有设立专职的部门，而是代之以非常设的服务质量管理委员会来执行检查。酒店服务质量检查的不同组织形式的比较见表10-1。

酒店在实施服务质量检查的过程中到底采用哪种组织形式，应根据自己的具体情况来决定，不可盲目地效仿别人，最适合解决自己所面临的问题的组织形式就是最好的形式。但在选择服务质量检查的组织形式时，可以参考以下一些因素。

（1）整个酒店的管理方式，是集权式的管理，还是分权式的管理，服务质量检查的组织形式应与酒店整体的管理方式相协调。
（2）酒店服务质量目前所处的阶段和所面临的主要问题是什么，在检查的过程中主要缺乏什么，是权威、技术，还是各部门的重视程度。
（3）酒店中高层管理人员的基本素质和专业能力。

表10-1 酒店服务质量检查的不同组织形式的比较

组织形式	优势	不足
设专职部门	有机构和人员上的保障	机构设置繁杂，有限的人员很难对酒店各个部门的情况都十分了解，故检查本身的质量会打折扣
设置于培训部之内	有利于服务质量检查与培训工作密切结合起来	缺乏权威性，缺乏其他部门的参与
设置于总经理办公室之内	检查的权威性得以加强	缺乏专业性，缺乏其他部门的参与
非常设服务质量管理委员会	兼顾了检查的权威性和专业化，实现了各个部门的参与	由于没有专职的部门和专业的人员，检查人员对于自己部门以外的业务不尽熟悉，往往造成自己人查自己部门，因此对现在的问题不够敏感，深层次问题不易查出，且容易出现各部门护短的情况

（4）酒店基层员工的服从性和技术操作能力。

（二）服务质量检查的实施方式

1. 酒店统一检查

在这种形式的检查中，要注意以下几点。
（1）要注意对不同部门的重点检查。
（2）要注意检查的均衡性。
（3）要注意检查的权威性。
（4）要注意检查的严肃性。

2. 部门自查

酒店服务质量检查的体系可分三个层次。
（1）店一级的检查。
（2）部门一级的检查。
（3）班组、岗位一级的检查。

3. 走动式巡检

不论是哪层次的检查，其形式可以分为明查和暗查两种。明查是在事先通知后的检查，它可以了解被检查部门在较为充分的准备之后的服务质量的状况。当然，这也可能因经过过多的"装饰"而缺乏真实性，但它却可以反映酒店服务质量在临近自己最高水平时的一个基本状态。与之相反，暗查则是了解酒店服务质量日常基本水准的手段，与明查相比，尽管在暗查的过程中，会发现更多的问题，但它反映的却是真实的。

（三）检查报告

对服务质量的每一次检查后，都应该完成一份服务质量检查报告，以反映检查的结果。起草报告时应做到图10-2所示要求。

（四）检查中注意的问题

1. 各种检查的周期

应结合酒店服务质量的现状和特点，确定适宜的检查周期。周期过长，会使服务质量的控制力度弱化；周期过短，又会妨碍酒店其他工作的正常进行，同时检查本身也会流于形式。对宾馆服务质量的检查应该是多层次的。

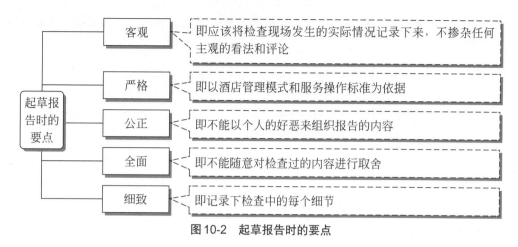

图10-2 起草报告时的要点

（1）岗位、班组一级的检查。
（2）部门一级的检查。
（3）酒店管理公司一级的检查。

2.检查人员的素质

（1）具有良好的职业道德和公正的人品。
（2）专业能力。

3.检查人员的权威性

酒店总经理可以向服务质量检查机构做出以下一些授权，以维护其权威性。
（1）有权了解、调查各部门和部门以下岗位服务质量状况，听取汇报。
（2）检查机构可以根据检查结果，做出单笔罚款在一定金额人民币以下的处罚决定。
（3）用所罚款项建立服务质量管理店内基金，由检查机构负责运作，主要用来奖励在酒店服务质量管理中表现突出的部门和个人及用于与酒店服务质量有关的其他活动。
（4）决定单笔金额在一定金额人民币以下的奖励。

（五）检查后的处理与整改

在检查程序完成以后，还应该根据检查的结果，分析产生问题的原因，制订解决问题的方案，并采取措施予以落实。否则，检查就失去了意义。

要点3：酒店服务质量的现场管理和过程管理

服务现场指的是服务的具体场所和具体服务过程。服务现场管理是酒店服务质量得到最终体现的场所，酒店必须加强服务现场的管理。

（一）服务现场管理要点

（1）加强对客交流。
（2）控制服务标准。
（3）关注重点服务。
（4）寻找并处理顾客的投诉。
（5）做好人力的调度。

（二）服务运作过程质量控制

酒店服务运作过程质量控制是指采用一定的标准和措施来监督和衡量服务质量管理的实

施和完成情况，并随时纠正服务质量管理目标的实现。酒店服务运作过程质量的控制有三个特点见图10-3。

图10-3　酒店服务运作过程质量的控制特点

1.服务预备过程的质量控制

（1）资源整合与配置。

（2）人员培训。

2.服务过程的质量控制

（1）岗位人员控制。

（2）设备物品质量控制。

（3）关键环节质量控制。

（4）服务方式变更控制。

（5）环境的质量控制：客人的消费环境质量控制、员工的工作环境质量控制。

3.服务结束的反馈过程质量控制

（1）质量反馈信息控制。

（2）纠正措施与预防措施控制，包括职责分配、影响性评价、可能原因调查与问题分析、纠正措施和预防措施制订。

（3）新标准的制订：要把服务过程质量控制的成功方案和有效措施，纳入相应的质量程序文件和服务程序、服务流程说明书中，使其成为新的服务规范和服务标准。

要点4：酒店服务质量评估

酒店服务质量管理的效果，最终主要表现在两条：其一，是否符合酒店服务质量的等级标准；其二，是否满足客人的物质和精神的需要。为了了解是否达到效果，必须开展服务质量评估。

（一）酒店服务质量调查

酒店服务质量调查主要有四种方式：直接面谈、电话访谈、问卷调查和暗访调查。有关直接面谈、电话访谈、问卷调查、暗访调查这四种调查方式的优劣势如表10-2所示。

（二）酒店服务质量评估

1.服务质量评价类别

酒店服务质量评估可分为有关部门的评估、酒店的自我评估和顾客的评估，而顾客的评估是对服务质量最具权威的最终评估。

2.酒店服务质量的评价与改进

服务评价与改进过程就是实施服务过程作业的连续评价，以识别和积极寻求服务质量的改进机会。服务评价与改进过程包括以下三个程序。

表 10-2　酒店企业调查主要方式的比较

调查方式	优势	弊端
直接面谈	（1）可提出较为复杂与深入的问题 （2）能借助相关资料让被调查者更好地理解调查者的观点 （3）能较为完整地理解被调查者的观点	（1）成本较高 （2）需要素质较好的调查员 （3）难以提出或回答较为敏感的问题
电话访谈	（1）成本较低 （2）快捷 （3）可对是否进行深入调查进行选择	（1）只能提问简单直接的问题 （2）访谈时间短 （3）需要高素质的人员仅通过语言沟通就能保持被调查者的兴趣与注意力
问卷调查	（1）成本低 （2）能较好地避免调查者的偏见 （3）受调查者可以匿名 （4）方便收集距离远的调查者的意见（通过 E-mail 还可提高回复的速度）	（1）普通信件回复慢 （2）回复率低 （3）问卷必须简短与简单 （4）样本难以做到具有代表性，由于某些被选择的调查对象可能不会回复
暗访调查	隐蔽性高，能获得更真实的调查资料	对调查人员的素质有极高的要求

（1）数据的收集。
（2）数据分析。
（3）服务质量的改进。

（三）酒店服务质量分析方法

1. PDCA 循环法

（1）PDCA 循环法的概念。PDCA 循环是一种科学的工作程序，是质量管理的基本工作方法。PDCA 是英语 Plan（计划）、Do（实施）、Check（检查）、Action（处理）四个词首字母的组合。它反映了做工作必须经过四个阶段。这四个阶段循环不停地进行下去，所以称为 PDCA 循环（见图 10-4）。

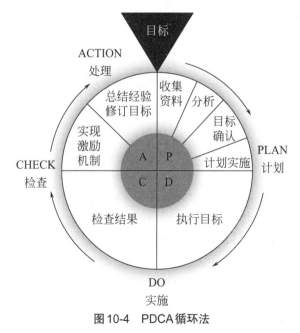

图 10-4　PDCA 循环法

第一阶段，计划。提出一定时期内服务质量活动的主要任务与目标，并制订相应的标准。
第二阶段，实施。根据任务与标准，提出完成计划的各项具体措施并予以落实。
第三阶段，检查。包括自查、互查、抽查与暗查等多种方式。
第四阶段，处理。对发现的服务质量问题予以纠正，对酒店服务质量的改进提出建议。
（2）具体运用。运用PDCA循环来解决酒店服务问题，可分成八个程序，如图10-5所示。

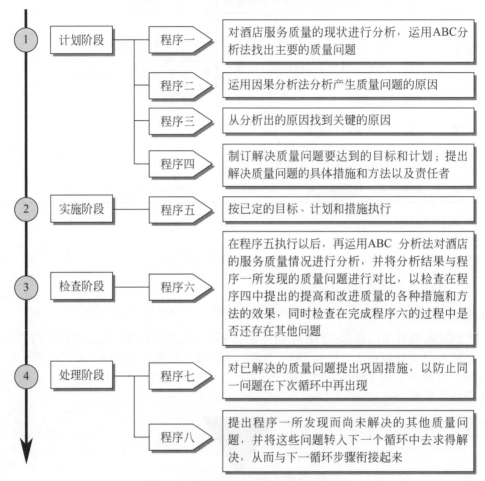

图10-5　PDCA循环的运用阶段与程序

2. ABC分析法

ABC分析法是意大利经济学家巴雷特分析社会人口和社会财富的占有关系时采用的方法。美国质量管理学家朱兰把这一方法运用于质量管理。运用ABC分析法，可以找出酒店存在的主要质量问题。

（1）ABC分析法的概念。ABC分析法以"关键的是少数，次要的是多数"这一原理为基本思想，通过对影响酒店质量诸方面因素的分析，以质量问题的个数和质量问题发生的频率为两个相关的标志，进行定量分析。先计算出每个质量问题在质量问题总体中所占的比重，然后按照一定的标准把质量问题分成A、B、C三类，以便找出对酒店质量影响较大的一至二个关键性的质量问题，并把它纳入酒店当前的PDCA循环中去，从而实现有效的质量管理，既保证解决重点质量问题，又顾到一般质量问题。

（2）ABC分析法的程序（见图10-6）。用ABC分析法分析酒店质量问题的程序共分三个步骤。

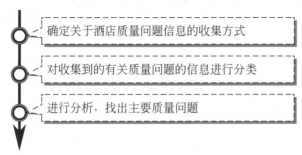

图 10-6　ABC 分析法的程序

3. 因果分析法

用 ABC 分析法虽然找出了酒店的主要质量问题，但是却不知道这些主要的质量问题是怎样产生的。对产生这些质量问题的原因有必要进行进一步的分析。因果分析法是分析质量问题产生原因的简单而有效的方法。

（1）因果分析法的概念。因果分析法是利用因果分析图对产生质量问题的原因进行分析的图解法。因为因果分析图形同鱼刺、树枝，因此又称为鱼刺图、树枝图。

（2）因果分析法的程序

① 确定要分析的质量问题，即通过 ABC 分析法找出 A 类质量问题。

② 发动酒店全体管理人员和员工共同分析，寻找 A 类质量问题产生的原因。

第二节　酒店质量管理制度

制度1：质量管理制度

××酒店标准文件		××酒店 质量管理制度	文件编号××-××-××		
版本	第×/×版		页　　次		第×页

1　总则
　　为切实有效地做好酒店质量管理工作，酒店成立服务质量管理委员会，全面指导酒店的质量管理工作。以强化基础工作，力争预前控制为目标，健全质量管理组织。

2　建立酒店质量管理委员会
　2.1　质量管理委员会的组成
　以总经理为委员会主任，总经理助理为委员会副主任，各部门负责人为委员组成。
　2.2　质量管理委员会的主要职能
　2.2.1　每月召开酒店质量管理分析会，检查质量体系的运行效果，分析上月酒店质量管理效果、确定下月酒店质量管理工作控制措施及所要达成的目标。
　2.2.2　指导质量管理小组的行动，下达质检任务，提出质检重点、要求等。
　2.2.3　根据计划，对酒店各区域进行检查，发现问题及时整改。
　2.2.4　通过开展质量管理主题活动，提高工作质量，改进工作方法。
　2.2.5　协调酒店质量管理工作与各部门日常工作之间的配合。
　2.2.6　全面评审酒店服务质量，督导各部门服务质量的整改、落实与提高。
　2.2.7　掌握酒店服务质量动态，保证酒店服务质量总体水平的稳定与提高。

3　成立质量管理小组
　3.1　质量管理小组构成

续表

××酒店标准文件		××酒店 质量管理制度	文件编号××-××-××	
版本	第×/×版		页次	第×页

酒店服务质量管理小组由人力资源部经理、质检主管组成。质量管理小组受酒店质量管理委员会的领导。

3.2 质量管理小组工作职责

3.2.1 质检主管应牢固树立服务质量是酒店生命线的意识，以监督、维护、提高酒店服务质量为己任，认真履行质量检查、监督之职责，培养全员质量管理的意识。

3.2.2 负责每日各部门服务质量检查和管理工作。每月对部门服务质量进行统计和分析，形成质检分析月报，并于每月30日下午17:00以前交至总经理办公室。

3.2.3 根据质检日报和月报对各部门质量管理提出预警及安排相应的部门检查。

3.2.4 熟悉各部门业务，了解各部门情况。组织酒店专项检查（每月不少于3次）。质检主管在检查时，对各部门一视同仁，不谋求私利，处处以酒店利益为重，实事求是地记录、检查，向组长汇报，并提出处理建议。

3.2.5 负责各部门服务案例收集工作，每月不少于10篇，并于每月30日前交至人力资源部。

3.2.6 出席月度质量状况分析会，将各部门本月的质量状况和下月的整改措施（部门月度服务质量分析，部门月度投诉汇总分析及相应的整改或纠正措施）向质量管理委员会汇报。

3.2.7 在行使职责期间，及时完成上级指派的其他质检任务。

3.2.8 检查工作中，要遵守《质检人员行为规范》。

3.3 质检人员行为规范

工作标准

3.3.1 制度落实，细致认真。认真落实酒店质量管理的七级检查制度，确立"三全"（全员工、全方位、全过程）质量管理意识，把"质量是酒店的生命线"的思想落实到各个班组、每项服务和每个工作环节中去，提高工作质量、服务质量和管理水平。

3.3.2 报表规范，勤检勤查。坚持月、周、日巡查和检查制度，每日有质量检查日报表（按"5W1H"的固定格式）、每周有质检通报（主要内容：质检动态、质量分析、质量预警等）、每月有质检培训月报（总结分析酒店一个月的质量状况，并提出管理建议），及时为酒店总经理室提供质量管理建议和信息。

3.3.3 坚持原则，执法严明。坚持原则、秉公执法、不徇私情、奖罚分明；做到检查以"服务质量评审细则"为标准，客观地开展质检工作。

3.3.4 为人师表，模范执行。质检人员的行为应当为酒店全体员工行动之楷模。

3.4 仪容仪表和礼貌礼节标准

3.4.1 着装规范。服装整洁、挺括、完好，皮鞋光亮。

3.4.2 佩戴标志。按标准佩戴工号牌。

3.4.3 面容整洁。头发整齐，发型美观，男发不过领、女发不披肩。

3.4.4 姿势端正。站立、行走姿势规范，精神饱满，表情自然，举止稳重，合乎礼仪。

3.4.5 文明礼貌。质检人员在检查中，须主动使用敬语、礼语（对待同事一律以员工手册规定的待客用语，如"先生、小姐、请、谢谢您的合作、打扰您了"等），态度和蔼，平等待人，说话和气，言辞文明，冷静耐心。

3.4.6 尊重同事。尊重同事劳动成果，并为在检查中打扰同事表示歉意。现场检查时，要遵守各相应岗位的纪律和管理规范。

3.5 行为标准

3.5.1 深入现场，逐项检查。质检人员在检查工作时，要明确目的，突出重点。

3.5.2 对照标准，确定优差。按质量条例对照检查。对重大责任质量问题要细致认真，明确责任，模棱两可的质量问题要分清责任后再下定论，处罚时要公正合理。

3.5.3 信息反馈，客观公正。对质检中发现的问题要督促责任部门落实整改并登记入档作为质量分析资料。

3.6 检查方式

3.6.1 将质检内容转变为发现问题、分析问题及解决问题的深层次的专项检查。

3.6.2 将质检时间转变为接待高峰期和管理真空期的检查和抽查，以及酒店的各项专查等。

3.6.3 根据每天的质检记录，针对某个部门或某个较突出的问题开展全面的专项检查。充分发挥质检工作重分析、重观察的作用，协助部门完善对客服务的职能。

3.6.4 在奖扣分中，直接区别管理责任和员工行为责任，强调质检工作的作用以及各基层管理人员的

续表

××酒店标准文件		××酒店质量管理制度	文件编号××-××-××	
版本	第×/×版		页次	第×页

现场管理能力。

4　酒店八级质量控制体系

　4.1　质量管理委员会每月大检查

　　每月25日，质量管理委员会成员分头对酒店各部门、各区域进行一次全面的检查，认真记录在检查中发现的问题并于次日整理并分发的酒店相关部门限期整改。

　4.2　总经理的重点检查

　　酒店总经理主要做好三方面的检查：一是每天对重点部位的巡查和重要活动的检查；二是至少每月一次带领所有部门经理进行的例行检查；三是在月度会议上对服务质量进行分析。

　4.3　值班经理的全面检查

　　值班经理作为酒店当日服务质量的总负责人，履行服务质量管理的职责，必须按照检查表的内容和要求进行认真细致的检查，并注意掌握各种动态信息。检查重点内容在次日早会上通报。

　4.4　各级管理者的日常检查

　　各级管理者对自己所辖范围内的各项工作质量负有直接的管理责任，必须恪尽职守，对下属的工作必须及时加以指导、监督与考核，各项检查必须形成制度化、表单化，要做到环环有人管，事事有人抓，件件有人做。

　4.5　质检人员的专业检查

　　质检人员作为酒店质量管理的专业人才，不能停留在常规检查阶段，而必须向纵深发展。质检人员除了日常检查、掌握酒店质量状况外，应在专项检查、动态检查上下工夫，寻找典型案例，发现深层问题，体现专业水平。

　4.6　全体员工的自我检查

　　只有全员参与，每个人自觉关心自己和他人的工作质量，提高服务质量才有扎实的基础。各部门必须培养员工自我检查的意识和习惯，并采取行之有效的形式和方法，激发全体员工参与质量管理的积极性。

　4.7　保安人员的夜间巡查

　　夜间往往是酒店安全和质量问题的多发期。酒店安全部须规定保安人员夜间检查的频率、内容及要求，并将检查的情况形成相应的表单，以确保检查的效果。

　4.8　客人的最终检查

　　只有客人认可的服务，才是有价值的服务。酒店必须及时收集客人对酒店服务质量的评价，接受客人对服务的检验。其途径主要有：一是宾客意见表，要制订切实有效的制度，保证意见的时效性和真实性；二是拜访客人、征求意见（要制订相应的规则）；三是不定时地邀请客人暗访，对于整个酒店或某个服务区域进行客观、实事求是地评价。

5　质量检查记录

　5.1　酒店质检日报表

　　专职质检每日抽查各部门全面质量状况和汇总分析各部门上报的质检内容，以"5W1H"为质检报表的基本内容。

　　（1）When：什么时间检查？

　　（2）Where：检查哪里？

　　（3）What：发生了什么？（客观描述）

　　（4）Who：涉及的人。

　　（5）Why：分析原因，直接和间接原因。

　　（6）How：怎么办？采取何种措施可避免问题再次发生。

　5.2　质检培训月报

　　每月底由人力资源部对酒店当月的质检培训进行总结，并编辑质检培训月报。主要内容如下。

　5.2.1　质检培训动态：当月酒店及部门质检培训的主要工作情况。

　5.2.2　质检培训分析：人力资源部对当月发生的质量问题进行汇总统计、分类解析、定量说明，形成质量分析报告，寻找质量规律，并逐步建立质量预报制度。

　5.2.3　质检培训计划：主要是下月工作计划。

　5.2.4　优质服务案例：对当月的优质服务案例分析说明，作为培训教材。

拟订		审核		审批	

制度2：质检管理运行手册

××酒店标准文件		××酒店 质检管理运行手册	文件编号××-××-××	
版本	第×/×版		页　次	第×页

1　酒店质量管理组织

　1.1　质量管理委员会

　　为切实有效地做好酒店的服务质量的管理工作，酒店成立"服务质量管理委员会"，全面指导酒店的服务管理工作。以强化基础工作，力争预前控制为目标，健全质量管理组织。

　1.1.1　质量管理委员会的组成

　　以总经理为组长，副总或总经理助理为副组长，各部门负责人为委员的构成。

　1.1.2　质量管理委员会成员

　　组长：

　　副组长：

　　组员：

　1.1.3　质量管理委员会的主要职责

　（1）每月最后一个工作日召开酒店质量管理分析会。（如与节假日及重要工作发生冲突，视情况顺延）。

　（2）确定酒店的质量目标和每个月质检主题。

　（3）确定酒店质量管理的效果。

　（4）确定酒店质量的控制措施。

　（5）定期检查质量管理的运行效果。

　（6）全面评审和检查酒店服务质量情况，督导各部门服务质量的整改落实、提高。

　（7）根据计划，对酒店各区域进行检查，发现问题及时整改。

　（8）指导质检小组的行动，下达质检任务，提出质检重点、要求等。

　（9）经常带领质检小组开展服务质量检查活动，帮助质检小组提高工作质量，改进工作方法。

　（10）协调质检小组与部门的合作，保障质检小组的质检活动正常进行和深入开展。

　（11）审定各部门各岗位服务质量的优劣，并做出相应行政、经济上的奖惩措施（每个服务质量分价值5元）。

　（12）掌握酒店服务质量动态，保证酒店服务质量总体水平的稳定与提高。

　1.2　服务质量专项检查小组

　1.2.1　服务质量专项检查小组的组成

　　酒店服务质量检查小组由酒店各部门主管或文员组成。主要负责定期对酒店各部门在对客服务中的服务规范性、工作流程的合理性、服务项目的完善性及员工仪表仪容礼貌礼节等方面进行系统的检查。

　1.2.2　小组职责

　（1）质量服务专项检查组长由质检主管担任；质检成员由各部门员工组成（原则上不限定成员的行政级别），质量管理小组成员在行使职权期间，受质检组长的领导。

　（2）质检小组成员应牢固树立服务质量是酒店生命线的意识，以监督、维护、提高酒店服务质量为己任，认真履行质量检查、监督之职责。

　（3）不迟到早退不无故缺席酒店、小组的各类会议和活动，在各方面都严以律己，处处做员工的表率。

　（4）熟悉各部门业务，了解各部门情况，严格按照《服务质量评审细则》对各部门的服务场所、工作岗位的服务人员行使有效的质量检查。

　（5）对各部门一视同仁，严格要求，不谋求私利，处处以酒店利益为重，实事求是地记录质检情况，并向组长汇报。

　（6）在行使职责期间，及时完成上级指派的其他质检任务。

　（7）质检成员在检查工作中，要遵守《质检人员行为规范》。

　1.2.3　相关培训

　　为使质检工作有效展开，保持质检工作的公平、公开和公正性。质检员应定期接受培训。培训的主要计划安排如下。

　　培训时间：每周一次。

　　培训对象：质检员和质检主管。

　　培训形式：交叉培训，即跨部门培训。

续表

××酒店标准文件		××酒店 质检管理运行手册	文件编号××-××-××		
版本	第×/×版		页 次		第×页

培训师：所涉部门经理或主管。
培训内容：各部门具体操作规范和程序、服务标准、部门应知应会等。
1.2.4　质检人员行为规范
1.2.4.1　工作标准
（1）制度落实，细致认真。认真落实酒店质量管理检查制度，确立"三全"（全员工、全方位、全过程）质量管理意识落实到各个部门、每项服务和每个工作环节中去，提高工作效率、服务质量和管理水平。
（2）报表规范，勤检勤查。坚持月、周、日巡查和检查制度，每日有质量检查日报表、每月有质检月报（总结分析酒店一个月的质量状况，并提出管理建议），及时为酒店决策层提供质量管理建议和信息并在每月3日将汇总的月度质检报告和质检分扣分状况以电子邮件形式发至酒店管理公司品质部和办公室。
（3）坚持原则，执法严明。坚持原则、秉公执法、奖罚分明。
（4）为人师表，模范争先。质检人员的行为应当成为酒店全体员工行动之楷模。
1.2.4.2　仪容仪表和礼貌礼节标准
（1）着装规范，面容整洁。
（2）佩戴标志：按标准佩戴工号牌。
（3）姿势端正：站立、行走姿势规范，精神饱满，表情自然，举止稳重，合乎礼仪。
（4）文明礼貌：质检人员在检查中，须主动使用敬语、礼语（对待同事以员工手册规定的待客用语，如"请、谢谢您的合作、打扰您了"等），态度和蔼，平等待人，说话和气，言辞文明，冷静耐心，公平公正。
（5）尊重同事：尊重同事劳动成果，并为在检查中打扰同事表示歉意。现场检查时，要遵守各相应岗位的纪律和管理规范。
1.2.4.3　行为标准
（1）深入现场，逐项检查。质检人员在检查工作时，要明确目的，突出重点。
（2）对照标准，确定优差。按质量检查表对照检查。对重大质量问题要细致认真，模棱两可的质量问题要分清权重后再下定论，处罚时要公正合理。
（3）信息反馈，客观公正。对质检中发现的问题要督促责任部门落实整改并登记入档作为质量分析材料。
　1.3　每日值班经理
　　1.3.1　值班经理主要职责
值班经理每日按照《行政值班经理手册》对酒店各区域进行检查，并形成记录于次日8:00以ERP系统上传到共享文档，值班经理参加次日早会并在早会上进行汇报；对于值班中出现的问题各部门要给予回复并跟进整改、落实、由质检主管进行跟催，并在第二天早会上予以通报。
　　1.3.2　大堂副理主要职责
大堂副理在当班时间内，对酒店各区域的各项质量工作进行管理和监督，对发现的问题进行跟进、处理并形成书面记录，每日拜访或回访宾客并形成记录日报表，且要跟进问题的解决及填写复查表。对未解决的问题要进行跟踪落实，并在次日8:00之前以电子邮件系统上传到共享文件。宾客反馈的意见由前厅部经理每日在早会上进行汇报。
2　质量管理检查机制
　2.1　定期检查
　　2.1.1　日检
　　2.1.1.1　每日值班经理检查
值班经理每日按照《行政值班经理手册》对酒店各区域进行检查，并形成记录于次日8:00以ERP系统上传到共享文档，值班经理参加次日早会并在早会上进行汇报；对于值班中出现的问题各部门要给予回复并跟进整改、落实、由质检主管进行跟催，并在第二天早会上予以通报。
　　2.1.1.2　大堂副理巡检（某市酒店GRO暂代）
大堂副理在当班时间内，对酒店各区域的各项质量工作进行管理和监督，对发现的问题进行跟进、处理并形成书面记录，每日拜访或回访宾客并形成记录日报表，且要跟进问题的解决及填写复查表。对未解决的问题要进行跟踪落实，并在次日8:00之前以电子邮件系统上传到共享文件。宾客反馈的意见由前厅部经理每日在早会上进行汇报。
　　2.1.1.3　质检员交叉检查
质检主管负责安排质检员每日16:00～21:00对其所属部门外的其他各部门进行服务质量检查，对未

续表

××酒店标准文件		××酒店	文件编号××-××-××		
版本	第×/×版	质检管理运行手册	页次		第×页

解决的问题要进行跟踪落实。质检员与当日下班前将每日质检报告以电子邮件形式提交至质检主管。质检主管根据质检报告进行综合汇总并在每日早会上进行汇报。

  2.1.2 周检：服务质量专项检查小组检查
  （1）质检主管按照质量检查方案安排质检小组每周1～2次对酒店各区域进行全方位的服务质量检查并形成检查报表。在每周五8:00之前以电子邮件发于相关部门；对于质检中的问题各部门于第二日8:00之前进行回复，质检主管再进行复核跟进，直到问题完全解决为止。
  （2）每周质检主管召集各部门质检员开会，与各部门质检员沟通一周的质检重点、并进行交叉项目检查（每周一项，由质检主管随机指定）；提交与其他部门无法沟通的工作事项，形成会议纪要发送总经理，并传送到各部门经理处。
  2.1.3 月检：总经理带队检查
  （1）每月1次由总经理带领质量管理委员小组成员，分组对酒店进行全面全方位的检查并形成记录，由总经理秘书对检查结果进行整理并发送给各部门。
  （2）对检查出的问题各部门负责人要及时的跟进整改，质检主管进行复核，对未及时完成整改情况由质检负责人在早会上予以通报。
  2.1.4 消防安全检查
  由保安部组织，总经理带领质量管理小组参加，对酒店各类消防设备进行全面的检查，对存在隐患进行及时的处理，形成完整的设施保养计划；检查中出现的问题保安部负责人进行复核整改，并及时的反馈通报。
  2.2 不定期检查
  总经理根据宏观政策、行业状况和集团、酒店管理公司指示，可亲自带领质检委员会或安排质检小组对酒店各部门进行突击检查。
  2.3 质检信息处理
  质检信息的汇总工作由质检主管负责，质检主管直接对总经理负责。质检主管须参加例行早会并汇报当日以及本周的质检工作。具体操作如下图。

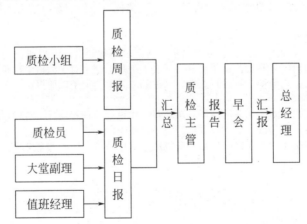

3 质量检查标准
  3.1 质量检查标准依据
  3.1.1 按照酒店管理公司《年度质量检查手册》《某酒店旅业品质服务检查标准》。
  3.1.2 按照酒店《政策和程序》。
  3.1.3 按照某酒店集团《员工手册》《某酒店企业文化》。
  3.1.4 总经理下发的各项指令
  3.2 酒店质量管理量化指标
  3.2.1 总经理带队检查每月至少一次，每组检查有效问题不少于10个。
  3.2.2 每日值班经理检查：每天至少提出3个有效问题。
  3.2.3 质检主管每天至少提出10个有效问题；部门质检员每天至少提出3个有效问题。

××酒店标准文件		××酒店 质检管理运行手册	文件编号××-××-××	
版本	第×/×版		页次	第×页

3.2.4 大堂副理巡检：每日电话或当面征询3～5位客人并做好记录。
3.2.5 消防安全设备例行检查：每月进行一次检查。
3.3 服务质量评审细则（公共部分）

奖励：	
对部门的管理有创新建议者；	奖2分
积极投稿，在酒店刊物、某酒店报，省、市、地级报刊刊登者；	奖1～10分
积极参与省、市、集团、酒店的各种活动并获奖者；	奖1～5分
工作出色，受到酒店领导多次表扬者；	奖2分
主动服务意识强，得到客人或其他部门书面表扬；	奖1～2分
责任心强，敢于对不良行为及时批评指正者；	奖1～2分
工作自觉奉献，成绩显著，且得到大家认可；	奖1～5分
拾巨额金（物）不昧者；	奖1～10分
因工作需要自愿加班表现突出者；	奖1～2分
上班、培训比较积极，表现突出者；	奖1～3分
尊重领导，团结同志，礼节礼貌表现较好者；	奖1～2分
提出合理化建议，经实施卓有成效者；	奖1～3分
发现事故苗头，及时报告和采取措施，防止重大事故发生者；	奖5～10分
为保护酒店财产和宾客生命安全，见义勇为者；	奖5～10分
对提高酒店管理和服务有重大贡献；	奖5～10分
厉行节约，控制成本有显著成绩者；	奖1～5分
处罚：	
一、电话礼仪	
电话响起三声之内未接起；	扣1分
接起电话后未做到中英文各一遍（要求讲英文的部门或岗位）	扣1分
未自报部门或岗位	扣1分
未与客人确认相关事宜	扣1分
先挂断电话	扣1分
接打电话时对客人或同事不友好，不使用敬语	扣1分
客人等待过程中没有播放背景音乐或背景嘈杂	扣1分
二、礼节礼貌	
未与3米之内的客人问好	扣1分
与同事相遇未主动打招呼	扣1分
与上级或客人同行时，抢先而行者	扣1分
对于客人的召唤不予理睬	扣1分

续表

××酒店标准文件		××酒店质检管理运行手册	文件编号××-××-××	
版本	第×/×版		页 次	第×页

续表

未做到以客为先、尊	扣1分
对客服务时没有使用服务敬语	扣1分
与客人接触时，表情冷淡，没有笑容	扣1分
向客人递送物品时，未能用双手奉上	扣1分
工作时间与同事交流讲方言（与当地客人交流时除外）	扣1分
三、仪容仪表	
工作服未保持整洁	扣1分
工作服未按规定扣好扣子	扣1分
上班期间不戴名牌	扣1分
名牌字迹模糊，看不清	扣1分
头发未保持清洁，有异味	扣1分
头发过长	扣1分
指甲过长	扣1分
当班时佩戴规定外饰物	扣1分
当班时未按岗位要求着工鞋、工袜	扣1分
上班不戴统一发网饰	扣1分
后台区域员工扎头发的皮筋颜色过于鲜艳	扣1分
上班时间精神状态不佳	扣1分
四、行为规范	
服务时间与客人过于亲近或纠缠	扣1分
向客人索要小费	扣1分
利用工作之便假公济私	扣1分
代替他人签到签离	扣1分
工作时间擅离职守	扣1分
工作时间大声喧哗，追逐打闹	扣1分
工作时间私自会客	扣1分
下班后在酒店内游逛	扣1分
站立时依靠墙壁或工作台	扣1分
当着宾客的面触摸自己的面孔，梳理头发	扣1分
工作时间接打私人电话（每次）	扣1分
工作时间私自出店	扣2分
在员工通道内大声喧哗	扣1分
未按时间开启或关闭空调、灯、自来水	扣1分

续表

××酒店标准文件		××酒店质检管理运行手册	文件编号××-××-××		
版本	第×/×版		页	次	第×页

续表

培训未准时参加或无故迟到未请假者	扣3分
夜班人员在岗位上打瞌睡	扣2分
上下班迟到早退者	扣2分
违反员工手册中相关规定的	酌情扣分
五、行走规范	
走路未靠右行	扣1分
二人以上（包括二人）并排走	扣1分
行走时勾肩搭背	扣1分
未按规定路线行走	扣1分
见到地上有杂物不主动捡起	扣1分
使用客用电梯者（带客人除外）	扣2分
穿着便服在公共区域行走	扣2分
使用客用洗手间	扣2分
六、发文规范	
发文中出现错别字	扣1分
发文的文号出现重复	扣1分
发文部门没有总监/经理签名	扣1分
发文语句不通顺	扣1分
七、考勤管理	
考勤员未每天进行考勤	扣1分
考勤员随意涂改考勤表	扣1分
考勤员弄虚作假，不认真考勤	扣1分
八、文档管理	
未能及时收发文件和归档文件	扣1分
遗失重要文件	扣2分
文件归档未按归档标准进行归档	扣1分
不认真审批各种表单	扣1分
不按酒店标准格式发文	扣1分

质量检查考核的奖罚方法

（1）对发现的问题视产生的原因和造成的后果，明确责任后，当事人如记1分，则部门负责人连带记1分，并承担相应的经济责任；同时对质检中提出奖励的，同样也直接奖励当事人，连带奖励部门负责人；奖罚标准参考酒店《服务质量运行方案》中的评审细则。

（2）每1个分值按5元计算

（3）值班经理、质检主管、部门质检员每天未完成质检考核的量化指标及每月未完成质检考核的量化指标，酒店按未完成指标比例直接在部门保底分中扣除。

续表

××酒店标准文件		××酒店 质检管理运行手册	文件编号××-××-××		
版本	第×/×版		页	次	第×页

（4）考虑到酒店质检考核方案实施初期实际情况，各部门设一定部门保底质检金。每月统计一次，如有节余质检金奖励给部门负责人，反之超额部分从部门负责人奖金中扣除。

（5）若当月内当事人累计考核分达到或超过10分，其将暂退至人力资源部离岗培训，培训合格后方能再次上岗。

（6）对整改不力及重复发生的问题，将加倍扣罚。如第一次考核扣1分，第二次发现同样问题扣2分，第三次发生同样问题将扣4分并扣除当事人当月全部奖金并退回人力资源部离岗待定。

（7）严重问题可根据实际情况和造成后果严重程度增加扣罚力度，如：经核实的宾客书面投诉；卫生、安全大检查，设施设备大检查中发现的重大问题和隐患；对酒店形象等有损的事情；由总经理室认定的重大失误或差错等，每条加倍扣罚及至离岗培训直至解除劳动合同。

（8）有特殊事例的宾客表扬、拾金不昧或受到上级部门表扬或嘉奖的，经总经理核定后奖励当事人和所在部门负责人。

（9）总经理室发现的问题，由质检部按上述考核办法对相应部门进行考核。

（10）发现的问题要求检查者记录完整，便于分析原因解决落实，并按公正、公平、有利于酒店利益的原则进行处理，具体奖罚标准由质检部负责解释。

（11）考核期间如遇性质较难界定的问题，上报质量管理委员会进行仲裁。

各部门保底质检金　　　　　　　　　　　　　　（单位：分）

销售部	前厅部	客房部	餐饮部	工程部	人力资源部	财务部	保安部
50	100	100	150	50	50	50	50

前厅部服务质量评审细则

公共部分	
工作场所存放私人物品	扣1分
未按规定及时满足客人的要求	扣1分
服务台及工作间物品杂乱，卫生差	扣1分
下班后超过二分之一但未及时清理垃圾	扣1分
听电话未使用礼貌用语	扣1分
未主动问候宾客	扣1分
对客服务中缺乏热情	扣1分
未做好宾客资料的整理和保管工作	扣1分
未按规定做好交接工作（酌情扣分）	扣1分
站姿、坐姿不正，位置不当，精神状态欠佳	扣1分
随意调换工作铭牌或工作铭牌字体不规范	扣1分
未及时上交各类宾客意见书	扣2分
未准时参加例会	扣1分
各类表单、报表填写糊涂或错误，上报不及时	扣1分
上班时间拨打、接听私人电话	扣1分
上班工作效率低，影响对客服务	扣1分
未按规定使用、保养设施设备	扣1分

续表

××酒店标准文件		××酒店	文件编号××-××-××		
版本	第×/×版	质检管理运行手册	页	次	第×页

续表

未做好岗前准备工作	扣1分
未按操作流程进行操作	扣1分
总台接待	
不按规定接待宾客入住	扣1分
未及时按公安机关要求做好客户资料维护	扣1分
未能及时、准确提供问讯服务	扣1分
各种表单、报表填写糊涂或错误、造成差错	扣2分
未按规定操作、保养电脑	扣2分
验证不严,出现差错	扣2分
未做好已预定宾客的记录工作或记录错误	扣2分
信息未及时沟通而造成控制房态不准,出现差错	扣2分
未及时将宾客信息输入电脑	扣2分
未做好宾客资料的整理和保管工作	扣2分
表单传递发生差错,影响服务质量	扣2分
未做好已预订宾客的记录工作或记录错误	扣1分
未做好VIP接待的准备工作	扣2分
未认真审核当值报表及表单,造成错误	扣1分
未及时做好交接工作	扣1分
当班期间房卡张数误	扣1分
散客预定及登记入住时未按规范向客人推销客房	扣2分
见到客人到达总台时未能起立迎接(正在接待客人除外)	扣1分
泄露预订信息和会议信息	扣5分
未经批准,擅自调整房价或超越权限(视情节扣分)	扣3分
当天未按规定控制好客房预订,造成差错	扣2分
总机	
话务员语气生硬,未使用礼貌用语	扣2分
电话转接错误或接私人电话	扣2分
转接电话时间过长(指外线超过一分钟)	扣1分
私自给对方开通外线(团队房开启未事先确认)	扣2分
退房后未及时关闭外线,造成损失(视损失程度扣分)	扣1～5分
电话叫醒误时	扣2分
未做好住店客人的保密工作	扣2分

××酒店标准文件		××酒店 质检管理运行手册	文件编号××-××-××		
版本	第×/×版		页次		第×页

续表

未按规范要求为常住客及相关领导发放节日、生日的问候	扣1分
发生火灾、停电及其他应急事件未及时汇报相关部门	扣2分
对应知应会不熟悉,无法提供对客服务	扣1分
留言不准确、且未按要求重复一遍确认	扣2分
未做好话务台的保养工作	扣1分
代拨手机、电话、传呼错误	扣1分
大堂副理	
VIP接待工作检查不到位,造成差错	扣3分
未认真检查前厅各区域员工仪容仪表及设施设备情况	扣2分
未认真检查自用房情况,造成酒店损失	扣2分
未及时传达有关信息,造成对客服务延误	扣3分
每天未按规定做好宾客访问记录	扣1分
当值期间,未对影响经营工作的现象及时进行制止	扣5分
未做好当班交接记录,影响对客服务质量	扣2分
未及时跟办或反馈上司交接的有关事宜	扣3分
客人投诉后未能在接到通知后五分钟赶到现场	扣3分
岗位知识掌握不全面,影响服务质量	扣3分
对客遗物品管理认领不得当,造成客人投诉,酒店损失	扣3分
商务中心	
未及时整理电话亭内物品	扣1分
未及时更换报纸和更新相关对客服务信息	扣1分
客人要求上网服务或在商务中心等候时,未及时送上茶水	扣1分
提供对客使用的办公用品不齐全	扣1分
物品保管不当,给客人造成不便	扣1分
未及时将传真等资料交给客人或出现差错	扣3分
客人到达、离开时,不起身迎送、问候	扣1分
未做好资料整理、保管或保密工作	扣3分
打印错误引起宾客投诉	扣3分
对设备设施故障不及时报修,影响对客服务	扣2分
工作场所存放私人物品	扣1分
未及时提供洽谈室服务及卫生工作	扣1分
面对客人问询不能及时提提	扣1分

××酒店标准文件		××酒店 质检管理运行手册	文件编号××-××-××	
版本	第×/×版		页　次	第×页

续表

礼宾部	
残疾人车、行李生、雨伞架等未及时清洁保养	扣1分
行李员未及时帮助宾客提拿行李	扣2分
信息掌握不及时，造成不良影响	扣2分
遇雨天未摆放伞架	扣1分
未及时分发报纸或未及时传递宾客邮件	扣2分
未按规定操作行李车	扣1分
未按规定时间开、关大堂灯光	扣1分
行李房物品摆放不整齐	扣1分
递送物品不及时，让客人等候时间较长	扣1分
大堂内物品损坏或遗失（视物品损坏情节扣罚）	扣1分
对宾客的不文明行为不加劝阻	扣1分
工作场所碰到宾客不主动问候、礼让	扣2分
物品摆放凌乱，影响美观	扣1分
未及时报修设施设备	扣1分
公共区域未按规定戴白手套及工作帽	扣1分
违反工作调度，不按规定出车	扣2分
未能做好车辆清洁和保养	扣1分
违反交通法则	扣3分
不文明驾驶	扣1分
私自挪用公车	扣5分
大堂门口、斜坡有停车现象	扣2分
未按照规定做好接送造成客人投诉	扣2分
没有按照VIP贵宾标准接待程序（违反每项）	扣2分
商场	
商场产品陈列不整齐（未按规定）	扣1分
商场价格标签不齐	扣1分
价格标签破损，未更换（每处）	扣1分
营业员对客服务意识不强	扣1分
未及时反馈客人对商品的需求信息	扣1分
对商品验收不认真，致使劣质商品进场	扣3分
以库存商品保存不当，造成损失	扣2分
未及时检查商品保质期，造成严重后果	扣5分

续表

××酒店标准文件		××酒店 质检管理运行手册	文件编号××-××-××		
版本	第×/×版		页	次	第×页

客房部服务质量评审细则

公共部分	
在公共区域碰到宾客不主动问候、让道	扣1分
接待宾客或接打电话未使用礼貌用语	扣1分
宾客提出的日常服务要求未及时按标准提供	扣1分
对突发事件没有及时报告或处理不当	酌情扣分
宾客交办的事情未按时、按质完成且未及时反馈	扣2分
上下班交接不清楚	扣2分
不及时上交宾客意见表	扣2分
发现行迹可疑人员进入工作区域,服务员不加询问	扣1分
各种表单、报表填写糊涂或错误、上报不及时	扣1分
未按规定领取钥匙	扣1分
未按规定保管和归还钥匙	扣2分
设备设施损坏未及时报工程部	扣1分
未按操作流程进行操作(视情节酌情扣分)	扣1分
客房服务质量标准	
宾客离店未及时进房进行检查	扣2分
未将消费的账单及时报客房中心(中、夜班报服务中心)	扣2分
楼层工作间内卫生及物品摆放差	扣1分
整房员未将抹布做到干、湿分开	扣1分
整房用具随意摆放,进房打扫卫生未将工作车挡门或不到位	扣1分
客房有维修事项未及时报修或维修事项未跟催	扣1分
进房打扫卫生未将门开启	扣1分
工作车内物品摆放不整齐	扣1分
服务员未核对宾客身份,随意开门(造成后果按员工手册处理)	扣3分
整房员同时开启两个房门或离开房间门未关	扣2分
服务员未及时归还钥匙	扣2分
服务员未及时上交宾客意见表	扣2分
OK房内留有整房员的遗留用品、及未按规定摆放	扣2分
未及时上交客人遗留物品	扣2分
未按规定清洁计划卫生	扣1分
客房送物超过规定时间	扣1分
未按照标准规范敲房门	扣2分
服务员报客房物耗时弄虚作假(视情节酌情扣分)	扣2分

续表

××酒店标准文件		××酒店质检管理运行手册	文件编号××-××-××		
版本	第×/×版		页	次	第×页

续表

查房标准	
一、房间	
房门是否完好干净	扣0.5分
门铃是否处于良好状态	扣0.5分
"请勿打扰"和"请速打扫"牌子是否完好、干净	扣0.5分
"安全示意图"是否完好	扣0.5分
门窥镜状态是否良好、干净	扣0.5分
走廊灯及开关是否完好无损,灯罩内是否有灰尘	扣0.5分
天花是否有蜘蛛网(每处)	扣1分
衣架摆放是否正确,衣架杆是否干净,数量是否符合要求	扣0.5分
衣橱内是否有杂物	扣0.5分
毛毯备用品是否按规定摆放	扣0.5分
保险箱是否处于良好状态	扣0.5分
洗衣袋是否按规定摆放	扣0.5分
礼品袋是否按规定摆放	扣0.5分
吧台是否积灰	扣0.5分
杯具是否清洁(每只)	扣0.5分
物品盘内的摆放物品是否符合标准(每处)	扣0.5分
电热水壶是否清洁	扣1分
电视机表面是否有浮灰	扣0.5分
电视节目是否符合规定要求	扣0.5分
写字台台面是否完好干净,梳妆镜是否明亮	扣0.5分
服务指南是否完好、干净,是否按规定摆放(每项)	扣0.5分
文件夹内是否摆放规定的文字资料等(每项)	扣0.5分
印刷品是否有严重褶皱或有污渍	扣0.5分
冰箱是否清洁,是否达到指定温度(每次)	扣0.5分
饮料是否按规定摆放	扣0.5分
迷你吧食品、饮料有否缺少	扣1分
食品饮料有否过期(每种)	扣2分
圈椅和茶几是否按规定摆放	扣0.5分
窗钩有否脱落(每只)	扣0.5分
床铺是否符合规格	扣1分
床底是否有杂物	扣0.5分

续表

××酒店标准文件		××酒店	文件编号××-××-××	
版本	第×/×版	质检管理运行手册	页　次	第×页

续表

电话机是否完好、干净并定期消毒	扣0.5分
电话线是否放置妥帖	扣0.5分
床头灯是否完好、干净	扣0.5分
床上用品是否有毛发（每条）	扣0.5分
空调温度是否符合要求	扣0.5分
墙纸有否翘角未修补（每处）	扣0.5分
当天计划卫生没有完成（特殊情况除外）	扣1分
二、卫生间	
照明设备是否完好干净	扣1分
电话机是否完好	扣1分
面盆是否干净	扣1分
五金件是否干净，无水迹	扣0.5分
物品盘中的消耗品质是否干净，是否按规定摆放	扣0.5分
恭桶内外是否干净	扣1分
浴缸是否干净	扣1分
瓷壁（四块瓷壁）是否干净	扣1分
卷纸、面纸是否按规定折叠	扣0.5分
卫生间是否有毛发（每条）	扣0.5分
体重秤不准确未调整	扣0.5分
三、夜床检查	
床是否铺得整齐	扣0.5分
拖鞋是否按规定摆放	扣0.5分
未赠送矿泉水的客房冷开水是否补充	扣0.5分
垃圾是否过半	扣0.5分
卫生间三缸是否干净、是否有水迹	扣0.5分
五金件是否干净，有水迹	扣0.5分
卫生间四巾件是否按规定摆放（每项）	扣0.5分
是否按规定保留灯	扣0.5分
夜床报表填写情况是否与实际相符	扣1分
四、楼层走廊检查	
楼层物品、清洁工具摆放是否整洁、有序	扣1分
候梯厅照明的设备是否完好，干净	扣1分
候梯指示灯是否完好、干净	扣1分

××酒店标准文件		××酒店 质检管理运行手册	文件编号××-××-××		
版本	第×/×版		页 次	第×页	

续表

供台是否干净	扣0.5分
空调开关是否按规定标准设置	扣0.5分
电话机是否完好，干净	扣1分
走廊墙面、地毯是否干净整洁	扣1分
天花板有污垢和蜘蛛网	扣1分
五、工作间、茶水间检查	
工作间是否整洁、有无杂物	扣0.5分
清洁用具是否定点摆放整齐	扣0.5分
工作车上用具和布件是否按规定摆放	扣0.5分
消毒箱是否完好清洁	扣1分
物品架是否干净	扣0.5分
物品是否分类和按规定摆放	扣1分
工作台面是否干净无杂物	扣0.5分
水池内有无污垢和异味	扣0.5分
PA服务质量标准	
使用通道后未关门	扣1分
栏杆、扶手积尘	扣1分
公区灯具积尘或内有蜘蛛网（每只）	扣0.5分
火警显示屏报警后未执行规定处理程序	扣3分
未按规定开关灯具	扣1分
不随身携带钥匙或随意放置	扣3分
吸尘器未清理，保养不善	扣2分
不熟悉酒店各分部的营业时间及收费标准，造成宾客咨询错误	扣2分
室外场地明显异物未清扫	扣1分
清洁工具未按规定位置摆放	扣1分
大理石柱、墙面未按计划打蜡，不光亮	扣1分
建筑外墙有蜘蛛网（每处）	扣0.5分
展示柜内积尘	扣1分
客用洗手间垃圾超过半桶	扣1分
客用洗手间物品摆放不齐全	扣1分
客用洗手间镜面有污渍	扣1分
在客用区域随意放置清洁工具	扣2分
对当班内发生的问题未及时反馈	扣2分

续表

××酒店标准文件		××酒店	文件编号××-××-××		
版本	第×/×版	质检管理运行手册	页	次	第×页

续表

因操作失误导致设施设备损坏	扣5分
各区域植物积尘	扣1分
地毯清洗未达到标准	扣1分
各区域大理石地面抛光不到位	扣2分
死角卫生状况差	扣2分
大堂或公共区域沙发内有异物有灰尘未及时清理	扣0.5分
未按照清洁计划严格执行	扣2分
因人为因素造成地毯保养不当	扣2分
未做好清洁剂的定期盘点工作	扣2分
洗衣、制服房服务质量标准	
制服及布草未做定期盘存	扣1分
错发制服或布草	扣1分
违反节能条例，造成能源浪费	扣1分
违反借用物品，擅自外借	扣1分
未按洗涤程序操作，造成浪费	扣2分
未及时清理水沟，造成满水、积尘现象，要求每天清理一次	扣1分
上班时间，机器运转，无人看守	扣3分
上班时间，严重离岗、串岗	扣3分
布草更换不及时，造成楼层使用脱节现象经查属实	扣3分
制服有破损未修补或缺扣	扣1分
随意让无关人员进入制服房	扣2分
布草收发时违反操作程序或践踏布草	扣5分
机器出现故障未及时报修（谁主管，谁负责）	扣1分
浪费电源，或因卫生不到位造成二次污染	扣5分
物品摆放零乱、卫生状况差	扣1分
上下班未做好交接班工作	扣1分
未按规定程序操作	扣1分
未按规定投放洗涤剂	扣1分
棉织品或客衣把关不严，检查不仔细	扣2分
洗衣服务不及时或出现差错	扣2分
洗私人衣服未按规定收费	扣5分
房务中心服务质量标准	
未做好当班交接班记录，影响接待任务	扣1分

续表

××酒店标准文件		××酒店 质检管理运行手册	文件编号××-××-××		
版本	第×/×版		页 次		第×页

续表

未做好磁卡及钥匙的保管工作	扣3分
未及时在电脑上修改房态，造成总台双重售房	扣3分
未及时与楼层核对房态，造成房态不准	扣2分
未按规定做好失物登记及存放工作，造成差错	扣1分
未认真听电话，且未按要求重复一遍确认，造成信息传递错误	扣2分
未与总台核对客人身份，随意通知楼层服务员开门	扣2分
未做好外借物品的登记工作，造成物品失少	扣1分
夜班人员未按规定到楼层巡视	扣1分
下班后未将电话转至规定部门	扣1分
三声之内未接起电话	扣1分
接听电话时未做到先英文、后中文	扣1分
接听电话时未做到用语规范、吐字清晰、彬彬有礼	扣2分
未做到在对方挂掉电话后再挂电话	扣1分
对当天VIP接待未按照规定传达或布置	扣3分
对客人提出的问题未及时答复	扣2分
对当班期间发生的客人投诉不解决、不反馈	扣5分

康乐部

一、前台接待	
接待台内物品摆放不整齐、卫生差、表面有污渍	扣1分
接待员工不主动、不热情	扣1分
工作前准备工作不充分	扣1分
未按标准服务和会员接待	扣1分
营业结束未进行例行安全检查	扣1分
营业区照明灯损坏报修不及时	扣1分
泳装展示柜不干净，有积尘	扣0.5分
地面有污渍未及时报PA清理	扣0.5分
未按标准开关五楼及营业区灯光	扣1分
未做到送客服务	扣1分
卖品统计错误，造成结账失误	扣1分
未认真填写客人入店记录	扣0.5分
未按标准统计营业报表	扣1分
未按标准操作收银流程	扣1分

××酒店标准文件		××酒店质检管理运行手册	文件编号××-××-××	
版本	第×/×版		页　次	第×页

续表

未按规定将每日收入上交财务	扣2分
二、健身区	
健身器械未按规定清洁、消毒	扣1分
健身器械未按标准摆放	扣0.5分
镜子及玻璃未洁净、有污迹	扣1分
沙发内有异物有灰尘未及时清理	扣0.5分
健身器械未做使用前的检测记录	扣1分
健身器械保养记录不详细	扣1分
地面卫生不达标	扣1分
三、更衣室	
洗手台面物品未按标准摆放	扣1分
洗手台面有灰尘、有水渍	扣1分
洗手台镜面有水渍	扣1分
淋浴区喷头未按标准位置角度悬挂和固定	扣1分
沐浴物品未按标准摆放	扣1分
更衣柜有灰尘、有客人遗留物品	扣0.5分
更衣柜衣挂未按标准位置和数量摆放	扣0.5分
浸脚池内消毒液有沉淀和杂物	扣0.5分
卫生间及小便池不符合卫生标准	扣1分
淋浴间地漏有毛发、杂物	扣0.5分
鞋架及拖鞋未按标准陈列	扣1分
地面有积水现象	扣1分
四、乒乓球室、台球室	
窗帘脱钩（每处）	扣0.5分
窗帘有污渍未清洗	扣0.5分
窗玻璃不清洁	扣0.5分
空调出风口积尘或有污渍	扣1分
垃圾袋内有脏物或没套垃圾袋	扣1分
地面有灰尘、顽固污渍未及时报PA（Public Areas）部处理	扣1分
墙面有污渍未及时报PA处理	扣1分
沙发有灰尘、有异物、顽固污渍未及时报PA部处理	扣0.5分
踢脚线不干净，有积尘	扣0.5分
其他不符合卫生标准的	扣1分

续表

××酒店标准文件		××酒店 质检管理运行手册	文件编号××-××-××	
版本	第×/×版		页 次	第×页

续表

未按标准对客服务	扣1分
乒乓球台面有灰尘	扣1分
台球台面有灰尘	扣1分
台球室更衣柜有灰尘	扣1分
球拍及球杆未按标准要求存放	扣1分
五、泳池	
泳池吧台内物品摆放不整齐、卫生差、表面有污渍	扣1分
客人到来时未打招呼,不热情	扣1分
毛巾、浴巾未及时更换	扣1分
客人结账时未详细介绍消费项目和价格	扣1分
拖鞋未及时清洗和消毒	扣1分
水质、水温检测记录不明确	扣1分
投药记录不明确	扣1分
营业结束垃圾未及时处理	扣1分
客人离去地面碎发、杂物未及时清理	扣1分
员工节约意识不强,浪费酒店资源	扣1分
沙滩椅有污迹,毛发未及时清洁	扣1分
休闲桌椅卫生和摆放标准不符合规定	扣1分
池壁未做清洁,池水浑浊且不洁净	扣1分
池底清污处理未有明确无记录	扣1分
玻璃有灰尘、未能保证透明	扣1分

餐饮部服务质量评审细则	
一、公共	
照明灯不亮,有污渍(每只)	扣0.5分
地脚线不干净,有灰尘	扣1分
地毯吸尘不到位,有杂物	扣0.5分
画框上有灰尘(每只)	扣0.5分
装饰物有灰尘	扣1分
绿色植物盆内有杂物,树叶上有灰尘	扣1分
墙角有蜘蛛网(每处)	扣0.5分
墙面有污渍	扣1分
电源插座积尘,有污渍(每只)	扣0.5分

续表

××酒店标准文件		××酒店 质检管理运行手册	文件编号××-××-××	
版本	第×/×版		页 次	第×页

续表

消防设备不洁	扣0.5分
话筒未及时消毒或消毒方法错误，有异味	扣1分
吸尘器未及时清理，保养不善	扣2分
墙角破损、脱皮、掉漆，未报修（每处）	扣0.5分
窗帘脱钩（每处）	扣0.5分
窗帘有污渍，未清除	扣1分
窗玻璃不清洁	扣1分
落台表面不洁或物品摆放不整齐	扣1分
吧台物品摆放零乱或不卫生	扣1分
餐厅台布皱褶，四周下垂部分不相等	扣1分
台布有明显污渍或破洞（每处）	扣0.5分
台布反向朝上、有破损（每处）	扣0.5分
餐椅摆放不规范	扣1分
餐椅上有杂物破洞	扣1分
餐桌上未按规定摆放鲜花和台签	扣1分
鲜花枯萎或花瓶有异味	扣1分
餐桌摆台不标准、餐具缺少	扣1分
使用有缺口的餐具、酒具	扣1分
口布破损或有污渍（每处）	扣0.5分
菜单、酒水单破旧，未及时更换	扣1分
餐厅摆台质量不符合标准	扣1分
烟缸内有三个以上烟蒂	扣1分
宾客用餐后，服务员收台不及时	扣1分
随意将湿毛巾、湿衣物等放在家具上	扣1分
未按规定使用服务车、随意装载物品	扣2分
工作场所存放私人物品	扣2分
工作场所遇见宾客未主动问候、礼让	扣1分
宾客交办的事项未按时、按质完成	扣2分
划转费用不够及时，造成漏结账	扣2分
财产物资、原材料购进、领用、保管制度不健全，或有制度不执行	扣3分
操作用具如托盘、抹布等不按规定放置	扣1分
账务表单填报不及时或发生差错（每次）	酌情扣分
服务员不用托盘或托盘动作不符合规范	扣1分

××酒店标准文件		××酒店 质检管理运行手册	文件编号××-××-××	
版本	第×/×版		页次	第×页

续表

二、餐厅	
餐厅人员未分岗站立、且姿势不正确	扣1分
引领员服务不主动、对餐厅进出宾客不热情	扣1分
引领和包厢服务不了解预订情况	扣1分
餐前准备工作不充分	扣2分
引领员错误引导	扣1分
服务员未为宾客铺口布,撤筷套	扣1分
宾客入座后或用餐结束未及时上毛巾	扣1分
对宾客所点菜肴未复述确认	扣1分
上菜未报菜名或报名不清晰	扣1分
冰镇过的酒水饮料未擦干,导致滴水	扣1分
服务员未按标准为客斟酒	扣1分
宾客开始用餐,未按服务规程撤茶具	扣1分
看台服务员未及时为宾客撤换餐具	扣1分
结账时,未用收银夹	扣1分
宾客签单,未递上笔,造成宾客不方便	扣1分
服务员跑菜错误	扣2分
划菜员上菜前未仔细查看装盘质量,把关不严	扣1分
划菜员划菜错误	扣2分
就餐单遗失缺页(每次)	扣3分
餐厅与厨房配合协调不够,影响出菜	扣2分
厨房违反规定程序出菜(每次)	扣2分
送餐服务未按规定敲门,自报身份	扣1分
送餐不及时	扣1分
送房时未分类填写餐具名称及数量	扣1分
送房点菜时未与宾客确认,有误差	扣2分
未及时回收餐具与回收不全	扣1分
未经领导批准擅自免费或优惠给宾客就餐	扣3分
损坏的设备未报工程部修理或到处乱丢	扣1分
包厢内衣架损坏或缺漏	扣1分
餐厅音响器材,各类用具保养不善	扣2分
下班应关的电灯、空调、自来水未关	扣1分
没有做好安全消防工作或擅自动用消防设施	扣2分

续表

××酒店标准文件		××酒店 质检管理运行手册	文件编号××-××-××	
版本	第×/×版		页　次	第×页

续表

未做好交接班工作	扣1分
未按规定做好考勤工作	扣1分
未做好客史档案的整理和保管工作	扣3分
未及时上交各类宾客意见书	扣2分
三、厨房	
将热食物放进冰箱	扣1分
保湿柜内无水干烧	扣1分
厨房墙面、地面、门窗不洁（每处）	扣1分
操作台卫生不符合要求，摆放零乱	扣1分
保洁柜门未关	扣1分
保洁柜内物品摆放零乱，不整洁	扣1分
保洁柜内餐具不洁，有水迹	扣1分
厨房垃圾筒未定位摆放	扣1分
垃圾筒用后不加盖	扣1分
营业后垃圾筒未及时清理	扣1分
厨房内有苍蝇（每只）	扣0.5分
厨房内各种器皿有盖不加（每只）	扣0.5分
餐饮成品冷却以后未用保鲜膜	扣1分
冰箱内生料、半成品、熟料不分层摆放	扣1分
厨房各种器皿未按规定清洗、消毒	扣3分
未做到净菜进厨房	扣2分
冷菜间未备消毒药水	扣1分
冷菜间员工不注重个人卫生，未戴口罩	扣1分
蒸笼、菜架、蒸板不整洁	扣1分
餐饮出品中有杂物	扣10分
餐饮出品中有苍蝇等虫类	扣10分
洗涤池不洁净	扣1分
随意将残留食物倒入下水道，形成堵塞	扣2分
报单明显不准，造成备料不足	扣3分
报单明显不准，造成备料过多	扣3分
开餐时间，墩头岗准备工作没做好	扣2分
装入配菜盘内的速冻原料未解冻	扣2分
开餐时间蒸件准备工作没做好	扣2分

续表

××酒店标准文件		××酒店 质检管理运行手册	文件编号××-××-××	
版本	第×/×版		页　次	第×页

续表

存放过期、变质的饮料和食物	扣3分
出售过期、变质的饮料和食物	扣3分
墩头浪费原料	扣2分
厨房设施未按规定保养	扣2分
运送垃圾筒不加盖	扣1分
物品回收不当，造成环境污染	扣1分
避免长流水，及时关灯	扣2分
厨房一切用具、餐具（包括零部件）私自带出者	扣10分
设备保养维护措施不遵守者	扣3分
人为损坏用具、餐具、设备者	扣10分
违反厨房规章制度者（视情节轻重）	扣3分
偷吃、偷拿厨房食品原料者	扣3分
工作粗心、引起客人对厨房菜肴质量进行投诉者	扣3分
弄虚作假或搬弄是非、制造矛盾、影响同事间关系者	扣5分
原料储存不当导致厨房成本增大者	扣8分
厨师将过期变质食物加工出售者	扣10分
厨师责任心不强，导致汤锅干烧者	扣10分
工衣不洁并未及时更换者	扣2分
下班煤气、风机未关者	扣2分
离开食品或原料仓库未上锁者	扣2分
未按时填写厨房安全检查表者	扣3分
工衣不洁并未及时更换者	扣2分
明档厨师未及时添加食品者	扣2分
未按验收标准验收食品原料者	扣3分
下班冰箱未锁者	扣2分
四、会议室	
会议服务员不了解会议情况及布置要求	扣1分
未按要求对相关设备进行调试	扣1分
会议开始前半小时，各项准备工作还未到位	扣1分
会议室台形不符合要求	扣1分
未将指示牌放在指定位置	扣1分
服务员未在会议开始前十五分钟，站在门口等候	扣1分
VIP会议服务员未在会前30分到岗，迎候客人	扣1分

××酒店标准文件		××酒店 质检管理运行手册	文件编号××-××-××		
版本	第×/×版		页	次	第×页

续表

当客人来到会议室时，服务员未礼貌热情地向客人问好	扣1分
服务员未按规范操作服务	扣1分
会议期间未及时给客人添加茶水（每十五分钟加添一次）	扣1分
会议期间服务员未站于会议室门口直至会议结束	扣1分
未利用会议中间休息尽快整理会场，补充和更换各种用品	扣1分
会议开始前和结束时，没有服务员站在门口迎送客人	扣1分
会议结束后未及时请会务组人员签单	扣1分
会议结束后，未仔细检查会场，导致事后发现设备设施损坏	扣1分
会议结束后，未及时客人遗留物造成客人不便影响服务质量	扣1分
会议结束后未将用具、设备、空调、电灯等电源开关及门窗关闭	扣1分
绿色植物未按会议要求摆放	扣1分
财务部服务质量评审细则	
一、前台收银公共部分	
电脑、打印机、POS上有积尘	扣1～2分
地面有杂物不清洁	扣1分
台面凌乱，不整齐，烟缸没有及时清洗和更换	扣1分
接听电话不规范，工作中不使用礼貌用语，站立姿势不当	扣1分
与其他部门工作不配合，引起他人投诉	扣2分
当班时间打私人电话	扣2分
因结账错误造成宾客投诉	扣2～5分
当班时间与他人聊天	扣1～3分
上班时间做与工作无关的事（睡觉、看杂志、接待亲朋好友）	扣2分
当班账务不审查整理清楚，号码控制表上的金额与交班报表上的金额不符，急于下班被查出	扣1～3分
各类凭证表单填写不清楚、不规范	扣1分
备忘录看后不签字	扣1分
上班时未查阅交班记录，造成工作延误	扣1～2分
未按规定填写交班记录，并且未做好本班交接工作，未传达上级布置的工作	扣1～2分
备用金抽查，有不明原因的长短款	扣1～5分
向客人递物不用双手，随便将账单甩上到台上	扣1～2分
挂账未按规定程序操作和挂错账号	扣1分
未按规定挂款待账单	扣1分
对未处理的账单没有及时跟催	扣1分

续表

××酒店标准文件		××酒店质检管理运行手册	文件编号××-××-××		
版本	第×/×版		页	次	第×页

续表

严重违反财务管理制度，如：挪用备用金借给他人，私藏公款等（情节严重另作处理）	扣5分
当班精神状态不佳，服务态度差，交头接耳	扣2分
在工作场所，行为不规范（如挖耳、摇头晃脑）	扣1～2分
漏交各种单据和报表	扣1分
下班有事离开，未锁好收银抽屉	扣2分
下班未关好电灯、空调、门窗、电脑、打印机及未切断电源	扣1分
与其他部门沟通不及时，造成工作延误	扣2分
重要的事情没有及时向上司汇报，视情节轻重	扣1～5分
二、餐饮收银	
未及时把转前台的账单送交总台	扣1分
未按规定的要求输入菜单、酒水单、海鲜单	扣1分
未按规定办理宴请手续打出账单	扣1分
涂改过的菜单、酒水单、海鲜单未按规定要求相关授权人签字确认而随便上交	扣1分
其他相关部分参考总台收银进行扣分	
三、商场收银	
手工账簿登记出错，累计3次以上	扣1分
当班时不理睬客人，不招呼客人	扣1分
商品摆放不整齐	扣1分
商品价格标识牌不齐，标价不清晰，标识内容不全	扣1分
墙上装饰物、玻璃、柜台不清洁，有积尘	扣1分
商品未明码标价，乱收费而引起客人投诉	扣5分
出售过期饮料、食物	扣5分
工作场所堆放杂物或卫生状况差	扣2分
未按规定及时补货，造成缺货	扣2分
月未盘点，账实不符，除按规定赔偿外	扣3分
未按规定进行打折，每发现一次	扣5分
四、后台	
有良好的职业道德，遵守财务制度，严守财务机密，如有违反视情节轻重扣分	
能认真履行岗位职责，按规定的操作流程去做，如有违反视情节轻重扣分	
要有后台服务于前台的意识，如引起前台相关人员的投诉	扣1～5分
上班禁止聊天，不做与工作无关的事，每发现一次	扣1～2分
上班必须提前10分钟到岗，迟到半小作旷工处理，每迟到一次	扣2分

续表

××酒店标准文件		××酒店 质检管理运行手册	文件编号××-××-××		
版本	第×/×版		页	次	第×页

续表

上班时间带手机应打震动（前台收银不能带手机），不打私人电话，如有特殊情况经部门主管批准方可，但须付私人话费，如有违犯	扣2分
接听电话要规范，铃响三声内接听，要长话短说，禁止在电话里聊天开玩笑，不讲与工作无关的话，如有违犯	扣1分
在规定的时间内未完成上司的工作指令（特殊情况除外）	扣1～5分（情况严重视情况处理）
上班时间睡觉	扣5～10分
工作未交接清楚，造成工作延误或损失，除赔偿损失外	扣2～5分
因礼节礼貌引起他人投诉	扣1～3分
要有强烈的团队合作意识，上道工作必须为下道工作负责，如有违犯	扣2分
严禁拉帮结派，私下诋毁他人，严禁同事之间吵架，如有违犯作警告或开除处理	
要积极配合其他部门的工作，如碰到其他部门来人或来电必须无条件放下手边工作，为其他部门提供服务（特殊情况除外），如因此遭到其他部门投诉	扣2分
遵守酒店的各种规章制度，如有违反视情节轻重扣分	
无条件服从部门领导的工作安排，如有工作需要，要主动加班加点，如有违反视情节轻重扣分	
要有敬岗爱业的精神，要有良好的沟通能力和协调能力，由此引起工作延误，视情节轻重扣分	
积极参与部门及酒店组织的各项活动，如无正当理由不参加	扣3～5分
不做有损酒店利益的事，不做有损部门形象的事，时刻注意自己的行为举止，如有违反，视情节轻重扣分	
五、区域的公共部分	
未按规定的时间上下班	扣2分
上班时间没有正当理由离岗	扣2分
上班时间打私人电话或聊天	扣1分
在规定的时间内未完成上级布置的工作任务	扣2分
工作出现差错，被他人发现	扣1～5分
配合意识不强，引起他人包括本部门的投诉	扣2分
上班做与工作无关的事	扣2分
各种表单、报表填写糊涂或错误，造成差错	扣2分
未按规定操作，保养电脑、打印机等办公设备	扣2分
自己工作区域卫生状况差，物品堆放混乱	扣1分
报表不及时，出现差错	扣2分
月结工作无故推迟	扣2分

续表

××酒店标准文件		××酒店质检管理运行手册	文件编号××-××-××	
版本	第×/×版		页次	第×页

续表

各类单据、凭证、账簿的填写出错	扣1分
不及时上交按规定需完成或上报的各类报表	扣2分
未按规定保存各类表单、账簿、保管出差错	扣2分
下班未关好电灯、空调、电脑、门窗,未切断电源	扣2分
参加各种会议迟到	扣1～2分
六、出纳	
违反报销制度,对未经批准的单据予以支付,视情节轻重	扣3～5分
未及时调动资金,造成工资、付款发放的延误	扣5分
总出纳日报表填写不及时,且出现差错	扣1分
未编制当天的银行存款余额表	扣1分
未按规定检查各营业点备用金	扣1分
没有核对当月银行对账单,没有编制银行存款余额调节表	扣3分
没有按规定将现金、信用卡、支票及时送存银行	扣2分
当日现金结存余额超过规定的标准	扣2分
月末对账出现差错	扣1分
违反现金及支票领用制度	扣2分
月结工作无故推迟	扣2～5分
七、审核	
报表报出不及时或出现差错	扣1分
月结工作无故推迟	扣2～5分
包庇、隐瞒错误,不及时处理审核中发现的问题	扣1～3分
审核不按操作规范要求,未及时审核出错误,没有发现存在的问题,视具体情况	扣2分
当天未上交审核报告	扣1～2分
不跟其他部门及时沟通,造成工作延误	扣2分
重大问题不及时报告上级(或另作其他处理)	扣5～10分
对有问题的账单和各种欠单及时跟催、处理,如有违反,视情节轻重处罚	
八、成本会计	
未按时如实进行供应商评审工作	扣1～5分
未认真审核验收单,造成错误没有及时发现	扣1～5分
对各种物品采购价格异常者没有及时发现	扣2～5分
没有认真复核入账,造成差错	扣2分
没有按规定出市场调查报告	扣3分

续表

××酒店标准文件		××酒店 质检管理运行手册	文件编号××-××-××	
版本	第×/×版		页 次	第×页

续表

对异常的数据未发现或未及时查明原因	扣2～5分
未按时盘存，并准确计算盘存物品的金额或倒仓错误	扣2分
每月棉织品、玻璃器皿的盘存出错	扣2分
九、费用会计	
费用入账错误	扣1分
每月末未做好固定资产，低值易耗品的入账、报损	扣2～3分
应付账款付款出错	扣2分
应付账款的复核出错	扣2分
未及时跟催借款的归还	扣2分
每月固定资产的盘存报表出错	扣2分
十、应收账人员	
不及时催收挂账60天以上账款，又无明确理由说明无法收回原因延误资金回笼，视情况轻重	扣3～10分
利用职务之便，私自挪用应收账款，视情节轻重处理	
未按时做好月末对账工作	扣3～5分
利用工作之便办私事	扣2～5分
对客服务态度差，引起客人投诉	扣3～5分
未认真把关，造成结账错误	扣1～5分
实际账单金额与应收账款余额表上金额不符，发现一项	扣1分
对有问题的账单未及时进行跟催或处理，造成死账，视情节轻重处理	
十一、电脑房人员	
带电插拔非USB外设，未造成设备损坏的	扣2分
造成设备损坏的，按价赔偿	扣5分
发现电脑设备故障未及时报告、处理	扣2分
未按要求填写服务器运行日志	扣1分
未按时做前台数据备份	扣2分
未按时做好财务数据备份	扣2分
未按要求检查所负责区域电脑设备运行状况	扣3分
十二、文员	
未及时做好各种会议记录	扣2分
未及时跟办财务部各分部门的工作	扣1分
未及时做好各种文件的传递及签阅工作	扣1分
未及时通知相关人员参加各种会议及活动	扣1分

续表

××酒店标准文件		××酒店 质检管理运行手册	文件编号××-××-××		
版本	第×/×版		页	次	第×页

续表

未及时做好各种文件资料的归档保管工作，每发现一次	扣1分
因工作疏忽造成财务部机密资料泄密	扣5～10分
未及时做好各种报销单据的传递及登记工作，每发现一次	扣1分
未及时完成总监交代的工作任务，视情节轻重	扣1～5分
十三、验收员	
验收前不检验申购单、入库单的手续是否齐全	扣2分
物品进价明显高于申购单报价不拒收	扣2分
对食品进价过高或质量较差者，不提出异议或拒收	扣2分
不将死海鲜按规定折扣开验货记录	扣2～5分
海鲜等的进价超过上批价格的±50%浮度不及时上报	扣2～5分
验收或入库不审核其生产日期、保质期、商标	扣1分
物料、工程等物品不按申购单或补仓的要求验货，又不请使用部门协助确认	扣2分
不及时办理验货、入库手续，直送或领用物品手续不全	扣2分
把关不严，造成浪费或不按要求验收	扣2～5分
不及时上交按规定时间内需完成或上报的各类报表和单据	扣1分
填写各类单据或报表出错	扣1分
货物验收后，不及时通知使用部门，造成不良影响	扣2～5分
十四、仓库保管	
违反入库和发货手续，不按程序操作	扣1分
入库把关不严	扣2分
仓库物品堆放杂乱，货架上"货位卡"内容填写不全	扣1分
仓库危险品未分柜摆放	扣1分
日用品、消耗品备用情况未及时通知，造成断档	扣3～5分
违反物品领用制度，未经许可擅自借用仓库物品	扣3分
未做好防霉、防虫、防蛀、防潮等工作	扣3分
不按酒店规定进行消防安全检查跟进工作	扣5分
周转不灵的食品不上报，到期或报废食品不及时填写报损单	扣2分
仓库盘亏无法说明原因，除赔偿外	扣5分
十五、总账	
报销单据未按规定复核出错	扣1分
未按规定进行各种费用的分摊	扣2分
每月10日前装订好上月凭证，未完成	扣3分
月末报表出错，每项	扣1分

续表

××酒店标准文件		××酒店	文件编号××-××-××	
版本	第×/×版	质检管理运行手册	页　次	第×页

续表

月末报表无故推迟，每天	扣5分
未及时完成上司交代的工作任务	扣1～3分
凭证复核明显出错	扣1～3分
月末对账出错	扣1～3分
未按规定做好固定资产管理工作，视情节轻重扣分	
未按规定做好财务资料的保密工作，视情节轻重扣分	

总经办/行政办服务质量评审细则

行政办	
未按时完成上级交代的工作任务	扣2分
未能及时收发文件和归档文件	扣1分
遗失重要文件或备忘录	扣2分
接到其他部门或客人投诉（口头）	扣1分
所辖区域的卫生状况和维修事项未能检查、汇报与跟进	扣1分
未能做好重要宣传资料的存档和保管工作	扣2分
未能及时收集信息剪报	扣1分
遗失办公区域钥匙	扣2分
未能礼貌地接待内部员工和住店客人	扣1分
部门轮值时，未尽到责任	扣1分
对VIP接待没有及时沟通，造成接待负面影响，视情节轻重扣分	
质检专员	
服务质量检查中不认真，不仔细	扣1分
对发现的问题未给予指正	扣1分
对发现的问题未检查其落实情况	扣1分
对发现的问题不做记录	扣1分
服务质量检查记录有错误	扣1分
对部门负责人的批示不重视，不认真执行	扣3分
未将发现的问题及时反馈至部门	扣1分
质检汇报中出现统计错误	扣1分
未及时汇报质检情况	扣1分
未及时把质检结果在ERP上共享	扣1分

续表

××酒店标准文件		××酒店质检管理运行手册	文件编号××-××-××		
版本	第×/×版		页	次	第×页

人力资源部服务质量评审细则

人事方面	
遗失各类人事表格、单据和凭证	扣1分
未能及时将个人资料归入人事档案	扣1分
未能认真审检各部门的考勤、钟卡及病、事假条,造成工作失误	扣1分
未能根据客观标准公平选拔和录用人才	扣5分
对同事或应聘面试者不礼貌	扣2分
接到其他部门或客人的投诉	扣1分
对离职人员未进行谈话了解	扣2分
对进门办理各项手续的员工未主动打招呼	扣1分
对离开人力资源部办公室的人员未有欢送语	扣1分
对前来咨询各项规章制度的员工表现不耐烦	扣1分
不能按时完成工作计划的	扣3分
在做离职人员原因分析时未按照实际情况填写	扣3分
未按规定时间交纳社会保险金	扣2分
在新员工手续不齐全的情况下,擅自办理入职手续	扣2分
未按规定将入职必备物品配发给新员工	扣1分
忘记同事生日或记错生日,而未及时给同事发生日贺卡或生日礼品	扣1分
员工离职时未主动、及时收回规定要交还之物件	扣1分
员工离职未办理完各项手续,就将重要物品归还如证书等	扣3分
档案夹未按规定标识	扣2分
文件没有及时分类归档	扣2分
将有关人事方面的重要资料、信息外泄	扣10分
由于客观原因不能按时完成工作计划的	扣1分
对员工各项证件把关不严如健康证过期、上岗证过期等	扣1分
对应聘简历没有经过背景调查,后发现虚假造成酒店损失视情节轻重	扣5~10分
培训方面	
未按时完成培训计划,且无详细原因说明	扣1分
培训资料准备不仔细,导致有错误出现	扣1分
入职培训发文未提前通知	扣1分
培训课前准备不充足,影响上课效果	扣2分
入职培训考核不认真	扣1分
上课不按计划进行,且无详细说明	扣1分
对部门培训检查缺乏力度	扣1分
对部门培训未做检查记录	扣1分

续表

××酒店标准文件		××酒店	文件编号××-××-××	
版本	第×/×版	质检管理运行手册	页　次	第×页

续表

对部门培训效果未进行及时检测	扣1分
员工餐厅	
打菜时未主动向员工微笑问好的	扣1分
打菜时未戴口罩的	扣1分
打菜时不能一视同仁，厚此薄彼的	扣2分
与员工发生争执的	扣5分
桌面等用餐场地未及时清洁的	扣3分
饭菜和餐具未能及时供应的	扣3分
泔水及用过的餐具未及时收回的	扣2分
服务态度不好遭到员工投诉的	扣5分
食品及原料存放不符合规定要求的	扣5分
水沟、油槽等计划卫生未落实的	扣5分
验收的原料不新鲜、变质的	扣10分
设备设施损坏未及时报修的	扣3分
破坏性的使用设备设施的	扣5分
浪费能源	扣2分
员工宿舍	
宿舍公共场地卫生不清洁、厕所有异味的	扣2分
未对新入住员工介绍住宿管理规定的	扣2分
未对来访人员进行登记的	扣2分
外来人员入宿宿舍未登记或未加以制止	扣5分
设备设施损坏未及时报修的（当天）	扣5分
员工床上用品未及时清洗和发放的	扣5分
对退宿员工未清点物品	扣5分
对员工投诉或建议未及时向部门反映、也未及时向员工反馈的	扣5分
服务态度不友好遭到员工投诉的	扣5分
每月未及时向部门提交水电费统计分析表	扣4分
每月未及时向部门提交入住员工统计表	扣4分
每月未做好物品盘点	扣5分
每月未及时向部门提交维修情况统计表的	扣5分
未及时查出和汇报安全隐患的	扣5分
未对员工宿舍里的赌博、打架、斗殴现象制止、汇报	扣5分
员工娱乐室未及时开放	扣2分
其他	
未能及时更新酒店宣传橱窗	扣1分

续表

××酒店标准文件		××酒店 质检管理运行手册	文件编号××-××-××	
版本	第×/×版		页　次	第×页

保安部服务质量评审细则

一、公共部分	
呼叫对讲机时，未用普通话或讲无关话题者	扣1分
遇到执法部门来店查询或检查时，未及时上报	扣2分
对未经允许在酒店内外拍照、绘图，未及时劝阻	扣1分
发现设施设备损坏，未及时报修	扣1分
当值人员同他人闲聊而影响到工作或无故上寝室休息	扣2分
在值班记录上乱涂乱画或忘记写值班记录	扣2分
未做好交接班工作	扣2分
在值勤时间不遵守工作纪律	扣2分
对易燃易爆物品发现不去劝阻进入酒店的	扣5分
当班脱岗、漏岗、睡岗	扣10分
蓄意破坏损坏公物或客人物品，情节严重者	扣10分
当值保安不能在紧急事件发生后按规定时间到达现场	扣10分
二、消控中心	
无关人员进入消控室不加以控制或记录的	扣1分
违反《查看录像制度》	扣1分
值班室不够清洁、卫生，东西摆放不规范	扣1分
其他未按部门规定之制度及操作标准之行为	扣1分
探头被人为动过，未纠正	扣2分
未按规定播放电视节目、背景音乐或自办节目者	扣2分
闭路、卫星电视信号中断，没有及时发现或通知相关部门采取措施，造成影响的	扣2分
接到火警、故障或其他人员报警未及时通知相关人员处理的	扣10分
未按报警程序进行报警登记	扣3分
三、广场岗	
未按规定升旗	扣1分
车辆停放混乱	扣1分
随地吐痰，乱丢垃圾	扣1分
值勤时观看宾客娱乐、看报纸、玩手机、聊天	扣2分
未按规定巡逻，及登记的	扣1分
未按规定开关照明灯具	扣1分
客人自行车、摩托车没整理	扣1分
仪容仪表不整，着装不规范	扣2分

续表

××酒店标准文件		××酒店 质检管理运行手册	文件编号××-××-××	
版本	第×/×版		页次	第×页

续表

其他未按部门制度规定及操作标准的行为	扣1分
广场巡逻员泊车牌保持清洁	扣1分
对精神病或衣冠不整的人不加劝阻而进入酒店的	扣2分
当车子进入广场后保安员未微笑或者敬礼的	扣1分
未按正确的线路引导车辆，造成停、行车秩序混乱的	扣1分
引导的手势不规范、标准	扣2分
广场的车辆停放不整齐	扣1分
开车门后未及时向客人问好，不使用"欢迎光临"者	扣1分
客人下车时，未做护顶礼仪且不及时、不到位的	扣1分
未向客人、领导敬礼	扣1分
未做好交接班工作	扣2分
车辆堵塞通道，未去劝阻	扣2分
物资进出不按酒店规定收取出店单	扣2分
销售部服务质量评审细则	
接待宾客不主动、不热情	扣1分
表单传递发生错误、导致接待失误	扣3～5分
宾客交办的事项未及时记录且未按时完成	扣1～2分
业务洽谈后未及时开单、送单，导致接待失误	扣3分
未及时将VIP接待情况通报相关岗位	扣3分
违反各类票券领用手续	扣1分
未做好交接班工作，延误宾客交办的事情	扣1分
未做好客史资料的整理，保管工作	扣2分
未按时寄送信件、贺卡、宣传资料给客户	扣1分
会议指示牌未及时落实办理	扣0.5分
会议横幅内容错误记录或未及时到位	扣1分
未按时做好信息沟通工作，造成接待困难	扣2分
美工未按时完成设计制作任务	扣1分
美工设计粗糙、广告质量差	扣1分
私自为店外人员加工美术、广告作品	扣3分
宾客档案建立更新不及时	扣1分
市场调查没有达到规定次数	扣1分
销售报告没有达到规定次数	扣1分

续表

××酒店标准文件		××酒店 质检管理运行手册	文件编号××-××-××		
版本	第×/×版		页	次	第×页

续表

电话拜访每周少于规定次数，弄虚作假加倍扣分	扣1分
预订失误或取消预订未及时通知有关部门造成损失	扣3分
营业推广策划每季少于一次	扣2分
其他未按部门制度规定与操作标准的行为	扣1分
办公室物品摆放不整齐、卫生状况不符合要求	扣1分
制作广告内容出现错误	扣1分
接打电话不使用礼貌用语	扣1分
与其他部门人员沟通过程中，发生冲突	扣1～3分

工程部部服务质量评审细则

一、部门全体员工服务质量评审部分	
工具箱内放置与工作无关的物品	扣0.5分
不爱护工具及维修设备	扣1分
工作完毕对设备及场地未及时清洁	扣1分
维修工具在客用区域随意摆放	扣2分
未保管好维修后剩余配件，造成浪费	扣2分
维修中未采取防护措施，造成设备设施损坏	扣2分
未如实领用维修器材，假公济私	扣3分
利用公物修理私人物品	扣3分
未做到礼貌服务、文明施工	扣1分
接到维修电话后置之不理	扣3分
维修质量不达标，引起投诉	扣2分
无特殊情况，未按时维修	扣2分
安排的工作无反馈	扣1分
泄露操作密码	扣3分
未按部门维修申请，影响对客服务 （如工程部不能控制范围内因素造成的除外）	扣2分
未执行能源管理制度	扣2分
工作失误造成能源浪费	扣2分
设备设施保养检查记录不全，填写马虎	扣2分
未执行安全操作规程	扣2分
随意签收质量、规格不符的器材	扣3～5分
未能按规定做好节能工作（每次）	扣1分
工作场所物品乱堆放	扣1分

续表

××酒店标准文件		××酒店 质检管理运行手册	文件编号××-××-××		
版本	第×/×版		页	次	第×页

续表

维修效率不高,质量不高,返修率较高	扣1～2分
员工衣冠不整进入客用场所	扣2分
未保管好工作用具或遗失	扣1分
没有安排在营业时间低峰进行一些非重要维修,而造成客人投诉	扣3分
其他未按部门制度及操作标准的行为(每人次)	扣1分
二、维修组人员服务质量评审部分	
未做好半月一次的防火门、闭门器保养工作	扣1分
未对电梯进行正常巡检	扣2分
未做好通信设备定期检查维护	扣2分
未做好消防监控设备定期检查维护	扣2分
未做好客房设备见缝插针维护	扣2分
未做好供电系统设备定期检查维护	扣2分
未做好定期设备润滑加油	扣2分
未做好监控系统定期检查维护	扣2分
配电房未按要求控制功率因素	扣3分
配电房未做好能源统计日报	扣1分
夜班人员在岗打瞌睡	扣2分
前台油漆时未用旧布草垫住地面,未垫工具箱	扣1分
音控人员责任心不强,影响会议质量	扣1分
三、运行组人员服务质量评审部分	
未按要求进行日巡查	扣1分
未按时上交能源报表	扣1分
锅炉房、空调房未按规定送水、供气	扣2分
未按规定做好冷热空调的开启工作	扣1分
未做好空调暖通设备定期检查维护	扣2分
未做好各区域定期滤网清洗	扣2分
未做好水泵电机、给排水系统定期检查维护	扣2分
未做好锅炉设备定期检查维护	扣2分
未按规定做好水质化验和及时处理水质	扣2分
锅炉房未按锅炉化验要求进行排污	扣2分
空调房未做好每周的机组保养和循环泵保养工作	扣2分
空调房未做好每日运行记录	扣1分
运行值班人员做与工作无关的事	扣2分
夜班人员睡岗现象	扣5分

续表

××酒店标准文件		××酒店质检管理运行手册	文件编号××-××-××	
版本	第×/×版		页次	第×页

4 酒店质检档案管理

质量档案是酒店改善服务，提高水平的一项重要的基础工作，由酒店质检主管负责。部门、班组应建立和完善档案管理制度，实行专人专管和定期检查制度，酒店不定期会对各个部门质检档案进行检查。

4.1 信息录入及收集

质检主管每日不定时与部门质检员沟通，下班前汇总当日质检问题，并反馈到相关部门，对整改时间节点作出明确规定。

各部门对当日发生的质量事故、服务案例、安全巡检及质量情况及宾客意见必须于次日中午12:00之前录入电脑，并反馈到质检主管处。对未能及时录入信息的部门，按服务质量评审细则之未及时完成工作任务同等处罚。

4.2 大堂经理日报表

保证每月拜访的宾客数量不少于90位。完整、详细地记录在值班期间所发生和处理的任何事项，将一些特殊的、重要的和具有普遍意义的内容整理成文，并在当班期间录入电脑发至所有部门。所记录的大堂经理日报均要及时归档。

4.3 质检培训月报：

每月底人力资源部对酒店当月的质检培训进行总结。主要内容如下。

4.3.1 质检工作动态：当月质检培训的主要工作情况。

4.3.2 质检工作分析：人力资源部对当月发生的质量问题进行汇总统计、分类解析、定量说明，形成质量分析报告，寻找质量规律，并逐步建立质量预报制度。分析中要充分利用柱状图或曲线图进行同比。

4.3.3 部门质检情况：主要是各部门的质检工作情况及总结。

4.3.4 投诉分析与常见案例通报：由大堂经理总结当月的投诉案例和访问宾客意见的信息，并利用曲线图与上月和上年度进行比较分析，同时对典型案例予以分析通报。

4.3.5 质检工作计划：主要是下月工作计划。

4.3.6 优质服务案例：对当月的优质服务案例分析说明，作为培训教材。

4.4 质检报表归档格式

4.4.1 每日值班经理检查

①《值班经理检查表》——报告编号+日期。

②《值班经理检查问题汇总表》——报告编号+日期。

③完成时间：次日8:00以ERP系统上传到共享文件。

4.4.2 大堂副理巡检

①《大堂副理巡查表》——报告编号+日期。

②《大堂副理巡查问题汇总表》——报告编号+日期。

③完成时间：次日8:00以ERP系统上传到共享文件。

4.4.3 酒店质检巡查

①《质检报告》——报告编号+日期。

②《质检问题汇总表》——报告编号+日期。

③完成时间：次日8:00以ERP系统上传到共享文件。

4.4.4 报告提交：

在ERP我的文件中建立共享文件，写清报告编号。

（1）建立共享文件

检查项目：每日值班经理检查、大堂副理巡检、质检巡检。

共享人员：酒店管理公司总裁、办公室主任、品质部、酒店总经理、酒店各部门经理、行政秘书。

（2）共享权限

①值班经理：目录、浏览、只读、输出、新增，各值班经理需设置"修改"权限。

②大堂副理：目录、浏览、只读、输出、新增，各大堂副理需设置"修改"权限。

③其他：目录、浏览、只读、输出、新增。

拟订		审核		审批	

制度3：各部门质量目标规范

××酒店标准文件		××酒店 各部门质量目标规范	文件编号××-××-××		
版本	第×/×版		页次		第×页

1 目的

为了进一步加强公司的管理和服务水平，提高"软件"的服务标准，促进"硬件"的发展，鼓励全体员工对客服务的严谨性、准确性、稳定性，有利于提高全体员工的服务态度和责任感，打造公司的服务品牌，特制订公司各部门管理目标。

2 各经营板块的"软件"服务要求

公司的产品是服务，管理人员必须时刻高度关注服务工作。关注服务就是要关注细节，要及时纠正出现的服务问题和不良苗头。为实现公司创优质服务，创企业品牌的目标。各部门应该做到以下几点。

2.1 员工管理

2.1.1 新员工进入部门工作，岗前培训率100%，记录完整无缺失。

2.1.2 新员工进入部门工作后，部门经理必须亲自对新员工进行培训至少一次，进行有效沟通，使员工感到部门的关怀，感到企业的温暖。

2.1.3 员工岗位知识了解和实际操作合格率达100%，并有考核记录，完整无缺失。

2.1.4 必须培训和教育每个员工，了解并履行××首问责任制，掌握应知应会的知识。

2.1.5 员工具有良好的服务意识，服务态度良好，服务技能优秀，顾客满意度达到部门既定目标。

2.1.6 员工仪容仪表、礼节礼貌、行为规范合乎公司规定和要求，杜绝违纪现象。

2.2 服务

2.2.1 重大接待和高峰接待活动，经理和主管必须在现场亲自督导，现场指挥，以提高服务效率和服务质量。

2.2.2 主动征求宾客意见，收集宾客意见卡，并进行整理分析，及时改进服务工作。

2.2.3 每月一次分析服务程序，及时改进服务流程，提高服务效率。

2.2.4 服务设备设施发生故障和问题，必须及时报修，并按照规定程序填写报修单。确保一线部门的设备设施在服务时处于完好状态，以便为客人提供良好服务，达到客人满意。

2.3 处理宾客投诉

及时有效的处理客人投诉是服务过程中很重要的一个环节，管理人员必须审慎妥善处理客人投诉，并培训员工正确看待客人投诉，及时处理客人投诉。

2.3.1 积极处理宾客投诉，在维护公司利益的同时，达到客人的理解和满意，培养忠诚客人。

2.3.2 在客人投诉得到妥善解决后，责任部门要继续跟踪客人，征询客人意见，争取回头客。

2.3.3 妥善处理普通投诉，避免严重投诉，消灭重大投诉，杜绝恶性投诉。

2.3.4 降低各经营部门宾客有效投诉率（宾客投诉率根据入店客人或消费区域客人的数量计算）。普通投诉：低于3‰。

2.3.5 发生客人投诉后，积极处理客人投诉，立即解决客人问题，避免给公司造成一定损失和对外不良影响。

2.3.6 发生客人投诉后，不能推脱责任，致使事态扩大，避免给公司造成重大损失和严重不良影响和损失。

2.3.7 投诉记录完整无缺失。

2.3.8 部门必须分析宾客投诉，并编辑为案例，作为服务培训素材。

3 各经营板块的管理要求

部门管理者担负着保障部门正常运行秩序、保证服务质量、完成公司经营指标的责任，在强化管理、强化程序、强化标准、强化纪律的同时，为员工创造一个良好的工作环境及和谐的人际氛围，提高员工工作积极性、留住优秀员工、降低员工主动流失率是达到部门目标的前提。

3.1 各主管副总/总监

各主管副总/总监作为各区域/部门第一负责人，应接受酒店总经理的领导，全面负责下属各部门的管理工作，为努力完成本年度的计划目标，积极配合酒店销售部开展各项工作，对酒店的整体经营负责。各主管副总/总监的管理职责和权限如下：

3.1.1 全面负责所属区域的管理工作。

3.1.2 合理经营，减少损耗，降低运营成本，促进酒店永续发展。

续表

××酒店标准文件		××酒店 各部门质量目标规范	文件编号××-××-××		
版本	第×/×版		页次		第×页

3.1.3 严格贯彻执行酒店的各项管理制度，接受酒店总经理的监督、检查。
3.1.4 了解同行业经营动态，以及准确把握客人需求，及时调整本部门当前经营思路。
3.1.5 维护酒店权益，树立酒店良好品牌。
3.1.6 负责本部门所有资产的管理，对钱、财、物严格把关。
3.1.7 定期组织所属部门内员工培训，不断提高员工的工作技能与服务水平。
3.1.8 科学管理本部门员工，加强部门内团队的稳定性、纪律性，使本部门员工优化组合，降低离职率。
3.1.9 加强消防安全管理，确保无消防事故。
3.2 部门管理者
部门管理者应该做到以下几点。
3.2.1 建立健全部门内部各项规章制度，并及时修订，以符合工作实际。
3.2.2 加强考勤管理，员工出勤率98%以上。
3.2.3 建立班前例会制度。
3.2.4 主管每天参加一个班组的班前会，主管副总/总监、经理每周参加三次班组的班前会。
3.2.5 部门培训制度和培训计划健全。每月制订培训计划，并按照计划实施培训，进行考核并记录。
3.2.6 部门对所属员工每周进行专业知识培训，按培训计划不低于3次，每周培训时间不少于10小时。
3.2.7 部门经理每天必须巡视本部门各岗位至少1次。
3.2.8 部门经理每月亲自对所属部门员工讲课培训1次。
3.2.9 培训记录完整无缺失。
3.2.10 采取各种方式增强团队凝聚力，每月组织1次员工业余文化活动。

4 各经营板块的卫生要求

环境卫生代表着公司的形象，食品卫生更是事关客人和员工的健康，各级管理人员一定要高度重视卫生工作。部门管理者应该做到以下几点。

4.1 部门卫生制度健全。
4.2 班组每天进行岗位卫生自查，并有卫生自查记录。
4.3 部门主管每天至少巡视各岗位两次，检查区域环境卫生情况，每周重点部位重点检查1次，消灭卫生死角；并有卫生检查记录。
4.4 部门经理每天至少检查所辖区域卫生情况1次，并有卫生检查记录。
4.5 公司级综合检查和质检部门检查合格。
4.6 上级各主管部门卫生检查合格。
4.7 食品抽检化验合格。

5 各部门的设备物资管理要求

爱护企业财产、保证公司的设备完好率，降低成本，是每个员工的义务，更是各级管理人员的职责。部门管理者要加强对员工的教育，使每个员工都能做到爱惜公物，爱护设备、珍惜能源，杜绝浪费、保障服务。部门管理者应该做到以下几点。

5.1 部门设备设施管理制度健全。
5.2 部门能源和节约制度健全，做到随手关门，人走灯熄，无跑、冒、滴、漏等现象。
5.3 本部门财产、设备建账登记，责任到人。
5.4 部门财产、设备完好率：100%。
5.5 部门须制订物品损坏赔偿规定。
5.6 各岗位交接班记录（其中必须包含设备设施等情况）完整无缺失。

6 对各部门的安全管理要求

安全工作是企业各项工作的重中之重，它直接关系到企业财产、员工和客人财物和人身安危。除了公司保卫部履行安全职责、进行安全培训外，公司各部门管理者都担负着保证公司安全运行的义务。部门管理者要安全问题天天讲，天天查。确保公司和客人财产不受损失，消防安全万无一失。部门管理者应该做到以下几点。

6.1 部门安全制度健全。
6.2 部门不发生损害性事故。
6.3 部门无安全和火灾隐患。
6.4 杜绝部门重大食品安全事故发生。

续表

××酒店标准文件		××酒店 各部门质量目标规范	文件编号××-××-××		
版本	第×/×版		页	次	第×页

6.5 杜绝违反操作规程造成工伤发生。
6.6 杜绝部门重大设备事故发生。
6.7 杜绝部门重大盗窃事故发生。
6.8 建立钥匙管理制度。
6.9 交接班记录必须包含安全信息。
6.10 部门每月至少进行1次所属区域安全检查,必须做好安全检查记录。

7 对职能部门管理者的要求(主要指标)

　　二线各职能部门不但为一线提供经营和系统保障,还必须树立全心全意为一线部门服务的思想。在搞好部门内部管理的同时,把一线部门当作客人,急一线之所急,想一线之所需,礼貌热情接待一线员工的咨询、求助。杜绝任何推托、责备、刁难一线员工的行为,努力为一线创造良好的后勤支援环境和保障工作,做好一线经营部门的有力后盾。对职能部门管理者的要求指标见下表。

职能部门管理者的要求指标

部门	指标
总经办	1.督办各部门落实总经理指示及时有效 2.文件发放、收集、管理符合规范 3.文件编辑、排版规范,无错字 4.各项证照年检通过 5.建立健全公司各类档案(除人事档案外) 6.本部门财产、设备完好率100% 7.为一线员工服务热情、高效,无投诉
人事	1.公司人力资源制度和部门管理制度健全 2.保证公司一线员工岗位到编率 3.新员工入职培训率:100% 4.宿舍安排及时合理 5.工资总额控制不超标 6.正确掌控各项劳动政策,处理员工事宜公正合理,无重大投诉 7.部门财产、设备完好率100% 8.员工业余文化活动至少每季度1次 9.员工人事档案及台账的建立及管理 10.为一线员工服务热情、高效,无投诉 11.公司培训制度健全 12.培训计划实施率100% 13.每月到部门培训不少于4次 14.培训记录完整无缺失 15.定期做培训需求调查 16.培训计划与培训总结的整理汇总及建档
质检	1.公司质检制度健全 2.每天质检巡视不少于6小时 3.处理违纪公正,无纠纷、无投诉 4.每周、每月做出质检分析报告 5.质检记录完整无缺失 6.质检与现场指导、培训相结合
保卫部	1.公司安全管理制度健全 2.安全培训率:100% 3.每年2次消防演习

续表

××酒店标准文件		××酒店 各部门质量目标规范	文件编号××-××-××		
版本	第×/×版		页	次	第×页

续表

部门		指标
保卫部		4. 保证公司24小时有人安全巡视，巡视记录完整无缺失 5. 各岗位交接班记录完整无缺失 6. 本部门财产、设备完好率100% 7. 公司无重大盗窃事故发生 8. 公司无重大客人安全事故 9. 公司无火灾隐患 10. 公司区域无安全隐患 11. 为一线服务热情、高效：无投诉
财务部	办公室	1. 公司财务管理制度和部门管理制度健全 2. 公司各种账目清晰 3. 公司资产管理：资产清晰、按月盘点、账物相符 4. 工资按时、足额发放 5. 建立健全各类合同档案 6. 本部门财产、设备完好率100% 7. 在日常工作中，一切以公司效益为根本，在不违反法律和财务制度的情况下，以积极支持一线部门开展各项销售工作，主动承担责任无推诿 8. 为一线服务热情、高效：无投诉
	库房	1. 采购物资到库后，应及时通知申购部门 2. 一张领料单据在同一仓库10种货物10分钟内完成 3. 一张领料单据10种货物输入计算机5分钟内完成 4. 物品进库20分钟（包括检查物品质量）
	收货	1. 手工做一张收货记录，包括查价（12个品种）5分钟 2. 计算机输入一张收货记录（12个品种）8分钟 3. 所有当天的收货单据当天做完
	应收	1. 录入挂账、佣金凭证5分钟 2. 填写信用卡账单1分钟/张 3. 填写信用卡汇计单30秒/张
	总账、应付、工资	1. 每月10日前出上月财务报表 2. 完整填开一张支票在2分钟内完成 3. 8分钟内装订一本凭证 4. 录入凭证的速度保持在3分钟/5条 5. 录入一个部门预算及修改报表公式在10分钟内完成 6. 按部门整理一天的入库单在6分钟内完成
	成本核算	1. 手工计算盘点表，40个品种（不用查价格）3分钟 2. 手工审核1张收货记录（包括审核申请部门、供货单位、品名、数量及计算总金额）1分钟 3. 每月3日上交报表给财务办公室
	前台收银	1. 电话铃响3声内接听 2. 办理散客退房手续3分钟，办理团队退房手续5分钟（20间以下） 3. 办理保险箱业务在3分钟之内完成 4. 收款时间：人民币150张/分钟，信用卡/1分钟，挂账/20秒，房账/1分钟 5. 打印账单时间不超过1分钟

续表

××酒店标准文件		××酒店各部门质量目标规范	文件编号××-××-××		
版本	第×/×版		页次		第×页

续表

部门		指标
财务部	前台收银	6.开发票1分钟 7.找零钱30秒 8.交接班10分钟，包括清点备用金、交接注意事项等
	前台审核	1.现金收入账单1分钟/张，现金支出账单2分钟/张 2.信用卡账单3分钟/张，挂账账单4分钟/张 3.收银报表3分钟/张 4.迷你吧报表2分钟/张 5.杂项报表2分钟/张 6.商务中心报表3分钟/张 7.洗衣报表3分钟/张 8.总机报表3分钟/张 9.其他报表2分钟/张
	餐厅收银	1.电话铃响3声内接听 2.开发票1分钟 3.找零钱30秒 4.输入单个账单20秒 5.输入一份中餐菜单3分钟 6.输入一份西餐菜单2分钟 7.分单不超过5分钟 8.输入账单1分钟 9.报表35分钟 10.交接班10分钟，包括清点备用金、香烟、交接注意事项等 11.查询前台收银是否允许挂账1分钟 12.收款时间：人民币150张/分钟，信用卡1分钟/张，挂账20秒、房账1分钟
	采购	1.电话铃响3声之内接听 2.严格执行物资申购、采购制度 3.为一线服务热情、高效、无投诉
工程部（含网管）		1.设备设施管理制度、能源管理制度和部门管理制度健全 2.设备完好率达标 3.公司设施、设备、零配件、工具等建账登记，责任到人 4.主动巡视和检查客用设施设备，主动发现问题，调试设备、及时维修，保证设施设备完好率达标 5.一线部门正常报修，接报后了解维修项目和问题，带好工具和更换零件，要求10分钟到达现场，迅速进行维修后，现场恢复原样，填写维修单，并让服务员签字确认 6.如因工程问题不能马上对设备设施进行维修处理，要及时向所属部门领导汇报解决如仍无法解决的，部门领导要及时向总经理汇报讲明原因，在规定时间内解决工程问题 7.计划维修实施率100% 8.公司能源控制制度健全无缺失 9.换门锁电池：5分钟（网管适用） 10.换门锁程序：25分钟（网管适用）

续表

××酒店标准文件		××酒店各部门质量目标规范	文件编号××-××-××	
版本	第×/×版		页次	第×页

续表

部门	指标
工程部（含网管）	11.换打印机色带：8分钟（网管适用） 12.换硒鼓、墨盒：3分钟（网管适用） 13.处理打印机故障：20分钟（网管适用） 14.处理客人上网问题：5分钟（网管适用） 15.维修记录完整无缺失 16.值班记录、报表完整无缺失 17.各岗位交接班记录完整无缺失 18.为一线人员服务热情、高效，无投诉 19.维修质量、效果、效率，无投诉
管家部	1.更衣柜钥匙管理制度齐全、完善，更衣柜分配记录完整率达100% 2.监督外包保洁工作到位，每日各岗位保洁工作检查记录齐全，确保100%落实检查 3.与外包保洁人员密切配合，为一线人员服务热情、高效，无投诉 4.本部门无责任设备事故 5.本部门财产、设备完好率100% 6.为外包人员服务热情、高效，无投诉
绿化部	1.公司周边的绿化工程垃圾等固体废物分类收集处置率98%以上 2.绿化植保农药、灭鼠药等包装物分类收集处置率98%以上 3.对本部门有毒有害药品，化学品等泄漏遗洒的处置率达95%以上 4.绿化（每亩）用水量比上年同期节约35立方米以上 5.公司用水阀门完好率99% 6.本部门办公用电、燃油比上年同期节约5% 7.办公用品购置、使用比上年同期节约5% 8.对本部门人员进行环境保护宣传教育，培训率达95% 9.每月对公司进行环境保护宣传教育达6小时以上，并有培训记录 10.有毒有害品及其包装物收集率98% 11.锅炉灰渣排放综合利用率95% 12.过期化学品、药品收集、处置率99%（医疗固废处置符合国家有关规定，无害化处理率达到100%） 13.对建筑施工现场噪声、污水、扬尘、垃圾、运输遗撒及绿地破坏等加强管理对施工单位的环境行为施加影响率达到99%以上，并有处置记录 14.加强公司环境卫生保洁、绿化管理，施加影响率99%以上 15.环卫设施使用完好率95%以上 16.建成区绿化覆盖率40%以上 17.重大火灾、爆炸、泄漏、冰冻等事故发生率为0 18.本部门财产、设备完好率100% 19.本部门无责任设备事故 20.本部门库房管理制度健全，避免物资损失
洗衣厂	1.洗涤过程中遵守操作程序、技术规程，合格率达95% 2.衣物清洗过程中，对加入各种洗涤剂、漂白剂和酸粉等标准的培训合格率达98%，并有培训记录 3.对三次投水冲洗的温度、气压、洗涤时间的掌握程度的培训率，达100%，并有培训记录

续表

××酒店标准文件		××酒店 各部门质量目标规范	文件编号××-××-××		
版本	第×/×版		页　次		第×页

续表

部门	指标
洗衣厂	4. 对洗涤后的各类物品的熨烫、包装、清点、打捆等技能的培训合格率达98%，并有培训记录 5. 收取客衣时，检查衣物和洗衣单，确保出错率在3%之内 6. VIP客衣或重要宾客客衣洗好后，以示特别关照率达100%（由部门经理交给客人） 7. 洗衣过程中，出现客衣洗坏、丢失、染色的概率低于3% 8. 本部门财产、设备完好率100% 9. 本部门无责任设备事故 10. 本部门库房管理制度健全，避免物资损失
员工餐厅	1. 公司餐厅按时开餐率达100% 2. 严格执行国家《食品卫生法》相关规定，保证员工餐的食物中毒发生概率为0% 3. 公司员工对餐厅饭菜质量的满意度达75% 4. 公司员工对餐厅员工服务态度的满意度达98% 5. 本部门财产、设备完好率100% 6. 饭菜浪费率不超过80% 7. 本部门无责任设备事故 8. 本部门库房管理制度健全，避免物资损失

8　奖励与处罚

公司将对部门责任指标的完成情况进行考核，对部门管理良好、服务质量优秀的部门给予奖励；对未能达到上述要求的部门，给予经济处罚。按照以下办法处理。

8.1　奖励

8.1.1　公司对部门管理良好、责任指标达标的部门给予奖励，奖金从公司奖励基金中提取。

8.1.2　对服务质量优秀部门的奖励，见公司《×××奖罚实施细则》

8.2　处罚

8.2.1　部门每月员工流失率高于3%：扣除整个部门工资的5%（实习离职回校除外）。

8.2.2　因员工服务问题导致发生普通有效投诉2次以上：扣除整个部门工资的5%。

8.2.3　因员工服务问题导致部门发生宾客投诉：扣除整个部门工资的5%。

8.2.4　因员工服务问题导致部门发生宾客重大投诉：扣除整个部门工资的10%。

8.2.5　公司一次卫生检查，发现3处不合格：扣除问题部门整个部门工资的5%。

8.2.6　部门发生卫生、安全、设备一般责任事故：扣除整个部门工资的3%。

8.2.7　部门发生卫生、安全、设备严重或重大责任事故：扣除整个部门工资的5%～10%。

8.2.8　损坏设备赔偿：因工作原因造成设备损坏，照价赔偿（工程部作价）；未按操作规程操作，造成人为损坏设备，加罚3～5倍进行赔偿（工程部作价）。

8.2.9　发现设备设施问题不及时报修，影响服务质量，扣除整个班组工资的3%。

8.2.10　接报维修后，推脱责任、拖延时间，未及时到达现场进行维修，或者维修质量不合格，导致重复报修的，扣除整个班组工资的3%。

8.2.11　部门员工各类违纪率超过3%/月：扣除整个部门工资的3%。

8.2.12　职能部门责任指标一项不合格：扣除整个部门工资的3%。

拟订		审核		审批	

制度4：首问责任制

××酒店标准文件		××酒店 首问责任制	文件编号××-××-××		
版本	第×/×版		页	次	第×页

1　目的

为了切实加强酒店内部管理，强化服务意识，树立酒店形象，明确客人投诉处理责任和程序，为客人提供满意服务，有效防止员工在向客人提供服务过程中出现相互推诿，相互扯皮的问题，特制订本实施细则。

2　首问责任制对象

酒店全体员工。首问责任人是指当客人来酒店，或是打电话给酒店要求服务时，客人所接触到的第一位酒店员工。

3　首问责任制内容

依据酒店管理程序，及时办理服务对象所需要办理的事务；热情接待、引导客人到所需要办理部门；负责解释没能达到目的的原因。

4　首问责任制要求

4.1　热情接待客人提出的咨询、投诉问题。无论是否属于本部门、本单位范围内的情况，首问负责部门或个人都必须主动热情，不得以任何借口推诿、拒绝、搪塞客人或拖延处理时间。

4.2　认真办理。凡客人投诉的问题，属于本部门范围内的，一律在本部门解决。首问负责部门或个人能立即答复的，必须当即答复客人并认真做好解释工作。对由于客观原因不能当即答复的，或不属于本人职责范围内的问题，在处理时应，向客人说明原因，并取得客人的谅解。

4.3　礼貌侍人。凡客人咨询、投诉的问题，在本部门无法解决的，应详细记录客人提出的问题，留下客人姓名、地址、联系电话，并填写好投诉、查询处理单，在1小时以内转交（传真）给相关部门处理，同时传报给质检部，以便监督检查和汇总考核。

4.4　讲究效率。接到处理单的部门、必须立即指定责任人处理。并根据处理的不同难度在1个工作日内将处理结果答复客人，同时将处理结果反馈至发单部门及首问负责部门或个人及质检部。

4.5　及时协调。客人咨询、投诉的问题比较复杂、本部门无法解决或涉及两个以上（含两个）部门无法解决时，报相关职能部门协调解决。

4.6　首问负责人或部门在处理客人投诉、咨询时，要尽可能在本部门范围内解决。确属无法解决时，才可以转至其他部门处理。客人投诉处理单如果报至质检部、公司分管副总经理、酒店总经理，即视为投诉问题"矛盾升级"。质检部在汇总评比时要对各部门处理投诉问题"矛盾升级"情况予以统计通报。

4.7　凡客人投诉处理单在本部门传送时，除首问负责人签名、签时外，各部门要对处理情况由负责人或指定负责人签名、签时、签章确认。

4.8　首问负责人在得到处理部门的反馈意见后，要及时回访客人，核实处理部门答复客人情况。质检部要对投诉处理情况和回访客人情况进行抽查。

4.9　答复客人提出的问题时，既要准确、又要掌握政策，坚持实事求是的原则。对于不清楚、掌握不准确的问题，应及时请示相关领导并给客人一个准确的解答。

4.10　质检部按"首问责任制"考核处罚办法，对客人咨询、投诉的处理过程进行监督、检查、考核，并定期在酒店内进行通报。

4.11　任何部门或个人都无权拒绝接受转交的客人投诉处理单，如确非本部门职责范围内的，应签注明意见退还转交部门或转交下一个部门处理。在处理客人投诉、咨询、查询中，如发生拒绝、推诿、扯皮现象，对双方责任单位和责任人同等处罚。

4.12　若"处理单"明显不属于本部门受理，但首问责任人（或部门）仍执意要转至某部门导致延误处理时限的，一经查实，质检部要给予通报批评并予以相应经济处罚。

4.13　在受理、处理客人投诉、咨询问题时，"客人投诉记录表"以班组为单位负责填写，每月汇总质检部；后勤部门以科室为单位负责填写并按月汇总质检部。

5　首问责任制处罚制度

"首问负责制"实行责任考核，即对人或部门考核是建立在责任制基础上的，一旦引起客人投诉，要按各环节出现的问题承担相应的责任，受到相应的处罚。具体由质检部负责监督检查和汇总考核。

5.1　首问负责部门或个人借故推辞客人，引起客人不满造成二次投诉的，一经核实，扣罚责任人当月效益工资×××元；与客人发生争吵造成不良影响的，按《重大服务质量事故处罚办法》予以处罚。

续表

××酒店标准文件		××酒店 首问责任制	文件编号××-××-××		
版本	第×/×版		页	次	第×页

5.2 相关支持部门拒绝接受转诉或超时限查处的,一经核实,由质检部对相关责任部门通报批评,并扣罚责任人当月效益工资×××元。

5.3 对客人提出的问题由于处理不当,造成客人重复投诉或上访的,由质检部追查责任,并根据不同情况对责任部门或责任人予以处罚。
(1) 对责任部门进行通报批评。
(2) 对责任部门领导扣罚当月效益工资×××元。
(3) 对责任人下岗。

5.4 对客户投诉、咨询的问题,按工作职责划分,本应由本部门解决但不认真解决处理,推卸责任,将处理单转至其他部门,拖延处理时间的,一经查实,由质检部对相关责任部门通报批评,并扣罚责任人当月效益工资×××元。

5.5 由于处理不当被上级主管部门通报批评或新闻媒体曝光的,一经核实,按照《重大服务质量事故处罚办法》进行处罚。

6 首问责任制公约

接待客人周到热情,问明情况记录详尽,本职范围当场解答,复杂问题及时转达,第一受理责任不推,有问而来满意而归。

7 附则

7.1 凡涉及首问负责制与现有岗位职责不一致的,在岗位职责中增加"有接受客人咨询、投诉,并负责处理的职责"。以前相关程序如有与本细则冲突的,以本细则为准。

7.2 除公司质检部外,酒店各部门都必须明确1~2名专门负责处理客人咨询、投诉问题的专(兼)职人员。

7.3 质检部负责对酒店各部门首问负责制落实情况进行统计、汇总、评比和奖励。具体考核办法有质检部另行制订下发。

拟订		审核		审批	

制度5:质检制度

××酒店标准文件		××酒店 质检制度	文件编号××-××-××		
版本	第×/×版		页	次	第×页

1 目的

为了加强酒店质量管理,提高行业竞争力和服务质量。保证质检制度及方式运转行之有效,整改工作落实完成,特制订本制度。

2 酒店质量检查各级人员

2.1 各部门基层管理人员每天的例会检查。
2.2 各部门负责人每天的例行检查。
2.3 值班经理每天的例行检查。
2.4 每周星期一下午酒店组织的专项检查。

3 酒店质检工作的运作方式

3.1 每周星期一下午例会后由总经办与值班经理牵头,各部门负责人参加质检,各部门第一负责人有特殊情况不能参加,必须委派第二负责人参加。

3.2 后勤主要检查工程、卫生、消防、环境、员工宿舍、纪律等方面内容,前台主要检查营运部门的礼节礼貌、服务规范、员工纪律、营业气氛等内容,每次质检需对上次质检内容落实情况进行复查。

3.3 在每周进行质检工作中,各部门应派专人(领班级或以上人员)在本部门等候检查。

3.4 检查过程中发现的问题由各质检人员当场记录,总结记录于次日通报各部门。

3.5 各部门接到整改通报意见后,必须立即整改或提出处理意见,于2天内将结果反馈总办,特殊情况要有详细的书面报告。

续表

××酒店标准文件		××酒店质检制度	文件编号××-××-××	
版本	第×/×版		页次	第×页

3.6 如有以下情况可以直接对部门扣分
（1）在检查中发现的重复问题。
（2）在检查中发现按酒店的《员工手册》规章制度应该做到而没有做到。
（3）根据人事、值班经理及各部门管理人员、总经理接到的投诉，如投诉内容属部门管理力度不够，人为所造成的投诉，将予重扣分。
（4）各部门固定安排工作情况，如每日工作报告、每月工作报告。
（5）工作指示完成情况，根据总经办所签发的工作指示单的完成情况进行扣分。

4 质检标准

4.1 员工的仪容仪表、遵纪守规
（1）工作服清洁挺括、皮鞋擦亮、布鞋干净、鞋服无破损。
（2）上班必须按酒店配发的制服着装。
（3）男服务员不留长发、怪发型或胡须等，女服务员不留长指甲和披肩发，发式要简洁。
（4）上班期间不得化浓妆，不佩戴耳环，只可戴珠状耳钉，项链不外露，只可戴一枚结婚、订婚戒指，不可戴手镯等，不涂指甲油和使用气味过浓的香水等，淡妆为宜。
（5）上班前不饮酒，不吃异味食品。
（6）当班期间不接打私人电话，打工作电话时语言要简洁、扼要，应注重礼节礼貌，领班级以下的员工当班期间不得佩带手机。
（7）工作时间不看与工作无关的书刊、杂志，不看电视，不做任何与工作无关的事情。
（8）各区域按时开关灯具、空调等工作情况。

4.2 礼貌待客
（1）见客面带笑容、态度和蔼、讲话亲切。
（2）尊重客人及风俗习惯，不准讥讽客人，不得议论客人、嘲笑或模仿客人动作等。
（3）严禁使用直接否定语，对客人说话要客气，不做不负责任的回答。
（4）收到电传、函件等立即传递给客人，严禁私自拆阅。
（5）对客人委托办理的事项，做到情况明、手续清、速度快、无差错，对客人的不当要求应婉言拒绝。
（6）工作时严禁使用、戏玩客人物品，不准翻阅客人文件资料，不将客人资料告诉他人。
（7）对客人遗留（失）物品应如数上缴值班经理，并按照上缴物品的价值分类由专人管理，以备认领。

4.3 卫生清洁
4.3.1 大堂卫生
（1）三面（地、墙、顶）及各种物器无污迹、蛛网。
（2）灯光照明良好。
（3）堂内空气清新，无异味、无蚊虫。
（4）各墙角不积污、无卫生死角。
（5）花草、植物清洁鲜活、无凋萎。
（6）前厅整洁、不脏乱。
（7）空调开到标准、规定温度（26℃）。

4.3.2 客房卫生
（1）须按部门规范程序进入客房和清扫整理，配备物品。
（2）地板用抹布擦，严禁将客用布草当擦布。
（3）客房门铃、门锁好用、内窥门镜清晰、门号清楚、消防安全通道示意图正确，整扇门应干净无尘。
（4）所用灯具明亮好用、无安全隐患。
（5）衣柜内推拉自如、完好、衣架和相应布草齐全。
（6）地毯干净、无污损。
（7）床具完好、牢靠、洁净。如没有污脏点、毛发，床垫每3个月翻一次，保证舒适。
（8）床头柜整洁无尘，烟灰缸干净，火柴、牙签、棉签配齐。
（9）电话目录、服务指南配齐无误。
（10）所有电话机、电视机、电脑、机顶盒及电器安全无故障，使用正常。

续表

××酒店标准文件		××酒店质检制度	文件编号××-××-××	
版本	第×/×版		页次	第×页

(11) 窗帘拉绳、滑钩要齐全、好用、干净无破损,玻璃窗光亮,安全有效。
(12) 服务夹内的客用文印品应齐全。
(13) 墙壁、天花板应整洁、无尘、无污迹。
(14) 食品、饮料不过期,有酒店的标签及标价。
(15) 空调开到标准、规定温度。
(16) 住客行李或贵重物品无发生被盗记录。

4.3.3 卫生间卫生
(1) 卫生间门要清洁安全。
(2) 梳妆台洁净、无毛发、水点。
(3) 布草齐全、干净、舒适、完好,低值易耗品齐全、干净。
(4) 淋浴喷头正常好用,下水口畅通。
(5) 镜面洁净光亮,无水迹和污迹。
(6) 马桶消毒干净,无异味。
(7) 电吹风及电源插口安全、好用。
(8) 墙面洁净、无水迹。

4.3.4 中餐厅卫生
(1) 所有用具必须消毒、完好率90%以上。
(2) 桌椅摆放整齐、干净、无烟头。
(3) 地毯、地板无污渍、垃圾、异味。
(4) 厅内不许有虫蝇等"四害"。

4.3.5 厨房卫生
(1) 所有厨房人员必须符合卫生部门的要求与规定,如健康证、帽子等。
(2) 未清洗的食品不准放在菜板或菜墩上,生熟食品必须分开。
(3) 各类厨具(墩、案、刀、勺、叉、锅、盆、盘、杯子等)清洗或消毒后才能使用。
(4) 厨具用后须清擦干净、归位,妥善保管。
(5) 排烟、排气口(道)无油污,下水道畅通,垃圾随时处理,不积存、不过夜。
(6) 待用食品(特别是加工好的食品应保鲜)妥善存放,严防污染、变味、变质;小料(酱、醋、味精、盐等)新鲜,容器保持清洁,用后须加盖。
(7) 灶台不积油污、残渍,冰柜经常清理。
(8) 餐具(酒、饮料、桌)卫生消毒,须按卫生防疫部门的规定和程序进行。
(9) 餐、杯具的擦布必须专用,严禁用其他擦布代替。
(10) 餐、杯具清洗消毒后,要达到表面光、内外净、干燥无水迹。

4.3.6 KTV卫生标准
(1) 门窗、玻璃镜面要保持清洁,无灰尘。
(2) 工作柜、沙发、茶几无灰尘、污迹,工作柜内无杂物。
(3) 地板无杂物、污痕。
(4) 墙面、装饰物无污痕或破损。
(5) 保持空气清新,通风系统运作良好。
(6) 无"四害"、臭虫、无卫生死角,定期进行消毒杀菌。
(7) 每天包厢需清洁两次,如有翻台,按台数增加清洁次数。
(8) 服务用具要保持清洁卫生,无破损。
(9) 杯具清洁消毒后要达到表面光、内外净、干燥无水迹。
(10) 洗手间要保持清洁卫生,确保无异味,地板无积水。
(11) 经常巡视包厢,保持茶几、地面、卫生间的清洁。
(12) 做好对电器设备的清洁工作,确保无灰尘,无污痕。
(13) 每周星期三进行大扫除、大清洗、大消毒。
(14) 客人遗留物品须及时上交值班经理。
(15) 无服务责任反映。

续表

××酒店标准文件		××酒店质检制度	文件编号××-××-××	
版本	第×/×版		页　次	第×页

4.3.7 桑拿洗浴包房卫生标准

桑拿洗浴包房卫生标准

序号	项目	卫生标准
1	房间	1.房门：无指印，锁完好，安全指示圈等完好齐全，请勿打扰牌及餐牌完好齐全，安全链、窥镜、把手完好 2.墙面和天花板：无蛛网、斑迹，无油漆脱落和墙纸起翘 3.护墙板、地角线：清洁完好 4.地毯：吸尘干净，无斑迹、烟痕，如需要，则做洗涤、更换、修补的标记 5.床：铺法正确，床单干净，床下无垃圾，床垫按期翻转 6.硬家具：干净明亮，无刮伤痕迹，位置正确 7.软家具：无尘无迹，如需要则做修补，洗涤标记 8.抽屉：干净，使用灵活自如，把手完好 9.电话：无尘无迹，指示牌清晰完好，话筒无异常，功能正常 10.镜子与画框：框架无尘，镜面明亮，位置端正 11.灯具：灯泡清洁，功率正常，灯罩清洁，接缝面墙，使用正常 12.垃圾桶：状态完好且清洁 13.电视：清洁，使用正常，频道设置在播出时间最长一档，音量调到偏低 14.衣橱：衣架品种、数量正确且感觉，门、橱底、橱壁和格架清洁完好 15.空调：出风口滤网清洁，工作正常，温度符合要求 16.迷你吧，冰箱：清洁，无异味，物品齐全，温度开在低挡 17.窗帘：干净完好，使用自如 18.窗户：清洁明亮，窗台与窗框感觉完好、开启轻松自如 19.客用品：数量，品种正确，状态完好，摆放合理
2	卫生间	1.门：前后两面干净，状态完好 2.墙角：清洁完好 3.天花板：无尘、无迹，完好无损 4.地面：清洁无尘、无毛发，接缝处完好 5.浴缸：内外清洁，镀铬体干净明亮，皂缸干净，浴缸塞、淋浴器、排水阀和开关龙头清洁完好，浴帘感觉完好，浴帘扣齐全 6.洗脸盆及梳妆台：干净，镀铬件明亮，水阀使用正确，镜面明亮，灯具完好 7.座厕：里外都清洁，使用状态良好，无损坏，冲水流畅 8.排风扇：清洁，运转良好，噪声底，室内无异味 9.客用品：品种数量齐全，状态完好，摆放正确
3	大厅、水区、休息厅	1.前厅及服务台：地面每天吸尘，墙面每周除尘，服务台内外每天擦拭，皮面沙发擦拭，布面沙发吸尘，茶几擦拭，摆放绿色植物喷水 2.更衣室：地面经常擦拭，更衣柜每天营业前消毒1次，营业中每使用1次就整理1次；更衣凳每天消毒1次；客用拖鞋每天刷洗并消毒；梳妆台和梳妆镜经常擦拭，梳妆用品摆放整齐 3.淋浴室：冲洗墙面和地面，擦拭淋浴器、擦拭洗浴用品台，擦拭喷头开关，清理下水道地漏 4.桑拿浴室：浴室通风换气，木制桑拿台每天营业前擦拭消毒，擦拭墙面，清理地面；浴室冲洗消毒，包括墙面、浴台、地面及浴台下面 5.水按摩池：每天营业前对循环过滤的沙缸和碳缸进行返洗；放掉池水，刷洗池底和池壁，清理排水口和进水口，然后放入新水并开始加热，同时向水中投放消毒药

续表

××酒店标准文件		××酒店质检制度	文件编号××-××-××	
版本	第×/×版		页次	第×页

续表

序号	项目	卫生标准
3	大厅、水区、休息厅	6.卫生间：刷洗墙面、地面、马桶、洗手池，然后给洗手池和马桶消毒；擦拭镜子及水龙头和水箱开关 7.按摩室：墙面除尘，地面吸尘；整理按摩床，将用过的浴巾、毛巾、按摩布放入布草车中待洗；擦拭茶几，擦拭踩背的把杆 8.休息室：墙面除尘，地面吸尘；沙发清理干净并摆放整齐，换新的垫巾；擦拭茶几和电视机，擦拭电视遥控器

4.4 工程维护维修
4.4.1 每班值班人员必须对配电房、水塔、供水系统进行检查。
4.4.2 每星期同保安部、工程部进行各项系统的测试（如烟感系统、供水系统、发电机组、水塔等检查）。
4.4.3 各部门普通维修必须一天内完成（必须有维修单）。
4.4.4 需外请维修或购买器材的必须及时上报总经办。
4.5 员工宿舍质检内容
4.5.1 地板有无垃圾、墙上是否有蜘蛛网。
4.5.2 人离开是否切断电源。
4.5.3 有无按规定办理留宿外来人员手续。
4.5.4 物品摆放是否整齐有序，有无脏鞋、袜子及衣服等。
4.5.5 有无酒店及客用物品等。
4.6 采购
当采购员接到已审批好的采购单时在3天内必须完成，特殊情况须上报总经办协调处理
4.7 财务质检内容
4.7.1 财务收据、票据及经营状况不得外泄或丢失。
4.7.2 员工无贪污行为。
4.7.3 吧员无偷吃偷拿行为。
4.7.4 每月组织一次各部门资产盘点并报告总经办。
4.8 保安部
4.8.1 处理突发治安问题得当，无造成不良后果或重大经济损失。
4.8.2 消费者车辆无损坏，无被盗。
4.8.3 灭火器无过期失效，消火栓正常。
4.8.4 每天必须对营业部门进行安全检查。
4.8.5 每周同工程部进行消防系统测试，如烟感系统、供水系统、发电机组、水塔等。
4.8.6 财务、工程保安无条件协助营业部门。
4.9 其他
不尽事宜按常规或《员工手册》执行。
4.10 以上情况的扣分标准

扣分情况描述	量度	奖惩分数
不符质检标准的	每一项	扣1分
对整改通知书未及时反馈的	每一次	扣2分
重复出现不符质检标准的	每一项	扣2分
部门违纪现象	每一人次	扣1分
未完成例会布置的工作	每一项	扣3分
未完成酒店下达的工作责任指标	每周总结、月工作报告	未完成扣3分

续表

××酒店标准文件		××酒店质检制度	文件编号××-××-××	
版本	第×/×版		页次	第×页

续表

扣分情况描述	量度	奖惩分数
部门好人好事	每一人次	奖1～3分
部门服务被投诉	每一项	扣1～3分
未完成领导层安排的工作	每一项	扣2分

5 处罚

对部门负责人作出以下处理。

5.1 总经办以月为单位进行统计，部门确认。

5.2 对于月累计扣分处罚如下。

娱乐、康体、客房月累计扣分20分，罚×××元。

娱乐、康体、客房月累计扣分21～30分，罚×××元。

娱乐、康体、客房月累计扣分30分以上，罚×××元。

采购、工程、财务部、保安部月累计扣分10分罚×××元。

采购、工程、财务部、保安部月累计扣分11～20分，罚×××元。

采购、工程、财务部、保安部月累扣计分20分以上罚××××元。

5.3 对于月累计扣分，采购、工程、财务、保安达30分，康体、娱乐、客房达50分，部门负责人予以降职、降级或辞退处理。

5.4 扣分处罚与其他纪律处分不矛盾，只要有纪律处分就有扣分。

6 奖励

6.1 部门员工因个人参加酒店或各类比赛而获奖时，该部门奖励3分，如属团体（三人以上奖）获奖时，给予奖励5分，部门内部比赛不在此范畴。

6.2 部门员工因好人好事，拾金不昧或提出合理化建议，被采纳时，每次予以部门奖励2～4分，价值在×××元以上。

6.3 部门员工整体礼貌礼仪、服务标准、团体精神有所提高奖励5分。

6.4 奖励分数可充抵被扣分数，但奖励的经济或物质不受影响，如当月奖励分数达到以下分数奖励：

（1）采购、工程、保安、财务月累计奖励5分奖励×××元。

（2）采购、工程、保安、财务月累计奖励6～10分奖励×××元。

（3）采购、工程、保安、财务月累计奖励10分以上奖励×××元。

（4）娱乐、康体、客房月累计奖励10分奖励×××元。

（5）娱乐、康体、客房月累计奖励11～20分奖励×××元。

（6）娱乐、康体、客房月累计奖励21～30分奖励×××元。

（7）娱乐、康体、客房月累计奖励30分以上奖励×××元。

拟订		审核		审批	

制度6：质检及处理程序

××酒店标准文件		××酒店质检及处理程序	文件编号××-××-××	
版本	第×/×版		页次	第×页

1 综合性检查工作程序

1.1 每月进行1次全店综合性检查，分别对仪表仪容、礼节礼貌、服务规范、劳动纪律、清洁卫生、顾客满意、环境达标、服务设施完好进行全方位的检查。

1.2 召开"服务质量分析会"，主要对检查出的问题进行分析，并落实整改措施、整改期限以及整改措施执行人。

续表

××酒店标准文件		××酒店 质检及处理程序	文件编号××-××-××		
版本	第×/×版		页次		第×页

　　1.3　负责落实验证各执行人对整改的执行情况。
2　日常检查的工作程序
　　2.1　根据每周检查工作计划，定期、定部门、定项目进行综合性检查。
　　2.2　综合检查内容主要包括：仪表仪容、礼节礼貌、服务规范、劳动纪律、清洁卫生、顾客满意、环境达标、服务设施完好等。
　　2.3　对检查出的问题及时进行处理。反复出现的问题或重大的服务违纪事件责令责任部门或当事人分析事件发生的原因，并制订纠正和预防措施，报公司运营部签批实施。
　　2.4　负责对质量整改和纠正预防措施跟踪验证。
　　2.5　日常检查通常以走动巡查为主，在酒店各部门未知检查内容的情况下进行突击抽查。
3　卫生检查的工作程序
　　3.1　采取不定期的检查方式对酒店食品、环境卫生、公共卫生、个人卫生进行检查，主要采取重点检查和抽查的方式进行。
　　3.2　对查出的问题进行处理，并与责任部门共同制订整改措施，限期进行整改。
　　3.3　负责验证核实。
4　暗访工作程序
　　4.1　向总经理提出暗访申请。
　　4.2　经总经理批准后，由质检组联系暗访人员，明确酒店的暗访要求、酒店给暗访人员所提供的待遇和其他费用，确定暗访日期和期限，对暗访人员来店的准确日期除总经理与质检组外，不得告知任何部门。
　　4.3　暗访人员来店按正常散客手续入住，酒店不予出面接待。
　　4.4　暗访结束后，由质检组与暗访人员接触，了解暗访情况，并办理有关手续。
　　4.5　根据暗访情况，整理暗访报告。
　　4.6　将暗访报告呈报总经理，召开酒店"服务质量分析会"，对暗访中发现的问题逐项予以整改，以达到提高酒店服务质量的目的。
5　开展专题活动的工作程序
　　5.1　根据酒店存在的共性问题，确定专题，向酒店提交开展活动的申请及整体计划。
　　5.2　在活动开展中，层层发动，由质检组跟踪检查，及时收集信息并向酒店反馈，确保活动得以顺利开展，不流于形式。
　　5.3　活动结束后，进行总结表彰，并制订相应措施，巩固已取得的成绩。
6　奖励及处理程序
　　6.1　酒店表彰奖励
　　　6.1.1　由酒店质检组按规定提出表彰奖励建议，上报公司质检组批准。
　　　6.1.2　全店通报表扬。
　　　6.1.3　需要奖励的由质检组制作奖金表，由财务部发放奖金。
　　6.2　对查出问题进行处理的工作程序
　　　6.2.1　对于质检组或其他职能部室查出的一般问题经核实准确的，由质检组制订处理建议，上报酒店批准。
　　　6.2.2　酒店批准或形成决议后，由质检组严格执行决议。对于一般轻微过失，涉及不到罚款的可直接由质检组给予当事人或责任部门口头警告处理。
　　　6.2.3　对当事人或责任人罚款，由质检组开具罚款单，并注明上缴期限，由当事人或责任部门持罚款单按规定期限到酒店财务部缴纳罚款，财务部开具收款收据由质检组统一留存。
　　　6.2.4　重大过失由质检组对该事件进行全面调查，收集准确可靠的证据，公正、翔实、准确地将事情真相向酒店汇报，并提出对该事件的看法及建议，由酒店确定最终处理决定，质检组执行酒店决议。
　　　6.2.5　任何由质检组开具的罚款单，在下达罚款单之前质检组必须先找到当事人或责任部门，讲明对该问题处理的必要性及酒店处理的目的，然后将罚款单下发到当事人或责任部门。
7　对部门的考核程序
　　公司对部门考核将从仪表仪容、礼节礼貌、服务规范、劳动纪律、清洁卫生、顾客满意、环境达标、服务设施完好这八个方面，全面考核。
　　考核办法：依据公司考评标准进行考核。

拟订		审核		审批	

制度7：质检工作服务流程与规范

××酒店标准文件		××酒店 质检工作服务流程与规范	文件编号××-××-××	
版本	第×/×版		页　次	第×页

1　制订质检标准及奖惩条例
　1.1　质检主管根据以下文件与资料确定酒店的工作、服务规范和标准，并结合酒店的实际情况制订质检奖惩条例，并在此基础上开展三级质检。
　（1）《中华人民共和国国家标准旅游饭店星级的划分与评定》。
　（2）酒店员工手册。
　（3）酒店各部门、各岗位的规章制度、工作程序。
　1.2　质检标准及奖惩条例报人事经理、行政总监、总经理批准后执行。
　1.3　确定检查范围
　（1）酒店所有部门及人员。
　（2）具体包括各部门及人员服务规范、服务质量及环境卫生、酒店设备设施维护及保养、酒店安全、消防及节能措施等方面的内容。
　1.4　明确常规检查形式
　（1）专人巡查：每天由质检部门，对酒店的所有岗位进行巡视检查。
　（2）部门自查：各部门质检人员每日对本部门进行自查，并于次日10:00前上报质检部门。
　（3）突击检查：根据举报或平常巡查发现的多发事件，由质检主管临时安排人员对某个部门或岗位进行突击检查。
　（4）周查：由质检主管在每周四带领质检员对酒店内所有部门、岗位及区域卫生进行全面检查。
　（5）月检：由质检主管组织并邀请酒店总经理或副总经理对酒店内所有部门、岗位及物品管理进行全面检查。
　1.5　明确专项检查的形式
　（1）围绕检查专项，如仪容仪表、服务态度、服务质量、工作程序、卫生状况、设备完好率等。
　（2）专项检查后，写出专项检查记录。

2　实施质量检查
　2.1　各部门经理、管理人员对本部门区域内的本部门工作（服务）质量、设备设施的维修保养与清洁卫生工作、安全工作等，有直接督导、检查、考核的责任；对在本部门区域内的其他工作人员的工作（服务）质量等有直接督导、检查的责任，有向其部门经理、管理人员提出考核的建议权。
　2.2　驻店董事、总经理、值班经理、大堂副理、质检专员等有每日巡视、督导、检查各部门的工作（服务）质量、设备设施的维修保养与清洁卫生工作、安全工作等的责任与权力。
　2.3　质检部门每日汇总检查日报、客人投诉、值班经理及大堂副理日报等情况，并根据《员工手册》规定的奖惩条例和《酒店奖惩与考评标准》进行奖惩考核；由人力资源部对当事员工进行奖惩。

3　处理检查中出现的问题
　3.1　发现员工在服务、设备设施、劳动纪律等方面存在的问题，现场纠正，并记清所在岗位、时间、姓名、原因和处理意见。
　3.2　根据问题程度和性质填写过失单或罚款单。
　3.3　罚款单和过失单由员工本人签字，员工拒签仍然有效。

4　质检工作总结
　4.1　发质检通报程序
　4.1.1　每周末将一周质检记录汇总分析，按存在问题、分类、分部门归纳，以表格的形式统计，连同问题分析写出"一周质检通报"。
　4.1.2　撰写质检通报，内容包括时间、部门、当事人、存在问题，以表格形式打印出来，经酒店领导审核无误后下发到各部门。
　4.1.3　各部门接到"通报"后在规定时间按《质检奖惩条例》将处理结果及整改措施上报人事部。
　4.1.4　由责任部门按问题、整改时间，落实到位，质检部门进行复查。
　4.2　发奖惩报告

续表

××酒店标准文件		××酒店 质检工作服务流程与规范	文件编号××-××-××		
版本	第×/×版		页	次	第×页

4.2.1 每日根据检查结果，对违纪人员视情节轻重按酒店《质检奖惩条例》规定进行经济处罚或行政处分，并注明处罚金额及原因。
4.2.2 每月底将当月奖励单与过失单汇总后报酒店领导。
4.2.3 对评选为"优秀员工"的经酒店领导审批后，按酒店规定进行奖励。
4.3 其他
4.3.1 每月汇报质检情况，做出"服务质量分析月报"。
4.3.2 将质检文件、资料、表格整理存档管理。

拟订		审核		审批	

制度8：质检员工作考核制度

××酒店标准文件		××酒店 质检员工作考核制度	文件编号××-××-××		
版本	第×/×版		页	次	第×页

1 质检员的岗位职责
1.1 负责对酒店服务质量的全面检查、控制，记录检查情况，综合各部门服务质量和工作质量的考核资料。
1.2 听取收集客人对酒店服务质量的反映，调查、分析、检查客人投诉的处理及发生的原因，定期编写报表。
1.3 负责做好酒店的重大问题的质检工作，并做好总结汇报，跟查落实情况。

2 质检员质检工作规范
2.1 频率
每日对本部门进行质检，同时根据质检的内容认真填写"每日质检表"。
2.2 每日质检的范围包括
2.2.1 酒店各部门、各岗位人员规范（仪容仪表、劳动纪律、微笑、问好等）。
2.2.2 服务及卫生质量。
2.2.3 设备维护保养。
2.2.4 安全、消防、节能。
2.3 质检程序
2.3.1 常规检查、专项检查，每日巡查本部门，次数不限。
2.3.2 每日做好质检记录，随时发现问题随时处理。
2.3.3 采取全日制检查巡视方法，每日均有质检表。
2.4 对有关问题的处理
2.4.1 发现员工（含管理人员）在服务、设备设施、劳动纪律等方面存在问题，现场纠正，并记清所在岗位、时间、姓名、原因和处理意见。
2.4.2 根据问题程度和性质填写"员工过失处罚单"。
2.4.3 "员工过失处罚单"由员工本人签字。
2.5 对客人投诉的处理
2.5.1 接到客人投诉后了解投诉全过程，做案例分析（包括投诉内容、事情经过、原因分析、存在问题、改进措施及处理意见）。
2.5.2 各部门将当日收到的客人投诉及宾客反馈意见立即通知质检部，并做好跟踪调查，并写出"案例分析"。
2.6 质检过程的处罚程序
2.6.1 质检人员在工作中发现有违反或不符合《员工手册》及酒店规章制度的行为和现象有直接处

续表

××酒店标准文件		××酒店 质检员工作考核制度	文件编号××-××-××	
版本	第×/×版		页　次	第×页

罚权。

　　2.6.2　一般情况下，质检员发现轻微违规现象，将当场指出，违规员工或部门须服从并在短时间内改正，特殊情况时，不超过2个工作日进行改正。

　　2.6.3　质检员在工作中对违规问题将给出书面的质检通知书，指出问题，提出整改建议，给出整改时间，并由当事双方签字认可。

　　2.6.4　在整改期过后，再次发现类似问题，将按有关规定进行处罚，对屡教不改者将送交行政人事部进行重处。

　　2.6.5　酒店质检单、重大事故质检通知书及处罚单均向总经理通报并签字认可，一般质检通知单、处罚单由质检部经理签字认可，财务部配合执行。

　　2.7　质检考试

　　每月根据质检的重点以及每月质检案例汇总，由质检部对质检员进行集中培训并考试。

3　质检员的考核项目

（合计100分）

　　3.1　工作表现（包括工作责任感与积极性以及出勤率，计15分）。

　　3.2　时效性（信息反馈的及时性、准确性，10分）。

　　3.3　应知应会笔试（由质检经理出题考核，10分）。

　　3.4　个人操作性（对本部门质检目标的达成情况，25分）。

　　3.5　团队合作性（10分）。

　　3.6　抽检以及复检（30分）。

4　质检员的考核方法

实行多级交叉评定，主要由本部门经理以及质检部负责考核。

　　4.1　日常检查形式

　　4.1.1　质检部每日不定期巡查及复查各部门质检情况。

　　4.1.2　每周对各部门质检情况集中抽查1次。

　　4.1.3　每周质检情况在周一酒店经理晨会上通报。

　　4.1.4　在日常工作日中采取不定时、不定岗、及查及纠的抽查巡视进行。

　　4.2　专项检查形式

　　4.2.1　围绕检查专项，如仪容仪表、服务态度、服务质量、工作程序、卫生状况、设备完效率等，每日进行督导检查。

　　4.2.2　专项检查后，写出专项检查记录。

　　4.3　各部门经理的督导

　　4.3.1　各部门经理有权每日对本部门质检员进行督导。

　　4.3.2　督导的依据包括：酒店各项规章制度以及《员工手册》；各部门工作程序及标准。

　　4.4　对质检员的奖惩

　　4.4.1　质检部根据巡查和复查的各部门质检情况进行奖惩，给予50～100元的行政奖励（包含表扬、嘉奖）或经济奖励（包含奖品和奖金）；给予50～100元的行政处罚和经济处罚。

　　4.4.2　每月底对质检员进行综合考核并评选当月的"质检标兵"。

　　4.4.3　对评选为酒店"质检标兵"称号的质检员经酒店总经理审批后，按进行一定的物质奖励。

拟订		审核		审批	

第三节　酒店质量检查管理表格

表格1：综合检查表

综合检查表

部门：		年　月　日			
形式	检查项目	细则	符合标准	不符合标准	负责人
必查	卫生	室外			
		室内			
		蚊蝇虫			
	物品摆放				
	操作技能				
	设备设施				
	仪容仪表				
	服务态度				
	礼貌礼仪				
	记录	工作记录			
		考勤记录			
抽查	产品知识	员工守则			
		工作流程			
		产品制度			
	工作记录				
备注：若在检查中，所检查项没有出现任何问题在"符合标准"栏内打"√"；若在检查中，所检查项"不符合标准"栏中填写内容；被检查项目直接负责人在"负责人"栏里签字。					

表格2：质量计划实施情况检查表

质量计划实施情况检查表

编号：

日期		部门		分部门	
质量计划实施情况： 检查人：_____					
检查部门意见： 检查人：_____					

表格3：酒店质检日巡汇总表

酒店质检日巡汇总表

年　月　日

存在不符合规范的问题	部门	结果

当日质检综述：
会议质检：
重大接待：
宾客投诉：
部门工作落实：
专项质检：
夜值经理问题质检：
其他：

表格4：酒店宾客投诉及处理记录

酒店宾客投诉及处理记录

投诉时间	年　月　日　时　分		受理人及职务		受理地点	
投诉方式	现场口头　　　电话　　　书信　　　新闻媒体　　　其他					
投诉人			联系地址和电话			
投诉事由描述：						
处理经过：						
处理结果：						
投诉原因分析及纠正（预防）措施： 计划完成日期：　　　　　　　　部门负责人：　　　　　　日期：						
纠正（预防）措施完成情况： 完成日期：　　　　　　　　　　部门负责人：　　　　　　日期：						
绩效验证：						
是否需将纠正（预防）措施，提升为新的管理制度或修改文件： 部门负责人：＿＿＿＿＿＿＿日期：＿＿＿＿＿						

注：措施如提升为新的管理制度或修改文件，请以附件形式，附于表后。

表格5：酒店纠正及预防措施实施记录

酒店纠正及预防措施实施记录

发至：	发自：	要求答复日期：	实际答复日期：
存在（潜在）不合格情况描述：			
原因分析：			
采取的纠正（预防）措施： 完成日期：　　　　　　　　　　责任人：			
跟踪验证情况： 是否需形成制度：　　　　　　　验证部门： 是否需修改文件：　　　　　　　验 证 人：　　　　　　　职位： 日　　期：			

注：措施如提升为新的管理制度或修改文件，请以附件形式，附于表后。

表格6：重大接待（会议）质检表

重大接待（会议）质检表

接待项目		日期		人数	
涉及部门					
存在不符合规范的问题：					
处理经过与结果：					
原因分析及纠正（预防）措施： 计划完成日期：　　　　　　　部门负责人：　　　　　　　日期：					
纠正（预防）措施完成情况： 完成日期：　　　　　　　　　部门负责人：　　　　　　　日期：					
绩效验证：					
是否需将纠正（预防）措施，提升为新的管理制度或修改文件： 部门负责人：_____日期：_____					

注：措施如提升为新的管理制度或修改文件，请以附件形式，附于表后。

表格 7：酒店质检通知单

酒店质检通知单

质检时间：　　　　　　　　　质检人员：

检查内容	序号	存在不符合规范的问题	复查情况

责任部门		部门确认（签字）	年　　月　　日

责任部门将采取何种措施进行纠正并预防：

责任部门：	质检员：	日期：

备注：责任部门在收到此联起需在 3 日内整改完毕，能现场整改的请立即整改，质检部将复查落实整改情况。经本部门协调仍解决不了的问题请与质检部联系。

表格 8：酒店质检记录表

酒店质检记录表

质检人：　　　　　　　　　质检时间：　月　日　时　月　日　时

本周质检主题				
部门	存在不符合规范的问题	处理措施	复查结果

注：此表用于质检部每日每班内部记录。

表格 9：质检报告

质检报告

检查时间：　　　　　　　　　检查内容：
复查时间：　　　　　　　　　参加人员：
抄　　报：
抄　　送：温泉部　房务部　餐饮部　行政部　工程部　营销部　财务部　保安部

部门	检查内容	第一责任人	复查时间	是否整改

表格10：质检日报表（一）

质检日报表（一）

执行人：值班经理　大堂副理

日期：　　　　　　　　　　　　星期　　　　　　　　　　　质检人员：

未完成跟进问题								
序号	检查时间	发现问题	质量分	整改部门	整改要求	整改情况	完成时间	复核人
1								
2								
当日质检问题								
序号	检查时间	发现问题	质量分	整改部门	整改要求	整改情况	完成时间	复核人
1								
2								

表格11：质检日报表（二）

质检日报表（二）

质检日期：_____　　　　　　　　　　　编号：BHYT/QC/2009-114

昨日问题处理反馈	质检时间	检查地点	区域状况及检查问题	质检处理意见	部门负责人处理意见
	备注：				

签发人：　　　　　　　　　　　　　　　　　质检人：

表格12：质检周报表

质检周报表

执行人：质检小组

上周未完成跟进问题								
序号	检查时间	发现问题	质量分	整改部门	整改要求	整改情况	完成时间	复核人
1								
2								

续表

			本周质检问题					
序号	检查时间	发现问题	质量分	整改部门	整改要求	整改情况	完成时间	复核人
1								
2								

表格13：质检月报表

质检月报表

执行人：质量管理委员会
　　年　　月服务质量分析表（例）

类　别	序号	内　　容	次　数	本月所占比例	上月所占比例
一、工作形象	1	仪表仪容			
	2	姿势规范			
二、工作态度	3	服务态度			
	4	责任心			
三、服务规范	5	服务规范			
四、服务含量	6	服务熟练度			
	7	员工应知应会			
	8	语言能力			
五、产品质量	9	产品质量			
	10	食品质量			
	11	公共区域卫生质量			
	12	设备设施问题			
六、酒店环境	13	人为噪声			
	14	施工噪声			
	15	外部噪声			
	16	温度			
	17	异味			
	18	蚊虫干扰			
七、安全问题	19	车辆事故			
	20	客人物品丢失			
	21	失火事件			
	22	打架斗殴事件			
八、内部管理	23	政策性投诉			
	24	内部沟通			
	25	管理失效			
九、劳动纪律	26	员工纪律			
合计					

表格14：纠正与预防措施处理单

纠正与预防措施处理单

日期：_____　　　　　　　　　　　　对应编号：BHYT/QC/2009-114

责任部门： 问　题： 原因分析及处理： 预防措施：	
开单人：	质检组组长：
纠正改善过程与结果：	
	责任部门：
效果确认：	
	质检组确认：
总经理批示：	

表格15：月度质量汇总分析表

月度质量汇总分析表

部门：　　　　　　　　　　　　　　　　　　　　　日期：

类　别	序号	内　容	次　数	上月所占比例/%	本月所占比例/%
一、工作形象	1	仪表仪容			
	2	姿势规范			
二、工作态度	3	服务态度			
	4	责任心			
	5	服务意识			
三、操作规范	6	操作规范			
四、操作技能	7	应知应会			
	8	语言技巧			
五、食品质量	9	口　味			
	10	卫　生			
六、原料质量	11	原料质量			
七、环境质量	12	清洁卫生			
	13	噪　音			
	14	温　度			
	15	异　味			
	16	蚊虫干扰			

续表

类别	序号	内容	次数	上月所占比例/%	本月所占比例/%
八、安全管理	17	消防安全			
	18	治安安全			
九、硬件设施	19	硬件设施			
十、违纪行为	20	违纪行为			
十一、其他管理事件	21	其他管理事件			
合计				100	100

注：依据质检日报表、大堂副理日报表、部门质检情况汇总表及酒店值班经理记录表中的内容，对酒店在服务质量中出现的问题进行综合分析。

表格16：月度案例汇总分析表

月度案例汇总分析表

部门：　　　　　　　　　　　　　　　　日期：

事情经过	
分析原因	
处理结果	
建议/措施	
备注	

部门经理：　　　　　　　　　　　　　　制表：

表格17：员工（表扬）奖励通知单

员工（表扬）奖励通知单

部门：_____　　　日期：_____

姓名		员工工号	
职务		奖励日期	

一、奖励详情
_____
_____
二、根据上述情况建议给予员工_____以下奖励：
☐ 口头表扬　　　　　　☐ 书面表扬
☐ 部门加分表扬　　　　☐ 分数：_____
☐ 部门现金奖励　　　　☐ 金额：_____
☐ 酒店加分表扬　　　　☐ 分数：_____
☐ 酒店现金奖励　　　　☐ 金额：_____
☐ 其他奖励_____
总经理：_____
员工签认：_____　　部门领导/质检部：_____

 学习总结

通过本章的学习，我对酒店质量管理有了以下几点新的认识：

1._____
2._____
3._____
4._____
5._____

我认为根据本酒店的实际情况，应制订以下制度和表格：

1._____
2._____
3._____
4._____
5._____

我认为本章的内容不够全面，还需补充以下方法、制度和表格：

1._____
2._____
3._____
4._____
5._____

第十一章　酒店节能环保管理工具

引　言

保护环境、保障人类健康日益受到人们的关注。许多行业都制订了相应的行业准则以约束并促进组织的环境行为。酒店作为宾客云集、消费娱乐场所，要占用、消耗大量的自然资源，排放大量的废弃物，酒店的节能降耗工作也被提上日程。

本章学习指引

目标	了解酒店节能环保管理的要点，并能够运用所提供的范本，根据本酒店的实际情况制订相应的管理制度、表格

学习内容

管理要点	• 建立节能降耗常设机构——节能减排委员会 • 运用技术节能降耗 • 节能控制指标标准化、操作程序化 • 制度节能措施 • 开发绿色市场，提供绿色服务
管理制度	• 能源管理制度 • 酒店无纸办公规定 • 节约能源实施方案 • 倡导节能减排实施方案 • 工程部节能环保规定 • 保安部节能环保规定 • 餐饮部节能环保规定 • 行政部节能环保规定 • 总经理办公室节能环保规定 • 市场销售部节能环保规定 • 客房部节能降耗管理规定
管理表格	• 酒店电力使用记录表 • 酒店锅炉主机运转时数表 • 酒店锅炉燃油使用记录表 • 酒店冷气泵省电器使用记录表 • 酒店用水记录表 • 酒店加药机使用记录表 • 酒店月份能源资料表 • 酒店工程部月份能源统计表 • 每日能源报表 • 每月能源报表

第一节　节能环保规范化管理要点

要点1：建立节能降耗常设机构——节能减排委员会

节能降耗是一项深入到每一个员工日常工作中的工作，只有将这项工作落实到每个员工身上，才能避免"领导抓一抓，员工动一动"的局面。为将节能降耗工作建立成常制机构，酒店可以成立节能降耗委员会，制订节能委员会的工作章程，并确定其工作目标。

节能降耗委员会通常由酒店域内由节能降耗的主要负责人和责任人组成，如图11-1所示。

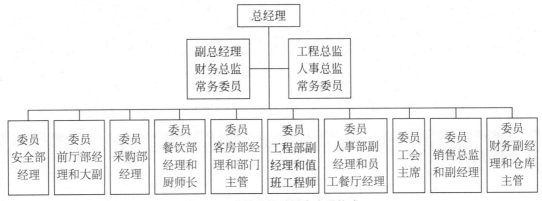

图11-1　节能降耗委员会人员构成

其宗旨如下。

（1）坚持国家节能减排大政方针，维护酒店利益，和推广节能降耗新技术，扶持酒店的革新方案，改善、优化操作方法，提高节能降耗质量和效益。

（2）更好的协调和管理，加强与各部门的联系。

（3）推进酒店节能降耗事业向前发展。

节能降耗委员会，可将节能降耗工作从过去的松散化变成了制度化。

要点2：运用技术节能降耗

酒店节能降耗可以采用清洁生产技术、污染治理技术和废物利用技术三种主要的环保技术。对于酒店而言，采用先进的环保技术和不断改变其设备设施的环保技术，能帮助酒店从根本上实现节能降耗。特别对于许多老酒店而言，及时更新其主要耗能设备的技术，能够使饭店在更大程度上节约能源和耗材。比如，中央空调是酒店的节能重点，对空调制冷机组冷却水与冷冻水循环泵和末端进行智能化技术改造，中央空调即可适用夏冬不同季节的工况，节约能源的使用。再比如，锅炉及加热设备也是饭店的耗能重点，酒店可以采用免费的各类废热回收，各类冷热回收机和新技术高效率的高碳分子锅炉，此举可以缓解燃油供应的紧张。类似的技术节能降耗方向还包括以下几种。

（1）选用节能锅炉。

（2）选用现代化的环保洗衣设备。

（3）选购节能环保型冰箱。

（4）选用节能环保型水泵。

（5）建设污染处理工程。
（6）选用节能灯。
（7）选用环保型蒸汽高温球阀。
（8）消除自来水管路的隐性漏水。
（9）采用无泄漏的节能疏水阀。

要点3：节能控制指标标准化、操作程序化

（一）制订科学考核指标

指标是管理核心，依据各部门前一年的消耗，制订每个部门的能源消耗指标下达部门进行考核。指标下达到部门不得超用，其计算公式如下：

$$去年同期使用量 \times （1-降耗\%）= 部门单月使用量$$

（二）规定各个区域灯光和设备开关模式

降低消耗对每个部门、每个方面都有很多可开发的资源结点。节能降耗的措施可采用由自下而上的方式，充分发动员工，广开思路，制订降耗措施和方法。编制成操作程序和制订成制度。

以下为某酒店各个区域灯光和设备开关模式（见表11-1～表11-3）。

表11-1　G/F灯光及设备控制模式

区域用电设施	开启时间	负责人	备注
外围广告灯箱、车道灯、店徽灯及筒灯	（夏季）20:00～22:30 （冬季）19:00～22:30	前台行李员	
外围喷泉泵	上午：7:00～13:00 晚间：19:00～22:30	前台行李员	
大厅的天花吊灯，槽灯和筒灯	（夏季）20:00～22:30 （冬季）19:00～22:30	前台行李员	
停车场日光灯、电梯间照明灯、天花槽灯和筒灯	全天24小时	前台行李员	
空调开关时间	（夏季）5:00～24:00 （冬季）5:00～24:00	前台行李员	其余时间关闭

表11-2　五层灯光及设备控制模式

区域用电设施	开启时间	负责人	备注
大堂区域灯，浮雕灯、电梯间电视	（夏季）6:00～7:30 19:30～23:00 浮雕灯20:00开 （冬季）6:30～18:30 17:00～22:30 浮雕灯18:00开	大堂助理	阴雨天另行调整
五楼喷泉	（夏季）6:00～18:00	大堂助理	
中厨房	9:00～14:00 16:00～18:00	厨师	其余时间关闭
西厨房	全天24小时	厨师	

续表

区域用电设施	开启时间	负责人	备注
大堂	夏季：早6:00开启大堂区域照明灯光、浮雕灯、电梯间电视；7:30关闭大堂区域照明灯光；19:00开启大堂区域照明灯光；20:00开启浮雕灯；23:00关闭大堂区域灯光及电梯间电视。 冬季：早6:30开启大堂区域照明灯光、浮雕灯、电梯间电视；8:30关闭大堂区域照明灯光；17:00开启大堂区域照明灯光；18:00开启浮雕灯；22:30关闭大堂区域灯光及电梯间电视。	大堂经理	
公卫	夜间清洗地面做结晶打蜡时开启全部灯光；23:00～次日7:00客梯间开启16盏筒灯；餐厅清洁参考餐饮部的摆台模式	×××	
宴会厅	夜间摆台只开启照明 会议前一小时开启空调，会议结束后关闭空调	宴会服务员	摆台关闭射灯及壁灯
西餐厅空调换季期间的开关模式	6:30～14:30 17:00～22:00	领班	
大堂吧空调换季期间的开关模式	11:00～20:00	领班	

表11-3 六～十八层走廊灯光及设备控制模式

区域用电设施	开启时间	负责人	备注
6层、7层南北走廊	夏季：8:30～18:00应急灯、普照灯全部关闭 18:00～23:00应急灯、普照灯全部打开 23:00～次日8:30开应急灯，关普照 冬季：6:00～8:30开应急灯，关普照灯 8:30～17:00关应急灯，关普照灯 17:00～23:00应急灯、普照灯全部打开 23:00～次日6:00开应急灯、关普照	早班 中班 中班 中班 中班	
8～15层南北走廊	夏季：8:30～18:00应急灯、普照灯全部关闭 18:00～23:00应急灯、普照灯全部打开 23:00～次日8:30开应急灯，关普照灯 冬季：6:00～8:30开应急灯、关普照灯 8:30～17:00应急灯、普照灯全部关闭 17:00～23:00应急灯、普照灯全部打开 23:00～次日6:00开应急灯、关普照灯	早班 中班 中班 早班 早班 中班	

要点4：制度节能措施

（一）建立制度

针对能源的使用和控制，制订专门的《酒店节能制度》，在这个制度的基础上，每个部门制订"节能操作标准和程序"和"区域节能控制表"，明确定出节能工作的标准和程序，以便于日常运作及相关部门自身的管理和监控；同时，对酒店的灯光照明的开关时间、灯光的亮度、空调的温度和风量等制订了详细的量化标准，针对春夏秋冬不同的季节、淡旺季、白天和黑夜、晴天和雨天、营业时间和非营业时间进行设置，对此，酒店可以采取以下制度。

1. 对节能降耗工作给予足够的重视

明确要求全体员工都重视起来，进行全员贯彻，有必要成立以第一领导为主任的节能委员会，设立专职部门为节能管理办公室，具体负责企业的所有节能降耗工作的全面开展，并督导节能工作的实施。

2. 制订严格的节能降耗实施细则

诸如人走灯关、水关、空调关、电脑关等这样的"一走四关"措施，对于能源设备使用进行能源设备所属区域部门管理的原则，即能耗设备在哪个区域放置就由这个区域的管理部门负责节能管理，使节能降耗工作责任到部门，同时要求各部门设立专职节能降耗管理员，责任到人，使酒店内的所有员工都行动起来，在全酒店建立起来全员节能意识。

3. 定期实施召开节能降耗例会制度

与酒店的经营成本分析结合起来，对酒店的每月能耗使用情况进行通报，由节能管理办公室对本月的实际能耗消耗量进行分析，同时由节能管理办公室每月对酒店内所有区域进行节能检查，并对节能降耗违规的检查情结果予以通报和处罚，严格约束员工在工作中使用能耗的行为。

（二）实施定期不定点的检查

实行值班经理、值班工程师、保安主任和行政总值轮流参与的每日三班联合检查，对酒店各营业区域节能工作的执行情况，对水、电、柴油、煤气、蒸汽等能源使用情况进行全面的监督和控制；对任何区域出现的违反酒店节能规定的个案及时纠正制止。

（三）违规处罚

在日常的检查中一旦发现违规的情况，由检查人员发出《节能违规单》，违规情况确认以后，对当事部门采取"三级连坐"的处罚。处罚的目的是以荣辱感引起全体员工的重视。此外，酒店工程部每月统计耗能情况及违规情况，并向全酒店公布月度节能总结报告。

要点5：开发绿色市场，提供绿色服务

（一）创办"绿色餐厅"

要创办"绿色餐厅"，酒店可以选择自己的蔬菜基地，使用"绿色"蔬菜，设置绿色餐厅，并在餐厅内设无烟区，在餐桌上放置无烟标志和绿色食谱；制订一套与之相配套的绿色酒店餐饮服务规程；依据季节的不同，在凉热菜上严把卫生质量关，对海鲜湖鱼类也有一系列的质检标准。严把食品进货渠道，不食用珍稀野生动植物及益鸟、益兽。畜禽产品应当有防疫部门的检测证明，严格按照绿色食品要求加工原材料，推出"绿色美食节"等宣传绿色菜肴，引导客人适量点菜，主动征求客人意见为其提供打包和存酒服务，让客人吃上放心菜。在定价中，让利销售、良心定价等价格策略也要取代原有的"大价"斩客或压价竞销等价格策略。这样，酒店既会得到客人的好评，也开发了酒店的绿色市场。

（二）开发"绿色客房"

"绿色客房"指讲究环保的客房，客房内的物品应尽量包含"绿色"因素，例如，在洗手间的安装方面，采用低流量冲水马桶和特别制作的淋浴喷头、水龙头，并适当采用太阳能设计；酒店的建筑墙面墙体可以采用"绿色"涂料；床上用品，床单毛巾等布草最好是纯天然的棉织品或亚麻织品；肥皂宜选用纯植物油脂皂；使用绿色环保型的空调、冰箱；对塑料、金属、玻璃制品进行循环使用，可制成野餐车、标示牌等。对客房进行一系列的"绿色改造"。同时引导客人成为资源的节约者、环境的保护者。客房内的物品要尽可能地反复使用，把一次性使用变为多次反复使用或调剂使用；延长物品的使用期，推迟重置时间，凡能修理的就不要换新的，决不轻易丢掉废旧物品，将有些用品及其包装当作一种日常生活器具来设计，而不是用完一扔了之。

（三）培养绿色意识，引导绿色消费，树立绿色形象

酒店是高消费的场所，人们往往将酒店与挥霍浪费和过度地追求物质享受联系在一起。严重的环境问题正在改变着人们传统的思想观念。依靠过度消耗自然资源、讲究排场、追求奢华的物质享受的消费模式已经逐渐遭到否定。挥霍和浪费自然资源，只能加剧环境的恶化，阻碍人类文明的进程。开展绿色服务，提供绿色食品，引导客人进行绿色消费，这对树立公众的环保意识，具有十分重要的意义。

在现代社会中，酒店的形象对酒店的生存与发展直接产生作用，可以说，它是酒店最重要的无形且无价的资产。虽然良好的酒店形象不能直接为酒店创造利润，但却可以间接开辟市场，带来良好的经济效益和社会效益。树立酒店"绿色形象"，应从产品、价格、促销、渠道来谈一下如何进行绿色营销，树立并维护饭店企业的绿色形象。首先，以产品组合角度讲，对酒店的各种服务项目进行灵活组合，并针对不同年龄、职业和消费水平的客人开发组合不同的产品。其次，在定价方面上，针对当今的绿色市场消费水平较高的情况，将产品价格适当提高，并在产品销售过程中使顾客深刻了解绿色产品的特点，加深绿色酒店形象。在促销方面，印制宣传品及绿色公益广告树立企业良好形象。并在酒店的大堂、客房、餐厅、健身房等处贴绿色环保标识。

第二节　节能环保规范化管理制度

制度1：能源管理制度

××酒店标准文件		×× 酒店 能源管理制度	文件编号××-××-××		
版本	第×/×版		页	次	第×页

1 能源计划

1.1 各部门要制订节能降耗年度工作目标和计划，并检查和总结计划执行情况（7月中旬以前完成上半年度节能计划执行情况小结；次年1月中旬完成年度节能计划执行情况总结）。

1.2 酒店各部门及班组应制订节能岗位责任制，并层层落实、分工明确，各行其是、各负其责。

1.3 对上级下达给各部门的各种能耗计划考核指标应严格考核，计算出能耗成本和费用情况，并及时反馈上报。

2 各种用能管理制度

2.1 用电管理

2.1.1 实行部门用电及重要用电设备分表考核制度。

2.1.2 提高用电设备的功率因数。合理装置无功补偿设备，功率因数应达到$0.9 \sim 1$。

2.1.3 照明系统应保证有合理照度，根据不同场合要求，优先选用光效高、显色性好的节能光源及高效灯具；并根据各种光源的有效寿命，制订更新周期，维持光效水平。

2.1.4 照明节电控制手段。客房安装节电开关、光源分路控制、节电调光控制、光控开关等。

2.1.5 根据不同负荷要求，冷冻机选用几台机组并联运行。合理控制冷冻水、冷却水温度和水质，客房和空调调温控制。

2.1.6 加热方式应优先选用燃烧加热的高效电加热设备。

××酒店标准文件		××酒店 能源管理制度	文件编号××-××-××		
版本	第×/×版		页	次	第×页

2.1.7 电动机、水泵、风机应选用高效节能型号。
2.2 用水管理
2.2.1 主要用水部门实行分表考核，应有专人负责抄表，根据供水指标实行计划用水，建立供水责任制度。
2.2.2 用水人员发现跑、冒、滴、漏现象应及时报修。
2.2.3 对冷却水和锅炉凝结水应重复利用或一水多用。
2.2.4 按《节约用水法规》的规定。
2.3 用油管理
2.3.1 燃料油入库应建立收、发、盘、存台账，消耗应有分班、分炉计量数据。
2.3.2 燃料油在使用时，由泵打入油罐，应以油罐的标尺数进行"容积计算法"或用重油流量表计量；每班填写"锅炉运行日志"，并每月统计汇总一次。
2.4 用气管理
2.4.1 制订合理的用气制度，并按时供气。
2.4.2 锅炉烟道、风道、炉墙、看火门等处不得有明显隙缝，排污阀、逆止阀必须开关灵活。
2.4.3 各种蒸汽阀门、热力管道必须保温。保温结构由保温层和保护层组成，不允许有蒸汽喷射泄漏。
2.4.4 用汽设备的凝结水出口处，必须有与之相匹配的疏水阀。
3 能源计量管理与统计报表
3.1 努力做到电、水、煤气、油等一、二、三级检测率达到所在地技术监督局规定的计量标准。
3.2 对大容量、高能耗设备实行单台消耗计量。
4 能源定额考核、成本核算和奖惩考核
4.1 制订酒店每万元营业收入耗电、燃油、煤气、自来水定额。
4.2 根据前三年的能耗情况和其他因素，制订各种能源的实物总量定额。
4.3 对各种能源消耗定额执行情况，按月（季）进行成本费用核算和考核。
4.4 根据"多节多奖，少节少奖，不节不奖，超耗和失职受罚"的原则，建立健全企业节能奖惩制度。
5 节能技术改造
5.1 积极慎重地提出节能技术改造项目、资金和计划，按国家规定对基建和技改项目可行性研究报告中必须增列"节能篇"的合理用能专题论证。
5.2 积极落实酒店的节能技改计划，并按时完成。
5.3 对节能技改项目完成情况进行总结和进行节能效益跟踪。
6 节能培训
6.1 各部门制订本部门员工节能培训计划，按计划对节能管理岗位进行技术管理培训。
6.2 定期对本部门员工开展国家节能法规和地方有关能源管理标准等能源形势的宣传教育。

拟订		审核		审批	

制度2：酒店无纸办公规定

××酒店标准文件		××酒店 无纸办公规定	文件编号××-××-××		
版本	第×/×版		页	次	第×页

1 系统设备
 1.1 硬件环境
 1.1.1 中央信息存储器（服务器，放置在电脑部）。
 1.1.2 各部门工作站（各部门联网电脑，放置在各使用部门）。
 1.2 软件环境
 1.2.1 中央信息存储器：WindowsNT Server，Office2007，防病毒软件。

续表

××酒店标准文件		××酒店 无纸办公规定	文件编号××-××-××		
版本	第×/×版		页次		第×页

1.2.2　各部门工作站：WindowsNT Workstation、Office2007、防病毒软件。
1.2.3　利用WindowsNT组建内部局域网。
2　使用规则
2.1　每个部门每天至少应浏览本部门邮箱4次，以确保文件传收的及时性。
2.2　如果传递的是通知性文件，文件应加设密码避免文件被修改。
2.3　如果传递的为引用性文件，文件可不设密码，便于其他部门引用。
2.4　每个部门应及时从邮箱中将本部门的信件取出，以减少占邮箱的空间。
2.5　各部门邮箱内的邮件超过7天，将被电脑自动删除。
2.6　每个利用邮箱传递的文件应确保与存档备查的文件内容一致（由秘书负责）。

拟订		审核		审批	

制度3：节约能源实施方案

××酒店标准文件		××酒店 节约能源实施方案	文件编号××-××-××		
版本	第×/×版		页次		第×页

1　加强管理、节约能源
　1.1　建立节能工作小组
　由酒店副总经理担任组长，工程部经理任副组长，组员由各部门经理组成，每月活动一次，日常工作由工程部经理负责。
　1.2　加强思想教育，提高员工节能的自觉性
　1.2.1　新员工入店教育应有此节能环保的内容。
　1.2.2　各部门工作规范中应有具体要求。
　1.2.3　加强宣传力度，普及节能知识。
　1.3　加强计量和定额管理
　1.3.1　加装计量仪表：分区域安装冷水和热水表、电表、煤气表、空调流量计。
　1.3.2　工程部坚持每天抄表，发现异常立即找出原因，拿出解决办法，避免浪费。
　1.3.3　每月对能源消耗情况进行统计分析，上报酒店领导审阅。
　1.3.4　开业一年后，确定出一套运营的定额情况，于开业后第二年起实行定额管理。
　1.4　加强巡视检查，杜绝跑、冒、滴、漏现象。
　1.4.1　重点检查照明灯、空调、水龙头开关使用情况，并做好相关记录。
　1.4.2　以专业人员为主加强巡视检查，发现问题及时解决。
　1.4.3　各部门把节能工作列入议事日程，按照具体要求进行管理。
　1.4.4　培训督导部在督导过程中也有此项节能环保职责。
　1.4.5　各部门应根据营业和工作需要对本部门节约能源消耗工作提出具体措施并落实。
　1.4.6　专业管理和群众管理相结合，发动群众提出节能降耗方面的合理化建议，对切实可行的要积极采纳。
　1.4.7　推行能源管理责任制，签订责任书，实行区域负责制，谁使用，谁管理，谁负责，奖励节约，惩罚浪费。通过实际运营，制订出科学、合理、符合实际的定额，如管家部可按每入住一人应消耗的水量、电量、供热（冷）量制订出单耗定额；餐饮部和康乐部可按每万元营业额消耗的用水、用电、供热（冷）量制订出单耗定额，逐步实行定额考核与部门以及个人的经济利益挂钩。
　1.5　常规情况下可采取的具体措施
　1.5.1　节约用水
　（1）员工浴室实行定时开放制度，取消24小时开放。

续表

××酒店标准文件		××酒店 节约能源实施方案	文件编号××-××-××		
版本	第×/×版		页	次	第×页

（2）解冻食品尽量不用活水冲化。
（3）各部门搞清洁卫生时要进行刷洗，减少不必要的冲洗。
（4）洗汽车要刷洗，不准冲洗。
（5）设法提高住店客人的节水意识。

1.5.2 节约用电
（1）在保证正常照度的前提下，降低不必要的灯泡功率。减少后部区域照明灯管、灯泡的数量。
（2）在保证正常室温的前提下，尽量减少制冷机的负荷和开机时间，尽量利用室外新风。
（3）冰箱及冷库门不准常开。
（4）加强对制冰机管理，严禁员工随意取用冰块。
（5）搞好客房节能控制箱等设备的维修工作，使其处于良好的工作状态。
（6）管家部要在开夜床时只允许打开必要的灯光，其他照明设施应予关闭。
（7）当客房入住率低于30%时，计调部、预订部、前厅部应尽量将客人安排在楼内较为集中的一层或几层，其他没有住客的楼层要关掉一切电器和空调设备。
（8）计调部、餐饮部在用餐客人较少时，应将客人相应集中地进行安排，将其他不用的餐厅或包房内空调、电灯等关掉。

1.5.3 节约天然气
（1）按相应国家标准在室内温度控制上严格掌握。
（2）对蒸汽、热水等管道的保温采用新材料、新工艺减少热量损失。
（3）严格控制生活热水温度。
（4）严格控制锅炉的开启数量，如需增加开启数量，必须经过工程负责人批准。

2 采用先进的技术成果节约能源
在工程设计或工程改造中要选用先进的节能型设备，特别是耗能较大的设备，因为一旦投入使用，再想改造难度很大，所以设计上的失误会造成很大的浪费。在已投入使用的情况下，要有计划地逐步使用新材料、新工艺和新技术，通过不断的技术革新降低能源的消耗。

2.1 节约用水
2.1.1 员工浴室应采用节水开关。
2.1.2 在保证能将污物冲净的前提下，减少马桶水箱的储水量，搞好蒸汽冷凝水的回收工作。
2.1.3 采用磁芯快开水嘴或感应器控制的节能式水龙头或混水器。
2.1.4 洗衣房应使用小型洗衣机、烘干机，解决快件客衣的洗涤。
2.1.5 建议在进行经济分析的基础上确定是否应建立污水处理站，做到中水回收，进行浇灌花木绿地或再利用。

2.2 节约用电
2.2.1 采用高效的节能灯代替白炽灯泡。
2.2.2 采用光控技术和时钟继电器控制室外照明灯的开闭。
2.2.3 三相水泵电动机安装变频器。
2.2.4 严格控制制冷机的开放，尽量利用室外新风。
2.2.5 做好空调冷冻水的管道保温，减少冷量损失，因为冷量是用电量换来的。
2.2.6 确保空调自动调节控制设备灵敏、有效和可靠，以减少冷（热）量的浪费。

2.3 节约天然气
2.3.1 调整好锅炉的气门和风门，使其处于最佳燃烧状态，降低天然气的消耗。
2.3.2 调整好灶台的风、气配比，减少天然气浪费。
2.3.3 控制好生活用水和空调采暖用水的供水温度，因为水温越高，热量损失越大。
2.3.4 做好蒸汽管道和热水管道的保温，减少热量的损失。
2.3.5 搞好蒸汽冷凝水回收工作，节约天然气。

拟订		审核		审批	

制度4：倡导节能减排实施方案

××酒店标准文件		××酒店 倡导节能减排实施方案	文件编号××-××-××		
版本	第×/×版		页次		第×页

1　活动目的

为加强酒店节能减排运行管理，节约资源能源，倡导低碳运营，通过强化经营管理、倡导绿色消费等方式，提高酒店经济效益和市场竞争能力，深化酒店节能减排标准，并提高全员低碳环保和节能降耗意识，降低各项成本费用，特制订本方案。

2　组织领导

成立开伦酒店节能减排管理委员会，指导深化节能减排工作的开展及落实。

　　主　　　任：总经理
　　执行主任：副总经理、行政人事主任、工程部经理、保安部经理
　　成　　　员：各部门主管级以上管理人员

3　宣传口号

节能减排，低碳环保
增收节支，降本增效
增收全员参与，节约从我做起
低碳环保，节能降耗，人人有责

4　实施内容

4.1　提出酒店绿色环保的理念和主题口号，加强宣传教育和培训工作，树立员工绿色环保服务理念，强化各部门之间的团队合作，倡导绿色消费。

4.2　建立系统完整的能耗比较分析制度，实施科学合理的节能减排行动。

4.3　做好节能减排宣传工作，营造节能减排氛围。

4.4　引导宾客积极参与和支持，实施宾客绿色消费奖励计划。

5　工作要求

5.1　各部门根据酒店总体方案结合实际情况按照制订详细的实施方案，要求分工明确，责任到人，奖罚分明。

5.2　定期组织员工培训绿色酒店知识、节能减排知识、能源及设备管理制度，要求达到操作人员正确掌握操作规范。

5.3　考察交流节能减排相关设施设备，制订节能减排设备改造计划，对节能产品进行应用。

5.4　根据实际工作需要，各部门制订设备的开关时间表，各区域要责任到人，严格进行控制。设备明确操作及保养责任人，部门管理人员进行定期检查，节能减排管理办公室进行检查。

5.5　各部门做好设备台账建立及管理工作。每周配合节能降耗管理办公室做好设备能源检查，对检查出的问题要认真落实整改。

5.6　各部门每周配合节能降耗管理办公室对本部门的能源消耗进行统计，分析本部门物耗及能源消耗量增减的原因，发现问题及时整改，并与管理办公室做好沟通。每周能源统计分析情况周一例会进行通报，每月召开专项会议进行分析总结。

5.7　节能减排管理检查及运行，严格执行酒店体系文件《××酒店节能降耗实施细则》。

5.8　引导宣传宾客消费理念，倡导绿色、健康、环保消费。制订绿色消费奖励方案，激励宾客绿色消费。

6　实施进度

6.1　召开节能减排动员会，推进节能减排各项工作。

6.2　收集节能减排金点子，加大节能减排力度。

6.3　考察节能设备，制订改造计划并实施改造。

7　考核指标

依据节能管理制订方案，对各部门指标内容进行考核，数据汇总由工程提供，财务统计，表格式样见附件1、附件2。

8　奖惩办法

8.1　要求各部门组织员工认真落实节能减排工作方案，鼓励员工在节能降耗中献计献策，凡被采纳者，根据节能情况给予一定的奖励。

续表

××酒店标准文件		××酒店倡导节能减排实施方案	文件编号××-××-××		
版本	第×/×版		页	次	第×页

8.2 根据各部门与酒店签订的管理考核项目，对每月由计划财务部统计审核后，根据考核结果给予兑现。

8.3 年底根据全年方案落实实际情况，评出节能减排管理先进部室和先进个人进行奖励。

9 节能降耗控制操作流程

9.1 酒店在3月1日前对所有公共区域的水、电表分别进行调试，并在小厨房安装水表，以后将这块费用分摊到餐饮部，责任到人。

9.2 月初由工程汇报各部门电、水费用量给财务一份，酒店总经理一份，财务核查准确数据后汇总给考核领导小组，作为考核的依据。

9.3 客房每月对易耗品用量和节约数量统计报表交财务和考核小组，财务进行汇总，对节约有贡献的员工予以嘉奖。

9.4 节能降耗管理办公室每周对查出的问题在周会上进行通报，对存在的问题及时纠正。

9.5 每月底30号前财务将所有的数据汇总给节能降耗管理小组，小组将在月初的专题会上对所有的数据进行分析并调整。

10 相关支持文件

10.1 能源费用与计划对比表。

10.2 各部门用品损耗对比表（每月数据提供进行对比）。

10.3 宾客绿色消费奖励方案。

10.4 酒店节能降耗实施细则。

10.5 酒店各区域开关灯时间表。

10.6 酒店各楼层空调保持温度。

附件1：能源费用与计划对比表

能源费用与计划对比表

	实际费用	计划费用	用量费用增减
水（吨）	月耗量		
	费用（元）		
电（度）	月耗量		
	费用（元）		

附件2：各部门用品损耗对比表

各部门用品损耗对比表

序号	部门	耗材	打印纸	办公用品	备注
1	娱乐部				
2	销售部				
3	餐饮部				
4	工程部				
5	房务部				
6	洗浴部				
7	保安部				
8	财务部				
9	行政办公室				

注：每月数据提供进行对比。

续表

××酒店标准文件		××酒店 倡导节能减排实施方案	文件编号××-××-××		
版本	第×/×版		页次		第×页

附件3：绿色消费奖励方案

例如，客房：制订宾客一天不使用六小件可奖励签字笔一个，五天不使用六小件可奖励玩具或装饰物一个，三天不洗床上用品可免费洗衣一次。

附件4：酒店节能降耗实施细则

酒店节能降耗实施细则

为了做好酒店节能降耗工作，希望各部门做好以下工作。

一、各部门

1. 树立成本经济观念，健全并遵照能源、物料、修旧利废管理制度和办法，控制降低物耗能耗成本，加强修旧利废，争取进一步降低电费、水费比例。

2. 合理调控设备经济运行，杜绝跑、冒、滴、漏、现象。

3. 对本部门进行纸张等耗材的严格控制，如不是酒店正式发文必须双面打印，杜绝单面打印，废纸裁剪作为草稿纸。

4. 对于各部门需要通报的事宜和晨会纪要等，一般情况通过邮件或开伦群传阅，尽量避免打印，杜绝浪费纸张。

二、工程

1. 加强对各点电源使用检查，每月水电表并进行对比。水电表的计量的使用量，每月通报总经理，以便成本控制。

2. 加强材料设备配交置，管理建立好设备件台账，详细各个材料价格，便于控制，做好每一笔物料及配件的用途记录。

3. 适时对酒店热水系统（加热机组）的调控与维修。

4. 对各公共区域的笼头开关采取海绵垫压，减小出水排放量。

5. 对客房的面盆笼头阀门做适当调整，减小出水排放量。

三、客房

1. 客房服务员在打扫房间时随手关闭不需要开启的灯，如床前射灯、卫生间淋浴间过道灯等以及关闭换气扇（有窗户的房间）。

2. 服务员打扫房间时不得打开空调及电视机及有关的电器设备。

3. 为节约能源，服务员打扫房间时应对空调过滤网进行及时清洗。

4. 为节约用水服务员不要使用热水清洗拖布和抹布以及长时间打开水，做到清洗拖布、抹布后立即关闭水源。

5. 对各楼层公共通道在白天有光线的地方关闭过道灯。

6. 客房服务员推工作车时注意保护墙面和护角条，减少不必要的维修费用。

四、餐饮部

（一）厨房

1. 厨房工作人员在工作时间尽量节约能源，如水、电、煤气。餐厅以及厨房灯，把开灯时间用标签贴在开关上6:30～10:30只开一个筒灯，10:30～12:00开跳开两排（打菜用餐时间）做卫生跳开两排；厨房13:00关闭炉灶灯。

2. 清洗原料时不要长时间开水冲洗。午餐结束清理完后即关闭空调及电灯，排风及抽油烟机、煤气、水电等，小厨房洗碗时不要长时间冲洗，应该集中过洗，电磁炉及时关闭。

3. 餐厅设备：空调在没有宴请是关闭电源，小厨房冰箱如东西不多可以把东西移植大厨房把其关掉。灶台在烧菜时应注意，煤气的节能，停顿时可以关闭苗火。

4. 用水节能：监督员工在操作过程中减少不必要的浪费（洗碗、洗菜、洗拖把），让工程协助改进水阀，让水流减慢。

5. 原材料：监督在操作过程中不必要的浪费，对于每天用餐人数要有预测，做到有多少人烧多少菜。在给员工打菜时，第一次可以少打，吃了不够可以再加，减少不必要的浪费。

6. 小厨房洗碗时不要长时间冲洗，应该集中过洗，电磁炉及时关闭。

（二）餐厅前台

1. 禁止酒店员工用一次性餐具及客用器皿用餐，减少不必要的浪费及破损。

续表

××酒店标准文件		××酒店 倡导节能减排实施方案	文件编号××-××-××		
版本	第×/×版		页	次	第×页

2. 员工用餐实行每天时时报餐，避免浪费。
五、销售部及行政办公室
下班后关闭所有电灯、电脑及所有用电设备，避免引起安全隐患。
六、前台及大堂区域
　1. 前台以及大堂的灯：夜间前台开外环灯，顶灯开背景灯，过了23:00就关掉，大堂灯夜间一般情况下只开半边。
　2. 前台设备节能，夜间发票机，其中一台操作电脑关机节能；液晶电视以及后面笔记本关掉。小办公室开半边灯！没人可以考虑关闭。
　3. 排房，在房间充裕的情况下，尽量把客人安排在同一个楼层，关闭某一楼层的走道灯！并能进行卫生清理。
　4. 密切注意一楼公共卫生间，养成随手关灯关排气扇的习惯。节省卫生纸的使用。
　5. 前台A4纸张要进行节省使用，避免无谓浪费。纸张进行正反面循环使用。
　6. 大堂空调对适宜天气来说，尽量不要开启，避免无谓浪费。哪怕开启也进行循环开关使用，做到节省费用。
　7. 作为前台员工对于餐厅的食物也要进行节省，多吃多打，少吃少打，避免浪费。
　8. 空调根据气候变化开关，大堂空调随着季节变化时，根据需要需要时由工程人员视气温高低打开，并且注意及时关闭。
　七、其他
　酒店员工在没有特殊情况下不得使用电梯，步行消防通道。
附件5：酒店各区域开关灯时间表

酒店各区域开关灯时间表

序号	照明区域名称	开灯时间	关灯时间	责任部门	提示
1	大堂外雨篷灯，标志灯	18:00	5:00	工程部	
2	前台以及大堂灯	17:00	7:00	前台部	
3	大堂前厅	17:00	7:00	前台部	
4	大堂吧：筒灯，灯带	18:00	22:00	前台部	
5	中、西餐厅	用餐时间	用餐结束	餐饮部	根据经营高峰期适当调整关开
6	五楼走廊	8:00	19:00	值班经理	
7	公共卫生间	随手关	随手关	值班经理	
8	安全通道	17:00	6:30	值班经理	
9	洗浴部	营业时间	营业结束	洗浴部	根据经营高峰期适当调整关开
10	KTV	营业时间	营业结束	娱乐部	根据经营高峰期适当调整关开
11	茶艺馆	营业时间	营业结束	西餐厅	根据经营高峰期适当调整关开
上述开灯时间根据日照情况的变化可以适当调整。					

续表

××酒店标准文件		××酒店 倡导节能减排实施方案	文件编号××-××-××	
版本	第×/×版		页次	第×页

附件6：酒店各楼层空调保持温度

酒店各楼层空调保持温度

楼层	名称	夏季温度/℃	冬季温度/℃	责任人
1楼	大堂	25～26	20～24	
1楼	前厅	24～26	20～24	
5楼	行政办公室	24～26	20～21	
6楼	客房办公室	24～26	20～21	
5楼	会议室	24～26	20～21	
负4楼	洗浴KTV办公室	24～26	20～21	
16楼	望江楼茶艺馆	24～26	20～21	
4楼	西餐厅	24～26	20～21	
5楼	财务办公室	24～26	20～21	
2.3楼	中餐厅	24～26	22～24	

上述区域的空调规定温度，请各部门认真遵守，如有特殊需要，空调温度进行调整，办公室的总经理同意。营业区客人要求即可处理，但该客人离开后归原。

拟订		审核		审批	

制度5：工程部节能环保规定

××酒店标准文件		××酒店 工程部节能环保规定	文件编号××-××-××	
版本	第×/×版		页次	第×页

1 电工组

 1.1 目标

 按期保养电力系统及设备，并执行监测及测量工作，以降低对人体健康构成的危害，防止造成意外伤害以及对环境的损害。另外，要延长系统及设备的寿命，充分利用天然资源，并符合法规的要求。

 1.2 适用范围

 1.2.1 保养电力系统，包括照明系统、配电盘、电力设备及装置等。

 1.2.2 资源耗用，包括使用物料/弃置废弃物、处理化学品、节约能源与用水。

 1.3 节能环保职责

 1.3.1 工程部经理

 （1）确保所有员工认识及执行有关工作及节约能源的制订制度。

 （2）每月举行会议，以获取员工的反馈意见及解答他们查询。

 （3）保存及管理工程部的运行控制程序。

 （4）保存及管理有关记录。

 1.3.2 电气主管

 （1）审核及监测工程部的例行活动。

 （2）根据员工的需要安排培训课程。

 （3）更新处理化学品、操作及检修系统手册等记录。

续表

××酒店标准文件		××酒店 工程部节能环保规定	文件编号××-××-××		
版本	第×/×版		页	次	第×页

（4）检查物料及化学品的储存地点。
（5）检查告示是否清楚可见，并张贴在正确的位置。
1.3.3　员工
电工组的员工负责遵照工程部已制订的工作及节约能源的制度执行。
1.4　工作规定
1.4.1　一般事项
（1）电气主管应确保执行电力装置检修工作的电工持有相应等级的安全操作许可证。
（2）尽量修理并再次使用损坏的电力设备与装置。否则，应拆掉装置，保留可再用的零件。
（3）当值电工每天从电表读取用电量并予以记录。
（4）工程部员工应清楚记录维修工作规定（例行维修、故障维修、预防性维修及紧急维修）。
（5）定期执行预防性维修工作（按照酒店的预防性维修计划），借此改进系统运作的效能、避免设备出现故障，以致发生火警。
（6）按照生产商说明书所述，校正各种监测及测量工具。有关记录由工程部经理保管。
（7）时常保持所有机房及工作地点整洁，以确保工作环境健康、安全。进行修理及检修时应预防火警。
（8）员工在任何工作地点处理易燃化学品（如油漆）时不准吸烟，以免酿成火警。
1.4.2　电力系统
（1）尽早更换已损坏的灯泡及灯管，使光线充足。
（2）每3个月测试漏电断路器，并尽早更换失灵的保护装置。
（3）按照规定，注册承办商每5年应测试固定电力装置，工程部经理应保管有关记录。
（4）尽量再次使用已使用的纸张，应收集已使用的纸张，以备循环再造。
（5）尽量再次使用包装物料，或交回供应商再次使用。可循环再造的物料应与其他垃圾分开放置，以便回收再造。
（6）再次使用一般办公室文具，以减少浪费。
（7）洗衣房丢弃的布料及织物应再次使用做一般清洁用途。把肮脏的废布送往洗衣房并取回做清洁用途，或把废布当作一般废弃物弃掉。
（8）做临时用途或装置的物料可以再次使用：先拆掉装置，然后小心储存。
（9）使用可充电的电池，以减少电池用量。
（10）细小而损毁的设备及装置，如烧毁的电灯泡、整流器、开关及电线等属干性垃圾，弃掉前无须经过特别处理。
（11）应先收集已损毁的重型设备及装置（如已损坏的马达），待物件达到相当数量后，由工程部经理和财务部经理安排工业废弃物收集公司回收。
1.4.3　用电
（1）关掉无须使用的照明设备。
（2）关掉不需使用或不需长时间开着的电器。
（3）在预算许可的情况下，选用高效能的设备及产品，并以此取替已损坏的或低效能的设备。
（4）在预算许可的情况下，安装自动定时器，以便有效控制电力装置的开关。
（5）在预算许可的情况下，安装更多电表，以监测能源的用量。
（6）在员工布告板上张贴海报，让员工注意节约能源及用水的重要性。
（7）每月审核能源用量，从而得知酒店现时使用能源的状况。
1.4.4　用水
关掉不需要的水龙头。
2　空调组
2.1　目的
保养采暖、通风及空调系统和设备，并执行监测及测量工作，以减少对人体健康构成的危害和降低造成意外的可能或对环境的损害。另外，要延长系统及设备的寿命，充分利用天然资源，并符合法规的要求。
2.2　适用范围
2.2.1　保养采暖、制冷、通风及空调系统，包括中央冻水机房、热交换器、新风处理机、风机盘管、新风扇及排风扇、冷库、系统控制装置设备等。
2.2.2　资源耗用，包括使用物料/废弃物；处理化学品、节约能源与用水。

续表

××酒店标准文件		××酒店 工程部节能环保规定	文件编号××-××-××		
版本	第×/×版		页次		第×页

2.3 节能环保职责
2.3.1 工程部经理
(1) 确保所有员工认识及执行有关工作及节约能源的规定。
(2) 每月举行会议,以获取员工的反馈意见及解答他们的查询。
(3) 保存及管理工程部的运行控制程序。
(4) 保存及管理有关记录。
2.3.2 空调主管
(1) 审核及监测工程部的例行活动。
(2) 根据员工的需要安排培训课程。
(3) 检查物料及化学品的储存地方。
(4) 检查适当的告示是否清楚可见,并张贴于正确的位置。
2.3.3 员工
采暖、通风及空调分部的员工负责遵照工程部已制订的工作及节约能源的常规执行。
2.4 运行控制程序
2.4.1 冷却系统
酒店的冷却负荷增加或减少时,应调校冷冻供水的设定点,并要予以密切监测。
(1) 定期清洗新风柜的过滤网和表冷器,这样可以让散热器发挥最理想的传热功能。
(2) 每星期清洗冷冻机房的过滤器。
(3) 送风系统:每月清洁安装于客房楼层、公众地方及内部的过滤网,让滤网发挥最理想的过滤功能。
(4) 室内空气质量:污水应排往集水井,然后再排往中央污水系统。每年清洗风机盘管、风机及冷却盘管,以改善机器的冷却功能及室内空气质量。
(5) 空调工每年应清洗厨房及洗衣房的抽气扇管道,以免管道内滋生细菌及发生火灾。
(6) 保持机房及公众地方的通风良好,控制室内水汽的积聚,并去除微生物、蒸汽、气味、烟雾等,以提供健康的工作环境。
2.4.2 物料及废物
(1) 尽量重复使用已使用的纸张,如草稿纸或便条纸。否则,应收集已使用的纸张,以备循环再造。
(2) 应尽量重复使用包装物料,或交还供应商重用。可循环再造的物料应与其他垃圾分开放置,以便回收再造。
(3) 重复使用办公室一般使用的文具,如可补充墨水的笔、万字夹及橡皮圈等,以减少浪费。
(4) 洗衣房丢弃的布料及织物应重做一般清洁用途。把肮脏的废布送往洗衣房并取回清洁以便再利用,或把废布当做一般废物弃掉。
(5) 做临时用途或装置的物料可以重用:先拆掉装置,然后小心储存。
(6) 已损烂及肮脏的过滤器属干性垃圾,放进胶袋内弃掉即可,以免造成空气污染。
(7) 细小而损毁的设备及装置,如安全带、支座、开关、恒温器等属干性垃圾,弃掉前无须经过特别处理。
(8) 应先收集已损毁的重型设备及装置,如已损坏的马达、风机盘管、冰柜等,待物件达至相当数量后,由工程部经理安排工业废物收集公司回收。
2.4.3 用电
(1) 关掉不需使用的照明设备。
(2) 关掉不需使用或无须长时间开着的电器。
(3) 在预算许可的情况下,选用高效能的设备及产品,并以此取代已损坏或低效能的设备。
(4) 在预算许可的情况下,安装自动定时器,以便有效控制电力装置的开关。
(5) 如果机房有多台冷冻机,在启动额外的冷冻机时,应确保运行中的冷冻机组功率处于不足状态。
(6) 避免冷冻机在低负荷量的情况下运行。
(7) 以电子变频器控制冷冻水泵的速度,满足不同的冷却需求,借此达到节约能源的目的。
(8) 应调整送风系统的恒温器至适当的温度,以舒适为准。不要把温度设得过低或过高,以免造成人体不适和能源的浪费。
(9) 在预算许可的情况下,安装更多电表,以监测能源的用量。
(10) 在员工布告板上张贴海报,让员工注意节约能源及用水的重要性。

续表

××酒店标准文件		××酒店 工程部节能环保规定	文件编号××-××-××	
版本	第×/×版		页 次	第×页

2.4.4 用水
(1) 关掉不需用的水龙头。
(2) 冲洗过滤网时应节约用水。

3 锅炉房
3.1 目的
保养锅炉系统及其附属设备,并执行监测及测量工作,以降低对人体健康构成的危害或造成意外的可能及对环境的损害。另外,要延长系统及设备的寿命,充分利用天然资源,并符合法规的要求及规定。
3.2 适用范围
3.2.1 保养机械系统,包括锅炉及燃烧器、分汽缸、水泵、除氧器、软化水装置、各种阀门。
3.2.2 资源耗用,包括使用物料/弃置废弃物,处理化学品,节约天然气、用电与用水。
3.3 节能环保职责
锅炉房的员工负责遵照工程部已制订的工作及节约能源的有关规定。
3.3.1 工程部经理
(1) 确保所有员工认识及执行有关工作及节约能源的有关规定。
(2) 每月举行会议,以获取员工的反馈意见及解答他们的查询。
(3) 保存及管理工程部的运行控制程序。
(4) 保存及管理有关记录。
3.3.2 锅炉房主管负责
(1) 审核及监测工程部的例行活动。
(2) 根据员工的需要安排培训课程。
(3) 更新处理化学品、操作及检修系统手册等记录。
(4) 检查物料及化学品的储存地点。
(5) 检查适当的告示是否清楚可见,并张贴在正确的位置。
3.3.3 员工
锅炉房的员工负责遵照工程部已制订的工作及节约能源的有关规定。
3.4 工作规定
3.4.1 一般事项
(1) 尽量修理并使用损坏的自身管辖的各种装置。否则,应先拆掉装置,保留可再用的零件。
(2) 每天检查天然气、蒸汽管道路及水管;遇有漏水漏气应尽早修理,杜绝跑、冒、滴、漏。
(3) 应在日间修检工程系统及建筑物,以减少噪声产生的滋扰。使用会产生噪声的设备时,应加上隔声罩。
(4) 员工应清楚记录维修工作流程(例行维修、故障维修、预防性维修及紧急维修)。
(5) 定期执行预防性维修工作,借此改进系统运作的效率,避免设备出现故障,以致发生火警。
(6) 按照上级主管职能部门要求,校正各种监测、测量工具及仪表。有关记录及校验报告由工程部经理保管。
(7) 时常保持所有机房及工作地点整洁,以确保工作环境健康、安全。进行修理及检修时应做好安全保护,预防事故发生。
(8) 员工不准在工作地点吸烟,以免酿成火警。
3.4.2 锅炉
(1) 锅炉房主管应确保操作及检修锅炉的人员持有由上级主管部门签发的认可证书。
(2) 当值员工每天应检查锅炉燃气管道是否有泄漏,以及由于不完全燃烧而释放一氧化碳的情况。
(3) 当值员工每天要监测锅炉的运作。每隔1小时把蒸汽压力、燃气表及热水系统、空调系统、采暖系统的供回水温度、压力、设备运行状况等资料记录在记录表上。
(4) 蒸汽管道用保温材料,以减少热量流失,并维持锅炉的效能。每3天验查一次蒸汽管道,遇有泄漏蒸汽,应尽早修理(以免造成浪费用水、地面滑湿及导致操作者受伤)。
(5) 在启动额外的锅炉时,应确保是在运行中的锅炉不能满足负荷的情况下。不应通宵开着锅炉。
(6) 水质化检验员每天检查水处理系统,以防锅炉内部结水垢。
(7) 按技术监督局特种设备科要求进行锅炉审核,有关记录由工程部经理保管。
3.4.3 分汽缸

××酒店标准文件		××酒店 工程部节能环保规定	文件编号××-××-××		
版本	第×/×版		页	次	第×页

(1) 用保温材料包裹分汽缸,从而减少热量流失,并充分利用能源。
(2) 每3天检查1次分汽缸及热水管,遇有漏水,应尽早维修。
(3) 客房、公众地方的热水温度应维持在50～60℃。
(4) 指定的注册承办商每3个月应检查1次天然气调压站及燃烧器等设备,以免泄漏天然气及由于不完全燃烧而释放的一氧化碳。
(5) 以绝缘物料适当地包裹蒸汽烘炉及干燥器的蒸汽管道,从而减少热量流失,并充分利用能源。
(6) 每3个月检查1次加热器及管道,遇有漏汽,应尽早维修。

3.4.4 物料及废弃物
(1) 尽量再次使用已使用的纸张,如草稿纸、便条纸。并应收集已使用的纸张,以备循环再造。
(2) 应尽量再次使用包装物料,或交回供应商再次使用。可循环再造的物料应与其他垃圾分开放置,以便回收再造。
(3) 再次使用一般办公文具,以减少浪费。
(4) 洗衣房丢弃的布料及织物应再次使用做一般清洗用途。把肮脏的废布送往洗衣房并取回已清洗的弃布,做清洁卫生用。
(5) 使用可充电的电池,以减少电池用量。
(6) 细小而损毁的设备及装置,如安全带、支座、开关、电线等属于干性垃圾,弃掉前无须经过特殊处理。
(7) 应先收集已破损的重型设备及装置,如已损坏的马达、水泵、风扇等,待物件达至相当数量后,由工程部经理安排废品收集公司回收。

3.4.5 用电
(1) 关掉不需使用的照明设备。
(2) 关掉不需使用或不需长时间开着的电器。
(3) 在预算许可的情况下,选用高效能的设备及产品,更新将损坏或低效能的设备。
(4) 在预算许可的情况下,安装更多电表,以监测能源的用量。
(5) 在员工布告板上张贴海报,让每位员工注意节约能源及用水的重要性。

3.4.6 用水
关掉不需用的水龙头。选用节能水阀,并将流量调至适当的位置。

4 机修组
4.1 目的
保养机械系统及设备,并执行监测及测量工作,以降低对人体健康构成的危害或造成意外的可能及对环境的损害。另要延长系统及设备的寿命,充分利用天然资源,并符合法规的要求与规定。

4.2 适用范围
4.2.1 保养机械系统,包括热交换器、厨房设备、洗衣房。
4.2.2 资源耗用,包括使用物料/弃置废弃物、处理化学品、节约能源与用水。

4.3 节能环保职责
4.3.1 工程部经理
(1) 确保所有员工掌握了解和执行有关工作及节约能源的制度。
(2) 每月举行会议,以获取员工的反馈及解答他们的查询。
(3) 保存及管理工程部的运行控制程序。
(4) 保存及管理有关记录。

4.3.2 工程部经理助理
(1) 审核及监测工程部的例行活动。
(2) 根据员工的需要安排培训课程。
(3) 更新处理化学品、操作及检修系统手册等记录。
(4) 检查物料及化学品的储存地点。
(5) 检查适当的告示是否清楚可见,并张贴在正确的位置。

4.3.3 机修组的员工负责遵照工程部已制订的工作及节约能源的制度。

4.4 工作规定
4.4.1 一般规定

续表

××酒店标准文件		××酒店 工程部节能环保规定	文件编号××-××-××	
版本	第×/×版		页次	第×页

（1）尽量修理并再次使用损坏的各种机械配件。否则，应先拆掉装置，保留可再用的零件。
（2）每班进行巡视检查水管，遇有漏水应尽早修理（以免浪费用水，造成地面湿滑，并导致天花板及柜顶部等滋生细菌及真菌）。
（3）应在日间检修工程系统及建筑物，以减少噪声产生的滋扰。使用会产生噪声的设备时，应加上隔声罩。
（4）技术员烧焊、锯木、钻孔或进行磨削等工作时，应戴上备有适当漏镜的面罩及护目镜。
（5）员工应清楚记录维修工作流程（例行维修、故障维修、预防性维修及紧急维修）。
（6）定期执行预防性维修工作（按照酒店的预防性维修计划），借此改进系统运作的效率，避免设备出现故障，以至发生火警。
（7）按照生产商说明书所述及有关规定，定期校正各种监测及测量工具及仪表。有关记录及校正证书由工程部经理保管。
（8）时常保持所有机房及工作地点整洁，以确保工作环境健康、安全。进行修理及检修时应做好安全保护，预防事故发生。
（9）员工在任何工作地点处理或使用易燃化学品（如汽油、油漆等）时不准吸烟，以免酿成火灾。
4.4.2　机械系统
4.4.2.1　热交换器。
（1）以绝缘物料适当地包裹加热器及热水管，从而减少热量流失，并充分利用能源。每三个月检查加热器及管道；遇有漏水，应尽早维修。
（2）客房、公众地方及厨房的热水温度应维持在50～60℃，温度设定根据季节变化而定。
4.4.2.2　厨房及洗衣房设备。
（1）每天工作前应检查厨房的煤气设备，以免泄漏煤气，工作时要注意观察火焰，看是否为不完全燃烧，并及时调整，以免产生过量的一氧化碳气体。
（2）以绝缘物料适当地包裹蒸汽烘炉及干燥器的蒸汽管道，减少热量流失，并维持设备的保温效能。
（3）每天检查蒸汽管道，遇有泄漏蒸汽，应及早维修（以免浪费用水、造成地面湿滑及导致操作者受伤等）。
（4）及时地清除排烟罩上的油渍及过滤网，以免发生火灾。
4.4.3　物料及废弃物
（1）尽量再次使用已使用的纸张，如草稿纸、便条纸。并应收集已使用的纸张，以备循环再造。
（2）应尽量再次使用包装物料，或交回供应商再次使用。可循环再造的物料应与其他垃圾分开放置，以便回收再造。
（3）再次使用一般办公文具，以减少浪费。
（4）洗衣房丢弃的布料及织物应再次使用做一般清洗用途。把肮脏的废布送往洗衣房并取回清洁的，可做清洁卫生用。
（5）做临时用途或装置的物料可以再次使用，先拆掉装置，然后小心储存，比如展览用的金属展架。
（6）使用可充电的电池，以减少电池用量。
（7）细小而损毁的设备及装置，如安全带、支座、开关、电线等属干性垃圾，弃掉前无须经过特殊处理。
（8）收集已破损的重型设备及装置，如已损坏的马达、水泵、风扇等，待物件达至相当数量后，由财务部安排工业废弃物收集公司回收。
4.4.4　用电
（1）关掉不需使用的照明设备。
（2）关掉不需使用或不需长时间开着的电器。
（3）在预算许可的情况下，选用高效能的设备及产品，更新将损坏或低效能的设备。
（4）在预算许可的情况下，安装自动定时器，以便有效控制电力装置的开关。
（5）在预算许可的情况下，安装更多电表，以监测能源的用量。
（6）在员工布告板上张贴海报，让每位员工注意节约能源及用水的重要性。
4.4.5　用水
（1）关掉不需要的水龙头。
（2）选用节能水阀，并将流量调至在适当的位置。

拟订		审核		审批	

制度6：保安部节能环保规定

××酒店标准文件		××酒店 保安部节能环保规定	文件编号××-××-××		
版本	第×/×版		页次		第×页

1 目标

　　加强控制室及保安部的管理，减少固体废弃物及控制用电量，以减少对环境的损害。确保酒店的危险品及化学品储备安全，并制订及执行有效的防火及控制火警的措施，以减少对人体健康的危害和对环境的危害。控制升降系统的用电。

2 适用范围

　　2.1　控制室及保安部要扔掉的固体废弃物。
　　2.2　控制室及保安部的办公设备、照明及空调系统的用电。
　　2.3　升降系统的用电。
　　2.4　酒店采取的防火及控制火警的措施及制度。
　　2.5　酒店储存的危险品及化学品。
　　2.6　警报系统产生的噪声。

3 节能环保职责

　　3.1　保安部经理
　　3.1.1　确保保安部员工掌握了解环境管理的制度，并且遵照执行。
　　3.1.2　每月举行会议，以获取员工的反馈意见及解答他们的查询。
　　3.1.3　按照员工的需要，安排培训课及示范（如火警演习）。
　　3.1.4　更新保安部员工培训手册、储存危险品及化学品的法规要求等资料。
　　3.1.5　确保防火及控制火警的设备运行正常。
　　3.1.6　保存及管理有关的记录。
　　3.2　保安部主管
　　3.2.1　审核及监测保安部的例行活动。
　　3.2.2　检查适当的告示是否清楚可见，并张贴在正确的位置。
　　3.3　保安部员工
　　负责遵照已制订的制度，管理废弃物、节约能源、预防及控制火警。员工要定期检查酒店储存的危险品及化学品。

4 工作规定

　　4.1　物料及废弃物
　　4.1.1　纸张制成的废弃物
　　（1）员工应减少使用不可循环再造的无碳复写纸。
　　（2）员工应停止使用不必要的表格，并考虑是否可以缩小表格的面积，或把相近的表格合而为一。
　　（3）员工应尽量用电脑预览草稿而不作打印，应尽量使用酒店无纸办公系统。
　　（4）应尽量减少用做存档的复印件的数量。
　　（5）应避免不必要的复印，复印前应检查清楚所需的份数，然后在复印机上输入正确的数字。
　　（6）尽量双面复印。
　　（7）在复印机旁放置两个有标签的纸张收集盒。一个用来收集可再次使用的纸张；另一个盒用来回收废纸，以备回收再造。
　　（8）可以把已经单面使用的纸张剪成较小的纸张，当做便条纸或草稿纸再次使用（记有机密资料的文件除外）。
　　（9）应把无用的报章、杂志、印刷品扔进有标签的废纸回收盒内。
　　（10）已经使用的信封可供内部通信使用。另外，应先除掉信封的胶条，然后才把信封放进废纸回收盒内。
　　（11）员工应携带自己的水杯，以减少使用纸杯。
　　（12）再用一些完好的纸皮箱、文件夹或纸盒，以供存档或储存文件。另把剩余又可再次使用的文件箱或硬纸盒及其他可以储存文件的装箱送往中心仓库，供其他部门提取使用。
　　（13）就内部通信而言，在可行的情况下，可通过电脑网络、布告板及传阅文件来传达信息，不需打印副本给每名员工，以减少用纸。

续表

××酒店标准文件		××酒店 保安部节能环保规定	文件编号××-××-××	
版本	第×/×版		页次	第×页

（14）就对外通信而言，在可行的情况下，可以把资料放在酒店互联网的网页上，或利用电话、电子邮件或电脑的传真功能发放信息。

（15）传真文件时，把收件者名称写在首页便不需附以首页盖面。定时更新邮递名单，以免投寄信件至错误的地址。邮寄非机密的资料时，应在信封面印上"印刷品"，以降低成本。

（16）不要寄送纸卡。每月可在布告板上张贴员工生日名单；另可通过酒店的互联网网页或电话向客人道贺。

（17）张贴客人须知的资料在公众地方，如客用电梯内；不用分发信件给每位客人。

（18）制订一套控制文件的系统，定期丢弃过时的文件。

（19）在办公室墙上张贴节约用纸的告示，提醒员工不要浪费。

4.1.2　其他用品造成的废弃物

（1）以可再次使用的碳粉盒配合激光打印机使用；空的碳粉盒应交还供应商再次使用。

（2）用电池的计算器损坏后，应使用太阳能计算器。

（3）可行的话，应使用不含汞或可充电的电池。

（4）删除硬磁盘及磁盘内所有的过时档案，磁盘只应用来转移档案。

（5）收集已使用的私人购物袋再次使用。

（6）失灵的闭路电视应送往工程部修理。

（7）应尽量再次使用配合闭路电视使用的录像带。这些录像带拍摄了酒店内的活动情况。

4.2　保安部及控制室的用电

4.2.1　关掉不需使用的照明设备及空调系统。

4.2.2　每三个月清洁固定照明装置，以改进照明设备的效用。

4.2.3　关掉不需用或长时间开着的电器。

4.2.4　在预算许可的情况下，选用高效能的设备及产品，并以此代替已损坏或低效能的设备。

4.2.5　在预算许可的情况下，安装自动定时器，以便有效控制电力装置的开关。

4.2.6　在员工布告板上张贴海报，让员工注意节约能源的重要性。

4.3　升降系统的用电

4.3.1　当值的保安部员工每天午夜12:00应锁上所有扶手电梯及半数的升降电机，因午夜时使用升降系统的需求较低。

4.3.2　当值的保安员工每天早上7:00应开动所有扶梯及电梯。

4.4　防火及控制火警的制度

4.4.1　保安部经理应为新聘用的员工安排讲解课，并向他们简介酒店的防火设备及发生火警时的逃生路线。

4.4.2　保安部经理每年举办一项内容详细的防火课程，请新聘用的保安部员工参加。

4.4.3　保安部经理每年应举行两次火警演习。

4.4.4　每次演习前应先通知消防处的防火主管。

4.4.5　保安部经理应确保火警演习不会影响酒店的客人。

4.4.6　每次演习后应撰写火警演习报告。

4.4.7　保安部员工应使用二氧化碳或喷雾式灭火筒或灭火毯扑灭因燃油引起的火警。

4.4.8　每次使用灭火筒及灭火毯后，应在保安记录册上予以记录。

4.4.9　保安部经理每年应安排消防设备承办商检查灭火筒的存货及状况（如有效日期），并确保火警侦测系统操作正常。保安部经理应保存消防设备承办商呈交的有关报告。

4.4.10　保安部员工应检查火警逃生地图是否张贴在正确位置。若发现地图遗失，应摆放另一幅；破烂的则应予以更换。

4.5　控制警报系统的噪声

当值的保安部员工应尽快关掉已启动的警报系统（如火警警报系统、防盗警钟系统等）。

4.6　检查危险品

4.6.1　保安部员工及工程部主管每年应检查以下部门或分部所储存的危险品及化学品两次。

（1）货仓。

（2）洗衣房。

（3）管事部。

续表

××酒店标准文件		××酒店 保安部节能环保规定		文件编号××-××-××	
版本	第×/×版			页次	第×页

（4）工程部。
4.6.2 检查工作小组应依照法规的规定来检查危险品及化学品的储存数量、这些物品的说明及标签。
4.6.3 保安部经理每次检查后应撰写一份储存危险品及化学品的检查报告。报告的副本应送交有关部门的经理，以供参考。

拟订		审核		审批	

制度7：餐饮部节能环保规定

××酒店标准文件		××酒店 餐饮部节能环保规定		文件编号××-××-××	
版本	第×/×版			页次	第×页

1 厨房分部
1.1 目的
加强管理，减少固体废弃物、减少用水与污水排放量及用电量，以减少对环境的损害。采取有效的防火及控制火警的措施，以维护安全、健康的工作环境。
1.2 适用范围
1.2.1 要弃置的固体废弃物。
1.2.2 用水及污水排放。
1.2.3 照明设备、通风系统及其他煮食器具所用的电力及煤气。
1.2.4 预防火警。
1.3 节能环保职责
1.3.1 各总厨
（1）确保员工掌握了解管理废弃物、节约用水与能源，预防及控制火警的制度，并遵照执行。
（2）保管有关记录。
1.3.2 行政总厨
（1）每月举行会议，以获取员工的反馈意见及解答他们查询。
（2）按照员工的需要为他们安排培训。
（3）更新员工培训手册等资料。
（4）保存有关的记录。
1.3.3 餐饮部经理
（1）审核及监测厨房的例行活动。
（2）检查事物及饮料的储存地点。
（3）检查适当的告示是否清楚可见，并张贴在正确的位置。
1.3.4 厨房的员工负责遵照已制订的制度，以管理废弃物、节约用水与能源、预防及控制火警。
1.4 工作规定
1.4.1 订购产品
（1）尽可能把各种货物归纳在一份采购申请单上，从而节约用纸。
（2）发出采购申请表前，各厨房应检查厨房内的存货，以免货过多造成浪费的可能。
（3）为控制存货量，应订购大件装的产品，从而减少包装浪费。
（4）订货前应查看当天餐厅的订座情况、宴会的数目与规模及现有食物的存货，以免订购过多的食物造成存货过量。
（5）每天应购买新鲜的食物，以确保食物新鲜及避免浪费。
1.4.2 物料及废弃物
1.4.2.1 避免食物造成的浪费。
（1）储存新鲜食物在冰柜内，并在使用前才提取食物。剩余的新鲜食物应立即放回冰柜，以防食物变坏。

续表

××酒店标准文件		××酒店 餐饮部节能环保规定	文件编号××-××-××		
版本	第×/×版		页 次		第×页

（2）员工应采取"先进先出"的原则来储存及处理食物及饮料。
（3）员工应适当地处理已煮熟的食物，并尽可能再用剩余的食物。处理容易变坏的食物时，应先冷冻食物，然后放进冻房。
（4）根据餐厅当天的订座情况、宴会数目规模等因素来预备食物，以免预备过量。各总厨应保存订购食物的记录。
（5）应用可接受水平的食油。管事部收集盛载食油的金属罐，然后安排回收利用。
（6）若员工发现任何异常的情况（如冻房、冷库及冷藏库的气温超过或低于预先设定的水平），应立即通知工程部。
（7）保持冻房、冷冻库及冷藏库整洁。分开放置生与熟的食物，以防交叉污染。
1.4.2.2 包装废弃物。
（1）鼓励员工在废弃物产生后立即分类，把纸皮箱、塑料杯、玻璃杯、铝罐及一次性饭盒跟其他垃圾分开，以便回收再造。
（2）尽快再用包装物料，或把物料交回供应商再次使用。
（3）尽量使用环保可再次使用的物料作为食物装饰。
（4）应把损坏的器具或失灵的设备送往工程部修理。
（5）厨房员工应从洗衣房收集废布，供一般清洗及抹手用。
（6）厨房员工应尽量双面书写或复印，并再次使用一般办公文具。
1.4.3 用水
（1）厨房员工只应在需要时开水龙头。
（2）厨房员工应常保持厨房清洁，以减少每天的用水量。
（3）洗涤槽应全装上漏网，以过滤悬浮的食物残渣。
（4）所有厨房员工下班前有责任检查水龙头是否已经拧紧。
（5）遇有漏水，各总厨负责立即通知工程部。
（6）在员工告示板及工作地点张贴海报，让员工注意节约用水的重要性。
1.4.4 使用电力、煤气
（1）预热时，应把煮食炉的火力调到最低，并尽量缩短预热时间。
（2）应关掉不需用的煮食炉。
（3）烹煮少量的食物时，使用体积较小的煮食器具或设备，把锅及壶放置在炉火中央，以缩短烹煮时间。应尽量利用烤箱的空间。
（4）关闭冷藏库及冻房的门（进出除外）。
（5）关掉不需使用的照明、空调与通风设备及电器。
（6）在预算许可的情况下，选用高效能的设备及产品，并以此取代已损坏或低效能的设备。
（7）在预算许可的情况下，安装自动定时器，以便有效控制电力装置的开关。
（8）在员工布告上张贴海报，让员工注意节约能源的重要性。
1.4.5 火警
（1）各总厨应确保厨房员工煮食时不会把过量的煮食油倒进煮食锅内，以减低食油溢进炉头，酿成火灾的机会。
（2）一旦发生火警，员工应立即关掉煮食炉，并以灭火毯盖着煮食器具，以防火势蔓延。
（3）厨房内不准吸烟。

2 服务分部
2.1 目标
加强餐饮部服务分部的管理，减少固体废弃物、噪声、用水与污水排放量及用电量，以减少对环境的损害。确保员工妥善处理化学品，以减低对人体健康的危害或发生意外的可能及对环境的损害。
2.2 适用范围
2.2.1 要弃置的固体废弃物。
2.2.2 用水及污水排放。
2.2.3 照明设备、空调系统及其他电器的用电。
2.2.4 餐饮部服务分部使用的化学品。
2.3 节能环保职责

续表

××酒店标准文件		××酒店 餐饮部节能环保规定	文件编号××-××-××		
版本	第×/×版		页	次	第×页

2.3.1 餐饮部服务分部各主管
（1）确保员工掌握了解管理废弃物、节约用水与能源及处理化学品的制度，并且遵照执行。
（2）更新化学品处理手册。
（3）保存及管理有关记录。

2.3.2 餐饮部经理
（1）每月举行会议，以获取员工的反馈意见及解答他们的查询。
（2）按员工的需要为他们安排培训。
（3）更新员工培训手册等资料。
（4）保存及管理服务分部的运行控制程序。
（5）保存及管理有关记录。

2.3.3 员工
餐饮部服务分部的员工负责遵照已制订的制度，以管理废弃物、节约用水与能源及处理化学品。

2.4 工作规定
2.4.1 订购产品
（1）尽可能把各种货物归纳在一份采购申请表上，从而节省用纸。
（2）发出采购申请表前，餐饮部服务分部各主管应检查存货地点现有的存货，以免存货过多造成浪费。
（3）为要控制存货量，应订购大件装的产品，从而减少包装费用。
（4）订货前应查看当天餐厅的订座情况、宴会的数目与规模及现有食物的存货，以免订购过多的食物及存货过量。
（5）每天应购买新鲜的食物，以确保食物新鲜及避免浪费。

2.4.2 物料及废弃物
（1）把面包放在自助餐桌上供客人选择，有需要时可另作补充。
（2）在非繁忙时间内，各餐厅的员工应按需要量冲调咖啡。
（3）员工饭堂应以自助餐方式供应食物。
（4）应从客桌或客房收集未拆封的盒装牛油及果酱，以备派发再用。
（5）餐厅主管或经理可以在客桌上放置珍惜食水的标示卡，鼓励客人共同节约用水。
（6）以先进先出的原则供应食物，以免浪费。应尽早食用有效日期将至的食物。
（7）员工应小心处理所有食物，以免浪费。

2.4.3 其他用品造成的废弃物
（1）餐厅员工应尽量双面书写、复印办公用纸，并再次使用一般办公文具。
（2）员工应尽量以可再次使用的假花做装饰。
（3）有需要使用真花时，餐厅员工应购买合适的数量；用后把花朵放进冰柜，以延长花朵的寿命。
（4）员工在客桌上摆设餐具时，应使用餐桌布而不用纸垫。
（5）员工端送黄油、果酱及面包时不需附以通化纸。使用通化纸后，员工应尽量予以再次使用。
（6）员工应保持餐牌的内页及封面整洁，以免浪费。
（7）在可行的情况下，餐厅经理应把多页的餐牌改为单页，并把餐牌过塑，以减低损坏的可能性。
（8）员工应尽量使用可清洗后再次使用的布餐巾，以取替纸餐巾。员工只应在客人要求的情况下才送上纸餐巾。
（9）尽量减少员工饭堂内所供应的纸餐巾数目。
（10）餐厅员工应正确且小心地处理所有织物及制服。不要把餐巾用做一般清洁用途。
（11）餐厅员工及管事应从洗烫部收集废布，供一般清洁及抹手用。
（12）尽量收集已经使用的塑料搅拌棒及鸡尾酒用的竹签供再次使用。
（13）餐厅员工及管事应小心处理餐具。管事使用洗碗机时，应把相同类型的器具放在同一架子上，以减低损耗的可能。
（14）总管事应记录餐饮部各餐厅每月损耗器具的数目。如发现高损耗率的器具，餐厅主管应采取适当行动（如给员工安排培训），以减低损耗率。
（15）总管事负责保存损耗报告。
（16）鼓励员工在废弃物产生后即行分类，把纸皮箱、塑料杯、玻璃杯及铝罐跟其他垃圾分开，以便回收再造。

××酒店标准文件		××酒店 餐饮部节能环保规定	文件编号××-××-××		
版本	第×/×版		页	次	第×页

(17) 餐厅员工应按件把可回收的杯分开放置在周转箱内,以便供应商收集。
(18) 餐厅员工应为吃火锅的客人提供电炉,以减少弃掉空燃料罐的数目,维持较佳的卫生水平。
(19) 餐厅员工、管事及垃圾收集工人应装满每个垃圾袋,并把完好的再次使用。
(20) 垃圾收集工人每天从餐饮部及其他部门收集垃圾后,应点算垃圾箱的数目或重量,并予以记录。
(21) 总管事应保存每月收集垃圾的记录。
(22) 总管事应定期安排回收公司收集可循环再造的物件(废纸、报章、纸皮箱、铝罐及食油)。
(23) 总管事应定期监督废弃物收集工人的工作,以确保他们适当弃置废弃物。
(24) 应保存每月收集可循环再造物件的记录。

2.4.4 用水
(1) 餐厅员工及管事只应在有需要时开水龙头。
(2) 餐饮员工及管事下班前有责任检查水龙头是否已关严。
(3) 管事用洗碗机清洁所有餐具前,应先去除餐具的污渍,并把餐具适当地泡在水中,以降低重洗的可能。另应尽量再次使用浸泡餐具的水。
(4) 管事使用洗碗机时,应让机器装满碗碟,或尽量利用机器的容量,以减少开动次数。
(5) 总管事应定期安排化学品供应商检查洗碗机,以确保其清洗表现符合卫生要求。
(6) 每周最少要清洗洗碗机的清洗喷嘴及冲洗喷嘴各一次。洗碗机的温度设定则要维持在建议的水平。
(7) 管事进行厨房的一般清洁工作时,不要让水长流。
(8) 管事清洁煮食炉、烤箱及排气罩时,应遵照化学品标签或说明书建议的程序(或参考化学品处理手册),并使用足够分量的水及化学品。
(9) 所有洗涤槽也应装上漏网,并应适当地保养油隔。每周最少要去除油隔的污渍一次。
(10) 餐厅主管及总管事发现漏水后,应立即通知工程部维修。
(11) 在员工布告板及工作点张贴海报,让员工注意节约用水的重要性。

2.4.5 产生的噪声
(1) 应尽量调低室内酒吧及酒廊播放音乐的声量。有乐队现场表演时,员工应时常开闭门窗。
(2) 室外的酒吧及酒廊不应播放音乐或作为乐队表现的场地。

2.4.6 用电
(1) 关掉无须使用的照明设备及空调系统。
(2) 管事每三个月清洁一次固定的照明装置,以改善照明设备的效用。
(3) 关掉不需使用或不需长时间开着的电力设备或电器。
(4) 在预算许可的情况下,选用高效能的设备及产品,并以此取代已损坏或低效能的设备。
(5) 在预算许可的情况下,安装自动定时器,以便有效控制电力装置的开关。
(6) 在员工布告板上张贴海报,让员工注意节约能源的重要性。

拟订		审核		审批	

制度8:行政部节能环保规定

××酒店标准文件		××酒店 行政部节能环保规定	文件编号××-××-××		
版本	第×/×版		页	次	第×页

1 目的
加强宿舍、办公室及员工储物室的管理,以减少固体废弃物、降低用电及用水量,另向酒店员工推广环保意识,避免损害环境。

2 适用范围
2.1 要弃掉的固体废弃物。
2.2 办公室设备及电器的用电量。
2.3 用水。

续表

××酒店标准文件		××酒店 行政部节能环保规定	文件编号××-××-××		
版本	第×/×版		页	次	第×页

3 节能环保职责

3.1 行政部经理

3.1.1 确保员工掌握了解在办公室及员工活动范围内管理废弃物、节约能源与用水的规定，并且照章执行。

3.1.2 每月举行会议，以获取员工的反馈意见及解答他们问询。

3.1.3 工程维修所用的材料必须为环保型。

3.1.4 消毒杀虫的药剂应是对环境无污染、无毒害的药剂。

3.1.5 冲洗车辆要节约用水，不能长期开水阀。

3.1.6 为员工筹办环境意识课程。

3.1.7 保存及管理有关记录。

3.2 经理助理

3.2.1 审核及监测人力资源部的例行活动。

3.2.2 检查适当的告示是否清楚可见，并张贴在正面的位置。

3.3 员工

所有员工按照已制订的制度，管理废弃物、节约能源与用水。

4 工作规定

4.1 物料及废弃物

4.1.1 张贴制成品的废弃物

（1）应减少使用不可循环再造的无碳复写纸。

（2）应停止使用不必要的表格，并考虑是否可以缩小表格的面积，或把功能相近的表格合而为一。

（3）行政部经理应向采购部提出建议。

（4）员工应尽量用电脑预览草稿而不作打印，打印应尽量双面打印。

（5）应尽量减用做存档的印件的数量。

（6）应避免不必要的复印。复印前应检查清楚所需的份数，然后在复印机上输入正确的数字。

（7）尽量双面复印。

（8）在复印机旁放置两个有标签的纸张收集盒。一个用来收集可再次使用的纸张。另一个盒（废纸回收盒）用来收集废纸，以备回收再造。

（9）可以把已经单面使用的纸张剪成较小的纸张，当做便条或草稿再次使用（记有机密资料的文件除外）。

（10）员工应携带自己的水杯，以减少使用纸杯。

（11）应把无用的报章、杂志、印刷品扔进有标签的废纸回收盒内。

（12）已经使用的信封可供内部通信使用。另外，应先除掉信封的胶条，然后才把信封放进废纸回收盒。

（13）再用一些完好的纸皮箱、文件夹、硬纸夹或纸盒，以供存档或储存文件。另外剩余的又可再次使用的文件箱或硬纸夹及其他可以储存文件的装箱应送中央仓库，供其他部门提取使用。

（14）内部通信，在可行的情况下，应尽量使用无纸办公系统，可通过电脑网络、布板及传阅文件来传送信息。不需打印副本给每名员工，以此减少用纸。

（15）对外通信，在可行的情况下，尽量使用无纸办公系统，把资料放在酒店互联网页上，或利用电话、电子邮件或电脑的传真功能发送信息。

（16）传真文件时，把收件者名称写在首页便不需附以首页覆面。

（17）定时更新邮递名单，以免投寄信件至错误的地址。

（18）邮寄非机密的资料时，应在信封面印上"印刷品"，以降低成本。

（19）不要寄送纸卡（如给员工生日卡及客人的贺卡）。每月可在布告板上张贴员工生日名单。另可通过酒店的互联网页或电话向客人道贺。

（20）张贴客人须知的资料在公众地方，如客人电梯内，不用分发信件给每位客人。

（21）制订一套控制文件的系统，定期丢弃过时的文件。

（22）在办公室墙上张贴节约用纸的告示，提醒员工不要浪费。

4.1.2 其他用品造成的废弃物

（1）以可再次使用的碳粉盒配合激光打印机使用，空的碳粉盒应交还供应商再次使用。

（2）再次使用一般办公文具，减少浪费。

（3）可行的话，应使用不含汞或可充电的电池。

（4）删除硬磁盘及磁盘内所有过时的档案，磁盘只应用来转移档案。

续表

××酒店标准文件		××酒店 行政部节能环保规定	文件编号××-××-××		
版本	第×/×版		页	次	第×页

(5) 收集已使用的私人购物袋再次使用。
4.1.3 员工储物室产生的废弃物
(1) 客房丢弃的毛巾应放在储物室供人抹手。
(2) 应从客房收集剩余的厕所纸卷及肥皂,并送往员工储物室再用。
(3) 应张贴告示,提醒员工不要浪费资源。
4.2 用电
4.2.1 关掉不需使用的照明设备及空调系统。
4.2.2 管事部每三个月清洁固定的照明装置,以改进照明设备的效用。
4.2.3 关掉不需使用或无须长时间开着的电器。
4.2.4 在预算许可的情况下,选用高效能的设备及产品,并以此代替已损坏或低效能的设备。
4.2.5 在预算许可的情况下,安装自动定时器,以便有效控制电力装置的开关。
4.2.6 在员工布告板上张贴海报,让员工注意节约能源的重要性。
4.3 用水
4.3.1 员工用水后应确保拧紧水龙头。
4.3.2 遇有水龙头漏水、厕所滴水及类似的问题,员工应立即通知工程部修理。
4.3.3 在员工布告板张贴海报,让员工注意节约用水的重要性。

拟订		审核		审批	

制度9:总经理办公室节能环保规定

××酒店标准文件		××酒店 总经理办公室节能环保规定	文件编号××-××-××		
版本	第×/×版		页	次	第×页

1 目的
加强总经理办公室的管理,减少固体废弃物及控制用电量,以减少对环境的损害。
2 适用范围
2.1 要扔掉的固体废弃物。
2.2 严格控制办公室设备、照明及空调系统所带来的能源浪费。
3 节能环保职责
3.1 经理办公室秘书
3.1.1 确保员工认真学习管理废弃物及节约能源的制度,并且照章执行。
3.1.2 保管经理办公室的运行控制程序(跟助理及环境管理体系经理磋商)。
3.1.3 保管有关记录。
3.2 经理办公室主任
3.2.1 审核及监测经理办公室的例行活动。
3.2.2 每月举行会议,以获取员工的反馈意见及解答他们的问询。
3.2.3 按照员工的需要为他们安排培训。
3.3 员工
总经理办公室的员工负责遵照已制订的规章,以管理废弃物及节约能源为基本思路,鼓励员工积极参与执行环境管理体系,并就改进体系提出自己的可行性建议。
4 工作规定
4.1 物料及废弃物
4.1.1 纸张制成品的废弃物
(1) 员工应停止使用不必要的表格,并考虑是否可以减小表格的面积,或把功能相近的表格合而为一。员工应尽量用电脑预览草稿而不作打印。
(2) 应尽量减少用做存档的印件的数量。

续表

××酒店标准文件		××酒店 总经理办公室节能环保规定	文件编号××-××-××		
版本	第×/×版		页	次	第×页

（3）应把无用的报章、杂志、印刷品扔进有标签的废纸回收盒内。
（4）已经使用的信封可供内部通信使用。另外，应先除掉信封的胶条，然后才把信封放进废纸回收盒。
（5）员工应携带自己的水杯，以减少使用纸杯。
（6）再用一些完好的纸皮箱、文件夹、硬纸盒或纸盒，以供存档或储存文件。另把剩余又可再次使用的文件箱或硬纸夹及其他可以储存文件的装箱送往中央仓库，供其他部门提取使用。
（7）内部通信，在可行的情况下，尽量使用无纸办公系统，通过电脑网络、布告板及传阅文件桌来传递信息，不需打印副本给每位员工。
（8）对外通信，在可行的情况下，尽量使用无纸办公系统，把资料放在酒店互联网的网页上，或利用电话、电子邮件或电脑的传真功能发放信息。
（9）传真文件时，把收件者名称写在首页便不需要附以首页覆面。
（10）邮寄非机密的资料时，应在信封面印上"印刷品"，以降低成本。
（11）不要寄送纸卡。每月可在布告板上张贴员工生日名单。另可通过酒店的互联网网页或电话向客人道贺。
（12）制订一套控制文件的系统，定期丢弃过时的文件。
（13）在办公室墙上张贴节约用纸的告示，提醒员工不要浪费。
4.1.2 其他用品造成的废弃物
（1）以可再次使用的碳粉盒配合激光打印机使用。空的碳粉盒应交还供应商再次使用。
（2）再次使用一般办公文具，减少浪费。
（3）可行的话，应使用不含汞或可充电的电池。
（4）收集已使用的私人购物袋再次使用。
4.2 用电
4.2.1 关掉无须使用的照明设备及空调系统。
4.2.2 由管事每月清洁固定照明装置，以改进照明设备的效用。
4.2.3 关掉不需用或无须长时间开着的电器。
4.2.4 在预算许可的情况下，选用高效能的设备及产品，并以此替代已损坏或低效能的设备。
4.2.5 在预算许可的情况下，安装自动定时器，以便有效控制电力装置的开关。
4.2.6 在员工布告板上张贴海报，让员工注意节约能源的重要性。

拟订		审核		审批	

制度10：市场销售部节能环保规定

××酒店标准文件		××酒店 市场销售部节能环保规定	文件编号××-××-××		
版本	第×/×版		页	次	第×页

1 目的
加强市场销售部的管理，减少固体废弃物及控制用电量，以减少对环境的损害。
2 适用范围
　2.1 要扔掉的固体废弃物。
　2.2 办公室设备、照明及空调系统的用电。
3 节能环保职责
　3.1 市场营销部总监
　　3.1.1 确保员工掌握了解管理废弃物及节约能源的制度，并且照章执行。
　　3.1.2 每月举行会议，以获取员工的反馈意见及解答他们的询问。
　　3.1.3 按照员工的需要为他们安排培训。
　　3.1.4 保管市场销售部控制程序（跟经理助理及环境管理体系经理磋商）。
　　3.1.5 保管及管理有关记录。
　3.2 总监助理

续表

××酒店标准文件		××酒店 市场销售部节能环保规定	文件编号××-××-××	
版本	第×/×版		页次	第×页

3.2.1 审核及监测公关部的例行活动。
3.2.2 在出租率不高时,与管家部经理和餐饮部经理协商,关闭相应楼层或别墅。适当安排客人集中使用餐厅,关闭其他餐厅,以便节能降耗。
3.2.3 检查适当的告示是否张贴在正确的位置。
3.3 员工
市场销售部的员工负责遵照已制订的制度,以管理废弃物及节约能源。

4 工作规定
4.1 物料及废弃物
4.1.1 纸张制成品的废弃物
(1)员工应减少使用不可循环再造的无碳复写纸。
(2)员工应停止使用不必要的表格,并考虑是否可以减小表格的面积,或把功能相近的表格合而为一。
(3)市场销售部经理应向采购部反映建议。
(4)员工应尽量用电脑预览草稿而不作打印,做到无纸办公。
(5)应尽量减少用做存档的印件的数量。
(6)应避免不必要的复印。复印前应检查清楚所需的份数,然后在复印机上输入正确的数字。
(7)尽量双面复印。
(8)可以把已经单面使用的纸张剪成较小的纸张,当做便条纸或草稿纸再次使用(有机密资料的文件除外)。
(9)应把无用的报章、杂志、印刷晶扔进有标签的废纸回收盒内。
(10)已经使用的信封可供内部通信使用。另外,应先除掉信封的胶条,然后才把信封放进废纸回收盒。
(11)员工应携带自己的水杯,以减少使用纸杯。
(12)再用一些完好的纸皮箱、文件夹、硬纸盒或纸盒,以供存档或存储文件。另把剩余又可再次使用的文件箱、硬纸夹及其他可以储存文件的装箱送往中央仓库,供其他部门提取使用。
(13)就内部通信而言,在可行的情况下,尽量使用无纸办公系统,通过电脑网络、布告板及传阅文件来传递信息,不须打印副本给每位员工,借此减少用纸。
(14)就对外通信而言,在可行的情况下,尽量使用无纸办公系统,把资料放在酒店互联网的网页上,或利用电话、电子邮件或电脑的传真功能发放信息。
(15)传真文件时,把收件者名称写在首页便不需要附以首页覆面。
(16)定时更新邮递名单,以免投寄信件至错误的地址。
(17)邮寄非机密的资料时,应在信封面印上"印刷品",以降低成本。
(18)不要寄送纸卡。每月可在布告板上张贴员工生日名单。另可通过酒店的互联网网页或电话向客人道贺。
(19)在公众地方张贴客人须知的资料,如客用电梯内。不用分发信件给每位客人。
(20)制订一套控制文件的系统,定期丢弃过时的文件。
(21)在办公室墙上张贴节约用纸的告示,提醒员工不要浪费。
4.1.2 其他用品造成的废弃物
(1)以可再次使用的碳粉盒配合激光打印机使用。空的碳粉盒应交还供应商再次使用。
(2)重复使用一般办公文具,减少浪费。
(3)可行的话,应使用不含汞或可充电的电池。
(4)收集已使用的私人购物袋再次使用。
4.2 用电
4.2.1 关掉无须使用的照明设备及空调系统。下班后,检查工作房间空调和照明等不必要的用电设备是否关闭。
4.2.2 由管事部每月清洁固定照明装置,以改进照明设备的效用。
4.2.3 关掉不需用或无须长时间开着的电器。
4.2.4 在预算许可的情况下,选用高效能的设备及产品,并以此取代已损坏或低效能的设备。
4.2.5 在预算许可的情况下,安装自动定时器,以便有效控制电力装置的开关。
4.2.6 在员工布告板上张贴海报,让员工注意节约能源的重要性。

拟订		审核		审批	

制度11：客房部节能降耗管理规定

××酒店标准文件		××酒店 客房部节能降耗管理规定	文件编号××-××-××		
版本	第×/×版		页	次	第×页

1 目的

加强客房部的管理，减少能耗，以减少对环境的损害。

2 客房部能源控制及设备管理制度

2.1 客房员工在进行卫生清理用水时，应严格按照操作程序控制用水量，杜绝出现无度用水浪费现象。

2.2 卫生清理完毕时检查水龙头是否关紧，马桶有无长流水现象。

2.3 公卫员工在工作过程中，应检查客用洗手间水龙头是否关紧。

2.4 洗衣房在洗涤衣物及布草时，应根据每次的洗涤量严格控制好用水、洗涤剂的加入比例。提高洗涤质量效率，降低返洗率，避免水电额外消耗。

2.5 如遇停水、电应及时检查水电开关是否关闭，待来水、电后对区域水电开关进行再次检查，避免由于水电开关误开造成的能源浪费现象。

2.6 客房楼层须严格按照楼层走廊灯光开关时间进行控制。消防楼梯在保证不影响照明的前提下，关闭部分灯光，从而降低公共区域能源消耗。

2.7 员工房间清理过程中关闭不必要的照明灯光及电器电源，工程房、关闭房要求电源全部关闭。

2.8 员工工作过程中除工作需要应尽量减少乘坐电梯，坚持上三下四（楼）。除特殊情况严禁使用客用电梯。

2.9 员工在使用大功率清洁设备时，应提高单位时间工作效率、质量，避免额外的能源消耗。

2.10 洗衣房、工作间、办公室严禁私自拉接电源，人员离开时应严格做到：人走、灯关、电源关。

2.11 洗衣房员工在使用熨烫、洗衣设备时，应根据锅炉的气压状况有针对性的使用设备，避免多台设备同时使用，造成气压不稳，导致天然气无谓的消耗；洗衣房员工应学会利用锅炉关闭后的余气进行相关操作，从而节约能源。

2.12 洗衣房如当日洗涤量不大的情况下，为降低能源消耗，应使用小型家用洗衣机、烘干机进行操作，不得开启锅炉。

2.13 部门需定期协调工程部对洗衣房设备、锅炉、清洁设备进行保养维护。确保设备处于良好状态，从而利于能源的控制。

2.14 日常工作中加强对设施设备、固定资产的管理与养护，延长其使用寿命，充分发挥其作用，从而降低使用成本。

2.15 客房部各级人员均需树立良好的能源节约控制意识，工作中互相监督、加强管理，避免出现任何的能源浪费现象。

3 客用品控制

3.1 根据住房率，严格控制部门客用品的领用量及库存量。

3.2 与财务部加强沟通，调整部门客用品的大库备货量。

3.3 易过期的迷你吧出品做到大库备货直入部门，做到大库零库存。

3.4 加强部门客用品管理，杜绝客用品人为造成的流失或浪费。

3.5 员工工作操作中爱惜各类客用品及清洁用具降低破损、报废率，杜绝由于人为操作不当造成的浪费。

3.6 加强对一次性客用品消耗的控制、统计、分析，做到每月平均每间住客房一次性客用品消耗费用控制在9.0元/间以内。

4 清洁用品的控制

4.1 严格按照清洁剂配兑比例进行调配，清洁工作厉行节约。

4.2 日常工作中加强对清洁区域、项目的保养护理工作，严格落实执行"计划卫生"，避免无计划的清理，造成不必要的浪费。

4.3 根据清洁计划安排，严格控制部门清洁剂的领用量及库存量。

4.4 加强对清洁剂消耗的控制、统计、分析，做到每月平均每间住客房清洁剂消耗费用控制在2.0元/间以内。

4.5 洗衣房各类布草全部送洗涤公司进行外洗，洗衣房只负责客衣的洗涤，从而降低洗涤辅料费用，降低能源消耗费用。

4.6 加强对洗涤成本的控制，做到每月平均每间住客房洗涤成本费用控制在5.5元/间以内。

续表

××酒店标准文件		××酒店 客房部节能降耗管理规定	文件编号××-××-××		
版本	第×/×版		页次		第×页

5 物品报废及采购控制

5.1 加强对部门设备的检查、保养,延长设备使用寿命,杜绝因人为使用、保养不当造成设备报废。

5.2 除经营必须用品外,其他物品的采购进行严格控制,或暂缓采购或取消采购。

5.3 严格控制布草的报废,加强对轻微破损布草的修补,延长使用寿命。

6 其他控制

6.1 回收再利用:要求员工工作中将"可再利用"的物品进行回收。如卷纸、香皂、牙刷、圆珠笔、丝瓜络、洗发水、沐浴液、润肤露、报废布草。通过合理的重复再利用,从而降低成本消耗,培养员工节约意识。

6.2 调整A\B\C级鲜花制作标准,突出简单造型花,降低用花成本;A级花控制在30元左右、B级花控制在15～20元,C级花控制在5～10元。

6.3 部门办公人员工作中提倡节约,降低办公成本。如控制电话拨打外线、降低办公用品的领用与消耗、纸张背面继续使用张等。

拟订		审核		审批	

第三节 酒店节能环保管理表格

表格1:酒店电力使用记录表

酒店电力使用记录表

区域 读数	尖峰表	半尖峰表	离峰表	冷气表	空调泵表	三温暖
今日读数						
昨日读数						
差额						
倍数						
耗电度数	∞1000	∞1000	∞1000	∞100	∞100	∞20
记录员			主管签名			

表格2:酒店锅炉主机运转时数表

酒店锅炉主机运转时数表

区域 读数	#1锅炉	#2锅炉	#1主机	#2主机	#3主机	B2冷冻机	冷藏库
今日							
昨日							
时数							
记录员				主管签名			

表格3：酒店锅炉燃油使用记录表

酒店锅炉燃油使用记录表

区域\读数			区域\读数		
今日读数		L	储藏油量		XL
昨日读数		L	日用油量		XL
耗油量		L	总油量		XL
记录员			主管签名		

表格4：酒店冷气泵省电器使用记录表

酒店冷气泵省电器使用记录表

区域\读数	运转时数		耗电量		
今日		R			XW
昨日		H			XW
耗量		H			XW
记录员		主管签名			

表格5：酒店用水记录表

酒店用水记录表

区域\读数	软水	自来水	水表
今日			
昨日			
耗量			
记录员		主管签名	

耗量异常时立即检查存水量及供水情况。

表格6：酒店加药机使用记录表

酒店加药机使用记录表

区域\读数	锅炉		回水		自来水	
今日		L		L		L
昨日		L		L		L
耗量		L		L		L
记录员			主管签名			

表格7：酒店月份能源资料表

酒店月份能源资料表

日期	房客使用数	客房使用率	耗水量（m³）	耗电量（kwh）	锅炉油耗量（l）	每日平均温度	备注
1							
2							
……							
31							
平均							

表格8：酒店工程部月份能源统计表

酒店工程部月份能源统计表

明细 \ 类别	尖峰用电	离峰用电	冷气用电	水、用电
本月读数				
上月读数				
倍数	1000	1000	480	100
实用度数	kWh	kWh	kWh	kWh
			合计	kWh

水费公式：

	本月读数	上月读数	实用度数
大表			
小表			

锅炉油公式：_____元/Lx _____=NT$_____　　瓦斯费公式：_____元/Mx _____M=NT$_____

度数 \ 区域	锅炉	厨房	点心房
本月读数			
上月读数			
实月读数			
金额			

表格9：每日能源报表

每日能源报表

日期：　　　　　天气：　　　　　气温：　　　　　客房出出间数：

当日用水量		当日用电量		当日用气量	
抄表时间		抄表时间		抄表时间	
今日抄见数	昨日抄见数	今日抄见数	昨日抄见数	今日抄见数	昨日抄见数

制表人：

表格10：每月能源报表

每月能源报表

年　月

项目	水	电	气	油
月初抄见数				
月末抄见数				
本月用量				
计量单位				
单价格				
本月金额				
本月客房出租间数				
单间消耗量				
单间费用				

每月5日前报上月月报到总经理。

 **学习总结**

通过本章的学习，我对酒店节能环保管理有了以下几点新的认识：

1.＿＿＿＿＿＿＿＿＿＿＿＿＿＿＿＿＿＿＿＿＿＿＿＿＿＿＿＿＿＿＿＿

2.＿＿＿＿＿＿＿＿＿＿＿＿＿＿＿＿＿＿＿＿＿＿＿＿＿＿＿＿＿＿＿＿

我认为根据本酒店的实际情况，应制订以下制度和表格：

1.＿＿＿＿＿＿＿＿＿＿＿＿＿＿＿＿＿＿＿＿＿＿＿＿＿＿＿＿＿＿＿＿

2.＿＿＿＿＿＿＿＿＿＿＿＿＿＿＿＿＿＿＿＿＿＿＿＿＿＿＿＿＿＿＿＿

我认为本章的内容不够全面，还需补充以下方法、制度和表格：

1.＿＿＿＿＿＿＿＿＿＿＿＿＿＿＿＿＿＿＿＿＿＿＿＿＿＿＿＿＿＿＿＿

2.＿＿＿＿＿＿＿＿＿＿＿＿＿＿＿＿＿＿＿＿＿＿＿＿＿＿＿＿＿＿＿＿